［民国］

涪陵县续修涪州志

王鉴清等　修　施纪云等　纂

李胜　校注

重庆市涪陵区地方志办公室　整理

國家圖書館出版社

图书在版编目（CIP）数据

涪陵县续修涪州志 / 王鉴清等修；施纪云等纂；李胜校注；重庆市涪陵区地方志办公室整理 . — 北京：国家图书馆出版社，2019.6

ISBN 978-7-5013-6623-1

Ⅰ . ①涪…　Ⅱ . ①王…②施…③李…④重…　Ⅲ . ①涪陵区—地方志—民国Ⅳ . ① K297.193

中国版本图书馆 CIP 数据核字（2018）第 270806 号

书　名	涪陵县续修涪州志
著　者	王鉴清等 修　施纪云等 纂
	李胜 校注
	重庆市涪陵区地方志办公室 整理
责任编辑	于春媚

出版发行　国家图书馆出版社（北京市西城区文津街 7 号　100034）
　　　　　（原书目文献出版社　北京图书馆出版社）
　　　　　010-66114536　63802249　nlcpress@nlc.cn（邮购）

网　址	http://www.nlcpress.com
排　版	九章文化
印　装	重庆金润印务有限公司
版　次	2019 年 6 月第 1 版　2019 年 6 月第 1 次印刷

开　本	787×1092（毫米）1/16
印　张	28.75
字　数	430 千字

书　号	ISBN 978-7-5013-6623-1
定　价	90.00 元

《涪州志》整理委员会

主　任：周　烽

副主任：余成红

成　员：张仲明　曾小琴　冉　瑞　童泓萍

　　　　彭　婷　赵　君

删繁就简，经世致用

——点校历代《涪州志》序

　　方志是详细记载一地的地理、沿革、风俗、教育、物产、人物、名胜、古迹以及诗文、著作等的史志。它是国史的基础材料，犹如高楼大厦的一砖一瓦；它是时代的毛细血管，可窥见大众百姓的脉搏跳动。方志文本分门别类，取材真实，内容丰富，剪裁得当，保存了相当复杂多样的社会信息，是研究历史，特别是地方史的重要的参考资料。《全国地方志联合目录》收录我国历代地方志八千二百多种，每种都注明卷数、版本、纂修者及藏书单位等信息，便于使用者参考阅览。

　　历代《涪州志》即是中国方志的组成部分。

　　涪陵地处长江、乌江交汇处。地连五郡，舟会三川，百物辐辏，人文畅茂，自古为水陆要冲，商贸名城。《禹贡》记载属梁州之域，战国为巴子国都，秦置枳县以来，历代王朝都在此设郡、州、县等治所。具有两千多年的建城史的涪陵，积淀了丰富的历史文化，历代的涪陵地方志都有较为详细的辑录。涪陵的地方志书，可考的始于北周。散见于史册的有北周的《涪陵地图记》，唐代的《涪州图经》，宋代的《涪州新图经》《涪陵记》《龟陵志》《龟陵新志》等八种。明代有《涪州志》两种。清代有官修《涪州志》五种。可惜由于朝代更迭和其他天灾人祸造成的社会动荡，清康熙之前所修的地方志书皆已散佚，对了解、研究涪陵地方史造成了难以弥补的巨大损失，令人扼腕。

　　中国有盛世修志的传统，历朝历代帝王对修国史相当重视。一方面，新王朝建立，即修前朝史，一朝一朝延续下来，成为惯例。另一方面，各地方官员对修方志也异常热情。康熙以来，先后担任涪州知州的董维祺、郭宪仪、多泽厚、徐树楠、德恩、吕绍衣等就亲自主持过《涪州志》的修纂工作。据文献记载，涪陵自明嘉靖以来，已有明嘉靖三十年《涪州志》，清康熙二十二年《涪州志》，清康熙五十三年《涪州志》，清乾隆五十年《涪州志》，清道光二十五年《涪州志》，清同治九年《涪州志》，清光绪三十一年《涪州小学乡土地理》(又名《涪乘啟新》),民国十七年《涪陵县续修涪州志》等八种方志。但长期以来这些宝贵的地方史志资料因印数有限,藏本奇缺,已经作为古籍文物加以保护,极少与广大读者见面。上世纪八十年代以来,国家启动地方志编纂工作,历代方志也只是极少数修志人员有条件参阅,因岁月流逝和保护手段有限,加之古籍图书纸张发黄易碎,有些古籍孤本几近毁损。这一方面有可能造成珍贵的地方文献资料的巨大损失,另一方面又对广大干部群众了解本土历史知识,增加历史学养,培养爱国爱乡的情感造成了无形的隔膜和障碍,方志的赓续文脉、资政育人的特殊功能未能得到充分有效的发挥。

回顾历史,是为了更好地前行。

习近平同志指出:"历史是最好的老师。""历史上发生的许多事情也可以作为今天的镜鉴。中国的今天是从中国的昨天和前天发展而来的,要治理好今天的中国,需要对我国的历史和传统文化有深入的了解,也需要对我国古代治国理政的探索和智慧进行积极总结。""我们不是历史虚无主义者,也不是文化虚无主义者,不能数典忘祖,妄自菲薄。中华传统文化博大精深,中华民族在长期奋斗中开展的精神活动、进行的理性思维、创造的文化成果,反映了中华民族的精神追求,其中最核心的内容已经成为中华民族最基本的文化基因。"

近年来,各级党委政府认真贯彻习近平总书记关于学习历史知识,提高历史学养,借鉴历史经验,提升治国理政本领的系列讲话精神,掀起新的一波整理、出版地方志书的热潮,以满足广大干部群众了解历史的需要。

根据国务院《地方志工作条例》的规定,国务院办公厅《全国地方志事业发展规划纲要(2015—2020年)》关于"开展旧志点校、提要、考录、辑佚等工作"的要求和涪陵区人民政府的部署,我办积极有序开展历代《涪州志》的点校、整理出版工作。目前,清康熙五十三年《重庆府涪州志》,清乾隆五十年《涪州志》,清道光二十五年《涪州志》,清同治九年《重修涪州志》,清光绪三十一年《涪乘启新》和民国十七年《涪陵县续修涪州志》等六种方志经过整理后,出版了影印本。同时,组织了几位地方史专家对上述各年代《涪州志》进行了点校注释,由国家图书馆出版社出版发行。

本次点校主要做了以下几项工作:

1. 将书中古文的句读基本搞清,加上现代汉语使用的标点符号。

2. 对异体字进行简单疏理，归纳成常用字。

3. 将繁体字，改成简体字。（部分人名用字除外）

4. 将文中部分词语、典故进行简单注释或说明。

5. 将行文格式由竖排改成横排，以符合今天大众阅读习惯。

6. 对方志的内容一律保持原貌，未敢增删。

限于历史学养，我们这次点校注工作虽倾注了大量精力，但仍有许多疏漏和错误，热切希望得到广大读者和方家的批评指正，以便我们今后修订补正。

重庆市涪陵区地方志办公室

2018 年 9 月

民国十七年戊辰岁
仲秋月上浣印

整理说明

一、本书以民国十七年（1928）由王鉴清、施纪云等人修纂，重庆都邮街德新公司代印的原刊《涪陵县续修涪州志》（附民国纪事一卷）为底本进行标点断句，并将繁体字转换为现在通行的规范简体字。对本书所做的校勘整理工作，力争在规范化的同时，又不失一定的灵活性，以达成保全文化信息，充分尊重历史，便利当代读者直接阅读、引用，更好地传承发扬优秀历史文化之目的。

二、本书的简化整理，统一使用《简化字总表》中的字形；《简化字总表》以外的生僻字，按照1992年国家语言文字工作委员会、新闻出版署发布的《出版物汉字使用管理规定》，一般不做偏旁简化和类推简化处理。异体字、俗体字以及由于抄刻习惯和时代、地域差异造成的异形字，径直合并统一，改为正形字的规范简化字。通假字、避讳字不做改动，仅在首次出现时予以校注说明，以缺末笔形式出现的避讳字直接用整字表示。人名、地名中的繁体字，属通用字者改为规范简化字；属专用字者，一律不改，必要时出校注说明。底本的中文大写和小写数字，一例改为中文小写。底本所附图表属重新绘制者，文字照例改为简体；仍旧者，则一应保留原样。

三、本书标点断句所用符号，皆以国家标准最新版《标点符号用法》为依据，但不使用破折号、省略号、着重号、连接号、专名号等标点符号。底本引述各类文献典籍，凡不致歧义或误读之处，一般不再使用引号；反之，则使用引号以利界定。底本正文大字和正文之外的议论、解释、说明文字（即书中的单、双行小字），均使用上下竖排的圆括号（ ）在其中标明文献的转引来源或作进一步的补充说明，作为书名号使用的竖排圆括号则径改书名号。

四、本书校注，以可靠和必要为遵循原则。凡所校注，均以数码①②③等标示在底本相应的字、词、句后，校注文字置于页脚，序次排列。

（一）校注一般只针对底本中明显的衍脱讹倒、史实错误和其他疑难疑误、疑似疑非之处，对于底本中有待商榷乃至并不认同之观点、见解，概不评说纠驳。

（二）若多处校注所据资料及其出处有相同和可以相互补充说明足资参考者，先详后略，且以"参见"方式出校，尽量归并简省文字。

（三）底本原缺而以缺字符号"□"替代之字，和因底本残损污没、墨迹不清所致之缺字，悉据上下文及他本予以补全订正，并出校勘说明；不能补全者，则保持原貌。

（四）底本引用文献典籍资料，书目或以简称，如《元和郡县图志》作《元和志》，《太平寰宇记》作《寰宇记》，《元丰九域志》作《九域志》，《明一统志》作《明统志》，清雍正《四川通志》称"旧《通志》"，而嘉庆《四川通志》称为《通志》或《省志》，乾隆《涪州志》作《陈志》，同治《重修涪州志》作《王志》等等，整理中均依其旧，首次出现时予以校注说明。

（五）底本引用文献典籍，内容每多省改。凡文字表述有出入，但文意通畅且无歧义者，一般留存原貌，不据他书改动本志；凡文、意两通而含义不同，或文意、文字表述均有出入者，予以校注说明。

（六）底本末原附《勘误表》，内容虽已逐一纳入校注处理，仍从其故附录旧表以存完形，彰显前贤劳绩。

五、本书格式，除竖排改横排外，基本依照原书，只对底本个别地方的编排疏漏根据内容略作调整，以最大限度呈现底本在版式编排设计上的"义法"与"神味"。标题和正文、大字和小字，以不同字体及不同字号表述，以显示层次区别和方便阅读利用。凡是原书正文小字，不管位置在何处，亦无论是否独立成段，均另加方括号［　　］并以单独字体表示。底本中的特殊标注如印章、画符等不予保留。

目　录

涪陵县续修涪州志卷首

凡例 [十八则]

　　一　本州建置以来，仅存乾隆五十年之《陈志》①。卷秩完好者，搜罗尚止一部。同治八年，续修驳回，遂废，亦少全书。清史馆行下催取，须补百四十年之事实。顾自国体变更，一切制度迄未通行，无所统纪，故断自宣统三年。

　　一　州志经道驳更修，此次并未沿袭废志，应为重修。但已增庚午后四十二年之事，为先达讳，仍为续修。事皆在未改涪陵县以前，故仍名涪州志。

　　一　弹丸邑地形华离，不能正值某星几度，其言入某度亦难确证。康氏《武功志》，仅有"秦当井鬼之分"一语。兹尽删统同之文，取《陈志》三条。不谙天文学，不敢傅会。

　　一　初议《陈志》，《沿革表》最善，悉仍其旧。今详考"九通""二十四史"暨各地志，尚觉缺略。不敢护前，仍另列表，非好异也。

　　一　涪水 [出广魏，在江北]、涪陵江 [由黔来，在江南]、涪县 [涪水径涪县西]、涪城 ["臧宫进破涪城"②]、涪陵郡涪陵县涪州 [考见《沿革》]，昔人每混而为一。前志以涪之李骧、涪陵郡之徐巨等，误为邑人者颇多。今悉考正，不敢讹以传讹。

　　一　李成时③范贤长生，涪陵丹兴人。丹兴，今之黔江。《通鉴》书涪陵人，统于

----

① 《陈志》：指乾隆五十年乙巳（1785）由涪州举人陈于宣等纂修的《涪州志》十二卷。可参本志卷二十七《乾隆五十年乙巳续修州人陈于宣序》《乾隆五十年乙巳续修知州多泽厚序》及今人李胜《涪陵历代方志举要》（《长江师范学院学报》2006年第4期）一文。

② 臧宫进破涪城：出郦道元《水经注》卷三十二："臧宫进破涪城，斩公孙恢于涪，自此水上。"臧宫：字君翁，颍川郏县（今属河南）人。追随刘秀南征北战，勇敢勤勉，屡立战功，是当时平定蜀地的主将，东汉中兴名将，"云台二十八将"之一，先后受封为成安侯、期思侯、鄡侯、朗陵侯等。

③ 十六国时期，李雄建立的"大成"政权，史称成汉。

郡耳。自郡废，黔江不在境内，故《陈志》无其人。《王志》①列入乡贤，不特借才异地，并直以黔江为辖境也。《陈志》为长，今从之。

　　一　前志以晏渊、晏亚夫为二人，分入宋、明；《王志》以《宋史》有传之合州度正字周卿为二人，入乡贤；何德明既书游宦来涪，又列武举名宦；王仙列入州人之忠烈，悉更正以匡其谬。

　　一　向例有"儒林"一目，兹考文行兼备、堪入儒林者，先达已皆奉祀乡贤祠。近世汉、宋学家法师承稍替，不必虚立此目，贻诮浮夸。

　　一　乡贤、忠义孝友，列在祀典。定制：殁后三十年，人犹思其懿德，公具事实，呈学牒县禀府申道咨司层递出考，详院奏下部核，合格覆准入祠，设位春秋官为致祭。阐幽潜，昭激劝，至慎至重也。《王志》于祠祀外，多所胪列，表示推重。如僭幹、何增立，"笃行"一目悉入之，详著品学，以备分别请祠。

　　一　州志备省志、国史采择得上于朝，乃一邑之史，编纂应用史例书名。旧志秩官、人物志中，传赞多称"公"，非君前臣名之体，悉更正之，非敢僭也。惟录[德政碑、家传、墓志等原文]仍其旧。

　　一　旧志有既祀乡贤，又入贤达孝友忠烈，历史罕见。景仰前贤，反觉自乱其例。但科目"仕进""封赠""垄墓""艺文"，一人数见者，不在此例。

　　一　废志节妇，多守节十二三年[不著存殁]及存年只四十左右者，本太宽滥。然至今则尽合例矣，未敢擅去一人。此次采访，亦不免此失。即存年已五十者，在宣统三年亦不合格。分别函查覆仍含糊，惟将来总须入志，只得稍宽其格，以励浇风。幸谅微意。

　　一　志以传信，无征不信。例当削不削而无说以明之，是沿谬也。略例以何氏之万户侯千户伯、周氏之追赠虬正侯，《明史》不载，非郭公夏五②阙文之比，拟辨论存疑。今思得其间[详见《拾遗》]，不以质当世，则二族先泽在疑似间。后来续修以为子虚，将

_____

　　①　《王志》：指同治九年庚午（1870）由涪州举人王应元、进士傅炳墀等纂修的《重修涪州志》十六卷。可参本志卷二十七《同治九年庚午续修州人王应元序》及今人李胜《涪陵历代方志举要》一文。
　　②　郭公夏五：《春秋·庄公二十四年》："冬，戎侵曹。曹羁出奔陈。赤归于曹。郭公。"《春秋·桓公十四年》："十有四年春正月，公会郑伯于曹。无冰。夏五。"指《春秋》一书中"郭公"下未记事，"夏五"后缺"月"字，有文字脱漏。

削之矣。嗣又得《潘氏谱》，侯伯与何氏正同，亦附辨之。

一　初议拟于"物产""恤政""盐法""杂税"等目，分见"货殖"。究嫌眉目不清，故仍立《食货志》。

一　士大夫盖棺论定，无为生人立传者 [前志书陈于宣纂辑，又列协修又立传，非是]。著述之人现存，亦例不登载，幸谅不罪。

一　《陈志》各门有总序，各目有小序；《王志》无之，并削旧作。今于门目相类者仍概录存，不敢没前人苦心。

一　王太史闿运《桂阳州志》，开卷即目录，无监修官序 [并无凡例，修志职名列叙志后]。此次续修，时仅二年半，知事十三更易，皆监修官也，皆未暇兼顾也。一书例无二序，未敢偏请一序，谨用《桂阳志》例 [例载旧志序，亦类入叙录]，但仍弁以凡例，述编纂微意。

一　排比格式、缮写规模，罗列名志多种择善仿效，皆非自我作古。克期告蒇，幸邹详辑鸿定、李详辑述铭、陈详辑君邦钩稽讨论，向总校鸿骞悉心检察，得力最多。揭之以志将伯之助①。

涪陵县修涪州志卷首终

---

①　将伯之助：语出《诗经·小雅·正月》："载输尔载，将伯助予。"

涪陵县续修涪州志卷一

疆域志一 [《陈志》名封域，序云：自先王画井分疆而有井邑邱甸之名，此州郡之所由昉也。洎秦开阡陌，罢封建，设立郡县，而后世因之。地无大小，皆得分土而治，以比侯国附庸之属。涪陵虽幅员不广，而上应星文，下因地利。历代沿革之异，山川形势之奇，以及街肆里甲遗迹邱垄，非可一览而尽也。爰加意搜辑，增所未备，汇成封域一帙。后之人按籍而稽，因地制宜，俾斯土为乐郊乐国，斯善矣。]

昔圣人疆理天下，度地居民。荒服之国，爵不过子，而胙土数倍公侯，緜山林川泽，硗确险阻，可井之地少也。秦开阡陌，置郡县，大抵准土壤之肥瘠以区广狭。必如是，始足供税，率剂民食，规画略与封建等。涪于古为巴子属地，襟带长江，黔水入焉，即涪陵江也。楚尝由是取黔中，秦置枳县属巴郡，汉因之而置涪陵县于今彭水。季汉升为郡，以枳汉平属之。晋徙郡治于枳，后周移治汉平。唐为涪州涪陵郡，治两江水会，初隶江南西道，后改隶江陵，元和中改隶黔州总管府。宋又改隶夔州路。元为涪州，属重庆路。代易其制，《图经》失传，郡县地交互难辨。明仍为涪州，隶重庆府。清因之。康熙朝益以武隆，幅员跨黔水，益僻远。而瘠土为多，冈陵绵亘，未经测量，无以统计。物产往往供不给求。而名大州，支应繁于沃壤，故庶而不富。旧图庋法度，舛方位，今正经界而著于篇。

涪州图

州治在蜀江之南，涪江之西，西十度，北极二十九度九分[见《水经注》]。北界垫江，西北界长寿，西南界巴县、南川，南界彭水、正安，东界丰都。截长补短，东西百里

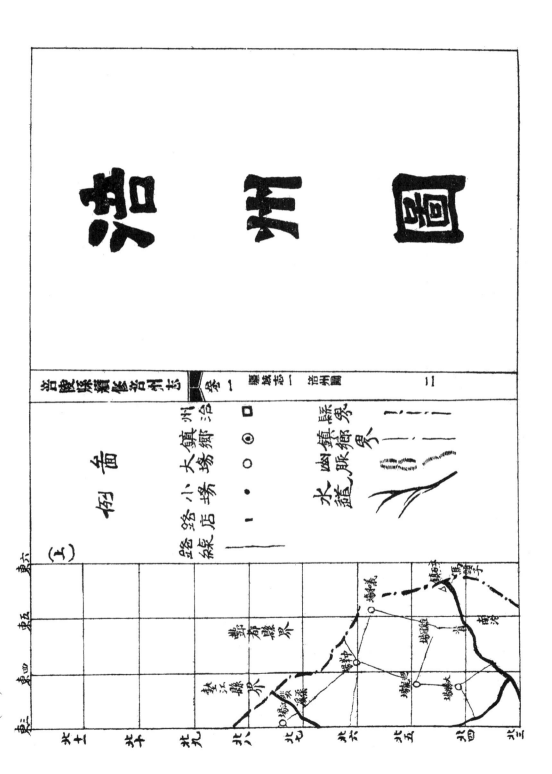

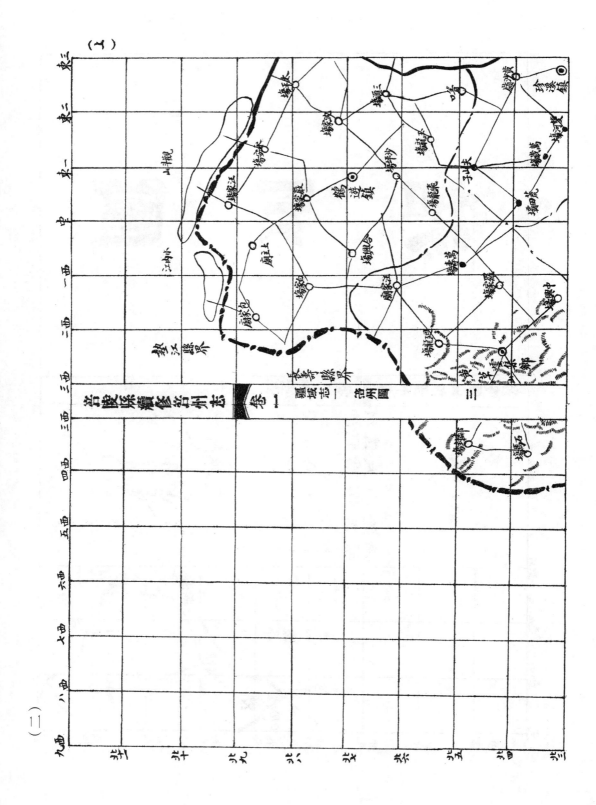

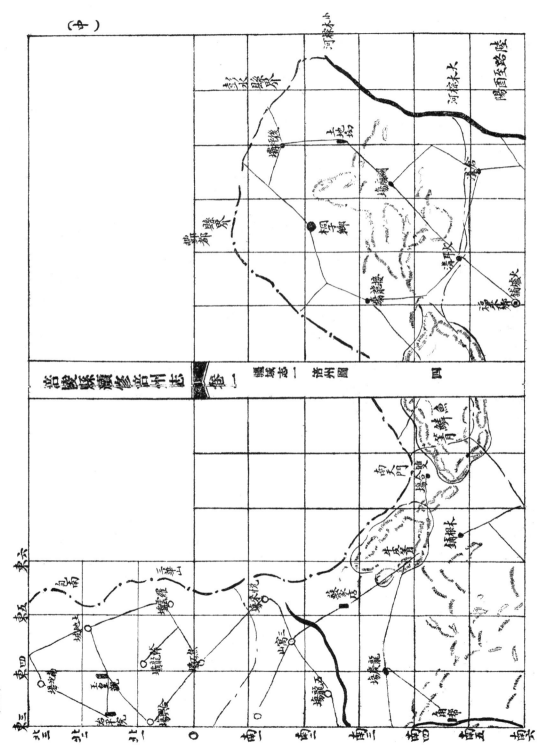

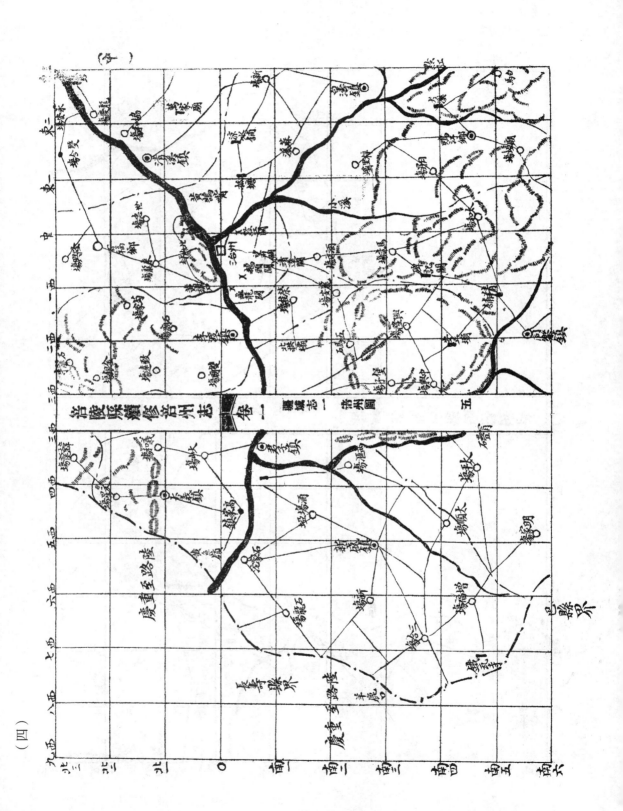

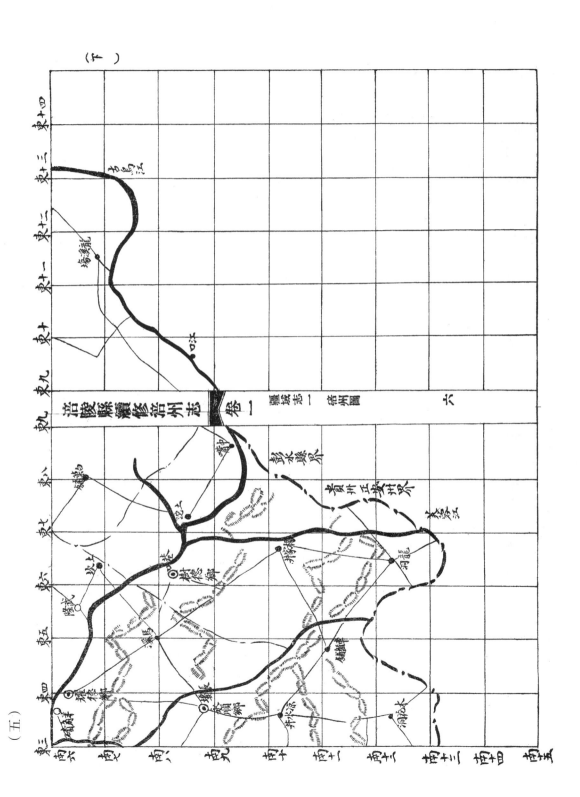

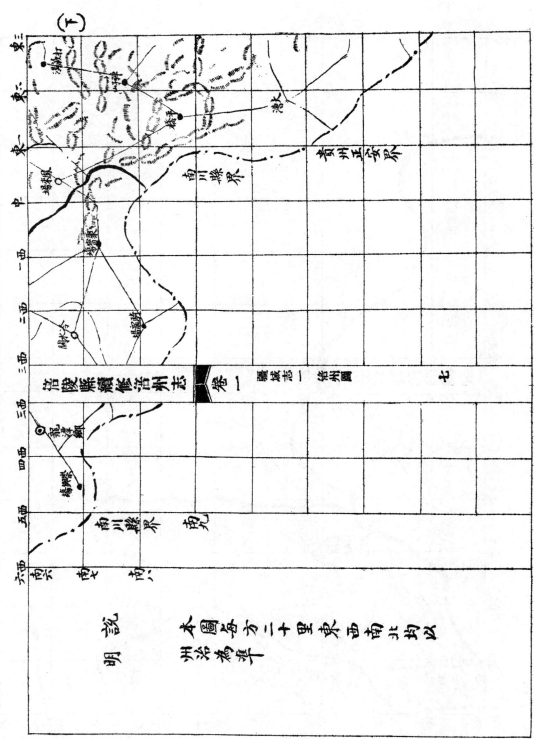

而弱，南北百里而强。后因地方自治，划分九镇九乡，并易其名曰涪陵县。其图较详，顾名称虽易而地形犹昔。今依之，仍名曰涪州图，分上中下六版合为一，每方二十里，形势毕具矣。

　　道里[《陈志》名里甲，序云：国家编立里甲，所以弭盗贼、均徭役、便赋税也。故周有比闾，汉有亭乡，唐有坊村，名虽不同，而其义则一。我朝定鼎，诏各府州县以一百一十户为一里，推丁多者为长，余百户为十甲。甲凡十人岁役，里长一人，稽奸宄，讲信修睦，四境雍熙，闾阎宁谧。立法之良，于斯为盛。明编涪陵一十三里，国朝编为三里十八甲，后入武隆二里十三甲。里有名，甲有序，制度井井，村落昭然。旧志简略不详，兹特胪列^①于左。]

　　地邑民居，必参相得。《周官》之精义也。知幅员之广狭，然后民数之众寡、物产之丰约、给养之赡足与否，可得而知。固司牧所宜加意者，岂徒为行旅表邮程^②哉！

　　州治在府东少南。

　　东九十里至三华山抵丰都县界。

　　南一百里至冷水关抵南川县界暨贵州正安州界。

　　西六十里至黄草山抵长寿县界。

　　北一百里至沙河徐家渡抵垫江县界。

　　东南一百六十里至木棕河抵彭水县界。

　　西南一百五十里至铁瓦寺山抵巴县界。

　　西达重庆府治三百里。

　　又西达省会一千二百里。

　　东北达京师五千六百二十里。

明编户一十三里

白石　　黑石　　通济　　螺回　　李渡　　石龙　　韩市　　蔺市　　谢石　　长滩　　在郭　　罗云　　芋池

------

① 胪列：《陈志》原作"胪陈"。
② 邮程：原志误作"邮表程"，据《刊误表》改。

清编户三里一十八甲。康熙七年武隆并入，编户二里十三甲。共五里三十一甲

长滩里

首甲　上二甲　下二甲　上三甲　下三甲　上四甲　下四甲

白石里

首甲　上二甲　下二甲　上三甲　下三甲　上四甲　下四甲

罗云里

首甲　二甲　三甲　四甲

东里

一甲　二甲　三甲　四甲

西里

一甲　二甲　三甲　四甲　五甲　六甲　七甲　又七甲　八甲

星野［《陈志》序云：自轩辕受《河图》，见日月星辰之象，命鬼臾蓝占星，始有星官之书。历代史官，靡不悉载简册，不可得而枚举也。按象而求之，其为祥为妖，为吉凶，水旱丰荒，历历不爽。则分野辨野，断非无稽之说耳。］

天不言而垂象，星变于上。其分野，辄有征应，先几示儆，爱人亦至矣。唯修省足以禳之。新学家谓：运行之定数，无关人事。古圣人敬天勤民，不视为适然也。

《汉书》：巴蜀分井鬼参，又云觜觿参主益州。（《陈志》）

《宋书》：益梓利夔四路分井鬼，又东井与鬼鹑首也，尽蜀汉中地。（《陈志》）

《史记》《河图》《括地象》《华阳国志》《天文占候》《天文次舍》《龚笋湄志》诸书：涪州隶重庆府，分野井鬼之次，入参三度。（《陈志》）

沿革一［《陈志》序云：涪陵形胜甲于他州，而历代之迁徙靡常，或因时而易其地，或因地而易其名。爰于旧志外，复从《一统志》《元和志》《通志》①诸书详加考核，复

---

①　《通志》：即《四川通志》，清代黄廷桂、张晋生等和常明、杨芳灿等皆有编纂。后文所谓《通志》《四川通志》或《省志》，指嘉庆《四川通志》，常明、杨芳灿纂修，二百二十六卷，嘉庆二十年（1815）刻印；所谓旧《通志》、旧《四川通志》，则指雍正《四川通志》，黄廷桂等纂修，四十七卷，雍正十一年（1733）刻印。

为表以系之，庶历朝沿革可条分缕析云尔。]

高平曰陵，地险巇不类。《国志》谓：巴子祖墓所在也。涪水与黔不相汇，以涪名陵，无可稽矣。季汉地狭，升郡以张声灵。厥后迁改无常，名可考，地则仿佛而已。

《禹贡》：梁州之域，春秋时巴国地。秦属巴郡，置枳县。《华阳国志》曰：涪陵，巴之南鄙。从枳南入，即今涪州所理也。两汉因之。季汉先主以涪陵为郡，枳县、汉平并隶焉。魏及晋初，仍其旧。李氏据蜀，以枳县为涪陵县，郡废。永和中，桓温定蜀，复枳县，郡治于此，并隶汉平县。刘宋，郡仍旧，汉平县废。南齐复县，梁、北魏皆无改革。北周，枳县废，徙郡治汉平。隋开皇初，涪陵郡移治今之合州，废本郡为县，属梁州，隶梁州总管府。十二年，改属巴郡，汉平县废。唐武德初，更为涪州涪陵郡，属江南西道，辖四县[涪陵、武隆、乐温、宾化]，郡治涪陵。上元二年，改隶江陵。元和三年，复改隶黔府。五代属蜀。宋咸平三年，隶夔州路。咸淳三年，移治三台山。元初，复旧治。至元二十年，涪陵、乐温二县省入，州属重庆府。至正中，明玉珍据重庆，析乐温旧地为长寿县，宾化改并巴县。明因之，尚领武隆、彭水两县。清康熙七年，彭水县改属酉阳，武隆县并入，仍名涪州，属重庆府[本《元和志》《一统志》《省志》]。按《元和志》：州城本秦枳县城也。自晋永兴元年李雄据蜀，此地积为战场，人众奔波，或上或下。桓温定蜀，以涪郡理枳县。唐武德二年，置涪州，辖四县。是州之名始于唐，而州之治则肇于秦也。明以前幅员尤广，今则仅武隆、涪陵之地，而山多田少。州东南区域旧属于武隆者，又类皆深林密箐。穷山绝壑，人烟荒寂。《华阳国志》谓土地确瘠，《元统志》亦谓地瘠民贫，信然。

历代沿革表

世代	总隶	州郡	县
秦[始皇二十六年分天下为三十六郡]		巴郡	枳县
汉		巴郡	枳县
季汉[昭烈帝]		涪陵郡	[枳县、汉平县]
西晋		涪陵郡	[枳县、汉平县]
李成			涪陵县
东晋[永和中]	益州	涪陵郡	[枳县（郡治）、汉平县]
[南朝]宋		涪陵郡	[枳县、汉平县（废）]

续表

世代		总隶	州郡	县
［南朝］齐			涪陵郡	［枳县、汉平县复］
［南朝］梁			涪陵郡	［枳县、汉平县］
北魏			涪陵郡	［枳县、汉平县］
北周［废枳县，徙郡治汉平］			涪陵郡	汉平县
隋	［开皇初废郡］	梁州		汉平县
	［十二年改汉平为涪陵县，属巴县］			涪陵县
唐	［武德初置］	江南西道	涪州涪陵郡	［涪陵、武龙、乐温、宾化］
	［天宝二年隶］	江陵		
	［元和二年改隶］	黔州总管府		
五代		蜀		
宋	［咸平三年］	夔州路	涪州［辖县三］	［涪陵、乐温、武龙］
	［咸淳二年移治三台山］			
元	［复旧治］	重庆府	涪州［领三县］	［涪陵、乐温、武龙］
	［至元二十年以州治涪陵，省乐温入之］		涪州［领县一］	武龙
	［至正中，明玉珍析乐温另置长寿县，省宾化入巴县］			
明		重庆府	涪州［领县二］	［彭水、武隆］
清［因之。康熙七年并入武隆，以彭水隶酉阳］			涪州	

　　按：本州于唐宋时为郡，领县之数《通典》与《文献通考》互有出入。《清一统志》则与《通典》相符，本表悉宗之。

涪陵县修涪州志卷一终

涪陵县修涪州志卷二

疆域志二

沿革二［附历代正史暨《华阳国志》《元和志》等地志］

《前汉书·地理志》：巴郡［秦置，属益州。应劭曰："左氏：巴子使韩服告楚。"］户十五万八千六百四十三，口七十万八千一百四十八，县十一：江州、临江［新莽时名监江］、枳［如淳曰：音徒或音抵。师古曰：音之尔反。］、阆中［彭道将池在南，彭道鱼池在西南。师古曰：阆音浪。］、垫江［孟康曰：音重叠之叠］、朐忍［容毋水所出，南①。有橘官、盐官。师古曰：朐音劬。］、安汉［是鱼池在南。莽曰安新。］、宕渠［符特山在西南。潜水西南入江。不曹水出东北徐谷，南入灊②。师古曰：宕音徒浪反。］、鱼复［江关，都尉治。有橘官。应劭曰：复音腹。］充国、涪陵［新莽时名巴亭，师古曰：涪音浮。］。《后汉书》续《郡国志》：巴郡［秦置，雒阳西三千七百里。谯周《巴记》曰：初平元年③，赵颖分巴为二郡，欲得巴旧名，故郡以垫江为治，安汉以下为永宁郡。建安六年，刘璋分巴，以永宁为巴东郡，以垫江为巴西郡。《蜀都赋》注云：铜梁山在巴东。干宝《搜神记》曰：有泽水，民谓神龙，不可鸣鼓其傍，即便④大雨。《蜀都赋》曰：潜龙蟠于沮泽，应鸣鼓而兴雨。］十四城，户三十一万六百九十一，口百八万六千四十九。江州［杜预曰：巴国也。有涂山，禹娶涂山。《华阳国志》曰：帝

---

① 《前汉书》（即《汉书》）原文如此，"南"字后疑缺"入江"二字。

② "不曹水"句：原志作"不曹水出东北，南入灊徐谷"，据《汉书》卷二十八上《地理志第八上》改。

③ 初平元年：本志原引《后汉书》作"初平六年"，据《华阳国志》《读史方舆纪要》等，当为"初平元年"。

④ 即便：原志作"即使"，据《刊误表》改。

禹之庙铭存焉。有清水穴，巴人以此为粉，则膏泽鲜芳。贡粉京师，因名粉水。]、宕渠有铁。胸忍[《巴汉志》曰：山有大小石城势者。]、阆中[案本传有俞水。《巴汉志》曰：有彭池、大泽、名山、灵台。见《孔子内谶》。]、鱼复[古庸国。《左传》"文十六年①，鱼人逐楚师"，是也。]、扞水有扞关[《史记》曰：楚肃王为扞关以拒蜀。]。临江、枳[《史记》苏代曰：楚得枳而国亡。《华阳国志》曰：有明月峡、广德屿者是也。]、涪陵出丹[《巴记》曰：灵帝分涪陵置永宁县。《巴汉志》曰：涪陵，巴郡之南鄙。从枳南入折丹涪水，本与楚商於之地接。汉时赤甲军常取其民。]。垫江、安汉、平都[《巴记》曰：和帝分枳置。]、充国，永元二年分阆中置[《巴记》曰：初平四年，复分为南充国县。]。宣汉[《巴汉记》曰：和帝分宕渠之东置。]、汉昌，永元中置[《巴记》曰：分宕渠之北而置之。]。

《晋书·地理志》涪陵郡[蜀置。统县五，户四千二百。]：汉复、汉陵、汉平、汉葭、万宁。

《隋书·地理志》巴郡[梁置。楚州开皇初改为渝州。]：统县三，户一万四千四百二十三。巴[旧置巴郡，后周废枳、垫江二县入焉。开皇初郡废。大业初置巴郡。]、江津[旧曰江州县，西魏改为江阳，置七门郡。开皇初郡废。十八年，县改名焉。]、涪陵[旧曰汉平，置涪陵郡。开皇初郡废。十三年，县改名焉。按：隋之涪陵郡，即今之合州，故不录。]。

《唐书·地理志》涪州涪陵郡[下]：武德元年以渝州之涪陵镇置。土贡：麸金、文刀、獠布、蜡。户九千四百，口四万四千七百二十二，县五：涪陵[中下。武德二年置，并置武龙县。又析涪陵、巴县地置永安县。开元二十二年省永安入乐温。]、宾化[下。本隆化。贞观十一年置，先天元年更名。]、武龙[中下]、乐温[中下。武德二年析巴县地置，隶南潾州，九年来属。]、温山[下。本隶南潾州，后来属。]。

《宋史·地理志》涪州[下]、涪陵郡军事：熙宁三年，废温山县为镇。大观四年，废白马砦。咸淳二年，移治三台山。元丰户一万八千四百四十八。贡绢。

县三：涪陵[下。有白马盐场。]、乐温[下]、武龙[下。宣和元年，改武龙县为枳县。绍兴元年依旧。]。

---

① 文十六年：本志原引误作"文十年"，据《后汉书·志第二十三·郡国五》改。

《元史·地理志》涪州［下］：唐改为涪陵郡，又改涪州。宋因之。元至元二十年，并涪陵、乐温二县入焉。领一县：武龙［下］。

《明史·地理志》涪州［大江自长寿县流入，东迳黄草峡，又东迳铁柜山，又东迳州城北，绕城而东，又南有涪陵江流合焉，江口有铜柱滩。又东南有清溪关。西南有白云关。又西有阳关。］：西距府四百三十里，领县二：武隆［州南。元曰武龙。洪武十年五月省入彭水县。十三年十一月复置，曰武隆。西南有涪陵江，亦曰黔江，亦曰巴江。］、彭水［州南。元绍庆府治此，属四川南道宣慰司。洪武四年，府废，改属重庆府。洪武十年五月来属。东有伏牛山，山左右有盐井。城西有涪陵江。又东南有水德江，源自贵州思南流入涪陵江。东南有天池关。东北有亭子关。］。

《通典·州郡略》涪州［今理涪陵县，涪音符。］：亦巴国之境，秦、二汉巴郡之鄙也。蜀置涪陵郡，晋因之，宋、齐亦同。隋初属渝州，炀帝废渝州，属巴郡。大唐为涪州，或为涪陵郡。领县四：涪陵［汉旧县。后汉岑彭破公孙述将侯丹于黄石，即此。今谓之横石滩。］、武龙［本汉涪陵、枳二县地。唐置武龙县，因山为名。］、乐温［唐置。有温山、大江、容溪。］、宾化［唐置。有汝清山。］。

《文献通考·舆地考》涪州：亦巴国之境，秦、二汉巴郡之鄙也。蜀置涪陵郡，晋、宋、齐因之。隋初，置渝州属巴郡[1]。唐为涪州，或为涪陵郡，属山南道，领县五［宋同］。宋属夔州路。涪俗四种：曰夏、巴、蛮、夷，夏则中夏之人，巴则廪君之后，蛮则盘瓠之种，夷则白虎之裔。夏、巴居城郭，蛮、夷居山谷。贡绢。领县五，治涪陵。涪陵［汉县。有鸡鸣峡山、大江、黄石滩。］、宾化［唐县。有女清山[2]。］、武龙［唐县。有内江。宣和初改为枳县。］、乐温［唐县。有温山、大江、容溪。］、温山［唐县。有桂溪。熙宁三年废为镇。］。

《钦定续通典·州郡·宋夔州路州十》涪州［下］、涪陵郡军事：熙宁三年废温山县为镇，县三。涪陵［下。有白马盐场。］、乐温［下］、武龙［下。宣和元年改为枳县，绍兴元年依旧。］。元重庆路，宋为重庆府。元至元十六年，立重庆路总管府。二十一年升为上路，割忠、涪二州为属郡。涪州［下］：至元二十年并涪陵、乐温二县入焉，领一县武

---

① "隋初"句：马端临《文献通考》卷三百二十一《舆地考七》原文为："隋初置渝州，炀帝废渝州属巴郡。"

② 清山：前引杜佑《通典》作"汝清山"。

龙[下]。明重庆府，元重庆路，属四川南道宣慰司。明洪武中为府，领州三。涪州，领县二：武隆[元曰武隆，明洪武十年五月省入彭水县。十三年十一月复置曰武隆。]、彭水[元绍庆府治此，属四川南道宣慰司。明洪武四年府废，改属重庆府。洪武十年来属。]。

《钦定续通志·地理略》：宋崇宁元年，重庆改恭州。后升为府，领州九。涪州属焉。

《钦定续文献通考·舆地考》：宋夔州路涪州[仍唐旧，又为涪陵郡。]，领县五：涪陵[汉县。五代省入汉平。隋改汉平为涪陵，寻废。唐复。]、宾化[唐县。]、武龙[唐县。宣和元年更名枳。]、乐温[唐县。]、温山[唐县。熙宁三年废为镇。]。元重庆路[宋重庆府，至元十六年改为路。]，领县三、州四。涪州[仍宋旧。至元二十年以州治，涪陵、乐温二县省入。]领县一：武龙[仍宋旧。]。明重庆府[宋重庆府。元改为路，洪武中复为府。]，领县十一、州三。涪州[仍元旧。]领县二：武隆[元武龙县，洪武中改龙为隆。]、彭水[元隶绍庆府。洪武四年废，来属。]。

《皇朝通典·州郡》重庆府：领州二、县十一，涪州属焉[康熙八年省武隆县入焉]。

《皇朝通志·地理略》重庆府：领州二、县十一，涪州属焉。

《华阳国志》：涪陵郡，巴之南鄙，从枳南入折丹涪水。本与楚商於之地接，秦时司马错由之取楚商於地为黔中郡也。汉后恒有都尉守之。旧属县五，去洛五千一百七十里。东接巴东，南接武陵，西接牂柯，北接巴郡。土地山险水滩，人多戆勇，多獠蛮之民。县邑阿党，斗讼必死。无蚕桑，少文学，惟出茶、丹、漆、蜜、蜡。汉时赤甲军常取其民，蜀丞相亮亦发其劲卒三千人为连弩士，遂移家汉中。延熙十三年，大姓徐巨反，车骑将军邓芝讨平之。见玄猿缘其山，芝性好弩，手自射猿，中之。猿子拔其箭，卷木叶塞其创。芝叹曰："嘻！吾伤物之性，其将死矣。"乃移其豪徐、蔺、谢、范五千家于蜀，为猎射官。分羸弱配督将韩、蒋、□、□，名为助郡军，遂世掌部曲，为大姓。晋初，移弩士于冯翊莲勺。其人性质直，虽徙他所，风俗不变，故迄今有蜀、汉、关中、涪陵；其为军在南方者犹存。山有大龟，其甲可卜，其缘可作叉，世号"灵叉"。涪陵县郡治：东至鱼腹，西至僰道，北接汉中，南极黔涪。江州地势刚险，承三江之会 [①]。江州以东，

---

① "江州地势刚险，承三江之会"：该句以下引文有严重脱讹。《华阳国志》卷一《巴志》原文为："郡治江州，时有温风。遥县客吏，多有疾病。地势刚险，皆重屋累居，数有火害。又不相容，结舫水居五百余家。承三江之会，夏水涨盛，坏散颠溺，死者无数。而江州以东，滨江山险，其人半楚，精敏轻疾。垫江以西，土地平敞，姿态敦重。上下殊俗，情性不同。"

滨江山险；垫江以西，土平敞。江州以东，其人半楚，姿态敦重；垫江以西，精敏轻疾。上下殊俗。

《水经注》：又东至枳县西，延江水从牂柯郡北流西屈注之。江水东迳阳关巴子梁［案：江水二字，原本及近刻并讹在经文又字下，今改正。］，江之两岸，犹有梁处，巴之三关，斯为一也。延熙中，蜀车骑将军邓芝为江州都督，治此。又东右迳黄葛峡，山高险，全无人居［案：全近刻讹作今］。又左迳明月峡，东至梨乡，历鸡鸣峡。江之南岸［案：南近刻讹作两］有枳县治。《华阳记》曰：枳县在江州巴郡四百里，治涪陵水会。庾仲雍所谓有别江出武陵者也。水乃延江之枝津，分水北注，迳涪陵入江，故亦云涪陵水也。其水南导武陵郡［案：导今刻作迳］，昔司马错溯舟此水，取楚黔中地。江水又东迳涪陵故郡北，后乃并巴郡，遂罢省。又东迳文阳滩，滩险难上。又东迳汉平县二百余里［案：汉平县属涪陵郡］，左自涪陵东出百余里，而届于黄石，东为铜柱滩［案：黄近刻讹作积］。又经东望峡，东历平都［案：此九字原本及近刻并讹作经］。

《元和郡县志》涪州［涪陵。下。］：［开元户六千九百九，乡二十六。元和户三百五，乡二十一。］。《禹贡》梁州之域，春秋时属巴国，秦为巴郡地。《华阳国志》曰：涪陵，巴之南鄙，从枳县入，溯涪水。枳县，即今涪州所理是也。与荆楚界相接，秦将司马错由之取黔中地。汉为涪陵县地，蜀先主以为涪陵郡。武德元年立为涪州，在蜀江之南，涪江之西，故为名。上元二年，因黄葟峡有獠贼结聚，江陵节度吕諲请隶于江陵，置兵镇守。元和三年，中书侍郎平章事李吉甫奏曰：涪州去黔府三百里，输纳往返，不逾一旬；去江陵一千七百余里，途经三峡，风波没溺，颇极艰危。自隶江陵近四十年，众知非便，疆理之制，远近未均，望依旧黔府。涪陵县［中下。郭下。］，本汉旧县，属巴郡。汉时赤甲军多取此县人。蜀置涪陵郡。隋开皇废郡，县属渝州。武德元年置涪州，县改属焉。

《元一统志》：地瘠民贫，务本力穑。其士亦喜静退，不为剽锐。

《方舆胜览》：二江商贩，舟楫旁午。

《明一统志》涪州［在府城东四百五十里。春秋巴国地，秦属巴郡，汉为巴郡涪陵县。蜀汉置涪陵郡，晋徙涪陵郡治汉复县，后周又徙治汉平县。隋初郡废，改汉平为涪陵县，属渝州。唐置涪州，天宝初改涪陵郡，乾元初复为涪州。宋以温山县省入，咸淳初移治三台山。元复旧治，寻并涪陵、乐温二县入州。本朝因之，编户一十二里，领县二。］、

武隆县 [在州南一百七十里，本汉涪陵、枳二县地，属巴郡。唐初分置武龙县，因山为名，属涪州。宋改为枳县，绍兴初复旧。元因之。本朝改为武隆县，编户二里。]、彭水县 [在州南二百四十里，本汉武陵郡之酉阳县地，自孙吴至梁并为黔阳县地。隋置彭水县，为黔州治所。宋以洪杜、洋水、信宁、都濡四县省入，绍定初升州为绍庆府。元为绍庆路，县仍旧。本朝省路改今属，编户七里。]）。

《太平御览》涪州：《十道志》曰：涪州，涪陵郡。《禹贡》梁州之域，周为雍州之地，春秋时属巴国，秦为巴郡，汉为涪陵县。《巴汉志》曰：涪陵，巴郡之南鄙，本与楚商於之地接。

《读史方舆纪要》涪州 [府东三百四十里。东至忠州三百五十里，西北至顺庆府广安州渠县二百七十里。]：春秋巴国地。秦属巴郡，两汉因之。蜀汉置涪陵郡 [《华阳国志》：汉建安中，涪陵令谢本以涪陵广大，白州牧刘璋分置丹兴、汉葭二县以为郡。璋乃分涪陵立永宁、丹兴、汉葭，合四县置巴东属国都尉，理涪陵。蜀先主改为郡，宋白曰：先主以地控涪江，于此立郡，领汉平、汉葭二县。丹兴，见黔江县。]，晋因之。宋、齐亦曰涪陵郡。隋初郡废，属渝州。大业初，属巴郡。唐武德初，置涪州 [刘朐曰：于涪州涪陵镇置]。天宝初，曰涪陵郡。乾元初，复曰涪州。宋因之 [亦曰涪陵郡]。元至元二十年，以州治涪陵县省入。明仍曰涪州 [编户十里]，领县二。今因之。武隆县 [州东南百七十里。东至黔江县二百三十里。汉涪陵、枳二县地，属巴郡。唐武德二年，析置武隆县，属涪州。宋因之，宣和初改为枳县，绍兴元年复故。元仍曰武龙，明初改龙为隆，仍属涪州。县无城，编户二里。县今省。]、彭水县 [今属酉阳，不赘。]）。

《水道提纲》：大江又折南流经黄草峡，而东南有梨河自南来注之 [俗曰离乡河]，江心有沙洲 [长十余里]。又东过铁柜山。又东经涪州城北。而东有黔江，亦曰涪江，南自贵州，合诸水来会于铜柱滩口 [黔江即乌江，见后]。大江既会黔江，又东北至南沱，折西北流二十里，复东北，又东南而东流，北岸受小水二 [曰渠溪河，出忠州西北山，西南流二百余里经丰都县北境，又西南至北碚镇之西入江；曰马滩河，出丰都北山，西南流入江]，南岸受小水二 [曰罗云溪，北流入江，其口正对北岸之马滩河；曰白水溪，在罗云溪东，东北流入江]。

《清一统志》：涪州 [在府东少北三百十里，东西距一百二十里，南北距一百六十三里，东至忠州、丰都县界六十里，西至长寿县界六十里，南至南川县界一百三里，北至长寿县界六十里，东南至酉阳州彭水县界一百六十里，西南至南川县界一百里，东北至丰都县界九十里，西北至长寿县界六十里。本战国时楚枳邑，汉置枳县，属巴郡。后汉及晋初因之。永和中，移涪陵郡于此。宋、齐因之。后周废枳县，徙郡治汉平。隋开皇初，郡废。十三年，移汉平于此，改曰涪陵县，属巴郡。唐武德元年，于县置涪州。天宝初，曰涪陵郡。乾元初，复曰涪州，属江南西道。五代属蜀。宋亦曰涪州涪陵郡，属夔州路。至元二十年，以州治涪陵县省入。二十一年，改属重庆路。明属重庆府，本朝因之。]

《乾隆府厅州县志》[征引见以上各书，不赘录。]

山川一[附形势。《陈志》序云：山川光乎岳渎。诗书所载，于以会阴阳，和风雨，奚止辨物知方[①]已耶？涪陵为西南名郡，秀气所钟，人文辈出。盖山川效灵之说，信不诬也。]

涪无名山巨浸，于载籍鲜可考据。然岩壑奥阻，非用武之地也。详其广轮，辨其山林川泽险易，坟衍原隰之数，以备体国经野者观览焉。

后山　自南川县金佛山来，至州境高凤庵蜿蜒而下，由冷水关[距城一百里]、宝顶寺经九颗印、大岭、碑记关，左右派分。右出为太和场、鸭子塘、月兴场、梓里坝、台子山、凤凰山诸山，纡回百余里，东界涪陵江而止；左出为蔺市坪，周轮多峭崖，或环溪堑。其上数十里，小山起伏，间以平畴。正干由马武场、酒店场而下，至靖远关，势渐低；至望州山，突起高数里。设关其上，距城十里可以远眺州城，路通南、綦。明曾英御张献忠于此关，破献忠，遂绕出綦江以窥重庆。山顶峰辟为三：右支直插涪陵江，扼险为黔江关[距城十里]，路通彭水县、南川县及贵州正安州。左支趋大江，凹处为鹅颈关[距城五里]；稍后一山，抱鹅颈关而前界大江屹然止，聚云寺踞其上；临江凿石为龟龙关[城西十五里]，路通长寿、巴县。中支由望州关迤逦而下堡子城高原[距城西南半里许]，同治初石达开围州城，曾督战于此。下即州城，据两江之会。城南有山隆然而起，名仰天窝，高逾城。其脉则由望州山右支凹处小关而下大梁子、马援坝，以迄环城之曼溪而止。

---

①　辨物知方：原志误作"办物知方"，据《刊误表》改。

北山坪　大江北岸，即《通志》"铁柜山"。其脉自忠州迤逦而来，至礤礤磴突起一峰，峰顶可以瞰南沱以下大江，诸山鳞次，以百数计。最著者，高与德胜、大石坡等砦深林密箐迢递①，至尖山子山势一振：左干至琛溪镇②而止，镇路通陕、豫，滨临大江；右干合帽盒、屯旗诸山直趋三台山一带，中经缺头、凉风、芝草等垭各隘口，尖山子正干至金井坝忽开平旷，约数里隐隆而起，冈陵回环，则为铁柜城，即北山之背面。山阳濒江，即北岩注易洞，为宋程子注易处。江南即州城。

鹤游坪［治北百里］　山脉乃礤礤磴北干也。入州境裴江场，起伏回旋至双碑卡。岌峣高耸为鹤游坪，高数里，横纵数十里。《锦里新编》谓形如天船。四周皆巉岩峭壁，路绕羊肠，盘曲而上，居人于扼塞处设有卡砦。坪外东西山缭绕曲屈，拱护如莲瓣，坪其蒂也。州同署居其中，名保和砦，实为州北形胜之地。故咸同间，刘汶澧、刘义顺、蓝朝鼎、李永和、周跰子③之属，咸思据以为巢。然规模狭隘，地势孤耸，足限人者适足自限，乡民团结，暂时自保可耳。山下三十里，北界垫江县。西自观斗山包家庙界长寿县，山脉起伏，连接黄草山直趋黄草峡大江而止。

插旗山　涪陵江东岸。拱抱州城，群峰合沓，与北岸诸山相对峙。山麓旧设抵塘汛，为通酉秀黔彭之孔道。其脉由鄪属之花尖崖而下，分为三支。左支由州属之厚坪坝，以达彭属之牛屵铺④。中支由州属桐梓乡之附近天台寺，即高起入云，绵亘数十里为鱼鳞箐，层叠至中嘴，而讫涪陵江。右支由北而西经鄪属之湘坝场、州属之滥坝子，山愈高峻，隆起数十里，接武隆；山中有阒天铺⑤诸山，绝险峻；极顶为牛皮箐，乃涪、彭通行之道，地寒风劲，不宜树艺。自牛皮箐而下，山复低，分为三支：右为铜矿山、梯子崖，入丰都界。左为金子山、角梆塞，滨涪陵江。中支过三窝山，势忽扬，为凉水铺；南回则为金堂寺、文昌寺；诸山北回则为雨台山、刘家山，下临大江则为群猪滩，明曾英御献逆处。由刘家山顺江下，入清溪镇界，势渐平远。唐开成三年，牂柯蛮寇清溪镇，镇兵却之，即此。其由凉水铺向西直趋至腰店子，峻岭突起数十丈，仑向西

---

① 高与德胜、大石坡等砦深林密箐迢递："与"字原志作"兴"，疑误，改。
② 琛溪镇："琛溪"下文亦作"珍溪"。
③ 跰（bāi）子：跛子，四川方言。
④ 牛屵铺：屵同"岸"字。
⑤ 阒天铺：即钻天铺。阒同"钻"。

北倾斜，插于大江，状如旗，因以为名。

弹子山［治南七十里］　涪陵江西岸，高几二十里，与东岸牛皮箐诸山相望。多大风，起则石之如杯如卵者，亦飞而扑人。不宜五谷，唯苦竹丛生，故俗又名冷竹箐。山脉由南川县金佛山来，右干入州境为焦汪砦、东山砦、分水岭、木花洞、龙洞［交贵州正安州界］，群峰分歧，至万家营、羊角碛等处，界涪陵江而止。左干为南山坪、红荷岭；岭凹为红荷关，峭崖对峙，形若斧，路通一线；关外即南川县界，路通贵州。咸丰十一年，石达开由贵州从此路入涪境。关内三十里即弹子山，州南诸水会白河，沿山至大溪河入涪陵江，群山截江止。

铁瓦寺山　州西南。由巴县、南川县之交蜿蜒来至州境铁瓦寺，南北横亘百里许至五堡山，濒江处即黄草峡也。其中支分派，别为明家场、大顺场，诸山右包新庙场、两汇口等处。

大江　在州北。自长寿县流入州界，至城合涪陵江，东北流入丰都县。《水经注》：江水自明月峡东至梨乡溪，历鸡鸣峡。江之南岸有枳县治。《方舆纪胜》谓之蜀江，自成都登舟至此十三程。

涪陵江　在州城东。《水经》：江水东至枳县西，延江水从牂牁郡西北流注之。郦注、《华阳国志》曰：枳县在江州巴郡东四百里，治涪陵水会，庾仲雍所谓有别江出武陵者也。水乃延江之支津，分水北注，涪陵入江，故亦名涪陵水也。又曰：延江出犍为南广县，东至牂柯鳖县[①]，又东北屈流，至巴郡涪陵县注更始水。郦注：更始水即延江支分之始。延江水北入涪陵水。按：南广郡县在贵州大定府境内鳖县，即今之遵义府，而牂牁故城在思南府境内。今考诸水，无有与延江相证者。详其原委，则与乌江相符。古之延江，当即今之乌江耳［本《水道提纲》及《省志》］。则是涪陵江，即乌江之下流矣。至其发源，旧志所引皆谓始于思州，经黔州与施州江会流，又经彭水、武隆二县，凡五百余里，与蜀江会于涪州东云云。考《水道提纲》《省志》，皆谓发源于威灵州，自

---

① 鳖（bì）县：原志误"鳖"作"鳖"，下统改"鳖"。据《汉书·地理志上》："温水南至鳖入黚水，黚水亦南至鳖入江。"晋常璩《华阳国志·蜀志》："犍为郡，孝武建元六年置，时治鳖。县十二，汉户十万。鳖，故犍为地是也。鳖有犍山。"北魏郦道元《水经注·延江水》："延江水出犍为南广县，东至牂柯鳖县。"等，当作"鳖"。鳖：古地名。西汉时为犍为郡治所，东汉时属牂柯郡。其地有鳖水。在今贵州省遵义市西。

西而东而北，源流二千三百里，会贵州大定、贵阳、遵义、平越、石阡、思南六府及湖广施南半府，四川酉、黔、彭、南、涪诸水，实为巨川。源流远近，相差甚钜，将何适从？唯是乌江，既即古之延江。而此江有乌江之名，实自贵阳府界。贵阳在思州以上五六百里而遥，则江源不出自思州而出自威灵可知也。至江至涪陵，其名称各书不一：有称涪水及涪江者，不免与北道之涪水、涪江相混淆；有因其来自黔中，称为黔江者，似又与乌江之名不相符。今遵《一统志》名为涪陵江，《水经注》所谓昔司马错溯舟取楚黔中地，《元和志》所谓关头滩悬岩倒水，舟楫莫通者，皆此水也。凡水所经皆巉岩乱石，所会皆清流山泉，故常渊澄清澈，可鉴毛发。春涨方兴，与蜀江会于城北，一碧一红，合流数里尚判然如划云。

剪刀峡〔李渡上数里。北岸石梁斜亘江心，长数百丈，前高后俯。水涨没梁，惊涛拍岸，声闻数十里；水涸成港，岸沚线路可通。同治九年滇、发两逆之乱，居民保梁自固者数百家，然亦幸贼踪未及耳。见旧志。〕

龙王沱〔城西大江。洄漩盛涨，江心盘涡三连缀而东，大容数间屋。每岁夏秋，官司禁重载，设有救生船。〕

龟龙滩〔州西十五里，龟龙关下。盛涨成坎，高数尺，上水险。〕

麻堆滩〔李渡南岸。水中蠢石高大，数倍龟龙滩。湍悍澎溃①，上水尤恶。旧设救生船，水落愈险。〕

河凤滩〔亦名火峰滩。在李渡上，蔺市下。北岸夏月上水险。〕

香炉滩〔治西六十里。上水险。〕

磨盘滩〔石家沱东五里。下水船最险，夏秋为甚。滩石上刻诗云：盘石镇江心，濛洄二水分。龙宫真咫尺，海屋最分明。署州人陈可则题②。〕

横石滩〔《方舆纪要》：在州西大江中，本名黄石滩。《后汉记》：岑彭破侯丹于黄石。章怀太子贤曰：即黄石滩也。杜佑曰：今谓横石滩，亦谓之石梁。《水经注》：江水自涪陵东出百里而届于黄石。今黄石在涪陵西。〕

横梁、马绊〔州西石家沱上二滩，相距里许。陶文毅《蜀游日记》：横梁马绊，诸

---

① 澎溃：音义同"澎湃"。
② 原志"题"为倒字。

皆险绝，水声轰然凡三十里至蔺市。有救生船。]

黄鱼岭滩［黄草峡东，北岸大石斜插入江，夏月洪涛腾涌，上下均险极。设有救生船。]

状元堆［城东北两江交汇处，水半涨甚险。]

群猪滩［《方舆纪要》：州东十里，水落见群石如猪。按：夏秋水涨，上下水皆险。江岸有巨石，团团矗立，高数丈，土人谓之"和尚石"。水至其足，则急湍成坎。上水极险，盘涡连环；下水尤艰，非练习水性者不能掉。若水至腰，则上下水皆停泊。待水落，滩声若雷，深夜澈于城^①。设有救生船。学使吴省钦《群猪滩阻水》诗：白蹢烝涉波，夜涨高数仞。膨脝伏波底，聚族肆砑磷。为犷为艾豭，睢盱竞观衅。磨牙吞客舟，立蹄作霆震。喷涌白浪花，漩涡圜如阵。非无柁与篙，激裂断寸寸。一起势一落，鱼腹葬同殉。连朝苦扎水，格豚恃忠信。拟操屠伯刀，肯肇恣排摈。长年启利涉，趋避贵精慎。千指争一撞^②，整暇如卧镇。汔济色死灰，秋风老霜鬓。]

陡岩子滩［群猪下五里，险同群猪。谚云：群猪陡岩，高挂灵牌。有事才往，无事莫来。]

门橌子滩^③［在陡岩滩东五里，大水险。]

银杯子滩［在门橌滩东二十里清溪场下，大水险。]

臽鱼背滩［水半落险。]

百牵滩［治东琛溪镇上游，江半涨益险。设有救生船。按《方舆纪胜》：以舟行至此，牵挽维艰也。]

庙矶子滩［治东琛溪上游，水落险。]

三官滩［琛溪对岸，水半落险。]

屏风滩［琛溪下游二十里南沱，盘涡三下，有簸箕石。舟行至此，宜傍北岸。放棹稍失，入涡则沉，触石则碎。半涨及盛涨均险。屏风，即南沱之唇齿也。因以名滩。见旧志。]

白浪滩［城东门外。江干乱石周围。春涨方兴，潏腾鼎沸，上下水皆险。]

---

① 澈于城：澈同"彻"。
② 撞（zào）：《广韵·号韵》："撞，手搅也。"
③ 门橌子滩：门橌即门闩，橌同"闩"。《集韵·删韵》："橌，闭门机。"

鸡子滩［白浪滩南半里许。江两岸石梁，若鸡张翼；江心石碛累累，其背也；南数十武，一石昂立，则其头。水发，滩截江断，长里许。按：涪陵江水力悍于蜀江。深春日暖，黔中崇山邃壑积雪消融，则涨盛于夏秋。谚云：三月鸡子，四月白浪。］

边滩［治东南百里。道光三年四月初三日夜分，大雨雹。山泉骤发，岩崩两巨石截距江心，水激雷震。半涨险绝，舟触石则不可救。下滩乱石层削，大者如车轮，盛涨盘涡汹涌，与上滩埒。按：涪陵江自边滩迤南，水急滩险。舟用厚木板，左偏其尾。掌舵立于船顶，以巨桨作舵，长几等于船，取眺望远而转折灵便。其船谓之厚板船。］

大角梆滩［边滩上二里。山麓凸起截水际，激湍悍怒。下有巨礕旁出，夏秋雨集，山水暴注，奔流灌江，势相敌。下水极险。］

老君洞滩［边滩上游十五里。东岸巨石礧砢，石脊隐见水际。雪浪层卷，高丈许。上水极险，盛涨则平。］

小角梆滩［老君滩上三里。一石碛逆插江西，水激成滩，狭而高，水势迅急。旧凿石以大缆贯之，引其端属。船头木桩，用二木横架。桩上数人轮转引缆绕桩，复以缆穿岩鼻，倒牵而前，舟乃得上。盛涨则平。］

羊角碛滩［武隆司北二十里。乾隆五十年六月初九日，山崩成滩，乱石棋布，亘五六里。江势抱碛，转狭处瓮水高数丈，悍湍汹涌。秋涸险绝，半涨亦恶。上下船必出所载，虚舟乃可行也。］

石床滩［羊角碛上游三里。水中巨石若展床，方广约八九丈，涸极则现。江滨层石叠碨，盛涨冲急迅悍。自羊角碛成滩后，水势遂杀。］

武隆滩［上游江面颇阔，及滩一束，旁纳溪水。滩势狭急，驶北飞奔，环抱武隆司署。秋涸，上水险。下为鞞箉石，翿翤^①森树，半涨雪浪掀天，大小舟不可行。］

关滩［武隆司上游十里。两山合沓，石激湍飞，上刻"澎湃飞雷"四大字，尾署"陈邦器题"。旧志载陈观察题州人舒其文《舟泊关滩》诗：险隘自天开，巉巉^②在水隈。悬岩^③惊瀑布，雪浪卷飞雷。万壑归吞吐，孤舟畏往来。关头^④如有吏，应进驿中梅^⑤。］

---

① 翿翤（qiào kàng）：高下不平貌。
② 巉巉：山石突兀、重叠之貌。
③ 悬岩：乾隆《涪州志》卷十一、同治《重修涪州志》卷十五"岩"字作"崖"。
④ 关头：关卡。
⑤ 驿中梅：表示对亲友的问候及思念。

横梁子滩［关滩上游二十里。巨石横陈，延袤二十余丈。盛涨盘涡，三若鼎足，然上下船多停泊以待水落。］

峡门口滩［自关滩入峡，两山嵚巇二十五里，至此万山如画，豁然开朗，滩流奔荡。秋涸，一碛亘江心。峡口盘涡大如屋，上下水俱险。］

土捞子滩［武隆司上游四十里，东岸岩崿岈嶙。水势曲折迅急，中有石梁截江高起，舟行如箭。转掳稍失，触梁则碎。水落上下均险。］

涪陵县续编涪州志卷二终

涪陵县续修涪州志卷三

疆域志三

山川二 [附形势]

按：州南通武陵，西接牂牁，群山环列，两水交会。据夔巫之上游，控酉秀之项背，毂绾川黔，屏障巴渝，实为川东之巨镇。然城滨江，势极卑下，四山皆可俯而瞰，不能据以守也。列其要塞如后。

望州关 [城南十里。]

靖远关 [城南十五里。]

黔江关 [城东南十里。]

鹅颈关 [城西五里。]

龟龙关 [城西十五里。]

小关 [在望州关东，山凹处。]

白云关 [州西南七十里。见《一统志》。]

清溪关 [州东南三十里清溪镇。见《一统志》。]

阳关 [州西。见《明志》。]

冷水关 [州南，与南川县分界处。]

碑记关 [州南，通南川县大道。]

华峰砦 [州东北，与丰都县交界。]

东堡砦 [州西四十里，即三台山。]

天宝寺砦 [州西南七十里。]

安全砦 [州西二十里。]

保和砦［州北，即州同署所在。］

天心砦［州南武隆司西龙洞场，有一巨石横蹲山后，高数十丈，阔数百丈。近因世变，土人于石迳设垒为卡，上建房屋以自保。］

夜吼湾［蔺市坪诸溪合为三水，分流入大石桥、白龙桥两溪，至夜吼湾山麓合而为一。山畔岩石凸凹处，成天然砦堡，可容数百人居。民略为修葺，咸同间避乱其中，皆获安全。］

大石洞［州东桐梓乡梨子树场，绝壁千仞，上有石洞，宽广约里许，可容千余人。四周皆峭岩，唯石侧一线羊肠可通。至洞口，复有巨石横阻，架阁道而后能入。中有泉水，四时不涸。土人于中修仓廪储蓄薪米，可为避世桃园。］

黄牛山［州东南，溯江四十里。见《一统志》］

天共山［州北六十里。见《一统志》］

崇山［在州东一百里许，俗名崇台，又名崇山城。袤十余里，草木荟蔚，土人资以畜牧。］

合掌山［在州西北五十里，二山相对，如合掌。下有毛家泉，一日三潮，旱祷辄应。］

钻天山［在州东武隆北三十里，盖即阛天铺。］

青云山［在州东武隆司东北五里。］

笔架山［在州东武隆司南二里，山势排如笔架。］

赤甲山［黄草峡东。据《诸葛武侯纪事》：赤甲山在李渡之上，蔺市之下，蜀汉时赤甲军多取其民。至杜诗之赤甲、白盐，则在夔府。］

观音岩［州南百里羊角碛场之北，绝壁千仞，下临黔江。岩畔有洞，洞口撑架小阁。入洞历石级下行，宽广约数十亩，极幽邃，昼入必以火。相传洞有六七层，今可通者唯两层，相间处窄如门。四周皆钟乳，盘结成为佛像、花鸟、器物，胥逼肖。咸同间，居民藉以避乱者数千人。］

老林口［在州南四十里。岩壁刻有"龙化县分水"五字，上有庙曰太平寺。岩迳崎岖，乱世恒多往避者。］

黄草峡［州西①九十里。唐杜甫诗"黄草峡西船不归"注曰：峡在涪州西。大历四

---

① 州西：原志误作"州西"，据《刊误表》改。

年，泸州刺史杨子琳叛，沿江东下。涪州守捉使王守仙①伏兵黄草峡，为子琳所擒，即此。诗见《艺文志》。按：其地江水险恶，为黄鱼岭滩。北岸为黄草山，南岸接五宝山，峰峦险峻，林莽丛杂，一荒寒岑寂之区也。]

　　鸡鸣峡［《水经注》：江水历梨香溪、鸡鸣峡②。在龟龙关上游，俗名马鼻梁。]

　　鹦哥峡［州南溯涪陵江三十里，两山雄峙。西岸石穴有巨长石，上积绿苔。春夏水涨，石半沉半浮，宛如鹦鹉浴于波间，故名。又江涨没路，岩畔凿有鸟道，上挂铁索③，行人攀挽以过，不啻飞行绝迹。光绪间，川督丁文成开径以便盐运。]

　　关滩峡［州南武隆司南五里，即《寰宇记》所谓关头滩、江门峡也。]

　　黄鱼峡［州东南武隆司西黄柏渡。河中有二石洞，间不盈丈，俗呼鱼泉。一出细鳞，一出白甲，均嘉美。其鱼大者十余斤，小亦数斤，夏初始出。据土人云：天干则鱼出多，涝则鱼少，以此可以觇岁云。《小雅》："众维鱼矣，实维丰年。"谓旱则鱼子为蝗蝻，不为鱼。此遇旱反多，不可解。]

水利［《陈志》无]

农田之命在水，旱则为灾。贪罂粟之利，不预蓄水，收烟距插秧半月耳。无霖雨，虽不旱亦灾，救济唯赖塘堰。临渴掘井，不已晚乎？

　　内河［源出梁山县东南山，西北流经垫江东境，至州属土祖场高滩，俗名高洞嘴。有小江自丰都宝顶山来，经垫江界而西注之。两水既合，山势陡落十余丈，汛流震如雷，实业家谓可安绝大马力之机器。自此以下，水势渐平，西南流经包家庙，又折而西入长寿境，复折入涪境，又西流经长寿，出龙溪河入大江。]

　　小河［州西北老君滩发源，历易家桥、飞龙场，会鹤游坪水，过院市寺、两河口，会内河。亦有灌田处。见旧志。]

　　筱溪［州西四十里。其源有二，一从龙里漕，一从芭蕉溪，至平滩河合流，南注大江。]

---

　　①　涪州守捉使王守仙：原志误作"涪州守提使王守先"，据《资治通鉴·唐纪·代宗大历四年》改。守捉使：唐至元设置的地方军事长官，后改为团练守捉使，简称团练使。
　　②　《水经注》卷三十三原文："江水又左迳明月峡，东至梨乡，历鸡鸣峡。"
　　③　上挂铁索：原志误作"上排铁索"，据《刊误表》改。

小琛溪［自后山金鹅洞发源入于江，约二十余里。溉田数十顷。］

渠溪［州东北。自忠州眷井发源西流，长约百余里，其中溉田不少。至琛溪南注大江。］

碧溪［自垫江发源，过丰都界至州属云里下高滩。所经亦间修水堰，可溉田千余亩。］

梨乡溪［州西六十里，纳西南青羊铺河、龙潭子河诸水，至两汇口势渐平阔。夏涨时，小舟可由蔺市直通两汇口。其沿溪多竹，居民咸制纸为业，因以资运输焉。］

大溪河［州东南，《省志》《蜀水经》名白水。源出南川县南大山，有二源合，西北流经县城西，折东北流于城北，受东南来之流金水。又东北流，有石牛河合二水东北流来会。流入州境，纳东南诸水潜为鸭子塘，可通小舟。北流绕弹子山，东注涪陵江。］

黄柏渡河［州南。在武隆司东南，自龙洞场大山发源，东北流入涪陵江，可溉田数百亩。］

木棕河［州东。在武隆司东，自麻汪洞发源，至木棕滩与小木棕河合流，西入于涪陵江。］

黄溪口［州西北十里，自"三涨水"发源，历孟家坝，南出大江。］

金钗堰［州东土地坡场①，水自赤沱坝发源。至场界，居人左右筑堤堰分接溪流，溉田数千顷。东北流至南沱场汇大江，名桐柏溪。］

散水坝［州东。道光初，截溪流鳖筑长堤十余里，溉田至千顷。］

青鱼塘［州南庞家坝，能溉田数百亩。］

金鹅洞堰［州东北琛溪镇，可溉田数百亩。］

土地坡塘［州东北。南岸环山腰，长数里，潴水可溉田千亩。］

茂春塘［州东福来乡龙坝。塘面约广三里，深不可测，溉田数百亩。］

罗家坝堰［州北百福乡，可溉田二千亩。］

段家堰［州北百福乡，可溉田二千亩。］

郭家沟堰［州北百福乡，可溉田一千余亩。］

黄葛桥堰［州北百福乡，可溉田一千余亩。］

九洞桥堰［州北百福乡，可溉田八百余亩。］

---

① 土地坡场：原志误"土"作"士"，据下"土地坡塘"改。

石转溪堰 [州北百福乡，可溉田百余亩。]

庙垭场堰 [州南。堰长十余里，可溉田数百顷。]

马滩河堰 [州东琛溪下游。道光初，土人凿堰接溪流，长数百丈，溉田数百亩。据居人云：其上流十里近义和场之高滩河，地势尤佳，亦曾置闸修堰。只碍于业户所有权，修导不远，沾溉不广。]

袁家溪 [州西。源出马武场二滕岩，经麻堆坝、张家坝入于大江。长约三十余里，溉田数千顷。]

东流溪 [州南。有二源：西出大梁子，过骆马洞[1]至平滩子，达于双河口；东流自太和场，经桄子垮，至双河口与西源会。经梓里坝纳诸水至庞家坝，入山伏流十余里，出天生桥至小溪，注涪陵江。约长八十余里，灌田数千顷。]

磨盘沟 [州东。自经堂寺诸山发源，西北流至合口，筑有长堰溉田。其水可安置水磨水碓，西注涪陵江。]

白石溪 [州东。在武隆司南，自信水发源，溉田数百亩，至土沱注涪陵江。俗名老盘沟。]

龙溪河 [州东。在武隆司东南，纳诸水东南流注涪陵江。其中可溉田者，数处约数百亩。]

彭家岩堰 [由古井流溢，可溉田数百亩。]

小马武垭堰 [山坳处有泉趵突而出，汇为渠，引之溉田百余顷。]

双分堰 [州西蔺市坪。水自文家灏来数十里，土人引为二渠，溉田数百亩。]

瀑布岩 [州西北拱坝南，悬瀑百尺，盛夏不涸。穿渠山麓，溉田数百亩。]

老龙洞 [州东北五十里，上下二洞。上洞水出而伏，下洞减滔突出，灌田数百顷。]

枇杷洞 [州东八十里，通洫溉田百顷。石柱一，撑[2]出洞口二尺许，如龙爪握珠然。]

罗云坝 [三堰：一柞马，一枇杷，一游兰。坝中腴田数千亩赖以灌溉，盛旱不灾。]

---

① 骆马洞：俗传东汉杨虚侯马武讨征武陵蛮时，行军至涪陵城南五十里今马武垭一带，有一匹骆马（白身黑鬣的战马）受到小溪旁边森森然轰隆作响的高崖壁洞的惊吓掉落水中，溪因得名骆（落）马河，洞得名骆（落）马洞。本志卷二十二马提干诗《涪州十韵》有"崖高落马悬"之句，应即谓此。

② 撑：古同"支"，支撑。

观音洞 [庙可十余亩，奇石玲珑如柱立，大石盖之。内壁石龛，非人工可就。下地出泉，清洌味甘，缭而曲，蔼之溉田百顷。（旧志）]

橘子庵大堰 [州东北琛溪镇，又名大沟。嘉庆间，副贡况抢标率族人创修，溉田数千亩。其岁修费由况氏宗祠拨款。]

古迹 [《陈志》序云：昔司马迁适鲁，观仲尼庙堂、车服、礼器，低徊不能去；适长沙，观屈原所自沉渊，未尝不垂涕，想见其为人。故迹之感人，良有以矣。涪陵，蜀之名区。其英贤硕彦，游宴赏眺山光水涛、杰阁雄台、青冢白杨，当不相远，叠遭兵燹毁残。虽荒烟蔓草中，而残碑断碣尚辨其姓氏。则夫胜场犹在延寿之赋《灵光》，今昔将无同耶！]

阮步兵登广武，叹"时无英雄，遂使竖子成名"，盖所感触然也。过古人耕钓栖息觞咏之地，留连不忍去，其必有思乎斯。世一变迁，即一洪荒也，对之怃然。

枳县故城 [《一统志》：在州西。古巴邑，汉置县，晋永和中为涪陵郡治。后周废，入巴县。隋于此置涪陵县，唐宋为涪州治，元省。《战国策》苏代曰：楚得枳而亡。《华阳国志》：枳县在巴郡东四百里，治涪陵水会，土地确瘠。《水经注》：江水历鸡鸣峡，江南岸有枳县治。《元和志》：涪州西至渝州，水路二百四十里[①]。《寰宇记》《四夷县道记》云：自涪陵西溯蜀江十五里，有鸡鸣峡。上有枳城，即汉枳县也。李雄据蜀后，乱废。桓温平蜀，别立枳县于今郡东北十里濡溪口。又置枳城郡，寻废。周保定四年，涪陵首领田思鹤归化，于故枳城立涪陵镇。开皇三年，移汉平县于镇城，仍改汉平为涪陵县，因镇为名。大业二年，又罢为镇。《舆地纪胜》：故枳城在巴县东北七百五十里。以上见《省志》。按：所谓自涪陵溯江十五里者，即今龟龙关；所谓鸡鸣峡，即俗所谓马鼻梁山是也。]

汉平废县 [《一统志》：在州东南。三国汉置，晋因之。宋省，齐复置，隋又废。《华阳国志》：涪陵郡汉平县，蜀延熙十三年置。《水经注》：江水自涪陵东经汉平二百余里。《寰宇记》：汉平县在今涪州东一百二十里，罗浮山北，岷江之南，白水入江处。开元三年，移入涪陵。见旧志。]

---

① 二百四十里：按《元和郡县志》原作"西南至渝州水路三百四十里"。

武隆废县 [《一统志》: 在州东南。唐置, 曰武龙县, 属涪州。明初改名。《元和志》: 西北至涪州一百二十五里, 本汉涪陵县地, 武德元年分立。《寰宇记》: 本涪陵、枳县地, 以界南武龙山为名。《宋史》: 宣和元年改武隆。康熙中, 并归涪州, 设巡检, 有城, 周二里有奇, 在州南一百七十里。见《省志》。按: 今武隆司滨涪陵江东岸, 无城垣, 户口不满百家。]

龟陵废县 [在今治西大江滨, 山形似龟, 城其上, 名龟陵城。后徙, 今为东堡砦。东门石壁刊有碑文云: "守臣杨□奉命相视三台, 申闻创筑。宋咸淳丙寅春记。" 按:《全蜀艺文志》有杨兴《龟陵县志》序, 或即杨兴。旧志: "咸淳二年, 移治三台山。" 考之史, 咸淳元年乙丑, 据年代亦当以此为近。至今砦内石兽尚存。]

北岩 [州城大江之北, 上有注易洞, 为宋程伊川先生谪涪时注易之所。又有三畏斋及尹子读书处、黄涪翁洗墨池。岩壁多宋以来名人留题, 半漫灭不可识。惟山谷书 "钧深堂"① 与朱子七绝一首刻石尚存。光绪丙午, 邑人邹鸿定东瀛留学归, 办师范学堂及州中学于旧钧深书院, 见古迹荒凉, 拟振兴之。时番禺蔡乃煌观察任涪土药总局, 乃商请蔡提倡劝募约八百余金, 庭宇台榭、池沼蹊迳焕然一新, 并摹刻名人楹联十余轴悬于各处。昭忠祠迤西建一门, 题为 "北岩公园"。凡亭台屋宇, 皆备有桌几, 以供游息。今已荡然无存矣。兹将前人留题诗见于旧志者, 节录于后。张应麟《九日偕但富顺李印江登北岩》: 殊方又见菊花开, 故国曾无白雁来。到处茱萸堪插鬓, 频年风雨罢登台。偶逢剑外神仙令, 同醉霜前浊酒杯。天地西南饶物色, 凭高欲赋愧非才。邑人何以让《北岩怀古》: 维石岩岩在北山, 四围烟树入云间。当年注易人何在, 此日谈经洞未关。夹岸芳洲铺锦绣, 一江春水隔尘寰。登临欲究羲皇②蕴, 遮莫忘机月下还。]

钧深堂 [在北岩东。宋程伊川谪涪, 即旧普净院辟堂, 黄山谷为题 "钧深堂"。宋嘉定间, 州守范仲武塑像祀之。前州牧萧重修, 历久倾圮无存。康熙癸巳, 州牧董重修, 仍颜原额。乾隆十四年, 州牧罗复建作书院。光绪壬寅, 改为师范中学堂, "钧深堂" 三字刻于岩石。吴学使省钦五律: 有客传周易, 遗踪在北山。乾坤窥橐籥, 姤复见循环。春入风吹坐, 冬来雪满关。欲寻河洛理, 翘首几追攀。巴县进士龙为霖五古: 画前已有

---

① 钧深堂: "钧深" 取自《周易·系辞上》: "探赜索隐, 钧深致远。" 比喻探讨深奥的道理。
② 羲皇: 指伏羲, 中国神话传说中的人类始祖 "三皇" 之一, 故称。《陈志》卷十一《艺文志·诗选》作 "羲图", 指相传由伏羲所作的太极八卦图。据诗意, 显然当以《陈志》为是。

易，谁其见天心。画中自有易，千古任追寻。味淡惟元酒，声希识太音。求溪三十载，妙蕴时浸淫。小子方门外，何由识浅深。堂左为程子祠。壬寅，云主讲席，添设刘忠愍配享，龛又左为四贤祠。]

注易洞 [在钩深堂西，程伊川谪涪时注《易》于此。背岩面江，景极幽邃。宋以来名人留题甚多，咸漫灭不可考。王士正[①]典试四川道经涪陵，游北岩注易洞留题及石琢堂太守和韵，均见《艺文志》。洞外建阁，名"观澜"。光绪中，州牧杨重修，楼上设骆文忠公神主。]

致远亭 [北崖东，宋嘉定间州守范仲武建。]

碧云亭 [《舆地纪胜》：亭在州对江北岸上。每逢人日，大守率郡僚游宴于上。见《一统志》。按：亭在注易洞下山腰，相传始建于宋，明季重修。结构极奇，历数百年略无攲侧。]

三畏斋[②] [北岩侧，宋尹和靖先生曾居于此。州牧张晴湖建屋祀之，石壁刻有"尹子读书处"。]

洗墨池 [北岩致远亭右，有溪积水若池。宋黄山谷涤砚于此，故名。]

白鹤梁石鱼 [在城西江心。旧志：尔朱真人浮江而下，渔人有石姓者举网得之，击磬方醒。遂于梁前修炼，后乘白鹤仙去，故名。梁石刻有双鱼，皆三十六鳞，一衔芝草，一衔莲花。旁一秤一斗，其缘起不可考。唯唐广德中刺史郑令珪已载上其事，谓其出为丰年之兆。相传历代名人留题甚多，迩来水虽极涸，宋以前之刻石皆不可见。江心渐高，古今固自不同。兹将旧志所载刻石人名节录如后[③]：端拱元年朱转运昂诗序，皇祐元年刘转运石鱼诗，王季和题名，熙宁元年判官徐庄，熙宁甲寅奉节县令黄觉，熙

---

① 王士正：原名王士禛，一作王士祯，别署"渔洋山人"，是清初诗坛领袖、著名学者。曾于康熙十一年（1672）三十九岁时奉命典四川乡试、康熙三十五年（1696）六十三岁时奉命祭告山川岳渎两度使蜀，沿途赋诗颇多。其身后曾因避清世宗雍正（胤禛）之讳追改王士正。

② 三畏斋：原志误"三畏齐"，据《刊误表》改。

③ 下列"刻石人名"错误较多，且先后顺序及文字表达亦有混乱纠缠处。如："吴镇"应为"吴缜"，"姚班"应为"姚珏"，"吴华"应为"吴革"，"朱守裔"应为"朱永裔"，"陶侍卿"应为"陶仲卿"，"刘子叔"应为"刘叔子"，"王士贞"应为"王士禛"或"王士正"。按照"先后题名"排列，"王季和题名"在淳祐四年甲辰（1244），不应列在"熙宁元年（1068）"、"熙宁甲寅（七年，1074）"、"熙宁七年"等等之前；而所谓的"朱守裔纪事"在淳熙六年己亥（1179），却排在"乾道三年（1167）贾振文"之前，以"又"字接在"绍兴乙亥（1155）盛景献游记"后。如此种种，读用时自宜小心明辨。

宁七年都官郎中韩震、判官禄几复，元丰元年吴镇，元祐六年知军州杨嘉言，元祐癸酉郡守姚班，元符庚辰黄山谷，大观元年知军州庞恭孙，政和壬辰阆中蒲蒙亨，宣和四年权知军州吴华，宣和乙巳阆中毋丘兼孺，建炎三年徐兴卿，绍兴壬子蔡惇又赵子遹，绍兴庚申郡守孙仁宅，绍兴庚申周诩，绍兴壬申晁公武又济南张彦中张仲通、汝南张宗态，知涪州军州军事何宪，绍兴甲子晁公遡又杜肇，绍兴壬辰州人杜与可，先后题名。绍兴乙亥盛景献游记又朱守裔纪事，乾道三年贾振文，淳熙戊戌冯和叔题名、陶侍卿游记、徐嘉言纪事，嘉定庚辰曹士中、宝庆二年李玉新、绍定庚寅谢兴、淳祐癸卯张明父、淳祐戊申邓季中题名，宝祐二年蹇材望诗序，宝祐判官何震午题名、刘子叔诗序；元至大辛亥聂文焕，至顺癸酉张八万题名；明洪武十七年州牧刘冲霄诗，正德丙寅按察签事李宽诗，七叟胜游刻石，张楫诗、罗奎诗；清典试王士贞诗，太守石蕴玉诗，州牧张晴湖诗，俱刻石。选可诵者，入《艺文志》。]

[附石鱼考①。《寰宇记》云："开宝四年，黔南上言：江心有石鱼见。上有古记云：'广德元年二月，大江水退，石鱼见，部民相传丰稔之兆。'"按：此条李调元编入黔江县，误矣。开皇间，涪陵隶黔州，故云"黔南上言"。且所谓"大江"，明指蜀江而言。蜀江至涪，会涪陵水东下，并未经黔江区域，足以证李说之误。]

种松山[州东二里。《舆地纪胜》：州产松屏石，出山间。相传尔朱先生种松于此，映山之石皆有松纹。]

游兰山[州东七十里。《舆地纪胜》：在涪陵高松乡，地名罗云。唐兰冲虚真人修炼处。人自洞门望见丹灶有真人题字，岩石自摇欲堕，骇不敢至。]

许雄山[州南七里。见宋马提干《涪州十韵》诗，载《艺文志》。]

龟山[州东。《舆地纪胜》：在黔江东岸，古州治据其上，其形如龟，故州亦名龟陵。]

白岩山[旧志：小江之南，昔王真人修炼于此。岩如壁立，上有二洞，人迹罕到。《省志》谓：王真人修炼处为北岩，洞即程子注易洞。今考：北岩之洞，并非人迹不到。则王真人修炼处，当属黔江西岸之白岩，与大江北岸程子注易洞另为一处。]

罗浮山[《一统志》云：在州东一百二十里白水入江处。考白水入江处即大溪河，其南则弹子山，北则老林口。弹子山孤峰童童，然似无可取。唯老林口葱茏挺秀，其

---

① 附石鱼考：原志误"考"作"攻"，据《刊误表》改。

岩壁间尚刻有"隆化县界分水"六字，殆所谓罗浮山欤？]

武隆山［在州东南。《寰宇记》：唐武龙县，以邑界武龙山为名。《明统志》：龙桥山在武龙县东十五里。逶迤如龙，下有空洞，即武龙山也。见《一统志》。]

盂壁山［在州西五十里，州人何环斗建琴堂书院于其上。今已圮。]

鹰舞山［在州南五十里。每年三月，有群鹰数百翔舞其上。鹰多之年，岁稔。上有古刹。见旧志。]

清溪洞［在州东。《舆地纪胜》：在高松乡岩穴中，有石洞二处。一自洞门入，有清水一潭。]

八卦岩［州南百里。岩壁有天然八卦，又名宗师岩①。明司谏刘菠习《易》于此，被刑之日，岩崩见图。见旧志。]

开池［州东三十里，出刚铁，土人以为文刀。见《元和志》。]

铜矿山［州东八十里，前代开矿尚有遗迹。]

五花山［州西二十里，五山排立如花。见《一统志》。]

铁柜山［州北。《舆地纪胜》："名吴君山，横亘江北，与废涪陵相对，雄压诸山。""在州北五里，屹置如柜，相传武侯尝屯兵于此。其南二里为北岩及宋程颐注《易》之所。"以上见《一统志》。盖即北山坪也。]

七龛山［在州东南。《舆地纪胜》：在武隆县北十五里，山有七窍，故名。又石尖山，在武隆东北十里；青云山，在武隆东北五里。均见旧志。]

神凤山［在州东南。《舆地纪胜》：在武隆县东十五里。见《一统志》。]

鱼藏子岩［州东八十里。岩壁有门，入数百步，积水多鱼。春夏水涨，裹粮而渔者甚多，故名。]

晏子山［在州西北五十里，晏亚夫读书处。其下为夫子坪。]

独石山［州南一百里。清凉寺山下半里许，突起一山，高数十丈，长约百丈，磷磷特起，略无罅漏，盖一石也。顶盘虬松一株，根透石身，殆百年物。]

虬舞岭［州南七十里。山势蜿蜒若虬，上多秀石，高耸入云。乡贤蔺希夔名以"云峰"，以云生灭验晴雨也。上一巨石，高约二丈，阔丈许。着石三，高广寻丈。二石相

① 宗师岩：原志误作"宋师岩"，据乾隆《涪州志》卷一《封域志·山川》改。

间立，一跨之跻，其上摇摇欲活；数人力推之，反不动。岭坳巨石累累，断而仍连。其数七，方正不欹。巨石中空，可坐百人，名"神仙洞"，相传有神女止此。其侧为云峰寺，去蔺希夔万松窝宅里许。]

云梯岩［州西三十里北拱坝南有山屹立，可以远眺大江。岩壁刻有"云壑奇观""江山一览"等大字，书法苍劲，题款剥蚀，类数百年前人遗迹。上有古刹，名云梯寺，景极清旷。]

白龙洞［在州西六里。见旧志。]

挂榜岩［州东一百里。山石明如水晶，横数百丈。下有大洞，广数十丈，可容万人。见旧志。]

见凤岩［州北十五里，岩间石壁镌有"见凤"二字。]

石门［《寰宇记》：涪陵均堤东十三里有石门，门东有石鼓，叩之其声清越。]

铜柱滩［城东。《寰宇记》：马援始欲铸铜柱于此。又云：昔人维舟，见水底有铜柱，故名。]

歇圣滩［城北关外，季汉张桓侯取川镇阆时常往来于此。宋大观中，祠前掘地得三印、佩钩、刁斗，上刻侯名，仍沉之以镇滩险。]

排亭［范成大泊舟排亭，浊浪汹涌，移舣涪陵江。]

咸泉［《郡志》：武隆县距白马津东三十余里，江岸有咸泉。初，康定间[①]有程运使舟次鹊岸，闻江中有硫磺气袭人，谓此必有咸泉。召工开之，果有咸脉。时两岸薪蒸赡足，乃迁忠州灶户，教以煮盐之法，立四百余灶。由是，两岸林木芟薙童然。按：即今羊角碛滩上游。水落时，其煮盐故迹尚在。水淡而多腥，无可煮也。]

蔺市［州西六十里。宋开庆间，蒙古主蒙哥攻合州，命其将纽璘造浮桥于涪州之蔺市，以拒援兵。吕文德攻浮梁，力战得入重庆。]

三仙楼［州北北岩东。三仙谓尔朱先生、兰真人、王帽仙。见《一统志》。]

四贤楼［州北北岩西。四贤谓宋程颐、黄山谷、尹焞、谯定。见《一统志》。今在钩深堂内。旧志：在文庙侧，守道丁公建，碑记尚存。后增晁亚夫为五贤。]

吴公堂［州南。旧有溪水泛滥，宋太守吴光辅疏之。民怀其惠，故号吴公溪。其

---

① 康定间："康定"原误"定康"。康定：北宋仁宗赵祯年号（1040—1041）。

孙信仲继守是郡，临溪建堂，因名。迨晏亚夫居此，又名晏溪。]

聚云山 [即龟龙关高山。上有聚云寺，景极幽旷，有石刻唐"贞观"年号。清州牧国栋有留赠寺僧诗，州人侯天章亦有题聚云寺诗，均见《艺文志》。]

黄舣沱 [州西五里，宋黄山谷往来舣舟于此。见旧志。]

晏溪堂 [城东天庆宫梵宇，相传为晏亚夫旧居。溪环其下，亦名晏溪。]

学士印 [龟龙关下。江干一石，方八尺，高丈许，四壁壁立而杀其上，纽长尺余。明张丹坪先生有诗刻纽上，水落则见，以沙积占丰歉。]

白云书院 [州南百里。刘司谏秋佩之家塾，后为僧寺。同治间，其裔孙与里中学子就梵宇修复之。]

白马砦 [州南。宋置有白马盐场，大观四年砦废。《九域志》：涪陵县有白马驿盐。《舆地纪胜》：白马津在武隆司三十里[①]，有盐场官，宋置。白马砦，今白马镇。]

万松窝 [乡贤蔺希夔故宅。]

花园 [治西七十里，州人陈可则先生故宅也。宅右池榭亭址犹存，石壁镌诗云："扫石云依席，鸣琴鹤在阴。故人今已约，徐上快哉亭。"有擘窝书[②] "高山流水"四字。见旧志。]

北塔 [州东北大江南岸刘家山脊[③]，献逆毁之。同治己巳年重建。]

宝月帖 [《谭苑醍醐》：秦子明，涪州人。买石摹刻僧宝月古法帖十卷，载入黔中，壁之绍圣院。《宝月帖》，在隋《开皇帖》、南唐《升元帖》之前，比之金薄匮纸、银锭檬痕者，优劣相愚矣。见旧志。]

宋板淳化阁帖 [州人石彦恬记云：《帖》，年大将军故物也。雍正间，大将军有罪被逮，籍没薪水。王公国英时令宛平，收载以归，世称薪帖。王仕至广东都转运使，子孙宦游，《帖》听庋阁，迨少拓本行世。道光甲辰，予自闽解官归蜀，避水鄂渚。闻王

---

①　白马津在武隆司三十里：原志"津"误"涑"，且《舆地纪胜》卷一七四原载为"咸泉在武龙县，距白马津东三十余里江岸……"，意思上有较大出入。

②　擘窝书：即本卷下文"涪陵名胜""听鹤楼"诸条之"擘窠书"。擘窠书：书体名，又称"榜书"或"署书"，泛指题写匾额所用的楷体大字。其得名，一说因古人题额或写碑版，为求点画匀整，先以横直界线划为方格（即擘窠），然后分格书写；一说擘指"巨擘"，窠即"大指中之窠穴"，写大字时须"把握大笔在大指中之窠"即虎口中，故"大笔大书用擘窠"（清朱履贞《书学捷要》）。

③　刘家山脊："脊"原作"磳（瘠）"，误。

氏子携此求售，倾资购之。资尽，遂留鄂，命工拓出。公於知好夫法帖之名，宋以前只碑本单行，若刻集汇部，实椎轮淳化也。泉州马蹄祖本已失，贾似道半闲堂银钉本已就湮没。今所行者，惟肃府枣木板，钩手、刻手逊此不啻数等，论古者当求之神韵耳。旧阁帖卷首有"臣王著模"四字，卷末圣旨抬高一字，是则然矣。吾友李司马石筠闻之，自武穴来贺，口诵"空斋昼静闻登登"句，入门笑曰：从此可名"涪帖"矣。予曰：然。此物往在王侯卿相家，何缘而入吾手耶？乃记而刻于后。]

　　凉水井［井距冷水关三里，石凹处泉水寒冽异常，相传关名冷水以此。]

　　不倒碑［冷水关西七八里许，有土阜。相传明末张献忠竖旗于此，戮人极多。忽讹言：山上有石碑将扑。贼惊避，不复戮人。至今石碑尚存，高八尺，广四尺，孤立石座上。座无衔逗痕，一人撼之则灵活欲倾，多人推之反不动，亦奇碑也。上有字迹，漫不可以辨识。]

　　祈雨潭［龙潭场八里许，有大溪。其流出蔺市，合大江。在龙潭场境内有三大黑潭，宽广约十数丈，大旱不竭，相距各十余里。上黑潭尤奇异，每遇亢旱，里人集众，期抱竭潭水，未及半而必雨，往往不爽云。]

　　奎星阁［在东门城堙，咸丰戊午重建。]

　　青龙阁［在小东门城堙，为江西会馆所建筑，高峻不亚于奎阁。]

　　之溪［治北五十里水口庙后，溪形曲屈如之字。故安化令何浩如结亭读书溪上，至今亭址犹存。]

　　汉涪陵太守阙［题云："汉涪陵太守庞肱阙"。庞肱，士元子，汉后帝时常为涪陵太守[①]。淳熙中，贤良任子宣舟过涪陵，于小民家见汉隶隐然，遂载以归。碑在左绵任贤良家，至今存。此事得之夔路钤辖冯田，乃任之甥。]

　　唐千福院水泉记［光启中，太守张濬撰。]

　　李文定公神道碑［在报恩光孝禅寺，张方平撰。]

　　普净院记［在涪陵江北，治平间校书郎傅耆记。]

　　誓虎碑［在许雄山下广汉县令神道，俗传为誓虎山。碑仆，虎入城。县官设祭复立，

---

　　①　按，原志"汉涪陵太守阙题云汉涪陵太守庞肱阙"通为标题大字；"汉后帝时常为涪陵太守"："常"字通"尝"，以下类似不注不改，存其旧貌。

虎遂止。]

古书山碑［去乐温县四十里。按山上石刻云：唐大历间有人修此山路，于石穴中得蝌蚪书数轴，"古书"之号以此。]

宋山谷碑［在涪陵县尉廨厅。]

涪陵纪书录［纪伊川、和靖诸贤语录。]

花蕊夫人诗残碑并序［熙宁五年，臣安国奉诏定蜀民所献书可入三馆者。得花蕊夫人诗，乃出于花蕊手而词甚奇，与王建《宫词》无异。建，自唐至今，诵者不绝口。而此独遗弃不见取，甚为可惜也。臣谨缮写入三馆而归，口诵数篇于丞相安石。明日与中书语及之，而王珪、冯京愿传其本，因盛行于时。花蕊生伪蜀，孟昶侍人，事在《国史》。安国题。附录残缺碑文："翔鸾阁外夕尸接连望见内家过罨楼船　内人追逐采　岸飞芦"，共计二十三字。予守涪陵，历数载矣。戊辰冬，偶于署之艮隅瞥见残碣数寸，其字全者十九，缺者五，盖宋花蕊夫人费氏《宫词百首》之二也。原词云："翔鸾阁外夕阳天，树色花光远接连。望见内家来往处，水门斜过罨楼船。""内人追逐采莲归，惊起沙鸥两岸飞。兰棹把来齐拍水，并船相对湿罗衣。"二词乃百中之二，而"望见内家"、"内人追逐"之句，尤其天然声情，不可磨灭者。且字体袅娜多姿，虽落落如晨星，复何憾焉！按《通志》涪郡古迹载：王安国花蕊诗句，此石当为安国熙宁五年定蜀时所刻，序云：得花蕊夫人诗，乃出于花蕊手。此刻或即摹花蕊手迹，未可知也。东坡居士曾书此词三十首，刻之《晚香堂帖》中，则当时见重于文人学士，争诵流传，略其人而取其材，大概可想见。今适得残碣，不忍抛掷，因属长子承基将原石嵌之壁间，复摹勒于石，俾好古者览之。嘉庆己巳二月，北平李炘识。]

龟陵记［杨兴序。]

新志［郑鉴序。]

刘让阁道题字［建宁元年。《隶释》云：相传在蜀中阁道。字原云：在涪州。]

石瓮碛［《舆地纪胜》：在州东。又《省志》：相传在东渡高峰之上。按旧志《艺文》载有宋盛景献锦绣洲刻石云：襄阳盛景献，绍兴岁乙亥正月七日率河南张景南、河内游正父游希尹雷泽孟虞卿泛舟江南，折梅赋诗。复挂帆至石瓮下步磐石，席坐纵饮。既醉，日暮溯江而归。据此，则碛与锦绣洲相接，即俗所谓"石锅石灶"。《舆地纪胜》谓"在州东"，尚不相远。至《省志》，谓"在东渡高峰之上"，则误甚。]

绵竹令王君神道［字原云在涪州，题云："广汉绵竹令王君神道"，凡九字。《隶释》云：微杂篆体，绵字作日，下略与县字相混，故赵误作广汉县令而其借苓为令也。案：《金石录》又误合刘让阁道题字为一碑，故以为建宁元年十月造。而此碑则无年月字，原阮辨其误，又云建宁元年立，何也？见旧志。]

荔枝园［一名妃子园，在州西十里。唐天宝时，涪陵贡荔枝，即产于此。东坡有诗载《艺文志》。永川进士李天英题句云：栈阁铃声杂雨悲，马嵬谁更吊蛾眉。荔枝不管兴亡恨，一夜春风满旧枝。]

朱子碑［现存北岩中学堂内。其文云：十月十六日，熹顿首：去岁暮何幸辱远访，得遂少款，为慰为慰。顷客舍语别，忽期年又两三阅月矣。不审何日得遂旧隐，官期尚几何时，比来为况何如？读书探道，亦颇有新功否耶？岁月易得，义理难明。但于日用之间，随时随处提撕此心勿令放逸，而于其中随事视理，讲求思索，沉潜反复，庶于圣贤之教渐有默相契处，则自然有得，天道性命真不外乎此身。而吾之所谓学者，舍是无有别用力处矣。相望数千里，无由再会面。因书涯略，不觉缕缕，切勿为外人道也。此书附建昌包生去，渠云自曾相识。且欲求一异书，不知果有之否？刻舟求剑，似亦可笑，然亦可试为物色也。所欲言者，非书可悉。灯下目昏，草草不宣。熹再拜周卿教授学士贤友：□濂溪文字，后来更曾访问得否？去岁归建阳后，方得于此所惠书并书稿策问。所处既非今，又何敢复道耶！熹。]

程遇孙诗［镌北岩，载《艺文志》。]

三台山咸淳碑［见沿革。题云：涪守臣杨□奉命相视三台，申阃创筑。咸淳丙寅春季记。]

南宋断碑［无首尾，缺题缺名。其文云：……诸公计未决。朝忘其事夕失功，讵可因循守常法！人心感处是天心，至诚解使金石裂。形势不宜久冷落，鼓作须及人情热。每忧奸雄乘风尘，它日未易倾巢穴。人才政事所急者，世间伊吕何常乏。况如耿贾郭李辈，马后车前谁识别。黄茅摇寒鸠不飞，鬼洞蛮虚新遇雪。行矣强饭莫饮酒，偷闲读书备施设。一官皆可行其义，勿学庸人苟岁月。蹄涔之水无鲲鲸，鸾凤宁肯争鸡桀。吾皇驻跸浙江西，努力朝宗致忠烈。星驰电走见相……]

龟嘴寺碑［寺近冷水关，题云"此地自乙丙两岁兵燹后寺废"十二字，余漶漫不可辨①，末有"永历年"字。]

涪陵名胜［擘窠书，镌北岩，年代姓氏俱漶漫。]

都察院碑［明万历年都察院谕令："男女婚嫁，年须相若。"各里镌竖，字约二三寸。]

听鹤楼［考棚影壁后，仙笔擘窠书并诗。诗载《拾遗志》。]

石麟士安澜桥碑记［在蔺市清溪沟。]

金狮洞［州南梓里场东约十里有石洞，宽约七八丈，窈然而深。中有石，长丈余，大数围，如蹲狮，头、目皆具。旁有佛像，香火甚盛。]

附列八景

黔水澄清

松屏列翠

桂楼秋月

荔浦春风

铁柜樵歌

鉴湖渔笛

群猪夜吼

白鹤时鸣

按：探奇揽胜、遣兴抒怀、吟咏性情，足使山川生色，亦一邑文物所关。昔贤游涉，多有留题，旧志《艺文》几居其半。拟仿康武功例，甄取、分录②于各胜迹下。惟八景自"黔水""松屏""群猪"外，其地既少佳趣，风月并不特殊；而"鹤鸣""渔笛""樵歌"尤属虚构，虽名手为之，难称传作，何必示人以璞，故概不登载。

涪陵县续修涪州志卷三终

---

① 漶漫不可辨：原志"辨"误作"办"，据《刊误表》改。又，下一行"年代姓氏俱漶漫"之"漶"，原志误为倒立字。

② 分录：原志误作"分绿"，据《刊误表》改。

涪陵县续修涪州志卷四

疆域志四

垄墓[附义冢。《陈志》序云：盖周封比干之墓，秦禁柳下之樵，古贤豪义士郁郁佳城所当望，而兴哀过焉起敬者也。然不笔之于书，世远年湮，谁从荒烟蔓草中抚残碑断碣而别某某之墓乎？爰列其姓氏，纪其地理，俾后世之人培松柏，除荆榛，识一抔之足重，而前人之邱墟①，班班可考矣。]

游九原而羡不死之乐，不达甚矣！生顺死归，受其正焉，殁世无称则疾之。昔柳下之垄，敌禁樵苏，盖荒烟蔓草间，有足供人凭吊者。斯死犹不死，亦可以死耳。

唐

长孙无忌[洛阳人，累官同中书门下三品。谏立武后，后使许敬宗诬劾削官，谪黔卒。葬薄刀岭，今隶州境。]

宋

任大昌[庆历间进士，墓在西里一甲黄荆坝铧头嘴。]

明

[万户侯]何德明[金子山] [千户伯]何舜卿[菁林山] [千户伯]何清[鹤游坪] [乡贤]何仲山[中峰寺] [参政贤达]何伟[石二垃] [乡贤]何楚[鹤游坪文家坝] [乡贤、知府]何以让[鹤游坪文家坝] [乡贤、尚书]刘岌[金装岩] [乡贤、给谏]刘蒗[高楼] [乡贤、御史]刘养充[螺迴坝] [笃行]刘之益[钱家坝] [笃行]刘奇山[凤凰山] [孝子]王应元[武隆] [参政]谭棨[罗家庙] [乡贤、尚书]夏

---

① 邱墟：废墟，荒地。《陈志》原作"坵墟"，坵同"丘"。

邦谟［郝家坝］　［乡贤、员外］夏国孝［和凤滩①］　［乡贤］夏子云［和凤滩］　［文苑②］夏道硕［麻堆坝］　［孝子］夏正［和凤滩］　［乡贤］张掞［鹤游坪］　［乡贤、巡抚］张善吉［大坟坝］　［虬侯、贤达］周大江［彭家坝］　［忠节］周茹荼［长里磨沱］　［乡贤］陈致孝［莲池沟］　［乡贤］陈直［蒯家沟］　［乡贤、运使］陈莨［五马石］　［笃行］陈计长［致远桥］　［乡贤］文羽鳞［朱砂坪］　［乡贤、布政］文作［错开河］　［乡贤、御史］文德［长里大坝］　［孝子］文可黼［致远桥］　［乡贤、巡抚］曹愈参［葛树溪］　［乡贤、参政］向鼎［东青驿］　［乡贤］向云程［金装岩］　［乡贤］向牖螭③［东青驿］　［乡贤、侍郎］白勉［石鼓溪］　［乡贤］曾所能［曾家坝］　［乡贤］蔺希夔［蔺市坪］

清

　　［贤达］陈命世［曾家坝］　［贤达］陈峙［曾家坝］　［贤达］陈岱［曾家坝］　［笃行、粮道］陈于中［石楼门］　［笃行］陈鹏飞［朱家坪］　［文苑］陈于宣［曾家坝］　［贤达］陈廷璠［宝带溪］　［笃行、河道］陈曦［鸭子坝］　［孝子］周侃［长里磨沱］　［孝子］周儒［太平寺］　［笃行］周珙［汪渠沟］　［乡贤尚书］周煌［明家场］　［笃行、侍郎］周兴岱［插旗山］　［笃行、滇道］邹锡彤［云阳盘沱］　［文苑］邹增祜［和凤滩］　［贤达］夏瑨［石凤溪］　［笃行］潘岐［五马石］　［笃行］何行先［白里横山］　［孝子］黄志焕［石嘴］　［义举］舒焘［环连嘴］　［义举］舒其仁［环连嘴］　［笃行］杨廷用［游将湾］　［笃行］杨维楫［石板溪］　［笃行、总兵］徐邦道［百福乡］　［孝义］施久膏［琛溪留嘉畹］　［文苑］王应元［冷水关］　［孝行］余龙光［琛溪］　［昭忠］余世隆［琛溪］　［孝子］彭学鸿［彭家坝］　［笃行］赵一涵［沙坪场］　［文苑］傅炳墀［李渡］　［咸丰死难］万人坟［沈家场被周逆杀害，二百余人同葬。］　［咸丰阵亡］万人坟［石硖子碑题：辛酉腊月堵卡战死，同葬此。］

　　按：本目《陈志》百余人，《王志》多至三百余，其义法非浅见所能窥测：乡贤、忠义孝友列祠祀者未尽载，而一无表见者连篇累牍，初无标准限制之可言。大约前志所有采访所开则载之，否则不载。少时，闻讯之者谓：系某某氏《族谱》，实自取之也。窃以为选举、仕进、封赠中人，各目既分载姓名，墓则势难尽载；一无表见

---

① 和凤滩：即"河凤滩"，亦写作鹤凤滩、火峰滩。
② 文苑：原志误作"文菀"，据《刊误表》改。
③ 向牖螭：原志误作"向牗螭"，据《刊误表》改。

者可载，则未载者诘责有辞，何以自解？况虚载一墓，何如搜采行实，片善不遗？故立"笃行"一目，以符"善善从长"之义，而于墓则不敢滥焉。盖不足使后人景仰，何必贻讪议之隙，载之使反取辱。然两朝已数十人，岂足言义法？亦有所不得已耳。

附录旧志各墓志铭

何仲山墓志铭［给事中刘蒇撰。曰：忠孝廉节，儒者之大闲也。故"见利思义，见危授命"，孔子以为"成人"；"临大节而不可夺"，曾子以为"君子"。敬轩何公，非其人也耶？谨按：状公讳仲山，其先庐江人，自高祖万户侯德明公，始以游宦居蜀。曾祖舜卿公、王父清公，俱以伯爵袭职。清公致身事君，殁于王事。父友亮公，以文弱辞荫，乃由贡生任巴东县。生三子，公其仲也。孝友成性，学富才优，成化丁酉①举人，选授河南武安县令，爱民如子，宽猛适宜，众口称"召杜"焉。会邻邑土寇作乱，率众来攻。公仓卒②之间穷于捍御，城陷被执，慷慨誓死，守正不阿。贼亦素重其人，欲生用之，乃缚之高竿，集矢拟之。而公心如铁石，言辞愈厉。迫胁终日，卒不能少夺其志，贼义而释之。凡仓库钱谷俱无少损，且与金三百，委而去之。公义不受污，尽匿文庙承尘上。解组之日，乃语其土人，俾取之以修其庙。呜呼！士穷乃见节义。人当读书谈道，莫不激昂慷慨，轩然自命为古之贤人；一旦临小利害，仅如毛发，乃低首下心，婢膝奴颜，颓然丧其所守，甚且有见镏铢而动色者。闻公之风，亦可以少愧也夫？公之言曰：格致诚正，透三关方为学者；忠孝廉节，少一字决不成人。以公之言，考公之行，真言而行之者！孔子之所谓"成人"，曾子之所谓"君子"，其在斯乎？司院以闻，乃俞旨崇祀乡贤。娶戴氏，生一子岑，拔贡生。孙四：长卫、次楚俱贡生，次秦，次襄。公葬中峰寺亥山巳向。张大夫柱以状来，余故乐而为之志。铭曰：人莫得而生之，亦莫得而死之。呜呼公也，而能如斯！］

刘蒇墓表［国朝郫县教谕周汝梅撰。曰：刘蒇字秋佩，谥忠愍，明正德中户科给事中也。由庶常授是职时，逆瑾专横□马永成、谷大用、张永、魏彬、邱聚、张兴辈，潜谋不轨，日导主以狗马之好，游幸无度，举朝莫敢言。蒇感愤叹息曰："瑾不诛，国势危矣。"遂抗疏论劾。出中旨，受棰楚，跪午门，烈日中血淋漓下，浸地为

---

① 丁酉：原志误作"丁西"。
② 仓卒：同"仓猝"，匆忙急促状。

赤。既释，愈发愤，复疏书千言极陈时政，归罪逆瑾。瑾衔之刺骨，遂廷杖下狱，几死。年余，贬居庸，独兵部主事王守仁抗章论救，亦谪龙场。王，菠同年友也。尝寄诗曰："骨鲠英风海外知，况于青史万年垂。……莫邪亘古无终秘，屈轶何时到玉墀。"而菠气不少挫。既遣戍，瑾愈无忌。洎逆谋泄伏诛，乃得释归田里。五年，天子起复金华太守。华，故宋潜溪先生乡邑。莅任后，即为宋乞谥。华俗侈，育女苦嫁资，恒溺之。菠曰："薄德至此耶！为天子守土吏，当为天子整齐之。"亟请于朝，敕得随力遣嫁，溺者罪无赦，并邻族坐之。所活甚众，华人至今有"刘女"之称。考满，擢江西副宪。而菠以杖疮成瘘矣，辞隐白云山中。世宗即位，遣使存问，赐金治第。明年，以疾终于家。又明年，诏旌遗忠，赐祭葬、爵谥，崇祀乡贤，配享程伊川先生祠，世荫博士一人。菠，家世贵显，簪笏盈庭。独能出万死一生之计，不愧其职，故至今以"司谏"传。]

夏邦谟墓志铭［尚书许文穆撰。曰：嗟乎！任事之臣，岂不难哉！事有纤钜、夷险，才有短长；具兼才者，又或以贿败；即不败，或不能不动于毁誉荣辱之故；能不动矣，而世又往往挠之，事孰与任？余观尚书夏公，所谓任事之臣，非耶？公邦谟，字舜俞，号松泉，涪州人也。其先庐人而徙蕲水，已又徙蜀壁山。凡三徙竟，家涪之黑石里。高祖辅，辅生朝佐，朝佐生友纶，友纶生彦策，公父也，与大父俱赠户部尚书。母夫人郭氏。公生而不群，宏治①甲子领乡荐，正德戊辰举进士，除户部主事监德州仓正。吏部考功稽勋，谪出为两淮运判，转同知通州，升佥事督贵州学，历云南参议、湖广浙江江西副使，参云南政，以福建按察使转广西右使、贵州江西左使，进右副都御史督苏松赋，兼抚江南，出入南北。户部尚书中外四十二年，官数十转，皆簿书、钱谷、甲兵之任，又数往来西南夷间，即得善地，乃又辄值其多事。公为人廉直，视国事如其家，不避疑怨，毅然肩之。初监德州廪庾出纳，则躬阅钧概，群吏敛手。在吏曹持论不阿，同列严惮之，狠以考察出公，欲挠公所为。既谪两淮，两淮故为利薮，四方豪贾窟其中。时权珰黩货，诸豪借势横甚，有司莫敢问。公一切绳之以法。即豪日伺公竟，莫得其隙。在通州，布条格，平徭赋，岁省万数。又计擒黠盗，民勒石志思焉。会朝议边学，亦以文第其等名，贵诸生争言不便，有司持数岁莫敢决。公至，则以文

---

① 宏治：本明孝宗朱祐樘年号"弘治"，避清高宗乾隆（弘历）帝讳而改。下同不注。

字优劣，稍参年之浅深为之等，而诸生帖然。摄巡守官普定，有桀虏三，屡逮不获，公计获其一。边储久蠹莫能清，公力清之。参议时，会嘉靖初革金齿中官、参将填者，更置永昌府，群小大噪，飞语撼当事者。公搜恶党，悉论如法，竟定。永昌副使时，湖北盗屡扑，复炽延蔓十余年，檄公讨之。公谍贼所，负险突兵乱，而以奇兵分批夹搞，歼渠魁十二，俘其党五百余，湖北以平。遭母丧起补浙，寻丧父补江西，涉云南，诸任有声，而福贵未及。任督赋苏松，亲磨勘赋额，悉如周文襄故所参定法。太仓盐徒秦璠、王良等啸聚海上，诏摄江都御史王学夔、总兵汤庆提兵剿之，而公足馈饷以佐兵。公则与戮力援枹而先将士，遂枭璠、良，斩获贼党，释其胁从，捷再奏并赐金币，增俸一级焉。在户部时，户部岁入百四十余万，而藩禄边饷且十倍，其入势寖不支。公殚心计，追逋搜羡，衰权征赎，多方筹之，用赖以不诎。既总吏部，益厉清白，重咨访，日被殊眷。每春秋祈报，及永明殿帝社稷坛诸大祀，数诏公代拜。会考察，上以属公，不听公辞。公与众迥别，诸所去留悉当人心。而招权者忌公，喉言官论公短于风采，公遂致仕。嗟呼！如公而短于风采耶？天下不患多事，患无任事之臣。夫臣幸而任事，孰非所宜任者？今官卑事钜则曰非所及，官崇事纤则曰所不屑，当其夷曰无开衅，当其险曰难斡旋[①]，实诿之曰余有待，稍及于己曰如掣肘。何则？事无时而可任也。若公者，今何可得耶？今世以考察谪者，未有能自振者也，而公卒所树立如此，岂苟而已哉！公自莅官，终始一节。既归，则杜门绝请谒，独嗜翰墨，以诗酒徜徉。人既高公出处而闻其卒也，沐浴衣冠，戒舆从如之官状，遍召所亲诀，分布家事，进觞微酣，坐而瞑。夫死生之际，亦足观公矣。奉谭大夫荣状，来丐余铭，铭曰：矫矫夏公，为世名臣。木直而伐，蠖屈以伸。人将谓公，一蹶不振。公无卑官，其气逾劲。自兹骏历，枭藩台省。钜细攸宜，文武惟允。官之失德，由宠胳章。公为太宰，冰清鉴光。操以终始，盖其天性。事国如家，失得勿问。帝眷固殊，憎口兹厉。优哉游哉，聊以卒岁。出处之际，公亦有言。出吾禹稷，处则颜渊。公言可复，公逝不迷。死生尚尔，有何毁誉。人臣任事，于公爱式。拜公墓者，请视兹石。]

　　周茹荼墓志铭 [吏部侍郎韩菼撰曰：公讳茹荼，字自饴，号彝山。先世为楚之营道县人，以明初入蜀，缵宋儒周茂叔绪，明旌孝子允升之六世孙也。上世屡以科第功

---

　　① 斡旋：原志误"斡"作"幹"。

名显而循良著绩者，则尊大父虬侯梓溪。其尊人诚所公，劳身王事，授钺讨贼，有克复勋。当熹皇帝之朝，陛语三接，宠锡①有加焉。生子三，公其季也。少而精敏，崭然露头角。诸子百家书一博涉，辄自通条理取用。丁国之乱，兵劫之从戎，出其所学，用之行阵，无坚不攻，无城不固，恨不得于时，不究所用。然其绪余所建立，已得晋褒其先人三代。呜呼！士穷乃见节义。当甲申之难，蜀中②杀人如麻，富家大族不自保卫。公能以一卷书为乱兵主帷幄之筹，足兵足食，信固不解，民免屠戮，兵不血刃，播州以宁。当夫秦人伪窃术笼英雄，公脱然富贵，弃若敝屣，负双亲深隐，名义不失。继之玉步既改，甘心肥遁，不矫首阳之节，不高枋得之名。蔬食饮水，性自定也；僧冠道服③，身自适也；独善安时，不自辱也。成子立学，不相累也。此可以窥公之事业矣。公须髯昂然，眉毫如剑，静坐不苟颦笑，慎微谨小，议论有证据，出入经史。生平重然诺，全寄托大节，赋性仁爱，保全人命者甚众。其于家法尤严，一举一动皆义方训，勖其子之言曰④：“不望汝为第一品官，但望汝为第一品人。”此可以觇公之学术矣⑤。公素有痰疾，不健于行。至癸酉有小疴，永诀其子，语言朗朗，容色蔼蔼，一无所系念，以是岁之二月二十四日卒。公子于庚辰年春以公车来京师，具状请铭于余。余略其状而为之铭曰：商山之侣，赤松之群。添一友兮，德义峥嵘。世称其武，亦称其文。文也有道，好善力行。武也不屈，介节孤贞。明末⑥义士，昭代逸民。公辞不受，不累于名。不累于名，长启后人。]

周珙墓志铭〔太仆寺卿陈兆仑撰。曰：丁巳之春，兆仑充会试同考官，得蜀士曰周煌。问其年，才二十有四。熟察其言论举动，甚谦退，不类生长宦族而少年得志者。叩之，则称其父天门令君之训曰：“人必有可以贫贱之具，而后可以富贵，否则贪得冒

① 宠锡：帝王的恩赐。锡，通“赐”。
② 蜀中：《陈志》卷十一《艺文志·周彝山公墓志铭》作“蜀川”。
③ 僧冠道服：原志误作“僧官道服”，据《陈志》改。
④ “其于家法尤严，一举一动皆义方训，勖其子之言曰”句：《陈志》卷十一《艺文志·周彝山公墓志铭》作“其于家法尤严，一举一动皆义方训。彼勖其子之言曰”。本志无“彼”字，故断句为“其于家法尤严，一举一动皆义方，训勖其子之言曰”亦可通。义方训：为人之道应遵守的规矩法度，多指家教；义方：语出《逸周书·官人》“省其居处，观其义方”，指行事应遵守的合乎正义的规范和道理，也是指教子的正道；勖（xù）：勉励；训勖：指训教勉励。
⑤ 原志“矣”为右侧字，即右旋90°横卧。
⑥ 明末：《陈志》作“末明”。

进而不知止。贪得冒进而不知止，即必一旦失之而傫焉不可终日。"谅哉斯言！吾因之想见其人。周生官翰林之岁，其父罢官，阅今十有二年。父讣至，濒行涕泣，徒跣赍行状，踵门索为墓志，且云是先人志也。按状：君姓周氏，讳琪，字象图，号易亭，别号南梁。其先为楚之营道县人，仕元爵万户。明初隐姓为伏，迁于蜀之涪州。曾王父曰诚所公，王父曰彝山公，仕明皆贵显。父曰墨潭公讳俨，康熙庚午举人。母曰徐太孺人。君为墨潭公第三子，由康熙辛卯举人，十年不转一阶。然其贤与能，则上官无不知者。楚俗剽轻，荆鄂之间尤繁剧难治。君初摄汉阳县事，旋知通城，改知江陵，又改知巴东，最后知天门。天门之民思之，号所筑堤曰"周公堤"。而自知通城以来，又数摄旁县事，以故名声出同辈右，所至倚重。君之署汉阳也，会楚苦水患，民觅食者多集汉口。君甫视事三日，汉镇豪煽众哗于市，声言欲劫官仓。君侦知其诈，且众不附也。部吏卒将缚其豪而未发，即有张其事以告大吏者。大吏急召守令及前令至，作色曰："此固与新令无涉，第此何如事而无一纸见及耶？"君对曰："新令既受事，无所逃罪。顾报闻不以实，或转以滋事，则罪更何如？"太守某目之，谢不为动。大吏曰："尔不吾告，既已戒，将弁且渡江。"君曰："镇本不变，若兵行乃真变耳！如职计，请予二日，限捕首事者治之，众当自解，不须兵也。"大吏悟而从之，事遂息。时雍正五年，太岁在未之夏四月也。其秋，补知通城。通城于武昌为僻邑，其民屋角或悬大竹笼其上，名曰家法。族子弟行窃，则纳而投之池。有汪氏儿，十余岁，窃布袴见获，族会治毙之，并及其母与同母之女弟。汪氏儿词连崇阳民王某，汪以告其兄。其兄亦杀某以谢汪氏。君至，则悉执其首从抵以重罪，由是遂除家法。夫通城之与汉阳，君非有私德怨于其民也。寝兵于前，而执法于后，宽猛不同，同于弭乱而已。此惟读书通政体者知之，不足为一二文吏道也。君性刚介，耻迎合上官；上官则才之，凡被灾要地及邑有滞案与苗疆初内属者，辄以烦君。故更调兼摄，几无宁岁。荆守某以罄得罪，来代者阿大吏，意必致之死，以江陵首邑欲引为助，卒不可。其后，君于天门亦以忤守意，被构劾罢。呜呼！凡人之情，见异己者如见怪物焉。君所由被构者也，则立异之不可也。纵不见为异己而见为胜己，庸独可乎？盖消患于未形，则事隐而不见功；决策于独谋，则功成而反致忌。又况好谀恶直，贤者不免急用缓弃，自古而然。如君所为，直自取病耳，人乎何尤？君既归卧里门，家无长物，日讽咏竹屋中，课其诸孙。怡然若自得者，岂所谓可以贫贱者特此具耶？然则，君固无憾于地下矣。铭曰：周氏之先，名伏三郎。自楚徙蜀，世居涪江。谭宏之乱，身为父捍。兄俨幸全，弟儒及难。俨生文林，克承欢心。请旌先世，用表幽沈。起家孝义，一行作吏。慈惠之师，不善侧媚。去官食贫，含饴弄孙。使星归觐，闾里为荣。魂兮无恻，穹碑深刻。生夸金貂，没颂铜墨。]

周煌墓志铭[彭元瑞撰。曰：乾隆四十九年九月，左都御史周公以末疾解职，得旨慰留加摄。越三月再请，谕俟千叟宴礼成。明年正月六日，盛典届期，公疾不克入，加赉赋诗，如预宴例。望日，以太子少傅①、兵部尚书予告，有"小心勤慎"之褒。春寒，未果行。十一日，上行祈谷礼。三月二日躬耕耤田，公再祴拜于城闉，温询再三，亲解赐佩囊。四月朔，公薨于京师邸第。谕嘉其老诚端谨，奉职克勤，晋赠太子太傅，派散秩大臣奠醊，赐祭葬，谥文恭。五十一年十二月二十七日，葬于七贤岗山庄之原首乙趾辛小。门生彭元瑞谨按状志墓：公讳煌，字景垣，号海山，四川涪州人，其先世赠光禄大夫、工部尚书。讳茹荼，曾祖考也，康熙庚午科举人。赠光禄大夫工部尚书讳俨，祖考也，康熙辛卯科举人，湖北巴东县知县。赠光禄大夫工部尚书讳珙，考也。其配曰文夫人，诰赠一品夫人；继方夫人，诰封一品夫人，今皆合葬。其后嗣男七人：翰林院编修宗岐，翰林院编修兴岱，乾隆癸卯科举人兴峄、兴岷、宗岳、宗华、宗畲。女一人。孙男六人女六人。公积学砥品，泊于荣利，在翰林十九年始晋一官，卒受特达之知，授学青宫，正位七卿。公仪体伟岸，声如洪钟；与人交，无款曲耳语；遇有不可面折，无所避退，未尝非毁人。故望者或以严毅难犯，而天下之人咸知其坦怀挚谊，孚信有素，以是益景附之。世或谓直道难行，非也。公以严气正性践平履坦，始终一致。呜呼！可谓正直大臣矣。铭曰：中山之封，以荣海东。鸾章麟服，衔使惟公。台飓告暴，舟礁姑米。忠信涉波，务持大体。明神昭昭，帝乃嘉愍。以笃简在，游陟钜任。三谳于蜀，持法允钦。告谕父老，宣播德音。在乡言乡，汝毋引嫌。命衔闾里，一德堂帘。惟神所呵，惟帝所护。正直是与，千秋隧固。]

周兴岱墓志铭[秦瀛撰。曰：都察院左都御史东屏周公，以嘉庆十四年十一月九日卒于京师邸第。阅明年二月，其孤廷授等将御枢归葬涪州，先期乞余文。公讳兴岱，字冠三，号东屏，先世②为楚之营道县人，明初自麻城迁蜀，居涪州。高祖茹荼，明湖

---

① 太子少傅：原志误作"太子少传"，据《刊误表》改。
② 先世：原志误作"先是"。

南路总兵官。曾祖俨，康熙庚午举人。祖珙，康熙辛卯举人，湖北汉阳县知县。父煌，乾隆丁巳进士，历官兵部尚书赠太子太傅，谥文恭。自高祖以下，并以父秩赠光禄大夫、工部尚书。妣文氏、方氏，俱封赠一品夫人。公兄弟七人，行二，方出也。生而颖悟，七岁读书过目成诵，体貌端严如成人。既长，从钱塘陈星斋先生学。文恭故出先生门，先生以文章名，海内雅重。公乾隆庚寅举于乡，辛卯成进士，改翰林院庶吉士，壬辰授编修，丁酉充顺天乡试同考官，癸卯充山东乡试副考官。甲辰，文恭薨于位，扶榇回籍。丁未，服阕①补原官。方公在内廷，以品学受知两朝，赏赉优渥，逾于常等。其奉命祭告岳渎时，秦蜀贼方张，四出焚劫，胁从甚众。上不忍概予殊死，命公宣布德音贳其罪，慰谕父老毋遽播迁失业，闻者皆感泣②，民乃安堵。过家上冢，一如文恭故事，闾里以为荣。所过州县，见事有不便于民者，辄移文地方大吏，诿而撤之。盖公居平勇于任事，以身在禁近，虽时有陈奏，未足尽其职。而勤勤于奉使之日，留心民瘼如是，殆亦庶几古大臣之风与？③无何，以微眚降职，踬而复起，陟掌风纪。或以为文恭在尚书房久，上眷念旧学，推恩以及于公。不知公方正严毅，故始终卒被知遇。余交公最晚，公顾数数过余，且尝同有事于通、潞。每见其论当世之利病、生民之休戚、人材之邪正，侃侃不阿。其造膝所陈，外人无从而知。而听其议论是是非非，较然不欺其志，亦可以知公之为人矣。公卒，时年六十有六。娶杜氏，诰封一品夫人，工部主事鹤翔女，有贤德，先公一年殁。子二：廷授，二品荫生，工部屯田司主事；廷抡，太学生。女三，适吏部验封司郎中前监察御史张问陶、江西候补县丞林蕃、举人王赓。孙九人：克宽克敏克惠克勤，廷授出；克家克恭克信克仁克让，廷抡出。孙女三人。铭曰：伟矣宫傅，拔起涪水。象贤有公，克趾厥美。蜀山齾齾，蜀江瀰瀰。灵斿遄归，幽宫在兹。公所表见，仅乎于斯。我铭其藏，增余累欷！]

义冢 [《陈志》无]

人必有死，死必瘗诸土。贫寒之家无力购地，其委而弃之乎？掩骼埋胔，古之仁政，故城邑市镇必辟一地焉，以惠穷民不给；则好义者醵赀置之，其善举不可没也。

---

① 服阕：原志误作"复阕"。
② 闻者皆感泣：原志误"感"为"咸"，据《刊误表》改。
③ 与：通"欤"。下同不注。

堡子城　彭家林　地藏寺　石嘴［即仰天窝］　黄舣沱［此地在荔支园附近］

［以上各义地，前州牧李倡募，绅商置买并田业街房每岁收租息，为拯溺暨中元会用，详禀上宪立案。嗣因承管不实，渐就陆沉。同治三年，控案署州牧王有璈饬交入省，首事王永森等接管，筹款赎取街房，议立规条，每岁轮流呈官详核报销，俾垂久远。见《王志》。］

达观园［在城南后溪。为客死停枢地，即惠泉公所。］

秦义园［在城西。本大姓别墅，商涪秦人购而改建，以厝旅榇。］

土垣墙［在城东涪陵江东岸。光绪丁未，邑人彭新澍等倡募购置。］

清溪沟［在清溪镇。同治间，邑附贡张拱辰购置施送。］

百福乡［义地二处：一约八亩余，系里人谭兴发向永昌雷自西、徐子乾、况金山捐资购置；一约六亩余，系善堂所置，由里人况承芬等募置。］

鸭江乡［鸭江场后，义地一段大约数亩。庙垭场王桂岩家捨义地四处：一、丛树湾；二、毛狗洞；三、梅子坝；四、全堂。任人埋葬。］

李渡镇［在李渡镇后妙音庵附近，地约三十余亩。又，在南岸浦学田附近，地约四十余亩。又，在荣桂场属之手把岩附近，地约三十余亩。致远场覃受丞捐资置业吊嘴。荣桂场乐善会镇人刘德胜、郑润民等募捐置业小麻堆。石庙场于光绪十六年里人王象山募资置业椅子湾堰山坟堡。石庙场李蓝氏捨己业生土坡地一段。致远场民夏馥卿捐资买燕子沟地一段。石庙场消劫善堂募捐置买土地堡地一段。石庙场喻万民、刘绍章等捐资买界石坡地一段。石庙场刘沛霖于光绪二十五年捐资买白杨湾地一段。石龙场张紫高捨场后地一段。石庙场游春台捨龙桥后地一段。均作义地。］

琛溪镇［场附近义冢，约数十亩。义和场后毛纸垭、和尚塥义地二处①，各约一亩，系里人彭何贞倡募购置。汤元石下游棺材口处码头②，有义地二处，用以收浮尸。一系里人朱绳武施送，一系里人彭建侯等倡募购置。黄沙岭场侧义地数亩，系光绪丁酉年邑举人况道基捐资及劝募购置。］

大义镇［大柏树场义地四处：一墨斗沟地，约十余亩，里人李源太施送；一长石塌

---

① 毛纸垭、和尚塥（piǎn）义地二处："塥"，重庆方言，指沿河的长条形低平地块；"义地二处"原志误作"义地二船"，据《刊误表》改。

② 棺材口船码头：原志误作"棺材口处码头"，据《刊误表》改。

地，约十余亩，本场药王会购置；一水口地，约十余亩，里人黄利和倡募购置；一田铺沟地，约十余亩，本场文昌会购置。义和场地计五亩，岁贡生李寅宾捐脩金购置。桂馨场义地二处：一独树子地，约十余亩，里人李子贞施送；一袁家湾地，约十余亩，里人李应瑞施送。大山场义地在王家岩，约六亩，里人张子荃、黄桂发倡募购置。义和场白房子义地一段，约一百余丈，系里人刘裙捨出。裙之子海南、海瑞复捨石厂坡业熟田土十七块，海瑞又另捨团山堡熟土一幅；石厂坡附近，后有里人傅茂卿捨熟土一大段，均作义冢。]

鹤游镇［包家庙场义地二处：一在场后，地约六七亩；一在莎草坡，地约三亩，皆里人孔广怀施送。本场上清宫亦施送庙土一段，约一亩余。土主场义地二处：一在堰河坎上，地约四亩，系团绅募捐购置；一在三滩坎上，地约二亩余，系里人游东阳倡募其族人购置。永安场义地，在场侧永安寨下，地约二亩，系里人张凤鸣倡募购置。飞龙场义地二处：一在场侧，地约八九亩，创始无考；一在安坝寺侧，地约五六亩，系光绪间里人薛光裕等募置。沙坪场义地二处：一在场后，缘起不可考；一在匡家河沟，地约二亩，于光绪间里人刘言志施送。分州义地三处：一在东门外，地约二三亩许，创始无考，里人黎廷章捨其业土一段；一在双水井，地约二亩许，何时置，不可考；一在北门外，地约二三亩，系光绪间里人唐清廷倡募购置。裴江场义地一处，在场侧南华宫附近，地约四五亩，其缘起不可考。沈家场义地七处，约共二十余亩，系谭、张各姓捨出。近有三龙堡一处，地约二亩余，系里人余鸣久捨出。]

福来乡［火炉铺场义地四十余亩，系本场江西会馆购置。]

论曰：今昔异势。守土者若狃于浅见，则不免苟安旦夕，而末繇①振兴四裔。考云：武隆一县，为州之要地，三面界于土司。南蛮有事，全蜀之患，武隆实先当之，《志》所谓"患先全蜀，险扼诸蛮"者也。晋季多故，涪陵陷于蛮獠。后周田思鹤归化，其患稍息。雍正中，改土归流置为郡县，而涪州疆土得以无虞，遂以为莫予毒乎？天下之患，岂惟南蛮而已。中夏自割香港割台湾，金瓯屡缺矣。其他沿江海巨埠订立租界，

---

① 末繇："繇"原作其讹字"繇"。"繇"古同"由"，"末"或通"莫""没"，"末繇"应即类似"无从"。

且渐分裂腹地。涪以非冲要得全有其封域，幸也！保境息民以待时清，士大夫之责可不慎所守哉？

涪陵县续修涪州志卷四终

涪陵县续修涪州志卷五

建置志 [《陈志》作营建志，序云：古者度地以居民，则建邑启宇。其所以经营区画，固不容不尽善矣。然昔之创始者，业已基固材良，尽率作之力。后之守成者，宜即修废举坠，殚善后之谋。如城隍以雄捍卫，公署以肃观瞻；学校、仓廪，教化储蓄之所关；坊表、津梁，崇奖利济之所赖。他若穷困孤寡，厥有恤政。凡兹重务，无一不垂令甲而切民瘼焉。我国家创制显庸，事事远轶前代，经画殚心，无美不著。今备纪厥名，不仅勿忘经始之意而已。]

一都一邑，草创之初，必经营缔构，为崇墉防盗贼，为深池限戎马，为亭障远瞭望，为廨舍资镇抚，为祠宇重祀典，为市廛通有无，为桥梁便行旅，为庠序谨教养，为仓廪备积储。涪亦循兹，规画无所殊异，盖经常通制耳。同治初元，石达开由施南出长江，沿涪岸西窜。适徐提督邦道以参戎省墓在籍，募义勇乘城。城枕山，趾卑无水，建议火西关负郭民房，使贼无所隐蔽；筑子墙达江浒，为汲道，且通援军消息。城围八日，卒获保全。倘非预为之备，不能三日守也。此危乱时所应有事，遗迹尚存。附记之，为议守取法焉。

涪州城郭街道图

城隍 [《陈志》序云：设险守国，自古重之。则凿池筑城，岂非捍外卫内之先务与？然而众志成城，地利不如人和。所谓保障之道，又在守斯土者。]

众志足以成城，地利不如人和也。倘恃险而失人心，敌且夺而据之矣。况今之攻具，烈于雷霆，城反为火炮之的。于是折城之议兴，其亦利害参半欤！

涪州城郭街道圖

涪陵县續修涪州志　卷五　建置志　涪州城郭街道圖　二

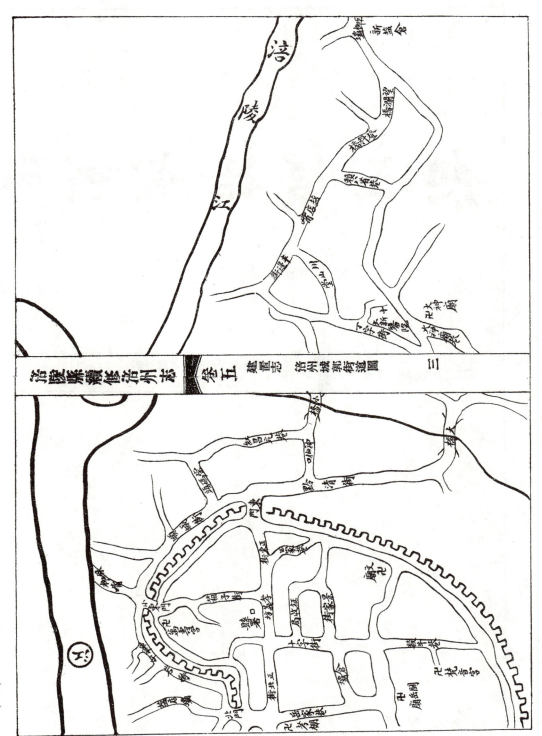

涪陵县续修涪州志　卷五　建置志　涪州城郭街道圖　（二）

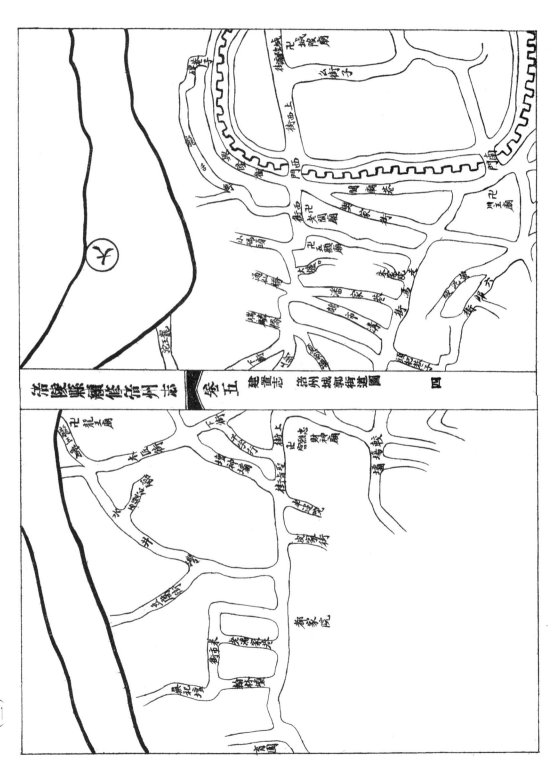

涪陵县续修涪州志　　卷五　　建置志　涪州城郭街道图　　四

（三）

明宣德间，州牧邵贤始筑新城［土城］。成化初，砌以石城，高一丈八尺，周四里，围五百四十丈。国朝康熙二十四年，修葺置五门［东迎恩，南怀德，西镇武，北朝宗，东北永安］。乾隆二十九年，州牧陈于上奉旨重修。咸丰元年，粤匪肇乱，诏天下完缮城郭。九年，州牧姚宝铭更新之，高二丈五尺，周回五千六百五尺，垒厚二尺，高隐肩，睥睨九百三十有四，门五，炮台五。城门楼五，高与城等。［旧志作：晋咸和六年，城涪陵。考《华阳国志》：咸和八年冬①，城涪县。而《汉中志》所载：涪县属梓潼郡，去成都三百五十里，水通于巴，为蜀东北要地，蜀时大将军镇之②。非涪州地，今省去不录。○举人王应元有《修城记略》云：咸丰中，粤逆猖獗，有诏城天下城。涪州城，据《州志》自前明宣德始，国朝康熙、乾隆复修，垒卑而土石之工恶。比奉诏因循，未果修也。滇匪李永和起叙州，贼氛益逼。邑绅合谋以请于州将姚公，许之。出素著清望者于乡募经费，众心踊跃。乃拣才力敏干十数人董厥役，经始于己未春，基视旧而少扩十之一，先抉粪壤六七尺，真土出，乃下石，石必方、长五尺，渐上而杀止三尺，合以灰；巀嵲者，不易不得遮垒石其上。巡工风雨寒暑必出视维谨，畚锸云连，杵凿雷□③，辇挽属于道，舻运蔽于江。功克日，用集费缗二万四千四百有奇，胥涪人自出私钱，讫工于庚中四月。时州大夫为古闽蓝坡姚公，由进士来牧是邑；倡议者：运同衔周君曾祐、通江县训导周君熙尧；募捐者：长宁县训导夏君荣，岳池县教谕毛君徙南，五品诰封傅君孝思，布理问何东阳，廪生余光达，举人吕毓琳，训导赵衔宣、汪绍洋，五品衔刘劼，监生陈金声、戴锦堂，而元亦与焉。督工：拔贡李君树滋，增贡、州判谭君孝达，监生邹君笃勋、彭君瑞麟，从九周君熙增。司会计：从九刘君照、监生周君锡畴。咸殚心毕力，诚信自矢，迄藏事，无龃龉，皆宜书。］

水城旧址　同治元年石达开围城时，州人徐邦道协众创修水城，以通援兵，便樵汲。分东西两道：西接城根，由龙舌街抵大江；东接城根，由黔清街抵涪陵江。长一百六十余丈，高丈四尺，内置炮位，当时州城赖以保全。及乱平，州人复增修外城，

---

① 咸和八年：按，《华阳国志》卷九作"咸和六年"，旧志不误。

② 《汉中志》所载：《汉中志》即常璩《华阳国志》卷二《汉中志》。又，"去成都三百五十里"，本志"里"字排印误作左侧字，即左旋90°横卧。

③ 杵凿雷□：据同治《重修涪州志》卷三《建置志·城池》（目录作"城隍"），缺字为"轇"，同"辑"字。

由接脉桥绕南门西门而下，转抵水城。现已折毁，惟存遗址。

廨署 [《陈志》作公署，序云：建官设署，向南听政。凡所以承流宣化，悉在于此。故百官庶府，制各不同，而缮完修茸，事无庸废。岂其侈巨丽之观，为偃息之乐哉！然则居此者，其思治乎？抚字宜善也。其思咎乎？砥砺宜严也。若但以传舍视之，则旷此居多矣。公署旧以类附，且州署以下悉缺而不录，今特谨列于左。]

象魏悬书，使民读法具瞻之地也。南面听政，有君体焉：正其衣冠，尊其瞻视，俨然不可干以私。则人望寺门而却步，顾可传舍视之哉①！

州署　康熙七年州牧朱麟政初建，二十二年萧星拱重修。正堂五楹，二堂五间，后堂五间，右为客堂，左为书室。正堂下左右翼，书吏房舍九，中为戒石坊，仪门三楹。鼓楼一，右监禁，左萧曹祠、灵官祠。头门三楹，照墙一，左、右为东西辕门。光绪二十七年辛丑七月，毁于火。二十八年邑人筹款重修，规模较前益宏廠。

太平缸　在照壁前。光绪二十八年重修州署后添置，蓄水千数百担以备火警。

州同署　在州治北百五十里鹤游坪保和砦，嘉庆七年添置。[嘉庆初，教匪余党窜入鹤游坪，地方不靖。坪绅张文耀等请设武弁资弹压，时疆吏议裁达州，州同遂以移驻鹤坪。]咸丰七年毁于火，八年重修。

学正署　在学宫右，关庙之左。道光八年，州牧吴庭辉移修仓坝。咸丰七年置于此。光绪末改为奉祀宫。

训导署　在学宫右，与学宫相接。

劝学所　光绪末，罢科举废训导，设视学专司学务，以训导署改建。

吏目署　在州署仪门内左。

武隆巡检署　在州治东一百八十里，即武隆县治。

驻防泛署　在城内腰街子。

待质所　光绪六年，奉文就义学馆设置。

农正署　在小河边，即今之农坛也。

阴阳学典术　医学典科　僧正司　道正司（以上四职无署。）

①　顾可传舍视之哉：原志误"传"为"傅"，据《刊误表》改。

考棚　童试向在州署举行。道光七年，州牧吴庭辉辟城内道门口街基创修头门、仪门、大堂、二堂，左右号舍两层，计二千四百余席。照墙外听鹤楼及头门左右厢房，均出佃收租。[吴庭辉有记曰：川东州县向无考棚，试则诸童列坐于公廨，前期预搭席篷。搭篷之具取于民，差役藉以需索，扰累沿江州县，有强取船桅以供用，榜人维舟以待试毕者。试之日，唱名而入，应试者往往自挟几案以应名，拥挤杂遝，不胜其苦。风雨骤至，则坐篷下者群哗而避于堂，不能禁。庚辰春，定远县试，余目见其状如前所云。时因移建仓廒，有隙地在公堂左；又因修文庙有余材，遂成屋十数楹，足容八九百人，以为试所。其时尚无考棚之名，而重庆属之有考棚，自此始矣。至于涪州，则应试者倍于定远。人数既多，其需考棚为尤亟。爰集绅士议之，择基于学署前数十武，买民居以拓其地。余捐廉为之倡，绅士等踊跃捐输，争先恐后。复举谭君辉宇董其事，其子逵九孝廉及陈禹畴、周步云、谭世浴、谭登岸等协理之，鸠工庀材，众力毕举。经始于丁亥之秋，迄庚寅春落成，气象光昌，规模严整。涪陵为人文蔚起之区，其仰今兹之广庇，思曩日之艰辛，以愈励其奋发有为之志也夫！]

较场　在州城南门外。

学宫[《陈志》名学校，序云：学校者，人才之地，风化之原也。自汉武帝诏天下郡县皆立学，历代相沿不替。我朝崇儒重道，更超前代。典制所加，教育所及，固已无美不备矣。涪陵士风彬郁，尊师儒重文教，亦固其宜。第恐古制日湮，“诸生以时习礼”[①]为故事，塾序之法阙焉弗讲。此建学明伦，诚为治化之首务也。]

自唐郡县置学生以三等差次之，黉序遍天下。临之以圣贤，董之以师儒，固将美教化而移风俗也。礼废乐崩而欲修明政治，非所敢知矣。

学宫　自明万历中守道陈大道创建，兵燹后倾圮无存。顺治间，州牧赵廷正复新建之。康熙甲寅，吴逆变乱，旋毁。康熙四十六年，州牧董维祺重修。至乾隆三十九年，大殿中梁折，州牧赛尚阿复修。嘉庆十九年，州牧张师范补修。至同治四年，岁久剥蚀，州牧姚宝铭重修之。[举人王应元有记略云：先是，学宫正殿后石骨棱棱，崭然直下，崇圣祠故建正殿右。东庑逼城根，地势洼陷，两庑蹙缩。宫墙外山趾交错，狭不

---

① 诸生以时习礼：出《史记·孔子世家》。

通人。圣域、贤关门，一由城东女墙始可入，一则曲巷涸渝，无可置足。戟门左右室即以祀乡贤名宦，无斋宿所，无执敬所，无神厨。至圣神牌二封号，一仍元旧，一沿明旧。今夫学宫，教化之本也。我涪学宫之简陋若此，又何怪教化之未隆，非圣蔑道之言百出而不可制止耶？寝殿成，即拓殿后地数十笏，筑基与殿平，建崇圣祠。拓东庑后地广丈许，改建两庑，各退寻尺。凿宫墙外山址夷其阻，广半亩许，俾气象畅朗。圣域、贤关门外，辟若甬道，直达通衢。移乡贤名宦于宫墙右，立专祠。至圣神牌遵《大清会典》，定式六字，正殿高三丈三尺，方广四丈八尺。崇圣祠五间七楹，戟门五间五楹，两庑四间七楹，礼器库、乐器库、斋宿所、执敬所、神厨毕备。庙之右为明伦堂，若节孝若四贤若忠义孝友各祠，咸更新之。并辟隙地治宅二区，岁入缗五十余，为岁修资。经始乙丑夏，落成丁卯冬，凡役夫六万六千七百余，指用木甓砖石丹漆油铁诸物，称是费缗一万七千有奇，俱按粮捐输。]

明伦堂　在学宫左，有卧碑三座。

学规　宋大观元年，诏布《周官》"八行""八刑"之法于学宫，令所在镌刻。淳祐六年，御书《白鹿洞教条》颁天下学[1]立石。明洪武二年，令学者专治一经，以"礼乐射御书数"设科分教；三年，定学校射仪；五年，颁禁约于天下诸学，勒石于明伦堂，谓之卧碑。成化三年，令提学官躬历各学，督率教官，化导诸生，仍置簿考验。其德行优、文艺赡、治事长者，列上等簿；或有德行而劣于经义，或有经义而短于治事者，列二等簿；经义优、治事长而德行缺者，列三等簿。若平日嘱托公事，或捏造歌谣，兴灭词讼及败伦伤化，过恶彰著者，不必品其文艺，即行革退。嘉靖五年，世宗亲撰一箴并注宋儒程子"视听言动"四箴，于天下学校立碑以肃生徒。国朝顺治九年，颁示卧碑。康熙四十一年，颁示天下学宫《御制训饬士子文》。乾隆五年，又蒙谕旨训饬，勒碑以垂久远。造就之方，实足比隆云汉，再赓菁莪。除经书已著各文不录外，所有前后创示规条，一一胪列于左。

国朝［凡三碑］　顺治九年礼部题奉钦依刊立卧碑，置于明伦堂之左。

朝廷建立学校，选取生员，免其丁粮，厚以廪膳。设学院、学道、学官[2]以教之，

---

①　颁天下学：即"颁天下学宫"，或脱"宫"字。
②　学道、学官：原志作"学道官"，脱一"学"字，据《清代学规》补。

各衙门官以礼相待，全要养成贤才以供朝廷之用。诸生皆当上报国恩，下立人品，所有教条开列于后。

一　生员之家，父母贤智者，子当受教；父母愚鲁或有非为者，子既读书明理，当再三恳告，使父母不陷于危亡。

一　生员立志，当学为忠臣清官。书记所载忠清事迹，务须互相讲究；凡利国爱民之事，更宜留心。

一　生员居心忠厚正直，读书方有实用，出仕必作良吏。若心术邪刻，读书必无成就，为官必取祸患；行害人之事，往往自杀其身，常当思省。

一　生员不可干求官长，结交势要，希图进身。若果心善德全，上天知之，必加以福。

一　生员当爱身忍性，凡有司衙门不可轻入。即有切己之事，只许家人代告，不许干与①他人词讼，他人亦不许牵连生员作证。

一　为学当尊敬先生，若讲说皆须诚心听受。如有未明，从容再问，毋妄行辩难，为师者亦当尽心教训，勿致怠惰。

一　军民一切利病，不许生员上书陈言。如有一言建白，以违制论，黜革治罪。

一　生员不许纠党多人立盟结社，把持官府，武断乡曲。所作文字不许妄行刊刻，违者听提调官治罪。

康熙四十一年御制训饬士子文

国家建立学校，原以兴行教化，作育人材，典至渥也。朕临御以来，隆重师儒，加意庠序。近复慎简学使，厘剔弊端，务期风教修明，贤材蔚起，庶几《棫朴》"作人"之意。乃比来士习未端，儒效罕著，虽因内外臣工奉行未能尽善，亦由尔诸生积锢已久，猝难改易之故也。兹特亲制训言，再加训饬，尔诸生其敬听之。

从来学者先立品行，次及文学，学术事功原委有序。尔诸生幼闻庭训，长列宫墙，朝夕诵读，宁无讲究？必也躬修实践，砥砺廉隅，敦孝顺以事亲，秉忠贞以立志。穷经考义，勿杂荒诞之谈；取友亲师，悉化骄盈之气。文章归于醇雅，毋事浮华；轨度式于规绳，最防荡轶。子衿佻㒓，自昔所讥。苟行止有亏，虽读书何益？若夫宅心弗淑，

───────────

①　干与：即"干预"。

行已多愆：或蜚语流言胁制官长，或隐粮包讼出入公门，或唆拨奸猾欺凌孤弱，或招呼朋类结社要盟。乃如之人名教不容，乡党弗齿，纵幸逃褫扑，滥窃章缝，返之于衷，能无愧乎？况乎乡会科名乃抢才大典，关系尤钜。士子苟有真才实学，何患困不逢年！顾乃标榜虚名，暗通声气，夤缘诡遇，罔顾身家；又或改窜乡贯希图进取，嚣凌腾沸，网利营私，种种弊情，深可痛恨。且夫士子出身之始尤贵以正，若兹厥初拜献，便已作奸犯科，则异时败检逾闲，何所不至？又安望其秉公持正，为国家宣猷树绩，膺后先疏附之选哉？朕用嘉惠尔等，故不禁反复惓惓。

　　兹训言颁到，尔等务共体朕心，恪遵明训，一切痛加改省，争自濯磨[1]，积行勤学，以图上进。国家三年登进[2]，束帛弓旌，不特尔身有荣，即尔祖父亦增光宠矣。逢时得志，宁俟他求哉？若乃视为具文，玩愒弗儆，毁方跃冶，暴弃自甘，则是尔等冥顽无知，终不能率教也。既负栽培，复干咎戾，王章具在，朕亦不能为尔等宽矣。自兹以往，内而国学，外而直省乡校，凡学臣、师长皆有司铎之责者，并宜传集诸生，多方董劝，以副朕怀。否则职业弗修，咎亦难逭，勿谓朕言之不预也。尔多士，尚敬听之哉！

乾隆五年谕旨训饬士子碑

　　上谕：士为四民之首，而太学者教化所先，四方于是观型焉。比者，聚生徒而教育之，董以师儒，举古人之成法规条，亦既详备矣。独是科名声利之习深入人心，积重难返。士子所为汲汲皇皇者，惟是之求，而未尝有志于圣贤之道。不知国家以经义取士，使多士由圣贤之言，体圣贤之心，正欲使之为圣贤之徒，而岂沾沾焉文艺之末哉！朱子《同安县谕学者》云："学以为己"。今之世，父所以诏其子，兄所以勉其弟，师所以教其弟子，弟子之所以学，舍科举之业则无为也。使古人之学，止于如此，则凡可以得志于科举斯已耳。所以孜孜焉爱而不倦，以至于死而后已者，果何为而然哉？今之士，惟不知此，以为苟足以应有司之求矣，则无事于汲汲为也。是以至于惰游而不知反，终身不能有志于学。而君子以为非士之罪也，使教素明于上，而学素讲于下，则士者固将有以用其力，而岂有不勉之患哉？诸君苟能致思于科举之外，而知古人之所以为学，则将有欲罢不能者矣。观朱子此言，洵古今通患。夫"为己"二字乃入圣之门，

---

①　濯磨：洗涤磨炼。比喻加强修养，以期有为。
②　登进：原作"竖进"，据《刊误表》改。今按：竖古同"登"，原志不误。

知为己，则所读之书一一有益于身心，而日用事务之间，存养省察，闇然自修，世俗之纷华靡丽，无足动念，何患词章声誉之能夺志哉！况即为科举，亦无碍于圣贤之学。朱子云："非是科举累人，人累科举。若高见远识之士，读圣贤之书，据吾所见，为文以应之，得失置之度外，虽日日应举亦不累也。居今之世，虽孔子复生也不免应举，然岂能累孔子也。"朱子此言，即是科举中为己之学。诚能为己，则《四书》《五经》皆圣贤之精蕴，体而行之，为圣贤而有余；不能为己，则虽举经义以治事而督课之，亦糟粕陈言，无裨实用，浮伪与时文等耳。故学者莫先于辨志。志于为己者，圣贤之徒也；志于科名者，世俗之陋也。国家养育人材，将用以致君、泽民、治国、平天下，而囿于积习，不能奋然求志于圣贤，岂不谬哉！朕膺君、师之任，有厚望于诸生。适读朱子书，见其言切中士习流弊，故亲切为诸生言之，俾司教者知所以教而学者知所以学。钦此。

奎星阁　原址在田家巷，道光十四年迁置圣庙前，二十年改复旧址。咸丰八年坏于风，是年重建。

文峰塔　亦曰北塔，在州城北群猪滩上，光绪己巳年建修。有旧址，在州城东南，名曰北塔堡，昔年曾移建于此云。

坛庙［《陈志》无］

礼有祈焉，有报焉者何？阴阳。时若康阜攸资志行卓荦典型，斯在有其举之，莫敢废也。所谓迷信以诮于非鬼，泥是说议国家祀典，则必去礼而后可。

社稷坛　在东门外，广阔各二丈五尺一寸，四出，阶各三级，坛下前十二丈，余三面各五尺，周缭以垣，四门红油，由北门入，不建房屋，只树其土之所宜。神主用石，埋于坛上近南，距坛边二尺五寸，只露圆尖，余埋土中，署其左曰"州社之神"，右曰"州稷之神"。

山川坛　在东门外，制与社稷同，惟门由南入。神主三，用木，临祭设于坛上，署其中曰"风云雷雨之神"，左曰"本州境内山川之神"，右曰"本州城隍之神"。

先农坛　在小河对岸滨河处，坛制高二尺一寸，宽广二丈五尺，后为神庙，正房三间，中间供奉神牌，东间存贮祭器农具，西间存贮籍田米谷 ①。左右厢房各一，东存贮祭

---

① 籍田米谷："籍田"即"藉田"，籍通"藉"。下同不注。

品，西为看司农夫住室。庙外周围筑土为坛，门南向，神牌曰"先农之神"。

籍田　四亩九分，岁收租谷五石。除先农坛祭祀外，每年余仓斗谷五斗，贮署内仓廒。

厉坛　在城西都堂嘴，神号曰"郡厉"。祭时迎城隍神像于坛上，以主其祭。另用纸多书"无祀鬼神"等牌位，立于坛下左右。

名宦祠　在明伦堂右。

乡贤祠　在明伦堂右。

忠义孝友祠　在西庑侧。

节孝祠　在明伦堂左。

四贤祠　在忠义孝友祠右。

程子祠　在北崖钩深堂内。

昭忠祠　一在大江对岸北岩，嘉庆十八年州牧张师范详请建修；一在分州城南大坪，同治二年建修，买置砦湾田业一份，岁收租谷八石作祭典。

关帝庙　旧在西关外，明季庙毁，邑人夏道硕有《西门关帝像灵应记》。同治元年，庙又毁于贼，修复后二年移建南门内学坝左。城西庙香火仍盛，称"老关庙"以别之。

文昌庙　在关庙之东。

城隍庙　在北门内。咸丰二年重建，光绪丙申培修。

火神庙　在东门染匠街。

川主庙　在南门外。

龙王庙　在西门外龙王嘴。

附寺观［只载有特别关系者］

地藏寺［在南岸浦曾家坝，系李钟灵捨业，岁收租谷四十石，另土租钱二百余串。钟灵即设祠于内，有春秋祭祀。近由李氏主张，就寺内设钟灵初小学校一所。每岁收入除祭祀及僧人口食外，其余全作学校经费。］

天宝寺［即白象山。为著名古刹，龙中和尚卓锡于此。］

白云寺［在庙垭场后，明时乌豆禅师卓锡于此。为刘忠愍公少时读书地，归田后于此讲学，名曰白云书院。］

龙洞寺［距勾家场十余里有老龙洞，岁旱于此祈雨多应。］

桂林寺［距李渡五里，土人求雨多应。］

佛耳岩［在珍溪场侧。有磨岩碑刻"兄弟观澜"四字，末署"文林郎丹坪、征仕郎文坪"等字。］

聚云寺［在城西十五里，下为龟龙关，为州城上游重地，壁间题有"唐贞观十一年"六字。］

中峰寺［即仙女砦。在蔺市对岸大江中，孤峰独立，四面削壁，危梯峻绝。其上林木阴翳，苍翠接天。夏秋水涨，内港环通，宛然青峰浮于水上。］

石堡寺［即松柏旧寺。相传寺后有石隙出米，仅供僧食。僧凿而大之，米不复出。至今凿迹尚存。］

报恩寺［李仕誉建，并置常住。］

梓桐观［刘道建，并捐资置田百亩。］

土地塘庙［张永万捐八百金建修，并置田作常住。］

石庙［许廷扬捐六百金建修，并捨田三十亩作常住。］

崇寿寺，即抱桐寺［为宋以前古庙，李姓捨业。］

同古山寺［其中设有同古高、初两级小学堂。］

法华寺［徐尚金捐银一百四十两作常住。］

孝和寺［即静修书院，岁租谷十五石。改办①学堂后，此款归入劝学所。］

圆觉寺［徐尚质捐银一百六十两置常住。］

玉皇观［庠生陈仁捐百余金置常住，又捐大柏树场街基四十间，岁收租作文昌会祭典。］

东林寺［在鹤游坪东，明谭参政昆季曾读书于此。］

古佛寺［在白里。平畴中矗起一峰，庙在其上，夏松泉曾读书于此。其佛像系铁铸成，屡著灵迹。］

猊峰寺［张茂应捐修。］

桓侯宫［在李渡，李广盛捐千金修建。］

石堡寺［在白里，傅姓夫妇捨宅为寺。］

---

①　原志"改办"的"办"为倒字。

文昌宫［在云里白家场。元至正八年，儒生寒友谊捐修，并捨田十六石作祀典。］

辣子寺［在白涛镇麻溪场，原名辣子园。明正德间，罗茂贤捨作庙业，改名曰辣子寺。］

仓廪附济田［《陈志》序云：积储关天下之命。古者制国用，必合三十年之通以为计，故有备无患。晁错谓："广储蓄，以实仓廪，备水旱，民可得而有。"诚知本哉！国朝仿寿昌考亭之遗意，兴复常平社仓，继立监仓，重国计，便民生也。涪邑各仓，旧志皆略而不详。今特书之，以志本务焉。］

鲁为长府，闵子讽之，仍旧之议，杜其加赋以殃民耳。若"耕九余三"以资补助，振穷乏备国家缓急之需，则"曾孙之庾，如坻如京"①，惟恐其不大为之，乌可已哉？

常平仓　旧在署内，计三十九廒。所存谷数，载《食货志》"恤谷"目内。

社仓　在本城乐家巷，计九廒。所存谷数，载《食货志》"恤谷"目内。

义仓　嘉庆二十二年置。本城廒三，在奎星阁、保和寨、武隆各置。廒城仓买长里一甲桂花冲一业，岁收市斗租谷四十六石；北拱坝一业，岁收市斗租谷四十石；白里一甲道果寺一业，岁收市斗租谷三十六石；保和寨仓移置鹞子坪，买白里上二甲余家庙田，岁收市斗租谷三十石。仓正方璇圃以粜粜谷银增买秦家山一业，岁收市斗租谷二十四石，置仓保和寨。武隆仓买东里一甲桑树坡田，岁收市斗租谷一十八石。道光二十二年，置仓四，廒三处，奉文动粜，实存谷数均载《食货志》"恤谷"目内。

津梁［州幅员广大，桥梁大小以百数，兹志其最大而交通最远者。《陈志》序云：古者造舟成梁，王政视为急务，故敝宜修，缺宜创，俾往来者不致退然有望洋之叹，斯亦利济之仁也。涪陵不特大江、黔水，即山溪瀑布，行人窘步所在多有。守斯土者，常期无病涉之民，自不敢忘杠梁舟楫之用。岂甘蹈单子所讥，而锁锁②焉效郑大夫之为耶？］

徒杠舆梁，成必以时，为政者应有事也。今冲要之渡，溪涧之桥，善士好行其德，备案而已。官不知为职司所在，使民病涉，于政乎何有？

永安桥［在州北一百七十里永安场，为通垫江、陕西之大道。］

---

① "曾孙"句：谓谷米堆积如山，语出《诗经·小雅·甫田》。

② 锁锁：同《陈志》原作"琐琐"，形容琐碎叨絮，疑虑不定。

凌云桥［州东群猪滩，春夏水涨，滩险无路，人多覆溺之患。同治八年，州牧徐浩捐廉倡募建修。］

涪安桥［在武隆西四十里白马镇，通黔省镇安州，任儒修、傅永福等募建。］

木杨桥［在武隆西二百里木杨沟，为通南川之路。］

龙门桥［在蔺市梨香溪上，功程^①颇大，为渝、涪交通之要道。］

安澜桥［在州西四十五里，为涪渝交通之要道。举人石彦恬有《记》。］

大龙桥［在州南三十里。明宏治五年建，太子太保礼部尚书刘岌题。］

金龙王天生桥［在治南三十里，明万历间建，旧有碑。］

骆马洞桥［桥跨陡岩数十丈，水出桥外，喷沫若雨，吼声如雷。］

度生桥［在鸭江场地，邑人傅云汉募修。］

丰济桥［在州东五十里，为黔、蜀通衢。］

广慈桥［在州南六十里，明崇祯十六年建。］

新桥［在涪州、南川交界处。下为盐史溪，上有石墓镌"盐太史"三字。］

一阳桥［在州西一百里牛渡滩，约费万余金。］

下沙溪桥［州南二十五里，为驿递通衢。明张与可捐修。］

三清桥［州北一百三十里，通梁、垫、陕西。］

官庄桥［州东六十里大石鼓及南沱路中。］

卷洞桥［州东六十里，何墨林、唐守清募修。］

太平桥［在州东一百四十里酆^②、涪交界处。］

三缘桥［在东里二甲福来乡苍沟场。同治初年及光绪十九年，张富春两次募修，功程颇大。］

书院［后改学堂，附书院田土。《陈志》无小序。］

书院为讲学地，世代之隆污，气化之荣悴关焉。衍伊川程子之传，即所表章^③《大学》《中庸》，以进求先圣之道，岂第为文人已哉？今新学盛行，宗旨渐变矣。

---

① 功程：指需要投入较多人力物力的营建项目。
② 酆：酆都县。今作丰都县，属重庆市。
③ 表章：同"表彰"。下同不注。

　　钩深书院　在州大江北岸北岩下。原为普净院，宋程颐谪涪辟其地为堂，黄山谷题曰"钩深"。至嘉定丁丑，州牧范仲武请建为北岩书院。乾隆九年，州牧罗克昌从新建筑。嘉庆八年，州牧李炘修头门及仰止亭，置正堂三：中祀程子，左四贤祠，右讲堂。东西书舍二所，看司宅一所。

　　书院田土　历任州牧买置及里人捨出并因案充入者，共二十四起。在长里一甲者，曰：古较场［岁收田租无，土租钱十吊正。］、南岸堡［岁收田租谷十五石，土租钱十六吊正。］、小湾［岁收田租谷十三石，土租无。］、书房湾［岁收田租谷十六石，土租无。］、铁炉沟［岁收田租谷四石，土租钱四吊。］、滥田湾［岁收田租谷八石，土租无。］、戴家沟［岁收田租谷十石，土租无。］、在长里上二甲者曰观音寺［岁收六石。］、在长里下三甲者曰达耳山［岁收租钱二贯。］、黄葛湾［岁收土租钱八贯。］、金子山［岁收土租钱四贯。］、在长里上四甲者曰中峰寺［岁收租谷二十石。］、在白里一甲者曰桂林寺［岁收租谷二十八石。］、道姑庵［岁收租谷四石，租钱五贯。］、桂林寺又一股［岁收租谷三十石。］、玉皇观［岁收租谷十石。］、在白里下二甲者曰八仙寺［岁收租谷十三石，租钱五贯。］、石堡寺［岁收田租钱五十贯。］、在白里下三甲者曰圣水寺［岁收租谷九石。］、在云里一甲者曰刘家堡［岁收租谷十六石。］、李村寺［岁收租谷三十石，钱三十三贯。］、在云里二甲者曰东津驿［岁收土租钱四十四贯。］、在东里一甲者曰小溪河［岁收土租钱十二贯。］、在西里七甲者曰鼓儿坝［岁收土租钱十二贯。］、续添：长里下三甲梨子嘴［岁收土租钱十二贯。］、白里一甲大冲沟［岁收租谷五石。］、白里下三甲徐家嘴［岁收租钱三十六贯。］、白里下四甲乾坝①［岁收租钱十贯。］、云里一甲红花坡［岁收土租钱二贯四百文。］、长里下二甲酒场垭［岁收租谷十六石，系典。］、本城财神庙［岁收房租钱十三贯。］。以上总计土田房屋共三十一处，每岁合共收租谷二百四十五石，另租钱三百四十四吊四百文，置斋长一人管理。至光绪三十二年成立劝学所，此宗款项悉移归管理，所有田土租、房租亦时有增加。

　　支发　从前每年延请山长聘金银四两，夫马钱四吊②，束脩钱二百串正，每课膏火银六两八分合钱十吊零二百，奖赏钱二十三吊八百；师课每课奖赏钱六吊，全年八课，

---

　　① 乾坝：同治《重修涪州志》卷三《建置志·学校》"乾"字作"乾"可证，今讹称"干坝"。
　　② 四吊：原志作"四吊文"，由本志改"千"为"吊"，如此前将"三百四十四千四百文"改为"三百四十四吊四百文"导致衍误。同治《重修涪州志》卷三《建置志·学校》作"肆千文"，据改。

共计钱四十八吊。义学聘金钱三吊，束脩钱五十吊，斋长劳金银三十两，礼房工食钱十六吊，看司工食钱十八吊，催差工食钱十六吊。现已不用此章程矣。

文庙春秋祭祀，帮钱十二吊；四贤祠春秋祭祀，帮钱八吊。

每年纳条粮四两零八分五厘三毫六丝二忽，支发外余钱存积。

学田　四坊坪［在蔺市，岁收租谷十六石。］、白杨湾［在鸭江场，岁收租谷二十二石。］、河坝［在鸭江场，岁收租谷二十一石。］、罗家坡［在鸭江场，岁收租谷十七石。］、江家院子［在鸭江场，岁收租谷二十一石。］、学堂［在鸭江场，岁收租谷二十二石。］、梅家屋基［在鸭江场，岁收租谷二十八石。］、石坝屋基［在鸭江场，岁收租谷三十六石。］、大溇塘①［在鸭江场，岁收租谷二石。］、简家垭口［在金银场，岁收租谷八石。］、水井湾［在外河白家场，岁收租谷十八石。］、黎家屋基［在白家场，岁收租谷三十一石。］、鸽子岭［在金银场，岁收租谷六石二斗。］、田堡［在蔺市，岁收租谷二十石。］、方家坪［在琛溪，岁收租谷六石。］、中湾［在五马石，岁收租谷四石五斗。］、四平墙［在大顺场，岁收租谷四十二石。］、石岗湾［在蔺市，岁收租谷十四石。］、菉豆坪［在大顺场，岁收租谷八石。］、洪武溪［在李渡，岁收租谷二十二石。］、鲤鱼湾、响塘生基、乱石窖［在小河边，岁收土租二十三串。］、蔺市［岁收土租八十串。］、方家坪［在珍溪，岁收土租十五串。］、水井湾［在蔺市，岁收土租二十串。］、岳家巷［岁收房租三十串。］、杀牛巷［岁收地皮二串。］、新房子［在蔺市北岩，岁收土租十二串。］、狮子坝［岁收佃租十二串。］。

涪陵书院［同治九年，州牧徐浩捐廉创设。记云：涪州旧有钩深书院，在大江对岸北岩。每春夏水涨，盘涡汹涌，肄业者②艰于渡济。而士风日上，从学日多，学舍亦隘不能容。浩权篆是州，意在培植文化。倡首捐廉，与阖邑绅士筹款，于附城另置一院，即因地以名之，额曰"涪陵书院"，延师主讲。俾肄业两得其便，庶互相砥励，咸思有以奋兴焉。至光绪初，州牧濮文昇改名曰"桂馨书院"。］、鹤鸣书院［在鹤游坪分州署左。嘉庆十六年，州同刘钦创设，岁收租谷三十余石作为延师之束脩。］、本城义学［每年束脩钱五十吊，在钩深书院支发。］、静修书院［在长里孝和寺，岁收租谷十五石，光

---

　　① 大溇塘：应即"大堰塘"，"溇"疑误。据《嘉庆一统志·江西·临江府》："溇"为专用水名，指赣江支流溇水，发源于江西省新余县，东流六十里在峡江县境内汇入赣江。

　　② 肄业者：指修习课业的生员。

绪三十二年移入劝学所管理。]、白里乡学[在鹤游坪白家场附近里许，置有学田區额，题有"文成书院"四字。]。

自光绪辛丑变法后，废科举，兴学堂，迭令各省州县次第筹置。其初，各县设学务局，以总董一人统摄之。至三十一年，各省设提学使司。三十二年，颁布定制：

一、各州县裁撤训导，改学正为奉祀官，另设视学一职专司学务。

二、各州县设劝学所为教育行政机关，以视学总其成；另设文牍、收支两员，分理文件及款项。

三、各州县划分学区，每区设劝学员一人辅助视学，司劝导考查之任；并于各场设学董之职，以专理一场之学务。

因以上定制，州于是成立劝学所，始设视学及劝学员等职，分全州为九区[中区：本城及五关；正东区：珍溪、清溪两镇；东南区：白涛镇及耀德、树德、福来、桐梓四乡；正南区：同乐镇及永顺、鸭江两乡；南西区：龙潭乡；西北区：大义、李渡两镇及云集乡；北东区：百福乡；正西区：君子、新盛两镇；正北区：鹤游镇。]，以书院宾兴、学田、肉厘、契底等归入劝学所，为官办学务之专款。

学校名称，其以官款设立者，曰官立；以地方公款设立者，曰公立；私人出资组织者，曰私立。学堂之内，中学以上以知州为监督，另设副监督一人住堂主持其余，司管理者曰监学，任教科者曰教员；高等小学亦以知州为监督，堂中设校长一人主持其事，其监学、教员名称与中学同；初等小学只以正教员主持全堂，不设校长。其后副监督亦改称校长。兹将各学堂之缘起详列于左：

涪州官立师范中学堂[光绪二十七年，奉令改办学堂。州牧邹放聘纪云为总教习，另聘汉阳周之桢、江津樊徽五为分教，就钩深书院地址于仰止亭两旁各添斋舍，招考内、外庠学生各二十名。其科学分经、史、舆地、掌故、时务、文学、算学七门。至三十一年，改为中学堂。]

官立中学堂[光绪三十一年，州牧邹宪章禀请设立。其地点即就师范中学堂改置，另于左侧添筑教室以充之。由知州监督，另设副监督一人住堂管理。]

官立模范高等小学堂[光绪二十九年建于西关外李家溪，与秦义园接邻。后改名涪州官立高等小学堂。]

官立师范学堂[在城内文昌宫，宣统元年创设。]

武隆司福寿官立高等小学堂［光绪三十一年萧汉倬创设］

兴隆场公立文观两等小学堂［光绪三十二年李藻春、李述铭创设。］

白涛溪文昌宫公立高等小学堂［光绪三十二年罗俊贤创设。］

龙洞场公立高等小学堂［光绪三十二年高象之创设。］

长坝场禹王宫公立高等小学堂［光绪三十二年陈荣之创设。］

百顺场兴隆庙公立高等小学堂［光绪三十三年王建周创设。］

白马镇万寿宫公立高等小学堂［光绪三十二年任锡之创设。］

保和寨官立圣公高等小学堂［光绪三十三年史悠彦创设。］

万寿宫公立两等小学堂［光绪三十二年张世杰创设。］

崇兴寺僧立两等小学堂［光绪三十一年僧如意创设。］

蔺市镇公立文仁两等小学堂［光绪三十二年孟乔南创设。］

新庙场公立两等小学堂［光绪三十二年杨从周创设。］

兴隆场公立惠民两等小学堂［光绪①三十二年邹善堂创设。］

珍溪场公立两等小学堂［光绪三十年施鲁创设。］

五马石公立同古两等小学堂［光绪三十一年何恩畲、任耀先创设。］

中峰场公立两等小学堂［光绪三十一年曹永言创设。］

国民教育，自官立蒙养初等小学堂［在城内志仁堂，光绪三十二年邹鸿定创设。］以为之创，又立五路初等小学堂［光绪三十三年设东路于天庆宫，设西路于全善堂，设南路于川主庙，设北路于乾元宫，设中路于考棚。］，九镇九乡亦先后公立。至宣统三年，报劝学所注册者，计一百六十二堂。方兴未艾，教育庶振起乎？

塘铺［《陈志》作塘房，序云：诘奸稽异，息盗安民，莫要于塘房。星罗棋布，互相犄角，则僻要之守望，行旅之防卫，均有赖焉。比年屡经修葺，凡屋宇墩楼墙棚，无一不坚固鲜明，诚足以壮军威资民卫也夫！］

自唐天宝岁贡荔支七日至长安，驿递起于涪，为害烈矣。近代，邮传无扰。然供差之额支，则帑项也。其举废之迹，乌可存而不论？

---

① 原志此处"光绪"之"光"误作"先"字。

历代重庆递运所，涪州设龙溪驿、蔺市驿 [州西六十里。开庆元年，蒙古主蒙哥攻合州，令其将造浮桥于涪州之蔺市，以拒援兵。至清时，为蔺市水驿。]、涪陵驿 [在州治东，滨江水驿也。]、青水驿 [州东六十里。]、白马驿 [《九域志》：涪陵县有白马驿。]。

土主庙　冷水关　谢石坝　抵搪　凉水铺　灯盏铺　木根铺　阆天铺　白果铺　火炉铺　武隆　沙台铺　木棕铺　郭祥铺　上堡塘 [以上陆塘]　李渡镇　韩公沱　黄鹄嘴　平西坝　守径溪 [以上水塘]

右水陆塘铺共二十所。初时设有烟燉、哨楼、棚栏，后渐废弛。

抵塘铺　双庙铺　白岩铺　灯盏铺　阆天铺　火炉铺　木棕铺　沙溪铺　青龙铺　白果铺　绿竹铺　沙台铺　木根铺　凉水铺

右十四铺，每铺设兵二名，总计二十八名。每名每月支工食洋五钱，遇闰加增。

警察

中国以礼教为治。后王德衰，乃济之以法。近代之法，莫善于王文成之"保甲"，顾时举时废。光绪末，仿西法设警察，与"保甲"相出入而名词不同，要不外辅治而已。

警察署　光绪三十四年设于考棚。先是，三十三年创办警察，定名曰警察局，警长一职即以把总充之，其巡警半由绿营汛兵[①]改编。大率因仍旧习，不过改定名称而已。至三十四年，各省设巡警道，颁布通章，始依照定制改局为署。其组织之法如左：

一、划城厢为三区，于中央考棚地方设警察署，置警务长一员，文牍、会计、巡长各一员，巡警八名，司书二名，雇员二名，护兵四名。

二、第一区分署即附设于警察署内，管辖城内正附户口计九百余户。

三、第二区分署设于东岳庙，管辖西、南两门外正附户口计四千六百余户。

四、第三区分署设于山川坛，管辖东、北门外正附户口计五千三百余户。

以上每区分署，置区官一员，巡官一员，巡长三人，巡警四十名，雇员一名，护兵二名，清道夫三名，火夫三名。

更设水上巡警分署。其组织与区分署同，惟多巡船水夫十余名而无清道夫。至宣

①　汛兵：清代由千总、把总、外委统率，驻防巡逻地方的绿营兵称"汛兵"或"防汛"。其驻防巡逻的地区称"汛地"，如本志卷二《疆域志二·山川一》插旗山山麓的"抵塘汛"。原志此类误"汛"作"汛"，汛同"泛"，以下径改不注。

统二年，四川开办川江水警，水上分署即行撤销。

警政初举，巡警人才缺乏。乃于宣统元年开办巡警教练所，由各乡团保升送学生六十名入所学习。至六个月毕业后，分派城厢各区服务，并续招第二班以备设立镇乡警察之用。

宣统三年，筹设镇乡警察。分全县为五区，每分区署设区官一员，巡长三人，巡警五十名，雇员一名。其各区地段之配置如左：

第一分区署设于李渡［管辖李渡、大义两镇及百福乡］；

第二分区署设于清溪镇［管辖清溪、珍溪、白涛三镇］；

第三分区署设于新庙子［管辖新盛、同乐、君子三镇及龙潭乡］；

第四分区署设于分州城［管辖鹤游镇及云集乡］；

第五分区署设于武隆［管辖鸭江、福来、永顺、树德、耀德、桐梓六乡］。

以上五区，于宣统三年二月已成立第四区，至六月复成立第一区，其余区正组识进行，旋于是年十月政变，因以中止。

自治会

自治云者，人民不轶于范围，无待政府之约束，非不受治之谓。不受治，则自乱矣。互相砥砺于下，而通达民隐于上，使官民无向来之隔阂，中国其庶几乎？

州会　宣统三年春设于考棚［先成立城镇乡会，然后选举以成州会］。

城、镇、乡会　以［城厢十八团、沙背沱、五关、抵塘、北山坪］属城会，宣统二年设于城隍庙。分［清溪场、黄鹤嘴、窝水岩、干龙坝、焦石坝、罗云坝、高庙子、玉皇观、大沱铺、三磊子、治平院、南沱、土地坡、马颈子］十四场为清溪镇；分［琛溪场、永安场、双河场、万岁场、天台场、尖山子、荒田坝、黄沙岭、中峰场、大胜场、义和场、百汇场、回龙场］十三场为琛溪镇；分［保和场、沙坪场、箐口场、御龙场、百家场、合兴场、严家场、包家庙、土主庙、太和村、裴江场、飞龙场、永安场、三汇场、沈家场、观胜场、汪家场、太平场］十八场为鹤游镇；分［李渡场、致远场、金银场、石庙场、石龙寺、勾家场、荣桂场、龙安场］八场为李渡镇；分［大柏树、义和场、大山场、高家镇、桂馨场、文星场、回龙场］七场为大义镇；分［新庙子、酒场坳、石家沱、石龙场、大乘寺、三合场、增福场、大顺场、两汇口、安镇坝］十场为新盛镇；分［同乐场、聚宝场、骑龙场、青羊场、太和场、凤来场、酒店场、马武场]八场为同乐镇；分[白涛溪、三窝山、悦来场、复新场、天台寺、麻溪、龙塘坝、子耳坝、滥坝子、木根铺]十场为白涛镇；分[蔺市、兴隆场、堡子场、五马石、北拱坝]五场为君子镇；分[罗家庙、罗家场、汪家庙、万寿场、韩龙场、石马场、回龙场、中兴场、邻封场]九场为云集乡；分[白家场、来龙场、韩家沱、诸葛山、隆兴场、李村寺]六场为百福乡；分[长坝、大漕、弹子山、打蕨沟、木花洞、平桥、白马、凉水井、车盘洞]九场为永顺乡；分[龙潭子、明家场、太平场、崇兴场、冷水关]五场为龙潭乡；分[鸭子塘、月升场、庙垭子]三场为鸭江乡；分[羊角碛、清水溪、长坝、土坎、马溪]五场为耀德乡；分[大青杠树、杨家井、青裘坝、巷口、龙洞、中嘴]六场为树德乡；分[火炉铺、白果铺、閟天铺、苍沟、万峰坪、火耳沟、关庙堂、龙溪、徐家塘]九场为福来乡；分[桐子山、土地坳、后坪场、文庙场、梨子树、小坪]六场为桐梓乡。凡九镇九乡，其自治之法分为两项：

一、于州城设州会，内分议事会、参事会。

（甲）议事会先由各镇乡投票选举议员，由全体议员投票互选正副议长各一人为议会之代表，司议决全州自治事宜之任务；

（乙）参事会由各议员投票互选参事员，十人组织参事会，司辅佐行政官裁决自治事宜之任务。

二、于城区设城会，镇设镇会，乡设乡会。其内亦分议事会、董事会。

（甲）议事会先由城镇乡选民投票选举议员，复由全体议员投票互选正副议长各一人为城镇乡议会之代表，司议决城镇乡自治事宜之任务；

（乙）董事会由城镇乡议员投票互选总董一人、董事一人、董事会员若干人，司执行自治事宜之任务。

州会及城镇乡会成立后，各场总、散团甲仍设如故。

三费

讼费为两造累，固矣。杀人之狱，检验有费，缉捕有费，招解有费，并累及无辜之乡里。一狱之兴，十家破产，良有司忧之，筹资以恤株累，亦善政之当志者。

三费所由，昉在己巳修志之前为童子时，尝闻诸长老。所拨田亩，乃刘汶澧造逆后充公之叛产，知州据州绅公呈，转禀大府咨部立案者也。顾旧志置而不载，今案卷已毁于兵燹，遍考不得其详。而田亩固存，历年照章供支之数，尚可按籍而稽。揭载梗概，期无负倡义之公心云。

三费田土^①　马路口［在凤来场，押佃二百七十吊，岁收租谷二十二石。］、大垣子［在鸭江场。押佃九百吊，岁收租谷二十二石，土租钱二十吊。］、石板沟［同上。押佃二百吊，岁收租谷十七石，土租钱三十五吊。］、石堡寺［同上。押佃一百八十吊，岁收租谷十二石，土租钱十六吊。］蔺家坝［在兴隆场。押佃一百吊，岁收租谷二十六石，土租无。］、彭家院子［在明家场。押佃二百五十二吊，岁收租谷五十七石，土租无。］、兴隆屋基［同上。押佃无，岁收租谷二石。］、学堂堡［同上。押佃八十吊，岁收租谷二十三石。］、棕树湾［同上。押佃一百六十吊，岁收租谷二十六石。］、乾坝子［同上。押佃一百二十吊，岁收租谷十八石。］、魏家湾［同上。押佃二百六十吊，岁收租谷二十七石五斗。］、田湾［在清溪场。押佃一百三十吊，岁收租谷九石，土租钱二十四吊。］、学堂湾［同上。押佃七十吊，岁收租谷一石五斗，土租钱三吊。］、田湾^②［同上。押佃无，岁收土租钱十三吊五百文。］、沙湾［同上。押佃无，岁收土租钱十八吊。］、窑子湾［同上。押佃无，岁收土租钱三十三吊。］、黎子坪［同上。押佃无，岁收土租钱十五吊。］、熊家冲［同上。押佃无，岁收土租钱十五吊。］。

善堂

古之时，鳏寡孤独废疾者有养，王政所必先也。后世，官力不能赡，则乐善好施者倡导而劝募之。众擎易举，于以辅公家之不给，亦敦俗之一端乎！

养济院　原设于城西古较场，瓦屋一院三十余间。光绪二十八年以为官立小学堂，遂移养济院于都堂嘴义学馆内。

志仁堂　在武庙左侧。同治六年，州牧姚宝铭捐廉并募款建置。堂内办理育婴、恤节、义学，施药物、槽具、寒衣，拯溺埋骴等义举。

志仁堂田土　盐井坝白房子、双塘湾［同治十年，周春浓等经手，买广东连平州知州陈廷达没入官业。岁收租谷一百三十一石正。］、学坝房屋［同治五年买置，共五间。即志仁堂所在地。］、黄角树［在蔺市北拱坝，同治六年买置（陈琴冈卖），岁收租

---

① 三费田土：原志加有圆括弧，不明用意，疑误删。
② 田湾：此两处"田湾"，同在清溪场，指称不明，疑有误。

谷三十三石五斗正。]、儒林坊老垣子[同治十二年买置（黄子云卖，共五垣），后佃与劝工局（后改实业局），取押佃洋八百元正。]、塘湾[在李渡致远场，光绪元年买置（刘协恭卖），岁收租谷二十石正。]、蔡家坝[在兴隆场安镇坝，光绪四年买置（郑和兴卖），岁收租谷六十六石正。]、千坵塝[在兴隆场附近，光绪四年买置（项长兴卖），岁收租谷四十四石正。]、土垣子[在大顺场，光绪四年买置（孟绰然卖），岁收租谷六石正。]、地岚垭[同治十三年买卖（熊元科卖），岁收□□□□□。]、素坝中院子[在五马石附近，光绪四年买置（夏星云卖），岁收租谷二十五石正。]、李家湾[在兴隆场附近，光绪三年买置（蔺元臣卖），岁收租谷六十石正。]、打鼓湾[在鹤游坪汪家场附近，光绪三年买置（刘祖贵卖），岁收租谷三十三石正。]、张家坝[在蔺市附近，同治十年知州姚宝铭捐资买置（张大品卖），岁收租钱二十吊作姚公祠祀典。]、龙潭场、明家场两处田业七契[同治十三年买置（陈树堂卖），岁收租谷八十三石正。]、新房湾[在五马石附近，光绪□年买置（余百芳卖），岁收租谷十一石正。]。

众善堂　在李渡。咸丰六年，庠生傅云汉与孙会澎倡募设立，并附设恒心义学一所。后以堂事请托志仁堂代办，志仁堂立有碑记。

栖流所　男所在三清观右侧，女所在戴家沟，瓦屋各一向，石达开毁后重修。

论曰：蜀遭献贼之乱，全省残破，涪亦无缘幸免。迨入有清，建设具载前志。自后垂二百年，未尝辄兴工役。同治中，军务肃清，物力全盛，乃就原址复建文峰塔。因文庙升大祀，殿庭不合规制，且年久颓坏，拓基址更新之。光绪二十七年，民间火延烧州署。逾年修复，又创建模范学堂，由是续有兴作。然五大臣历东西洋考察新政[①]归，首请建公园畜珍禽异兽，陈列动植物标本，使士女游览，挹空气，舒郁结。即藉以扩知识而保存名胜，亦加意提倡焉。涪北岩之点易洞、三畏斋、钩深堂、洗墨池、碧云亭、致远亭、渺然亭诸名迹，前经补葺完好，迩年迭遭蹂躏，日就湮圮。民力疲敝，未遑议修，复可慨已！

涪陵县续修涪州志卷五终

————————————————

①　五大臣历东西洋考察新政：指光绪三十一年（1905），清政府为了筹备"立宪"，特派以镇国公载泽、户部侍郎戴鸿慈、兵部侍郎徐世昌、湖南巡抚端方、商部右丞绍英等五大臣带团分赴日、英、德等东西洋各国考察宪政，同时也考察先进国家的图书馆、博物馆、动物园等现代设施，并呈请朝廷学习先进国家的经验，设立相应的社会公共文化、教育场所。又，"考察"原志作"考查"。

涪陵县续修涪州志卷六

赋课志 [《陈志》作赋役，序云：王者经理天下，宰制群动，莫重乎赋役。役出于丁，故有户口；赋出于田，故有田赋。古者计口以授田，因丁以派税①，故户口之后即次以田赋。凡此，均名正项，以起运、存留分解支。其耗羡田房杂课，向未入志，然亦皆赋役之属，他郡县志悉载之。故汇附于后，而一州之榷税尽是矣。州人急公尚义，历无积逋，此亦官斯土者之一幸欤！②]

三代盛时，取民之制皆什一，而民不病其苛。盖其田受诸公家，奉上者一，自食者九，又未有无艺之诛求，民固无憾于事父母、畜妻子。后世田为私有，不当藉口"什一"，厚自封殖。故杨炎"两税"③，君子有取焉。清制宽大，丁口滋生，永不加额；无徭役，宫府建筑皆雇佣四川边省；税敛薄，以"一条鞭法"行之。涪赋五千三百七十两有奇，盐、茶课悉并入，取诸民不征诸商也。嘉庆初，帑项支绌，始于大县随粮加一赋曰"津贴"，征解绅主之，不假手吏胥。咸丰中，军用益繁，大臣奏请劝粮户助饷，曰"捐输"，援津贴旧章，每年于冬季委绅设局，按粮科银，恤分厘以下许优免。因窒碍，溥征之民间，称为"冬粮"，原奏事平，与民休息。布政司逐年请展，涪先派三万两，减定二万四千两，后又加摊赔款一万六千两，几成永例。然综计三税，犹未至二十而取

---

① 税：原志作"梲"，误。

② "州人急公尚义"句：《陈志》原作"涪州人颇急公尚义……之一幸与！"

③ 杨炎"两税"：指唐德宗建中元年（780），宰相杨炎制定颁行的"两税法"。其显著特点是改变了过去租税徭役按丁口征收、多出自贫劳苦动者的租庸调法，而以资产的多少为计税依据，即按照纳税人负税能力大小进行征税，相对地使税收负担比较公平合理。由于分夏、秋两季征收，夏税限六月纳毕，秋税十一月纳毕，故称"两税"。它奠定了唐代后期到明代中叶的赋税制度基础，被看作是中国赋税制度史上的一个里程碑事件。

一也。桀与貊皆非中道，议经政者与其桀也，毋宁貊乎？

丁赋 [《陈志》名田赋，序云：自《禹贡》则壤成赋，此贡赋之所由昉也。三代以降，井田废而赋役滋繁，惟唐之租庸调最为近古。我朝监古定制①，因田作供，按丁给役，又总括为条编，厥制简易，陆贽所谓规条简而备患周者也。涪陵土瘠石多，岁纳无几，然常正之供，亦未尝缺，故不可不缕悉而条分②也。]

涪赋无诡寄飞洒③、隐匿通欠，吏胥不能出入，贫富不偏菀枯，并不烦催科，而如期毕纳，鳞册④了如也。患在不循定制，用二用三，而民乃困矣。

古者授田定赋役，以丁为率，故无⑤不加意户口。涪近边徼，户口初不甚繁，汉唐迄元，无可稽考。明：本州原额一万四百七十七丁，武隆原额八百三十一丁。清：花民一万六千一百六十九户，康熙六年归并武隆花民四千五百一十五户，总计财⑥二万零六百八十四户。因欲轻赋役而隐蔽，上下相欺，非其实也。

自免丁税并入田赋，乾隆五十年户至五万八千四百三十六，丁至十二万九千七百八十六 [见《陈志》]。永不增赋之效，灼然可睹。嘉庆十年，总计户四万五千六百一十六，丁十六万六千零七 [《重庆府志》]，户少于前者一万二千有奇，丁多于前者三万有奇。盖不征丁，则岁终户曹吏随意增减之，视为具文，亦非其实也。同治八年，总计户十八万六千八百六十七，丁五十四万一千八百九十八 [见《王志》]。由于军兴，举行团练，保甲给门牌开载男女大小，故得有此数。戴恩之民，终身不知有丁税。顾无力役之征，国家卒生他故；征赋有限，徭发不兴，小民安坐而不与其忧，事变势穷，终亦转徙流亡，以为天灾。受厚施而不报，而不免同罹灾害，则古者取其财，兼役其力，安危共之，

---

① 监古定制："监古"即"鉴古"。监：古同"鉴"，借鉴、参考。
② 缕悉而条分：非"缕析条分"，原志无误。缕悉：指逐条进行详详细的表述和解说，让别人很清楚地知晓明白具体情况。相对于"缕析"，弱化了"分析"之意，而强调"告白于天下"的意思。
③ 诡寄飞洒："诡寄"是指将自己的田地伪报在他人名下，借以逃避赋役的办法；"飞洒"特指地主勾结官府把田地赋税化整为零，分洒到其他农户的田地上，以逃避赋税的手段。
④ 鳞册：即鱼鳞图册，是明清时期为征派赋役和保护土地所有权而编制的民间土地丈量登记簿册，册内逐次排列、详细绘载标明田地山塘的业主及佃户姓名、亩数、界至等，对中国古代土地管理制度等领域的研究有着重要的价值和意义。因其形似鱼鳞，故称。原志作"麟册"，据《刊误表》改。今按：考麟通鳞，鳞甲之意。故原志实不为误，仅不通用而已。
⑤ 原志误作"无故"，有朱墨乙改印迹。
⑥ 财：通"才"。

弊当不至于此。光绪末变法，予公民选举权，稽核民数，总计户十九万八千七百二十有四，丁六十一万二千五百二十有二。食毛践土，孳生日蕃，湛恩涵濡，熙穰康乐。耕凿力作之民，输将恐后，不希蠲减，毫无民欠，仁政之效益章章[1]矣。以涪岁赋平均起算，人纳银不及一钱，为旷古所未有，吾民之感激应如何者？今掇明以来田赋之法，俾晓然于旧制云。

明：原额税粮一万五千七百四十七石八斗六合八勺三抄[2]。

夏税［涪州有夏税，无秋粮。］

正额　起运、拨运、存留三项共征银九千八百三十三两九钱五分有奇，遇闰加征银五十两零六钱三分有奇。

附征　户口、驿传二项，共征银二千零六十四两二钱七分有奇，遇闰加征银十七两四钱七分有奇。

丁粮　均徭、民壮、公费三项，共征银五千一百一十五两三钱三分有奇，遇闰照例加征。

杂课　盐课、鱼课、商税共征银一百九十六两三钱九分有奇，遇闰加征银三两一钱八分有奇。

附武隆县丁赋

明：原额粮税八百一十六石六斗三升三合八勺有奇。

秋粮［武隆县无夏税，有秋粮。］

正额　起运、拨运、存留三项共征银四百九十六两二分有奇，遇闰加征银一十八两另二分有奇。

附征　户口、驿传两项共征银十二两五钱七分有奇，遇闰加征银六分有奇。

丁粮　均徭、民壮、夫马、公费四项共征银一千二百四十两另五分有奇。

杂课　盐课、商税、芽茶三项共征银八十七两二钱八分有奇，遇闰加征银六分有奇［以上采《陈志》编入］。

---

① 章章：昭著貌。

② 抄：或写作"杪"即杪忽，古代中国市制中一种极小的田粮计量单位。通常以十粟为一圭（一说六粟为一圭），十圭为一抄，十抄为一撮，十撮为一勺，十勺为一合，十合为一升，十升为一斗，十斗为一石。

清代赋课，各地轻重不同，兹将本州及武隆起课则例分别志之。

涪州起课则例：

每粮一石征条粮银九钱九分有奇，每粮一石五斗三合八抄有奇，载丁一丁，每丁征银二钱四分有奇。

每上田一亩载粮六合二勺，人丁四厘一毫二丝五忽，共征条银七分一厘有奇。

每中田一亩载粮五合三勺，人丁三厘五毫二丝六忽，共征条银六分一厘有奇。

每下田一亩载粮四合四勺一抄，人丁二厘九毫有奇，共征条银五分九厘有奇。

上地［无］。

每中地一亩载粮二合一抄有奇，人丁一厘四毫有奇，共征条银二分四厘有奇。

每下地一亩载粮一合七勺二抄有奇，人丁一毫一丝有奇，共征条银一厘九毫有奇。

武隆起课则例：

每粮一石征银一两三钱八分七厘五毫有奇，每粮九斗八升二合七勺一抄有奇，载丁一丁，每丁征银七钱六分六厘有奇。

每上田一亩载粮七合四勺六抄，人丁七厘五丝有奇，共征条银一分六厘一毫有奇。

每中田一亩载粮六合五勺二抄有奇，人丁六毫六丝有奇，共征条银一分四厘一毫有奇。

每下田一亩载粮五合五勺九抄有奇，人丁五毫六丝有奇，共征条银一分二厘一毫有奇。

每上地一亩载粮①二合三勺，人丁二毫三丝有奇，共征条银四厘九毫有奇。

每中地一亩载粮二合一抄有奇，人丁二毫有奇，共征条银四厘三毫有奇。

每下地一亩载粮一合七勺二抄有奇，人丁一毫七丝有奇，共征条银三厘七毫有奇。

自康熙六年起，至五十三年止，总计新旧劝垦升科②：

涪州：上中下田地二千四百四十九顷九十亩九分八厘八毫，共载粮一千六百二十七石一斗七升三合七勺六抄八撮，人丁一千另八十三丁二分三厘有奇，共征条银

----

① 载粮：原误"载厘"，据《刊误表》改。

② 劝垦升科：指清代对新开垦田地，在满规定年限（水田六年，旱田十年）后，就按照普通田地收税条例征收钱粮。科，科税。

一千八百八十两六钱七分一厘有奇；外，学租①上中下田地六亩五分四厘八毫，征收租谷三石六斗七升六合二勺，征收租银一钱一分二厘一毫。

武隆：上中下田地一百二十顷七十七亩四分二厘，共载粮六十一石七斗九升六合三抄五撮二圭，人丁六十丁七分一厘四毫三丝七忽，共征银一百三十四两七分一厘八毫有奇。

嗣后陆续奉行清查，至雍正五年，以四川垦辟土田从未丈勘②，隐占者多，又土著与流民各居其半，争讼日繁，特遣科道等官会同松茂、建昌、川东、永宁四道，亲往丈量。所到州县，拨户书弓手随往丈勘。六年九月中旬，秋收大熟，各地方俱行自丈投册，渐次清理田亩之数，年有增加。后历乾隆至嘉庆中叶，陆续报垦，无复隐漏，计涪州与武隆合并上中下田地共一万另六百八十三顷三十四亩九分一厘，永为定数，每年额征地丁正银五千三百七十三两六钱九分七厘，另加一五火耗银八百另六两另五分四厘；遇闰之年，加闰银一百六十七两一钱九分五厘，再加闰耗银二十五两八钱另一厘，总共征收正耗连闰银六千三百七十二两七钱四分七厘。

解运［解地丁正银，每年四千三百一十六两六钱五分七厘。闰年，解地丁正银四千四百六十一两八钱五分二厘，加解火耗银五钱七分六厘。］

留支［知州：全年养廉银六百两，另俸银八十两；吏目：养廉银九十两，另薪俸银三十一两五钱二分；巡检：养廉银九十两，另薪俸银三十一两五钱二分；学正：薪俸银四十两；训导：薪俸银四十两；文武两庙祭祀：银三十二两；廪饩银：连闰一百零四两；民壮八名工食银：六十四两；捕头十二名、皂隶八名、快手十三名：共工食银一百九十八两；捕役二名工食银：一十二两③；禁卒十名、更夫八名：共工食银一百另八两；额设铺司兵二十八名：每月每名工食银五钱，遇闰加增，共银一百八十二两；斗级、

---

① 学租：学田所收的地租。
② 从未丈勘：原志作"后未丈勘"，据《刊误表》改。
③ 一十二两：原志作"壹抬贰两"，误"拾"作"抬"，据《刊误表》改。

仓夫①六名：工食银三十六两；吏目衙役六名：工食银三十六两；巡检衙役、弓兵十名：共工食银六十两；儒学门斗、膳夫四名：共工食银二十四两；秀山县正佐各官：养廉银二十五两四钱七分八厘，遇闰加增②，共支银五十两零五钱三分九厘；以上皆为正支。]、[大水黄鱼岭滩、小水横梁马绊③滩：合设救生船一只；大水龙王沱滩、小水麻堆滩：合设救生船一只；大小水白洋：安设救生船一只。三共水手十八名，支工食银一百二十九两二钱，每名每月六钱。大水群猪、陡崖二处：设救生船二只，共水手二十名，除小水不支外，夏秋两季共工食银四十三两二钱。以上杂支。]

计共解运正项并闰耗银四千四百六十二两四钱二分六厘，共留支正杂银二千零八十一两九钱七分九厘[见《陈志》]，乃乾坤五十年前旧事例也。其时州同未设，故不著俸廉支数。向章俸支正银养廉，支耗银皆坐支。后尽并入正款提解，再行请领，名曰"存留"，不应坐支。其起运名目纷繁，由司吏州吏按籍而办，本官或终身不辨。《王志》在六十年前，运解拨支一概不载["津贴""捐输"，并名目无之]，文案散佚，今已无从考证矣。

津贴[《陈志》《王志》均无。]

为蜀纾边患，郡县、夷落岁入不足办公。酌盈剂虚，以资津贴，亦不得已之法也。吾民谅上之不得已，历数十年无怨心焉，非敦朴奚能如是？

津贴之议，起于嘉庆五年四川总督勒保[勒保奏粮饷事宜有云：川省每年额征正杂各款，计算支发满汉官兵俸饷、新疆台费等项，尚有不敷。近来被贼，州县屡蒙蠲缓，仅有十分之五，倍形支绌。办理军需，惟有民间津贴。所谓津贴者，如运粮脚价、台站夫马官价不敷，由民间出资津贴。而川东、川北悉经贼匪蹂躏，已渐停止。潼河被

---

①　斗级、仓夫：原志误"斗级"作"斗给"。二者均为仓库差役，分工不同：仓夫是搬运官粮的脚夫，斗级则是掌管、使用量斗的衙役。"斗级"的称呼，来源于"斗子"（量取粮食时使用的量斗或看管粮仓的人）和"节级"（宋元以来对低级衙役的总称）。其职责主要是：平时看管粮仓通风，注意防火防潮，有情况及时上报；每当收纳或处运官粮时，都由斗级负责计量，用官斗逐斗称量并且大声喝报斗数。故，斗级是州县衙门中最为安稳、收入亦颇丰厚的差使，一般要从有身家财产的平民中征发充役。

②　遇闰加增：原志无"加增"二字，据上"额设铺司兵二十八名"一条补。

③　横梁马绊：原志误作"横梁马盼"，据本志卷二《疆域志二·山川一》"横梁、马绊"改。

贼，川西完善之区又去其半；其未经被贼之处，不过四十余州县。川省民田宽广，比他省较轻，量加津贴尚属可行。上谕有云：若一切费用，咸取资于津贴，恐不肖州县胥吏藉词勒派，不可专恃此项办贼，任听属员需索，侵渔肥己。见《东华续录》。]。至咸丰二年，复行借征。其法于前一年秋季开征，至次年春季全数征完。原谕俟军务告竣，即将应征赋额停征一年，以纾民力 [咸丰二年十月上谕：山西、陕西、四川三省，咸丰四年钱粮即行借征一年，于今年冬开征，明年春季全数征完。其咸丰五年钱粮，即于明年秋季接征，按年递推。一俟军务告竣，国帑渐裕，即将该三省应征赋额停征一年，以纾民力而符旧制。（《东华续录》）]。咸丰四年五月，因总督裕瑞奏请仿照成案，劝谕绅民按粮津贴，请免预征。特降谕旨改征津贴，每正银一两加征津贴一两，由地方选派公正绅耆设局经收，俟收有成数，即派员解京 [咸丰四年五月谕军机大臣：前因预算军饷，部议请令四川等省办理①借征。据裕瑞奏称，查川省民情，宜仿照成案，劝谕绅民按粮津贴，请免借征等语，川省连年办理防堵，一切度支多系借资津贴。该督仍请援案办理，俾民不致惊扰，自系实在情形②。惟征收一切，责在地方。着裕瑞即严饬地方选派公正绅耆，设立公局，妥为经收。不得假手书役，另有丝毫苛派。并饬司详核各属津贴银数，奏请加广学额以昭优奖。俟收有成数，即派员解京。至留充本省军饷，仍须核实酌办③；或于扣廉劝捐项内，先尽抵拨。不得将此项津贴，竟留一半，致误军饷。（《东华续录》）]。后遂永为定额。

捐输 [《陈志》《王志》均无]

民无信不立，况国乎？捐输之初，声明事平即止。事平矣，乃于下以再累吾民一年，沿袭延宕，于上则谓民乐报效。夫民何乐之有？又何敢不乐之有？

道光以前，并无捐输之名。咸丰三年三月，以军兴三载，需饷浩繁，谕内阁大学士裕成等，并户部尚书柏葰、翁心存，会同户部尚书议奏请申劝捐输，以裕军饷。凡绅士商民捐资备饷，一省至十万者，准广乡试文武中额各一名；一应州县捐至二千两者，准广文武试学额各一名。于是津贴之外，又有捐输。至光绪二十年甲午中日战后赔款、

---

① 原志"办理"的"办"为倒字。
② 实在情形：原志误作"实在情彭"，据《刊误表》改。
③ 酌办：原志误作"配办"，据《清实录·文宗实录》卷一百一十八改。

铁路借款，以及庚子赔款于光绪二十八年摊派各省，名曰"新捐输"，而以已前[1]四川历年所纳捐输为"常捐输"。至是，四川有新捐输，复有常捐输，而各省则只新捐输而已。吾涪派摊额数，文献已失，无可征考。询书吏，初有捐输时，其数为一万六千两，后又增加八千两，最后则共增至四万两云。自捐输禀准按粮摊派，绅收绅解，费易集而办法较公，于是培修文庙、城垣诸大工役，皆援照附加征收。光绪二十四年，诏修怡和园为皇太后颐养之所，库帑支绌。翰林院侍读学士黄思永建议兴办公债，名"昭信股票"，直省派办二、三百万不等。川督派涪州解股金三万两，照向章设局委绅，按粮征收。未及半，言官劾川督办理骚扰，请收成命，得俞旨允免。布政司委员下州提已征之银一万两，给每张存银五千两龙票二纸，名存司库[2]，不准抵应解正杂款，即日撤局[3]。未完者幸免，已完者不发还，实不足昭示大信。二十六年，两宫西巡。川绅倡议报效，派州捐赀四万两，仍委绅设局，按粮征解。粮户鉴于昭信旧事，观望不即输纳，年余收不及半。回銮，奉旨免其报效，布政司仍委员提征存之款。时〔纪云〕守制在籍，建言昭信办理失当，致急公者偏枯，今又如此，以后谁肯踊跃？未完者免，则已完者应还诸百姓。呈覆去后，局士以奇零照还，难免冒误不便。〔纪云〕复议，仍全数收存，抵解正款。粮户以为公允，数月毕收。三十年春，免征津贴，拨征存银六千两抵解。冬季派捐输二万四千两，出示免征，拨征存银抵解。奉文筹修模范小学堂，借拨银七千七百两充费，免加派焉。

契税〔《陈志》《王志》均无〕

田房转移，蜀俗殊于直省。优缺契税，百倍解额，涪其一也。岁入三、四万金，人不视为非义；中才以上，易保清操。自匀缺法行，而牧令困不恤吏。其可恤民哉？

顺治四年定制：凡买田地房屋，增用契尾，每两输银三分。

雍正七年：准契税每两三分之外，加增一分为科场经费。

乾隆十二年申定税契之例：凡民间置买田房，令布政司颁发契尾，编刻字号，于骑缝处钤印[4]，发各州县填注业户姓名、价值，一存州县，一同季册报司。如有不投税

---

① 已前：以前。已，古同"以"。
② 名存司库：原志误作"名存司库"，据《刊误表》改。
③ 撤局：原志作"撤局"，误，改。
④ 钤印：原志"钤"误作"铃"。

无契尾者，事发照漏税例治罪［契尾每张定价银一两二钱］。

涪州契税，最初每百两征银三两四钱，以八十两作一百两。除额定解款一千零数十两外，余作地方官养廉之不足。每遇知州更代时，恒减税至二分四厘；至庚子赔款摊派后，再加一分五厘，则民间税契，缴正税四分九厘矣。

人民税契于正税之外，至光绪末年，因改办学堂，又附加契底千分之十。中资捐千分之十［以一眠解省，其余除解重庆府中学及川东师范学堂外，余作各乡小学补助的款］，吏警费千分之三，警察费千分之四，统计费千分之四，调查户口费千分之二。

盐课［《陈志》名盐政，序云：昔管子煮海为盐，而齐之富强甲天下；唐刘晏为盐铁使，天下之赋，盐居其半。然则上裕国课，下资民食，盐政亦急务也。涪陵盐政，屡经区画，又改旧为边商估卖之白马镇归属于涪，由是商无滥滞不行之弊；第恐民食不敷，商人因之以居奇，是又便于商而不便于民。调济得宜，司牧者其熟筹之。］

川税以盐为大宗。道咸以来，每包逾额定百余斤漏税，即私也；黔边由涪转运洒卖，侵计岸①，亦私也。丁文诚革其弊，宜矣。变法，官运因之耶？抑与之争耶？

清援明制，初行大引［每张二万三千斤］。康熙六年，四川巡抚张德地请改水引每票五十包，陆引每票四包。

雍正八年定川省，盐引行销分别纳课，则例：每水引一张，征税银三两四钱另五厘，截角银六钱；行边者一两，纸硃银四分，脚力银三分；羡余各州县不同。本州课银一两，征羡余银二钱二分。每陆引一张，征税银二钱七分二厘四毫，截角银四分八厘，纸硃、脚力、羡余与水引同②。

咸丰四年创办盐厘，遵道光三十年定制：巴盐每包计重一百六十斤，以五十包为一引，抽厂厘银七两五钱；花盐每包计重二百斤，亦以五十包为一引，抽厂厘八两。同治元年，议加厂厘。巴盐包口仍旧，每斤加抽银一厘五毫，每引加银十二两，连前共

───────────

① 计岸：盐政名，指实行计引的地区。雍正七年（1729），经四川巡抚宪德奏准，在四川境内实行计引行盐制度。"岸"是行盐地区的意思；"计"指计引，即"计口派盐、按县俵配"的食盐销售制度。其具体办法是：把原行的水陆引以县为单位按户口派引，分定各县配给某厂所产之盐，然后由富民签充的坐商分领引纸，其他盐商则向坐商交纳引息和岸租，承引配盐，输纳课税，行销民间。

② 原志"每水引一张""每陆引一张"后均为双行小字，以体例混乱而改。

抽厂厘十九两五钱；惟花盐包口，议加一百四十斤，每包计重三百四十斤，每斤加抽银一厘，每引加银十七两，连前共抽厂厘二十五两。至光绪三年，四川总督丁宝桢改行官运花盐，每包复减为二百斤如旧章，外增二十斤作耗盐，每斤仍抽银一厘，每引加银十两，连前每引共抽厂税银十八两；巴盐仍以一百六十斤为一包，厂税亦如同治元年所议，半包八十斤为一色，四十包不及一水引者为一则。

厂厘引税外，复有渝城厘金：每包收钱一千二十五文。其余州县开签截验等费，每引存留银一钱五分，由商人呈缴，总局按季札发。

引额　本州原引四百四十三[①]张，在犍为县五通桥配买一百四十张，在射洪县配买三百另三张，均运回本州行销。

又代销中江县水引二张，照中江例每引征羡余银四两另九分五厘。总上各项，每岁共征银三千九百四十余两。旧制以知州经征兼督催挂验，其后逐渐增加，每年销盐至三千引，课税几增至七倍。至光绪五年，于涪岸设委员专司盐务，常年除扣支养廉银一千二百另一两有奇外，其余税皆解总局。

州属原有洩江井二眼设灶，共榷课二十四两八钱六分，每两征羡余银二钱二分，共征羡余银五两四钱六分九厘二毫。

二井配陆引六百六十三张，系彭水县招商，运赴酉阳、秀山二处行销。嗣因洩江井逼近江边，被水冲漏，其引改配犍为，请开除榷课、羡余未准，仍归旧商认纳。乾隆二十五年，经盐道清查涸水，复据灶户呈请宽缓开淘，遂于老井上岩壁处新凿一井，设三十六灶，配引三百三十六张。后以新井水淡，煎熬不旺，难于配销，于三百三十六张内存八十张配销本井，其余二百五十六张仍改赴犍为配买。其后新井复废，所有引票全配犍盐矣。

射洪、中江、三台、盐亭、犍为、蓬溪、乐至、富顺八县引盐，由长寿县文移押送，来州投引挂号，分裁引纸，截角查验转江。长路运贵州思南府，盐包在州起店加用篾包，以每引五十包并作三十一二包不等，运龚滩交卸。短路仍照旧引五十包，在州整包拨换船只，运至彭水县属江口发卖。

---

①　四百四十三：原作"肆百肆拾叁"，"肆"误。

酉、秀、黔、彭、咸、来六州县计口引张，配运犍为、富顺二厂花巴盐舶到州，挂号查验，换船转江。

以上验放挂验，先由本州知州兼任。至光绪五年，于涪州设转江查验所专任委员稽查川盐入黔，每边引一张收税银十两，厘银四两。一税之后，无论经过黔省何关卡，均不重征。

茶课[《陈志》无小序。]

涪无官茶，亦无茶商立庄乡间。所常饮者，曰老鹰茶，曰毛尖，皆土产，税并于赋，数甚微，故亦无甚弊。其贩自普洱、龙井者，鲜矣。

引额　本州行腹引四十五张，在州属武隆采买，赴巴县、合州、遂宁、蓬溪等处行销。

课额　每引征额一钱二分五厘[川省行茶边、腹、土引，每张均征课银一钱二分五厘]，共征银五两六钱二分五厘。

税额　每引征银二钱五分[此腹引税额。边引每张征银四钱七分二厘，土引征三钱六分一厘]，共征银一十一两二钱五分。

羡余　每引征银九分一厘，共征银四两另九分五厘。

截角　每引征银一钱二分，共征银五两四钱。

纸硃脚力　每引征银七厘，共征银三钱一分五厘。

以上总共征银二十六两六钱八分五厘，由茶铺认销缴纳，地方官遵解。至宣统时，改由经征局征收，申解劝业道。

杂税

鬻于市者[1]，诈伪饰行，不物有禁。重在稽，不在征也。后世算缗[2]，马牛羊豕至一切日用之物，皆估直[3]而榷之。司其事者，私弊不堪究诘，为关为暴，信然。

---

①　鬻于市者：原志误作"鬻于者市"，据《刊误表》改。
②　算缗：西汉前期主要针对商人征收的一种财产税，课税对象为商品或资产，亦称"算缗钱"。"算"和"缗"都是货币计税单位：一缗为一贯即一千钱，一算为一百二十钱。
③　估直：估值。直通"值"。

　　本州鱼课，每年九钱一分六厘二毫，由州署申解。[乾隆元年，免广东归善县加额鱼税。上谕：山海奥区，贫民多以捕鱼为业，各县俱有额征，为数无多，相沿日久。后因归善县不肖知县私取陋规，加于额征十数倍，遂经抚臣定议加征。朕思小民生计艰辛，故以捕鱼为养膳之计。他县皆仍旧额，此独征收加重，恐渔民输纳惟艰，非国家爱养黎民之意。着将加征之数悉行蠲免，仍照原额征收（《皇朝文献通考》）。本州鱼课之轻，观此谕可以知之，故附录于此。]

　　当课　顺治九年户部会议：在外当铺，每年额定税银五两[《东华续录》：顺治十八]。嘉庆十五年，总督常明奏准加征当商银拾两[寇宗《重庆府志》]。州城有当铺一所，岁纳当课十两，由州署申解。至光绪三十四年，川省设实业司，当课增为五十两，始由经征局征解。

　　按：当铺分典当、质当二种。典当咨部准设，常时取息三分，冬季减至二分，当期以二十七月为限，期满再留两月。过此不取，即没收其物，名曰“死当”。质当亦称小押，即由藩司准行，不达部，为流犯营生之业。州城东、西门外各有一所，取息每月四分，期限满足一年即死当。光绪末年，奉部令设公质当，乃于锦家街以州之公款设之。典商以折阅①歇业，州中无典商矣。

　　土税　州中鸦片贩运出口，于是有征税之事。光绪初，由州署派员于琛溪设所。每担[以一千两为一担]征钱一千文，名备公用，实知州私取耳。继奏设总局于州，又另设分局。每担征银四两八钱，发给税票许以通行，全省不复重征税款。由土税总局解省。

　　百货厘金　州境产木材，夔关先设分关征木税。嗣咸丰军兴，沿江阻滞，商货每由湖南绕小江以达长江上游，始奏于分关征百货厘金百分之二有小数五。初以防漏税，禁绕越。其后，遂并本地百货悉征之矣。

　　肉厘　光绪二十二年，四川总督鹿传霖饬各州县振兴团保。本州禀练丁四十名，设保甲局管领征肉厘，每宰猪一只收钱二百充经费，设肉厘局司之，不实不尽，岁收不足五千串，尚不敷保甲、肉厘两局额支，由征收局补助。二十七年，州署被火延

---

　　① 折阅：主要指由于货币贬值，通货膨胀，引发的商品减价销售，买主恶意杀价等市场混乱行为。《荀子·修身》：“良农不为水旱不耕，良贾不为折阅不市”杨倞注：“折，损也；阅，卖也。谓损所阅卖之物价也。”

烧，议就地筹款修复，又奉文设模范学堂，乃议裁保甲，移肉厘，修州署，裁肉厘局，由征收局核实经收，俟署工竣，即移作学费。整顿后，其年收钱一万串有奇，约合银一万两。此肉厘作学费所由起也，然仅充州中学款而已。是年，各省摊派庚子赔款，四川各县皆征肉税，每只征钱二百。涪州额定每年解款银一万两，其余存县以为教育经费。及三十二年，奉令筹办农政与半日学堂，无款可筹，州牧陈伟勋禀请每只加钱一百，而解款亦自认加增银二千两。至是每猪一只征钱五百，全年解款为一万二千两。考光绪三十四年册报，州属宰猪八万六千余只，共收入钱四万六千五百四十五吊。是时银价每两值钱一千一百四十，除解款需钱二万三千八百五十八吊，州中学款尚得二万三千六百八十七吊，可谓丰矣。宣统元年，筹备乡镇巡警教练所，每只加钱二百。宣统三年，成立州会，每只又加钱一百。而各屠行复私征二百，各镇乡亦抽自治经费或一百或八十、六十不等。虽云食肉之家每斤加钱不多，比于奢侈品之税，然宰猪一只已征钱一千有奇矣。

铁路股款　光绪三十年，朝议建筑川汉铁路，蜀中人士争回路权，官督商办。本州以购股、租股、商股三种募集股款，每股本银五十两，年息六厘，先由知州指派购股，共解银九万两；随以按粮附加，满足五十两者换给租股票一张，复先后解二十万两；又按课征解盐茶股本银一百五十五两，土商股本银一十九万八千三百两，统名之曰商股。于州设铁路租股局［宣统三年改为铁路股东分会］，直接川汉铁路总公司，负领息、发息之任。

论曰：涪赋最奇零，而银币堪解库者，每锭率十两以上，完粮不便，则用铜币折合。咸同间，军事旁午①，支解繁碎，爰改完钱。厥后议价，一两浮五六百，津贴、捐输皆然。光绪七年，乃复旧完银，每两加火耗一百，浮派获免，为民害未久也。惟夔关因货物绕越湖南由黔水达长江，奏于涪州分关补收漏税，遂征及本地油麻漆纸药材等货，民间日用之物时或不免，屡控京师，迄未罢除。自土药总局设，涪州岁收银数千万两，但输纳不止②涪商耳。酉、秀、黔边引由涪转运，旧有榷额，后改官卖矣。

涪陵县续修涪州志卷六终

---

① 旁午：纵横交错，比喻事物繁杂。
② 不止：不只，止通"只"。相当"不单""不仅""不限于"，表示超出某一特定的范围或数目。

涪陵县续修涪州志卷七

风土志 [《陈志》序云：古者天子采十五国之风以征美恶，察贞淫；太史陈诗以著人民之臧否，考歌谣之邪正，用以稽政治之得失；《禹贡》辨九州之土，别高下燥湿之性，以登土物而定贡税焉。盖风浮于上，土实于下，人游其中而风土移之。故为治者不可以不知民情，欲知民情不可以不辨风土。仁义礼智之性，秉之于天；秉之天者，地不得而移之[①]，故率之而为道。阴阳刚柔之气，受之于地；受之地者，非圣人不得而辨之，故流之而为习俗。习不可以枚举，俗不可以尽言，其见于日用者，莫显乎节序。春夏秋冬，谓之四序；四序分令，谓之八节。冠婚丧祭，谓之四礼；节有俗节，礼有俗礼。为俗节者，可以为节；为俗礼者，不可以为礼，正天下之理，所以易天下之俗。礼，根于理者也；声，本于气者也。理同而俗不同，故礼异气异而声不同，故言亦异。凡此，皆风土之中于人者也。若夫山川之所产，风气之融结，荒僻之区，鄙陋之物，虽不足贡，然亦土之所出，可以资人之用，而为观风辨物者之所必详也。]

甚矣哉，习俗之移人也！涪俗勤朴，农所树艺，百谷园蔬麻棉之属而已；工所营造，田器竹木纤染之类而已；商所懋迁[②]，布帛菽粟盐铁，厚生利用之物而已，风气实近古处。又舆地山多田少，民间以玉蜀薯[③]、红薯为食者十六七。亲寿举觞，嫁娶宴宾客，无山

---

① 地不得而移之：《陈志》原作"地不得而限之"。
② 懋迁：指搬有运无，互相贩运的商业交易、买卖活动，即贸易。
③ 玉蜀薯：应作"玉蜀黍"。即玉米，别名包谷、棒子、粟米等，大约明朝嘉靖年间由美洲传入中国，清代推广到南方种植。下同不注不改。

海之珍，席费廉，裁七八陌^①，至千钱则已丰矣。其俭也如此，吾犹及见之。自同治初元，客粤者购罂粟籽种归，如其法试之，利数倍。于是争趋如鹜，不三年罂粟遍野，甚至种及田亩，稻麦乃逐渐歉收。然由俭入奢，土药总局^②道员驻涪益以黔边盐局诸员；富绅估客^③行商，日与酒食征逐，习于侈靡，旧俗渺不复存。爰举风俗土物之有关盛衰者，以觇世变。

习俗［《陈志》序云：先进非野，纯俭可从，故土风谣俗为辎轩所必采者，务期一道同风之盛。涪之先，如刘氏之忠烈，文氏之孝友，皆出其地，是亦礼义之区也。自兵燹之余，俗不近古，或亦教化所未及耶？转移倡导，良有司之责，不綦重欤！］

少成若性者，习也；从风而靡者，俗也。必悉十五国之贞淫，施治始能握其要。太史采之，职方掌之，移风易俗，繇是权舆^④。请胪陈，以为长民者^⑤偃草之助。

民俗视政教为转移，道在官师，责在绅士。齐其不齐，则风一；立之斯立，则化神。武城得人之问^⑥，盖宣上德而通下情，惟士大夫是赖。得贤者为之赞助，潜移默易，以臻郅治^⑦，不难矣。涪绅于本邑为益为损，以创设捐输局为一大关键。［予］闻嘉道以前，科第甚盛，其未仕之先，去官之后，散处乡里，非公不至，有终岁未一请谒者。司牧虑干清议，恒汲汲焉求尽其职。百姓安居乐业，无苟营于分外，行习不离乎轨物，而上下咸得其所。自有捐输局以聚之，其族姻故旧遇有事故，以绅能通声气，不免相干以私。绅本自爱，而或谊难峻拒，素守乃撤其藩，仆从细人又不无招摇，以为奸利长官既已曲徇，无复平时之忌惮，而良懦渐不能自保，风气乃日浇漓，于是凡素所不屑为者，莫不悍然为之。欲民俗之古处，其可得乎？顾数十年前，廉耻犹未尽丧，国家威令能行，钤辖有统系，下吏慑上官劾治，凡所以坏纪败俗者，仅启其渐，不至扫地

---

① 裁七八陌：才七八百。裁：古同"才"，仅，方；陌用同"佰"，用于钱，指一百文。

② 土药总局：原志误作"药士总局"，据《刊误表》改。

③ 估客：原志误作"佔（占）客"，据《刊误表》改。

④ 繇是权舆：从此开始。繇：古同"由"，从、自；权舆：萌芽，比喻开始。

⑤ 长（cháng）民者：民之长者，泛指地方官吏。

⑥ 武城得人之问：出《论语·雍也》第六："子游为武城宰。子曰：'女得人焉尔乎？'曰：'有澹台灭明者，行不由径，非公事，未尝至于偃之室也。'"

⑦ 郅治：大治，指天下太平、清明到了极点。郅：最，极。

无余。然厕身其间，而莫能挽救一二，惟内疚而已。特综昔所及见，而推其递嬗之由，以著于篇。

士勤于学，或肄业书院，或自设馆资脩脯以供事畜①，昕夕埋头伏案。即偶然离塾，不过应各乡月课，别无所分其日力也。谚云"秀才如处子"，遵卧碑"不结社"、"不干外事"之诫，兢兢焉守身如玉；设有不安本分者，咸訾为学校之玷。惟士能自重，乡里害群之马不敢肆无顾忌。即有衅隙，一经调解，立消弭于无形。良民赖其庇荫，不受累于好事之徒，故俗静而不扰。

农有自耕己业者，有租人田地者。己有业，固不欲愿外以逞一朝之忿，致难自保；租人田地，亦念主者无论先业、自置，皆系血产。主者仅得稻谷之半，佃家虽竭力种植，谷既得半，其他物产悉为所有，而主者完粮纳税、挑塘盖屋，费且不赀；佃所得厚，即有损失，非由主者之朘削，其心无怨，不复有干没之想，而农安于野。

市场无大小，为供地方之需要。商各有帮，营商业者各有所习，舍此无生活计。而或才足有为，苦于无资；裕于资者，或才分限之；才足办矣，事不能以独理，亦求臂助于友朋。受任者藉劳金以为养，则赢亏与同，忠于所事，以著其信行，发家成业者不可殚数。反是，则潦倒以终，亦不知凡几。夥友鉴于不忠之自误，于是尽力维持，而商安于市。

工艺之类繁多。涪无工厂，制造商货之艺尚待提倡。仅有木石土工，因生涯淡泊，习之者少。其他苦力劳工，遇便则为之，皆不以为专业，然皆推掌墨及老成者为揽头，听其指使。即有外来客作，必入会［会祀鲁班］。其受雇与建筑主无直接关系，工价较旧日倍增，揽头亦不甚刻扣，而工安于业。

城乡俱有游手闲人，无恒业，于贸易场或作小经纪，或为商号奔走细务、看守货物，得酬资以糊口。然必平日无扰秩序行为，而后不为人所摈斥，故州属少打降②等事。

妇女城居者，或针黹，或浆洗，或卖食物，或受雇佣；乡居者，浣衣、行汲，馌饷胥任之，并或锄锹薅耘劳力之举，与男子同，不专累其夫，坐享养膳。而节孝成风，

---

① 事畜："仰事俯畜"的省略语，语本《孟子·梁惠王上》："仰足以事父母，俯足以畜妻子。"谓侍奉父母，养育妻儿，维持一家生计。

② 打降：指以武力降服对方，即打架。

旌表石坊所在多有①，历遭兵燹、捐生命以全清洁之操者，无虑千百。固由生质之美，亦相观而善，耳濡目染于乌头绰楔，故临难而能舍生取义，维正气于不朽也。

涪依山傍水，不成村落。明以来，通显世家无名园别馆以侈游观，往往急流勇退；图书之外无珠玉玩好，亦不染名流金石之癖。山林养静，萧然寒素，不为乡党开豪侈之渐；饮食衣服轿马，古朴无富贵气，里人化之。至光绪中，盐土各局员颇变旧习，然只在州城而未及于乡镇，故俭约之风，犹未尽失。

《记》曰："礼从宜，事从俗。"② 故君子行其礼不变其俗，且士庶之家亦难一一绳以古礼。涪冠礼久不行，惟于婚时存加冠之名而已。婚礼六，今惟纳采、请期、亲迎，并多不亲迎者。即亲迎，亦无所谓奠雁。初议婚时，媒有成言，男家备恳书，稍侑以缣帛；女家报以允书，俗谓"开书单"，诹吉行聘。开庚无聘金，男家备庚帖旧惟一封开男庚，至女家书女庚归诸男家，今始有备两封各执其一者；备金玉饰品、绸缎布匹，视其家，无定数；鸡鹜鱼肘、酒果糖饼之属必丰，但以盐茶为必要。女家备书籍笔砚纸墨、袍褂靴帽回赠其婿。将婚，男家请冰人报期于女家，届时前一、二日，男家备冠帔簪珥仪物送女家，谓之"过礼"；女家送奁物陈设于新房前夕，主人率婚者拜祖先，为加冠，曰"办郎"；女家设宴醮女，曰"花宵"；吉日，男家备彩舆曰"花轿"，具銮驾鼓吹；请伯叔兄弟原配、有子女者夫妇至女家，祀其祖先，曰"接亲"。婿若亲迎，则以鹅代雁，捧而奠于妇翁之堂，先归以俟；女辞，祖母命之彩舆至门，回旋以当御轮三周，门前具香蜡，有衣冠者向彩舆揖，掷以米，喃喃有词曰："回车马，厌胜③煞气。"舆入，夫妇拜天地、家神讫，交拜入洞房，坐床合卺。俗各不同，大约由年老全福妇人指使，所谓习惯也。妇易服妆竟，夫同登堂庙，见［或于次晨］拜翁姑，遍及尊长族戚，曰"见大小"。是晚，翁姑以筵醮子妇，曰"团房饭"；族戚朋友就筵催妆，名曰"闹新房"，强新妇斟酒，争喝喜酒，不分老少，笑语尽欢。女家择日备帖请婿女，曰"转门"，亦遍拜女姻。三日，下厨示任中馈也。世道渐以文胜，已不如旧时之朴矣。

---

① 按，康熙《重庆府涪州志》卷一《风俗》有云："涪俗旧多节孝之妇，凡有石功所在，俱是旌表节孝者，城市乡村皆有之。即今，民间守节者亦不少。此涪俗之美也。"

② 《记》曰：即《礼记·曲礼上》："礼从宜，使从俗。"

③ 厌胜：我国古代的一种避邪祈吉的常见方式，指用迷信的方法，迎合、对应、压制、抵消将来可能出现的灾殃，从而能够平安顺遂，居之恬然。"厌"或读作 yā，通"压"。可详参史杰鹏：《"厌胜"之词义考辨及相关问题研究》，《励耘语言学刊》2013 年第 2 期。

人子终养之日，与亲永诀，哭必尽哀丧，称家有无附身附棺，虽所夙备，丧主亲视含裣多在昏迷中，一切由族戚襄助①。士大夫家三日成服，乡间有二、三日即葬者，谓之"乘吉"。将葬，请亲友伴灵，谓之"坐夜"。以羊、豕祭，行文公家。礼次日，展奠题神主［庶人家甚少］，延僧道诵经，每值七日，名"荐七"。以后百日、小祥，亦多营斋，盖不欲俭其亲也。独于吊客有奢而无礼之事，所宜亟革者，丧家于成服日，无论服远近，遍给男女孝衣，头、腰孝布各一段；甥婿戚属头、腰孝布，亦给孝衣、红扣绊；吊客必送白布，约四尺，谓"散普孝"，不知起于何时。光绪初年，孝衣滥及于朋友，以示阔绰。九年，有湖北烟号庄客邓某死，某绅为主张举贡各绅均送孝袿，相沿得孝衣者服之，再向几筵叩头以谢，诸绅居然受之，服以拜赐。此风一开，丧家备客孝衣过百件，族人贫者或不给，以为显客则送之示敬，得孝衣者亦谓为敬己，不知其义奚取。考《通礼》：皇太后、皇帝大丧，王公百官给白布制服，百官命妇及侍卫妻以上给布；皇后丧，则王公百官皆制服，无给布之文。尝吊京外官丧，见族属外惟家丁、仆婢孝服执事，虽门生故吏，未闻给布令其行服，不敢僭也。涪俗以臣妾待吊客谓致敬，吊客视臣妾之待遇为敬己，大约以丧家费财、吊客得物，所重在此，遂不顾礼之僭否。《书》曰："享多仪，仪不及物，惟曰不享②。"区区丈尺白布，遂主宾废礼至此，是亦不可以已乎！

又，丧枢未出，无论筮日远近，亲友率赴丧家赌博，谓为"热闹"。甚至延票友坐唱为打围鼓，近于演戏，于居丧尤不伦类。盖侈靡相沿，礼之失久矣，是所望于有训俗之责者。

又，客死枢归，虽父母不入门，以为不祥，曰"冷丧"，天性薄矣。邹绅增祜有《冷丧驳议》载《艺文志》，若可挽回敝俗，民德庶归于厚乎？

民间于丧祭外，吉祭久废不行。闻周梅生孝廉言：六月二十四日为文恭册封琉球，舟至姑米山遇飓再生之期，每年是日，必祭文恭，此为仅见。其他虽世族祠堂，春秋二仲亦荐而不祭。清明拜墓，冬至祀始祖，多行之者。

---

① 称家有无附身附棺：死者入殓的棺材和随身佩带物品与家庭经济情况相符，指办理丧事要根据家中财力行事，不可过奢或过俭。丧主亲视含裣："含裣"应为"含殓"，亦可写作"含敛"，指将珠宝放于死者口中，然后易衣衾入棺，谓入殓下葬的整个过程，丧主须亲自看到，令诸事妥贴。

② 惟曰不享：原志误作"惟白不享"，据《刊误表》改。

　　旧俗同业神会，每年必演戏，各有基金。城中神会戏最多，大镇乡亦尝演二三十日，因而聚赌，为害不细。光绪中，或提作年赈，或提作学费，会戏遂废，此举较变而近道。

　　《陈志》：疾病不延医服药，惟跳神禳解，乃獠蜑旧俗，今无此迷信矣。

　　方言[《陈志》序云：五方之风气不同，而语言亦异，虽书籍犹难辨之。《陈汤传》既曰"母鼓"①，《西域传》又曰"母寡"，是一义而二字也；班固史既曰龟兹为"邱慈"，范尉宗史②又曰龟兹为"屈沮"，是二字而二言也，其类不可殚述。涪人言音多清爽，顾音韵虽清而出口多不能一辙，爰录之以比扬子云之《方言》云。]

　　涪语爽直，唇齿、清浊、高下与巴相近而微不同，口吻多反诘，然无钩辀格桀、屈佶不可晓之名词。明清间，自楚、赣来迁者十六七，其遗传不尽随山川而变也。

　　五方语言之异，以名词各随沿习，不能强同，故闽粤之人必学官话，其土音有同邑所不尽解者。涪无六百年以上之土著，从前獠蜑蛮语，当不复存，无俟舌人之重译。旧族明多湖北籍，清增江西籍，奕世不忘其本，吐嘱非毫无意义。或音以轻重而差，或声以通转而讹，如讶则曰"夥"，羡则曰"颐"，犹是楚语；不当理曰"瞎闹"[即王德用所言"色叫"]，出恶声曰"绝人"[即吕相绝秦之意]，虽属俚俗，固未尝无所本；然则谓睡为"困"，谓哭为"吼"，谓诱为"话"，谓夸为"吹"，谓谬为"否"[由鄙讹"屄"]，申斥曰"呸"，呼唤曰"唉嘈"，不祥曰"唾唾"③，义原相近；而有疑乃曰"噫"，不然乃曰"嗳"，允诺乃曰"些"，以势相凌乃曰"挟"[音如虾]，全失本义。万口一辞，习焉不察，不知所谓矣。

　　语之在天时者，以虹为杠[去声]，电为闪，雾为罩，霆为炸雷，飓为旋风，暴雨为偏东[殆因蝃蝀在东，俗称"收杠雨"名之。]，霞为火烧天，雹为雪弹子，彗为扫把星，明天讹为门天，霖[过三日为霖]雨讹为凌[去声]雨。修养家谓午饭宜少，遂以中食为"少午"；日入，无论有无月色，总以为"黑了"。

　　语之在地理者，以岷江为"大河"，涪陵江为"小河"；溪曰沟，洼曰荡，培垒曰岭冈，山穴曰岩阡，岭脊路为垭口，碛为碛[音若七]坝，礁为癞石，漩为碓窝，急流为竹

―――――――――――――――――――――――

　　①　母鼓：即汉武帝时代的大宛国王"毋鼓"，"母""毋"二字以形音近似而通假。下"母寡"同，即"毋寡"。

　　②　范尉宗史：指南朝宋史学家范晔的《后汉书》。范晔字尉宗。

　　③　唾唾：用力从嘴里吐出来时发出的唾声，表示轻蔑、鄙弃。唾音啐。

筒水，高原为坪上，平原为坝上，涂交会①谓"三叉路"，流所汇谓"夹马水"，仄径谓"毛狗路"，低田曰冲，高田曰塝，斜上曰坡。

　　语之在人物者，家庭父祖之称，各从其先。其同然者外，祖父母称"家家"，从母称姨娘，夫于妻谓老公，妻哭夫称哥子人，夫兄称大伯子，夫弟称小叔，甥呼外侄，妻兄弟之子呼内侄，同岁呼老庚，汛弁称副爷，约保称首爷，差役呼总头，商家经理为掌柜，租田房为佃客，零工为打雇[音如估]，驾船为太公，匠人为司夫，劳工为力行，僧呼当家，巫呼端工，丐呼告化子，匪呼棒老二，猫呼媚儿，獭呼扁子，雉呼野鸡，豺呼毛狗，水深鱼黑者呼岩鲤，煤峒曰窑，旧房曰老屋，被曰铺盖，袭服曰盖面，衣里衣曰汗褂，袴曰小衣，短袄曰滚身，半臂曰闟闟。若晚食曰消夜，粉团曰元宵，航船午餐陈饭曰冷淘，木工锯木架曰行马，佣人曰长年，用物为行李，斋荐为做道场，作冥器匠名庄严，则本典雅而习成俗语者也。

　　于应事也，扫墓曰上坟，联姻谓打亲家，行聘谓插香，娶妇谓"过酒"、谓"用事"，出嫁谓"交得"、谓"出阁"，会亲谓过门，夥贸为堆子，洒卖为边江，买期为赊账，质问为讲理，兴讼为告状，顽笑曰"办灯"、曰"讪谈子"，闲游曰耍，留宿曰歇，何如曰那[音如朗]个，阔绰曰顽格，人死曰过世，口吃曰蹇吧郎，初二、十六祀神曰牙祭，违约名撒懒，械斗名叫量[平声]子，小儿淘气名千[音如千]犯，聚谈名摆龙门阵，禁声曰悄悄[平声讹如敲]，稚子曰崽崽，嫌少曰点点、丁丁，慌张曰茫茫到到。俗语多有音无字，兹标其常在口、常入耳者。《蜀语》所载，非涪所独有，不赘录。

　　节序[《陈志》序云：诗咏《豳风》，礼详《月令》，不独志稼穑之艰难，时序之递嬗，正以做太康，职思居也。夫天下同此节序，而风土各有所宜，今备考以志，俾民间东作西成，不敢坐失其时。即享祀燕衎间，亦知食时用礼之节，未始非默化之一助云。]

　　尧命羲和，敬授人时，帝政之先务也。《豳风》陈王业之肇基，终岁农家事耳。今改正朔，行阳历，而宪书②仍详载二十四候，知所重哉！顺时育物，敢告司牧。

----

　　① 涂交会：即"途交会"，涂通"途"。
　　② 宪书：或称"时宪书"，即历书。在帝制时代，历书由皇帝颁布，并规定只许官方刻印，因此又叫"皇历"。清代皇历由清初汤若望等人掌理订正，后因避高宗弘历讳而取《书经·说命》"惟天聪明，惟圣时宪"之义改称为"时宪书"。

正月元旦，黎明肃衣冠，具香烛，放爆竹，开门拜天地、家龛、门、灶、中溜之神；男女以次叩贺尊长，向吉方拜喜神曰出方，诣祠堂祀祖先，拜附近神庙，率卑幼上祖墓。是日忌扫地、泼水。

初二日以后，互相拜贺，亲友必遍。客至，主人设果盘，以粉团、糍粑、年糕款之。排日设酒食，迭为宾主，曰"春酒"。

初九日，俗传天帝诞辰，城乡张灯火陈百戏，爆竹声不断，以饰太平景象。其最盛者，莫如龙灯，州城各门、乡间各集市多有之。人家为挂红致敬，用竹筒筑花，或鞭炮以助兴。

若立春在正月，城乡扎彩亭，装故事，备龙狮，随长官绕道诣东郊祀芒神。北岩口苗妇四人，排轿前吹芦笙［终年只此一次差］，迎春牛至署，次日"鞭春"打碎之。

十五夜庆元宵，洁治粉团供神、分馂余；烧香烛屋四隅，曰"照地蚕"，新年乃毕事。

十六日以后，童子入学，市店以次开张。

二月，二日祀文昌，上丁祀文庙，坛庙举行春祭；农人浸种，童子放纸鸢，俗名"风筝"，使仰观以吐浊气。

三月，清明上冢，标纸幡曰"挂亲"，新坟必于社前拜扫；剪桑叶养蚕，收罂粟浆，月杪插秧，水不足则于下月。

四月刈麦，蚕入箔，乡间男妇无闲者。

五月，五日为端午节，亲友以礼物相赠答，户插菖蒲挂艾，饮雄黄酒，食角黍；长江龙舟竞渡，游人雇小舟傍岸上下游，悬锦标以奖胜者。十三日祀关帝，曰"单刀会"；农家耘田薅稗草。

六月，六日曝衣，抖晾书籍；乡间演傀儡，祀川主、谷神，收玉蜀薯，刈蚤稻[1]；伏日造酱醋。

七月，七日古传牛女渡河之夜，妇女陈瓜果对月穿针乞巧，捣凤仙花染指甲；刈稻谷，多割搭斗，不露积；十五俗传中元盂兰会，城乡放焰口[2]；施食人家前期，供祖先荐新，化纸钱曰"烧包袱"。

---

[1] 蚤稻：早稻。蚤通"早"，下同不注。
[2] 放焰口：僧众诵念经咒，向口吐火焰的饿鬼施水施食以救其饥渴，使亡灵得以超度的一种佛教仪式。

八月，行秋祭。如仲春十五为中秋节，亲友互馈遗如端午，士民以糕饼供月，妇孺偷瓜送人祝生子。

九月九日重阳节，童子佩萸囊食糕，士民登高饮菊酒。

十月，乡民祀牛王，翦茅乘屋；州牧祭厉坛。十五日，道家谓水官解厄之辰，士民祀祖先，以纸剪衣服焚之。

十一月，俗称"冬月"。三冬皆冬，独呼此月为冬月，当以长至故也。芸罢粟，加油饼作肥料；夜长，纺织多至夜半。

十二月，俗称"腊月"，嬴秦名之，以"腊者，猎也"；岁晚务闲，猎取禽兽以奉先祀也。八日煮粥，杂投粮食果品，名"腊八粥"以供佛。

二十三日小除，俗谓"灶神上天"，用果糍糖豆以祀；旧俗换桃符，气象一新；亲友互馈赠，尤重于端午、中秋，足征敦睦之风。

除夕祀祖先，爆竹声盈耳，送坟灯；卑幼叩拜尊长，曰"辞岁"；"接灶"，谓灶神自天归也；城乡打锣鼓为乐，彻夜不眠，曰"守岁"。

物产［《陈志》序云：利用厚生，莫重于食货。然而稻麦因高下殊美，麻黍以异地各良，此又民风土宜之不可以强同者也。涪地无异产作贡，其土之所宜，稼穑而外，只此禽鱼、竹木、蔬果足以供日用饮食之需。然必因天之时，相地之宜[①]，用人之力，三者备而后土物可得而用焉。凡一切董率劝劳之方，又乌可缓哉！］

谷与鱼鳖不可胜食，材木不可胜用，则民养生送死无憾。为王道之成，是"有土此有财"[②]，不在多畸产，而在食用之恒足。至于动植之物，为之详考性质，精研理化，是在嗜学之士。

谷之属

树艺百谷，古必辨五土之宜。涪不宜黍稷，虽生大小麦、高粱、苦荞，非普通食料，所种不多。在水田惟稻，旱地惟玉麦俗名"包谷"为大宗。稻有二，皆曰"占谷"，以来自占城，种类繁，农人不能悉举其数。大概黏者为糯，不黏者为粳，有早有迟有晚，

---

① 相地之宜：《陈志》原作"相地之利"。
② "有土此有财"：语出《礼记·大学》，意谓有了土地就会有财富。

视田之肥瘠、地之寒温，随所宜而植之；种，每年必易，否则产量渐减。农人今已知之，但乏农学，择种籽、审肥料无经验，灌溉培养不如法，不能尽地力；守老农浸之洒之栽之薅之之旧规，不讲求生理，秧行过密，地气分发舒难尽量。粳供饔飧，糯惟备酿酒、蒸糍、磨粉之用，故种不及百一。包谷供山乡半年日食，小麦、高粱多出卖制面煮酒者，荞非极贫及荒岁不以为食。

杂粮之属

农家济食之不足，恃杂粮。菽为最，俗呼豆子。黄豆磨浆煮之，点以碱水[1]成，来其名"豆腐"，为佐食常设；外人用化学制造器物，中国亦能取油。菉豆、碗豆皆可制条粉，蚕豆以蚕月熟一名"胡豆"，可和酱。豇豆、饭豆、刀豆、四季豆均可佐食，并作咸菜；黑豆、白扁豆、苡仁入药。芝麻油质，天仙米、鹅掌米、葛仙米皆可食。其足为贫家数月食料者，莫如甘藷[2]即"红薯"与洋芋；蹲鸱非粮食，而实极重要之粮。

菜之属

侑食，莫多于瓜。南瓜，人资为铺；冬瓜，霜后如涂粉；丝瓜，有长、短二种；黄瓜，即《月令》之"王瓜"；瓠子，色白味甘似冬瓜；茄名"洛苏"，一名昆仑瓜，分紫、白二种；苦瓜，别有风味。无西瓜、甜瓜、香瓜、花瓜、葫芦，拟试种之。萝葡一名"莱菔"，有红、白、胭脂三种；白菜即"菘"，有卷心，有绣球，黄杨白经霜，几可及北方。青菜有苞有台[3]，盐腌名"五香榨菜"，南人以侑茶；黄花菜一名"金针"，即萱草也，鹤游坪宜之。由波菱国来者曰"菠菜"，赤根；武侯常令军人种者，曰"诸葛菜"。苋菜有赤、白、马齿三种，冬苋菜尤富于脂；芥蓝即"擘蓝"，芸台即"辣菜"。莴巨[4]、雍菜、蒟蒻、苜蓿、茭白、藕、芹、姜、葱、韭、薤、蒜，皆有之。

饮之属

昔渊明种秫酿酒。秫，北方粘粟，涪无此种，普通以包谷酿，鹤游坪则多用稻谷蒸。

---

① 碱水：原志"碱"误同下文"咸菜"之"咸"，改。

② 甘藷：即甘薯，又名番薯、红薯，四川人俗称红苕。藷，郭璞注《山海经》云："（江南）音储，语有轻重耳。"今音、义同"薯"。

③ 青菜有苞有台："台"应作"苔"。

④ 莴巨：应即"莴苣"。

糯米酿者，汁湢涌，俗名醪糟①；酿高粱盛以小坛，饮时煮熟②，插竹管［古用芦管，名曰"芦酒"］，口就吸之，干即加开水，名"咂酒"，陆宣公谪忠时，此酒始见于传记；又仿山西法，以药制潞酒，出境倍香甘，则州之特别饮料也。其属于茶者，《茶谱》："涪州有三般茶：宾化最上，制于早春；其次白马；最下涪陵。"其时宾化未并入巴县，今非涪境矣。白马及东西里［涪陵江左右］产茶虽多，诚无上品。惟长里梓里场属之方坪，所产色香味俱佳，而地不过数十亩，树仅数十株，产额少，土人不谙制焙，不能与武夷、龙井相埒。

果之属

涪人惩荔支之害，芟夷不遗，种异产惟龙眼为多，可敌建圆古人夸千头木奴③。涪仿江津办橘园，株以千百计，冬月林中如火齐联缀，甚可观；本，酒质，宜研究制法。北山坪香桃，名白花桃，甘脆而汁浓；青脆李亦脆，柑、柚多佳者。林檎一名"来禽"，《学圃余疏》谓即"花红"；樱桃，色如马瑙。杨梅、山楂、白果、枣、莲实、佛手、木瓜，皆入药；枳椇，即《诗》之"枸"也，可作蜜酱，亦药中补品。梨、杏、柿、栗、葡萄、枇杷、胡桃、石榴，有而不多。甘蔗，糖质，分红、白二种。落花生，油质，近多用外洋种，然甘香不及中土，但较大耳。

木之属

木之贵品梓、枏、楸、樟、红豆、檀、榆，州皆有之，为用少，不多植。其堪中修建之材者，柏称"贞木"，百年前老屋率以为柱，可避白蚁。近虽所在多有，不易成林，乃以松杉代之。但所谓松，非松也，人呼为"欃树"，不识确为何木，性甚韧，堪胜梁柱之任。杉分错节、对节，错节名香杉，作棺良；对节者在水中能耐久，取其不畏湿，故以为柱。木本之适于需要者，橡树俗呼"青枫"，虽未能制胶，可养山蚕取丝，可烧

---

① 醪糟：原志作"醪糟"。醪，四川方言俗字，同"醪"。

② "酿膏粱盛以小坛"句："饮时煮熟"原作"饮时煮热"，据《刊误表》改。又，"高粱"原误"膏粱"。

③ 建圆古人夸千头木奴：建圆古人夸千头木奴：句意谓龙眼种植多，足以维持生计甚至富家。典出《三国志·吴志·孙休传》裴松之注引《襄阳记》载：三国吴末建兴年间，丹阳太守李衡每想置家产，均遭其妻习氏反对，后遂密遣家奴十人潜回原籍武陵，在水洲上盖房建园，种下千株甘橘。临死前，李衡才告诉儿子："吾州里有千头木奴"，可供衣食资用。李衡死后，其子将"木奴"一事告诉母亲，母亲说那一定是种下的甘橘，家中的十户家仆已有七八年不见，肯定就是去种橘安家了。后来橘树长成，每年以橘得绢数千匹，家境殷实富足。据典源，疑"建圆"应为"建园"或年号"建兴"之误。

作炭。桐树，子可榨油漆，汁可鬃器。五棓子一名"羊角棓"，又有椭圆形者名"肚棓"，行销外省，皮、叶类漆树，可染。州昔少桑，光绪甲辰，邹牧宪章延三台陈畹溪来教民种植，渐次推广，蚕业可兴而少实心公益之人，遂中辍。东、西里又有野生之油茶，木质柔韧，大叶白花，实如鸡心，可以榨油供食用。其堪入药者，则厚朴、五加皮、黄连、金樱子、杜仲与棓子、桑皮、桑叶，人俱得其利。惟榕树俗呼"黄葛"，到处有之，除伏暑道旁蔽日光，他无可用，则樗栎①之类也。

草之属

春时遍野绵芊，弥望皆草，少蘅芷而饶棘刺，山僻藤蔓钩连，行道苦之，而茅可用盖屋，苇可用织帘，茭可资蓄笋，藻可资养鱼，惜未开畜牧之利。然植物属于草本，农圃恒收其益者：东、西里多苎麻，可绩纱分别织布、结网；葛，可为衣；薜荔俗名"爬山虎"，缘生墙壁，《离骚》所谓制为裳者，未之见也；蓝，可沤为靛；蕨，可作粉，荒岁以疗饥；淡巴菰，烟草也，乡人以敬客，各里皆宜，逊于金堂产，惟牛皮箐有一种，色青叶尖小，卷吸清香如兰，名"兰花烟"，类北地产，宜扩充广种；有青藤向弃于野，近时发起以制器物，亦雅致，但韧性不及广藤。其可入药者，则有何首乌、五加皮、麦冬、益母、紫苏、卜荷、菖蒲、艾、当归、苍耳、竹柴胡、香附、藿香、茱萸、香薷、苡仁、车前、淫羊藿之属焉。

竹之属

涪有特产曰灵寿，可为杖，昔苏子瞻以寿子由；又有相思竹；孟东野所咏"竹婵娟，笼晓烟"②者，是慈竹。班竹③大者，劈破为竹瓦，沿岸危楼多以蔽风雨，夏涨，折屋移瓦④，入城作凉篷；暑退水消，仍还覆屋。笋，微苦而清人珍视之；水竹烧沥，与叶俱入药。

花之属

兰为王者，香莲出污泥不染，菊贞晚节，梅傲霜雪。古人怡情于花，各有寄托，非以牡丹富贵、桃李公门而已。涪花种不可殚数，向惟供玩赏。近渐能酿酒、蒸露、

---

① 出孟郊《婵娟篇》，原志误作"竹娟娟，笼晓烟"，据《全唐诗》改。
② 班竹：即"斑竹"，同前"马璐"即"玛瑙"。以下类似者不注。
③ 折屋移瓦：疑"折"应为"拆"。
④ 樗栎（chū lì）：指樗和栎两种乔木。典出《庄子·逍遥游》："吾有大树，人谓之樗。其大本拥肿而不中绳墨，其小枝卷曲而不中规矩。立之涂，匠者不顾。"古人认为这两种树质地都不好，不能成材。后因以指无用之材，比喻才能低下、不堪造就的人。也用作自谦之词。

制饼饵，化无用为有用，则物不虚生。其可入药者亦不少，罂粟花二月遍地有之，亦悦目，旧以汁制药；光绪中，畅行下江，害遂愈剧。

矿之属

燃料以黄草山、边滩所产，供州人之用，峒浅煤层薄，难用西法开采。武隆亦有硝磺，铁矿分青红黄三种，青、红为上，黄次之。永顺乡产额丰富，福来、桐梓两乡发现亦多，但守土法化炼，未改良，不获利；又值设实业司，私采有禁，半歇业。

动物类

燕之来巢，鸿之来宾。及凡山水间，动物非如植物之生于其地，不能迁徙之比。植物可指为邑产，动物虽于邑境见之，然天空海阔，犹凤难云阿阁之产，爱居难云鲁东门之产也[1]。《华阳国志》云："山有大龟，其甲可卜，其缘可为叉，世号灵叉。"今不知有此龟否？杜工部诗"涪万无杜鹃"[2]，因客涪、万在无杜鹃时，非本无也，然有亦未必为所产。苏子由于涪闻山胡[3]，今不知有山胡否？鹤梁之鹤安在？则他动物亦何必兢兢焉争为涪产！其有无，于涪不关轻重耳。鸟之鸠也，鸦也，布谷也，尝闻其声矣；兽之牛也，羊也，犬豕也，尝见其形矣；鳞介之岩鲤也，鳖也，鳝也，尝食其肉矣。如旧志所载吐绶锦鸡、鸳鸯、翡翠[4]、虎、鹿、猴、狐、九节狸与长江不可识之水族，乌知其何自来何自去耶？惟催耕、促织足以警众，吐丝、酿蜜足以利民。考畜牧，兴渔业，动物固非弃物也。故撮其常有者，而于所产、非所产不置辨云。

论曰：罂粟之为害，涪犹小焉者耳！道光朝禁鸦片烟，罚极严。外衅[5]开于广东之烧烟土，后弛禁许民间自种，以收溢利，又从而重征之。光绪季年，图自强复议禁，而与英缔约减输入，印度反岁增鸦片出口税数百万。中国失税厘不赀，度支日绌，一误再误

----

① "凤难云阿阁之产"句："阿阁"指四面屋檐都有溜槽的楼阁；"爱居"：海鸟名。《尔雅·释鸟》邢昺疏："爱居，海鸟也，大如马驹，一名杂县。汉元帝时，琅邪有之。"

② "涪万无杜鹃"：句出杜甫晚年漂泊西南，在云安（今重庆市云阳县）所作《杜鹃》诗。详见李胜《涪陵历代诗文选校注》（中国戏剧出版社2014年）。

③ 苏子由于涪闻山胡：事见宋仁宗嘉祐四年（1059），苏辙（子由）随父洵、兄轼乘船经过涪陵时所写《山胡》一诗。可详参李胜《地方文化：资料收集与问题研讨——以涪陵历史文化研究为例》（团结出版社2017年）。

④ 翡翠：鸟名，即翡翠鸟。其形似燕，嘴长而直，生活在水边，以鱼虾为食。雄鸟羽色红艳曰翡鸟，雌鸟羽色碧绿曰翠鸟，羽毛可做车服装饰或编织帘帷。白居易《长恨歌》"鸳鸯瓦冷霜华重，翡翠衾寒谁与共？"之所谓"翡翠衾"，应即指布面上绣有翡翠鸟图案的被子。

⑤ 外衅：指与外国的争端。原志作"外衅"，误。

以速其亡，亦一原因也。殷鉴岂在远哉！今纸烟之毒，吗啡之毒，较罂粟何如？而消耗且过之，谋国者又何以处此？

涪陵县续修涪州志卷七终

涪陵县续修涪州志卷八

典礼志［《陈志》分"祀典""礼仪"两目，序云：《虞书》"肆类于上帝，禋于六宗，望于山川，遍于群神"，而后世之祀典仿诸此矣。《祭法》有曰：法施于民则祀之，以劳定国则祀之，能御大灾、捍大患则祀之。非然，则为矫诬而伤于淫也。州之祀典，如文庙、社稷、南坛以及先农、关圣、忠义、节孝、厉坛诸祭，岁以时举，典制明备，礼教彪炳两间矣。州中习俗相沿，各有庙祀，无非崇尚忠贞、奖励名教之美意，岂但以神道设教已哉？今并以次胪列，俾人思"黍稷非馨，明德惟馨"之义，则圣代之典礼彝章，虽百世勿替可也。］

"礼有五经，莫重于祭。"昔圣人之制祭祀也，法施于民，有功烈[1]于民、民所瞻仰，民所取财用，皆在祀典，凡以为民也。今春秋二仲月，守土之官致祭坛庙，或维名教，或报显庸，祭器、乐章虽未悉依《通礼》，岁时飨祀固无阙焉，亦犹行古之道也。《周官》："以乡三物[2]教万民而宾兴之"，今则循其名，以资应举之士，非古制矣。

文庙［附各祠。《陈志》序云：士登阙里之堂，睹车服礼器，辄流连生慨慕。教化之兴，良有以也。我朝崇儒重道，释奠学宫之仪[3]，损益历代，可谓毫发无恨，为百代准则矣。旧志汇载《学校》，事类颇杂。今特列入《祀典》，于祭礼外不泛及。其崇圣、

---

① 功烈：功勋业绩。亦可作"功列"。

② 三物：指六德（知、仁、圣、义、忠、和）、六行（孝、友、睦、姻、任、恤）、六艺（礼、乐、射、御、书、数）三事。郑玄注："物，犹事也。"

③ 释奠学宫之仪：古代在学校设置酒食以奠祭先圣先师的典礼。《礼记·文王世子》："凡学，春官释奠于其先师，秋冬亦如之。凡始立学者，必释奠于先圣先师。"郑玄注："释奠者，设荐馔酌奠而已。"

名宦、乡贤、忠义、节孝等祠，虽统入《文庙》，究当各为一篇，庶可披览而周知也。]

韩愈氏称：郡邑通得祀社稷、孔子。勾龙、弃以功，孔子则以德允矣。顾土谷养人，孔子之道，教万世，功岂在社稷下？世变日新，典章将坠，详载旧制，以识右文[①]云。

大成殿祀位正中、南向［木主，朱地金书。］

至圣先师孔子

东配［木主初用赤地墨字，自宣统元年升上祀，配哲两庑，均赤地金字。］

复圣颜子　述圣子思子

西配

宗圣曾子　亚圣孟子

东哲

先贤闵子　先贤冉子　先贤端木子

先贤仲子　先贤卜子　先贤有子

西哲

先贤冉子　先贤宰子　先贤冉子

先贤言子　先贤颛孙子　先贤朱子

东庑先贤

先贤公孙侨　先贤林放　先贤原宪　先贤南宫适

先贤商瞿　先贤漆雕开　先贤司马耕　先贤梁鳣

先贤冉孺　先贤伯虔　先贤冉季　先贤漆雕徒父

先贤漆雕哆　先贤公西赤　先贤任不齐　先贤公良孺

先贤公肩定　先贤邬单　先贤罕父黑　先贤荣旗

先贤左人郢　先贤郑国　先贤原亢　先贤廉洁

先贤叔仲会　先贤公西舆　先贤邦巽　先贤陈亢

先贤琴牢　先贤步叔乘　先贤秦非　先贤颜哙

先贤颜何　先贤县亶　先贤牧皮　先贤乐正克

先贤万章　先贤周敦颐　先贤程灏　先贤邵雍

---

① 右文：重视文化教育，崇尚文治。右：尊崇，重视。

西庑先贤

先贤蘧瑗　先贤宓不齐　先贤公治长　先贤澹台灭明

先贤公哲哀　先贤高柴　先贤樊须　先贤商泽

先贤巫马期　先贤颜辛　先贤曹恤　先贤公孙龙

先贤秦商　先贤颜高　先贤壤驷赤　先贤石作蜀

先贤公夏首　先贤后处　先贤奚容蒧　先贤颜祖

先贤句井疆　先贤秦祖　先贤县成　先贤公祖句兹

先贤燕伋　先贤乐欬　先贤狄黑　先贤孔忠

先贤施之常　先贤申枨　先贤左邱明　先贤公西蒧

先贤秦冉　先贤颜之仆　先贤公都子　先贤公明仪

先贤公孙丑　先贤张载　先贤程颐

东庑先儒

先儒公羊高　先儒伏胜　先儒毛亨　先儒孔安国

先儒后苍　先儒许慎　先儒郑玄　先儒范甯

先儒陆贽　先儒范仲淹　先儒欧阳修　先儒司马光

先儒谢良佐　先儒罗从彦　先儒李纲　先儒张栻

先儒陆九渊　先儒陈淳　先儒真德秀　先儒何基

先儒文天祥　先儒赵复　先儒金履祥　先儒陈澔

先儒方孝孺　先儒薛瑄　先儒胡居仁　先儒罗钦顺

先儒吕柟　先儒张履祥　先儒刘宗周　先儒孙奇逢

先儒陆陇其　先儒张伯行　先儒黄宗羲　先儒刘因

西庑先儒

先儒谷梁赤　先儒高堂生　先儒董仲舒　先儒刘德

先儒毛苌　先儒杜子春　先儒赵岐　先儒诸葛亮

先儒王通　先儒韩愈　先儒胡瑗　先儒韩琦

先儒游酢　先儒杨时　先儒尹焞　先儒胡安国

先儒李侗　先儒吕大临　先儒吕祖谦　先儒袁燮

先儒黄幹　先儒辅广　先儒蔡沈　先儒魏了翁

先儒王柏　　先儒陆秀夫　　先儒许衡　　先儒吴澄

先儒许谦　　先儒曹端　　先儒陈献章　　先儒蔡清

先儒王守仁　　先儒吕坤　　先儒黄道周　　先儒陆世仪

先儒汤彬　　先儒王夫之　　先儒顾炎武

崇圣祠正位正中

肇圣王木金父公左

裕圣王祈父公右①

诒圣王防叔公次左②

昌圣王伯夏公次右③

启圣王叔梁公

东配

先贤孔氏　　先贤颜氏　　先贤孔氏

西配

先贤曾氏　　先贤孟孙氏

东庑

先儒周氏　　先儒程氏　　先儒蔡氏

西庑

先儒张氏　　先儒朱氏

汉高帝十二年过鲁，以太牢祀孔子；明帝令郡县通祀孔子于学校，并祀七十二弟子；章帝祀孔子以六代之乐；桓帝给酒、米、牛、羊，诏春秋享祀孔子。魏正始祀孔子于辟雍，以颜渊配；宋文帝释奠，舞六佾，设轩县④之乐，牲牢器具如上公；后魏文成，敕有司行荐享之礼；北齐显祖，制春、秋二仲释奠；隋文帝制州县学，以春秋二仲释奠。唐太宗祀孔、颜，备俎豆、干戚，始以先贤先儒配享庙堂；高宗，登歌用宣和之舞；玄宗诏以仲月

---

①　裕圣王祈父公右：原志"右"后衍"左"字，据《刊误表》删。
②　诒圣王防叔公次左：原志"次左"误"次右"字，据《刊误表》改。
③　昌圣王伯夏公次右：原志"次"后脱"右"字，据《刊误表》补。
④　轩县："县"同"悬"，亦作"轩悬"，指古代诸侯三面悬挂陈列乐器。《周礼·春官·小胥》："正乐县之位，王宫县，诸侯轩县。"郑玄注："宫县，四面县。轩县，去其一面。""轩县去南面，辟王也。"

上丁释奠，始追赠从祀封爵。宋真宗颁诸州释奠仪注图；仁宗诏释奠用登歌；徽宗更撰释奠乐章，又赐《堂上大乐正声》一部及礼器于阙里；高宗加笾豆十二，礼如社稷。元成帝置先圣登歌乐。明太祖更定释奠乐章，舞六佾，命制大成乐器颁行天下，府州县学乐用登歌，朔望令郡县以下诣学行礼；英宗令丁祭品物非其土产者，以所产代；景帝增两庑祭品；宪宗增乐舞八佾，笾豆各十二；孝宗释奠用太牢，加币；世宗厘正祀典，遂为定式。

皇朝初，沿明制。康熙二十三年，御书"万世师表"匾额。雍正元年，追封孔子五代王爵；三年，御书"生民未有"匾额。乾隆三年，御书"与天地参"匾额。嘉庆七年，御书"圣集大成"匾额。道光二年，御书"圣协时中"匾额。咸丰二年，御书"德齐帱载"匾额。同治二年，钦颁"神圣天纵"匾额[①]。宣统元年，升"至圣"，入上祀。

启圣宫亦加特牛[②]，先贤先儒木主用赤地金字，天下同之。仪节载在《会典》，尊崇极矣。涪，礼乐器旧未备。光绪戊子，知州张继曾依式创制，演习佾舞，祭稍如礼。然祭品如鹿脯、兔醢之属，时不能具；乐章如琴瑟、埙篪之属，谱仅虚存，则缺略仍多。今图其陈设之式，资后学考镜焉。

至圣位前陈设图式			四配祭各一坛，此一坛，式也	四配陈设图	十二哲陈设图		
					东哲共一坛		西哲共一坛
第一行一篚，第二行三爵，第三行中镫两旁铏，第四行二篚。	帛	第五行二簋，第六行八笾，第七行八豆，第八行牛、羊、豕三俎。		帛		帛　帛	
	爵 爵 爵			爵 爵 爵	爵	爵 爵 爵 爵	爵
	和羹 太羹 和羹			和羹 和羹		黍 和羹 稷	
	黍 稻			粱 黍 稷 稻			
	稷 粱					兔醢 芹菹 / 鹿醢 菁菹 / 形盐 枣 / 栗 鹿脯	

---

① "神圣天纵"匾额：此匾现存北京孔庙和国子监博物馆，同治皇帝御笔题书原为"圣神天纵"四字，意在颂扬孔子是上天赋予人间，有着高超的品德、学识，如神一般庄严尊贵、不可侵犯的圣人。

② 启圣宫亦加特牛：指在启圣宫（亦称圣父殿）祭祀时用用特牛礼。特牛：一头牛。《国语·楚语下》："诸侯举以特牛，祀以太牢；卿举以少牢，祀以特牛。"韦昭注："特，一也。"

续表

韭菹　笋菹　芹菹　菁菹 盐　枣　榛　菱	笋菹　芹菹 菁菹　形盐 枣　栗	
鱼醢　兔醢　鹿醢　醓醢 藁鱼　栗　芡　鹿脯	鹿醢　兔醢 鱼醢　藁鱼 菱　鹿脯	豕肉　豕肉　豕肉　豕肉 豕肉　豕肉
羊　牛　豕	羊　豕	
案前镫、炉之属，随设。		
罍洗一、盥盆二，在露台下，东西向， 非祭物也，故不图。		

东庑共祭十二坛，西庑共祭十二坛。每坛陈设照哲坛，无和羹[1]，爵、豕肉各四，余同。

崇圣祠陈设同至圣，仅少太羹一登。各配陈设同哲，从祀同两庑。

附释义

太羹〔煮肉汁，不用盐酱。〕　和羹〔以猪腰羊胁肉造。〕　形盐〔用白盐印虎形。〕、菹〔用本物切去末本，取四寸。〕　醓醢〔碎猪肉用盐、酒料调造。〕

乐器

钟十六　磬十六　柷一　敔一　建鼓一

搏拊一　琴六　瑟二　篴六　笙六

凤箫二　横笛六　埙二　箎二　麾一

翟籥[2] 合四十八　引节二

作乐者

乐生四十一人　舞生五十人　歌生六人

祭礼

承祭官上香奠帛，三献，饮福受胙。初由东上西下，入左正门，出右正门。宣统

---

① 无和羹：原误"无羹和"，据《刊误表》改。
② 翟籥（dí yuè）：祭祀时舞者所持的舞具和乐器。翟：翟羽，是古代乐舞所执雉羽；籥：即"龠"，古代形状像笛的多管编组吹奏乐器，广泛应用于宫廷雅乐，发源于"吹火管"，似为排箫前身。《说文》："龠，乐之竹管，三孔，以和众声也。"

元年升上祀，承祭由西上西下，入、出俱由右侧门。

乐迎神，奏"昭平"之章［词曰：大哉孔子！先觉先知，与天地参，万世之师，祥征麟绂，韵合金丝，日月既揭，乾坤清夷。］

初献奏"宣平"之章［词曰：予怀明德，玉振金声，生民未有，展也大成，俎豆千古。春秋上丁，清酒既载，其香始升。］

亚献奏"秩平"之章［词曰：式礼莫愆，升堂再献。响协鼓镛，诚孚罍甒，肃肃雍雍，誉髦斯彦，礼陶乐淑，相观而善。］

终献奏"叙平"之章［词曰：自古在昔，先民有作。皮弁祭菜，于论思乐，惟天牖民，惟圣时若。彝伦攸叙，至今木铎。］

撤馔奏"懿平"之章［词曰：先师有言，祭则受福。四海黉宫，畴敢不肃，礼成告撤，毋疏毋渎。乐所自生，中原有菽。］

送神奏"德平"之章［词曰：凫绎袭袭，洙泗洋洋。景行行止，流泽无疆。聿昭祀事，祀事孔明。化我蒸民，育我胶庠。］

舞初献作"宁平"舞［歌曰：觉我生民，陶铸前圣，巍巍泰山，实高景行，礼备乐和，豆笾惟静，既述六经，爰斟三正。］

亚献作"安平"舞［歌曰：大哉圣师，天授明德，木铎万世，式是群辟，清酒维醑，言观秉翟，太和常流，英材斯植。］

终献作"景平"舞［歌曰：狩狁素王，示予物轨，瞻之在前，神其宁止，酌彼金罍，惟清且旨，登献既终，胡逮有喜。］

祝文：维先师德配天地，道冠古今，删定六经，垂宪万世。兹惟仲［春／秋］，谨以牲帛醴齐，粢盛庶品，式陈明荐，以复圣颜子、宗圣曾子、述圣子思子、亚圣孟子配。尚飨！

崇圣祠祝文：年月日，某官致祭于肇圣王、裕圣王、诒圣王、昌圣王、启圣王曰：惟王诞生至圣，为万世王者师，功德显著。兹因仲［春／秋］告祀，以先贤孔氏、先贤颜氏、先贤曾氏、先贤孔氏、先贤孟孙氏配。尚飨！

名宦祠：所祀载《秩官志》。每岁春秋二仲月丁祭毕，以教职一员恭代知州行一献礼，陈羊一豕一，笾四豆四；炉镫具另陈帛一爵三，备上香后供献祝文：卓哉群公，懋修厥职，泽被生民，功垂社稷。兹惟仲［春／秋］，谨以牲醴，用申常祭。尚飨！

乡贤祠：所祀载《人物志》，祭日供品、仪节与"名宦"同。祝文：于维群公，毓秀兹邦。懿德卓行，弈世流芳。兹惟仲[春/秋]，谨以牲醴，用申常祭。尚飨！

忠义孝友祠：所祀载《人物志》，祭日、供品、仪节与"乡贤"同。祝文：维灵禀赋贞纯，躬行笃实。忠诚奋发，贯金石而不渝；义问宣昭，表乡闾而共式。祗事懋彝伦之叙，性挚莪蒿；克恭念天显之亲，情殷棣萼。楷模咸推夫懿德，纶恩特阐其幽光。祠宇维隆，岁时式祀，用陈牲醴，来格几筵。尚飨！

节孝祠：所祀载《人物志》"列女"目，祭日供品、仪节与乡贤同。祝文：维灵纯心皎洁，令德柔嘉。矢志完贞，全闺中之亮节；竭诚致孝，彰阃内之芳型。丝纶特沛乎殊恩，祠宇昭垂于令典。祗循岁祀，式荐牲牷。尚飨！

四贤祠：祀程子颐、尹子焞、黄子庭坚、谯子定。涪人自昔尊崇，特置祠于学宫，祭日供品、仪节如各祠，祝文不载旧志。后又增晁子渊为五贤，别祀于钩深书院程子祠之左。而学宫之祠宇毁塌，因在忠义孝友祠右，遂奉四贤木主供祠内，于制不合。[云]议："有其举之，莫敢废也。"应仍建一宇，修其岁祀。

程子祠：每岁春秋二季择日致祭，以刘忠愍公配享，并祀尹、黄、谯、晁四贤于左龛。

昭忠祠：在北岩者，祀王仙、陈计安[①]，及嘉庆初死教匪之难者四百二十余人；在保和寨者，祀州同琨秀及咸丰同治间死滇、发两逆之难者，姓名均见《人物志》"义勇"目。

坛庙

古人神道设教，非以愚民也。使民有所忌惮，则敬畏之心生，庶闾里相安于无事，而报本返始之义，亦不与诌渎同讥焉，故祀为国之大事。

社稷之祭：每岁以春秋仲月上戊日，祭品各帛一[黑色]、铏二[和羹]、簠二[黍稷]、簋二[稻粱]、笾四[形盐枣藁鱼栗]、豆四[韭菹鹿醢菁菹醢醢]、爵三，共羊一、

---

① 王仙、陈计安：王仙为南宋末守卫涪州城的抗元名将，传见本志卷九《秩官志·名宦》及《宋史》卷四百五十二列传第二百一十一；陈计安：字君辅，涪州人。明天启四年甲子（1624）科举人（康熙《重庆府涪州志》卷二误题"崇祯甲子科举人"），曾任江西贵溪知县、刑部主事，甲申（1644）殉难京师。事见同治《涪州志》卷七《选举志》、卷十四陈廷璠《州牧晴湖张公祠碑记》和本志卷十四《人物志四》、卷二十陈莌《旌陈母赵夫人节孝疏》。

豕一、尊一，炉、镫具，行三跪九叩、三献礼。祝文致祭于社、稷之神，曰：维神奠安九土，粒食万邦。分五色以表封圻①，育三农而蕃稼穑。恭承守土，肃展明禋。时届仲[春/秋]，敬修祀典。庶丸丸松柏，巩盘石于无疆；翼翼黍苗，佐神仓于不匮。尚飨！

神祇之祭：每岁先以春秋仲月己日，乾隆中改以上戊，与社稷同日。陈帛一、铏一、簠二、簋二、笾四、豆四、羊一、豕一、尊一、爵二十有一，炉、镫具，仪与社稷同，惟多饮福受胙。祝文致祭于云雨风雷、山川、城隍之神，曰：维神赞襄天泽，福佑苍黎。佐灵化以流行，生成永赖；乘气机而鼓荡，温肃攸宜。磅礴高深，长保安贞之吉；凭依巩固，实资捍御之功。幸民俗之殷盈，仰神明之庇护。恭修岁祀，正值良辰，敬洁豆笾，祇陈牲币。尚飨！

先农之祭：岁以三月亥日，陈帛一、铏一、簠二、簋二、笾四、豆四、羊一、豕一、尊一、爵三，炉、镫具，仪与神祇祭同。祝文：维神肇兴稼穑，粒我蒸民。颂思文之德，克配彼天；念率育之功，陈常时夏。兹当东作，咸服先畴。洪维九五之尊，岁举三推之典。恭膺守土，敢忘劳民！谨循旧章，聿修祀事。惟愿五风十雨，嘉祥恒沐神庥，庶几九穗双歧，上瑞频书大有。尚飨！祭毕，诣藉田行耕藉礼，九推九返，以劝农功。

厉祭：每岁以清明节七月望、十月朔行礼，先祭告本境城隍之神，迎至坛所，陈羊三、豕三、米饭三石、尊、酒、楮、帛、炉、镫具，守土官行三叩礼，读告文毕，送城隍神还坛[告文系礼部札颁]。

武庙：祀汉寿亭侯，神号敕封"忠义神武仁佑精诚绥靖威显护国保民关圣大帝"。雍正三年，封三代公爵，祀后殿。咸丰三年，升入中祀，颁乐章，迎神奏"格平"之章[词曰：懿铄兮焜煌，神威灵兮赫八方；伟烈昭兮累禩，祀事明兮永光；达精诚兮黍稷，馨香如在兮洋洋。] 初献奏"翊平"之章[词曰：英风飒兮神格，思纷绮盖兮龙旗；斝②桂醑兮盈卮，香始升兮明粢；惟降鉴兮在兹，流景祚兮翊昌时。] 亚献奏"恢平"之章[词曰：觞在酌兮告虔，舞干戚兮合宫县；歆苾芬兮洁蠲，扇巍显冀兮神功宣。] 终献奏靖平之章[词曰：郁邑兮三申，罗笾簋兮毕陈；仪卒度兮肃明禋，神降福兮宜民宜人。] 撤馔奏"彝平"之章[词曰：物惟备兮咸有，明德维馨兮神其受；

---

① 封圻：疑误。《陈志》卷七《祀典志·社稷坛》作"封圻"，指封畿、疆土。
② 斝（jū）：酌、挹，俗作斝。清代以来典籍多误作斝，本志不误。

告撤兮礼终罔咎，佑我家邦兮孔厚。] 送神奏"康平"一章[词曰：幢旆葳蕤兮神聿归，驭凤轸兮骖虬骈；降烟煴兮余芬菲，愿回灵盼兮德洽明威。] 望燎奏"康平"二章[词曰：熏蒿烈兮燎有辉，神光远瞩兮祥云霏；祭受福兮茂典无违，庶扬骏烈兮永奠疆畿。] 于春秋仲月、五月十三日祭以太牢。五年，加三代王爵。

文昌星：祀或曰张亚子，封"梓潼帝君"。嘉庆六年，升入中祀，每岁春祭用二月初三日圣诞，秋祭由钦天监择日颁行；同治四年，奉文续增一祭。俱太牢。

龙神：每岁以春秋仲月辰日祭。

火神：春秋仲月择日祭。

城隍：春秋上戊日合祭于南坛，又主厉祭庙中，则每月朔望，守土官亲行香，遇水旱则祷之。相传五月二十八日诞辰，州人庆祝，为胜会。

川主：每岁春秋致祭。又六月二十四日诞辰，庆祝以为常。

祈祷[《陈志》序云：《尔雅》云祈雨为"雩"，祈晴为"禜"。夫旱魃为虐，雨水不时，此祈祷之所以有事也。顾禁屠行香，持斋致戒，特其仪节耳。尽人事而迓天和，更宜与都人士竭诚修省焉。]

恒旸恒雨，由五事之不修，乃以民当其咎，何欤？推灾异之变，出于汉大儒董子，而其法近巫，又何欤？事无害于正义者，百姓安之，亦不必变其俗耳！

常雩：每岁孟夏后，诹吉行祭以祈年。

勾芒之祭：每岁立春前一日祭于东郊，以迎春气，最为胜会。守土官率服貂裘，乘八人显轿，郑重其仪，亦为民祈福也。

凡遇岁旱，守土设坛，具祝文，备祭品，率属素服祈雨，仪如雩祭，例禁屠宰，令僧道诵经设坛，或于城隍庙，或于龙神祠；晨、午，官步祷坛所，得雨吉服报谢。久雨祈晴，则行禜祭，伐鼓用牲于南门，晴后报谢亦如之。

祈雨或不时应，守土官率耆民祷于龙洞。乡俗有迎所谓"骗天老祖"者，说虽不经，然尝强守土官行礼。《诗》曰："靡神不举"[1]，盖亦重民食、顺舆情耳。

---

① 靡神不举：语出《诗经·大雅·云汉》："靡神不举，靡爱斯牲。"郑玄笺云："言王为旱之故，求于群神，无不祭也。"不举：不祭祀。

宾兴［附田产。《陈志》序云：宾者，敬也；兴者，举也。《周礼·大司徒》"以乡三物教万民而宾兴之"，所以尊能也。国朝设科取士，首重乡试之典。故诸生之赴乡试者，有司咸集，宴于公堂，谓之"科举酒"。其礼节甚隆，是上之待士，与士之所以期待报答于上者，悉始于此，故特表之。］

涪于成都千里而遥，于京都且数千里。寒畯应省试、部试，为裘敝金尽之苏季子，亦重可念矣。范希文以学资济孙明复，卒成大儒。其意不可法欤？

礼不止宾兴也。官所应行，如迎诏、朝正、上任、封印、开印等仪，具在《会典》；民间应有之丧娶，各从习俗。官民应共行者，如下学、岁科试，红案到后，儒学请知州诹吉召新生，率诣文庙行释菜礼；诣明伦堂，跪听读卧碑。学政未罢时，已闲不举。涪不欠赋，无谢蠲免誊黄事。康熙中，颁"敦孝弟以重人伦"等十六条，刊诸戒坊。雍正中，绎其义为《广训》，令学官朔望日具衣冠，宣讲于明伦堂；选老成诸生，宣讲于乡村，以资劝导。乡饮酒礼，示民重德尚齿，别异奸顽。各旧典，初尚以故事奉行，今俱久废，故志不虚载，惟宾兴犹躬与之。乡试年考决科后，择日饯赴试诸生，设席州堂，知州与儒学位东、西，诸生以次坐，扎彩堂；下为月宫，令优人饰嫦娥执桂花以待。宴毕，官起立，诸生排班三揖，辞谢下堂，入月宫；由仪门正中出，具鼓吹，鸣炮送之。盘费由库帑解省匀给，数甚微。然州人最重宾兴，三里各醵资置田，曰"私宾兴"，较丰，不可不记。

官宾兴：道光十二年，州牧杨上容[1]捐廉创始，置买长里一甲唐家林田产，岁收租谷二十石，另土租钱七钏[2]，年纳条粮二钱。同治七年，州牧吕绍衣捐钱八千钏作为宾兴；八年，州牧徐浩协绅粮买置学坝房屋一院，岁收租钱一百四十钏，又买置来寿湾田业一份［附近保合寨[3]］，取押钱二百钏，岁收租谷一百二十石。

长里宾兴：买置鸭子坝田业一份，岁收谷二十四石。

---

①　杨上容：原志误"杨"作"扬"，据《刊误表》改。

②　土租钱七钏：同治《重修涪州志》卷三《建置志·学校》"宾兴"作："土租钱七千文"。以下"捐钱八千钏"作"拨公款八千贯"，"一百四十钏"作"一百四十贯"，"取押钱二百钏"作"取押佃钱二百贯"，"岁收谷二十四石"作"岁收租谷廿四石"，"十钏"作"十贯"，"一百五十钏"作"一百五十贯"。据上，"钏"应为"贯"字之误，"押钱"即"押佃钱"，"岁收谷二十四石"脱"租"字。

③　保合寨：即前"保和寨"。下同不注。

白里宾兴：买置兴隆湾田业一份［附近汪家场］，取押钱十铞，岁收租谷十六石。

云里宾兴：买置蔺市坪上千垍塝乾坝子田业一份，取押钱一百五十铞，岁收租谷三十二石。

论曰：辛有见披发野祭，叹百年而为戎，于何决之？盖中夏所以安国家定社稷治人民，相维相系，历数千年而不敝，秉礼故也。礼亡，则必沦为异域，故古之君子，恒懔懔焉。夫礼者，敬而已矣①。齐明盛服以承祭祀，必如见所祭者，精神与接，敬之至也。孔子曰："礼云礼云，玉帛云乎哉？"又曰："使民如承大祭"，司牧者其可忽诸！

涪陵县续修涪州志卷八终

---

① 礼者，敬而已矣：出《孝经·广要道章第十二》。

涪陵县续修涪州志卷九

秩官志［《陈志》序云：闻之"建官惟贤，位事惟能"，故《周官》以"六计"①弊群吏，总不外贤能以为用。后世循良之绩，莫盛于汉。唐宋以下，必选台阁名臣为之。然而一邑之内，长吏所以亲民，佐杂所以分理，表率则有师儒，捍卫则有防汛，官制备；而凡居此土者，始得以受抚受治，沐国家教养之泽，而一无所扰，可知官无崇卑，宜共称守土泽民之责耳。兹列其官，纪其姓氏，更择其有功于民者，备录循迹②以彰懿好云。］

天下不能以独理，则设官分治之。字人之吏③，莫重于牧令，为其亲民也。轻授龃易之弊，昔人论之详矣。功令任期五年，考绩三载，固欲使官习其俗，民习其政，上下不相遁，以驯至久道而化成。不然者，牧令虽贤，必责其期月已可，岂易得哉！涪为大州，知州岁入较丰，大府调剂因事积劳、因公赔累之员，往往历二、三署无正任。时仅一年，即能谨身帅先，入人未深而瓜代已迫矣。今分别叙次在官先后久暂，而著其行迹足以考其良窳焉。州同、巡检其贤者，非不足佐治，然所在之地恒苦之；武职微属，兵少不足御寇盗，供递送之役而已。附列于表，以存一代之制。

名宦［依祠中木主立传］

郡邑祀守令有功德于民者，涪祠汉至明所祀，允矣。《陈志》唐有韦南康王，清

---

① 六计：古代以廉为本，考察官吏的六项内容，出《周礼·天官·小宰》："以听官府之六计，弊群吏之治：一曰廉善（清廉而政绩优异），二曰廉能（清廉而能干），三曰廉敬（清廉而忠于职守），四曰廉正（清廉而公正），五曰廉法（清廉而守法），六曰廉辨（清廉而明辨）。"

② 循迹：《陈志》原作"事迹"。

③ 字人之吏：指抚治百姓的基层官员。

十五人仅一知州，且自开国讫今①，良吏宁立私祠而不请入祀，此其故重可思矣。

（汉）庞肱［《三国志·庞统传》："统子宏②，字巨师，刚简有臧否，轻傲尚书令陈祇，为所抑，卒于涪陵太守。"按宏字，《碑目考》："汉涪太守庞肱阙作宏。"《隶续》云："'汉涪陵太守昌阳庞宏神道碑'十二字，今在资阳。"］

寿缉［字文平，犍为人，清检有治干。举秀才，由历城令擢涪陵太守，迁谯内史。事见《华阳国志》，崇祀名宦祠。］

任蕃［字宪祖，成都人。察孝廉，由新都令、西夷司马任涪陵太守。多治绩，民怀其德。事见《华阳国志》，崇祀名宦祠。］

（唐）韦皋［字武城，万年人，节度西川。治蜀二十年，历破土番③四十八万，斩首五万余级。善拊士卒，周恤民隐。蜀人德之，图形膜拜④，涪民亦祀之。（《陈志》）］

南承嗣［南霁云子，魏州顿邱人。为涪州守时，奉命拒蜀道穷寇，昼夜不释甲，有"忠烈"之誉，柳子厚为序送之⑤（《一统志》）。《山堂肆考》云：南承嗣历施、涪二州，为别驾；柳宗元称其服忠思孝，无替负荷，见《张睢阳庙碑》。崇祀名宦祠。］

张潩［光启中，为涪陵刺史。郡故乏井，潩寻山谷之源，以竹导其流。民赖其利，为刻《引水碑》记之（旧《四川通志》）。崇祀名宦祠。］

（宋）姚涣［知涪时，宾化夷常犯境。涣抚纳以恩，酋豪争罗拜庭下，涪遂无扰。祀名宦祠。（旧志）］

吴光辅［涪南水泛，多淹民居。光辅疏之，民免其患，号吴公溪。崇祀名宦祠。（旧志）］

程颐［《宋史》道学本传：颐字正叔，河南人。年十八，游太学见胡瑗，瑗处以学职。哲宗初，司马光、吕公著共疏其行谊，擢崇政殿说书，出管勾西京国子监。久之，加直秘阁，再上表辞。董敦逸摭其有怨望语，去官。绍圣中，削籍窜涪州。李清臣尹洛，即日迫遣之，欲入别叔母亦不许，明日赆以银百两，颐不受。徽宗即位，徙峡州，俄复其官，又夺于崇宁。卒年七十五。颐于书无所不读，其学本于诚，以《大学》《语》

---

① 讫今：至今。讫，通"迄"。
② 宏：或同"宏"，或同"肱"。庞肱应为"庞宏"。
③ 土番：据《旧唐书·韦皋传》，"土番"应即"土蕃"。
④ 膜拜：《陈志》原作"模拜"。
⑤ 柳子厚为序送之：见柳宗元《柳河东集》卷二十三《送南涪州量移澧州序》，"南涪州"即南承嗣。

《孟》《中庸》为标指，而达于"六经"。动止语默，一以圣人为师，其不至乎圣人不止也。涪人祀之于北岩（在北岩"点易洞"注《易》），称为伊川先生。嘉定十二年，赐谥曰"正公"。淳祐元年，封伊阳伯，从祀孔子庙。后复崇祀名宦祠。]

黄庭坚［《宋史》文苑本传：字鲁直，洪州分宁人。幼颖悟，读书数过辄成诵，舅李常谓为"一日千里"。举进士，哲宗立召为校书郎、《神宗实录》检讨官。绍圣初，章惇①、蔡卞与其党论《实录》多诬，贬涪州别驾、黔州安置，言者犹以善地为脱法，遂移戎州，庭坚泊然不以迁谪介意。蜀士慕从之游，讲学不倦，凡经指授，下笔皆可观。崇祀名宦祠。]

赵汝廪［知涪州。岁歉则贷公庾，丰年则贮义仓，劝农兴学，民立生祠于学宫以配程、黄、尹、谯（旧《四川通志》）。崇祀名宦祠。]

李惟清［政和中判官。时蜀尚淫祀②，病不服药而听命于巫觋。惟清擒大巫笞之，民以为必及于祸。他日，清又笞之，竟无祸。民知巫不神，然后教以医药，习俗顿变。崇祀名宦祠］

曹叔远［字器达③，瑞安人。绍圣元年进士，判涪州有善政，后徙遂宁。时营卒变，张甚。闻曹至，即戒其党勿肆虐，曰："此江南好官也。"历官侍郎，谥文肃。崇祀名宦祠。]

王仙［祥兴中蜀都统，守涪州。元兵围攻日急，坚守孤城。宋亡之二年，城始破，仙自刎断其吭，不殊④，以两手自摘其首，坠死（《宋史·忠义列传》）。崇祀名宦祠。]

（明）邵贤［宣德中，以员外郎出守涪州。筑新城，广民居，修学校，殄巨寇，涪人德之。崇祀名宦祠。]

方大乐［江西进士。守涪六载，虚怀下士，培育人才，狱讼衰歇，四境恬熙。崇祀名宦祠。]

廖森［为涪州牧，讲学造士，一时掇科第者十余人皆出其门。伏阙请留，历任十载。

---

① 章惇：宋哲宗朝宰相。据《宋史·章惇传》，惇应作"惇"。
② 淫祀：不合礼制的祭祀。《宋史·地理志》："涪陵之民尤尚鬼俗，有父母疾病，多不省视医药；及亲在，多别籍异材。汉中、巴东俗尚颇同，沦于偏方，殆将百年。"
③ 字器达：原志误"字"作"宇"。又，《陈志》作"字器远"。
④ 不殊：身、首尚未分离，指自杀未死。《汉书·淮南王传》："太子自刑，不殊。"颜师古注："殊，绝也，虽自刑杀，而身首不绝也。"

崇礼名宦祠。]

朱家民[云南进士，万历中守道。修学宫、置学田以养士，后升贵阳布政司。崇祀名宦祠。]

（清）李国英[汉军正红旗人。顺治三年，从肃王豪格取蜀，歼流寇张献忠。大兵凯旋，留国英以总兵官镇保、顺间，剿平余贼。寻擢四川巡抚事。八年，以都御史代王遵坦为巡抚，治兵阆中。军旅之后，饥疫频仍①，国英劝农桑，备战守，礼贤兴学，士民始复业。刘文绣逼阆中，汉、沔震动，国英破之。十一年，以四川乱后民生凋敝，疏言："滇黔未靖，征兵转饷，因一隅未安之地，累数省已安之民，旷日废时，师老财匮。今大兵屯汉中，请敕令先取成都，且屯且守；次取重庆，以扼咽喉。然后乘流东下，扫清夔关，通荆、襄之气脉，撤滇、黔之门户。"疏入议行，加少保，总督陕西、四川。十六年，复嘉定州。十七年，破川东贼，生擒伪总兵谭益，阵斩伪总兵陈贵策等，余党悉平。十八年，改授四川总督。康熙元年，伪石泉王朱奉鋡煽惑土夷犯叙州、马湖②二府，擒之。二年，进剿昌宁，直捣逆巢。渠寇袁宗第遁去，复合郝永忠、刘体纯来攻。国英御之，体纯溃，自杀。乘胜追至黄草坪，永忠、宗第以次授首。遂进围李来亨于茅麓山，来亨穷蹙，焚妻子，自经死。复剿平建昌猓夷十有九寨，恢复内地，酌定营制，增减兵额，保厘全蜀二十有一年。康熙六年，以劳卒于官；士民巷哭，赐谥"勤襄"，入祀贤良祠，又崇祀名宦祠（《耆献类征》《四川通志》）。]

南朱马喇[满洲镶白旗人。顺治三年，从肃王定蜀为前锋都统。时张献忠余孽未靖，南朱马喇奋勇当先，所在扑灭。尽力边陲，开拓疆宇，大有造于西蜀，授封光禄大夫前锋都统、一等阿思哈泥哈番③兼管佐领加三级，赐名"瓦尔喀巴图鲁"。崇祀名宦祠（《四川通志》）。]

南伊马喇[南朱马喇之弟，与兄从肃王定蜀，官前军护卫。值贼党赵云贵围保宁，南伊马喇连发数矢，贼皆应弦而倒。乘胜追击，保宁围解。蜀既定，随肃王还京师。

---

① 饥疫频仍：原志作"饥役频仍"，据《大清一统志》卷二百九十一改。

② 马湖：原志作"马服"，误。马湖府：以位于今四川省雷波县的马湖而得名，元至元九年（1272）始设，属叙南宣抚司，治泥溪（今屏山县城）；清雍正五年（1727）裁撤，保留屏山县改属叙州府。其辖区范围大约为今四川省屏山县、沐川县、雷波县、马边县一部分及云南省水富县、绥江县、永善县一部分。

③ 阿思哈泥哈番：清置爵位名，后译为汉文为男爵。原志此误"阿思汉泥哈番"。

康熙十三年，吴三桂叛，滇黔陇蜀复为贼据，又以参领从军征蜀，进次广元，恢复保宁。既而，伪经略王平藩授首，以次廓清，厥功最多，授封光禄大夫，世袭一等阿思哈泥哈番加三级兼管佐领（《四川通志》）。]

郝浴［字水涤，号雪海，直隶定州人。顺治己丑进士，除刑部广东司主事。八年，改授湖广道监察御史，按蜀中。性严正，吴三桂忌之。既而东西两路兵俱为贼所败，三桂等遁至绵州。会浴监省试于保宁，贼前锋且抵城下，士民汹惧。浴亲率文武登陴，扬言"秦兵大至"，士民赖以稍安；一昼夜七驰檄，邀三桂等赴援，责以大义，谓："不死于贼，必死于法。"三桂等始自绵州至。浴面授方略，具言贼可破状，乃始固守。浴亲历行间，激发忠义，师遂克捷。两川以次奠定，上封事言三桂纵兵焚掠、任用私人董显忠等阴蓄异志诸奸状。三桂衔之，使董显忠讦浴于朝，浴坐降调，三桂犹摭拾保宁守城事证浴冒功。世祖烛浴冤，从宽流盛京。先是，蜀地兵荒相继，民鲜储蓄，守土者贷民耕牛而征其租，租重、牛寻毙，民颇苦之，浴为疏免。三桂既反，如浴言。中朝诸士大夫争讼浴冤，奉天府尹魏象枢、尚书王熙复再疏保举，赐还，仍补本道御史，历任广西巡抚。卒，赐祭葬。《一统志》列名宦。（《四川通志》）]

赵良栋［字擎之（《耆献类征》作擎宇），陕西安边卫人（《耆献类征》作宁夏人）。康熙十八年，以天津镇总兵剿平宁夏。十九年，以勇略将军奉圣祖仁皇帝诏，讨吴三桂，克成都，余贼皆溃。会王进宝亦奏捷保宁，良栋乘势收复全蜀。明年，击贼党胡国柱等，克关山、象岭、黎州诸地，建昌诸道相率归款，加兵部尚书，总督云贵。云南平，加一等精奇呢哈番。良栋行军有纪律，所至秋毫无犯，蜀人德之。后以老病乞归，卒年七十有七，谥"襄忠"。《一统志》列名宦。（《四川通志》）]

姚缔虞［字岱麓，湖广黄陂人。顺治己亥进士，授成都府推官。蜀经明季乱后，省会邱墟，残民保聚为寇盗，群相告讦，牵连成大狱，历岁不决。缔虞平心谳鞫，辄得其情，脱冤囚数百家，出之死。督抚以为能，举卓异，会裁推官，改授陕西安化县知县，行取①补礼科给事中。二十四年，擢左佥都御史，任四川巡抚。民闻缔虞再来，皆大喜。时蜀之宦游者，多以故土荒残逗留异地，缔虞具疏请令还籍，以实地方，并履勘田亩，令民自首粮赋，户口日以增；又奏免四川解铁与白蜡。凡利弊之切民者，悉

---

① 行取：地方官经上级官员推荐保举后调任京职。

心调剂。卒于官，赐祭葬（《耆献类征》）。《一统志》列名宦。]

杭爱［姓章佳氏。康熙十一年授山西布政使，十二年擢陕西巡抚。十九年，调任四川巡抚，大兵方分道进取滇、黔。杭爱督理粮饷，以地经新复，部选人员多未莅任，且水道舟舰无多，不能济运，上疏论之，奉谕陕甘督抚即以略阳运艚直运叙州。会叛镇谭宏踞万县，煽乱巫山、云阳间，上命将军噶尔汉等速剿谭宏，乃敕杭爱与将军吴丹等慰抚夔州诸路，以安反侧。明年，建昌土司安泰宁招集贼众阴蓄乱谋，勇略将军赵良栋奏请殄除之。上以小丑不足烦兵力，敕杭爱与将军王进宝先往招抚，不服而后移兵诛剿。杭爱因申谕以祸福，泰宁惧，遂来降。是时，滇黔尚未靖谧，哈占即以大兵由永宁进征，需粮甚亟，请于永宁、泸州诸路采买支给；杭爱奉诏筹计，督趣^①输运。先是，吴逆倡乱，四川郡邑悉为贼踞，百姓逃亡；弁兵强占民田，抗不纳赋。至是，杭爱以逃亡渐复，请急行清理占田者，令还其人，违者论罪；若开垦年久、无业主者，乃听佃种输赋。得旨允行。二十一年，以从逆巡抚罗森任内捏报垦荒四百亩，升科无出，未便累民，疏请豁免，诏如所请。二十七年七月卒于官，赐祭葬如例，谥“勤襄”，祀四川名宦祠。（《耆献类征》）]

葛尔图［满洲人。康熙二十八年任四川巡抚，丈田亩募民垦辟，流移复业；刊《大学衍义》颁胶庠，俾士子向学；又节省驿站公帑治剑阁倾圮道路，至今赖之（《四川通志》）。崇祀名宦祠。]^②

郎廷相［字钧衡，汉军镶黄旗人。康熙三年任四川布政司，招抚流移广为安插，措置牛种，劝耕凿。兵火之后，公廨无存，廷相经营缔造，悉合体制。修桥梁舟楫，建贡院黉宫，通饬所属修举社学，毫不累民。任蜀五载，升河南巡抚。去之日，远近老幼遮道号泣请留。《一统志》列名宦。（《四川通志》）]

高起祖［字霖苍，汉军镶白旗人。康熙四十年任四川布政司，檄州县征收钱粮，务令民自封投柜，严禁私派；遇编审之年，俾里甲均平承办，胥吏不敢舞弊（《四川通志》）。崇祀名宦祠。]

刘德芳［字纯庵，辽阳人。康熙四十三年任四川按察司，谳狱平允。时臬司兼榷

---

① 督趣：督责催促。《汉书·成帝纪》颜师古注：“趣，读曰促。”可读如“督促”。
② 葛尔图：“满洲人”原志作“满州人”，“崇祀”原志误“祟祀”。

茶盐，西炉甫定，积引未疏，德芳筹画①征收，岁无停滞；修葺文翁石室为锦江书院，一时人士欣然向学，至今与文翁并祠祀焉。《一统志》列名宦。（《四川通志》）]

周灿［字星公，陕西临潼人。顺治己亥进士，入翰林。康熙二十五年督学四川，严察优劣，以示劝惩，士皆向风，丁卯、庚午之间，隽秀者率所拔取。著有《愿学堂集》（《四川通志》）。崇祀名宦祠。]

王骘［山东福山人，顺治乙未进士。康熙十九年任四川松茂道。二十四年七月，垒溪、大定堡山后生番阻截哨道，抗抚肆虐。巡抚韩世琦奏请调官军进剿，令骘驻扎茂州弹压，并同松潘镇总兵高鼎会，议先抚后剿机宜。骘驰至大定堡传示招抚，反覆开谕。番族盘踞巴猪寨，且恃有双马、列角、庙山、卓沙、白卜等寨为之羽翼，佯为就抚，而阴实抗命。高鼎往剪列角寨，骘驻营山顶，制白旗树立近寨，令愿投者奔赴旗下，得免死，予安插；又令安抚司苏天禄等持白旗号布，召卓沙、白卜等六寨；复令瓦寺土官招双马、庙山二寨，俱就抚。巴猪寨负固如故，官军由庙山进围，斩获无算，于寨内搜获伪印伪札②。穷追至黑水江，贼渠被焚死山后，番众悉降。九月，迁直隶口北道，时朝廷修太和殿，征四川枏杉木材，骘奏获免。事具《耆献类征》，崇名宦祠。]

汪日宣［安徽黟县进士，道光十四年任重庆知府。甫下车，决滞狱，剔宿弊，惩胥吏之奸猾，访民间疾苦，劝农桑，广储积，振饥恤寒，岁有条理。又修育婴堂，养婴儿数百口。时黉宫久圮，偕张令嗣居重建之，增复古制课式，奖励文行，士风为之顿振。十八年，贵州奸民穆继贤以邪教作乱，民心动摇，日宣督集壮勇星驰堵御，綦江、江津一带赖有固志，流离渐复。明年六月，合属大旱，引咎自责，设坛龙王祠，步行祈祷，因中暑卒。是日大雨，郡民痛之，吁请大宪奉部奏准入祀名宦祠。（《重庆府志》）]

吴应连［江西南城县举人，道光十六年署知州。距同治庚午修志，时三十四年耳。《志》无一字及政绩，而祠中木主屹立。考桐城吴君任涪，犹在道光初年，云习闻父老称其贤；于南城吴君，未有闻也。岂"民无得而称"③者，乃为德之至耶？是不可解矣。]

---

① 筹画：谋划。

② 伪印伪札：原志误"札"为"扎"。

③ 民无得而称：出《论语·泰伯》第八："泰伯，其可谓至德也已矣。三以天下让，民无得而称焉。"意谓（最为高尚的品德）民众都不知道用什么样的语言来加以称赞，指德高不可言状。无得，犹无从。

附武隆名宦

（明）黄直［曲阜举人，洪武十年任武隆知县。为致廉平，兴利除害，良善获安，豪右屏迹。崇祀名宦祠。］

李良金［云南昆明举人，嘉靖五年任武隆知县。刚方廉静，善达边情。适报迁官，酋长赂以金，不受。单骑去，行李萧然，士民感泣送之。崇祀名宦祠。］

［以上见《陈志》］

论曰：是"可以观德"矣。或举木主相质，谓：汉以来刺史、太守、牧令以至疆吏、监司，皆尝临治，吾民故俎豆馨香以报之。伊川、山谷，谪宦也，未一日莅涪政；两南光禄、赵勇略，军将也，曾否至涪，无可考。岂清一代知州事者，无足与相埒欤？应之曰：是，可以观德矣。涪至宋，以边徼故，俗犹杂獽蜑，士亲炙程黄二公久，谯、曼两先生又式其教而衍其学，然后乃彬彬为衣冠文物之邦，其遗泽诚不朽！明季献逆祸全蜀，国初谭宏祸川东，涪受害皆甚钜，手锄寇贼，使吾民出水火，登衽席，所谓"御大灾""捍大患"①，固非一时之烈也。催科听讼，不事烦苛，司牧应有之责，非不尽职，而其效之大小、久暂，实难与五公者同日语耳。然则治有本末，入人②有浅深，施与报各有其分量存焉。观于此，而知百世之祀，不得以补苴小康③厕其间也。爰书之以告为民上者。

良吏

天下多负民之官，无负官之民人。士于长官，莫不尊为父母；官果尽父母之职，则所在民乐，所去民思，殁且请于朝而馨香报之。民情如此，莅斯土者其鉴诸。

（晋）母稚［巴郡江州人，官涪陵、汉平令。忠义素著，庭无私谒。后西南夷有异志，擢夜郎太守，化行殊俗，夷民帖然，致仕归。见《一统志》。旧志作"母雅"。］

张寅［涪陵太守。安乐公淫乱无道，与上庸太守王崇、何攀为书谏责。（《华阳

---

① 御大灾、捍大患：语出《礼记·祭法》："夫圣王之制祭祀也，法施于民则祀之，以死勤事则祀之，以劳定国则祀之，能御大菑则祀之，能捍大患则祀之。"菑（zāi）：古同"灾"。

② 入人：指打动、影响别人，为人所感受和理解。

③ 小康：本为儒家社会政治理想中层次低于"大同"的一种盛世之治，此处指"催科听讼不事烦苛"，能够尽职尽责，使治下四境和平、政教清明、人民富裕安乐的地方官员，即"司牧""知州事者"。

国志》）]

（宋）张迪[大梁人，张载之父。宋仁宗时为殿中丞，出知涪州，立身端洁，多善政。卒于官，贫不能归，葬凤翔县，子孙遂为郿人。配享崇圣祠。（《文庙史典》）]

（明）沈定[永乐中知涪州。兴学校，课农桑，孜孜不倦，胥吏畏威，而民乐其业。见《一统志》。]

裴连[监利人，宣德中以工部侍郎谪守涪州。练达治体，仁惠及民，功绩懋著。]

黄寿[字纯仁，号松崖，江西南城进士。万历中，由黄州判以异政擢涪守，尚俭革俗，期年而六事孔修。]

胡平表[云南人，天启间任。时奢贼寇渝，徒步赴石砫请秦良玉兵救援，下游赖以安堵。涪人德之，立祠以祀。州人陈计长有《记》。]

冯良谟[江南六合举人，崇祯癸未摄涪篆，值献贼入川，屠戮遍野。赖其赈恤招徕，遗民稍复。]

（清）何道昇[福建监生，康熙五十五年任。风雅宜人，鸣琴而治，重儒兴学，卓有循声。]

王绶[直隶举人，乾隆六年任。刚正明决，案无留牍，里鲜冤民，时称良吏。]

罗克昌[江南高邮进士。留心教养，建书院，课农桑，实心为政；书"诚"字于钩深书院之讲堂，字体逾丈，以为学者的焉。]

王廷松[顺天大兴监生，乾隆十七年署。才猷练达，政平讼简。]

谢国史[广东海阳进士，乾隆十七年任。慈祥恺悌，留心教养。]

王政义[翰林，贵州人，乾隆二十一年署。居心廉洁，听断平允。]

袁锡奎[江西六合进士，乾隆二十二年署。刚断明决，剔弊除奸。任涪未久，士民惜之。]

国栋[满洲镶黄旗进士，乾隆二十九年任。才学兼优，听断明敏。]

宋思仁[江苏长洲增生，乾隆三十年署。精明练达，留心抚字。]

王用仪[江西庐陵进士，乾隆三十六年署，四十七年复署。才具练达，听断明敏。两次在涪，多惠政。]

曾受一[广东东安举人，乾隆三十七年署。怀清履洁，大著贤声。著有《善俗遗规十则》。]

赛尚阿［满洲正黄旗人①，乾隆四十三年署。惠爱百姓，岁荒斗米千钱，捐廉倡赈，四门设粥厂，全活颇多；又捐银百两，竣文庙工。］

刘炳［镶白旗汉军笔帖式，乾隆四十六年署。抚善除奸，士民德之。］

王有榕［湖广孝感人，乾隆四十八年署。听断明敏，时有"神君"之颂。］

徐鼎亨［江苏阳湖人，乾隆丙戌进士，五十三年署。爱民如子，教士有方。］

李忻［顺天宛平人，嘉庆七年任。实心为政，多所建设，重修钩深书院。］

张师范［江苏阳湖人，嘉庆十六年任。听断明敏，壬申、癸酉②、甲戌岁屡旱，悉心赈济，全活甚众；复置济田，重修养济院以惠穷黎，设义学以教贫寒子弟，并修圣庙及尹子祠、三畏斋、程子注易洞，又详请建昭忠祠、厉坛。引疾去，士民为立生祠于北岩祀之。］

吴庭辉［安徽桐城进士，道光六年任。剔积弊，去陋规，杜私谒，日坐堂皇，民望若神，奸豪敛迹。州署旧有狐仙堂，历任尊祀，初莅即封闭，为文以破其迷；邑无考棚，捐资倡议修建；文庙无祭品，捐资制置。丙戌、丁亥、戊子岁饥，捐廉倡赈，民赖全济；己丑，邑有巨盗，奉檄往捕，尽获之，境内宴然。及庚寅，解组归，囊无余钱，士民奉赆不受。道光以来，为贤牧第一。］

黄鲁溪［江苏长洲举人，道光十年署。惠爱百姓，作育士子。］

刘煓［顺天大兴人，道光十七年任。勤慎廉明，长于听断。二十年，岁饥，斗米千钱，详请发赈，多所全活。］

德恩［满洲镶黄旗人，道光二十三年任。端厚谨愿，民财为裕。］

濮瑗［江苏溧水进士，咸丰三年任。实心为政，不事粉饰，士民畏威怀德。卒于官，州人立祠祀之。］

昆秀［字瑶圃，汉军镶白旗人，道光二十三年十二月任鹤游坪州同。廉敏有治干，历十五年不易其操，屡代理州篆。咸丰七年二月，刘汶澧作乱死之。］

姚宝铭［福建闽县进士，咸丰九年任。治尚宽厚，改修城垣，重建文武庙，设志仁堂。同治元年，石达开拥众数十万围州城，誓死守八昼夜，围始解；时滇贼李永和、

---

① 满洲正黄旗人：原志脱"人"字，据上下文补。以下德恩"满洲镶黄旗"、昆秀"汉军镶白旗"同补。

② 癸酉：原志误"酉"作"西"。

蓝朝鼎、周蹁子踞鹤游坪，大江北岸人心惶惧，镇抚捍御，州境获安。在涪九年，士民爱戴，立祠祀之。]

沈宝昌［安徽石埭举人，同治六年署。专尚教化，任涪未久，涪民思之。］

施毓灵［同治十一年任，性平易宽厚。鉴前任受谤，不轻听绅富语以矫其弊。］

文康［举人，光绪元年任。存心恺悌，听断公明。］

刘枢之［字斗垣，陕西举人。杜绝请谒，人不可干以私。］

张继曾［字省吾，贵州人，光绪十二三年署。旧例士子初入学时，须纳院费而无定额，悉操纵于学正及训导之手，士人咸以为苦。募兴学田，免院费，士林实沾其惠。］

唐友忠［字心舫，云南人，光绪十三年任。实心爱民，案无冤狱，在任月余，因病告去。州人留之不得，于濒行时请留一靴以志念。］

杨增辉［字寅谷，云南昆明进士，光绪十六七年署。清正廉明，勤于为政。时岁饥，东、西里相继告灾，捐银千两，复集绅募款一万余缗，亲往灾区查勘，分别赈济，全活甚众，涪人为立德政碑于北门外。］

张九章［字袞甫，山西定州进士，光绪二十四年任。时璧山民教相仇，讹言四起。捐二千金募勇制械，城乡恃以稍安；又禀道拨银一万七千余两增填仓谷，后任赖以赈济。清慎廉明，杜绝夤缘，为州牧之贤者，州人立德政碑于北门外以志之。］

胡薇垣［字诗舲，直隶大兴进士，光绪二十五六年署，学问渊博，著述宏富。其为政，爱士恤民，恂恂儒者。庚子，岁饥办赈，多所全活，州人立德政碑于北门外。］

邹宪章［字怀西，贵州桐梓拔贡，光绪二十九年署。奖劝殷拳，能持大体，多刻书以饷士类。］

蹇念恒［字仲常，贵州举人，光绪三十四年至宣统二年署。洁己爱民，亲赴西里查勘水灾，夫役口食悉自给，地方供应一概谢绝。］

文职［《陈志》作州牧，序云：朝廷慎简贤僚，所以为民也。利何以兴？弊何以去？要必夙夜惟寅，而后靖共尔位。历考官斯土者，久暂既殊，功绩亦异。详以纪之，庶循良之绩常在人心，非仅存其姓氏已也。］

轻授呕易，官由幸得，知不能久，则求治无精神；民本不尊，事又知其不久，则藐玩，况更有不堪者乎？杂流末弁，其人果以名器自重，民亦何敢侮之！

（晋）杜良［字幼伦，成都人，有当世分。举秀才，茶陵、新都令，迁涪陵太守，与兄烈并典大州，当时荣之。见《华阳国志》。］

（东晋）文处茂［《通志》：永和中，涪陵移治枳县，处茂为太守。］

毛德祖［毛璩之宗人，为涪陵太守。（《四川通志》）］

怡思和［陇西人，元熙元年涪陵太守。］

向沈［义阳人，永陵中守涪陵。］

（宋）阮惠［涪陵太守，元嘉九年闻贼破涪城，弃郡走。（《四川通志》）］

（周）蔺休祖［涪陵郡守。叛，陆腾讨平之。］

（唐）权文诞［天水人，涪州刺史。］

朱敬则［永城人，涪州刺史。］

周利贞［武后世酷吏，初由广州都督以赃贬，后赐死梧州。］

裴郧①

李绂［长安人，李泌子。］

韩君祐［长安人。］

杨成器［宏农②人。］

李续之［太和中，坐李逢吉党贬。］

韩昇秀［《通志》：作乱伏诛。］

［以上涪州刺史见《四川通志》］

李宗晖［中宗孙，天宝中涪州长史。］

宋庭瑜［先天中涪州别驾。］

李德昭［长安人，□圣初迁涪陵尉。］

［以上见《四川通志》］

魏元忠［嗣圣元年、周武氏如意元年，贬中丞魏元忠为涪陵令。十四年，复召为肃政中丞。］

---

　　①　裴郧：原志仅存姓名而无小传（下同不注）。据郁贤皓《唐刺史考全编》等：裴郧，河东（现山西运城、永济一带）人，中唐著名诗人元稹续妻裴淑之父，贞元（785—805）中曾任涪州刺史。

　　②　宏农：即弘农（今河南三门峡市灵宝县），避清高宗乾隆（弘历）帝讳而改。

郑令珪［广德中刺史。］

（宋）秦王廷美［太平兴国七年五月，贬为涪陵县公。］

邹霖［字仲说，仁宗时知涪州。见《邹道乡集·年谱》。］

王□□［名缺。琅琊人，端拱元年郡守。］

刘忠顺［皇祐元年转运使、尚书主客郎中。］

张□□［名缺。治平□年太守。］

赵君仪［熙宁元年涪陵令。］

杨灼［熙宁二十一年涪陵县令。］

费琦［字孝琰，熙宁中郡守、屯田员外郎。］

黄觉［字莘老，通州人，熙宁七年以奉节县令权管州事。］

姜齐［熙宁中太守、驾部员外郎。］

颜亚之［熙宁中太守、驾部员外郎。］

郑觊［字愿叟，朝请大夫，元丰九年权知州事。］

石谅［字信道，元丰九年权判官］

杨嘉言［字令绪，元祐六年知军州事。］

史诠［字默师，元祐六年涪陵令。］

钱宗奇［字子美，元祐六年判官。］

姚班［元祐八年郡守。］

杜致明［元祐八年涪陵令。］

庞恭孙［大观中知州。］

常彦［宣和四年，朝散大夫通判军州事。］

王拱［宣和四年，宣教郎权知军州事。］

吴革［宣和四年①，朝奉郎权知军州事。］

徐兴卿［建炎三年太守。］

李瞻［绍兴五年郡守。］

陈萃［阆中人，绍兴五年右承德郎、涪州军事判官。］

---

① 宣和四年：原志误作"宣德四年"。

孙仁宅［绍兴十二年郡守。］

晁公瀷［字子西，嵩山人，绍兴十五年涪陵令。］

杜肇［绍兴二十六年太守。］

王择仁［字智甫，绍兴二十八年郡守。］

盛景献［襄阳人，绍兴二十九年太守。］

张维［绍兴中涪陵令。］

慎思 ①［绍兴壬子州守。］

何宪［绍兴中知涪州军州事。］

盛辛［绍兴中权通判军州事。］

王之古［绍兴中县令。］

庞仔孺［绍兴中判官。］

刘意彦［绍兴中郡守。］

冯和叔［字季成，淳熙六年郡守。］

胥挺［字绍祖，武信人，淳熙六年县令。］

朱永裔［阆中人，淳熙七年假守。］

赵广僖［字公叔，武信人，淳熙十一年涪陵令。］

冯愉［字端和，庆元二年郡守。］

李瑞［字玉新，宝庆二年太守。］

谢兴［绍定二年太守。］

邓季寅［字东叔，淳祐二年判官。］

张霁［字季父，淳祐四年郡守。］

李拱辰［字居中，开封人，淳祐四年判官。］

邓刚［字季中，庐陵人，淳祐九年太守。］

---

① 慎思：按，此条应来源于涪陵白鹤梁题刻南宋绍兴二年壬子（1132）《种慎思题记》："□□刘意彦至、豹林种□进慎思皆以职事趋郡，遇故人江西李尚义宜仲还自固陵，种法平叔来自南宾。相率挐舟载酒游北岩及观石鱼，竟日忘归，客怀顿释，殊不知簿官飘零江山之牢落也。……"据题记中"豹林种□进慎思"可知：其人当姓"种"名"□进"字"慎思"，豹林人。豹林即豹林谷，在今陕西西安终南山麓，北宋时有种放曾隐于谷内东蒙峰，种慎思或为其后。

何行可［字元达，江阳人，淳祐九年通判。］

刘君举［字叔子，宝祐二年郡守。］

蹇材望［字君厚，潼川人，宝祐二年别驾。］

何震午［字季明，昌元人，宝祐六年判官。］

吴信中［吴光辅孙，继守涪州，建堂于吴公溪之上。］

范仲武［嘉定元年知涪州，塑程伊川像于钩深堂祀之，并建致远、碧云二亭。］

谢宋卿［嘉定二年太守。］

（元）张八丐［奉议大夫，至顺癸酉太守。］

咬寻通义［至顺三年，忠翊校尉同知涪州事。］

杨𪸣［至顺三年副尉、涪州判官。］

僧嘉间［至正三年太守。］

（明）刘冲霄［洪武十七年，奉训大夫知州事。］

范庄［洪武十七年从事郎、州判官。］

张黻［吉水人，成化八年进士。历知涪州，不避权贵。王恕为之请，特予诰命。见《明史·林俊传》。］

袁宗奎［正德元年州守。］

陈大道［万历二十二年守道。］

余光［万历间知州。］

王育仁［江西太和进士，万历间知州。］

张时迪［举人，万历间知州。］

李陶成［举人，万历间知州。］

刘曰彩［举人，万历间知州。］

郭维藩［举人，万历间知州。］

朱毅臣［江西举人，天启间知州。］

韩邦哲［湖北黄州举人，天启间知州。］

张应爵［浙江山阴举人，天启间知州。］

王嗣奭［浙江举人，崇祯间知州。］

夏云鼎［湖广石首举人，崇祯间知州。］

黄应祥［贵州龙里卫举人，崇祯间知州。］

（清）赵廷正［顺治庚子年知州，董建①学宫。］

吴调元［江南举人，康熙元年知州。］

朱麟正②［荫生，辽东人，康熙三年知州，建修州署。］

萧星拱［江西人，康熙十九年知州，重修学宫，补修州署。］

孟时芬［浙江监生，康熙三十年知州。］

杨应元［吏员，浙江人，康熙四十一年知州。］

徐烺［监生，奉天人，康熙四十一年知州。］

董维祺［奉天人，康熙四十三年知州，留心教养，续修州志。］

王愿［太仓副贡，雍正四年知州，勤于政治，补修学宫。］

袁紫玺［直隶天津监生，雍正十一年知州。］

胡克俊［湖北钟祥举人，乾隆元年知州。］

郭宪仪［江南沛县拔贡，乾隆二年知州。］

白琨［汉军镶白旗举人，乾隆十三年署。］

朱汝璇［湖南浏阳拔贡，乾隆十四年任。］

冀宣明［山西雒南拔贡，乾隆二十七年署。］

陈于上［浙江秀水进士，乾隆二十九年署。］

叶道治［湖北江夏举人，乾隆三十年任。］

郑济泰［直隶丰润贡生，乾隆三十八年署。］

马文炳［陕西三水拔贡，乾隆三十九年署。］

高瑛［镶黄旗汉军，拔贡生，乾隆三十八年署。］

王兴谟［江苏华亭监生，乾隆四十年署。］

陈宝田［浙江山阴监生，乾隆四十年署。］

牛兆鼎［直隶天津贡生，乾隆四十一年署。］

董浚［山西介休贡生，乾隆四十四年任。］

---

①　董建：董理（监督管理）建设。

②　朱麟正：本志卷五《建置志》作"朱麟政"。

多泽厚［直隶阜城举人，乾隆四十九年任，重修州志。］

张天禄［乾隆五十一年代理。］

徐时敏［浙江建德人，乾隆五十一年任。］

郭联奎［云南举人，乾隆五十四年任。］

李荐高［湖北江陵人，乾隆五十六年代理。］

童云松［浙江萧山人，乾隆五十六年署。］

李培元［河南阿迷州举人，乾隆五十七年任。］

范源沛［浙江鄞县拔贡，乾隆五十七年代理。］

马维岳［直隶任邱举人，嘉庆四年署。］

曾光烈［湖北举人，嘉庆四年署。］

张一鹤［江苏吴县人，嘉庆十年代理。］

曹岐山［顺天宛平人，嘉庆十年署。］

张曾益［河南密县人，嘉庆十二、十四两年署州事。时有会匪张与吏目邓昂比周[1]，用酷刑毙数百人，后俱因冤鬼索命死。］

陈士楷［广东东莞人，嘉庆十三年代理。］

朱壬［浙江上虞举人，嘉庆十五年署。］

曾锡龄［河南固始进士，嘉庆十五年署。］

米乔龄［顺天宛平人，嘉庆十五年任。］

王守诚［代州举人，嘉庆十六年署。］

李廷勋［贵州思南举人，嘉庆十八年署。］

刘国策［安徽太湖进士，嘉庆十八年署。］

张鹏云［镶蓝旗汉军，嘉庆十三年及道光三年两次代理。］

吕兆麒［安徽人，翰林院庶吉士[2]，嘉庆二十三年署。］

颜谨［江苏丹徒人，嘉庆二十三年代。］

杨琼［湖南新化拔贡，嘉庆二十四年署。］

---

① 　比周：朋党比周，谓小人相互勾结，结党营私。

② 　庶吉士：原志误作"庶吉土"，据《刊误表》改。又，"安徽"后原缺"人"字，补。

李嘉祐［广西桂林进士，道光二年署。］

石钧［甘肃秦州人，道光二年署。］

陈存衡［福建侯官人，道光四年署。］

杨国栋［浙江山阴人，道光五年署。］

张瑞荷［浙江永嘉贡生，道光五年代。］

杜纯芳［贵州清镇举人，道光五年署。］

穆克登布［满洲人，道光十一年署。］

杨上容［湖南宁远进士，道光十二年任。后被劾，钦差提省审办，休致回籍。］

方照［湖南乡进士①，道光十三年署。］

赵德琳［陕西华阴拔贡，道光十六年署。］

沈廷贵［安徽芜湖拔贡，道光二十年代。］

陈立畲［湖南长沙举人，道光二十年署。］

缪庭桂［顺天大兴拔贡，道光十一年署。二十一二年，任长寿县兼摄州事。］

徐树楠［江南奉新进士，道光二十二年署。］

毛震寿［江西丰城人，道光三十年署。］

金旟［满洲正白旗举人，咸丰二年署。后卒于夔州通判，不能归葬，旅榇寄涪。］

凌树棠［安徽定远举人，咸丰七年署，政尚严酷。后办秀山军务，猝遇贼，肢解之，将其首去。］

朱凤坛［浙江会稽进士，咸丰七年任月余，丁艰去。］

朱百城［江苏宝应人，咸丰八年署。］

王有璹［福建人，同治三年代理。］

徐浩［浙江德清人，同治七年署，创建涪陵书院即桂馨书院。］

吕绍衣［江西德化人，同治八年署。是年，重修州志。］

陈枝莲［湖北东湖举人，同治九年署。］

濮文昇［瑗次子，同治十年任。初莅涪，人德其父，颇爱之。文昇多情任性，重世谊，凡其父之门生，不问贤否，虚心听受，往往淆曲直。于是富人投其所好，重贽拜门下

---

① 乡进士：对由乡试产生的举人的美称。

者五六人，在外为威福，始终庇之，一年调任去。十二年，继施牧后回任，十三年又调任去。光绪三年冬，继吴牧后回任，历练既深，较平正；七年，预征八年捐输，据州人之请，禀复完粮征银旧例，剔除征钱浮价之积弊，足以晚盖①，惜次年即卒于官。]

吴羹梅［光绪二年冬署。本世家子，在蜀最久，名污浊，帏薄不饬。］

阮全龄［字叙九，贵州举人，光绪十二年任。］

黄际飞［字鹤樵，广东人，光绪十二年署。］

王翔麟［直隶举人，光绪十四年署。纵容家丁因案索贿，颠倒曲直。后卸任归，邑人投石满载。］

沈彦模［字子范，光绪十四五年署。］

王宫午［字介卿，光绪十五六年署。］

何远庆［字冕之，光绪十七年署。］

韩镇周［字定九，进士。光绪②十七八年署。］

陈天骥［字金门，湖北天门人，光绪二十年署。］

陈继增［字福田，光绪二十一年署。］

谭酉庆［光绪二十一二年署。］

国璋［字子达，京口驻防，光绪二十三年署。］

邓元穗［字纯丰，江苏无锡人，光绪二十六年署。］

夏与赓［字芷猷，贵州遵义廪生，光绪二十六年代理。］

邹放［字鹤似，光绪二十七八年署。履任未久，州城失火，署被延烧，次年重修。］

徐樾［字季桐，光绪二十八年署，好庇盗。］

傅松龄［字伯贞，光绪二十八年署任。］

陈伟勋［字山铭，河南郾城进士，光绪三十一二三年任。素行廉平，兴办县中学、劝工局、警察诸新政。及去，州人立有德政碑于北门外。］

李坼［字少樵，山西人，宣统二年署。为政操切，不惬人心。］

戴赓唐［字尧钦，江西人，宣统三年署，性恶盗。时邑中盗案颇多，讯得实，辄

---

① 晚盖：指改过自新，以后善掩前恶。
② 光绪：原志误作"先绪"，据《刊误表》改。

以刑致之死，盗贼屏迹。在任不久，是年十月兵事起去职。]

附武隆前代文职

（明）孙道远[洪武十四年任。]

王龄

高湘

邓凯[广东嘉应监生。]

宋伏奇[云南沾益监生。]

易濂[湖广蕲州举人。]

苏奎[浙江金华监生。]

周镜[湖广罗田举人。]

戴星[浙江金华监生。]

袁思诚[河南原武监生。]

王骏[湖北荆门举人。]

夏璋[湖广平江举人。]

钟韵[广东翁源监生，后调绵竹知县。]

丁继[河南孟津监生。]

成文[山西阳和举人。]

刘瀚[陕西岐山监生。]

李一清[广东举人。]

冯尚源[陕西凤翔监生。]

胡文源[直隶阜城监生。]

党宗正[湖北施南举人。]

史载泽[贵州新添卫监生。]

张钦辰

赵伟

陶庚[湖广举人，始修《历任题名记》。]

唐宗元

王施仁

孟泰皓

李廷英

林兰［湖北归州举人，迁建学宫。］

陶正学

李平山

况世钦

欧汝孚

陈子道［湖南衡州举人。］

曹芬［湖北宜城监生。］

杨后乾［云南太和监生。］

苗嘉谷［云南宜良监生。］

缪思启［云南曲靖举人。］

徐体震［云南昆明举人。］

党应期［山西阳曲举人。］

詹允吉［福建岁贡。］

葛惺［山西高平监生。］

邱忠［甘肃平凉举人。］

钱大用

（清）张羽兴［荫生，辽东人。］

乔楠［江南江阴进士。］

［以上知县。考武隆自唐武德二年置为县，初名武龙，以境内龙山名也。明初改龙为隆，仍设为县。至清康熙七年，改为巡检司。以下为巡检。］

刘嗣盛［吏员，直隶顺天人。］

叶廷机［吏员，浙江人，康熙二十九年任。］

王嘉秩［吏员，山西大同人，康熙四十五年任。］

沈国璋［吏员，顺天人，康熙四十五年任。］

邵梦彪［吏员，直隶顺天人。］

赵文选 [康熙五十七年任。]

金洪远 [康熙六十一年任，募修龙洞观音桥。]

王秉衡 [乾隆九年任。]

章秉志 [浙江会稽监生，乾隆十一年任。]

王梅祚 [乾隆十八年任。]

刘廷相 [吏员，广东长乐人，乾隆十九年任。捐廉兴关帝、城隍祀典，刻有碑记。]

沈世基 [浙江山阴监生，乾隆二十五年署。]

王天本 [会稽吏员，乾隆二十五年任。]

吴营 [江西监生，乾隆三十一年署。]

曾之沐 [江西南昌监生，乾隆三十二年署。]

魏志林 [华容吏员，乾隆三十五年任。]

马承烈 [浙江会稽监生，乾隆三十五年署。]

王嘉猷 [监生，乾隆三十五年任。]

王永绪 [山东聊城人，乾隆三十九年署。]

胡健行 [供事议叙。浙江会稽人，乾隆四十一年署。]

曹廷凯 [安徽桂池人，乾隆四十三年署。]

魏守曾 [江西监生，乾隆四十四年署。]

杨如灿 [顺天大兴吏员，乾隆四十七年署。]

段应陛 [江西监生，乾隆四十七年署。]

杜作霖 [江苏娄县监生，乾隆五十二年署，士民爱戴，后升知县。]

张裕全 [安徽桐城监生，乾隆五十三年任。]

陶云融 [笔贴式，会稽人，乾隆五十八年任。]

仇允城 [浙江蕲县监生，嘉庆六年任。]

鲁观政 [江西新城监生，嘉庆十七年署。]

马宝城 [军功，浙江秀水人，嘉庆十一年任。]

吴延龄 [浙江归安监生，嘉庆十五年任。]

徐镐 [浙江钱塘吏员，嘉庆十六年署。]

杨世鲸 [浙江钱塘监生，嘉庆十九年署。]

余良［江苏武进人，嘉庆二十三年任。］

柳钧［供事议叙，道光元年任。］

徐树棠［浙江会稽人，道光三年署。］

王承华［江苏华亭人，道光五年署。］

费有基［供事议叙。浙江蕲县人，道光六年任。］

傅麟昭［浙江山阴人，道光十一年署。］

潘镜［浙江山阴人，道光十六年署。］

赵如璋［浙江监生，道光十五年署。］

赵连［军功。甘肃迪化州人，道光十六年任。］

孙霭堂［浙江归安人，道光十九年署。］

沈槐［浙江萧山人，道光二十年任。］

李嘉瑞［浙江钱塘监生，道光二十三年任。］

李霖普［天津静海人，道光二十六年任。］

朱廷杰［顺天昌平人，咸丰五年代。］

班用霖［陕西富平人，咸丰八年任。］

罗宝森［江西太和人，咸丰十一年署。］

张守谦［安徽桐城人，同治五年署。］

盛廷琼［贵州正安人，同治八年任。］

王立礼［吏目，同治六年署。］

范寿昌［代理。］

冯世杰［署。］

钟敬宾［代理。］

陈鸿恩［原署纳溪典吏，调署。］

明晋煜［贵州贵筑人，代理。］

邱焕奎［湖北附生，代理。］

李瑞廷［贡生，本任龙泉驿丞，调署。］

娄世金［陕西监生，代理。］

黎震东［湖南庠生，光绪十七年代理。］

刘廷樗［直隶通州监生，光绪四年任。在职二十二年，三次俸满仍留任，卒于官。］

张经［遵义监生，代理。］

刘文焕［遵义吏员，光绪二十三年署。］

罗庆北［光绪二十八年任，宣统三年复任。］

鲍道生［光绪三十三年任。］

州同［按：州同由达州移来，初尚用达州州同印。系在嘉庆七年建置，在巡检后，故依时代为次。］

殷辂［江苏湖阳人，嘉庆七年任。］

庄绸明［浙江秀水人，嘉庆八年署。］

朱澜［浙江萧山副榜，嘉庆十三年署。］

刘天锡［陕西咸阳拔贡，嘉庆十五年任。］

杨国栋［浙江山阴人，嘉庆十五年署。］

王恒［嘉庆十六年署。］

刘钦［安徽霍邱拔贡，嘉庆十六年署。设学造士，簿书之暇躬亲讲贯。］

徐大纶［江苏昭文人，嘉庆十七年署。］

徐世淳［浙江山阴人，嘉庆十八年署。］

吴绂绍［安徽歙县人，嘉庆十九年署。］

陈钦义［福建上杭人，嘉庆二十年署。］

晁光寓［江西桂溪人，嘉庆二十二年署。］

王震［湖北江夏人，嘉庆二十三年署。］

海文［正白旗汉军，道光元年任。］

陈怀仁［遵义举人，道光六年署。博学工诗文，廉洁自守，为陪贰之铮铮者。］

高封［镶黄旗汉军，道光七年任。十一年调任去，十六年复任。］

廖文镇［广西全州人，道光十三年署。］

柴瑞年［河南郾城人，道光十五年署。刚方勤慎，颇著贤声。］

应锡玠［道光十七年署。］

王荣庆［顺天大兴人，道光二十三年署。］

袁鸿宣［咸丰五年四月任。］

徐桂元［咸丰七年三月任。］

毛祥云［咸丰七年八月署。］

郑邦尉［咸丰九年三月署。］

陈毓玖［同治二年十一月署。］

陈尚义［同治三年三月署。］

王思瞻［同治五年八月署。］

鲁学元［同治六年六月署。］

李绍权［陕西人，同治三年十二月任，不谙吏治，八年九月去。］

赵清寅［同治八年十月代理。］

周树清［湖北南漳人，同治九年署。］

［以下因辛亥政变文卷损失，考查不详。兹记所得于后。］

张春熙［特任。］

毕应庚

钟坦

孙恒春［实授。］

齐□□

刘启英

李竹馨［号昆山，湖北江陵举人，大挑一等借补。］

戴启绅

王永言［号冬生。长于吏治，政平讼理，命案定钱八吊，平民沾其惠。］

张敖［实授。号云雅，云南举人，大挑一等。］

李毓芬

张念

桂斯香

朗廷杰［实授。浙江人。］

达贵［旗人。］

雷橡荣［号质亭，陕西贡生。代理三月，杜苞苴，绝干谒，讼事十减七八，坪人德之。]

　余春霖［陕西人。］

　王祥仪［福建大挑一等。］

　申云根［举人。］

　谭宗岳

　吴锡福

　崔□□［实授，举人，大挑一等。］

　萧培芬［广东贡生。留心文教，亲募银五千两生息培修书院。］

　史悠彦［号俊丰，直隶北平人。光绪三十一年署，以萧所募之款建筑学校。］

　高应枢［举人。］

　良俊［举人。］

　程杏书

　杨承纶

　张望龄

学官

（宋）李贲［大观中将仕郎，州学教授。］

李衍［淳熙七年教授。］

谭深之［淳熙中教授。］

申驹［字致远，庆元二年文学掾①。］

徐嘉言［字公美，庆元二年郡文学掾。］

王㰋［字钧卿，淳祐四年教授。］

（元）张安［至正十三年学正。］

（明）黄思诚［洪武十七年字正。］

---

① 　文学掾：古官名，或称"文学史"。掾：对副官佐或官署佐治属员的通称。即掾佐、掾吏、掾属、掾史等，人员由主官自选辟召，魏晋以后改由朝廷任免。原志误"掾"作"椽"，以下"徐嘉言"条及"曹掾贤者"同改。

何鉴［楚雄县人，善事继母，以孝闻。正德庚子举人，任涪州学正，为冢宰[1]夏邦谟所重，迁知永川县，有惠政。(《云南通志》)］

何卞［万历十二年武隆学正。］

赵廷儒［万历三十年武隆学正。］

(清)卢世选［遵义举人，学正(下同)。］

万恪［富顺举人。］

曾光祖［遵义举人。］

段朝伟［简州贡生。］

邹正元［洪雅举人。］

辛可泰［阆中举人。］

陈缜［营山举人，有品学，勤于课士。］

罗云师［字庆庵，号默师，遵义举人。］

周遇清［夹江举人，乾隆十三年任。］

刘之炳［汶川举人，乾隆二十三年任。］

詹尔庚［资阳举人，乾隆二十七年任。］

张中元［营山举人，乾隆三十七年任。］

王正策［大竹举人，乾隆四十四年任。］

王樊义［富顺举人，乾隆五十三年任。］

魏凌霈［资州举人，嘉庆六年任。］

唐□□［犍为廪贡，嘉庆十三年署。］

陈修［什邡举人，嘉庆十三年任。］

王正策［青神副榜，嘉庆十五年署。］

廖济鸿［华阳贡生，嘉庆十六年任。］

秦豳［射洪廪生，嘉庆十九年署。］

高应罂［成都举人，嘉庆十九年任。］

周家政［蓬溪举人，道光元年任。］

---

① 冢宰：吏部尚书别称。

张盛泰［资州举人，道光三年署。］

杨□□［资州廪生，道光四年署。］

郭勷［华阳举人，道光四年年任。］

秦廷举［射洪拔贡，道光十六年署。］

彭寅［达县举人，道光十六年任。凌轹同官，摧残士类。师道废坏，自寅始。］

周能琴［道光十八年任。］

宁兴俊［道光二十三年署。］

刘乙照［南充人，道光二十三年署。］

黄淑龙［泸州举人，道光二十五年任。］

吴应敏［崇宁贡生，道光三十年署。］

唐芝荣［巴州举人，由山东知县改教谕，咸丰二年任。］

官廉［资州举人，咸丰七年署。］

萧泽浚［开县廪贡，咸丰九年署。］

向庆基［成都举人，咸丰九年任。］

卫承诰［新津举人，同治二年署。］

张堉［广安举人，同治八年任。］

张申五［温江举人。］

萧茳［品行端正，无愧师表。光绪初，创兴学田，规定两学月费。茳无所争，并与训导吴登俊创立学署诗文字课，诱掖后学；复劝办赈务，救济人民。涪人立"嘉惠士林"四字碑，以志其德。］

张锡霈［成都举人。］

夏培元［灌县举人。］

陈科建［宜宾贡生。］

张锡典［温江举人。］

文骏［渠县举人。］

张天桂［万县举人。］

杨裕勋［忠州贡生。］

训导

（明）张敬先［洪武十七年任。］

鲜希伖［万历十二年武隆县训导。］

李文英［万历三十年武隆县训导。］

（清）芶若旬［南充贡生。］

王纯武［遂宁贡生。］

孙于朝［字龙光，彰明贡生。康熙五十三年任。］

陈公绰［叙永厅贡生，乾隆十年任。］

韩暎［奉节贡生，乾隆十三年任。］

程师言［名山贡生，乾隆十八年署。］

刘光汉［资阳贡生，乾隆十九年任。］

李树培［三台廪生，乾隆二十五年任。］

严宽谷［庆符贡生，乾隆三十一年任。］

任际昌［洪雅贡生，乾隆三十四年任。］

吴懋仁［荣县举人，乾隆三十八年署。］

涂会川［眉州贡生，乾隆三十九年任。］

康济鸿［金堂贡生，乾隆四十六年署。］

邓履仁［岳池贡生，乾隆四十八年任。］

岳炯［中江拔贡，乾隆五十六年任。］

张来泰［资阳廪贡，嘉庆三年任。］

李上杰［中江举人，嘉庆十四年任。］

何怀瑾［叙永厅举人，嘉庆十七年署。］

万年春［彭山恩贡，嘉庆十七年署。］

侯宗元［宜宾岁贡，嘉庆十八年任。］

刘纯粹［巴县举人，嘉庆二十四年署。］

洪樭［华阳举人，嘉庆二十四年任。］

林时春［什邡岁贡，道光三年任。］

张锡墉［新宁廪贡，道光六年署。］

郭濼［隆昌举人，道光六年任。］

熊敏仑［渠县拔贡，道光二十二年署。］

吴锡藩［内江廪贡，道光二十四年任。］

张应车［华阳附贡，道光二十五年署。］

邓邦品［南溪拔贡，道光二十六年任。］

阮宅南［成都廪贡，同治八年署。］

魏宝儒［松潘廪贡，同治九年署。］

刘晖晋［眉州贡生。］

吴登俊［云阳贡生。崇尚实学，乐育寒畯，创兴学署诗文字课，诱掖后进；辛卯、丁酉①两次岁饥，襄办赈务，多所全活；及告归，复捐银二百两以作宾兴。涪人士立有德政碑于署门，以纪其事。］

补炳南［遂宁恩贡生。］

何世熙［庆符贡生。］

谢观澜［成都附贡。］

吏目

（清）王运亨［吏员，浙江人。］

张以平［吏员，浙江人。］

郭文［吏员，浙江人。］

李文焕［监生，江南人。］

陈启谟［监生，康熙四十八年任，办事勤敏，缉捕严密。在任十三年，涪人称其贤。］

章麟［吏部书吏，浙江钱塘人，乾隆十四年任。］

沈元龙［江苏长洲监生，乾隆十八年署。］

陆凤［浙江山阴监生，乾隆十九年任。］

张廷鹤［江苏长州②监生。］

---

① 丁酉：原志误作"丁西"。
② 长州：即长洲，县名，在太湖北，因境内有古长洲苑而得名，今属江苏省苏州市。古书中常作为"苏州"的古称和别称，但多误写如斯。

谢锡偕［工部书吏，浙江人，乾隆三十一年任。］

范彬［河南虞城监生，乾隆三十四年署。］

张圣兆［广东平远监生，乾隆三十六年署。］

蔡尚琥［江西贡生。小心谨慎，缉捕有方。］

顾鹏飞［顺天宛平吏员，乾隆四十年署。］

陆怀玉［江苏元和监生，乾隆四十年署。］

周德明［江苏长洲监生，乾隆四十一年署。］

魏守曾［江西广昌监生，乾隆四十二年署。］

李廷秀［浙江钱塘监生，乾隆四十五年署。］

凌学贤［上海监生，乾隆四十八年署。］

邓昂［安徽长宁监生，乾隆四十六年任。阿附州牧张曾益，锻炼会匪，以酷刑毙多人，后死于鬼。］

龚照［浙江监生，嘉庆十三年任。］

杨曜洙［广东监生，嘉庆十六年任。］

继善［汉军监生，道光元年任。］

刘锡履［供事。大兴县人，道光二年任。］

任为藩［贵州善安厅贡生，道光十七年任。］

潘有孚［大兴监生，道光十九年任。］

孙长灼［安徽桐城监生，道光二十三年任。］

赵步瀛［陕西米脂拔贡，道光二十三年代理。］

黄源［广东顺德监生，道光二十五年代理。］

范嘉垲［山西介休监生，道光二十五年署。］

朱廷杰［顺天昌平人，道光二十六年署。］

谈培［江苏武进人，咸丰元年署。］

袁鸿宣［湖北人，咸丰元年代理。］

李霖普［天津静海人，咸丰二年署。］

金汝谦［天津人，咸丰七年署。］

赏林［顺天宛平人，咸丰八年署。］

陈毓玖［顺天大兴人，同治二年代理。］

叶树桐［浙江龙游人，同治二年署。］

沈芝茂［安徽芜湖人，同治三年任，八年十月复任。］

胡耀斗［浙江会稽人，同治七年署。］

［以下因改革后文卷损失，无从查考，所访得者零星不完。］

元□□

胡□□

李端谷［贵州人。］

钱本善

娄樬［字尧廷，光绪八年任，十二年卒于官。妻姚氏，于成服之次日仰药以殉。］

张之敬［字蕤芸，江苏人。］

万秉焜［河南人。］

吴□□

胡彬［字云溪，湖北人。］

袁□□

李寿祺

沈□□

解□□

武职［兵额附。《陈志》序云：从来有文事必有武备①，故宣猷布化，以勤抚绥，则寄乎文员；而有勇知方，以资捍卫，则需夫武职。有城期有守，分防之设，奚容缓乎？］

明以前可考者，数人而已。光绪季年，改设警察、汛署，文卷散失，姓名所采得者，亦不完备。惟额定俸饷、库存军械，前志尚存梗概，然何足资城守哉！

（汉）邓芝［延熙②中，以车骑将军、江州都督治阳关。见《华阳国志》。］

---

① 有文事必有武备：出《孔子家语·相鲁》"定公与齐侯会于夹谷，孔子摄相事，曰：'臣闻有文事者，必有武备；有武事者，必有文备。古者诸侯并出疆，必具官以从，请具左右司马。'"

② 延熙：原志误作北宋宋神宗年号"熙宁"。《三国志》卷四十五《蜀书十五·邓张宗杨传》："延熙六年，就迁为车骑将军，后假节。十一年，涪陵属国人杀都尉反叛，芝率军征讨，即枭其渠帅，百姓安堵。"据改。

（晋）罗尚［襄阳人。元兴元年，诏尚权统巴东、巴郡、涪陵三郡①，供其军赋。见《华阳国志》。］

（唐）陆坚［《通志》：洛阳人。］

郭敬之［《通志》：华州人，子仪子。］

王守道

［以上三人，涪陵参军。］

（宋）徐庄［熙宁元年军事判官。］

赵善暇［熙宁二十一年兵官。］

杜咸宁［大观中，通事郎、录事参军。］

黄希说［大观中，将事郎、司理参军。］

王明［涪州守将。祥兴元年，元不花攻涪州，城陷，不屈死之。］

程聪［《宋史·忠义·张珏传》：德祐元年，杨立以涪州降，珏遣张万破走立，俘其僚属。立复合兵来战，万不支，俘立妻子及安抚李端以归。珏以都统程聪守涪州。明年，张德润复破涪州，执守将程聪，以肩舆载归，语之曰："若子鹏飞为参政矣，旦晚可会聚也。"聪曰："若被执降，非吾子也。"］

（元）奥鲁［至顺三年奉政大夫、夔路万州知州兼管本州军事。］

（明）曾英［字彦侯，福建人，官游击。甲申六月，献贼犯渝，英以王应熊部将督乡兵守涪州。（《巴县志》）］

（清）蔡贵［乾隆十六年任，把总（下同）。］

吴增［乾隆二十二年任。］

梁材［乾隆二十八年任。］

张文玉［乾隆三十年任。］

杨统［额外，乾隆三十八年署。］

李芳华［外委，乾隆三十九年署。］

李光荣［额外，乾隆四十一年署。］

①　权统巴东、巴郡、涪陵三郡：原志作"权统巴东涪陵三郡"，《华阳国志》卷八《大同志》为"权统巴东巴郡涪陵三郡"，据补。

刘天顺［外委，乾隆四十一年署。］

王正禄［千总，乾隆四十二年任。］

马士龙［把总，乾隆四十四年任。］

曾福寿［千总，乾隆四十四年任。］

马云［外委，乾隆四十五年署。］

刘德嘉［额外，乾隆四十六年任。］

张洪仁［外委，乾隆四十六年任。］

丁耀荣［额外，乾隆四十六年任。］

黄塘［把总，乾隆四十七年任。］

罗灿［行伍，乾隆五十年任。］

周庆云［千总，嘉庆十六年任。］

汪贵［把总，嘉庆十七年任。］

王上达［把总，嘉庆二十年任。］

汪俸［把总，嘉庆十八年任。］

陈武鼎［把总，嘉庆二十三年任。］

王用中［外委，道光元年及十三年署。］

任应鼎［外委，道光二年任。］

张本诚［把总，道光三年任。］

李贵［外委，道光六年任。］

马骏猷［外委，道光十年任。］

常金［把总，道光十一年任。］

马允陞［千总，道光十三年任。］

周朝［外委，道光十四年任。］

马忠贵［外委，道光十四年任。］

杨文［把总，道光十五年任。］

马成功［把总，道光十六年任。］

杨洪升［外委，道光十七年任。］

向开文［外委，道光二十年任。］

王道平［把总，道光二十一年任。］

龙安邦［把总，道光二十三年补缺，别调四次，升守备都司衔，同治六年回任。］

梁正超［号倬斋，咸丰八年署。］

李文喜［同治五年署。］

罗声扬［同治五年署。］

［以下因辛亥政变，文卷毁损，仅采得数人，兹记于左。］

马胜麟

温□□

戴占奎［字星垣，长寿人。］

徐遇隆［字次亨，丰都人。署把总，就改警务长。］

［按明制：州设卫，千户一员，百户二员，操兵五百名，隶之守道。国朝初，设守备一员，千总一员，把总二员，驻防兵三百名。康熙四十年移守备忠州，涪则改设把总一员，饷额军器如下：一、俸薪。把总：俸薪银四十五两四钱六分四厘，养廉银九十两；（战／守）粮：十／三十二；分饷粮：二百零四两／四百三十三两三钱。（原设／新添）哨船守粮：六／九；分饷银：八十八两八钱／一百三十三两三钱。二、兵额。（弓箭／鸟枪）兵丁：四名／三十八名；（原设／新添）哨船兵丁：十名／十五名。三、军器。鸟枪三十八杆、弓箭撒袋①四副、号衣帽四十二副、大旗一杆、（小／红）旗：五／一（杆）；（原设／新添）哨船：二／三（只）。］

民职［三代时，庶人在官，禄足代耕；汉守令许自辟署，曹掾贤者，辄仕至大官。后世吏不由辟举，士人耻为之。光绪中变法，俊秀子弟得仕乡里，寖复古制矣。］

视学

邹鸿定［字光南，廪生，日本弘文师范毕业。光绪三十二年十一月任（初设是职），清理书院、宾兴、学田归入学款，以钩深书院地址添建校舍，设官立中学堂。三十四年七月卸任。］

---

①　撒袋：装弓箭的袋子，多以皮革制成，即古之櫜鞬（gāo jiàn）。櫜为长方包形，盛箭矢；鞬装弓，为上宽下窄袋形，二物合为一副。后称为"撒袋"，大概来源于蒙语的弓箭袋"撒答"，且"答"音近"袋"。原志作"撒带"，误。

傅炳熙［字雪鹍，增生，日本法政学校毕业，光绪三十四年七月代理。］

夏慎初［字藻亭，举人，日本法政学校毕业，光绪三十四年任。］

周叙彝［字敬敷，举人，宣统二年任。］

警察

徐遇隆［字次亭，丰都人，原任把总。四川通省巡警特别班毕业，光绪三十二年任，警务长（下同）。］

徐启祥［字子和，贵州人，巡检。由四川警察学校官班毕业，光绪三十三年任。］

杨伯永［山西人，巡检。由四川警察官班毕业，宣统元年任。］

罗永清［字懋虞，荣昌庠生。成都高等巡警学校毕业，宣统三年任。］

黄曙岚［邑庠生，四川通省警务传习所毕业，光绪三十二年任警务行政员。］

余以庄［字孔皆，邑人。四川通省警务传习所毕业，三十三年任第一区区官，宣统三年调任乡镇巡警第四区区官。］

何玲［字锡卿，邑庠生。四川通省警务传习所毕业，光绪三十三年任第三区区官。］

高得泰［字亚衡，邑庠生。日本警监学校毕业，宣统元年任第一区区官，二年调任水道巡警区官兼巡警教练所所长。］

徐世杰［字登俊，邑庠生。日本警监学校毕业，宣统元年任第二区区官。］

曾毓彬［字文卿，邑人。四川通省警察传习所毕业，宣统三年任第三区区官。］

张龄［字纯叚，邑人。四川通省警察传习所毕业，宣统二年任第二区区官。］

黄体则［字镇甫，邑人。四川通省警务传习所毕业，宣统元年任第三区区官，三年调任乡镇巡警第二区区官。］

汪致和［字海如，邑人。四川通省警察传习所毕业，宣统元年任第一区区官，三年调任乡镇巡警第四区区官。］

论曰：汉光武有言：郎官宰百里，上应列宿①。其选之重如此，则国家之设牧令，岂簿书期会、循分无过，遂为称职哉！夫百姓所以安其田里，而无愁叹怨恨之心者，政平讼

----

① "汉光武有言"句："郎官宰百里，上应列宿"语出《后汉书·明帝纪》，谓馆陶公主为子求郎，不许，而赐钱千万；汉明帝刘庄（东汉第二位皇帝）谓群臣曰："郎官上应列宿，出宰百里，有非其人，则民受其殃，是以难之。"并非"汉光武（帝）"刘秀（东汉第一位皇帝）所言，原志有误。

理也①。[予]为童子时，闻父老长者私论州大夫贤否，不过在明暗、宽严、勤怠之间。即偶有所蔽，率因胥役细人荧听，未闻士绅非公至室、暮夜造请，以淆乱是非也。洎同治辛未，而风气一变，始则干谒，久渐持短长，权且下移，积怨控讦不惜矫枉过直；至禀案举人不许与，征收以生员、富室合办，乡绅乃益多不肖之官，又因以为利，彼仆此兴，敝政何可胜言！民怨其上，揭竿而起，一动遂不可收拾，滔滔皆是，不独吾涪。即吾涪，已足觇吏治矣。

涪陵县续修涪州志卷九终

---

　　① "百姓"句：出《汉书·循吏传序》宣帝刘询语："百姓所以安其田里，而亡（无）叹息愁恨之心者，政平讼理也。与我共此者，其惟良二千石乎！"政平讼理：指国家安定，诉讼能够很快得到正确处理，形容政治清明。

涪陵县续修涪州志卷十

选举志[《陈志》序云：王者以天下之爵位，赏天下之贤能；因天下之贤能，理天下之政治，莫盛于选举。自乡举里选之法不行，两汉以来各设科目。至于唐宋，惟举人进士之科独重，至今不改。故进士为先，举人次之，副贡又次之。至于荣邀一命，或职司中外，或备员干城，与夫显扬之盛，象服①之加，尤异数也。涪邑人才辈出，登仕版而叨褒封者比比也，爰为详注于篇。]

　　周制：俊士、造士②升于学，论定而官之。汉制：通一艺以上，补文学掌故缺；其高第得为郎中。盖致用，先必通经也。清沿明制，以制艺取士，分甲、乙科，应试者必专一经，后兼习五经，无戾古法。进士最重，上选改翰林，次部主事，次内阁中书，又次即用知县，皆正员；举人得考中书、学正、学录，有大挑，有截取，有拣选，入仕之途宽；乡榜有副，又设拔萃科、优行科待倜傥沉滞之士；笃于庠者，岁贡京师，举贡皆许考教习、誊录，可谓立贤无方③矣。而尤虑其隘也，有制科，有特科，并以捐纳保举搜求而罗致之，尚何有遗贤在野哉！士之与选者，出所学以图报称；即皓首穷经，厄于一第，亦不怨胜己，义命自安，则选举之效也。立表著被举名氏，武科附于末。此制，今俱成故事矣。吁！

---

　　① 象服：古代后妃、贵夫人、命妇所穿礼服，上面绘有各种物象作为装饰，故称。
　　② 俊士、造士：周代称才智杰出、被选取入太学的士子为俊士，称学业有成者为造士（造成之士）。《礼记·王制》："命乡论秀士，升之司徒，曰选士。司徒论选士之秀者而升之学，曰俊士。升于司徒者不征于乡，升于学者不征于司徒，曰造士。"孔颖达疏："身虽升学，亦以学未成，犹给司徒繇役；若其学业既成，免其繇役。""学业既成，即为造士。"
　　③ 立贤无方：出《孟子·离娄下》："汤执中，立贤无方。"指选拔贤能不以常法，不拘一格。

贡举表

士由选举进俊异之士，无论选法如何，必出一头地。明以来贡举，得人甚盛。法敝议变，无可轩轾。汉儒通经史，犹谓"禄利之路"；背此而驰，曰"有实用"，然欤？

按旧志，宋进士九人：庆历任昌大，崇宁韩翱，嘉熙张方成，咸淳甲戌蹇世芳、韩铸、韩涛、韩俦，熙宁七年冯造、卢遘。翱、造、遘，注见白鹤梁题名，他不知何据；顾九人中，隶武隆者五而四为韩氏，又三人同在甲戌，皆有可疑，过而存之而已。举人亦九人，无冯、卢，载明洪武时吴良、李瑞，《省志》"瑞"作"端"，不注何年；洪武中仅二人，遗佚多矣。拔贡初属特科，康熙之季，始定制酉年举行；旧志于明著录刘养谦、沈映月、陈致孝、何岑、何振虞、夏友绅，于清著录陈计晋、陈命世、陈援世、陈名世、陈觉世、陈用世、陈佩、杨嘉祉，皆无中选年岁。优贡前只熊德葵、汤荣祖，亦不注何年；罢科举时增取三人，前二人将入于何科？故均不便列表。兹表建文以来，记载无紊者如左。

贡举表

朝代	科	进士	举　　人	副榜	拔贡
明［建文］	己卯		舒忠		
	庚辰	舒忠			
［永乐］	辛卯		何清、周茂		
	甲午		师文昌、白勉		
			万琳、陈素		
	乙未	白勉［陈循榜］			
	丁酉		樊广、景伦、冷润		
			蒲珍		
	庚子		徐福、朱灏、钱广		
	癸卯		王旭、张奎		
［宣德］	丙午		刘文宣		
	己酉		周必胜、夏铭		
			陈玘、盛辉		
	庚戌	夏铭［林震榜］			

朝代	科	进士	举 人	副榜	拔贡
	壬子		查英、宋成［《省志》作朱成］		
［正统］	戊午		石显		
	辛酉		张佽、冉惠、陈裕		
	甲子		冉秉彝		
［景泰］	庚午		张政、汪汉、王琏		
			刘炭、周钦、贺有年		
			周清、刘纪		
	辛未	刘纪［柯潜榜］			
		朱灏			
	癸酉		张经		
	甲戌	刘炭［孙贤榜］			
	丙子		郭澄、张环、蒋彝		
			吴敬		
［天顺］	丁丑	郭澄［黎淳榜］			
	己卯		石珠、杨春、刘智懋		
	壬午		周澳		
［成化］	乙酉		张善吉、周昌		
	丙戌	张善吉［罗伦榜］			
	戊子		陈常、陈贯、樊芳		
			钱玉、周相		
	辛卯		陈本兴、夏有缙		
	壬辰	钱玉［吴宽榜］			
	丁酉		何仲山、熊琏、汤志崇		
	戊戌	陈常［寄籍长寿］			
	庚子		杨孟瑛、胡裕		
			吴蒙、熊永昌		
	癸卯		文献、周礼［顺天榜］		
	丙午		陈良能、夏友红		
［宏治］	己酉		程驯、周震、黄景新		

朝代	科	进士	举　人	副榜	拔贡
			周冕［寄籍湖广］		
	壬子		夏彦英		
	癸丑	夏彦英［毛澄榜］			
	乙卯		胡廷实、任寅	［夏思旦］	
			张柱、梁珠		
	戊午		刘蒩①		
	己未	刘蒩［伦文序榜］			
	壬戌	张柱［康海榜］			
	甲子		夏邦谟、周谦		
［正德］	丁卯		方斗、刘用良		
	戊辰	夏邦谟［吕柟榜］			
	庚午		黄景夔、潘利用		
	辛未	黄景新［杨慎榜］			
	甲戌	黄景夔［唐皋榜］			
	己卯		张佑、张模		
［嘉靖］	壬午		夏国孝		
	癸未	夏国孝［姚涞榜］			
	乙酉		徐凤、夏国瞻		
	辛卯		刘承武		
	丁酉		陈宗尧、张挺		
			何汝章、谭棨		
	戊戌	谭棨［茅瓒榜］			
	庚子		夏子云、毛自修、张信臣	［夏可洲］	
	癸卯		罗文灿		
	丙午		蒋三近、钱节		
	己酉		夏可清、谭桌		
	庚戌	谭桌［唐汝楫榜］			

---

① 刘蒩（zhǐ）：蒩同"茞"，亦作"芷"。名字考释可详参李胜《〈四川书院史〉人名辩误一例》，《四川大学学报》2002 年第 4 期。

续表

朝代	科	进士	举　人	副榜	拔贡
	壬子		周汝德		
	乙卯		黎元、张建道、朱之桓		
	丙辰	黎元［诸大绶榜］①			
	戊午②		文羽麟、徐尚、王堂		
			夏子谅、张筐		
	己未	王堂［丁士美榜］			
	辛酉		夏可渔、文作、汪之东		
	壬戌	徐尚［申时行榜③］			
	甲子		朱之蕃④、张仕可、曾所能		
［隆庆］	丁卯		包能让、张武臣、邓明选		
	戊辰⑤	文作［罗万化榜］			
	庚午		张建功、冉维藩、刘养充		
			赵芝垣、林起凤		
			陈光宇、沈宪		
	辛未	刘养充［张元忭榜］			
［万历］	癸酉		袁国仁、文德		
	甲戌	文德［孙继皋榜］			
	丙子		王承钦、况上进		
	丁丑	况上进［沈懋学榜］			
	己卯		张同仁、曹愈参		

---

① 诸大绶榜：原志误"榜"作"榛"，据《刊误表》改。
② 戊午：原志误作"戍午"，据《刊误表》改。
③ 申时行榜：原志误作"徐时行榜"，据《刊误表》改。
④ 朱之蕃：原误"朱之审"，据《刊误表》改。
⑤ 戊辰：原误"戍午"，据《刊误表》改。

续表

朝代	科	进士	举　人	副榜	拔贡
			夏可清、朱之聘		
	壬午		何伟、陈直、刘逊		
			张与可、皮宗诗、张镕		
	癸未	何伟［宋国祚榜］			
	乙酉		郑明选、夏子婴		
	丙戌	曹愈参［唐文献榜］			
	戊子		杨景淳、何以让		
			陈策、张大业		
	己丑	杨景淳［焦竑榜］			
		陈策、张与可			
	辛卯		李作舟、程羽鹭、董尽伦		
	甲午		袁鼎、沈渐学		
	癸卯		刘养栋		
	丙午		文可淳、陈苃		
	己酉		夏可潘、朱震宇		
	戊午		文英	［夏道在、何鷟］	
				［蔺希夔］	
［天启］	辛酉		向鼎		
	甲子		刘廷让、陈计安		
	乙丑	向鼎［余煌榜］			
	丁卯		刘通、陈计长、陈正		
			刘起沛、何应鷟、夏道惟		
［崇祯］	戊辰	刘起沛［刘若宰榜］			
	庚午		罗若彦、文可茹		
			陈大元、文而章		
	癸酉		潘腾珠		
	庚辰	陈正［魏藻德榜］			

续表

朝代	科	进士	举　人	副榜	拔贡
	壬午		张公裔、韩侣范		
			夏道曙、陈计明		
清［顺治］	丁酉			［陈命世］	
	庚子		陈命世		
［康熙］	癸卯		徐仰廉、向南		
	己酉		何诜虞、文景藩[①]		
			黄来谘、文自超		
	癸丑	文景藩［韩菼榜］			
	辛酉		刘衍均、夏景宣		
	甲子		向玺		
	丁卯		何洪先、高于松		
	庚午		周俨、何铨、张元俊	［何宪先、陈理］	
	癸酉		周成举		
	己卯		周崇高、何栻[②]	［刘作鼎］	
			何义先、廖翽		
	壬午		石均、王琏		
	乙酉		向远鹏、何铠、沈昌文		
	戊子		冉洪瑨、陈坚	［陈廷、陈峙］	
			熊禹后、陈珏		
	辛卯		何行先、何铉、汤楷		
			夏瑨、周琪、陈果		
	癸巳		向远翔、向远翱、高旦	［周项］	
	甲午		陈峙、赵鷬[③]、吴昉	［邹旂］	

① 文景藩：原志此处作“文景蕃”。下癸丑科韩菼榜进士作“文景藩”，雍正间黄廷桂等纂修《四川通志》卷三十四《选举·进士》作“文景藩（涪州人）”，据改。

② 何栻：《陈志》“栻”作“鉽”。

③ 鷬（guǎng）：凤类鸟名。即鷬鵖，也称“广昌”。

续表

朝代	科	进士	举　人	副榜	拔贡
		陈岱			
	丁酉	罗洪声、文洽、陈恺			［黄烈］
	庚子		黄世远、刘普、邹旆		
			任国宁		
［雍正］	癸卯	［正作恩］	夏嶒、何有基、夏昆		
	［补行癸卯］	何有基	夏崟、何达先、易肇文	［汤辉道］	
			姚绍虞、陈于锦		
	丙午		刘维翰、周锦、张煦	［陈自新］	
			李世盛、夏鹃、陈于中		
	己酉		陈于鉴、侯天章	［邓鹏年］	［侯天章］
			黄元文、吴仕宏		
	壬子		杨洪宣、李天鹏、彭宗古	［周熙、程遂］	
	癸丑	任国宁［陈倓榜］			
	乙卯		高易、陈于宣	［陈于端］	
			刘为鸿、郑锡彤		
［乾隆］	丙辰	邹锡彤［金德瑛榜］	陈于端、周煌、沈滨	［刘学泗］	
			陈于宁、何裕基		
	丁巳	周煌［于敏中榜］			
		张煦			
	戊午		陈于翰、周铣、蔺伯龄		
	己未	刘为鸿［庄有恭榜］			
	辛酉		黄坦、周鋘、张景载	［陈廷璠］	［周鋘］
			黄基、文正、张克类	［周含］	
			邹锡畴、徐玉堂		
			陈烈、何镡		

续表

朝代	科	进士	举　人	副榜	拔贡
	甲子		杜昭、夏舭①、文步武	［张铎世］	
			陈治、任含、袁锁		
	丁卯		张一载	［谢玉书］	
	庚午		罗昂、陈朝羲、向岜		
			周镜、徐玉书、李栋		
	辛未	徐玉书［王杰榜］			
	壬申	郑锡畴［秦大士榜］	陈于午、陈于藩	［戴天申、石若油］	
			张煨、陈源		
	癸酉		潘鸣谦、郑昆、黄世鸿		［谭如璧］
			张元鼎、李文进		
	丙子		何沛霖、陈朝书、熊如麟	［李映桃］	
			周恭譖②、袁拱所		
	丁丑	陈于午［蔡以台榜］			
	己卯		何启昌、周兴沅、陈鹏飞		
			张永载、刘鐪、陈朝诗		
	庚辰		潘元会		
	壬午		潘喻谦、汤辂、刘国贤		
	癸未	陈鹏飞［秦大成榜］			
	乙酉		郭沂、覃模、蒋葵		［夏岳、何宗汉］
			何榕		
	丙戌	张永载［张书勋榜］			
	戊子		周兴涪、文楠、毛振翮	［吴坦］	

---

① 夏舭（dān）：舭《龙龛手鉴》：舭，多干反，山舭。
② 周恭譖（wèi）：譖，恨言。

续表

朝代	科	进士	举　人	副榜	拔贡
			周兴洛、张克栻		
	庚寅		周兴岱	［彭铈］	
	辛卯	周兴岱［黄轩榜］	周宗岐、夏巘、熊德芝	［陈鹏力］	
			李映阁、熊德藩	［夏明］	
	壬辰	文楠［金榜榜］			
		熊德芝			
	甲午		舒国珍		
	乙未	周宗岐［吴锡龄榜］			
	丁酉		熊德芸、谭钫、蔡茹征		［陈映辰、陈廷璠］
	己亥		陈夔让、袁钜、何浩如		
	庚子		邹沺宁、陈廷璠		
			周宗泰、高承恩		
	癸卯		邹澍宁、周兴峄		
			邹治崙、李琼、陈鹏万		
			胡有光、周宗泐		
	丙午		夏墀、曹世华、石为标	［舒鹏翼］	
	戊申		陈永图、陈鹏志		
			杨映南、王玉成		
	己酉		张进、向玉林		［周宗泗］
	壬子		周宗华、何锡九		
	甲寅		陈煦、汤荣祖、周兴岳	［文现书①］	
			彭学淇、周兴岷		
			周宗泗、彭应槐		
	乙卯		向士珍		
［嘉庆］	戊午		夏春、刘藜照		

① 文现书：疑误，《陈志》卷九《选举志·成均·岁贡生》作"文羽书"。

朝代	科	进士	举　人	副榜	拔贡
	庚申		陈廷达		
	辛酉	陈煦［顾皋榜］	陈伊言、刘邦柄		［陈伊言］
		陈廷达	陈昉		
	壬戌	陈永固［吴廷珍榜］			
	甲子		周汝梅、蒋与宽		
	乙丑	陈伊言［彭俊榜］			
	丁卯		周国柱、周朴、陈葆咸	［潘预］	
	戊辰	刘邦柄［吴信中榜］	邹枬		
	己巳	张进［洪莹榜］			
	庚午		李维先、舒廷杰、向宣	［熊楠］	
	癸酉		彭应棕、石灿、卤向澄	［况抡标］	［陈稷田］
	丙子		石彦恬、何轩、熊稜	［谭道衢］	
			黎濬		
	丁丑	邹枬［吴其浚榜］			
	戊寅		陈韶、周廷杙		
	己卯		赵一涵、谭道衢		
	庚辰	陈昉［陈继昌榜］			
［道光］	辛巳		冯维征、陈鸿飞、夏恺		
			周克恭、周廷桢［顺天榜］		
	壬午		潘廷蕚、潘问孝	［陈曦］	
			邹榘、陈元儒		
	乙酉				［陈葆森、陈炳］
	戊子		高登跻、陈曦、熊楠		
	辛卯		邹棠		
	壬辰	陈曦［吴钟骏榜］	陈章夏、陈炳、刘铭		
			陈鎏［更名镕］		
	癸巳	陈镕［汪鸣相榜］			

续表

朝代	科	进士	举　人	副榜	拔贡
	甲午		李化南	[何杰]	
	丁酉		周廷纪[更名蕃寿]	[周廷桢、蒲慰然]	[李树滋]
				[瞿塘易]	
	己亥		周熙尧		
	庚子		陈光载、彭光焯		
	癸卯		白蓝田		
	甲辰		魏方容		
	丙午		陈绍虞、彭炅之、陈天谌		
	己酉				[周鸿钧、周传勋]
[咸丰]	辛亥			[车致远、周庄]	
	壬子		陈冠衡、车致远、王应元		
	乙卯		周本铨、潘文樵		
	戊午		吕毓琳、文人蔚		
			周本钿、傅炳墀		
[同治]	[甲子]		贺太朴、毛凤五		
	[代补][辛酉]		李瑞、蒋贤鼎		
	乙丑	毛凤五[崇绮榜]			
		周淦[原名本铨]			
		傅炳墀			
	丁卯		赵宗宣、杨晫、林峄阳		
	庚午		邹增吉、周庄	[江炜心]	
	癸酉		何德藩		[施缙云]
[光绪]	乙亥		施缙云[顺天榜]、胡之淦		
			陈嘉淦		
	丙子		廖炳烈、谢彬、张映璧		

朝代	科	进士	举　人	副榜	拔贡
	己卯		周垣、周劭本、郭钟麟		
	癸未	施纪云［原名缙云］			
		周垣［陈冕榜］			
	乙酉			［张伯贞］	［陈萱荫］
	戊子		况道基	［魏光毕］	
	己丑		杨绍震		
	辛卯		邹增祜		
	癸巳		施愚、贺守铭		
	甲午		汪元达		
	乙未	邹增祜［骆成骧榜］			
	丁酉		方正、周叙彝		［冉光泰、杜召棠］
	戊戌	施愚［夏同龢榜］			
		方正			
	壬寅		萧湘、陈翾、夏慎初	［刘子冶］	
	癸卯	萧湘［王寿彭榜］	刘子冶	［陈作栋］	
［宣统］	己酉				［何荣相、李真诠］
					［赵鸿旬］

优贡

（清）熊德葵［字景垣。］　汤荣祖［见乡榜。］　刘海南　陈君邦［光绪丙午科。］　冉光咸［宣统己酉科。］

恩贡

（清）陈辅世　陈纲世　杨维楫　孔　宪　潘履谦　周廷玙　潘　颐　舒桂　何先智　李廷幹　陈心传　黎　涵　张北斗　杨　恂　汪树屏　何廷珍　王秉衡　李寅宾　鲁克裕　刘　曙　何葆英　文　炜　贺守典

岁贡

（明）

谭本宣	谭本芳	彭万善	舒 展	夏 斐	舒 龙	谭文明	谭文朗
文羽书	王 用	刘步武	谭寿封	杨泰来	文 行	谭嘉礼	谭子俊
夏 允	夏子霄	夏 潢	熊 闻	刘怀德	刘养高	夏国淳	程九万
周伯鱼	毛来竹	黎民望	谭嘉宾	袁 柄	夏思旦	曹逾彬	文 物
夏可涧	夏可裳	潘腾瑞	文可黻	王宸极	何有亮	张于廷	文可聘
谭应简	文可时	罗 映	朱乾祚	何文韩	夏景铨	夏景矿	朱德盛
夏仕登	廖能预	夏景先	王艺极	文可后	刘 道	文可能	何 楚
王家楫	文 璧	何 卫	郑于乔	夏子彦	周大江	谭元善	汪文曙
何仕修	夏道硕	文可佩	侯于鲁	陈计定	刘之益	陈善世	张天麟
陈计大	何揖虞	文 晓	向日赤	文 珂	刘养廉	何仕任	熊尔敬
向牖螭	熊尔忠	潘盈科	毛凤诏	宋 鼎	毛 鋧	李尧臣	曹允时
曹宇山	曹代彬	向三聘					

（清）

邹之英	陈维世	陈任世	陈盛世	王 德	何继先	潘 硕	何绍虞
何之琪	刘 寅	汤应业	汤非仲	夏 卉	何 镒	汤文仲	何述先
朱 昂	汪学遂	熊禹裔	黄良玺	何 钺	严震春	陈 珪	熊 英
舒 焘	皮时夏	何 铳	汤 荣	何 英	吴士修	谭 仁	夏 玕
夏 玥	陈淑世	冯懋柱	杨名时	殷子予	徐上昇	潘 岐	陈万卷
倪天栋	钱良栋	黄为玟	陈 瓒	张 佩	何 衡	曹元卿	徐士魁
黄先奎	张 璞	王洪谟	张 祐	潘开文	王洪毅	朱 璋	倪天值
彭 铣	严 升	张 璠	蒋子陞	张纯修	倪文辉	张 焜	汪育楷
张 典	周世德	汪育东	杨 芯	王复曾	邹锡钧	彭儒宾	潘元良
邹锡礼	陈于彭	舒其仁	张 灼	李方桥	夏 堂	文能振	刘开国
石钟灵	薛 锐	郭 珍	陈 善	王 宣	陈于依	罗 晨	文 芳
倪文斗	冯 绍	潘味谦	夏 峄	何 源	向上文	冯铸鼎	何其伟
徐州凤	张自扬	王景槐	蒋仕宏	黄廷钧	彭端鸿	何道灿	黎 昂
冉 嶙	朱正扬	张寅清	徐 绂	彭学浩	陈蛟腾	夏元晋	侯茂树
陈鹏舒	陶世忠	张 道	周宗溶	夏中孚	吴 炳	倪士镇	文希洛

郑元材　李廷显　何愉如　何文泮　何　田　熊世本　戴德馨　邹际荣

陈　晋　陶　镕　何葵午　夏郁兰　熊　咏　周毅足　陈九仪　陈　岩

薛腾霄　刘镇川　王用予　韩近仁　舒恺先　夏都镐　夏　荣　胡望南

李本元　杨　怡　毛徙南　刘光缙　任文藻　彭兆熊　刘传书　潘东申

何新畲　夏燊荣　李树屏　彭际昌　周作霖　陈秉勋　陈　悌　陈于煜

陈于篇　王锦江　陈　济　余东昇　何廷赞　夏兆英　夏廷才　高寿恺

高得相　张　桢　潘成璧　万贤懋　杨　杰　毛　洵　夏　蔚　郑少钦

秦　炯　易腾芳　刘廷觐　刘　镕　何国桢　陈光铬　夏寿昌　袁培福

张树棻　陈元著　陈序鹭　易春圃

武科

武科与贡举并行，顾校技校力，不主韬略。盖运筹帷幄，未易期诸中才，而纠桓之流[1]以士人待之，俾知自爱，以就检束。不然者，难保不恚望思逞矣。

朝代	科	进士	举　人
清［康熙］	辛酉		邹述麟［寄籍巴县］
	丁卯		张文英
	癸酉		郭阳裔
	己卯		王令树、汪洪
	壬午		张永胜
	辛卯		夏玙[2]
	壬辰	夏玙	
［雍正］	癸卯［补行］		徐澧
［乾隆］	辛酉		刘凤鸣
	己酉		谭在榜
	壬子		汪文彩
［嘉庆］	辛酉		云从龙

---

① 纠桓之流：指威武勇猛的人。纠桓：纠同"赳"，即赳桓（赳赳桓桓），武勇雄健貌。语出《诗·周南·兔罝》："赳赳武夫，公侯干城。"和《诗·鲁颂·泮水》："桓桓于征，狄彼东南。"

② 玙（yóng）：人名用字。

续表

朝代	科	进士	举　人
	丁卯		甘家齐
	庚午		张遇春
	戊寅		谭辉斗
[道光]	戊子		高飞雄
	甲辰[恩科]		董遇泰
[同治]	甲子		罗兆章
	丁卯		张镇东
	庚午		田光祖
[光绪]	己卯		金光国、余藻
	庚辰	余藻	
	壬午		潘从福
	癸未	潘从福	
	己丑		何炳烈
	庚寅	何炳烈	
	甲午		汪洋叙
	乙未	汪洋叙	
	辛丑		汪沛云
			萧鸿章

特试

国家作育人材，得其道则广求贤之路，失其道则开幸进之门。苟不审所以养之者何如，而第变常格以希博取，操术固已疏矣。

光绪中变法，甲辰会试后毅然罢科举。惟考选优、拔贡限至己酉年止，增名额，广用途，以疏通旧学。丙午，举行优试[各省加额多寡不一，川省计取三十三名]，得优贡一人陈君邦朝，考用县丞，分发湖北；是年考职，得职官一人张兆凤。己酉年，优、拔、职三试次第举行。得优贡一人冉光咸，朝考用知县，分发云南。得拔贡三人：赵鸿甸，朝考用州判，分发陕西；李真诠，朝考用府经历，分发云南；何荣相，朝考用□□

□□□□。皆沿袭旧科，优待旧学者也［以上均名列前表。按：丁未年合直省优贡在保和殿朝考，后次复合直省旧学举人试于京师，予以用途，亦特试之一。涪州无考得者，故未叙入］。自后，以科目予学堂毕业生，归自外国加优焉。日本留学、部试庚戌，得法科举人一人张炳星，殿试签分法部七品小京官；辛亥，得法科举人一人刘辉极。学堂毕业，原议高等小学试验，最优为廪生，其次为增、附；中学、师范、中等专门，当举贡；大学、高等专门，当进士，鼓舞之以劝学。然中国设中学、大学迟未及毕业试，而高小学毕业有取无弃，程度实鲜及格。言者以为滥，并议师范专门学期短，奖过宽，宜与限制。奖不时行，惟得凭照称某校毕业生。而毕业外国，虽牙科亦予翰林，则无以为言者。学校、选举，两失之矣！

学额

定制宽，宜珊网无遗①；而登进易，士人反不读书。涪岁、科两试，取附生三十余人耳，常有皓首而衿不青者。然人才之盛衰，视学业之华朴，于额之多寡无与也。

州学原额八名，并入武隆四名，岁、科试应各取十二名。嗣永广一名，档案散失，无从考其缘起。军兴后，每试约暂广一、二名，视捐输银数定之，临时揭示。拨府无额，旧尝五六名，咸同间减为二名，则以时无达官显宦学政高下在心，不关文风之优劣也。合之，取十六七名而已。本州录送督学试，以千二百人为限。而入选只此数，故士恒奋勉为学，以争一日之长。岁试武生额准此。廪饩原额三十名，永广学额时亦加廪额二名。岁贡每试挨次出一名，遇庆典加出恩贡一名。增广生三十名，不闻加额。

荫生

品官以覃恩荫任子②，勋臣以积劳予世职，饰终③有特典，殁王事有恤例，又往往优及儿孙焉。此格废，列戟之门一传即无仕路，始知旧制之厚，体恤臣工无微不至矣。

---

① 珊网无遗：指收罗人才的措施一点没有脱漏。珊网：即珊瑚网，捞取珊瑚的铁网。

② 覃（tán）恩荫任子：指古代高级官员可以保任其子弟为官的荫任制（或称任子制）。覃恩：广布恩泽，延及子孙，多用以称帝王对臣民的封赏、赦免等；任子：因父兄的功绩或家族的政治地位，得到保任授予官职。

③ 饰终：指人死时给予尊荣。

周廷授［承父兴岱官，覃恩锡^①二品荫生，考授主事。］

周嘉铭［承父廷拯云南殉难，荫云骑尉。］

周埙和［承父楸光苏州殉难，荫云骑尉。］

陈佑名［承父葆森宁国府殉难，荫云骑尉。］

郑瀹忠［承父如璋鹤游坪殉难，荫云骑尉。］

周嘉猷［承父蕃寿南郑县殉难，荫云骑尉。］

周劭恩［承曾祖廷拯云南殉，袭云骑尉。］

陈伟才［承祖葆森安徽殉难，袭云骑尉。］

陈百年［承父式钰西藏殉难，荫云骑尉。］

傅国琛［承父炳墀云南殉难，荫云骑尉。］

论曰：有清一代，川省由进士赐出身者，涪独多于他邑；嘉道间，乡榜亦最盛。咸同以后，则稍替矣。大抵士人专精于所业，往往得意以去。偶有诡遇而弋获者，则人生徼幸之心，文风不免日下。《明史》称："科举盛而儒术微"，盖不止文风而已。光绪季年，变法罢科举，使士一出于学堂，负笈国内外者日益多。期满毕业，试验程序格宽无额限，皆有入官之资。而政出多门，公行贿赂，士抱其材识^②无所发抒，思出其位不十年而清社为墟^③，亦一代得失之林^④也。司铨者何以善其后？

涪陵县续修涪州志　卷十终

---

① 锡：通"赐"。

② 材识：才能与见识。

③ 清社为墟：指象征太平祥瑞的"河清社鸣"景象已经毁为废墟，不复存在。

④ 得失之林：指政治得失的经验教训。

涪陵县续修涪州志卷十一

人物志一[《陈志》序云：从来地灵人杰，有山川灵秀之钟，而后磅礴所积，英贤出焉，固已然；"石韫玉而山辉，水含珠而川媚"①，则山川又未尝不藉英贤以增色也。涪陵人才辈出，惜晋宋以前，文献无征。自有明以逮我朝，令闻彰于邦国，庸行②笃于庭帏；效精忠则心湛冰壶秋水③，高任侠则义孚白日青天；国老庶老有其人，上庠下庠隆其养；文章华国，泉石归真。贤哲遗踪，洵足向慕千古；贞媛矢志，允堪矜式百年。罗而载之，简编生色矣。]

　　古之时，二十五家之间，岁书其敬敏任恤者；四闾为族，岁书其孝弟睦姻有学者；五族为党，岁书其有德行道艺者；州长、乡师复考察焉，以人材之众寡盛衰，觇政教之兴替得失，其重也如此。州不过五党耳，五州为乡，是乡大于州。涪之为州也，奚啻数乡！古制废，即有懿行，无书之者，此邦之人材遗佚而湮没其姓字，不知凡几矣。常璩《华阳国志》搜采"士女"，惟恐不详，岂徒以地灵人杰相夸耀哉！《陈志》分九目，今增之，盖有一端足表异于齐民，即不忍湮没之，后之人庶不以遗佚为憾欤！

　　乡贤[《陈志》序云：乡先生之贤者，没而祀于社，可不谓荣焉？而进之庙廷④，则更不愧为圣贤之徒矣。明太祖二年，始令天下学校皆建祠祀乡贤。世宗又令有司确查州县乡里，果有行成名立、乡评有据者，即入庙祀，典至隆也。涪祠自宋迄明已

---

① "石韫玉"句：陆机《文赋》语。
② 庸行：指日常的行为。
③ 冰壶秋水：装冰的玉壶和秋天的水，比喻人的心地光明纯洁、清澈明亮，品德高尚。
④ 进之庙廷：原误"进之庙延"，据《刊误表》改。

三十二人，国朝待举者不乏，是皆兴行教化，仰先贤①以劝后进之意云尔。]

先生殁而祭于社，为祠祀乡贤之始。顾必有感激之私，而公议乃出。士君子宦绩，乡人不深知，其居于乡，避干政名。"民不被其泽"请入祠者，所由寥寥乎②？谨据祠中木主立传，不敢妄有黜陟也。

（宋）谯定［《宋史·隐逸》本传：谯定，字天授，涪州人。少喜学佛，析其理归于儒。后学易于郭曩氏，自"见乃谓之象"一语以入。郭曩氏者，世家南平，始祖在汉为严君平之师，世传易学，盖象数之学也。定一日至汴，闻伊川程颐讲道于洛，洁衣往见，弃其学而学焉。遂得闻精义，造诣愈至，浩然而归。其后颐贬涪，实定之乡也。北山有岩，师友游泳③其中，涪人名之曰"读易洞"。靖康初，吕好问荐之钦宗，召为崇政殿说书，以论弗合，辞不就。高宗即位，定犹在汴，右丞许翰又荐之，诏宗泽津遣诣行在。至维扬，寓邸舍，窭甚。一中贵人偶与邻，馈之食，不受；与之衣，亦不受；委金而去，定袖而归之。其自立之操类此，上将用之，会金兵至，失定所在。复归蜀，爱青城大面之胜，栖遁其中。蜀人指其地曰"谯岩"，敬定而不敢名称之，曰"谯夫子"。有绘像祀之者，久而不衰。定易学得之程颐，授之胡宪、刘勉之，而冯时行、张行成则得定之余意者也。定后不知所终，樵夫牧童往往有见之者，世传其为仙云。初，程颐之父珦尝守广汉，颐与兄颢皆随侍游成都，见治篦箍桶者挟册，就视之，则《易》也。欲拟议致诘，而篦者先曰："若尝学此乎？"因指"未济，男之穷"以发问。二程逊而问之，则曰："三阳皆失位。"兄弟涣然有所省。翌日，再过之，则去矣。其后袁滋入洛，问易于颐。颐曰："易学在蜀，盍往求之？"滋入蜀，访问久无所遇。已而见卖酱薛翁于眉邛间，与语，大有所得，不知所得何语也。宪、勉之、滋，皆闽人；时行、行成，蜀人。郭曩氏及篦叟、酱翁，皆蜀之隐君子也。]

杨载［《蜀人物志》：载以功名自负。金立刘豫④，载白张浚：愿手刃刘豫以报丞相。

① 先贤：《陈志》原作"先型"，疑误。
② "民不被其泽"句：引文出《孟子·离娄上》"今有仁心仁闻，而民不被其泽，不可法于后世者，不行先王之道也。"所由："所由官"的省称，指事情必经由其手办理的府州县有关官吏。
③ 游泳：游乐、涵泳（深入领会易学）。一说"游泳"当为"游咏"：游乐歌咏。
④ 金立刘豫：天会八年（1130）九月，金太宗完颜晟推行"以汉治汉"的方针，下诏成立伪齐政权，立南宋降金的济南知府刘豫为皇帝；至十五年（1137）十一月，金降封刘豫为蜀王，取消伪齐政权，共计存在八年时间。

壮其言，遂遣之。载偕十士至金伪降，金任之。行反间，豫果废。十士亡其八，乃决归。浚以闻授知永睦县。]

曾渊[《蜀中著作记》：渊字亚夫，号莲荡，晋中郎曾靖之后，徙蜀①，家长寿之涪坪山，受学于朱文公。尝言：淳熙四年，文公年四十八，注《孟子》"子产听郑国之政"章，谓"成周改岁首而不改月"，则晚年之确论也。尝欲更注，而其书已行于世。以时令考之：涸阴沍寒。当此之时而以乘舆济民，民能免于病涉乎？桥梁道路，可以观政。九月成杠，十月成梁，戒事之词也。十一月徒杠成，十二月舆梁成，序事之词也。《国语》有戒备之意，《孟子》就冻极时言之，皆夏时云尔。]

曾临[宋儒，崇祀乡贤。]

（明）白勉[《蜀人物志》白勉：有匡济才，历官刑部侍郎。卒赐谕祭，有"刚方清介"之褒。《明统志》蒋勉：涪州人，永乐中进士，擢刑部主事。练达刑名，历本部右侍郎，才能著闻。案《四川通志》云：白勉，永乐乙未进士，榜姓蒋。]

夏铭[《蜀人物志》：夏铭，宣德庚戌进士，任御史，持宪公平。母死，庐墓三年，著《四书启蒙》以惠后学。]

夏邦谟[字舜俞，正德进士，历任工、户、吏三部尚书，勋绩茂著。卒，世宗两次谕祭，勒碑墓前。《蜀物人志》：号松泉，涪州人。幼颖悟，弱冠登正德戊辰进士，官部曹，与杨慎结社唱酬。扬历中外三十余年，所至有声。后以户部尚书继熊浃为吏部尚书，小心缜密，清白自守。归，又十年乃卒，年八十一。载《重庆人物志》。]

刘岌[《蜀人物志》：清慎谦和，历任两朝，以礼部尚书致仕。居家恂恂②，乡人称之。《通志》案云：刘岌，景泰甲戌进士。]

刘蒩[《明史》本传：刘蒩，字惟馨，涪州人。宏治十二年③进士，授户科给事中，劾户部尚书侣钟纵子受赇，论外戚庆云侯、寿宁侯家人侵牟商利、沮坏盐法，又论文选郎张彩颠倒铨政，有直声。武宗践祚，未数月渐改孝宗之政，蒩疏谏曰："先帝大渐，召阁臣刘健、李东阳、谢迁于榻前，托以陛下。今梓宫未葬，德音犹存，而政事多乖，号令不信。张瑜、刘文泰方药弗慎，致先帝升遐，不即加诛，容其奏辩。中官刘琅贻

---

① 徙蜀：原志误"徙"作"徒"。
② 恂恂：恭谨温顺有儒者之风。
③ 宏治十二年：原志误"年"为"平"，据《刊误表》改。

害河南，宜按治，仅调之蓟州。户部奏汰冗员，兵部奏革传奉，疏皆报罢。夫先帝留健等辅陛下，乃近日批答章奏，以恩浸法，以私掩公，是阁臣不得与闻，而左右近习阴有干预矣。愿遵遗命，信老成，政无大小，悉咨内阁，庶事无壅蔽，权不假窃。"报闻。正德元年，吏部尚书马文昇致仕，廷议推补。御史王时中以闵珪、刘大夏不宜在推举之列。菠恐耆德益疏，上书极论其谬。章下所司，是菠言，诏饬言官毋挟私妄奏。孝宗在位时，深悉内臣出镇之患，所遣皆慎选^①。刘瑾窃柄，尽召还之，而代以其党。菠言："用新人不若用旧人，犹养饥虎不若养饱虎。"不听。寻与给事中张文等极言时政缺失五事，忤旨，夺俸三月。刘健、谢迁去位，菠与刑科给事中吕翀各抗章乞留，语侵瑾。先是，兵科都给事中艾洪劾中官高凤侄得林营掌锦衣卫。诸疏传至南京守备武靖伯赵承庆所，应天尹陆珩录以示诸僚，兵部尚书林瀚闻而太息。于是给事中戴铣、御史薄彦徽等，各驰疏极谏，请留健、迁。瑾等大怒，矫旨逮铣、彦徽等，下诏狱鞫治，并菠、翀、洪俱廷杖削籍。既而列健等五十三人为奸党，菠预焉。瑾败，起金华知府，举治行卓异，未及迁辄告归。嘉靖初，起知长沙，迁江西副使卒。御史范永奎讼于朝，特予祭葬。]

谭棨［旧《通志》：涪州人，进士，居家孝友。后任陕西参政，历官清廉。《通志》案云：谭棨，嘉靖戊戌进士。]

张珽［嘉靖举人，官知州，刚正孝友。以所居作祠，率族众修祀事，乡人化之。《通志》《府志》俱列孝友。]

文羽麟［任陕州知州，历任廉平。居家孝友，养重林泉，公庭绝迹。以文艺著，子孙多登科第。旧《通志》：羽麟，嘉靖中乡举。]

夏国孝［号冠山，官南京户部员外。辞归终养，行李萧然如寒士。居鹤峰滩，以诗文自娱，纂修《涪志》，著有文集。]

曾所能［云南石屏知州，丰仪偶傥，言语慷慨，惠爱百姓，尽心水利，州人德之。居家以孝友著闻。《云南通志》：万历间任石屏知州，置社仓，修陂塘，民甚利之。旧《通志》：嘉靖中举人，居乡著孝友声。]

夏子云［号少素，历任湖广衡州府同知。初，从赵贞吉谈理学，叹曰："大丈夫耻

---

① 所遣皆慎选：原志作"所遗"，据《明史》改。

不闻道,乃艳第一耶?"自是蹑屩为五岳游。久之,谒选知舒城。时有贵人以事枉道至舒,势张甚。云不为理,贵人跟踉去。竟坐不称,调判宁州、岳州。治九溪,驭诸武弁,严毅不少假借,令大行,升衡州同知。引归,州人铸像于鹤峰滩之王灵祠,今像尚存。著《少素文集》行世。旧《通志》:子云,嘉靖中乡荐,从赵文肃贞吉谈理学。]

何楚 [七岁尝粪疗父病,事兄友爱笃挚。嘉靖中知松滋县,言动不苟,盛暑不废衣冠。解组归,赡族恤贫。旧《通志》:"一乡称其贤"云云。《通志》《府志》俱列入孝友。]

何以让 [楚之子,万历举人,判大名府,多善政,崇祀大名府名宦祠。旧《通志》:以让,涪州人。由举人任武昌令,判大名府。陈情终养,时称"懿孝名儒"。《通志》《府志》俱列入孝友。]

文作 [知闻喜县,以治最征武选郎,赞议平辽之役,功居多,升云南大参。分守临沅时,罗雄土舍①弑父据险,潜谋不轨,奉檄剿之。贼党再叛,复平之。上闻,升广西布政加一品服俸。《蜀人物志》:文作,隆庆戊辰进士,倜傥有才略。]

何仲山 [旧《通志》:涪州人,成化丁酉举人,任武安令。苞苴不行,人称其廉。致仕归,崇祀乡贤。]

刘养充 [由进士官御史。大差贵筑时,土司构乱,以巨万贿送私室,充悉绝之。转临巩兵备,补筑长城百里,衣惟布素,边饷丝毫无所减。边人感其廉肃,款附最众。竟以积劳卒于边,余图书数篚而已。卒时,途悲巷哭,毡裘之伦亦遗使②致吊。]

文德 [由进士官御史巡按山西,有廉声,崇祀山西名宦祠。《蜀人物志》:文德,羽麟之子。万历庚辰进士,授湖广麻城令,有善政。行取监察御史,巡按山西,暴终于场屋。不竟其用,人咸惜之。]

陈致孝 [积学善教,事母赵氏孝谨。子直为陕西湄县令,迎养祖母与致孝。途遇盗,致孝以身蔽母曰:"此吾老母也。诸物任将去,勿惊吾母。"盗义之,无所取而去。案:致孝号敬所,选贡生。]

陈直 [字鹿皋,致孝长子,万历壬午举人,性孝友。任陕西湄县,迎养祖母与父,尽欢尽礼。有政绩,县民立祠祀之,擢江西广信府丞。调署永丰时,县民以奉檄开矿

---

① 土舍:土司的属官。原志误作"士舍"。
② 遗(wèi)使:犹遣使。

受累，十室九空。直不避权贵，力为捍卫，卒除民害，崇祀永丰名宦祠。旧志：直以祖母赵守节年八十余，改就仁寿学博，便迎养。]

陈苾［字济宇，致孝次子。万历丙午举人，任直隶栾城县①知县，转刑部浙江司主事，除江西广信府知府。清廉持重，治民无疾言倨色，听断未枉一人；置学田，捐造斋舍，建库房，以贮祭器、书籍；见文献残缺即修补，郡志事类赖以传。寻以述职至京，获赐清廉宴，郡人传之，盖始终一操云。致仕归，过鄱阳②，飓风巨浪危急，冠带出船头，援笔书一绝云："薄宦于今卅六春，此心端可质天人。身中若有民间物，愿挈全家问水滨。"揖而投诸湖，风浪顿息。旧志：苾宦十五年，廉声卓著，祀广信府名宦祠。]

曹愈参［字坤釜，万历丙戌进士，历官参政，有"一路福星"之谣。平生不欺，官至方面，家如寒素。万历三十九年任昌平兵备道，停止矿税，捕盗贼，除强暴，清营蠹，军民怀德，建祠祀之。详《北直名宦》，官至都御史。]

张善吉［由进士官工科给事中，仕至湖广巡抚。《通志》：成化二年丙戌科进士，官兵科都给事中。]

张篚［嘉靖间举人，俭素刚方。作县令归，布衣林下，课子大业，亦领乡荐。]

向云程［字葵庵，性谦和。布衣徒行，循循儒雅。以子鼎贵屡膺诰命，寿八十。]

向鼎［字六神，云程之子。官长兴令至潼关参政，刚正不阿，多治绩。岁旱，代涪民输一年赋。捐建北塔，遇贼变而止。天启五年乙丑科进士。]

向牖螭［字子亮，鼎之子。兵燹后，家赤贫，日与数老人游咏隐居琼崖，非公不至公庭。崇祀乡贤。]

蔺希夔［号云门，潜心理学，从游甚众。有劝之仕者，曰："名教中自有乐地，何以官为？"额其庐曰"万松窝"。著有《易注》行世。崇祀乡贤。《通志》列入隐逸。]

沈云章［明庠生。]

（清）周煌［字海山，谥文恭。国史本传：周煌，四川涪州人，乾隆二年进士。改庶吉士，散馆授编修。六年，充山东乡试副考官；七年，充会试同考官；十二年，充

---

① 直隶栾城县：今为石家庄市栾城区。原志"城"误作"成"。参见本志卷十七《人物志七列女二》"陈夏氏"条"计长之父苾赴直隶栾城县任"以及卷二十艺文志二文征二陈苾《旌陈母赵夫人节孝疏》。

② 鄱阳：原志"鄱"字双耳旁"阝"倒立。

云南乡试正考官。二十年十二月，诏偕侍讲全魁①，册封琉球中山王尚穆。寻迁右中允。二十一年，迁侍讲。二十二年复命，奏渡海泊舟姑米山遇风，祷天妃灵应事；请加天妃封号，别颁谕祭文，与海神并祀。下部议行，以随往兵丁在琉球滋事，失约束，部议革职。上念其出使外洋，遭遇风险，从宽留任。纂辑《琉球国志略》进呈，命武英殿排印颁行。廿三年三月，大考二等，准其开复。十二月，迁左庶子，命在上书房行走。二十四年，迁侍讲学士。二十五年，充福建乡试正考官，疏言：闽闱旧设十二房，后《易经》卷少，议裁一房；今查《诗经》卷及四千同考四员，未能分校裕如；请增一员，以复旧额十二房之数。部议从之。二十六年，擢内阁学士，提督江西学政。三十一年，擢刑部侍郎。三十二年，擢兵部侍郎，提督浙江学政。三十八年五月，命偕刑部侍郎永德往四川，会讯璧山县民控武生邓贵榜勒派侵冒案；十月，复命会审蓬溪县生员黄定献控知县藉军需勒派案，俱鞫虚议罪如律。四十四年二月，充四库全书馆总阅。十二月，擢工部尚书。四十五年三月，充会试副考官，以中式前列试卷语意粗杂，磨勘大臣奏请应议，部议罚俸九月，调兵部尚书。四十六年八月，赴热河行在，带领武职引见，时川省查办啯匪。谕曰：文绶办理啯匪一案，平日不能督率文武属员缉捕，以致窜入楚黔邻境，已屡经降旨严饬，并降为三品顶戴，从宽留任，令其督缉。兹据周煌奏：川省啯匪，近年每邑俱多至百十余人，常用骚扰，并有朋头名号，带顶、坐轿、乘马，白昼抢夺，如入无人之境。通省官吏罔闻，兵民不问，甚至州县吏役，身充啯匪。如大竹衙役之子，号称"一只虎"等语，可见啯匪肆行不法，已非一日。文绶身为总督，乃竟漫不经心，以致养痈遗患，甚至白昼抢夺，拒捕伤差，公然无忌。若不急早严办，将来党羽日起，安知不酿成苏四十三之事？此事务须痛加惩创，尽绝根株，以戢凶暴而靖地方。并谕：新任四川总督福康安，防护煌原籍村庄。四十七年二月，命在上书房为总师傅。十月，以办理《明臣奏议》草率，交部议处，寻免之。十一月，谕曰：周煌不胜总师傅之任，著回原衙门办事。十二月，命紫禁城内骑马。四十九年，调左都御史。五十年正月，以病乞休。上念其奉职有年，小心勤慎，诏以兵部尚书致仕，加太子少傅衔。四月卒，谕曰：左都御史周煌，由翰林洊擢正卿，在上书房行走有年。老成

---

① 诏偕侍讲全魁：原志误"侍讲"为"待讲"，据《刊误表》改。

端谨^①，奉职克勤。今春遘疾，陈情解任，曾晋秩太子少傅加兵部尚书衔，准其回籍调理。前两次只迎道左，特亲加询问，谕令加意调摄，以冀痊可。兹闻溘逝，深为轸惜。著加恩晋太子太傅，派散秩大臣带领侍卫十员往奠所。有任内降革处分，俱予开复；应得恤典，该部察例具奏。寻赐祭葬如例，谥"文恭"。子兴岱，现官内阁学士。见《耆献汇征》。]

方正［字守之，博学能文。仕黔，充庚子、辛丑两次乡试同考官，著有《磨砚斋诗集》。]

忠义孝友［《陈志》序云：人秉天地之秀而生^②。凡为两间^③完人者，皆没为明神^④。立祠以祀，亦其宜也。故宋太祖于历代忠臣义士，品为三等之祭，又祭于其乡，而赵普、韩琦诸人与焉。明洪武元年，命中书省下郡县访求忠臣烈士，凡有功于国家及惠爱在民者，著于祀典。涪陵，汉唐以来忠孝义士自不乏人。而入祠者，在明惟孝子文可黼等五人，国朝则孝子周俨等三人，义士张九经而已。是果前志之挂漏欤？抑烈节完行，原不数数觏耶？第按旧志胪列姓名，用之型俗式化，风示来兹，俾正气常伸于天地，太和翔洽于宇宙焉耳。]

国家激厉^⑤风化，发潜德，阐幽光，使后生廷献家修有所观，法典亦綦隆。顾涪人士得与于斯者寥寥，焉知不幸而壅于上闻不少也！幸上闻矣，乌可不表而出之？

（明）文可黼［作之子。《长泰志》：以荫贡任长泰令，家素裕。下车，值岁祲，出私钱赈之。听讼，见诸生必起立；催科列榜通衢，民如期输纳，无逋者。逐梨园，禁巫觋，抑权贵。例赋入，有耗羡；到任，新春有铺陈、执事，悉却之。吏曰：此例也。谕曰：例之陋者宜革。或曰：革羡余并宜革赎锾^⑥。则曰："羡余，民之膏血，安忍取之？赎锾，以罚有罪，无赎锾是无法也。且吾藉此以葺先贤祠宇，又何私焉？"会御史行部，

---

①　老成端谨：本志卷四附录《周煌墓志铭》作"老诚端谨"。
②　人秉天地之秀而生：出《黄帝内经·素问·宝命全形论》："天覆地载，万物悉备，莫贵于人。人以天地之气生，四时之法成。"
③　两间：谓天、地两者之间，指人间。
④　没为明神：《陈志》原作"殁为明神"，"没"同"殁"。
⑤　激厉：激发勉励，以使奋发振作。
⑥　赎锾（huán）：赎罪的金钱，也称"赎锾银"。锾，钱币。

有权贵密投揭毁之。御史厉色以临，可麟侃侃争辩，拂衣解印绶告归。泰民闻之，相率呼噪。御史召，问状，慰曰："吾还汝令矣。"入谢御史，以揭示之，且诫曰："事贤友仁①，圣人之言。足为蓍蔡！"应曰："惟贤者故可亲，惟仁故可友。圣训原自不错。"御史改容谢之。期年，卒于官，民罢市巷哭，私谥"清毅"。可麟母氏陈目瞽，尽心孝养，食不假婢妪手，积三十年如一日。母年九十卒，庐墓三年。旧《通志》：可麟以明经令长泰，治行卓异。母陈夫人，六十而瞽。可麟起居必侍，进膳必亲。]

　　夏正[《府志》：父溺死，母陈氏守节抚之成立游泮，幼纯孝。岁贡生夏道硕传曰：夏公讳正，号赤溪，居鹤凤滩之滨。岁未周，遭父邦本丧，母陈氏年甫二十，矢志育之。五龄，问母曰：父何在？母语之曰：汝父五年前浴于江，死矣。正即哭，仆地晕绝。稍甦，复问母曰：江何处？母遥指其处，正即腾身赴江所。家人遽抱止之曰：已探得，葬于此山之麓，岂犹在水耶！正遂哭于其麓，卧地不起，亦不肯归，哭不绝声。年益长，读书游泮，娶易氏。偕事母，惟谨寝食温清，不逾古礼。母有训，必跪而受命。或曰：此礼久不复也。正曰：此常礼耳，何足云孝。但一日不尔，则吾心如有所失。如此心何？其人惭而退。母尝病，医者谓必得鹿血和酒。正日夜告天，鹿不可得。潜自锥其身，沥血和酒以进，母病顿愈。逾月，病复发，正复如前锥身沥血，病又愈。久之，母稍觉，泣谓曰：汝若再如此，吾死有余恨。正跪曰：儿身未尝痛。然亦遂奉母命止。家蓄雏鸡以养母，鹰攫其一，正泣拜于地曰：天乎！吾此鸡以养母，非自奉也。须臾鹰回翔，掷鸡如其处，又于他处攫鸡而掷之，如是者三。其诚孝所感，类如此。载《省志》。子孙多登科第。]

　　张九经[客有隐金铜佛中，寄其家。旋被盗，以佛故未攫去。客至，九经归佛与金。客感其义，分金谢之，竟不受。入孝义祠。载《省志》。]

　　王应元[旧《通志》：涪州人，家贫，力农养父。父每出饮，必候于途，扶掖以归。一日，元方力田，父醉卧于室，室忽火，急奔救。火炽甚，身濡泥水出而复入者三，呼号烈焰中抱父而死。]

　　毛宗成[旧《通志》：业农，父早卒，事母孝。盗劫其室，负母匿林中以免②。母卒，

___

　　①　事贤友仁：事奉有贤德的大夫，结交有仁德的士人。语出《论语·卫灵公》："子贡问为仁。子曰：'居是邦也，事其大夫之贤者，友其士之仁者。'"
　　②　以免：原志误"免"作"兔"。

葬宅畔，昕夕省视，至老不倦。载《省志》。]

文经[庠生，孝行坊在宗祠之左。载《省志》。案：《涪州（陈）志》作文旌。]

（清）周俨[编修蒋士铨传曰：公讳俨，字钦斋，号义公，别号墨潭，姓周，氏系出楚之营道县，为濂溪先生十七世孙。其世次具彝山公墓志，不复详。彝山先生，公考也，号茹茶，明湖南路总兵官。妣吴夫人，生公及弟儒。公早慧端厚，年十三通经史，十五能文章。天启间，彝山公以智勇立功，威名赫然遍天下。国变后，伪僭纷乘，乱贼四起，又数从王春石师相及忠国王公恢复数十郡县。既而观时审变，遂解印绶去官，往侍二亲于桐梓。亲殁，返棺葬涪州，时康熙乙巳岁也。戊申，公入庠。甲寅，滇逆伪帅遣聘使招致总戎公，总戎怒骂之。儒恐激则致变，请往谢。至阆中，为贼所留，总戎公恚而疾。公于是出奇计絜弟归，总戎公霍然而起，曰：吾家清白不污矣。汉沔间传公孝义者藉甚。吴逆设制科，士被胁迫多往应。公匿迹深隐，乃奉父母避居黑塘山庄，又徙居白志，崖栖七载，研究青鸟、珞琭、轩歧、璞铬等书，入理尤邃。九月，谭宏乱。贼众百余夜薄公室，公挺戟刺其魁，遽引去。公与儒谋，分负父母走，力怯不任。彝山公曰：贼且复至，儿等速遁，勿同殉。公抱翁泣曰：今夕死耳，不能以亲委贼。俄而贼果来，儒奋身出敌贼，研之。贼乃斩扉入，攒刀刺公扑地，而儒率邻众挟兵反攻，贼为骇窜。明日，儒创裂将死。公稍苏，命舁榻，就弟枕侧与诀，儒号而绝。母夫人感痛成疾，旋亦卒。公兄弟至乾隆年间始旌其孝。按史载：孙恩之乱，乌程潘综扶父骠出避，父老不能行，令综走，不可。贼来研骠，综抱父腹下，以头面受四创，死而复苏，后有司奏改其村曰"纯孝里"。与此绝类，第无兄弟同祸耳。儒殁后，公抚恤孤寡备至，历三十年如一日，且戒室人^①曰：必善视之，勿令孀雏含痛。及侄顼渐长，乃分田庐奴婢为立门户，而翼之如初。于是再徙贤人乡^②，建陆舫小筑，莳花药娱翁，使诸郎诵读其内。庚午，乡试得举，名列第四。明年，下第同年生任典谟卒旅邸，公为具棺殓，护持还里。而彝山公病适剧，公祷天乞减己算以代，又尝粪为默验，翁病于是得遽瘥，历三年然后卒。公号恸七日，绝食饮，须发尽白，形骸枯悴，至性纯粹盖如此。公仁惠，重然诺，好施与。有贷者，辄焚其券；或以妻子托，历久不负；于朋友亲

---

① 戒室人：告诫家里人。戒通"诫"。

② 再徙贤人乡：原志误"徙"作"徒"，据《刊误表》改。

丧，虽千里必往会葬，有东汉君子风义。又善方书，活人无算。甲申，奉部檄调选入京。八月，病于舟次，惟一幼仆侍，乃检行箧所著宗谱及诗文，俾遗诸子，遂殁。时康熙四十二年八月初五日也，距生顺治六年十月十七日，历年五十有六。祔葬磨沱山庄总戎公墓次。闻公读书山中时，夜有奔公者。力拒之，誓不言其姓氏，妇惭感去。乡有虎患，公为文责神，谓奸凶横行，神弗诛殛，乃纵虎为害，有惭享祀。越数日，虎尽噬里中大猾①而隐，人咸异之。惟正乃格，不信然欤？公配徐，生四子五女。珣、琬、珹、璇，珹登乙酉科，令天门，多治行。孙十一人某某，由科目出宰者四人，在庠序者五人，惟珹子煌由翰林起家，官少司马。曾孙若干，登贤书者兴沅、兴洛，惟兴岱亦官翰林，侍郎次子也。太史氏曰：语云"孝而仁者，可与言忠；信而勇者，可与守义"②，公百行完美，比德昔贤。若全亲于难，则赵咨、江革、牛徽也；脱弟于贼，则赵孝、倪萌、淳于恭也；减算延亲，涤圊尝粪，则王荐、石建、黔娄也；发白形毁，则郭廷炜、荀文师也。至如豺狼远徙，猛兽避途，则又吴逵、司马嵩也；而暗室弗欺，端洁自守，于曹鼐、陆公容有同轨焉。嗟乎！凡公所有者，他人得一已传于世，而公兼备焉。史称濂溪先生清明诚一，寡欲于无笃泛爱，拯忧患，护友丧，守亲墓，泊然于世。公恒肖焉，是乃濂溪之裔也欤！]

周儒［字鲁直③，庠生。与兄俨侍父茹荼④，均以孝闻。每遇亲疾，辄焚香祝天，愿减己算益亲寿。谭宏之变，戈戟拥门，举家惊逃。父老卧病，兼有足疾难行，贼欲害之。兄俨以身捍亲，甘冒白刃；儒急父兄之难，冲围巷战，利刃伤额。后得四邻奔救，贼乃遁。随视父兄，犹在缚中，急解之，悲号欲绝。延三日，创发死。妻章氏，茹苦守节，生子二。俨存抚之，中康熙癸巳恩科副榜。人皆谓子孝妇节之报。]

黄志焕［《府志》：事父母以孝称。康熙己丑夏五月，城中火。前一日，志焕父卒，殡于堂。火及其庐，志焕负母出。复入启棺，负父尸突烈焰出。州牧董维祺救火，目睹其事。详郡守，俱旌额之。]

彭学鸿［《府志》：贡生，彭铣子。九岁丧父，哀毁骨立。后凡饮食必思，见父衣

---

① 大猾：即巨奸大猾，指阅历深而非常阴险狡猾的大奸大恶之人。
② "孝而仁者"句：《新唐书》卷六十八《元结传》元结语作"可与守义"。
③ 鲁直：《陈志》卷十《人物志·孝友》作"鲁生"。
④ 茹荼：原志误"茹茶"，据《刊误表》改。

履辄泣。母皮氏病，尝粪验休咎。洎殁庐墓，卒于墓侧，实真纯孝也。公举旌表建坊。]

钟清鹤[豪爽好义。其友人王玉成、何锡九相继登乙科，数数上公车，率资于清鹤；家居偶缺乏，辄诣之，取携自若，两相忘其为负贷也。先后累数千金，两人偶语及偿，则色然睨之曰：奈何小视钟三？王临卒，以诸孤托，饮食教诲一如生时。他义概所树，多类此。]

谭世汇[《府志》：庠生，谭鉴次子。鉴病，尝粪以觇安危。每夜祈天，愿以身代。父卒，庐墓三年。嘉庆四年春，教匪破鹤坪，负母夏氏逃至柴林坡，猝遇贼，伤肱，母惊坠地。汇悲痛杀贼，贼不敢近，得脱。母年八十二卒，仍庐墓侧，池中红莲花放，忽变为白。事闻。坊建沈家场里许。]

余龙光[《府志》：武生，性孝友，少孤。母病，尝粪、侍汤药不倦。胞兄世龙从军巫邑羊耳山阵亡，龙光于乱离时越境敛尸归葬，不避艰难，抚侄成立。道光十八年旌表建坊。]

施久膏[字雨亭。旌表孝义，崇祀忠义孝友祠。国史本传曰：施久膏，四川涪州人，监生。幼有至性，年七岁丧父，哭踊尽哀过于成人。兄弟五人，以家中落，负债逾万金。母王氏命析箸，久膏年十四请废读，佐长兄邦麟治生供膳养。母病，与妻王氏侍起居视汤药，夜不解带。及生计稍裕，独偿债十六七。诸兄食指[1]繁，伙助之意未餍，动失常度久膏至晕绝。复甦，曾不宿怨，厚遗如初，虑相瘯伤母心也。母殁，毁瘠过礼，葺遗宅，为祠堂题祀历代神主，尽推遗产为祭田，不足复益以私财。事长兄如尊行。三兄邦政先无子，病甚。久膏问所欲，泣曰：弟以次子后我，当愈。久膏立绷儿付其嫂，生才三日耳。其笃于友爱如此。疏族死无所归，久膏身任殡葬者七人，孤女抚而嫁之者三人。父朝栋，先养贺氏儿为子。既娶矣，乃归其宗。后死，久膏念其妻逮事父母，仍嫂事之，养之终身，嫁其女如己女焉。久膏自恨未卒业，暇辄读史鉴。尝谓：贤不肖之辨，在公私义利间而已。生平持身涉世，胥以是为趣舍[2]。尤好兵家言，所至必识其形胜。咸丰中，蜀地寇乱，知州濮瑗委久膏总办珍溪民团，久膏出私财聘教习，选子弟学武事，时时亲说忠义故事相勉励。以兵法部勒，隐然成军，邻近数十里具禀愿附，

---

①　食指：比喻家中人口。
②　趣舍：取舍。趣，通"取"。

珍溪兼辖者九十余团。偶有争端，得数言立解，恒经年无讼，历任知州礼重之。鹤游坪者，州同所治险要地也。奸人刘汶澧奉粤人刘义顺邪教，以捐金为善免劫惑人，谋为乱。义顺时为估客于涪，愚民被煽诱者甚众。咸丰七年正月，重庆镇总兵阜陞会哨峡江。归至涪，邻汛有告变者。阜陞问涪汛把总龙安邦，安邦不能对。陞素闻久膏名，即延问之，且委把总偕久膏径至汶澧家掩捕，发州役数十人与俱。久膏辞州役，手书约近坪猎户陈芳元乘虚捣其巢。把总怯不敢前，久膏强之往，未至三十里，州同崐秀幼子随老仆踉跄杂难民奔至①，泣诉曰：刘汶澧戕州同，踞保和寨竖旗矣。久膏以新起乌合易制，急发团丁，备糇粮，自将趋鹤游，阜陞归渝调兵食而遣人送伞盖于久膏，以张威势。久膏知陈芳元已深入，遣谍约日夹攻。至，贼以数百人出寨二十里来拒，久膏迎语之曰：若辈皆良民，何苦而从逆，自取族灭？我已间道擒汶澧矣。遥望寨中火起指示，贼皆骇溃。久膏因长驱入寨，芳元果缚汶澧至，久膏亦擒刘七。刘七者，崐秀家丁，通刘汶澧以弑其主者也。尽捕汶澧妻子，获从教人名册视之，则久膏仇家某在焉。或请诛之，久膏曰：此中数百千人，未必皆甘心从贼，但为诱胁耳，势不能悉诛。若但杀一人，是假公义以快私忿，吾不为也。且宜使反，侧子②自安。乃会把总于川同大堂，焚其册，凡三日而乱平。义顺卒走免，后为寇贵州，号"元衣祖师"，猖獗十余年始授首。四川未罹其殃，由久膏应变神速也。汶澧之平，知州夺其功，不叙久膏，亦不自言，并所发口粮购赏二千金亦不偿。总督王庆云遣道员毛震寿往涪办善后，廉得其实，欲劾知州，久膏反为谢。震寿乃令后任筹偿，然久膏迄未请领。后庆云调两广道过涪，延见久膏，温语奖勉，称为义士。汶澧既诛，州人挟仇相诬讦，株连者甚众。久膏以全家具箕斗结，保释无辜数十人。其公溥好义，事多类此。同治元年二月卒，以子纪云官累赠通奉大夫。子五人：承勋，翰林院待诏；崇勋，候选从九；炳勋，监生；纪云，翰林院编修，保送湖北知府道员用，历署武昌、德安、汉阳、施南府事，补授德安府知府，署施鹤兵备道、安襄郧荆兵备道、湖北按察使改提法使；际云，詹事府主簿，诸子并笃行孝友。方久膏病卒时，粤寇石达开徒党数十万围涪州。久膏举家避地上游，棺敛③诸具皆在琛溪，群议且蒿葬。崇勋、炳勋悲奋率壮士十余人，掉小舟直摩寇垒，

---

① 踉跄杂难民奔至：原志误"踉"为"跟"，据《刊误表》改。
② 侧子：即蒴子，草本植物附子侧边生出的块根，比喻儿子。
③ 棺敛：以棺木收殓死者。即"棺敛"。

沿流至琛溪取衣衾、凶器①，冒炮石而行，卒殓如礼，乡党叹其孝勇。纪云官鄂十余年，所历皆著循绩。在施南最久，兴学劝工，民颂其惠。孙四人：永、恕、鲁，并监生；愚，弼德院参议。光绪三十年，涪州人士追思久膏孝友之德及团练平寇功，公请总督锡良以孝义奏旌于朝。其明年，史馆下直省采访孝友，四川京官、光禄寺少卿陈钟信等复列事实，呈准立传焉。]

徐邦道[字见农，以军功荐保参将。同治壬戌归省，适石达开拥众数十万直逼州城，日夜锣鼓喧阗不绝。邦道在兵间，久知掘地道，以锣鼓乱其声也。率民兵着红衣裤缒城下，直攻贼阵。达开见其旌甲异常，疑以为神。知州姚宝铭复开城，出练勇数百人，大呼杀贼，援军唐友庚等亦出军助之。达开惊溃，城赖以保全。先是，邦道因城内无水，筑甬道达江浒，民得出汲，且通援军消息。全城之功，以筑水城为最。邦道仕至正定镇总兵，甲午中日之役，战绩尤伟。事具国史。]

　　　　　　　　　　　　　　　涪陵县续修涪州志卷十一终

---

① 凶器：丧葬所用的器物。

涪陵县续修涪州志卷十二

人物志二

笃行 [《陈志》无]

大行受大名，细行受细名，实至则名归之。即使宏奖道衰，旌闾之典未之及，其实不可诬也。著其实，以矜式乡里，三代直道之公于是乎在，君子亦勉为善而已。

（明）鲁玉 [字士洁，正统末知泾阳县，廉谨，深得民心保留几二十年，卓有贤声。见《陕西志》。]

王敬 [字士吉，官祁阳令。民买田宅者，私易远年契书，增改经界，多酿讼端。敬立法，买卖田宅各报实印契，自此讼简。祀名宦祠。见《湖南通志》。]

何伟 [官慈溪令，多善政，慈人请入祀名宦祠，呈内有"贡茶弊绝，魂惊猾吏之奸；海防计周，气詟倭夷之胆"等语。在刑垣时，奉敕恤刑中州，多所全活。分守贵筑，以征苗①筹饷功擢方伯。母老乞归，著有《何氏家训》，诗文稿待刊。]

刘承武 [云南寻甸别驾，升广西柳州府同知。甫之任，奉檄署府事，时粤中岁歉，民多流离。承武借支仓谷库银，赈饥救济，活十余万人。上宪责以未经题请，勒令速偿。越明年，岁稔。凡受惠者，皆踊跃输谷还官。惟库银不足，捐廉俸、鬻产偿之。见《陈志·仕宦》。]

周大江 [字梓溪，由明经任武昌府通判。地素苦盗，大江捕弭有方，盗寝息。民食其德，建生祠、铸铁像于彭家泽祀之。后以从王文成讨宸濠转饷功，追赠虬侯。]

---

① 征苗：原志"征"字倒立，改。

周茹茶[1][字彝山，虬侯之孙，官湖南路总兵官。生平不苟颦笑，慎微谨小，议论有证据，出入经史，重然诺，全寄托大节，尤严于家法，一举一动皆义方训。事载《周氏家乘》。]

（清）邹旆[历任山东朝城、城武、峄县等县及陕西安塞县知县，刚正清廉，所至有声，士民戴之。解组归，囊无长物，里居教授，后进多出其门。]

陈珮[字玉也，拔贡生，移家新都。教诲生徒，严谨有方，游其门者甚众。不衣帛，不茹荤，事事必循规矩，家庭内静若无人。两子皆领乡荐，诸孙亦次第成名。]

陈于中[雍正丙午举人。年甫弱冠，拣发黔省。初任永从，慎勤胜于老吏。时苗警，丁艰，总督张奏留，调度得宜，擢独山州知州，士民爱戴，升八塞同知。苗复叛，攻城，士民惊窜。于中每日携一子登城静镇，三日援至，围解。升广西庆远府，旋授广东驿粮道，众称美。于中曰：吾思不负国恩，求无过而已。年余，卒于官。后粮道被议，上命确查。历任七人，一尘不染者三，于中其一也。著有《鸣鹤堂宦游草》。]

陈于宣[字松亭，雍正乙卯举人。历任湖南永定、会同、绥宁三县知县，卓著循声，加通判衔。在会同，洪江镇商贾辐辏，岁有陋规数千金，下车悉却之。莅任八年，毫无所染，邑民建祠以祀。绥宁地卤瘠，汉苗杂处，苗地有铜矿，绵亘三十里，因妨民封禁。乾隆二十八年，邑商张美校等敛巨金赴县求详开采，馈金三千，弗受。商呈请藩司，许之。于宣叠详不可开状，不纳。委员开采，藩司被劾，于宣矞然不滓[2]，巡抚鄂器重之，拟提升靖州知州。辞曰：他人以不饬簠簋[3]被议，我因是得名，不忍为也。遂告归，优游乡里，乐善不倦。八十诞辰，自书一联云："通籍廿余秋，细寻思未违清白，因是起居食息差信颐养可安，天假以年，亦惟自任优游、无惊梦寐；阅世八十载，一转瞬多少变迁，总由贪刻纵骄致令境遇皆幻，我勖厥后，还当勿忘忠恕、重念艰难。"]

---

① 周茹茶：原志误作"周茹茶"，据《刊误表》改。
② 矞然不滓：语出《史记·屈原贾生列传》："濯淖污泥之中，蝉蜕于浊秽，以浮游尘埃之外，不获世之滋垢，矞然泥而不滓者也。"比喻洁身自好，出淤泥而不染。矞然：洁白貌；滓：《说文解字》段玉裁注"泥之黑者曰滓"。
③ 不饬簠簋：语出《汉书·贾谊传》："古者大臣有坐不廉而废者，不谓不廉，曰簠簋不饰。"谓簠和簋没有规矩、不成方圆，借指贪污，是古代弹劾贪官污吏时常用的婉词。簠簋：音 fǔ guǐ，古代的两种可以用来放祭品的青铜食器，《周礼》郑玄注云"方曰簠，圆曰簋，盛黍稷稻粱器。"不饬：不整饬。

侯天章［雍正己酉举人。署南郑日，汉兴道某满洲人①到任，勒索夫马，不应禀见，拒不纳，将劾之。一日，随班禀到，辕卒倨坐不起，盖有授之意者。天章怒擒杖之，杖毕回署道。某衔之刺骨，日伺其短不可得。忽持名帖召之，既入，某道踞坐叱曰：尔何人，敢藐吾耶？应曰：公举人，某亦举人；公朝廷官，某亦朝廷官。某假皇上威灵治安百姓，公假皇上威灵摧挫僚属。辕卒何人？以四品大员与之比，轻朝廷命官，不知已自同于不足比数之辕卒也，尚叱某为何人耶！言毕，挥袖而退，某道怛忱谢过，以此见重上游，旋调咸宁，荐升汉中府知府。官乾州时，有寡妇呈请改醮，自云通词翰，天章署词后云："破镜初分月未圆，琵琶欲抱上谁船。秋风近日虽凉薄，吹到坟头土未干。"妇感泣以节终，乾人至今称之。］

邹锡彤［雍正乙卯举人，任山西襄垣②知县，才识练达，劝课农桑，县无游民。万邑、安泉两县民，因争界聚众戕官，上命讷公相星驰办理议剿，锡彤与潞安李太守力请鞫办，贷死者数千人，荐升云南迤东道，卓著贤声。］

周铣［乾隆戊午举人，任伏羌三载，多惠政。乾隆三十四年，捐俸疏瀹通济渠十五里，羌人号曰周公新渠。迁燉煌③，士民焚香泣送，攀留不获。《留别》诗云："三载承留事若何？两惭抚字与催科。才疏未惯申韩律，治拙偏惊召杜歌。信是民淳风自古，敢云德厚政惟和。甘棠阴雨徒虚拟，马首相思意倍多。""瓜期已及复遥迁，官路于今又数千。父老衣冠频眷恋，陇秦山水任流连。攀舆意挚怜双舄，献寿情多愧一钱。寄语斯人休怅怅，新猷好待被歌弦。"羌人立祠祀之。］

潘鸣谦［据《潘氏族谱》：始祖名绶卿，湖北麻城人，明初以万户侯督兵讨涪陵土司，营大土溪，单骑夜巡，遇贼被害，掷头于康子台，马驼尸④归葬之。后获贼，讯头所在，往觅，已蚁封。乃立碑表其神异，称"没头公"。子华黻，孙尚信，俱袭千户伯，入涪籍，后世多以科第显。鸣谦，乾隆癸酉举人，历任福建侯官、长泰、龙潭等县加通判衔，醇谨恺悌，士民爱戴。任侯官时，邑有淋汶港，水泛决坝，居民苦之。谦履亩省灾，

---

① 满洲人：原志作"满州人"。
② 山西襄垣：原志误"西"作"酉"，据《刊误表》改。
③ 燉煌：即"炖煌"，同"敦煌"。下同不注不改。
④ 驼尸：即驮尸。驼：背负。

捐俸五百，募筑复古坝以卫之。民得安居，立祠以祀。嘉庆癸酉，重宴鹿鸣①。]

陈于午［字蕉园，乾隆丁丑进士，改翰林院庶吉士，未赴散馆试，即告归教诲生徒。平日居室不苟言笑，盛暑必衣冠，循循善诱，终日不倦，乡党咸钦之。]

潘元会［乾隆庚辰恩科举人，历任湖北蕲水、广济知县，黄州府岐亭同知，升江西瑞州府知府。清介自持，实心爱民。蕲水旧贡藕粉，扰累实甚。元会捐廉劝募，置藕田百余亩以应岁贡，积弊遂除。]

陈永图［乾隆戊申科举人，字固庵。以经术造士，门下登甲乙科甚众。官湖南永兴、宜章知县，三次充乡试同考官，所得士多负重名。著有《章水唱和集》。]

周兴岱［字东屏。国史馆本传曰：周兴岱，四川涪州人。父煌，历官兵部尚书，谥文恭，自有传。兴岱成乾隆三十六年进士，改庶吉士，三十七年散馆授编修，四十二年充顺天乡试同考官。四十七年，以办理《四库全书》议叙奉旨：遇有应升缺出，与俸深人员轮班分次带领引见。四十八年，充山东乡试副考官。旋丁父忧，服阕，补原官。五十三年，擢右赞善。五十四年，充陕西乡试副考官，是年累迁至侍讲学士。五十五年四月，奉命提督广东学政。五十六年，超迁内阁学士兼礼部侍郎衔，留学政之任；因前校文津阁书籍有误，交部查议，降一级留任。五十八年还京，充会试知贡举、武会试总裁。五十九年，充湖北乡试正考官。六十年，授礼部右侍郎，充顺天乡试监临、武会试总裁，旋奉旨在南书房行走。嘉庆二年，转左侍郎。三年，复充顺天乡试监临。四年正月，调吏部右侍郎，十月转左侍郎，奉命祭告川陕岳渎。五年正月，调户部右侍郎。时在道，奉谕曰：自川楚教匪滋事以来，所过地方焚烧抢掠，迫胁万状，民人不得已而从贼。经朕节次降旨，令领兵大员剀切晓谕：如贼匪中果能有归命投诚者，仍系朕之良民，令地方官妥为收恤。见在户部侍郎周兴岱赴川陕祭告岳渎，着于所过川陕曾经被贼处所，将此旨宣布誊黄并面告地方官遵照妥办，以副朕矜恤愚民胁从罔治至意。四月，兴岱奏言：臣行抵广元县，询问川北镇总兵朱射斗在高院场失利，时总督魁伦未同前进，并无接应。至潼关最关紧要，魁伦复防范不严，致贼匪于三月十八日夜窜过太和镇，数万生灵惨遭焚杀。臣将次省城，于汉州、新都一带沿途访问，大略相同。

――――――――――――

① 重宴鹿鸣：即重赴鹿鸣宴，是清代对考中举人满周甲之期者的庆贺嘉礼。鹿鸣宴：古代科举四宴（鹿鸣、琼林、鹰扬、会武）之一，初起于唐，因饮宴中必须奏颂《诗经·小雅》中的乐歌《鹿鸣》三章得名，具有饯行、励志、抚慰以及表示礼贤下士等政教功能。

再臣于初五日行抵梓潼，适贼匪在该县滋扰。臣目睹民人迁徙纷纷，并有被贼所掳者。臣因前途阻塞，在该县暂停二日，督率严防，百姓始行安住。初七日，臣即行前进，亲见各处团寨，颇形惶惑。臣乘骑竟日行一百八十里，于马上逐处询问居民，普加慰谕，俾无惊恐。至蒙垂问川省带兵各员何人奋勇、畏葸之处，皆云川省剿办匪自德楞泰移师到来，实为奋勇出力且能于临阵时宣布圣主如天之德。是以新被裹胁者纷纷投出，无不感戴皇仁。但一人之力究难处处兼顾，应请敕下督兵大臣同心协力，以期迅奏肤功①。奏入，谕曰：昨据勒保奏，审办魁伦一案已添派周兴岱一同会审。今据周兴岱查奏各情节看来，魁伦种种罪状竟无一字虚假。着周兴岱、勒保再将以上情节向魁伦逐加诘讯，一面按律定拟具奏，一面押解成都监禁候旨遵行。旋经勒保、周兴岱审明覆奏，上命交王大臣会拟魁伦罪名，兴岱旋即回京，六月并管钱法堂事务。六年，充江西乡试正考官。七年正月，以典试江西时有收受衣裘银两并出告示等事，命巡抚张诚基详查得实，谕曰：周兴岱系二品大员，奉命典试，自应洁己奉公。乃于该省馈送银两辄行收受并告以未带冬衣，致抚藩等添送衣裘，殊属卑陋。着退出南书房，仍交部严加议处。上命降为四品京堂。二月，补授翰林院侍读学士。八年闰二月，大考届期，自陈年老，恳请休致。奉旨勒令休致。三月，谕曰：周兴岱自请休致，是以降旨勒休，咎实由于自取。但念伊父周煌曾任上书房师傅，周兴岱前在南书房行走，稍有笔墨微劳，着加恩赏给编修，准其在馆效力。九年二月，以恭校《实录》内抬写②字讹，降三级留任。十年，擢侍讲。十一年，擢内阁学士兼礼部侍郎。十二年，以《实录》全书告藏，恩予二等议叙，十二月授兵部右侍郎。十三年，充会试知贡举，擢都察院左都御史。十四年，充武会试总裁，是年卒。子廷授，二品荫生，见任工部员外郎。见《耆献汇征》。]

周运昌〔榜名廷栻，字莹斋，嘉庆戊寅恩科举人。父兴峄，游宦浙江，撑持家政，赈济族邻，多厚德。子熙尧，领乡荐；孙传勋，登拔萃科。〕

陈廷璠〔字六斋，乾隆庚子举人，嘉庆辛酉大挑一等，分发广西，历任荔圃、藤县知县。父于宣，兄弟俱早丧。璠事父，色养备至。及殁，庐墓。以子煦继兄朝隆后，昉继弟惇五后。季弟廷达，庶出，教育入庠常。令荔圃时，荔俗好以亲骨贮瓮中图吉壤，

---

① 肤功：大功。肤：大。

② 抬写：古代的一种行文书写格式，包括挪抬、平抬、单抬、双抬、三抬等。凡文书中遇及皇室、陵寝、天地等字样以及尊敬长名讳，必须在次行抬头一格或二三格书写，以示尊敬。

谕止之。藤县为盗薮，历来守令莫敢谁何。璠将履任，中丞李谓之曰：藤民苦盗久矣。子能治之，造福无量；苟不能治，则宜隐忍、慎密，勿犯其锋而滋祸。璠漫应之。至梧郡，太守某亦嘱此言。璠奋然曰：为民父母，目睹儿女之疾病而不事医药，朝廷安用设此官也！不能治而受祸，亦分所应得，安有惜身避害而纵贼殃民者？太守壮其言，璠改装入境，遍处侦访，尽悉贼情。乃练差役，严保甲，清理积案。期年之间，所有著名剧盗灭十之八九，桂林一省皆庆安宁，藤民建祠祀之。又尝以蜀产蚕豆十余石，散给邑中，教以种植，遂赖以救一郡之荒，梧人呼为"陈公豆"。丁艰回籍，适达州教匪作乱，蜀东戒严。邑侯挽璠出总团练，璠以桑梓义，殚心力为之。贼首王三槐猝犯长寿，势甚披猖，北岸士民纷纷南渡，璠亲巡各津要。查有蒋货郎者，丰都人，常来涪贸易，乡民多识之，时亦随众渡江，里长验明，已将行矣。璠觇其颜色有异，呼问所从，应答慌惚。检身畔，惟钱数百，手一油纸灯，上插残烛寸许而已，众俱白其无他。璠取视其灯，见蜡煤端甚整齐，虽有火爇①痕，似全烛未经剪者。剥损其油，隐现字迹，裂而视之，则油纸书一幅，符箓二道，示以攻城日期，使夜中放火，焚箓于门内，则关自启云云。立缚货郎诣牧署，反复研鞫，始知贼先匿上游，暗于黄旗口放筏直下，并得党羽十七人，皆伏内应者，一一除之，阖邑称庆。周恤亲故，德劭年高，著有《学制拙工录》，夫妇齐眉，重完花烛。子煦、昉，俱翰林；韶，领乡荐。]

陈昉[字午垣，嘉庆庚辰庶吉士，改授福建福鼎县，性仁恕，专尚德化人。有谓其慈良过甚者，乃作律诗六首以见志。其五、六两首云："曾闻吉网与罗钳，身败名倾后世歼。皮肉大都均痛痒，心肠底事尚苛严。化鸠要使寒冰暖，驯雉何须猛火炎。悟得彦光慈惠术，帽如锡戴也无嫌。""几曾狗盗纵凶因，方寸从容虑已周。肉鼓吹中无信谳，心磨砻后少疑谋。明为士庶培廉耻，暗与儿孙解怨仇。寄语城乡诸父老，平成休代杞人忧。"]

陈爔②[道光戊子进士，字春腴。笃学敦品，孝友成性。由给事中出官河库道数年，道库耗羡岁数万金，毫无所取。丁父忧奔丧，同官资之归，至扬州卒。]

傅云汉[号朴庵，邑庠生。贫而好道，博览老释宋儒诸书，而以正心诚意为本。

---

① 火爇：原志"爇"字倒立。
② 陈爔：即本志卷四《疆域志四·垄墓》、卷十《选举志·贡举表》"陈曦"。爔同"曦"。

生平廉隅自饬，设馆四十余年，以文行兼尽勖来学。其教授，不沾沾记诵，惟随时讲贯，使人知立身为人之本，督责甚严。前后门下数百人，列胶庠者甚众。不较束修，寒畯且饮食之。年荒米贵，减餐食粥，怡如也。]

刘锐恒[字春霆。投效湘军，随从援黔，克绥阳，擒贼首何元易，剿平牛角坡等贼巢，全黔肃清。以守备用，赏花翎。会剿下江永从六硐有功。饭甑山者，尤黔匪渊薮也，众三万余。锐恒率小队四十人，乘除夕一鼓夺之，诸夷丧胆，悉来归。调滇，刘督倚以办贼，兼资吏事。临安之役平后，永北之役复起，迤东兵备道崧统二十营以出。锐恒时充护总兵兼城守提标中军参将，竟以步兵擒其夷魁封甲长、杨廷贵二人，斩杨，许封就抚，迳释归。同官嫉之，附和相挤，锐恒卒以并非贿卖得直，事上，奉旨以总兵交军机处存记，赏捷勇巴图鲁。已而督委查城，先后破获窃盗三百余案，均责出原赃，释令为善。光绪二十三年，以健威右营驻楚雄平会匪，补普镇总兵，调昭镇总兵，署云南提督。宣统二年，简授云南提督。锐恒虽起家行伍，事母能禀命无忤，调和民教司铎，心服不索赔偿，滇人德之。]

毛徙南[字海运，恩贡生。性孝友，事兄尤谨。丰度端凝，言行中正，乡里有纷争事，得一言立解，士林矜式。任岳池县教谕十二年，培植文教，岳人至今颂之。卒年九十七。子凤五，亦有贤声。]

贺太璞[字琢山，同治甲子带补辛酉科举人。性肫挚，致力程朱之学，以躬行为主。事父母，怡色婉容，笃于孺慕。晚年长于医。母老，每晨必诊脉息，稍不调，即惶惶如有所失；必复常，忧始释。光绪六年应春官试，与纪云同寓。不敢冒暑出都，一夜露坐，告纪云曰："适心动，得勿母病耶？"明日，即首途。归，母果病，候脉煎汤药不假手妻子，得全愈。视啮指心痛者[①]，何以异？一诚之所感，神也。平生雅量能容，不忤流俗而清洁不滓。主讲钩深书院十八年，诲人必使明义利之辨，邑中公事亦多所裨益。诸子登贤书者一，在庠者二，不堕其业。]

[以上贤达]

（明）何澄[《重庆志》：涪州人。《纲鉴纂要》：靖难兵入，建文逊国，澄同方孝儒

---

① 啮指心痛者：指事母至孝的孔子弟子曾参（即曾子）。其少年时采薪山中，家有客至，母无措，乃啮其指；参忽心痛，遂负薪以归。谓骨肉至情、母子连心，是古代"二十四孝"之一。

等殉节死之。]

周建芳[茹茶之兄，骠骑将军，剿闯贼多功。嗣从曾英，兵败至江津斗沟子，殁于阵。见刘君硕《周彝山传》。]

刘之益[号四仙，忠愍五世孙也，素有文名。明献贼破涪，会永历正号于粤。之益自念家世忠孝，乃间关①赴行在，授直州牧，升礼部仪制司员外郎，旋升贵州思仁道佥事监营军。丁酉，永历驻跸云南，之益入觐，授贵州威清道，升布政司参政衔，命入黔。值大军取黔中，被执时，征西将军吴三桂甚重之，迫以新命，先令陈中军怵以威，继命马遵镇饴以利。之益惟终日流涕，以死自誓。将军鉴其忠忱，不忍加害，羁诸营，阴纵之。戊戌，逸至酉阳，隐穷山中，凡七年。全蜀底定，乃回涪。见凤凰旧居岿然独存，遂杜门戢影。未几，吴藩叛变，各省响应，檄之益就职，毅然不为动。或探之，答曰：“若非戕贼吾君者耶？恨不手刃而寸磔之，吾戴吾头以俟藏吾血而已。”无何，吴败亡，之益皎然不淄。]

（清）陈福元[《府志》《州志》：康熙十九年谭宏之乱，福元率众至渝。次年正月，在巴县清溪坝与贼力战死，所部健卒周长庆、杨聚福同殉难。]

陈任世[摇黄贼掠涪，起义勇乡兵保守州城，星夜奔周家沱，迎贝勒贝子兵剿贼，议叙忠州学正。]

周肇基[附生。教匪破鹤游坪，执其父母，攒矛刺之。基以身庇，受伤夺贼刀，力战死。]

倪岳[《府志》《州志》：监生。教匪扰涪北岸，岳先送家渡江，复偕仆永吉返，贼猝至。置酒劝饮，反复开陈，以为可理折也。贼怒，胁以兵，箕踞骂之。贼执至李渡镇，重其义，诱降，骂益厉，被害。永吉以计归，知死节处，收殓时怒目睒睒，生气凛然。子仕镇，贡成均。]

胡星[《府志》《州志》：具胆略。嘉庆三年，率乡勇千余堵教匪于青刚了等处，所向克捷。后追贼至滩沙坝，贼众合围，星力战被执，不屈死，年二十四岁。部下李芳、李培、李廷杰等同殉。]

余世龙[《余氏家乘》作世隆，官把总。《府志》：世龙性阔达，具胆略。嘉庆八年，

---

①　间关：形容旅途的崎岖险峻，辗转曲折，劳碌艰辛等状况。

从张总兵攻教匪于巫山县之羊耳山，败绩死之。崇祀昭忠祠，袭佐骑尉。]

杨智一[《州志》：赋性高旷，涉猎星学。嘉庆三年，教匪入其家，智一从容其衣，棺端坐，骂之，贼伤数十创而死。并载入《府志》。]

谭景东[少孤，事母孝。嘉庆四年，教匪王三槐等扰梁、垫，景东聚团勇守鹤游坪。是年正月，贼攻坪，悉力守御七日夜，贼退。二月七日，内奸通贼，坪破。景东以所乘马请母跨之，母曰：汝父无他子，汝亟去，勿我虑也。母遇害，景①愤甚，力击贼，身受七十余创死。同死于贼者，州人共五百余名，载入《通志》，并崇祀昭忠祠。]

王良才[《府志》《州志》：嘉庆四年，教匪入境。才奉知州李培元檄充团练首，率众御贼，屡败之。追至垫江西字河，有谭姓暗与贼通，夜以水灌枪炮。临阵，举发不应，力战死。]

王仕昌[《州志》：性慷慨，有大志。随良才御贼，并其子天相力战死。]

鲁孔模[率众御滇逆蓝大顺于麟凤场，被执，不屈死。]

龚鼎铭[庠生，直质好义。周逆寇鹤游坪，督团防守石硖卡。贼陷坪，同职员邬之翊、汪兴甲，庠生周道成、汪禹门首罹害。]

谭兆鲲[廪生。周逆破鹤游坪，母病。麾令去，鲲侍养不忍离。贼突至掉之行，大骂撞石死。贼感其孝，厚葬之，遂释其母。]

郑如璋[监生。周逆踞鹤游坪，随州牧姚宝铭攻贼，最骁悍。除日天晚，单骑出，遇伏被执，骂贼不屈死。子濬忠，荫云骑尉。]

陈光冕[庠生。石逆阑入麻堆坝，同妻熊氏不及避。贼掠其家资，掉以行，夫妇交口骂贼，不屈死。]

汤畏三[庠生。督团攻周逆，力战奋勇十阅月无稍懈，同庠生谭兆鲤、谭兆燕、王有光、余光达俱劳瘁骨立死于事。]

王炳然[职员。少失怙，奉节母寿逾八十。兄病，刲股疗之，洎殁无嗣，以子承祧。发逆扰境，炳然督团御贼于兴隆场被执，诱降羁之二日，终不屈死。]

周廷拯[字济舫，云南候补从九。咸丰丙辰回叛，随营剿捕，著英声。昆阳之警，候补知府淡树琪督剿。请于大府，调拯军为前锋。六月二十六日，至海口采凤山下遇伏，

---

① 景：疑原志或为"东"字误，或下脱"东"字。

力战被执，不屈死。淡知府亦同时死。事闻，赐袭云骑尉，崇祀云南昭忠祠。]

周楸光[字双桥，廪生，候选训导，幕游江南。咸丰八年，发逆破苏州阵亡，赐袭云骑尉。]

陈葆森[字驭珊。由拔贡官安徽阜阳知县，旱吏议侨寓宁国府，以防御发贼有功复职。后粮尽援绝，城陷被执，骂贼死。事闻，赐恤云骑尉。]

刘树棠①[少读书，负义气。发逆前队入涪境，树棠纠里中健儿扼乾龙坝东隘。贼至，奋战毙贼十余名。益进，贼大至，众以次退。棠独力战，手刃二贼，被攒剚死。]

周蕃寿[本讳廷纪，号蔼林，文恭之孙，宗舍之次子也。道光丁酉科经魁，知陕西南郑县。同治元年秋，滇匪先后阑入，蕃寿率团勇出沔县击贼，战不利，贼踸马后追之，矛将接，蕃寿叱曰："敢杀我！"贼引手却立，遂扬鞭徐行而去。归，益募勇踪贼②，于城固、褒城等界，屡挫败之。有自贼还者，闻贼酋申儆云："周先生未可轻搏也，须持重。"其畏而敬之如此。会蕃寿子婿某奉母返川，讽蕃寿遣其眷属，蕃寿谢曰："勿忧。昔韦致平有言曰：人皆有族，我岂独全？③吾志犹是，况未受窘耶！"不允行，时惟蕃寿妻未在署。初，蕃寿拣利刃三，设供一室，尝焚香过祝曰："贼来城，如陷吾身与家，愿应手即毙。"雨宵月夕，室间数有太息声，蕃寿不以为怪，婴城坚守，随机破碎其攻具。一夕，蕃寿巡城，遍告民兵曰："孤城无备，定难遏强贼。令尔辈同殉，弗忍也。"届五鼓，密开城南门，听遁去，皆欢呼称谢。贼逻刺知，先待。及出近之，皆兵勇。贼以未结阵而乱，奋击大破之。贼却退未毕，突霹雳震骇，城中瓦屋皆鸣，贼营地雷作，更多死伤者。城枕石基，外无土脉可迹，蕃寿使人从内凿探，曲通其巢，由是移避十余里。四月，陕安道张病卒，郡守某已出署大府，以蕃寿军功奏，署汉中府兼护道篆。又两月，食尽，园家桑叶亦一叶三钱，见殍殣则争相剔啖，士日赋米数勺，糅粃粝粥食。一日，男妇喧聚县庭，求放逸存活。蕃寿慰之曰："计大兵且集，岂必禁锢尔辈？出，必落虎口，死于贼，不若死于枵腹为愈也。吾亦有家者，非能给饔飧。

---

① 刘树棠：原志"刘"字倒立。
② 踪贼：原志误"纵贼"，据《刊误表》改。
③ 韦致平：韦凝字致平，进士，历任监察御史、中书舍人、潭州刺史、宣州刺史。黄巢军攻掠宣城，凝殚力坚守，曰："人皆有族，予岂独全？誓与此城同存亡也。"事见《旧唐书》列传第一百一十五。

试入内廥，如有存粟，许夺之无遗。"领父老暨男妇数人，令遍检阅厨屋中，惟储药料之可食者数簋，如山药、海藻等味，面数斛，壁上牛胶十数绳而已，乃相感劝谕，泣而散。有营弁私请于蕃寿溃围突出①，再图克取。蕃寿曰："幸得免脱，何以对朝廷？且有国法在此。"后无敢言者。八月二十一日城破，蕃寿亟命四门举火。趋入署，全家已相挽入井。蕃寿诣室操刃，衣冠堂上坐，遂自刭，挺然凭几而僵。少顷，贼前，忽目张发动，手作挥刃状，喷血数步射贼。贼恶之，进抢数矛，笑指之曰："妖头尚能做厉耶？何倔强若是。虽然，尔肉心肝非果铁石心肝，可为尔成之。"披胸，抉虚脏腑，囊炮丸数枚以当心肝云。卒年五十三，无子。次年正月，贼退。蕃寿妻率其继子奔收尸骸至，即得之。事闻，照布政使例赐恤，在南郑立专祠祀之。]

陈式钰［字子简。就驻藏大臣凤福堂幕，随行至巴塘红亭子，猝遇伏兵，式钰同凤均遇害。经川督赵奏闻，奉旨：凤谥"威愍"，建专祠；式钰蒙优恤，三代荫云骑尉。]

黄献之［精拳勇，善弓马。发匪之变，起义勇千余名，自备饷糈，充前敌，卫乡里，与贼对垒两昼夜，勇皆溃散，惟卫队四十余骑随身。献之复收拾残队，力战数小时，贼退去，乡人赖以保全。]

黎虎臣［性勇略。咸丰年间刘汶澧之变，虎臣督玛瑙寨团练，裂神帐为旗，登坛誓师，得劲旅三百人，破贼于白家场之腰磨岭，杀贼首蒲、夏、马、岳四人，乘胜进取分州，戴稻斗冒矢石登城，面中贼枪，犹大呼杀贼。事平，保奖五品军功，赏戴蓝翎。后数年，周蹄子复踞鹤游坪。虎臣奉州牧姚宝铭命扼守坪西观音堂，复挫贼于芝麻堡。]

［以上忠烈]

（明）周昇［宏治间辟举，补官铜陵县知县。以孝闻，得旨旌表建祠，配享道国公祀。]

周廷珍［甲申岁献贼陷涪州，母姬氏卧病，珍负母避乱山中。母曰："汝五世一线之传，勿以我堕周氏绪也。"促之，数不忍去。母旋卒，珍躃踊无措，瞥见空茔，葬母其中。贼众突至，坠层岩。不死，夜中缘藤下，至江浒，苦无渡，一叟掉舟飘然来，脱之。]

刘奇山［司谏忠愍弟也。司谏以言逆旨，罚其私帑充军饷。奇山鬻宅，往来穷边，

----

① 溃围突出：原志误作"溃园突出"，据《刊误表》改。

备历艰辛，脱司谏以归，构高楼，兄弟觞咏其上以终余年。]

陈盛世 [字子猷。明季献贼蹂川，之黔应试出贡，得授教职。以父计安殉难无确音，弃贡生削发为僧，遍寻各省近十年，始随往京师，得老仆所执遗言，乃招魂以葬，尽哀尽礼，里人称孝焉。后回籍复试，仍出贡。]

（清）杨维楫 [杨奇子，甫二岁父卒，事母何氏孝。雍正二年，为母请旌，有"冰霜映雪"坊，在学宫右。母病，日侍汤药，衣不解带。母思食鱼，楫遍觅得之，持归，母已卒矣。捶膺破颡几绝，七日水浆不入口，居丧不近内者三年。后见鱼，辄流涕不食。]

周宗泰 [《府志》：乾隆庚子科举人，与宗泗竭力事亲，友爱最笃，不忍稍离。后泗为己酉科举人。]

曾志宏 [《府志》：乾隆初与胞兄志含贸于城，城中火燔及其庐，兄不能出。宏以絮沃水，冒火负兄出，家资荡然。后以货殖起家巨万，寿八十余。人以为友爱之报。]

徐永珍 [《府志》：家赤贫，少丧母，事父九龙极孝。住破室中，父嗜酒，永珍每日佣工贳酒以供，己常乏食而奉父有余。父享寿七十卒，丐棺以葬，庐墓三年。]

杨昌荣 [《府志》：三岁丧母。年十一，父胜德亦殁，贫无葬具，典身于杨体常家，获金具衣棺以葬焉。]

朱之安 [《府志》：家极贫，父母殁，鬻身于卢祖信之家以葬。]

陈鹏飞 [幼失怙①。母性严，飞怡颜承顺。母怒，必长跪俟解乃起。及成进士宰莱芜，迎养三载母卒，扶柩归，庐墓三年。仲父无子，爱季父子，立为后，众佥意不悦，乃皆量给产以安之。而浮议弗息，飞推所得产让争者，众始贴然。]

郎世德 [《府志》：父早丧，事母最孝。及卒，庐墓三年，时值严冬，坟生三笋，里人奇之，呈准旌表建坊。]

欧阳德焕 [《府志》：贡生。其父先养一子为长，焕弟四人析产时，诸弟均以兄由外抱，靳不与产。德焕曲全，卒均与之。壮年丧妻不复娶。每训及门，以曾子为法云。]

杨恒 [增生，家素封。代父理家政，四十年无私积。有胞兄溺死，闻信号啕跃入塘中，觅之几殉。母卒，不入私室者三年。弟兄分产，推多取少，里中相观而化者甚众。]

冉治华 [父铠，家贫绝食，华年十六欲鬻身以养。舅家何田止之，贷以服贾资供

---

① 失怙：原志误"怙"作"恬"。

菽水。后小康，弟兄丧葬婚嫁皆力任之。尝得重病，妻陈氏刺股疗之愈。]

何文明［兄弟三人，母黎氏钟爱其伯季，析产时以沃田多与之，而寡与仲子。文明曲顺母意，了无芥蒂。]

何其潜［文明子。继母性褊急，曲体承顺，无或拂。]

何玺［其潜子。教匪破鹤游坪，祖文明患瘫疾，负以逃，遇数贼与斗，伤肱，斗愈力，贼却而去。人称其"三世孝思"。]

杨家祥［侍养父母六十余年未尝远离，及殁，哀毁骨立。岁时省墓，辄泫然曰："儿来也。"依恋不忍去。]

张大鹏［父天时，尝患癃闭，乳吸溺出，病瘳。兄大伦病，医药躬亲，及殁，哀痛成疾，随卒。子玉山，亦以孝谨称。]

倪士镇［贡生。嘉庆三年，父菁莪罹教匪之难，椎身泣血，引疾终身。舌耕养母，岁分馆谷赡弟。弟殁，抚侄如子。]

陈静思［《府志》：庠生，事亲极孝。父卒，庐墓三年。母体弱畏寒，夜辄预眠母榻温衾枕，俟母寝乃退。洎殁，悲号七日，须发尽白，庐墓三年。孙伯芝，入邑庠。]

黄正中［父病，侍奉汤药衣不解带，窃尝粪以验吉凶。弟夫妇早丧，遗幼子。为瑁鞠养，同于所生。]

余体甲［父锡龄病笃，尝粪味辛。医曰："是为金克木，得要领①矣。"处方服之愈。]

张四维［庠生，性孝友。亲病，尝粪立方治之。业医，活人甚众。]

李元明［世居岳池。嘉庆三年教匪之乱，父病足，元明年十七，负父潜逃为贼执，跪求杀己以贷，贼释之。后至涪，居积起家，遂入涪籍。]

余耀廷［父早殁，事母孝。严寒，必先以体温其衣衾，数十年周懈。析产，叔无厌，指己田百亩让之。子孙多入武庠。]

夏礼行［《府志》：庠生。生九月，母杨氏卒，继母刘氏抚之成立。刘老而瘫，礼行奉汤药，衣不解带，十余年如一日。享寿八十九。]

张国定［幼丧母。既长，劝父续娶，弟生六月而父卒。事继母孝，抚幼弟成立，置产与之均。]

---

①　要领：原志误作"要硕"，据《刊误表》改。

卢大训［事亲诚笃。父卒，庐墓三年。］

陈纯清［以孝闻。父母殁，庐墓三年。与妻夏氏齐眉，年八十三。］

黄文华［《府志》：号竹楼，黄鹤鸣胞兄也。早孤，事母极孝。母卒，庐墓三年。性更友爱，一兄两弟同居，毫无间言。中年失偶不娶，母劝之。文华曰："娶妻为后嗣耳。今有二子矣，何必再娶。"］

何光秀［亲殁，庐墓三年，尤多隐德。］

王家宾［母病，亲涤溺器，药必先尝。事兄家栋，饮食出入必偕。］

王铨［教匪之乱，奉母避涪陵江仙女洞，距家百余里。母嗜家中米，铨往返负米，数年如一日。］

彭为楷［《府志》：事父以孝闻。父卒，母病疽，数年躬亲洗涤，奉汤药不倦。泊殁，哀毁骨立。］

郑顺唐［庠生。少孤，事母萧氏孝，善体母意，永不杀生。母病，祷神愿以身代。母命避水，终身守其言。］

贺开铨［事亲孝。昆弟六人，铨与两弟继母出也。与诸兄析爨后，两弟始生。及长，独以己赀与之均。兄弟先后殁，抚其子女同于所生。卒时，诸孤服父丧焉。］

王清醇［父登尧以义愤毙人于市，清醇在外闻之，奔归投首自承。案定，流湖北蕲州，卒于配所。一子，家蓬然起。］

李国兴［父中风病目，左右就养十余年，居丧不近内三年。］

周承武［母病瘫不能行，每出入躬负之，侍养二十余年无懈。］

徐傲［父病瘫六年，日夜侍侧。事母冯氏，食必具甘旨；有余，必请所与①。姊孀贫无依，迎归养之终身。］

淳显扬［父卒，贫不克葬，鬻身获二十五金葬父养母。后得赎，母病，刲股疗之，越十余年母始殁。显扬亦寿八十余。］

周廷枚［年十二失怙，事母孝。童年任家政，时外侮频仍，横甚，曲弭之，不一令母闻，母恒怡。尝侍母疾，废寝食者累月。族蕃散处，丁逾千，经兵燹亡其谱，殚

---

① 　必请所与：语出《孟子·离娄上》，谓母亲饭后如果有剩余，在把饭菜撤走时还一定要请示把剩下的饭菜送给谁？强调侍亲奉养父母，不仅仅是"养口体"（供养父母的身体满足其口腹之欲），同时还须"养志"（遵奉父母的意愿亲情）。与：通"予"，给予。

力搜集，历三寒暑乃成。子：端，庠生；庄，举人。]

陈煦[号晓峰，承嗣伯父。母王氏。外戚家多贫，煦官凤阳以俸金分赡之，母慰甚。本生父廷璠宰藤县告归，迎养。及兄弟姊妹团聚官廨，璠卒，丧葬尽礼。叔廷达官德庆，弟昉官上杭，公亏累累，皆钜款；弟韶官中翰，逋负①且以万计，悉代偿之。]

覃昶[《府志》：号熙和，覃模次子也。赋性慈和。母病足，起居需人扶持，昶衣不解带，寒夜闻呼即起，八年不倦。]

周汝梅[事父母先意承志②。母邹氏，凤患痰疾，梅方髫龄，即能曲尽孝思，久弥笃，获享大年。友爱兄弟，分产不计肥硗，一室蔼然。]

陈文池[《府志》：生四月，父卒，母李氏抚以成立。深痛不及事父，事母以孝谨称。与妻彭氏，尝两刲股疗母病，人称为"双孝"云。]

潘岐[贡生。少有至性，以笔耕孝养孀母。洎殁，丧葬祭务尽其力。弟艰窘无措，析己所置产业赡之。及门多掇科第，周宫傅其翘楚也。配刘氏，八十齐眉，宫傅自京邸寄诗寿之。子履谦，恩赐翰林院检讨；孙硕源，岳池训导，年皆八十三。]

何图[监生。石逆之乱，负八旬老父避山中。贼至，众散走。父不去，图守之。贼执而刲刃其父，图展转以身蔽翼，血流被地，坚持其父不释。贼相顾骇叹，不忍害，一家获全。]

何玉亮[力农养母。石逆之乱，负母逃，遇贼伤母脑后，血流沾衣。一贼继至，问所负何人。曰："吾母也，年九十二矣。"贼怜之，曰："愿尔寿如尔母。"贼去。母以创卒，玉亮哀毁甚，邻人为助葬焉。]

彭墅[父失明，晨夕舐之，年余复明。]

陈开鉴[母李氏病瘫，日侍汤药③，不离左右。每夜与弟分侍达旦，弗懈。侄禹畴，资以膏火束脩，俾成名，子孙绍书香焉。]

郑道生[教匪之乱，父文尊被掳。道生朝夕祷文昌神，梦神示父归期，果应。母方氏目瞀，虔事佛，获享遐龄。]

---

① 逋负：指所拖欠未偿的各种债务。

② 先意承志：语出西汉戴圣《礼记·祭义》："君子之所为孝者，先意承志，谕父母于道。"指孝子不等父母开口发话，就能知道其意愿，事先顺应他们的心意去做。

③ 汤药：原误"场药"，据《刊误表》改。

谢正春［《府志》：性至孝。道光六年父母俱病，五夜焚香告天，愿以身代。是年七月，割腹取肝和药以进，病立愈，己身亦无恙。非实有至性者不能，州牧奖其奇孝。］

尹明德［少失怙，家贫。母邓氏抚之成立，积劳瘁撄疾，明德刲肝和药，病立愈。］

陈仕伦［年三十刲股愈母疾。］

陈盛虞［少失怙，事母孝。母病垂危，刲股疗之。弟继虞爨析荡产，以分田赡之。］

覃均常［父病，焚香告天，刲股和药，致享大年。］

吴文瑞［《府志》：自幼失怙，性纯孝。母病，两次刲股救之，皆瘥。兄弟友爱，三世同居，推有让无，且乐善好施，行谊足多[1]云。］

汪廷献［父疾，衣不解带。父尝药，詈曰："何气腥如是？"人始知其刲股。］

罗昌全［《府志》：性至孝。父洪纯病卧十日，昌全泣十日。母李病危，昌全年方十八，割股和药，立愈。］

高焘［事嫡母夏氏孝。母病，刲股进药；不起，哀毁骨立。越五日，创剧死于苫次[2]。］

文宗渭［母病，延医不遇，惶甚，刲股待药。医至，一服愈。］

李如骥［亲病，泣吁天，刲股和药进之，立愈。子蒸然、蔚然，均入泮。］

张镛［亲病，未尝入内。一日，行步稍寒，妻蹑之，刲肉在手，香犹爇。］

文有仪［母陈氏病剧，仓猝不知所为，刲股和药以进，终不起。哀毁逾恒，撄疾终身。］

蔡汝铭［父母病，俱刲股。洎殁，庐墓三年。］

赵一淙［年十二时父病，刲股愈之。后母病，复刲股。］

陈正才［父病，饵药益笃，刲股进之得愈。］

周调元［事亲孝。邻有子，多违忤，一日闻其刲股愈亲疾，感而改行。］

夏廷熙［父病，焚香刲股，愿以身代。后买其兄千金业，旋还其券。］

石为扬［母江氏病笃，刲股和药获全。］

蔡汝镒［刲股疗父病，洎殁，庐墓三年。事母亦如之。］

---

① 行谊足多：品行、事迹足以称美，值得表扬。
② 苫次：居亲丧的地方，也可代指居亲丧。苫，居丧时所睡的草席。

吴世纪［襁褓失恃，倚前母兄世伦鞠养。年九岁时，伦病，刲股和药疗之。事兄，老而弥恭。］

谭照奎［《府志》：廪生，纯朴孝友。同胞八人，照奎居长，历馆所获六百余金，悉以分之。五弟乏嗣，奎以次子承祧，自给田产。七弟照藜，屡冠童军不售，代纳粟入监，凡乡试用费，皆奎出。尝曰："友兄弟以顺亲，吾分也。何以钱为？"］

李荣祖［《府志》：号显绪，兄弟友爱。兄病，药非亲调不以进，兄亦非弟进不尝也。兄弟析产时约：岁各纳若干养母。兄殁，遂独养之。又以数百金奉母，听其支用。侄累债，母因得脱手济之，愿甚慰。鸡初鸣，必焚香祈母寿。荣祖年六十，常效斑衣以娱亲①，母年九十岁乃终。］

黎光宗［《府志》：监生，广博施济孤贫。弟荡家鬻业，于光宗假千金，光宗予金而还其券。弟复卖之，光宗绝不校。长子传礼，入邑庠。］

熊龙［幼失怙，事母先意承志，甚得欢心。与弟麟友爱无间，多盛德事。子五人，俱登甲乙科。］

毛荣璠［《府志》：母李氏早卒，事父相如极孝。父钟爱两弟荣瑶、荣璧，璠曲体父意，悉推所应得祖产让之，笔耕自给。丙午岁饥，两弟复就食璠家，怡怡如也。族党盛义之。］

王秀升［庠生，事亲孝。所聘女忽哑，女家请别婚，秀升卒娶之，亲甚欢慰。］

余正国［商射洪，积巨资寄伯兄购田宅，伯兄据为己有，慨然让之。复商射洪，获利数倍，寿九十一。］

李为桢［事亲孝友。爱弟兄，推让田产。］

夏锡智［有至性。养葬父母，费悉己出，不及其兄弟。兄殁，嫂孀苦贫，体恤周至。］

李文朔［《府志》：弥月失怙，母刘氏抚之成立，力农养母。时祖父母爱怜少子，倍与田宅，文朔仅得十分之二，处之怡然。事祖父母与母，始终不倦。］

李绪［家贫，竭力养亲，不与兄弟较。有司予"德门寿恺"额旌之。］

杨廷用［《府志》：幼失怙，事母极孝。兄早逝，抚孤寡谊尤笃。弟侄辈有借贷，虽数十金不求偿。寿八十八，无疾而卒②。］

---

① 斑衣：古代二十四孝中"斑衣戏彩"的孝亲典故。指春秋时期道家代表人物老莱子七十岁还经常穿着花花衣服学小儿哭啼等滑稽逗趣的动作来娱乐父母。斑衣：彩衣。

② 无疾而卒：原志误作"无疾面卒"，据《刊误表》改。

余长发［弟长春，母所钟爱。仰体母意，多与财产。］

邹棠［举人。事父母愉悦，无少忤。兄殁，分馆谷存恤孤寡。弟尊荣、子炳然皆入泮，棠之教也。孙培基，亦入庠。］

李日书［力田养亲。值岁旱，弟侄家多待以举火。亲殁，葬祭甚周。］

任文藻［贡生，事父孝。弟文泮以贾破家，藻鬻千余金产，代偿其逋。母丧哀毁，须发尽白。］

夏在衡［父早卒，弟妹三人皆继母出，婚嫁教诲，在衡独一身任之。］

彭铣［父逢春性严，怡色奉养，得其欢心。母寿九十六，依恋如孺子。］

陈瓒［胞弟瑚无子，遗一女，瓒以己所有千金作奁资嫁之。］

韩仕锟［母老而瘫，左右就养十余年无倦容。］

何泰如［《府志》：庠生。姊适夏之琏，早寡而贫。泰如以寒士膳养，垂四十年。姊七十三岁卒，殓以己棺，与琏合葬。］

夏明宣［《府志》：八岁而孤，事母孝。兄早卒，抚两弟及孤子成立。平生言行，为乡里表率。年八十七卒。子棨，长宁教谕；孙之鼎，饩于庠。］

刘朴［父母早故。兄弟四人，朴任家政，积资巨万，置产与均。州牧旌其闾曰"德播乡邦"，子孙多列胶庠。］

彭孺宾［事继母孝，兄弟七人同居三十余年无间言。析产时，以膏腴让兄弟，自取其硗薄者。］

刘裕昆［弟卒，遗三子一女俱幼，抚育婚嫁，竭尽心力；兄贫，迎养终身，内外无间言。］

彭象贤［《府志》：先意承志，凡父母欲与，必会意与之；有不豫，必多方娱之。叔母曹氏寡而贫，且无子，象贤以胞弟钿承继，悉分己有与之。终身和翕，年五十卒。］

张曙［年十二失怙恃。事祖母孝，疾，衣不解带。女弟早寡而贫，迎养全节。抚女甥遣嫁如己女。］

夏伯瀛［《府志》：父殁，事前母兄伯源如严父，起居不离。兄殁，伯瀛积赀置产与子侄均分，内外无闲言，里人美服。］

何中［庠生，生十二月而母陈氏卒，失爱于继母刘。年十五，即笔耕自给。后岁饥，异母弟不能自存，就食于中，善视之，而养继母尤谨。子廷琛，贡生；廷元，庠生。］

蔡心辉［胞兄析产后不善治家，遂贫。心辉按月致薪米，二十余年如一日；侄四人俱游惰，各予金俾改行习业。］

刘金伯［事继母孀嫂极诚，弟殁代偿夙债。］

程绪［副榜。兄羸疾贫甚，以己产让之，砚田①自给。族人寒苦，饮助不稍吝。］

韦仁卿［《府志》：性孝友。有二兄两弟，均极贫。乏养，继母苦之，仁卿独养二十余年无难色。厥后，伯兄叔弟死，均代为营葬，抚其兄弟之子五人均成立，二女代嫁之。寿六十而终。］

郭阳裔［武庠。以祖业让兄，自给薄田于晏子山。复为侄置产，自甘贫约。子孙多列胶庠。］

曾志学［性淳厚。少丧父母，伯仲持家，居积致富。析产时，念两兄勤苦，尽以与诸侄，仅取祖田三分之一，岁时周恤邻族。］

高应瑞［兄嫂相继殁，遗孤仅弥月。妻瞿氏方育女，遂倩乳妪哺之，而妻乳其孤。及长婚娶，翼之成家。］

童有富［三世同居，男女百三十余人，各视其材质，授耕读商贾，内外秩然。］

余曙曦［四岁失怙，事孀母三十余年，奉养备至。胞叔遗两子，幼抚之成立，置产与均。］

向振仪［事亲孝。父殁，庐墓三年。］

金于贡［家中资，弟于宣浪费累五千金，鬻产代偿。及析爨，于宣又荡尽，复分己产畀之。子榜，庠生。］

夏维宗［性孝友。代兄偿债，竭力养亲。兄殁，嫂贫无依，迎而养之。］

夏启聪［家贫，年十五失怙恃，幼弟三人，少者甫二岁。一室孤弱，人多凌轹，乃结茅先人墓下，教育周㑋，行必禀于墓门，驯至小康。后析产，弟启书感其恩，义割己业为兄祭田。］

王自新［庠生，性孝友。析产后割亩奉兄，诸侄贫乏，时以馆谷赡之。孙文彬、融，俱食饩。］

周廷榘［性孝友。析产后代兄偿负，而己积逋逾二千金，将鬻产以偿。兄不忍其

---

① 砚田：以砚为田。比喻文人以读写为业，依靠文墨维持生计。

为己累也，止之。榘阴成约，竟脱手偿负。贫穷自甘，课徒教子。子元龙，登拔萃科。]

钟永盛 [兄弟四人，家赤贫。嘉庆初，由江西奉父母及三稚弟来涪，服贾四十余年，置田千余亩，悉与弟均。延师课子侄，列胶庠者三人。]

李正相 [石逆之乱，携家奔避，途次遇贼前队，刃伤其父。正相奋勇击贼，父得远逸，正相独力与贼战死。]

周汝翼 [有至性。滇逆扰鹤游坪，母年八十卧病，侍奉不忍去。贼刃其母，以身庇母，同死。]

杜玉亭 [兄弟析产后，兄累家口繁重，以己分七百余金产推让之。逾三载，仍不支，玉亭以原价赎其业；不济，复以此业予之。]

尹仲明 [嘉庆初自合州来涪贸易，置田数亩，迎养其兄。数年兄故，遗子甫二龄，仲明抚之成立，析产与其子均焉。]

刘维成 [兄弟四人俱业儒，家仅中人产，用不敷。维城年十五弃儒学贾，往来川楚间十余年，置田数百亩，以膏腴让诸兄弟，自取其硗薄者。子建庸，有声黉序；孙尔嵩，饩于庠。]

郭太畅 [佣工，养亲以孝闻。伯母阚氏贫无依，迎养一如其母。]

陈正德 [母杨氏性严急，委婉承顺无稍忤。有姊适卢姓，苦贫，承父命资以田宅。]

杨通信 [六岁失怙，事母孝，教子光锡，有介节。锡盛暑侍立，见通信左臂瘢痕。请其故，不以告也。临终始言：其十三岁曾割股愈母病。]

张维栋 [家中人产。兄弟析爨后，维栋资之。贸易逋负无偿，家遂落。凤有呕血疾，父卒哀毁，疾益甚，数月死于苫次。]

邹棡 [号荫轩，性友爱，精歧黄术。仲兄枚夫妇殁，任丧葬费无吝色。长兄枬殁于京邸，回籍侄辈几不能自存，棡分所有以济，兼教诲之。侄轼殷，任雅安训导。]

高渐培 [《府志》：笃学敦伦。胞弟有急难，挺身救之，受辱不悔。其弟或激亲怒，培为曲全，以解亲忧。子伯钰，邑庠生。]

何震均 [《府志》：事亲敬养备至，及亲殁，哀毁尽礼，每遇祭扫，必潸然流涕。诲一孙中乡试副车。寿八十六。]

陈顼 [《府志》：性孝友。娶陶氏，生二子而卒，顼年甫二十九，不复娶，言论终不及闺阃。享寿九十一岁，五世同堂。]

周毅足［《府志》：贡生，事亲至孝，行端品正，乡人仰其德范。］

夏廷元［性孝友，兄弟四人。咸丰庚申，有索债者殴其父，兄弟往救，误听人言，酿成刑案。元争自首，后以救父情急获免，寿八十四。］

向德增［生有至性，事父母以孝闻。咸丰壬戌，石达开窜涪，德增先后躬负老父母入天生磴洞避之。待昆弟尤笃爱，析产时以膏腴让诸兄，自取薄田二十余亩，处之怡然。］

谭念谟［《府志》：性孝友。父殁，弟贫不能养母。念谟业医，生养死葬三十余年，始终不倦。弟有窘急，仍必力为周助。］

盛和声［《府志》：甫入庠，父母相继卒。弟五人，均赤贫，和声岁所得脩金皆分用之，十余年毫无蓄积。］

曾毓灿［《府志》：字笏山，提督曾受之侄孙。性孝谨，事父母怡色婉容，虽小事必告。父殁后，每岁束脩必供母所需，不私为己有。一门之内，雍雍如也。］

谭敬谱［贫不能自给，舌耕糊口，奉母孝。周逆破鹤坪双峰寨，谱负母逃。贼以戈击谱颈几半，谱左手抱颈，右手负母，望垫邑石门砦狂奔二十余里。抵寨后释母，昏晕倒地，血流气绝。众怜其孝，延医治之，月余始瘥。后七十六无疾而终。］

谭元和［敬谱侄也。家贫未读书，能知大义。父病无力医，剖腹割肝，血流遍地。和药以进，父病愈。］

黎廷翰［忠厚有至行。周逆破鹤坪，奉母率家逃出，备诸艰。母年八十一，寝疾月余，翰侍奉汤药弗懈，两次割股被家人惊，救未愈；其次子克义割之，和药以进，病瘥。是年，子游泮水，乡人称之。］

孙邦杰［家贫，教书为业，事父宗珣极孝顺。父左足心生疮，洞穿足背，脓血淋漓，时久管生。杰口吮其脓，管出而愈。］

游开璧［母张氏病久不愈，璧割左臂肉和药以进，母病瘥。］

张克用［性至孝。嫡母六旬时，身染重病，呕泻交作，绝食者已七日矣。克用割股和药以进，病即愈。后母寿八十二。］

施承勋［好读书，过劳失血，乃改习医。父孝义君临殁遗命"毋令纪云废学"，承勋友爱甚笃，延师专教之。时家中落，然脩脯必丰，待先生有加礼，应试必亲送，十年如一日。生平治病，必悉心研究，十不失一；病愈，并不受谢。乡人有争端，辄调解，讼事稀少。珍溪佣力，人多自别乡来寄居者，每元旦后，数日无货物起下，则合家乏食。承勋倡劝亲友街坊捐年终赈，人始得全生活。其法今犹行之。]

施崇勋、施炳勋[性肫挚①。滇粤贼踞涪两岸，时随父避乱，舟次龟龙关。父卒，势不得不取棺木琛溪。恸不顾身，以重资觅水手驾小艇，一昼夜往返百三十里，船蓬窗皆用水湿绵絮遮蔽，两岸暨炮船枪炮交击声如爆竹。迨迎棺至，絮中得铅弹数十枚、群子无算。竟得免于弹雨，人谓诚孝之感。]

向子祜[字青云。心气和平，谙事体，善交游，官商学子咸重之。喜培植寒畯。初商湖北，适荆州镇守将军巴扬阿公管饷政，以川盐为大宗，时与川商接，独奇祜。诸商争执赞将军门下，祜独不屈，将军益重之。濮侯知涪州，富家子多夤缘称"门生"，祜独与抗礼如在沙市日，其自立如此。待弟兄友爱，教子有方。]

夏裕顺、夏敬甫[弟兄三十余年，孝友好善，人无间言。]

李金灵[幼失怙，事母毛孺人至孝，与兄在园平生无间言。寿百岁，妻张氏寿八十六。子孙百余口，五世一堂，乡里称"五福三多"云。]

李光奎[事父母以孝闻。析居后，离父母四里许，晨昏必侍。析产时，兄弟皆择肥沃，自己认硗薄。寿八十。子成章，亦有声称。]

冉性庵[性孝友。出告返面②，自幼至老皆然。父母病，窃割股和药以进。父殁，庐墓三年。事八旬老母，每饭必同席。母殁，在神主前犹行出告返面礼，凡父母遗嘱建宗祠、置祭田、埋浮尸、设义学之类，靡不一一举之。八团内有孤贫者，年终必赈济；阖邑兴学、赈灾，靡不助以巨款。知州国璋给"惠及枌乡"匾额。教子侄以礼，有犯，令跪家祠前焚香烛自呈过愆，视所犯之大小，定惩罚之轻重。待弟锦堂、绍璞尤敦睦。子光泰，拔贡；侄光咸，优贡。其余多列胶庠。]

陈洪寅[字光堂。父敬中，祖仕源，累世孝友，传家忠厚。当仕源时，所有己坋田产为弟兄辈强卖之，不留立椎，淡如也。洎敬中，又悉以弟兄姊妹丧葬嫁娶为己任。洪寅则事亲孝，待少弟洪懿友爱，独养母四十余年。母晚年病瘫，辗转床褥，黄水淋漓。寅妻鞠氏昼夜扶持、洗涤，年余周懈，人皆以为难能。及殁，哀毁骨立。年八十，甚强健，

---

① 性肫挚：原志误作"牲肫挚"。肫挚：真挚诚恳。
② 出告返面：外出时要禀告父母，回来时要面见父母。出《礼记·曲礼上》："为人子者，出必告，反必面，所游必有常，所习必有业。"反通"返"。

凡岁时拜扫，虽大风雨，必躬率子侄亲往焉。]

秦正权［事母曲循礼教，每食必亲奉酒肉，每夜必亲展卧具。母病风瘫，正权就榻事奉，日夜不离者三年。]

秦炯［正权之子，邑廪贡生，幼失恃。炯事继母，曲尽子道，卒博欢心；待继母所生弟妹亦极友爱，人几不知其为异母者，乡里至今称之。]

张鸿江［字富春，原籍江右，生有至性。幼失怙，家贫，事母孝。十九为人雇工，随入川，来涪火炉铺，以贸易起家，迎养其母。母性刚，鸿江靡不先意承志；偶有不豫，必率家人跪劝之，母慰乃止。母殁，临终遗嘱须归葬原籍。是时，江右洪杨之乱甚炽。鸿江决计搬柩回籍，戚邻劝阻不从，遂行。中途果遇贼，疑为伪，欲开棺验视。鸿江跪请曰：“此母尸也。吾不忍母尸暴露，必欲开棺，则请先以身殉。”贼鉴其诚孝，免开验，且以前途有阻滞，另给令旗以资保护，卒得归葬原籍。堂兄鸿儒一子，早逝，鸿江遣人迎鸿儒来川同居。时鸿儒年六旬，为娶妇生男女三。鸿儒殁，鸿江抚之成立，并酌给财产。以堂兄鸿禧，亦三次让产；堂弟鸿福自赣来川，亦析三千余金以去。其天性之厚如此。]

傅镣［字纯庵，幼颖悟，笃于伦常。随兄朴庵馆读，年十二阅案上宋儒诸书，索解甚殷。翻阅久之，向人曰：“圣贤下手工夫，先在慎独。”爱制布袋二，分盛黄黑豆各若干，以志功过，于父兄尤加意承顺。先是，父累债深，田土尽质，兄课读于外，又几难自给，举家十余口，辄不炊。纯庵得世传方书，乃行医，日负囊于附近各场，得钱易米，举家赖以不馁。妻弟游某，每场期要于道，盖欲挽而之家，与食也。纯庵坚拒不肯往，归谓其妻曰：“父母兄弟俱饿，我何忍独饱？”又以日废学业，夜则蓺香代篝灯苦读，辄不睡。昼夜勤劳，三年呕血卒，时年二十。无子，妻游氏抱夫兄朴庵第三子炳熙承嗣，亦守节以终。事迹见节孝。]

方杰［字松琴，邑庠生。幼为父母所钟爱，分产时父母欲多与。杰曰：“父母老矣，儿不愿多得也。”卒厚与兄。及长，舌耕养亲，独立任之，曲尽孝道。父母卒，丧葬一切于兄毫不较。女弟家贫，杰亦伙助不吝。]

胡万年［家贫，父病笃，万年割股和药以进，立愈。父殁，庐墓三年。]

胡如山［父病瘫，如山移就父宿，朝夕侍奉，不假婢仆，数十年如一日。]

王德益［弟兄三，家极贫，蕨其拦屋而居。母老，与一幼女偎炉，家忽火。得益狂奔救母，女之生死不问也，老幼终无恙。后以工艺独力养母，不委诸兄弟。母殁，以生礼事之，日供三餐，终身无间。]

禹长龄［事亲孝。亲殁，庐墓三年，终身不茹荤。］

杨昌［年十二，家失慎，昌赴火救母，卒焚死。］

欧阳烈炳［字景恒，邑增生，性孝友。长嫂张氏、次嫂周氏冉氏俱孀居，各遗一子甚幼，烈炳以舌耕供两家日用，兼教两孤成立。三寡妇得守节以终，皆烈炳力也。后烈炳子孙，多列胶庠。］

吴有信［六岁失怙，事母孝，凡事先意承志。母病，药必先尝，衣不解带者月余。母殁，哀毁骨立，庐墓三年。］

黄兰陔［性纯孝，家赤贫，仅祖母与叔，三世子立。年方十七岁时，祖母病笃，刲肝和药以进，祖病即愈。后刲伤病发卧地，血流染衣。叔见扶床，卧两日不药而愈，事祖母愈孝。知州蹇给有"诚孝可嘉"额。］

胡正华［兄弟三人，己居次。家寒素，性孝友。事亲无间晨昏，饔飧必亲侍奉。析爨后，代兄弟偿债；兄弟殁，复竭力安葬并抚其儿女成立，为之婚嫁。］

胡少卿［性孝友。兄殁，遗一子甚幼，孀嫂无依，少卿迎养，抚侄成立，代完婚娶，同居十余年毫无怨言。后侄贸秀山病殁，复搬枢回籍，按月给养孀孤。］

刘玉璧［刘科相之次子也，性至孝。母王氏多病，尝割股三次和药以进。］

袁汝志［性孝友。有弟素挥霍不受检制，日以析居为言。汝志悉以产畀之，而自赤手治生。比弟殁，囊橐一空，复为营葬极哀，并令其家合居，为两侄择配妆遣，一如所生。人皆义之。］

刘世桃［父病，刲股和药以进。殁，庐墓三年，哀毁骨立。母寿八十二，起卧必躬亲扶持。兄早逝，抚孤侄如子，事嫂如母。后诸侄游泮，孙亦名列仕宦。寿八十四。］

刘文学［事继母孝，待异母弟纯武纯熙友爱，试期必亲送考，朝夕为改课文，卒使两弟成名。］

周鸿图［号卜君。弟兄二人，砚田不能自给，鸿图常以脩金助之。奉养其父，尤得欢心。］

陈之桢［入泮时，其父藩西以医游广西，之桢率弟之幹往迎，年余始归。后幹亦入泮。］

王桐［家贫，事亲孝。所积财产诸弟平分，里人播为美谈。其子效川入邑庠。］

况宇清［邑增生。亲殁，痛不欲生，庐墓三年。弟兄析产，甘取少数。］

杨瑞圃［少失怙，事事必得母命玉成，兄弟备尝辛苦。于族众，亦常以先贤格言相勖，多为所化。次子清池入邑庠。］

况正榜［兄弟四人析产后，长兄正学不善治生，因债务愿将分业全售。正榜以产系祖业高价承买。年余，正学生活益窘，正榜复将所买业内土及柴山十余石赠之。至今年久，其田系正学子孙耕种，其粮税仍正榜子孙完纳，毫无间言。］

王应晖［事孀母极孝，爱兄应暄极笃，析产后仍时奉甘旨。兄病，往来经理医药，衣不解带者三年。洎殁，厚助葬资，毫无吝色。］

李光甫［邑武生，性纯孝。母病，两次割股和药潜进，人皆称为孝子云。］

王融［号雪亭，岁贡生，教学终身。所获脩金置田产分给兄弟，不私为己有，人称其有乃祖愚溪孝友之行。］

王文彬［邑廪生，性孝友。以脩金所置田产，临终犹谆嘱分与季弟继琇。其两子均列邑庠。］

何国贞［号葆初，邑廪生，性孝友。教学数十年所得脩金，仰事而外，分给诸弟，一介不忍自私。殁之日，贫无以为殓。］

赵宗宣［号少卿，邑举人，性孝友。以其父一涵冷官置产无多，惟弟兄十人得名者四，建"得名不受产"之议，以先人遗产分授未得名者。又以私财一千二百两供母汪氏养膳，后辈援以为例。其侄鸿甸、侄孙桢，均推让其产于弟兄。］

何廷赞［字辅臣，岁贡生。绩学不与外事，待弟士美教养，甚至教授乡里。脩脯所入，悉由士美经营。士美多置田私为己有，廷赞不争一亩，恬然不校而友爱不改其初。乡人敬之。］

邹敬贤［字春渠，生有至性。少孤家贫，弃儒业，入刑科习吏事，谋升斗以供母旨甘。母萧晚年得废疾，饮食、步履须人扶掖奉养，敬贤无不躬亲。母或久卧，体不适，敬贤以圈椅具厚褥，呼儿舁游于宅之前后，每晚必集家人于母室讲古事或近闻之可欣可喜者，以博欢心。母病几三年，敬贤事之始终如一。］

周鸣廷［号庚实，邑庠生。随父元龙候补江西，父殁几不能殓，鸣廷扶柩旋里，历尽艰辛，庐于殡所年余，安厝后始已。以舌耕事母程氏，曲尽孝道。虽窘极，必奉甘旨，朝夕承欢，俨然孺慕。其待季弟，友爱亦笃。］

汪如涛［号蔚崖，性孝友。其兄香崖毙一盗，蔚崖闻之奔署争先自承，私促香崖逸去。蔚崖在狱三年，获赦免入武库。]

何宝书［善事继母，曲尽孝道。继母所生弟妹，抚养成立，完娶力从优厚。析产时，尤甘以膏腴让诸弟，故终身怡如，毫无间言。其《自遣》诗有"须知兄弟乐，较胜子孙贤"之句。]

康佐卿［亲久病不愈，佐卿静焚香告于先祖前，刲股和药以进，母病愈。]

廖玉池［母病，玉池割股。母病愈后，玉池病，其幼子亦割股以进，病得愈。]

杨伯芳［邑庠生，言行饬谨有古风。与弟恩贡仲芳、庠生淑芳衡文论道，白首同室，蔼若师友①。]

陈均［邑增生，孝友性成。与弟侄析产，推美取恶。尤好善乐施，敬宗收族②，同里奉为表率。]

周贞顺［有至性，生平于父母婉言和色，昏定晨省无间。年至七十，无论寒暑晴雨，早晚必于曾祖、祖父母墓前躬焚香礼拜。]

何瑞霖［祖母年八十三，病瞀便结，尝以银匙挑取粪秽，历寒暑无怠。出嗣伯父为后，尝割己产以补助同胞昆弟。]

何自修［事母黎氏惟谨。其本生父瑞霖殁时，修宗祠未竣，自修受遗嘱，不吝重资，卒藏其事。]

夏尚荣［性诚朴。同胞四人，共处一堂，尚荣独教学四十余年，岁入脩金悉纳于家，岁收祖谷悉由三弟朝臣支配，绝不计较。后析产时，复自取其硗薄者。]

夏宗裔［祖父遗产数百石，被胞叔典完售尽。宗裔由涪至郁山镇业商，获利数千金，命长子廷彩运归，赎业置产，与叔侄弟兄均分，毫无吝色。子廷彩，亦不改父之道。]

潘懋烈［字曙山，事亲孝。母病瘫痪，医药扶侍，积十年如一日。弟兄早逝遗孀孤，养生送死，教育婚配，皆力任之。尤好义乐善，如志仁堂、惠泉公所诸善举，胥与有力。子江，列邑庠。]

以上孝谨友爱。

涪陵县续修涪州志卷十二终

---

①　蔼若师友：原志误"蔼"作"霭"。蔼若：即"蔼如"，和气可亲貌。
②　敬宗收族：尊敬祖先，团结族人。收族：家族史文献常见词语，《仪礼·丧服》郑玄注云："收族者，谓别亲疏，序昭穆。"指以上下尊卑、亲疏远近之序和睦族人，使不离散。

涪陵县续修涪州志卷十三

人物志三

义举［《陈志》序云：化行俗美，野人足备干城；排难解纷，布衣亦多豪侠。他若疏财仗义，未始非利济之怀。月旦①俱在，安可听其湮没不彰耶？因备举其人，录其善，庶人皆慕义，其有裨于风化者多矣。］

睦、姻、任、恤②，古风既渺；读书怀独行君子之德，若季次、原宪，吾不得而见之。朱家、郭解③，《史》有取焉者。"恻隐之心，仁之端也。""苟志于仁，无恶矣。"④若以善小而不为，不亦慎乎？

（明）张与可［按察司副使。龟龙关滩势汹涌，常覆舟，捐资凿削，患稍息。沙溪沟春水暴涨，冲溺无算，倡捐建桥，州牧韩公额以"永赖"二字焉。］

朱灏［字仲明，永乐进士。官御史，抗疏切谏，忤旨归。置义田赡族，赈恤贫苦，里人德之。］

张聪［性谨厚。侄负国课系狱，聪鬻产业代输得释。里中贫乏，时赒之。］

（清）张友法［白里人。明季摇黄贼攻劫鹤游坪，杀戮焚掳，友法率众力御之。清朝鼎定，请例起科，急公奉上，涪人德之。］

---

① 月旦：即"月旦评"，亦称"汝南月旦""月旦春秋"。典出《后汉书》卷六十八《许劭传》：东汉末年，汝南郡人许劭及其从兄许靖俱有高名，喜欢品评褒贬乡党人物，常在农历的每月初一（"月旦"）发表或变更对人物的评论品题，故称"月旦评"。后因以成为人物品评的代名词。

② 睦、姻、任、恤：邻里和睦、婚姻美满、任贤与能、体恤百姓。古代"六行"中除孝、友之外的其余四行。参本志卷八《典礼志·宾兴》"三物"注。

③ 朱家、郭解：《史记·游侠列传》中的主要人物，替人排忧解难的秦汉游侠。

④ "恻隐之心""苟志于仁"：分别出自《孟子·公孙丑上》与《论语·里仁》。

郭阳裔［康熙癸卯武举，为人敦本睦族。祖居北山坪，自置业于夓子山，将祖业归伯兄，买业付长侄，自甘贫约，终身无悔。年七十二岁而卒，子孙皆入胶庠。］

彭赴选［康熙间充武隆里长，多代贫者完纳钱粮，不急追呼。州牧萧星拱以“急公尚义”、董维祺以“扬扢淳风[①]”旌之。］

何鉽[②]［字元鼎，举人，孝友性成，兼笃交谊，饶有车裘与共遗风。康熙尹于鄞，号能吏，往来济其困乏，三原、象山二令资其厚力，得不失官。卒以此受累，自甘落拓，绝无怨。见向廷赓《伦风》。］

汪名扬［轻财好施。遇岁旱，先后捐米百余石赈恤乡邻。州牧谢旌以“松茂椒蕃”。年八十三。］

舒翥［贡生。为人崇本务实，乐行善事。于八角厅建普净庵，并设义渡以济行人。］

潘嵩［庠生，为人诚笃，居家必整衣冠。设文会以课后学，成名者甚众；待乡里和睦，有贫乏者周济，习以为常；古冢裂毁，悉为封闭。父殁，庐墓尽哀。后其子味谦列成均，鸣谦、喻谦俱领乡荐登仕籍。］

舒其仁［贡生，建宗祠以睦族，置墓田以供祀。族中三世孤贫，为之抚养，婚娶置产业给之；不能自存者，不吝资助。有楚客覆舟失衣物，赠以金，俾得归。丙子岁旱，米价腾贵。请于官，挪项采买邻米，减价粜发，全活甚众。文庙垣外地为市侩私买架屋，捐金赎之。与弟其文同居，六十余年无异议。后其子国珍领乡荐，步衢列胶庠。］

彭迎春[③]［慷慨好义，有贫人鬻子，即捐银赎回。又载米赴楚，有少年持银五十两买米未成，遗银封而去，逾时，少年寻至，春以原物给还，不受其谢。乡有旧联姻者，其婿出外十年不归，父欲另嫁，春阻之，使人觅其婿回，助赀配合。］

覃邦本［吏员。为人扶弱济贫，素有隐德，见重乡里。后其子栋食邑廪，模登贤书。］

---

① 扬扢（jié）淳风：汲取、发扬淳厚朴实的乡风民俗。扢：原志作“㨟，据《刊误表》改。按：考“扢”同“㨟”，原志其实不误。扬扢：发扬、颂扬。扢（㨟、扴）：一说音 hài，《集韵·代韵》：“扴，取也。”

② 何鉽：按传中“字元鼎”，本志卷十九《艺文志一·存目》“芝田诗稿”条引《通志》谓“鉽字元昇，号厚溪”；“康熙尹于鄞”谓其在康熙年间曾官浙江鄞县知县；“向廷赓《伦风》”：向廷赓，《四川通志》《锦里新编》有传：字修野，四川成都人，康熙三十五年（1696）举人，以博览群书，生性豁达洒脱闻名于时，工诗古文词，兼善中医，曾任贵州桐梓教谕，晚年逍遥林下，吟咏自乐，自号花溪老人，著有《伦风》十六卷及《周礼详解》《医述》等书。

③ 彭迎春：《陈志》卷十《人物志·义举》作“彭逢春”。

程绪[副榜。兄弟分析①后，兄羸病贫乏，绪以己产让兄，宁舌耕供食。族中有贫者，亦不吝分助。]

郑仕福[居李渡镇。除夕，盗入其家，福觉之。盗叩头祈免，福曰："为盗非若本心，为贫所迫耳。吾予若金，后须改行易辙。"给以酒食钱缗而去。盗得资本，卒为善类。]

张世仲[好义疏财，曾纳谷四百石入社仓，州牧谢详请给予顶戴，藩司钱给有"急公尚义"匾额。后补修城墙，复捐银二百两，里人为之刻石城南。其子列胶庠。]

张国定[幼丧母，父因贫不续娶。定既长，谏父再娶，从之，生弟甫半岁而父殁，定事继母孝，抚弟课读婚配，自置田产与弟分之。继母冰居三十载而终，定葬祭如礼。年八十，子入太学。]

陈灿若[里民，慷慨好施，矜济贫乏，曾捐赀买棺百副，制衣服百件。凡无力安厝及贫老难办葬具者，屡年次第给之，受者称谢而无德色。年六十终。]

高田[庠生。为人公正，友爱弟兄，力事经营，分多润寡；乡里有不平者，多能排解，当事额其庐曰"芳行堪式"。]

易敏文[居李渡，镇市偶拾遗金五十两，失主寻至，讯实即将原封还之，分金以谢，不受。]

吴文瑞[自幼失怙，事母尽孝。母病，两次刲股，皆瘥。待兄弟友爱，三世同居，推有让无，且乐善好施，如捨药施茶、创修庙宇桥梁等事颇多。前州牧王用仪旌其门曰"德龄媲美"。七十六而终。]

曾志学[性淳厚。少丧父母，两兄持家，积年颇殖财产。分析时，志学念两兄理家勤苦，甘心尽让诸侄，仅以祖业均分。至老友爱，乡人称之。]

舒其道[庠生，好义，盛暑必饬衣冠。乙卯大旱，家贮之谷减一升借给贫邻，还时又减一升；有以首饰质谷者，给还，量助谷石。乡人仰之。]

戴世远[乾隆己酉拾遗银三十两，次日访系谢姓，悉还之。后二年，复还罗姓遗银十两。]

谭美东[慷慨好义。乾隆戊戌鹤游坪大饥，捐谷百石倡赈，分设粥厂。借贷无偿者，

---

① 分析：分家析产。

还其券。子鉴，入邑庠；鑫，议叙象州吏目。孙曾[1]克继书香。]

谭辉宇[豪爽严正，敦信义。族子弟有不戢者，面斥之。里中进士张进弟朴而贫，馆乡塾被盗劫。盗庇于强豪，不得直。辉宇代控，备历艰苦，气不少挫，卒按得首从数人伏法，又督修考棚。子：道衢，登己卯乡荐，巫山县教谕；道正，饩于庠。]

薛沅[嘉庆间，奸民乘教匪之乱掠卖妇女。沅在珍溪镇设法防治，群小敛迹，各乡获安。]

柯进瑚[嘉庆己卯，有夫妇流落，归黔无资，将鬻妻。进瑚厚给之，夫妇感泣而去。]

况元保[嘉庆三年，教匪扰涪北岸，妇女老稚奔向韩家沱，欲渡江避贼者以千计。有单骑贼追至观音桥，元保立桥左诱贼，刺以长矛，贼被创遁。元保料必率队来，急护众顾船渡江[2]。贼至，无及。]

金世凤[嘉庆间逆苗煽乱，大兵进剿，扰民甚。凤时协办军粮，白大帅严治之，民赖以安。凯旋，大帅袁欲上其功，凤辞。州牧李旌曰"鸿志鹤龄"，少府张旌曰"在公勤慎"。]

熊世俊[嘉庆初教匪之乱，岁饥米贵，捐米平粜，州牧以"德义永年"额旌之，年八十八卒。]

喻瑉[3][好施与，多隐德。嘉庆辛未岁歉，捐米赈恤。年八十四，夫妇齐眉。]

余崇勋[嘉庆辛未大旱，捐米赈恤，全活甚众。生平善举尤多。]

邵维万[嘉庆壬申、甲戌大饥，两次捐米赈恤，复请领济仓谷平粜，全活甚众。]

何绎如[家赤贫，五岁失怙，贷殖起家。事伯叔父曲尽心力，倡设文社，周恤邻里。嘉庆辛未岁饥，捐米赈济，全活甚众。]

黄文耀[创修碗厂沟堰路一千八百五十丈，人名之"黄公路"。道光十年，水淹中嘴场，男女露宿啼饥，捐米赈济，全活甚众。州牧黄旌之，子孙多列胶庠。子道亨，由武生任督标守备；孙灼，重庆镇中衡外委。]

陈继唐[睦族好施，倡"拯溺会"收掩浮尸，定规条，勒碑蔺市。其子春腴太史有《募收浮尸小引》。]

---

① 孙曾：孙子和曾孙，泛指后代。
② 顾船渡江："顾"通"雇"，雇佣。
③ 瑉（mén）：同"璊"。《正字通·玉部》："瑉，俗璊字。"《广韵》："璊，玉色赤也。"

况抡标［嘉庆癸酉科副榜，生平好善。捐资修道路，造桥梁，培朝宇，开河堰；每年以束脩所入，悉付诸善行，不足则售田土以继其志，计受坋二百余石，几典卖罄尽。著有《周易一说》。］

谭世浴［道光丙戌鹤游坪大饥，捐米倡募，多所存活。监修考棚，廉谨不染。］

陈炳南［道光辛丑岁饥，谷价腾贵，捐谷百石，减价平粜。］

甘文才［幼失怙恃，依叔成立，叔病，刲股疗之。性豪侠，尝曰："吾人不能为天下出力，当为一乡不可少之人，勿作自了汉①，排难解纷无虚日。"每暑月于要道设棚施茶，严寒施衣，岁终施米，州牧李额以"硕德耆英"。寿八十。］

陈正义［道光丁酉，捐七百余金置业作巷口义渡。］

杨智麟［慷慨好义，赈恤亲故，胞叔子孙赖以教养者三世。尊师重道，子恒、恺，俱列胶庠；恂、怡，俱贡成均。寿八十一，曾孙晔领乡荐。］

鲁启麟［倡置义冢，与同里陈继唐设"拯溺会"收掩浮尸。］

陈志常［长里梓路溪夏间泛涨，行旅阻隔。捐置义渡，现历五十余年。］

杨登荣［家不中赀。道光七年岁饥，州牧吴劝富民赈济。杨不待召，乐输米十石为州人倡，牧以"谊敦任恤"额表之。］

鲁大荣［兄弟分爨，复析己产与侄。修险路，置祭田。道光丙戌岁饥，倡首赈济，多全活。孙：克裕贡成均，克英、克俊列胶庠。］

秦钟瑄［倡修宗祠，奖藉善类，资膏火束脩以励子侄。子葆恬食廪饩。］

刘楣［浑朴好施，常掩骼埋胔，置义冢地。］

李广进［每岁终，量给孤贫钱米。］

李昭绪［贷殖起家，分赡昆季不少靳。岁饥设粥厂，全活甚多。生平未尝履公庭。］

孙会澎［字象离。弟早逝，乐善好施，费不资，恐累其侄，欲析产。弟妇周氏义之，不肯析，捨田百亩，设育婴堂于施家坡，倡立恒兴义学②于李渡镇。施棺木、药物、寒衣，岁以为常。］

周廷瑶［捐资倡设陈家嘴义渡，船二只。］

---

① 　自了汉：只顾自己而不顾大局者。

② 　恒兴义学：本志卷五《建置志·善堂》"众善堂"条作"恒心义学"，疑前误。

刘祖耆［慷慨好义。岁歉以积谷贷族邻，不索券，无偿者听之垂四十年。］

罗永义［道光庚子岁饥，买米减价平粜。］

陈于智［常拾银于铜锣场酒肆中，守候其人还之，不受谢。］

李国俸［捐设鸭子塘义渡，又立义学于存真阁。孙荣第入邑庠。］

倪秉泰［道光辛丑岁饥，捐菽麦三十石于李渡镇赒恤贫乏。］

黄粤隽［道光庚子岁饥，捐银买米平粜，州牧德以"穀诒孙子"额旌之。寿八十五。］

陈万宝［性诚朴，家巨富。咸丰、同治间，前后捐军饷七千金。岁修治道[①]，路平如砥，可方轨行。子武庠议叙游击衔。］

张执中［教匪窜扰鹤游坪，诣额经略营请兵堵御，坪赖以全。议叙千总。］

王清旦［豪健有胆气。尝提戈逐盗，黑月中越丛芜密菁苦不舍，盗衰丐免，乃止。与堂叔登尧、族侄大有相誓"急人急，互援应"。二人者，亦喜任侠者也。会从弟与南川某绅隙，绅乘蜀督风严发其阴事，思以危法中之，捕至县，并逮其父。督帅檄涪州会同审办，势汹汹不可向迩，至亲密友求援，绝无应者。旦独毅然夜囊金，驰至县，倾资营救，再阅月，竟脱叔父归。居平于兄弟姻戚，卵翼周至。三子先后入文武庠，长子应元领咸丰壬子科乡荐。］

鲁义顺［咸丰二年，独力创修天平寨一座，费资逾千金。寨边附近地方，素苦硗薄。自天平寨修成后，年皆丰稔，土地肥沃，邻近多食其惠[②]，至今人艳称之。卒年八十，夫妇齐眉。］

石作寿［字仁圃，石彦恬之从侄，屡试未售，事母以孝闻，为人和厚好义。三门子之义渡，梓耳坝之文课，作寿力居多。］

刘立堂［家素封，好义举。咸丰末年发逆之乱，为乡人避难计，独力修平溪塞一座，费三万余金。其他桥梁道路、施与矜恤，善事尤多。］

王继举［家富有。石逆之变，尝捐资练丁以卫地方。又尝督团，同子思九防堵黔江，颇为得力，知州奖以军功。］

---

① 岁修治道：指每年有计划地进行道路的修筑和养护工作。
② 邻近多食其惠：原误"邻近"作"邨邻"，据《刊误表》改。

杨际堂[性刚决，同治初充本境总团。石逆之乱，练丁防堵，乡人赖以保全。]

陈秉钧[笃于孝友，与兄树勋不忍稍离，每赴试，必同往同归。治家严肃，子媳十二人、孙曾辈三十余人同处一堂，毫无诟谇嬉笑声。每岁秒^①，必以食米分给邻近极贫者。晚年尤能书蝇头小楷。]

周曾祐^②[字子余，文恭之曾孙，自幼敏悟，不屑屑于咕哔。尝领醛务，指摘利弊，人争奇之。自是，邑中事无巨细咸商承之而后行。同治间，同知州姚培修涪城，功竣而石达开至，及城围，协助防守，尤为得力。复与兄熙尧倡义设志仁堂，凡养老、育婴、恤嫠、抚孤诸善举，悉备焉。]

王承恩[家素封，性豪爽，好交游。常遣人赴贵州正安访宗支，订族谱，并捐资倡建宗祠。晚年，检箧中负债无偿者，多至二万余金，悉焚其券。至善举如志仁堂学田捐以及荒年赈济，皆与有力。州牧国璋奖有"力勤善举"四字。]

郭钟麟[举人，性宽厚，从无疾言厉色。凡地方善举，尤知无不为。辛卯督办长坝赈，丁酉勤办鸭江赈粜，均煞费苦心，活人无算。]

孟志义^③[每岁捐钱二十万，于木棕河渡口置义渡。]

宋登荣[捐修白果铺塘路四十余里，不勒碑；葬贫无棺者百余人，里人德之。]

夏曰浩[性任侠。有市侩私置大斗收米，贫民受累，命子文彬首于官，费至千金，积弊始除。]

王子院[己亥岁凶，捐米赈饥。教匪扰境，复捐资修鹤游坪卡隘。]

彭宗舜[庠生。常捨地作羊角碛义冢，复开凿两堰，灌田数百亩，不分畛域。州牧张表其宅曰"好义之门"。]

高辉朝[有何姓寄钱百缗，两相忘，逾年忆及，遣还之。生平廉谨，多隐德。]

杨嶵[好义乐施。族有孤女不能嫁者，嫁之；友死无归者，殡之。捐济谷，置祭田。寿七十六。]

---

① 岁秒：同"岁杪"，年底、岁末。
② 周曾祐：按传中"咕哔"指啰嗦。"尝领醛务"原志误作"尝领咸务"，据《刊误表》改；醛（cuó）务：盐务。"恤嫠"：《刊误表》正"嫠"为"婺"字，误，原志正确。
③ 孟志义：原志误作"孟志义"，据《刊误表》改。

陈炳烈[监生。同治①元年，州牧姚督团攻贼，捐金五百助饷。又捐资置田二十余亩，设土主庙新渡口义渡。]

陈大容[倡募捐置田亩，岁收十余石，设土主庙徐家渡义渡。]

游昶[监生。捐田岁收谷八石，设高洞滩口义渡。]

汤武先[滇匪踞鹤游坪，助军饷千余金，资团勇攻贼。]

况显贵[倡设太平场养济会，赈恤孤寡及无力嫁娶者，子阳春捐田扩充之。]

任清泉[倡设太平场观音渡义渡。]

王师贡[业贾。教匪扰涪北岸，设船渡避乱者，全活甚众。乱后斗米千钱，捐米平粜不继，又往川南籴米济之。]

余祖芳[捐田四十亩入宗祠以隆祭典，族中贫乏者赒之。修桥路，镌善书，不靳千金。子式棻，任叙永厅教谕。]

张拱辰[邑附贡生。生平好善，勇于为义。尝募捐倡修麻辣溪平桥、大石鼓场石鼓桥、郝家坝绩麻桥铁生桥报恩桥、紫露溪卷洞桥、石板溪天台桥、清溪场惠民桥，费既不赀，工亦完善。我州修桥之多，未有如其人者。孙兆凤，由庠生考取职官。]

施鲁[号筱裔，中书科中书职衔，纪云兄子也。出资培修珍溪镇禹王宫作为高初两等学校，又尝置珍溪镇碛坝路灯，以便行人。知州邹宪章详请督院汇奏，准给"乐善好施"匾额。]

舒殿材[性端直，毫无私见，亦无徇情。州牧张师范廉得其实，亲书"直道而行"四字匾额。]

赵天长[开小酒饭店于蔡家店子。一日，有客携金三百余两挂于食棹②上，饭后遗去。天长亦不知为何人所遗，谨拾而藏之，将三年矣。一日客复至，言前三年曾遗金于此。天长诘以当时胡不转觅，客曰：过客频繁，知转觅无益也。天长复诘以所遗金数并包裹式样，客历历言之，不爽丝毫。天长乃掷而予之，客不受。辞之再三，愿受其半，以一半畀天长。天长曰："吾不用全数，肯受半数耶？"卒尽与之，客感泣，拜受而去。其生平不苟，多类此。后子一涵、孙宗宣俱登贤书，曾孙鸿甸拔贡，其余子孙曾玄等

---

① 同治：原志误作"同冶"。
② 食棹：饭桌。棹同"桌"。

游泮食饩甚夥。]

周汝楫 [号晓帆。为诸生时，馆于某孀妇家。妇夜奔，汝楫峻拒之，次日借故辞去，绝口不言其事。后蒲蔚然馆于其家，与妇私通，入刘汶澧党，为乱刀所诛，人始知汝楫辞馆有故。其生平谨厚，多类此。子：淦，成进士；本钿，登贤书。]

廖炳烈 [字海峰，光绪丙子科举人。其生平为人忠厚和平，圭棱悉化。教学数十年，不较束脩，寒士多叨培植。其从游子侄与学生将所得脩金用罄，至不能举炊，弗计也。]

孔广怀 [字炳宣，言行不苟。同治年间，尝捐赀建长邑双河场桥二十余洞，又捨土作黑狗溪芦洞滩义渡基本，复广刊善书请人宣讲。其生平好善，类如此。]

蒲登厚 [字春秀。鹤坪州同知署贻毒甚烈，前雷丞质亭莅任，登厚约坪绅廖炳烈等严订条例，禀请转详立案，两诣府辕，不辞劳悴，由此讼减八九。]

游鸿章 [光绪年间，捐赀建沙河场桥十余洞，又尝捐金助族中寒畯子弟读书，并举行月课。乡人德之。]

赵鸿绪 [字述西。家仅中人产，尝捐重赀助广善堂施济，以所得束脩谷十五石捐入凤翔寺学校。]

余树楷 [字劲夫，性耿介，不苟取予。食饩后，专以教诲为事，地方公事毫不与闻，数十年如一日，及门弟子甚众。其孙邦宪、邦惠次第入泮。]

马复元 [性好善。虽处闾阎，品行端方，知州吴廷辉给"乡间善士"匾旌其门。]

王崇勋 [刚断而明事理。乡里有小争，剖判曲直无偏倚，讼多得息。州牧陈以"敦行不怠"匾奖之。]

况知柏 [监生，性严明。当发逆扰涪北岸，知州姚宝铭令赴关口防堵，自备饷械。贼知有备，顾去。县置学田，捐垫亦不赀。孙模，邑庠生。]

施继成 [浑朴无文，好施与，凡远近购米者，不拘石斗，必多与升合，且尊崇文学。子邦彦游泮。]

王永锡 [家贫，欲读无赀，尝立于廪生杨华封馆外听讲。华封异之，令其就读，且助以膏火，与其侄杨宣共相切磋，均入泮。后永锡设帐，凡贫不能读书者，不取束脩，人皆以为知义云。]

杨品三 [年二十四岁失偶，守义不娶。光绪二十九年，绅学周伟夫、高伯良等呈请知州傅、儒学张详请旌表，督院奖以正八品职衔。寿八十三①。]

秦绍虞［初经商沙市，某商家结账②误算，多收银五百两。及起程回川，始觉其误，复折回将银退还，由是知名。后复与邑人冉祥顺合贸湖北，兼司账目，每岁终分息，绍虞必取其悬欠、积欠，负债者苦不能还，绍虞焚其券免之。复以所获本利，与兄平分；族戚贫乏者，亦分润有差。又常捐修镇南桥一座，生平善行甚多。]

按：士大夫立身行道，期无负于君亲者，非以为名也。国家不以其不欲名而弗名之，正使人闻风兴起而成化易耳。然名不可以假人！前志于乡贤忠义孝友未奉文入祀者，以己意次列于后。核其行谊，固当矣，而不自知其已僭也。盖定制：身殁三十年，人犹不忘其德，始由儒学层递加考以达于督抚，乃会学使以上于朝，下部议覆，始许设位于祠。尚待陈请而奉以斯名，贤者岂乐受之？兹于祠中无木主与未及题旌之期者，载诸笃行义举，以著其实，庶免于僭制之戾乎！

论曰：《周礼》：闾族岁有所书，与人为善，不必其中行也。况世远古处而求备一人，则奖劝隘矣。故仿《范志》创格立传，俾偏行得立名于世，以砥柱末流焉。

文苑［《陈志》序云：周子云：“文辞，艺也；道德，实也。笃其实，而艺者书之。”③盖谓文辞之无关道德也。然载籍极博，非融洽经史，根底理窟，又何以炳炳烺烺辉映奎壁④哉？除已载“贤达”不赘外，特采艺苑名流卓卓可称述者，以次汇叙成帙。]

有清文以桐城、诗以新城⑤为正宗，论者谓才力皆薄，大抵举业深造者，束缚过严，体气遂靡，由来久矣。然胎息汉魏，根柢《骚》《选》，涪未尝无人。难概论也！

（宋）秦子明［杨升庵《谭苑醍醐》：秦子明，涪州人。买石摹刻僧宝月古法帖十卷，载入黔中，壁之绍圣院。]

（元）贾元［字长卿，涪州人，有文学。凡使蜀还京者，人必问曰：“得贾先生文章

---

① 八十三：原志误“八”作“入”。

② 某商家结账：原志误“账”作“赈”，据《刊误表》改。

③ 周子云：引语出周敦颐《通书·文辞第二十八》。

④ 炳炳烺烺辉映奎壁：“炳炳烺烺”形容文章的辞采声韵光亮鲜明，富于美感；“奎壁”原为天上二十八星宿中主宰文运的奎宿（西方白虎七宿的第一宿共十六颗星，古人因其形似文字而认为它主宰文运）和壁宿（北方玄武七宿的末一宿共有两颗星，因其在室宿的东边类似其墙壁又称“东壁”，古人认为是天上的书库）的并称，喻指文坛。

⑤ 新城：指新城王氏，即籍贯为新城（今山东省淄博市桓台县）的清初诗坛领袖人物王士禛。

否？"题《观澜阁歌》，撰《文庙御碑亭记》，乡人重之。见《通志》及《蜀中著作记》。]

贾易岩①[涪州人，以文名，著有《涂山古碑记》。见《通志》。]

（明）陈计长[字三石，学问淹博，官江南松江府同知，著有《鸣鹤堂六政亿言》行世。]

夏铭[官御史，精理学，著有《四书启蒙》行世。]

夏道硕[号华仙，工书能文。献贼陷涪州被执，断其右臂后以左书。虽零缣寸楮，人宝之如月螴天犀也。]

（清）冯懋柱[学问渊博，康熙甲午年重修《涪志》。]

陈于铭[字西斋，府学明经，博通经史，理解精微。三子俱登乡荐，凡后进之士，多出其门。]

夏嶍②[弱冠能文，尤究心诗学，兼通音律，中癸卯恩科经魁。年廿四卒，士类惜之。]

陈于端[丙辰解元，长于时艺。]

何裕基[丰采纯雅，潜心学问，中丙辰恩科经元。]

文正[颖悟过人，可以一目数行。博览群书，中辛酉经魁。]

陈于藩[为文醇正典雅，蜀东称之。]

黄坦[潜心经史，为文昌明博大，中辛酉解元，著有《辉萼堂诗文》待刊。]

张景载[聪颖嗜学，彬彬尔雅。]

黄基[究心道学，为文力追先正，中辛酉经魁。]

邹锡礼[潜心学问，融贯《四书讲义》，后进多出门下。]

陈鹏飞[聪慧颖悟。凡作一艺，独开生面，士类称为"锦心绣口"。]

张克镇[字重夫，贡生。父永载官河南上蔡县，重夫随侍，遍游陈勾山、窦东皋、张阳扶、陈未斋各名宿门，尽得古作者诗古文义法归，拥万卷牙签之富，甲于涪属。著有《思及堂诗文集》。]

周汝梅[字雪樵，博通经史，与张重夫友善，以诗古文相切劘。其杰作与张伯仲，

① 贾易岩：即贾元。元字长卿，号易岩，元末重庆路涪州涪陵巡检司（今属重庆市长寿区）人，曾题写"观澜阁"阁名并作《观澜阁歌》（已佚），作品今存《文庙御碑亭记》（亦称《涪陵学宫碑亭记》）、《涂山古碑记》。事亦见《四川通志》、同治《重修涪州志》、民国《长寿县志》等。此处以贾元（长卿）与贾易岩为二人分列入载，误。详可参李胜《贾元三题》，见中国国家图书馆《2004年地方文献国际学术研讨会论文集》。

② 嶍（táo）：山名。

几登古作者之堂而哜其胾也。著有《绿韵山庄古文》。]

石彦恬 [字麟士，晚号素翁。学问淹雅，工诗精书法。自闽中归，遍历吴越荆楚名山水，交其贤豪长者，书法益进，晚岁骎骎逼晋人。尝以千金购蕲州淳化阁帖版归涪，自有记。著《三君子堂诗文集》。]

彭应槐 [字文轩，与弟应桂俱博学能文，著有《地舆便览》行世，应桂亦著有《馥元堂诗草》待刊。其家藏书甚富。]

陈援世 [字独醒，学问淹雅，官江南凤阳府蒙城县知县，摄寿州事。著有《北上集》《南游集》《皖道蝉音》《浪游小草》。见《陈氏家乘》。]

陈坚 [字採闻，拣选知县，精堪舆学，著有《地理辨疑》等集行世。载《陈氏家乘》。]

周庄 [字六衢，学问渊醇，主讲本邑桂馨书院，及门甚众，一时名士多出其门。著有《峡中吟》诗稿。]

邹增吉 [字迪村。颖敏嗜学，博文①强识，邃史工诗，著有《秋士集诗稿》待梓。晚客遵化幕，诗境尤超。惜稿独遗失不传，可谓不幸。]

陈光纶 [字少竺，性恬淡，工书，诗凡三唐名作，皆能背诵。著有《绚秋山房》。]

陈骧瀚 [字嵩泉，邑廪生。性敏博学，善诗文书画，谙算术。著有《古苓吟馆杂说》及《诗文集》《四元通变》《骇痴谰谭》等书。]

余士彬 [更名藩，字筠甫，酆邑廪生，涪州人。颖异绝伦，经史文艺无所不通，尤长于词赋。著有《竹林居集》。弟仁舫，亦善词章。]

傅炳墀 [字紫鹄。淹通经史，工诗文，书法直造晋唐。仕滇前后二十余年，五次乡试充同考官，充《云南通志》总纂，文名藉甚，一时名下士多出其门。著有《薇云山馆杂存》《诗文》等集。]

邹增祜 [字受丞。以即用知县分发广东，升任嘉应直隶州知州加知府衔，两次奏保循良，传旨嘉奖。生平研精汉学，淹通经史，词章典雅，诗文皆有师法，不同凡响。晚年尤长于医学，盖名医棩之孙也。著有《天风海水楼诗文集》《蕙言》等书，与堂兄增吉齐名。]

陈凤喈 [字桐村，性敏悟，工诗善画。著有《鲲生诡谈》《痴兰诗话》诸作。]

王应元 [字春圃，学问渊深，长于古文。尝纂《涪州志》，著有文集、诗集。]

罗宿 [字星垣，工诗古文，研精理学，至老不倦。著有《四书衡》。]

---

① 博文：语出《论语·雍也》"君子博学于文"，指广泛学习典籍，通晓古文献。

钱文炳［字光斗。性颖悟，精理学，著有《所见记》及《四书约说》等书。］

陈梓［字君木，著有《思贻堂草稿》等书。］

汪如汉［字丹崖。平生清洁自好，专研理学，著有《一贯图说》。］

涪陵县续修涪州志卷十三终

涪陵县续修涪州志卷十四

人物志四

仕进［文职。《陈志》序云：列科甲者，例得入官筮仕，顾有晚年获荐，未列职官，且爵位之崇卑不齐，仕途之登进亦异，未可略而不详也。因于科甲成均外，复汇《仕宦》一门，前代之宦绩可考暨我朝之入仕版而叨殊恩者，依次备纪。其政著循良，勋垂竹帛，亦悉注于篇。］

涪仕人多有声当时而不自矜伐，子孙罕能言其绩效。然遗泽长，科第簪缨每一二百年不替，世家半自明以来尤为士流，则其无负于官方可概见矣。［仿《武功志》，以姓汇叙。］

（唐）李长史［长史，见张祜①《送李长史归涪州》诗。］

（清）李氏栋［拣发云南知县，改任永宁教谕。］ 天鹏［江西奉新县知县。］ 映桃［平武县知县。］ 维先［潼川府训导。］ 化南［奉节县教谕。］ 华秾［贵州贞丰县典史。］ 树绩［贵州补用知县。］ 映阁［双流县教谕。］ 世盛［浙江盐大使。］ 真铨［签分云南，府经历。］

（宋）谯定［崇政殿说书。］ 杨载［永陆县知县。］

（明）杨氏泰来［湖广绥宁县知县。］ 景淳［户部郎中。］

（清）杨氏名时［绵竹县训道。］ 楷［嘉定府教授。］ 嘉祉［忠州学正。］ 灿［湖南嘉禾县知县，桂阳州知州。］ 旭［字晓村，广西江州州同。］ 映南［湖北石首县知县。］ 华峰［陕西延长县典史。］ 洪宣［广东仁化县知县。］

---

① 张祜：原志误"祜"作"祐"。详参本志卷二十二《艺文志四·诗选一》注。

（明）舒氏忠［山西平阳府知府。］

（清）舒氏翼鹏［广东长乐、鹤山等县知县，湖北黄州府同知。］ 国珍［广东招收场盐大使。］ 世锡［甘肃试用同知。］ 昺南［广东澄迈县金江司巡检。］ 仪翼［江苏顾山司巡检。］ 廷杰［福建龙岩州州同，署南洋、晋江等县，升龙岩知州。］ 廷俊［湖北候补巡检。］ 宿海［湖北野山关巡检。］ 寿田［甘肃西宁府分府。］

（明）刘氏文宣［云南昆明县知县。］ 岌［太子太保、礼部尚书。］ 承武［云南寻甸府别驾，升广西柳州同知。］ 纪［监察御史。］ 志懋［长宁县教谕。］ 蒞［户科都给事中。］ 嘉宾［直隶保定府同知。］ 养充［广东道监察御史。］ 养谦［东乡县训导。］ 养栋［云南保山县知县。］ 怀德［无锡县县丞。］ 步武［湖广宜城县知县。］ 起沛［大理寺卿。］ 道［教授。］ 养廉［东乡县训导。］

（清）刘氏衍均［浙江德清县知县。］ 寅［大竹县训导。］ 宗元［历任湖北随州荆门州、贵州平远州知州。］ 为鸿［广西郁林州知州。］ 铭［兴文县教谕，山西太平、樊峙等县知县。］ 邦柄［广西海康县知县。］ 来谘［宜宾县教谕。］ 普［江西吉水县知县。］ 兆霖［直隶涿州州判。］ 子冶［署广东普宁县知县。］ 镕经［兴文县教谕，井研、彭水县训导。］ 铨［湖北候补巡检。］ 玉辉［云南候补府经历。］

（明）夏氏铭［江西道监察御史。］ 允［河南永城县知县。］ 邦谟［太子少保吏部尚书。］ 国孝［南京户部员外郎。］ 子云［湖广岳州府同知。］ 可清［广东惠来县知县。］ 斐［云南大理府知府。］ 子谅［安徽安庆府知府。］ 可渔［湖广衡州府同知。］ 潢［江西赣州府知府。］ 国淳［云南大理府通判。］ 思旦［顺州知州。］ 可润［训导。］ 可裳［贵州贵阳府训导。］ 友红［福州府知府。］ 景先［贵州婺川县知县。］ 彦英［御史。］ 道曙［洪雅县教谕。］ 国硕［大宁、大竹知县，升兵部武选司主事。］ 子婴［江南分巡道。］

（清）夏氏景宣［福建道监察御史。］ 舢［江南砀山县知县。］ 玥［通江县教谕。］ 岳［垫江县教谕。］ 嶷［岳池县教谕。］ 明［新繁县教谕。］ 峄［清溪县教谕。］ 春［丹棱县教谕。］ 棨［长宁县训导。］

（明）周氏必胜［刑部主事。］ 是修［礼部侍郎。］ 特修［□部郎中。］ 相［湖广益阳县知县。］ 礼［茶陵州训导。］ 汝德［字特昭。任刑曹，恤刑两浙；贵州兵备签事守凤阳，整饬云贵务。］ 清［山东曹县知县。］ 昇［南京铜陵县知县。］ 昌［河南武阳县知县。] 钦[河南开封府同知，广西柳州府知府。] 大江[湖广武昌府通判，追赠虬侯。]

(清)周氏熙[洪雅县教谕，举乡饮大宾。] 含[富顺县教谕。] 珙[湖北江陵、天门等县知县。] 世德[邛州训导。] 锦[广西来宾县知县。] 煌[都察院左都御史、工部尚书、太子太傅。事具《乡贤》。] 铣[甘肃伏羌、燉煌等县知县。] 宗岐[翰林院编修。] 兴岱[都察院左都御史。] 兴沅[山西猗氏县知县。] 鋘[云南黑盐井盐大使，丽江府维西通判。] 兴涪[南江县教谕。] 宗泰[江苏武进县知县。] 宗华[历任山东德平、福山、诸城等县知县，升曹州府桃源同知。] 如冈[历任湖南沅江、武陵、湘乡、长沙、武冈等州县，澧州直隶州知州。] 衡[直隶抚宁县知县，升定州直隶州正定府知府。] 宗汭[崇庆府学正。] 廷搢[江苏县丞。] 廷授[历任湖北襄阳、武昌等府知府、贵州贵西道，内升[①]通政使司参议。] 兴峄[历任浙江建德、萧山等县知县。] 宗泗[山西繁峙、黎城等县知县。] 汝梅[郫县教谕。] 廷承[安徽县丞。] 廷援[山东沂州府盐捕通判。] 克恭[梓潼县教谕。] 廷桢[南部县训导。] 廷绩[云南禄劝县知县，升同知加知府衔。] 廷振[浙江盐大使。] 守诚[云南澄江府知府。] 廷赉[广东巡检，升用知县。] 守正[贵州都匀府知府加道衔。] 熙尧[通江县训导。] 守仪[安徽广德州州判。] 继善[湖南会同县知县。] 蕃寿[榜名廷纪，汉中南郑县知县。事具《笃行》。] 绍光[湖南永明县知县。] 淦[河南灵宝、修武等县知县。] 廷拯[云南候补吏目。事具《忠烈》。] 永言[广东博罗县巡检。] 炳堃[贵州候补县丞。] 伯仁[河南武安、陈留等县知县。] 子甄[河南隆武县县丞。] 垣[湖北署咸宁、黄梅等县知县。] 劭本[广西修仁县知县，藩库厅大使。] 继康[湖南岳州府经历。]

(明)张氏伭[山东济南府教授。] 成功[山东济南府教授。按：成功疑张伭字。] 善吉[兵科给事中，仕至湖广巡抚。事具《乡贤》。] 桂[贵州思南府知府，升岭南道参政。] 谟[湖广京山县知县。] 建道[湖广靖州知州。] 篚□□知县。] 仕可[湖广武昌府同知。] 武臣[贵州思州府推官。] 建功[湖北元江县知县。] 与可[河南归德府知府，升副使道。] 溶[江南苏州府同知。] 天麟[陕西盩厔县县丞。]

(清)张氏元儁[湖北潜江县知县。] 琠[梓桐县训导。] 铎世[隆昌县教谕。] 元

① 内升：在外省任职的官吏升补京职。

鼎［浙江黄岩场盐大使。］　永载［河南罗山、上蔡等县知县。］　佩［□□训导。］　煦［山西蒲县知县。］　进［龙安府教授。］　曙［浙江钱塘县县丞。］　景载［直隶城安县知县。］　炳星［法部七品小京官。］　兆凤［考取职官。］

（明）陈氏策［云南巨津州知州。］　常［山东东昌府同知。］　直［江南广信府同知。］　可则［宛平县知县。］　蒀［福建盐运使。］　计安［刑部主事，甲申殉难京师。］　计大［贵州广顺州知州。］　计定［贵州贵阳府通判。］　善世［贵州贵阳府教授。］　计长［江西松江府同知，升湖南长沙府知府。］　正［浙江金华府推官。］　表［河南上蔡县知县。］

（清）陈氏辅世［建昌卫教授。］　维世［洪雅县训导。］　援世［江西蒙城县知县，升寿州府知府。］　任世［忠州学正。］　治［湖南华容县知县。］　朝羲［福建建阳县知县］　于午［翰林院庶吉士］　藩［山西定江县知县］　朝书［历任山西襄陵县、云南通海县知县，云南府同知。］　鹏飞［山东曹县、莱芜等县知县。］　朝诗［历任湖南安福耒阳、江西贵溪等县知县。］　淑世［湖广荆州府推官。］　坚［拣发江西，河工议叙同知。］　廷［荣县教谕。］　岱［江西万年县知县。］　恺［河南济源县知县。］　于锦［河南济源县知县。］　于中［贵州知县、广西知府、广东驿粮道。］　于宣［湖南永定、会同、绥宁等县知县。］　于宁①［山西芮城县知县。］　于翰［江西高淳县知县。］　廷璠［广西藤县知县。事具《笃行》。］　廷达［广西宜山、崇山等县知县，广东连平州知州。］　永图［湖南永兴、章宜等县知县。］　夔让［福建建安县知县。］　煦［历任江西信丰南昌等县知县、吴城同知、凤阳府知府，调安徽安庆府知府署赣南道。］　鹏志［大竹县训导。］　伊言［甘肃泰安县知县、固原州知州。］　昉［福建福鼎、同安等县知县。］　葆森［安徽芜湖、阜阳等县知县。］　爔［山西道监察御史，江苏常镇道调南河河库道。］　韶［内阁中书，外用南河、盱眙、宿北同知加知府衔，捐候补道。］　镕［浙江龙泉县知县。］　瀚［郫县教谕。］　銮咸［翰林院待诏，改授会理州学正。］　稷田［江苏铜山县知县。］　益襄［巫山县教谕。］　济［内江县教谕。］　映宸［岳池县教谕。］　和钧［安徽候补巡检，署霍山县典史。］　建庸［云南、广西州直隶州。］　元善［广东和平县知县。］　萱荫［射洪、三台等县教谕。］　肇清［湖北候补府经历，代理襄阳县双沟司巡

---

① 宁：据《中华字海》，宁音 zhù，古"宁"的类推简化字，后用作偏旁。又，《敦煌变文集·妙法莲华经讲经文》：宁音 bǎo，同"宝"。

检。］　君邦［签分湖北，县丞。］

（明）何氏友亮［湖广巴东县知县。］　文韩［陕西商州学正。］　仲山［河南武安县知县。事具《乡贤》。］　杰［广西郁林府同知。］　伟［广东参议，升贵州参政。］　岑［陕西知县。］　楚［湖广松滋县知县。事具《乡贤》。］　以让［直隶大名府通判。事具《乡贤》。］　振虞［贵州黄平州知州。］

（清）何氏铣虞［湖广湘阴县知县。］　洪先［广东东安县知县。］　继先［汉州训导。］　义先［广东镇平县知县。］　沛霖［汶川县教谕。］　鈇［浙江鄞县知县。］　铠［山东夏津县知县。］　铉［福建罗源县知县。］　行先［内阁中书，改任嘉定府教授。］　有基［湖北沔阳州知州。］　裕基［温江县教谕。］　启昌［江西靖安县知县。］　锡九［大邑县教谕。］　浩如［湖南安化县知县。］　葆瑛［渠县教谕。］　光远［广东县丞。］

（明）谭氏文朗［南京应天府同知。］　寿封［南京应天府通判。］　荣［陕西参政。］　皋［佥事道。］　嘉宾［山东知州。］　嘉礼［湖广汉阳府同知。］　应简［广安州学正。］　元善［□□教谕。］

（清）谭氏如玮［峨眉县教谕。］　道衢［巫山县教谕。］　鐩［军功议叙广西象州吏目。］

（明）文氏羽麟［陕西陕州知州。］　作［广西布政使。］　德［山西道监察御史。］　行［湖南辰州府通判。］　物［□□训导。］　可黼［以荫贡①任长泰知县。］　可聘［湖北郧西县知县。］　可时［□□训导。］　可后［□□教谕。］

（清）文氏正［垫江县教谕。］　楠［甘肃候补知县。］　如筠［贵州瓮安县知县。］　怀清［直隶巡检。］

（明）潘氏光纶［贵州黎平府通判。］　颜［云南腾越州同知。］　文学［贵州平越府同知。］　应运［滇黔两省总督部院推官。］　茂道［贵州黎平府训导。］

（清）潘氏鸣谦［历任福建侯官、长泰、龙溪等县知县，升龙岩直隶州知州，署漳州府知府。］　元会［历任湖北蕲水、广济等县知县，黄州府岐亭同知。］　喻谦［直隶肃宁县知县。］　履谦［翰林院检讨。］　廷彦［历任南江、蓬州、新繁、城口训导。］　翅［通江县教谕。］　大昕［石泉县教谕。］　硕源［岳池县训导。］

---

①　荫贡：原志误作"瘰页"，据《刊误表》改。

（明）曹氏愈参［都察院佥都御史，云南巡抚。］　宇山［云南蒙化府宣议郎。］

（清）曹氏仕华［广东新会县知县，儋州知州。］　亮礼［山西怀仁县典史。］

（明）彭氏祐［湖广兴宁县教谕。］　万善［贵州婺川县教谕。］

（清）彭氏应槐［江安县训导。］　崧年［纳溪县训导，浙江余姚县知县。］　光焯［广西灵川知县。］　宗古［山东蓬莱、日照等县知县。］

（明）王氏堂［□部郎中。］　用［湖北荆门州知州，转刑部郎中加赠三品。］　承钦［□□省知府。］　宸极［弥勒州知州。］　敬［阳县知县。］

（清）王氏怡［山西夏县知县，浙江宁波府同知。］　煊［绵州训导。］　玉成［彰明县训导。］　桐君［署贵州麻哈县知县。］

（明）徐氏尚［□□省副使道。］

（清）徐氏玉堂［湖南辰溪县知县。］　玉书［越嶲厅教谕。］　光熙［湖北枝江县知县。］　吾［云南兵备道。］　国俊［江西太和县知县。］　应乾［湖北天门县巡检。］　应辰［浙江黄岩县典史。］　怀鉴［陕西渭南县县丞。］

（明）熊氏闻［浙江兰溪县知县。］

（清）熊氏尔敬［合江县训导。］　如麟［犍为县教谕。］　德芝［河南襄城县知县，许州知州。］　德藩［马边厅教谕，贵州安南、清溪县知县。］　德葵［泸州训导。］　德芸［直隶隆平县知县。］　载阳［河南西平县典史。］

（明）向氏鼎［潼关参政。］　墉螭［云南曲靖府推官。］

（清）向氏玺［保宁顺庆府教授。］　岜［山西壶关县知县。］　三聘［陕西通江县知县。］　士珍［南江县训导。］　鸿骞［湖北府经历，署利川典史。］

（明）罗氏瑛［□□训导。］

（清）罗氏岜［顺庆府训导。］　洪声［浙江义乌县知县。］

（明）毛氏来竹［两淮盐运使。］

（清）毛氏佩荪［安徽休宁县县丞。］　振翮［山西高平县知县。］　徙南［岳池县教谕。］　凤五［安徽望江县知县。］

（明）赵氏芝垣①［云南曲靖府推官。］

---

①　赵氏芝垣：原志误作"赵瑛芝垣"，据《刊误表》改。

（清）赵氏鹮［湖广龙阳县知县。］　一涵［德阳县教谕。］　鸿甸［签分陕西，州同。］

（明）钱玉［陕西华亭县知县。］

（清）钱良栋［冕宁县训导。］

（明）黎元［福建按察司金事。］

（清）黎潘［叙永厅教谕。］

（明）曾所能［云南石屏州知州。］

（清）曾兆斗［分发贵州直隶州。］

（明）程氏鹏［陕西镇安县知县。］　九万［□□知州。］

（清）程绪［洪雅县教谕。］

（明）郑于乔［□府教授。］

（清）郑昆［奉节县教谕。］

（明）白勉［刑部侍郎。］

朱灏［御史。］　朱仲明［御史。］

郭澄［户部郎中。］

沈氏海泉［湖广崇阳县知县。］　映月［户部司务厅主事。］

任传吾［北京刑部主事。］

况上进［江南道监察御史。］

田一井［呈贡县知县。］

贺有年［贵州梅潭县知县。］

鲁玉［陕西泾阳县知县。］

（清）邹氏之英［马湖府训导。］　锡畴［历任浙江遂安、萧山等县知县。］　昆［奉节县教谕。］　旌［历任山东朝城、城武，陕西安塞等县知县。］　锡钧［宜宾县教谕。］　锡彤［山西襄垣县知县、云南迤东道。］　沠宁［浙江宁海县知县。］　澍庚［历任山西汾西榆次临晋等县知县、翔州知州。］　枬［工部屯田司主事］　轼殷［雅安县训导］　增祐［广东新兴县知县，两次传旨嘉奖加知府衔，升嘉应直隶州知州。］　鸿定［奉天高等检查厅练习检察官。］

黄氏来谘［宜宾县教谕。］　基［江南娄县知县。］　坦［湖北枣阳县知县。］　良玺［□□训导。］　自新［西昌县教谕。］　元文［广西昭平县知县。］　世远［广东盐大使。］　为

琰［渠县训导。］　廷钧［会理州训导。］　秉钧［贵州补用通判。］

高氏于崧［西充县教谕。］　易［新都县教谕。］　占鳌［广西马平县穿山司巡检。］　伯楷［新津县教谕。］

石氏若田［东乡县教谕。］　钟灵［大邑县教谕。］　灿卣［金堂县教谕。］　彦恬［福建海澄县知县。］

余氏开晟［贵州特用知府。］　永修［寄籍丰都，成都县训导、石门县知县。］　式菜［温江县训导、叙永厅教谕。］

吴氏士修［中江县训导。］　昉［江西安远县知县。］　仕宏［云南江川县知县。］

冉氏洪瑨［山西灵武县知县。］　光泰［分部主事。］　光咸［分部员外郎。］　永嘉［法部主事。］　永和［译学馆毕业，奏奖举人，分发农工商部七品小京官。］

汤氏非仲［营山县教谕。］　荣［洪雅县训导。］　辉祖［成都府教授。］

倪氏文辉［威远县训导。］　天栋［冕宁县训导。］　文斗［兴文县教谕。］

陶世忠［龙安府训导。］

蒋氏莪［贵州余庆县知县。］　与衡［广西北流县知县。］

傅炳犀［内阁中书，历任云南邱北、陆凉、平彝、元谋等县知县。］

方氏正［贵州天柱县知县。］　旭［补用巡检。］

魏氏倬云［署湖北咸丰县知县。］　光毕［拣发直隶州分州。］

戴天申［新津县教谕。］　易肇文［湖北光化县知县。］

邓氏鹏年［黔江县教谕。］　炳廷［山西夏县典史。］

汪育楷［三台县训导。］

侯天章［历任陕西南郑县知县、汉中府知府。］

覃模［山东淄川县知县。］

吕毓琳［湖北候补知县。］

龙治云［江西瑞州府经历。］

庞兴溶［湖北宜城县典史。］

廖炳烈［石柱厅教谕。］

萧氏建三［广西百色厅分司。］　湘［进士，刑部主事，升员外郎、四川谘议局副议长。］

欧阳秉衡［署云南禄丰县知县，补路南州知州。］

孟璧［署湖北来凤县典史。］

杜召棠［分发直隶州判。］

施氏纪云［翰林院编修、国史馆总纂兼总覆辑，历充光绪戊子科顺天乡试、壬辰科会试同考官。京察一等，外补湖北德安府知府，加三品衔花翎、一品封典，军机处存记。以道员在任候补，传旨嘉奖，记名提学使，历署武昌汉阳施南襄阳等府事、施鹤兵备道、安襄郧荆兵备道、湖北按察使司按察使改提法使。宣统二年，奉旨督办川汉铁路，辞归三年，在籍奉命，帮同端方察办四川事务。寻寄谕授三品卿衔督办四川团练大臣，未任，闻逊位，遂隐。］　愚［纪云长子，翰林院编修，奏请游学，历日、法、英、美，留德五年归，充宪政馆委员。以保荐人材召见，奉旨遇应升缺出，开列在前。度支部奏调财政处总办，邮传部奏兼四律①起草员，设弼德院补授参议，设法制院升授副使，寻兼署法制院使。国务院成立，奏兼机要处秘书，给二等嘉禾章。］

以上文职。

（明）何氏德明［洪武中封万户侯，掌涪陵军伍。］　舜卿［千户伯。］　清［千户伯。］　之玨［守备。］

（清）何炳烈［绥宁右营守备。］

（明）周氏达［南京神枢四营副总兵。］　建芳［骠骑将军。］　茹茶［湖南路总兵官。］　悦［福建海澄游击。］

（清）周邵恩［长寿把总。］

（明）潘氏华黻［千户伯。］　尚信［千户伯。］　一握［贵州赤毕营参将。］　新科［云南洱海都司。］

（清）潘从福［蓝翎侍卫，授陕西郿州都司。］

（明）刘信忠［洪武中随将军廖永忠收明昇父子，功授湖广都司。］

（清）刘锐恒［云南提督。］

（明）汪氏汉国［参将。］

（清）汪氏调元［开县汛把总。］　洋叙［绥宁中营都司。］　如海［湖北千总。］　沛

---

①　四律：船、路、电、邮四政专律。

云［邑梅营守备。］

邹氏应芳［夔州镇总兵官都督，挂平彝将军印。］ 述麟［江南川沙营守备。］ 之贵［川北镇标都司。］

余氏金山［黎雅营把总。］ 藻［花翎待卫。］ 朝淮［候选都司。］ 永俸［千总候补都司。］

徐邦道［直隶正定镇总兵加提督衔。］

黄灼［重庆镇中营外委。］ 黄道亨［四川督标左营守备。］

曾氏受［甘肃永昌协副将，升湖北郧阳镇总兵、縠城提督。］ 鹏程［云南统带。］

蒋氏万春［犍为盐务驻防营营长。］ 秉忠［都司。］

夏瑂［安徽安庆府水师营守备。］

王国辅［河南许州副将、直隶保定镇总兵。］

高占魁［副将借补平乐营守备。］

魏鼎晋［特授建昌镇怀远营千总。］

张镇东［兵部差官，候选卫千总。］

侯应诰［陕西提标后营守备。］

以上武职。

义勇［《陈志》无］

召募以补兵制之不足，团保以辅兵力之不逮。执干戈卫社稷，汪童毋殇恤[①]，殁王事也。列于祀典而擅废之，宜修复以妥英魂，且为踊跃赴公者劝。

考旧志《义勇汇编》：乾隆五十九年，教匪刘松、宋之清、刘之协等因习教，破案经各省拿获审办，松、清伏法。惟刘之协自扶沟漏逃，阴结匪党张天伦等，于嘉庆元年倡乱湖北襄阳、宜都、当阳等处。是年九月，四川达州徐天德、东乡王三槐等乘机

---

① 汪童毋殇恤：用"汪锜卫国"之典，事见《左传·哀公十一年》及《礼记·檀弓下》。汪锜（锜或作"踦"）是鲁国公子为的嬖僮，在齐师侵鲁时，与公子为同乘同战同死同殡。鲁人因汪锜年少而欲以对待未成年人夭折的殇礼葬之，问孔子，则曰："能执干戈以卫社稷，可无殇也。"认为汪锜既然能拿起武器为了保卫国家而战死，为他办葬礼应该没有什么成年与不成年的区分。于是鲁国人破格用成年礼为汪踦举行公葬，以表彰他的英勇事迹。恤：恤典（丧葬礼仪）。

蠢动，蔓延楚豫陕甘，倏往倏来，越吕堰、双沟，出朱阳、荆子关，上秦岭入南北栈，渡汉沔，踰阴平，扰巴山渔渡；踰白水江，蓦梓橦水，出没夔巫郧竹商洛之间，而以南山老林为巢穴，东至于唐邓，西至于松潘，北至于澧县，南至于孝感。蜀中东乡两次被劫，巴江、通江、仪陇、长寿等处城俱陷，邻水、云阳、新宁、垫江、涪州、忠州、夔府及长江以北数十州县遭贼焚掠两三至或八九至不等。嘉庆二年十一月，威勤侯勒保奉命入川，协同额勒登保、德楞泰及都统明亮、西安将军赛冲阿、固原提督杨遇春、湖北巡抚惠龄、湖广总督吴熊光等，各路追剿，前后斩获著名首逆冉文俦、罗其清、冷天禄、张汉朝等百余人，头目萧占国、樊人杰、汤思蛟、龚建等数百人悔罪投诚。其余众数万，亦渐次归款。九年，功始成。州境经此次巨变，绅团死事入祀昭忠祠者五百一十三人［查旧志：赵天福重列，今删之。实只五百一十二人］。

盛万春［武生。］　徐昶［庠生。］　刘玉梅［监生。］　夏尧先［团首。］　操文昇［贡生。］　汪琏［增生。］　夏宗濬［监生。］　余东山［团首。］　夏渥荣［廪生。］　赵勋［附生。］　汪琳［庠生。］　王国琛［团首。］　谭朝举　冯帝传　杨光太　赵天福　胡怀书　黄歧山　彭自澄　陈绍虞　彭于彬　金应祥　彭绍献　张志元　夏帝宗　赵贵　黄国龙　冉仕元　赵洪韬　邹仕俸　李纯修　杨文　徐正常　刘贵　彭永清　赵允才　喻泽远　彭作模　余廷彩　何贵　萧光明　蒲在锡　张本海　陈绍广　周荣举　王凤山　舒贵　王天相　黎正鳌　谭龙　沈元泰　夏学贤　汪占元　余清明　王国正　孔继仁　陈贵　张显元　舒世碧　黎维祥　赵应科　李富春　魏世金　黎荣山　余世龙　方正常　朱山　张正禄　杨胅如　贺文元　李乾锐　王正顺　刘文照　李建远　何玉林　曾贵　李俸　鞠志连　李荣　李正华　刘仕学　黄百川　周汝明　鞠保　张德贵　李作楫　李作富　熊五凤　李廷俸　李芳　姚永正　彭学波　郭俸山　熊五龙　王文秀　李培　李本万　蔡金虎　郭长生　石大章　蔡金仁　蔡金禄　唐千发　蔡金梅　杨仕贵　石彩文　吴登秀　蔡金明　吴金文　周文奇　蔡金瑶　廖奇荣　陈秀谟　蔡金安　唐万发　蔡金贵　朱明占　蔡金顺　朱明章　蒲仕玉　李秀春　吴明贵　周成年　唐荣先　周一梅　古文恒　古文德　陈金桂　冯上乾　冯上春　陈国安　蒋成富　黄顺年　唐三才　刘纯先　王荣从　孙长生　蒋成荣　孙国栋　周克顺　刘钊　陶大遂　魏国举　蒲禄　吴国顺　魏国顺　蒲学胜　蒲汉鼎　张本海　蒲在年　蒲汉高　萧富三　余文举　蒲汉元　僧通学　魏碧　刘启

昆　盛三　张正银　刘启万　冯以仁　王玉春　夏宗才　萧星斗　谭世吉　张应全　王国明　萧贵　李廷杰　王朝林　张荣富　王鉴　瞿文芳　罗广贤　许登玉　黄学孝　余文学　吴国松　董多能　汪明冈　周于奇　陈富勾　周之硕　黎正乾　魏世宗　夏希文　魏世早　马应贵　陈富乾　陈国奇　邬国昂　戴荣　马祥爵　张本洪　周长元　唐荣邦　周荣举　周一位　陈长生　朱衣焕　黄朝林　余文伦　刘四海　吴国清　刘映先　胡德远　王朝树　王维富　蔡金朝　陈朝　冯朗山　王珍　张双玉　黄显　王维仲　蒲在相　张子贞　蒲长生　刘健行　陈俸　刘敬荣　苟俸　蒲汉仲　张正春　蒲在汤　张正诗　僧果正　蒲大山　王天文　王天才　萧玉廷　蒲在邦　陈大珍　蒲正法　蒲正朗　尹仕科　萧星万　李文科　周明海　唐世兴　王贵　唐之成　胡文宗　袁衷　唐待聘　甯贵　徐廷芳　罗芳廷　徐举荣　徐举榜　黄学礼　刘长生　刘登芳　唐文贵　陶文　徐举文　徐举道　刘二　盛登荣　盛文富　黄宗孔　高文锦　高长林　魏金良　周之荣　高国才　徐金玉　杨昌法　何学纲　何学常　陈国恒　朱金钟　徐元　万洪玉　卓相赞　余文连　余文郁　蒋崇太　朱仕礼　魏世登　刘仲贤　黄丙　傅信学　刘允才　赵子宽　马俸　张和南　黎应龙　赵应富　李贵　李廷清　熊桂理　夏玉廷　何曾安　夏建成　夏奇敏　赵斗弼　赵洪元　冯丙受　余文祥　余文浩　王珍儒　何元　余墨斋　席元龙　席光美　余文学　唐之桐　朱茂德　张朋　张万　刘辉朝　冷贵　刘锦华　刘湛详　冷友　孙廷芳　严生于　马朝爵　陈文刚　刘启文　孙国用　刘太明　刘启书　马锡爵　刘泗浲　刘维邦　刘辉彩　刘文全　刘天成　刘美安　王成　刘国辅　王朝相　刘林祖　刘应元　刘明　刘均　刘在朝　刘启铸　刘汉玉　高明贤　白允扬　黎朝富　刘美东　刘廷献　高明华　高明贵　周声扬　冯南山　冯海山　周之业　周之聪　周于稿　周南扬　周殿扬　高明成　冯秀清　周汝明　冯启汉　冯昆元　周之明　周于潜　周之珍　周之秀　周之道　冯所儒　周之弼　周龙安　周之伍　周孔扬　吴正兴　周毓　李文同　周汝龙　周二炳　周之寅　周朝扬　王世德　周朝举　周廷举　王维龙　李美章　王维进　李朝相　李万元　周廷辅　周朝中　李昌荣　文廷彩　文钜　张子洪　夏元吉　王硕　白汉钦　蒲在陞　文洪儒　徐宇高　魏国玉　穀相　况荣　谭世太　余文亮　张子修　魏廷祥　魏廷芳　操文元　王天中　夏登魁　王天眷　张显元　余文进　胡国贵　余文逵　夏学衡　夏登芳　罗开

远　何世凤　胡登元　何世举　戴成龙　李保　陶学宽　许君泽　余文明　鞠志仁　冯陞　王秀荣　韩正文　夏登国　夏学校　王如碧　夏见文　何汤　余学龙　夏天文　程本周　王秉忠　沈元太　李安常　黎陞　王朝相　夏文英　王天伦　夏文衡　赵帝濬　张正体　夏学　朱仕孔　陶正海　刘在朝　汪潜安　赵子贞　邬国举　徐华章　白登龙　余学伦　夏福保　刘美东　余文俊　王岐山　孙容江　胡正富　冯子全　夏一戴　夏一绪　刘启万　孔继智　杨正太　舒正连　蒲汉龙　周之举　钟文　冯占元　王官保　幸文元　陈正纲　周于书　熊占明　姚永宁　郑元　吴东山　甘雨周　吴廷魁　罗仲昆　况万选　赵俸　张林　李升　王涟　李太　魏忠　蔡金柱　王松　王国顺　周连陞　白伦陞　李一万　吴国荣　张廷碧　周廷扬　[其议叙军功者列后]

谭在榜[武举，授千总衔[①]。]　谭鐩[象州吏目。]　谭世清[千总。]　张耀文[千总。]　谭崇荣[千总。]　舒世禄[千总。]　张执中[千总。]　石文轩[千总。]　赵斗吉[千总。]　汪瀛川[千总。]　汪调元[开县汛。]

咸丰十一年及同治元年，滇匪李永和、蓝朝鼎、周蹯子踞鹤游坪，扰州北岸。绅团死事入祀昭忠祠者，一千三百三十四人。

傅渐逵[职员。]　张显达　卢含章　黎元彩　汤玉光　龚真廷　胡成彩　汤应祥　游昌　游成仁　周廷杰　朱长　汤大鹏　卢万顺　卢太元　卢占元　王汝元　周汝坤　张么　王焕廷　廖腾海　何维常　郭蔚然　邬正斗　黄玉斗　龚俊三　何廷遂　刘立堂　龚席珍　黄正斗　邬先举　何朝福　沈洪顺　孔占彪　刘立矩　瘳三元　杨天时　汪兴甲　杨顺德　彭兴贵　傅永固　游朝品　徐麒麟　张道五　徐绍林　林暄亭　彭德贤　卢仁美　陈玉容　洪廷选　王遇贵　张茂春　吴德奎　陈春　徐廷禄　王玉富　李成栋　文东林　张世福　游喜　廖友　黎启林　黎传碧　钟昌元　谭立鹤　傅正芳　黎元福　孙宗贵　王廷滔　谭世贵　龚廷臣　游成陶　王秀槐　游荣琬　胡廷顺　游荣群　余维城　胡元禄　游荣瑀　游成伦　王士席　龚晓林　余景武　王士问　汪汉昌　许金莲　游荣琚　汪汉河　余廷蛟　龚绍元　张文清　王士才　游金宗　汪兴祖　游成宗　汪兴健　陈朝宁　张国政　王士禄　吴

---

①　授千总衔：原志"衔"误作"街"，据《刊误表》改。

长春　游宗皋　汪汉廉　吴应禄　游文芳　游荣琼　余国芹　王秀爵　游荣瓓　张
正楷　汪兴岐　吴三①　王永双　汪汉院　盛应贵　金柱贵　游荣斌　张国才　王
秀金　游荣钟　王永贵　张兆凤　邱仕革　游荣辉　张兆福　张碧　王士贵　游朝
品　夏邦禹　王士双　汪祥官　游应唐　蒲应道　陶木匠　姜大兴　游荣钧　陈文
光　王士龙　游荣东　陈宗逵　王学闵　冯月和　游荣九　王正元　岳朝科　刘元
纯　游荣党　陈文进　刘五　游金成　夏文烈　王秀坤　岳朝恩　游成朝　王秀
士　傅永德　刘长生　杨文鉴　谭仁有　孔二　高万益　夏桂元　汪忠溢　张三　孙
一堂　王秀彩　陈应田　郑星柱　王七　陈应福　汪五　张四　孙百禄　汪德朝　王
国玉　郑际阳　王士儒　陈廷文　郑在阳　王四　孙灿一　汪应彩　王国林　冯舟
和　黎启芝　陈廷彩　朱天成　张二　陈廷爵　王元辉　龚廷辅　陈廷章　龚子
章　杨天爵　吴盛林　吴春道　游天绪　王国彬　龚廷模　陈绍斗　杨金祥　龚春
阳　龚国玉　杨金锡　王元发　刘文龙　王元碧　陈绍泮　刘国隆　陈廷贞　陈绍
良　李秀海　龚东星　陈绍怀　杨福　刘仕栋　王国友　陈应禄　夏文诗　王国
选　龚海湖　陈绍禄　夏邦亨　龚海涵　陈廷芳　陈应级　龙朝元　王元喜　陈廷
官　游成　秦树禄　龚应启　高朝贵　陈应荣　龚国兴　王元高　陈绍银　游朝
议　王元斗　陈应凡　陈绍治　郑协祥　李君江　陈廷栋　郑荣生　陶顺祥　王元
思　陈应平　江四　王万伦　李君相　汪汉万　郑二　周应德　汪兴福　陈应文　游
萃　王文礼　陈应旦　夏国明　张绍桂　夏桂芳　汪汉华　张绍俸　游荣恩　王万
学　陈应泉　刘元端　谭仲载　游七　夏都河　徐二喜　游宿田　刘字陌　夏心
田　郑图元　李君怀　游应尧　郑德元　龚应福　游应堂　黎传弟　周世奇　吴应
举　杨天心　游荣联　郑心明　黎德业　魏荣福　郑心仲　王永顺　游荣陞　沈
二　魏世顺　张黑子　黎德蔚　魏麻元　刘德高　黎世锡　僧福田　胡六十　高滕
兰　游五　潘元龙　谭三元　曹占魁　刘汉成　僧满屏　高滕臣　董贵　唐玉章　游
登槐　刘轨宗　伍二　陈士海　黄世喜　任玺同　陈开锡　邓有光　何本立　游应
鼎　黄长元　郑大周　焦三　游佑　王万双　游应文　余子隆　胡元禄　胡玉顺　陶
双凤　何再顺　游登岸　陶大钦　游荣田　张一　陶二　游卯　游应举　黎三兴　陈

---

① 吴三：原志"吴"为倒立字。

开崇　游荣朗　刘翌成　陈登宽　冯玉鼎　刘玉白　陈登蟾　陈开顺　黎行仁　陈士会　游荣秋　刘乾松　郑大光　陈攀桂　陶大昭　彭学乾　游双　朱兴武　胡元文　白钟慧　僧满荚　蒲明德　孙崇　周元　游金城　周仕荣　高元　谭兴樊　游仲　黎三鹏　游儒　陈文亨　熊义和　谭应春　谭彰德　黎元怀　夏占彪　汪在阳　龚世高　谭同　谭应才　夏国琏　杨狗　姜有芳　龚双喜　汪正周　周一礼　周一仲　况海　姜盛余　夏邦炳　罗炳南　王永福　谭文廷　王永顺　周一万　陈开奎　伍登录　周南　何福田　何占彪　谭朝福　洪四　谭祎才　谭祎润　梁东成　李顺　邬炳麟　周一秋　陈麻元　谭春德　周汝易　吴绍陵　周仕顺　周朝琼　唐宗品　周孝　周一庆　张正旭　周一寿　黎正阶　李含芳　吴明鉴　黎福　孟人秀　黎四　陈开彩　邓有臣　谭祎禄　况正伦　叶文盛　谭青德　赵玉贵　周狗　汪三阳　刘应科　陈占彪　秦德胜　吴德俊　龚七　王有三　黎春　周一汉　周仕鹏　贺隆五　陈三元　周一党　龚文灿　况占先　谭登沛　郑顺祖　张振宿　周本立　周汝庠　吴杙陵　李成德　陈开柱　陈登虞　陈开伦　周一祥　张文品　周朝先　谭美德　余大兴　周一陶　文兴启　周一山　谭才德　蒋德奎　唐贵才　赵三贵　蒋应成　夏邦举　云正洪　李春芳　吴碧陵　张三德　周一元　吴宜富　夏邦南　杨石保　卢洪顺　王喜　周必胜　程洪　任涛寿　易汉万　李镇之　陈开崇　黎洪顺　叶双胜　包长林　郭万祺　任同　李万道　孔安邦　包乐发　张彪　程国斗　谭文照　杨世清　任春　杜正举　焦荣之　周汝山　李长顺　陶耀田　沈元魁　杨大二　白玉春　卢子俸　黎宗二　周仕顺　杨世海　余天朗　余长林　包宗品　王荣洲　包兴发　王永太　周丑　白长春　王世太　程占彪　孔广学　程金秀　余占彪①　刘五十　王世泰　张春　梁后廷　胡寿　杨辛丑　王永吉　余占盛　张肓子②　周海晏　沈进忠　田占彪　李正芬　蒲应珍　孔正海　卢玉山　查万发　夏洪朝　汪应九　周正邦　邹德贵　任德寿　易福生　周应元　伍元宇　汪祥春　杨昌平　杨金典　郝春　陈登宇　胡应崇　杨乔保　戴世文　陈万盛　陶应义　杨朝贞　李永忠　黎正顺　王秀昭　张道五　邓茂林　邱占山　张四　汪世九　周世

---

① 余占彪：原志"余"为右旋侧卧字。

② 张肓（māng）子："肓子"是来源于古楚语的方言词语，即傻瓜。肓：涪陵方言，愚钝痴呆、憨横无知之义。又，表示不肯之声。《玉篇》："使人问，而不肯答曰肓。"

琴　周汝维　谢天怀　周喜元　杨金其　李正友　李大双　杨德朝　胡维芳　陶国

伦　秦先信　何二蛮　张顺　杨天福　刘大喜　杨元昭　伍进元　夏二喜　杨朝

相　何连升　贺隆斌　何仕海　李廷元　彭丙　蒲鹏飞　刘喜生　陈甲　刘元凤　向

洪春　何金巨　吴蛮子　杜文举　何毛三　袁长　周应毓　刘元明　向长春　周应

智　胡国清　余昌子　熊三　董二　黎尚萤　罗永成　梁大顺　何在圣　夏来福　冯

鼎　周德盛　汪四喜　陈金秀　刘福　杨金和　陈金之　刘延灿　冯占龙　袁尚

仁　刘廷椿　张占武　杨朝武　杨元中　卢占彪　秦天玉　冯祥受　李占魁　刘廷

枢　王鹏举　王占雄　刘心纯　陈廷标　赵仕谟　冯长茂　杨正友　沈文安　冯辅

臣　陈洪顺　刘元函　冯国庆　刘一清　周应升　刘欲贤　周汝郎　王四　刘登

盛　邱贵　冯在鼎　夏邦衡　谭九德　蔡应春　夏长生　颜贵　刘文明　余天朗　陈

万桂　周双福　李腾兴　吕明星　汤仁祖　谭育德　夏润　孙宗顺　洪子禹　夏邦

怀　游易发　秦天爵　汤春年　谭守泽　黄永义　汤于年　林占彪　张道斌　湛有

兴　林在兴　张明宣　谭芳成　王占彪　黎和顺　谭守立　唐科　谭守祥　林在

福　杨顺德　谭邦轼　刘喜吉　周飞海　王国泰　苏占彪　邹龙升　石用乾　刘仕

信　谭朝聘　刘细五　张元恩　谭仲超　廖太平　古月明　石用榜　张占雄　秦立

诚　游占雄　汤绍光　谭述兴　李仕芳　林复扬　邬惺　夏廷标　汪应学　张源

玺　秦子玉　伍同应　韩五元　刘玉喜　秦树圃　李学全　汪仕良　谭立德　岳正

才　汪维芳　谭守泮　唐贵之　徐诗怀　汤占祥　袁现桂　伍全体　彭在盈　张之

奇　李嘉模　彭在顺　张占雄　李应长　周之兴　程占武　张俊　何仕文　李秀

仁　王步东　蔡应春　夏邦斗　刘仕福　操文江　曹启洪　董应科　刘五子　刘玉

柄　魏连同　李永兴　夏都鉴　周仕隆　马仕龙　董文礼　徐长林　王喜　董文

玉　余占春　徐文斗　马元伦　王维顺　袁大连　刘五尺　汪九　胡国瑞　程治

国　文占元　夏银生　文占彪　席学贵　刘占魁　夏都泗　胡国金　袁和尚　刘乾

淞　胡维坪　刘占元　文占魁　程治禹　熊羲和　袁毛子　刘元明　游正万　王兴

其　游万春　陶应奎　何仕学　罗乔　谭人栋　邓田　杨春　龙纯玉　夏明朝　姚华

亮　叶文榜　张斌　夏邦福　张之政　李吉　何长生　郎志　张永贵　魏居光　胡

登松　谭光铎　王炳　王应彪　胡登伦　袁和均　王联华　伍登山　何学士　蒋学

林　包昌　朱荣喜　张贵林　胡国银　汪正栋　黄德顺　蒋洪盛　王心贵　傅大

有	刘天朗	余三喜	刘洪兴	李永发	吴东元	谭仁超	刘明宽	傅忠堂	刘五
池	李福	吴廷彪	王必贵	刘福生	唐天星	刘朝宽	袁恒兴	李木匠	李永
宗	毛映鸾	王世正	刘玉万	何再文	李玉福	张光春	周文元	谭效试	蒲正
光	马长	夏定安	王天佑	何吉太	罗在国	黎明贵	邬之应	夏清臣	袁应
喜	余天相	刘立生	朱荣顺	邬之廉	罗在纲	何占彪	夏芝圃	刘九	余大
兴	夏国武	袁宗智	邬光林	瞿守忠	吴传礼	邬之誼	刘保童	胡学榜	夏飞
龙	张本全	胡麻二	杨天璜	谭占彪	陈国珍	熊得魁	游彪	岳其祥	周躺
巴①	夏祷万	周万春	周世申	邬世美	任玺同	瞿元吉	刘有信	任陞	夏都
举	陶天佑	袁大会	胡学权	石万成	彭在银	邬世堂	张正文	匡应彩	刘朝
贵	袁河	李秀权	夏继春	袁于礼	游朝福	刘寿生	陈开从	邬荣盛	夏祷
德	胡应祖	周昌福	吴国栋	包乐法	王忠福	周世应	周文法	徐治	任申	邬
光明	何兴顺	曾复顺	陈占斗	黄代发	谭怀镕	周平山	任玺载	谭光云	罗大
德	刘福	谭仲达	张大成	谭怀锜	王学金	张五	汪在荣	王仕良	刘受生	夏
万春	黎银	任玺盛	王天荣	李十林	游荣尝	夏继模	唐天宽	傅庆芳	王已
元	陶庭润	傅庆福	周汝俊	杨正丑	邬之英	胡占魁	周应祥	陈广富	沈世
清	张仕俊	周寿元	杨昌平	周德贵	邬同生	晏鹏举	周荣发	黄得胜	高荣
华	王良锐	李地先	袁闰年	张飞燡	焦银寿	陈廷祯	晏国万	周朝元	刘元
树	晏仁发	袁映生	刘海滨	陈广贵	包罗发	夏玉元	龚老幺	刘元福	王科
兴	刘天仁	夏朝书	何文榜	张国栋	喻洪发	王兴隆	彭玉彪	邹德贵	王吉
昌	邬四	张四喜	冯学仁	袁应升	焦正海	余飞海	刘举成	王大顺	张国
柱	夏钟华	刘元喜	袁祷顺	夏祷华	周朝龙	罗文福	冯国兴	龚老二	袁步
高	王长太	万年	李正友	周汝瑸	黄万宗	周朝纲	游正禄	张青云	龚正
和	刘天中	谭在礼	周本善	周之顺	余子龙	朱启贵	汤新年	游有平	游
芳	周鸣凤	余兴贵	周青连	冯星正	游占雄	袁映生	张正学	游蛮子	何裕
顺	孙占山	朱荣常	邱占山	游玉田	周仕孝	谭兴顺	游玉春	周应兴	张廷

---

　　① 躺巴：西南方言词语，与肥胖相反，指人或动物的身体瘦细。或写作"躺包"。躺：身体瘦长、瘦小或腰身细长貌，或读 léng，涪陵方言音 lāng，各地读音不一。巴（ba）：助词后缀。

彪　张学成　王荣福　彭玉发　游显芹　王洪发　焦玉海　游成仁　冷二　何本
力　周二　张文俊　游洪禄　陈登荣　黄得胜　朱家兴　黎元文　蒋应福　朱仓
贵　白应三　谭文栋　刘文魁　谢均山　谭守顺　文德圃　何仕学　张寿　文荣
普　谭光鍪　陈在骑　秦仕坤　谭祶锐　周德兴　陈玉　夏正山　夏廷彪　谭怀
远　胡元芝　周仕复　秦树为　陶庭润　谭光锜　游朝荣　刘九　谭孝德　黎七　陶
元陞　谭礼德　易汉万　陶国伦　游长生　夏喜生　余克昌　谭怀学　郑荣陞　谭
方佑　黄云海　黎传科　谭应山　王心田　胡应朝　谭方伦　黎顺　杨大士　谭
寿　龚正合　周应武　罗祥龙　王吉昌　谭正科　王泽三　谭登洪　谭三　宋飞
鹏　刘万天　秦树斗　刘天仁　钟昌元　秦树福　龚文碧　刘同映　黎大顺　汪应
荣　刘登盈　周飞海　岳大二　郑崇生　陶荣本　岳应寿　秦联喜　汪在荣　程朝
伦　许有元　谭人和　刘文拔　陶宗洵　岳占雄　周玉溥　陶云龙　何国俊　周朝
先　廖心友　刘正吉　许宗元　谭效轼　金国臣　陶宗灿　夏益俸　谭矩模　何文
斗　张正禄　冯阳春　王学经　胡群三　周金山　张太春　余占洪　唐长生　黎启
蛟　岳飞龙　傅正福　岳应成　陈清祥　朱飞雄　岳应武　何正荣　夏德九　蒲鹏
程　刘洪兴　周文顺　夏有胜　汤宗年　陈其龙　杨天时　蒋占彪　岳应雄　刘复
兴　刘玉文　张国珍　刘喜元　李福受　王洪发　周仕福　王占彪　谭洪顺　石荷
亭　蒲应道　游镇庭　石凤鸣　李芳　詹天禄　王凤山　汪九　易文周　罗应远　吴
廷扬　夏东福　陶元洪　李秀海　刘贵　陈玉龙　鲜其礼　石在朝　李大受　刘文
光　胡应元　许正廷　余宗雄　陈回生　王秀奎　廖永年　丁富　汤顺光　龚喜
元　谭述松　谭顺才　严人和　王永顺　游玉春　张有成　王秀和　何长生　王洪
顺　许五　黎尚才　黎元福　黎六十　程兴顺　秦子玉　周在福　瞿子珊　刘仕
栋　高正元　瞿守忠　黎启芝　陈占鳌　周仕川　陈兴发　邹凤林　周仕阿　刘
尧　瞿宇耀　邬光被　夏映生　夏明朝　孙贵和　黄正品　周仕泮　沈世甲　周步
高　汪五　李木匠　瞿宇魁　许应聪　夏金和　夏国柱　周福　蔡广华　李秀权　周
四　杨天璜　吴三　游宗涛　陈永乾　郑际阳　王春　夏来生　黎元龙　蒲二　谭登
科　蔡星璧　瞿子童　郑明才　夏大湘　瞿际文　蒋占彪　游成伦　曾兴顺　汪超
群　游成　郑在阳　谭守顺　蒋有顺　王喜　刘占彪　许正廷　黎元麒　游芹芳　朱
荣善　张道五　胡国喜　黎占元　夏大顺　夏占元　黎万隆　吕明星　沈元奎　余

廷辅　曾玉丰　刘占春　程洪顺　王世甲　王登级　陶应世　王德盛　孔廷英　曾其禄　李占彪　周应淮　余应成　陶应仁　卢洪顺　杨伦　郭万圣　胡春亭　贺武隆　周凤岐　陶仕禄　王登周　汪兴政

同治元年石达开入境围城及周、蓝两逆入寇，绅团死事入祀昭忠祠者八百二十九人。

高建忠［文生。］　杨盛洲［监生。］　萧金谷　高荣第　李恩来　何陞玉　庞顺　刘童　洪子芳　杨魁雄　冉奇　刘应德　郑永福　况辅廷　卢元泽　张朝相　刘二元　钟太平　冉学广　车三元　黎元文　袁步高　朱洪川　张朝芝　张三元　朱廷芳　冉瑞发　曾世华　杜正山　傅正荣　岳朝升　向福兴　徐长　朱治和　何竹园　沈宗明　杜正川　黄现文　冯有寿　刘元相　彭万富　黄恒顺　盛榜达　许子镒　杨占鳌　盛兴文　冯有秀　杨三　毕仕顺　冯绍华　冯武云　陈尚顺　胡绍华　杨八　冯太　郭维寿　王应堂　刘旸圃　黄占彪　张兴岱　余朝贵　赵二　张海　张国洪　刘应科　何仕洪　杜占彪　张兴顺　蒋志元　彭童　钟化宽　蒋么　吴正模　徐清龙　曾长福　吴学洪　唐贵才　吴正常　钟山璜　秦文义　王精一　王顺有　杨一顺　唐永顺　徐清明　李文华　胡心忠　沈彪　王应　陈永川　张兴顺　姚正谷　徐清德　魏正武　高正璜　徐清喜　胡家仁　唐君宇　张邦品　杨华峰　罗东顺　何文陞　李福生　王见顺　何廷模　高飞龙　蔡七十　何童生　戴永祖　冯仕朝　秦世林　张三顺　勾廷福　张洪顺　陈万顺　况泥水　黄顺廷　戴大　袁中才　游醇受　秦新顺　周永年　程东山　张永发　熊仲顺　戴二　张大本　游淳模　李贤珍　吴学洪　萧崇政　张正玉　张调元　陈长清　吴石匠　申荣　李勋伯　熊仲顺　杨盛然　杨兆武　吴正模　陈占鳌　况仕本　唐二　杨正元　周正贵　曹正国　陈福泰　姚贞谷　张廷顺　黄开贵　张四　盛调阳　周文伯　罗仲山　周福　唐文光　杨朝宗　李东宝　许国模　杨盛聪　周文扬　张福顺　唐长　欧喜　许国信　汪东洋　萧国明　刘兴玉　汪大顺　陈梦兰　张福　陈春山　林占彪　冉二　林在星　萧国安　胡德润　汪景山　萧国禄　刘名扬　梅洪恩　林锦福　张东昇　官大旗　庞三元　萧德怀　王明举　刘文灼　萧国儒　刘兴吉　李洪顺　王廷模　王文龙　邹廷彪　王新远　刘有寿　萧茂时　董卯　王席珍　韦才禄　王文福　邹占雄　罗仲仙　王武印　邹占鳌　盛贵亮　刘廷辉　余天才　盛富江　潘周南　秦朝龙　徐心同　蔺国秀　游敢受　徐顺先　梁同福　盛新

喜　陈油匠　高二　陈洪道　蔺理堂　蔺远登　徐官元　胡成品　李仕科　余洪

慈　盛维梧　蔺有仲　高吉元　邓玉禄　王武才　张隆一　杜国顺　魏顺生　郭清

一　蒋三　夏雨田　陈凤仪　杨师周　罗三　吴传礼　魏五　胡喜寿　罗东二　沈怀

兴　凌祖福　冉四　王占超　汪华山　杨寿　王丙子　傅玉伦　戴宽栋　蔺三　陶

贵生　邓国才　邱玉禄　杨天喜　李洪荣　田兴奎　彭长春　郭三　胡德庆　祖黑

子　涂仕应　陈贵　夏迎宾　何仕伦　万治全　林黑子　董熙尧　杨正发　王朝

聘　曾国玩　王学全　李琼芝　勾德贵　梅童　高及元　万尚德　曾三超　杨通

迎　夏鸦雀　郑大模　蔡守林　张福生　杨昌科　勾于福　张长久　申允圣　刘

二　余朝春　杨通奎　杨光福　陈忠　杨光亮　谭金福　卢仕福　蔡文庆　乐禄　申

允贤　尤名珊　何永洪　官克清　王天福　夏太祐　余开仕　蔺国贤　夏德藩　胡贵

寿　官克明　何天贵　况么　李伯寿　杨光贵　洪贵　王正月　李登榜　王龙庆　庹

廷辉　李童三　徐怀德　倪大庚　蔡成材　谭可荣　蔺巴三　王纯　张天瑞　张洪

顺　万童　蔡顺元　郑在福　侯占超　万治禄　王福生　夏太元　梅发顺　刘元　申

汉阳　郭瓦匠　蒋光明　李洪陶　曾天琼　蒋飞虎　李超寒　李开兴　洪天元　尤名

鸿　洪子芳　陈长寿　洪双　王光奎　王炳堂　李顺祥　刘太　蔡成柱　萧登瀛　伍

仕亮　尤名陶　李大士　万二蛮　尤在林　田兴顺　万润生　石世臣　许长青　王天

禄　李双童　张龙一　王五十　杨通乐　万三蛮　廖仕儒　汪德顺　万治洪　王灼

然　王苗二　李大　娄泽荣　乔心保　喻陞　王万禄　申东阳　杨学曾　郑顺瑜　李

童　娄泽贵　戴康　陈宗奇　何学诗　夏受之　杨学普　郑顺成　高天枢　杨学

愚　蓝康林　陈宗富　何学礼　喻正春　张照　郑顺榜　徐尚书　杨学海　焦受　祝

上青　何学文　田蛮　张太　何照　高玉春　杨学渊　焦敢年　胡四九　杨学纯　李

彪　薛荣　何井　胡正学　蒋犬　何石保　郭文榜　孙昂　袁占雄　陈官荣　孙成

国　刘兴玉　蒋大烈　游家庠　刘万受　石福　袁占魁　毕世品　孙大　李耀雄　魏

世德　游家烈　刘百受　石长寿　皮朝斗　陈景惠　孙二　李飞熊　魏世贞　孙

蛮　陈正邦　石井　皮朝选　冯仕奎　石荣华　刘庆　魏仕林　孙成周　陈恺　李田

受　孙成章　冯德受　朱正奇　王彪　王正武　朱正江　陈培　毛大元　尧正俸　陈

忠　何瑞献　王牛　杨润生　朱正烈　粟二　廖升　尧正江　廖康　何晓岚　尧正

都　廖四　李长生　蒋炳　乔心林　任三　吴永祥　刘国顺　杨学鲁　郑得周　刘润

生　杨长　石兴发　袁大　陈古三　莫显万　袁二　刘兴贵　王庆余　田应洪　张应
德　杨世旦　潘二　刘心桂　杨正发　张顺成　萧常宇　田潘龙　张廷榜　张荣　杜
正桂　皮朝觐　唐维玩　田兴儒　瞿见斗　蔺国秀　宋贵生　张应德　李元俸　宋
朝权　萧宗仁　胡子应　萧宗道　黄应洪　罗钦岱　王朝安　周明　何载福　罗万
顺　宋永和　安大才　何在福　彭传孝　王心元　宋老三　盛兴虞　王盛书　邓宗
碧　陈五　陶大有　杜坤二　冉四　罗朝良　傅家福　王盛乾　罗尚周　傅家寿　陶
大常　杨心顺　杨在顺　罗仁　陈卯林　刘高　罗尚伦　傅世华　刘兴荣　罗荣　杨
二　易人和　杨宗顺　张福　易仁位　傅世福　汪三元　周东　傅世祥　周冠宇　刘
佐文　钟照　冉珍朝　刘理达　周国栋　周海　曾吉凤　罗育才　杨白受　罗朝
阳　陶喜生　刘海明　李锜　僧觉超　周广太　刘海汉　杨寿亭　罗朝相　刘海
顺　李兴明　周银生　李应顺　卢治奇　周明三　何廷模　罗相烜　刘金斗　汤有
光　惠芳　李占彪　冉如琏　刘景林　吴昌炽　傅木匠　惠木匠　杨师周　萧崇
仁　庞美缙　鲁孔模　汤作霖　李成太　萧崇智　杨盛银　蔺国柱　涂文治　冉
璠　王文芳　刘兴贵　萧常宇　张应德　贺丑　卢治岐　莫东万　任恩秀　任现
贵　杜正桂　田应洪　傅太　田兴达　刘玉贵　石兴发　王庆余　张荣　李心桂　邓
玉禄　秦大　田兴茂　罗印洪　李济荣　汪绍兴　刘世龙　徐国端　周闰年　刘玉
才　邓光辉　蒙文忠　李荣林　蓝有余　叶阳春　陶成兴　董金彪　尚伦　邓朝
龙　王炳英　尚正型　姚凤舞　叶全春　陶玉顺　谭东海　叶长青　汪华山　王锡
朋　尚正谊　易仁海　张汇川　李秀荣　秦世才　冉玉顺　李秀春　田景坤　刘
魁　易仁涛　汪三益　刘文亮　易月成　何瑞荣　李天申　刘仕才　何瑞朝　李秀
彦　汪青云　刘文成　况荣福　叶步云　刘才　况三江　何大志　姚德喜　卢江　何
三　张三级　樊喜　袁普　张三江　王正俸　吴永和　郑七　何卯　吴永禄　周福
林　勾月清　王聘三　张玉堂　勾逢春　余仕海　何井　吴永万　王三多　何石
保　周泽明　李世久　李启名　戴义才　李正元　田正受　何锡爵　黄国贵　周泽
华　何惠然　周清　柳长春　田汉甲　张楠　张东海　田井保　周泽贵　杨三余　周
丑　廖玉林　杨明惠　马正元　陈光裕　赵长林　马旬　何玉顺　周敢　张正江　任
恩秀　薛廷丰　张正榜　赵心林　周正宽　傅之清　张光吉　僧月心　任现贵　张
海涛　张三　白受　王旬　傅之贵　邓光斗　田子英　彭宗长　蒙文福　焦五　余

文彬　王书　余旭　瞿立成　周正位　白正位　蒙文魁　庹春　余井　童文昭　游春　李逢春　晏福生　吴昌炽　瞿凤林　张景春　游三喜　李满　张二　魏三　何易福　僧觉超　任金二　王五寿　彭二　晏可升　王福生　彭继武　殷贵义　罗长寿　邹荣德　李老陕　韦朝钦　杨寿征　罗天位　彭克纯　梅国俸　罗二　唐得华　宋二　胡愈顺　李应　胡永孝　王见琨　秦明远　徐三　王文龙　李在荣　杨先江　徐朝用　程朝福　王三元　余国万　冉林瑞　王文元　倪顺兴　盛榜祥　朱四　王仲芳　萧福元　黄元仲　刘廷仁　邓有生　伍照连　戴四　姚老陕　王五岳　李世栋　欧志发　杨世旦　李文福　黄忠贵　蒋三　李明　朱正书　薛煌　粟四　田应洪　黎天友　王新盛　李世科　张荣

同治三年号匪窜境，龙洞团民阵亡入祀昭忠祠者七十二人。

余廷国　李元品　文天桂　刘朝品　李朝武　向必秀　李登顺　冉崇应　詹夏品　萧通富　刘朝钦　陈洪林　曹宗德　汪海远　罗应才　徐春福　张福　张喜　梁裁缝　陈洪榜　蒋立华　汪未远　陈吴卯　邹洪鼎　陆三　姜长坤　冉四　牟二　卢正榜　汪有寿　田宗禄　胡长寿　张同寿　张昕　王时贵　唐万镒　王天发　陈显照　张文玺　胡开义　张老么　张寿喜　张万　陈凤堂　孔家福　吴锡正　陈学俸　杨应清　简羽华　邹儒连　朱世祥　陈廷凤　冉贵林　向洪纲　唐正鼎　杨春　龚世海　杨桂芳　李朝禄　易登喜　陈凤银　张大望　刘子伍　简启元　荣大　陈洪荣　李元贡　牟德顺　向长寿　李元祯　舒正鼎　文天福

另有招募外籍弁勇练丁阵亡者六百二十人，名列昭忠祠，不具录。

补录

夏宇恬　夏德藩　张石投　刘敬堂　夏泰祐　夏寅宾　庹五　刘树荣

陈实录［同治壬戌年，发逆入境，实录督同团练防御大柏树场之城门洞，乡人保全者甚众。后贼大至，实录与堂弟陈泮林均遇害。］

涪陵县续修涪州志卷十四终

涪陵县续修涪州志卷十五

人物志五

隐逸[《陈志》序云：巢由之洗耳，严陵之钓台，固千载高风矣。后世匿迹林泉，安知非终南捷径？然无心轩冕，洁清自好，以视奔竞之徒，大有径庭。廉退①之风，又乌可少哉！]

士人热中②，廉耻道丧，不有高躅，名教隳矣。君子学道，为匡时也。举世波靡之际，以志节激厉之，廉顽立懦③，岂徒自洁而已哉！故孔子贤夷齐，思作者。

（宋）崔彦直[《直斋书录》：宋有崔彦直者，涪州人也。黄山谷谪涪，尝与交好，称之曰："六合有佳士④"，曰：崔彦直其人，不游诣公门，盖贤而有守之士也。著有⑤《谥法》一卷。]

（明）文渊[号跃吾。工书翰，足不履市廛，莳花种竹以自娱。生五子，种五桂于庭，勉以忠孝，卒为名宦。]

刘昌祚[号瀛台，司谏刘蒰之孙。恬雅，工词翰，无贵介气。神宗朝以祖荫召用，

---

① 廉退：廉让，清廉谦让。
② 热中：内心躁急，多指沉迷于急切的追逐名利权势。语出《孟子·万章上》："仕则慕君，不得於君则热中。"朱熹《四书章句集注》云："热中，躁急心热也。"
③ 廉顽立懦：使贪婪的人廉洁，使懦弱的人坚定心志。语出《孟子·万章下》："故闻伯夷之风者，顽夫廉，懦夫有立志。"指高尚的节操具有很大的感化力量，可以激励人振奋向上。顽：通"忨"，贪婪、苟且，此指"玩夫"（顽贪之夫）。
④ 六合有佳士：原志误作"六合有作士"，据《刊误表》改。
⑤ 著有：原志双行小字传作"著明有"，衍"明"字。又，据同治《重修涪州志》卷十《人物志·隐逸》：以下"文渊"等为明代人。故，"明"字本当为标明其朝代的大字，而误排成了小字。今下移正之。

弗就。结七叟为友，日事觞咏，白鹤梁刻有"七叟胜游"四字。]

刘天民［昌祚之子，年十二补弟子员，下帷读书，不履市廛。崇祯间以忠愍荫召用，不就。时人称"昌祚有子"。］

周伯昱［字介中。笃行力学，辟举不就。隐居自乐，以清德遗子孙。］

夏可洲［字海鹤。学问渊博，结草亭于大渠灏，吟咏著书。倪司农遇同颜其居曰"楚史堂"，赠诗云："有才司马因成史，未老虞卿已著书。"其弟可洪亦狷介笃学，不应科举，尝曰："学古入官，若迁疏寡效，适以自病也。"时人称为"夏氏二难"。］

刘绍武［号石冈，司谏刘菠之侄。忠愍被谪，石冈于宅后创"最乐洞"，琴书自娱，导宗族子弟以礼让，一生不履城市。］

（清）冉嵝［贡生，性恬淡，跬步不苟。选训导不就，以经学迪后进，门下多正士，年七十余卒。］

流寓［《陈志》序云：士君子桑弧蓬矢①，志在四方。讵曰"生于斯，长于斯"，遂安土重迁，无事车辙马迹为耶？纪其遗迹，能无向往？］

鲁连排难，张俭望门，客之祸福人大矣②。伊川诸贤，世不多有。一刘义顺窜伏潜煽，涪几为金田③之续。邑犹林也，鸟择木，木不择鸟，安得引凤吭以变鸮音哉？

（宋）刘彝［字执中，福州人。幼介特，居乡以行谊称。从胡瑗学，瑗称其善治水，凡所立纲纪规式，彝力居多。第进士，移朐山令。治簿书，恤孤寡，作陂池，教种艺，平赋役，折奸猾，凡所惠民者无不至。邑人纪其事，目曰"治筑"。后知桂州，会交趾陷钦、廉、邕三州，坐贬除名，编隶涪州。（《宋史》）］

黄知命［山谷弟，尝客涪州。山谷《与王补之书》云："知命舍弟昨过涪陵官所④，流连十余月，所将侍妾遂生男名小牛，近方絜归。小牛白皙魁岸，含饴弄稚子亦可忘老。"又《答李长倩》云："知命在涪陵逾岁，舟行日又留舍弟官所，约九月归来，犹未

---

① 桑弧蓬矢：《礼记·射义》所记载的古代男孩出生时，请射人用桑木做的弓和蓬草做的箭射向天地四方的射箭仪式，表示长大以后有经营天下的远大志向。

② 客之祸福人大矣：疑脱"于"字，当为"客之祸福，于人大矣。"

③ 金田：洪秀全领导太平天国运动的初起地广西桂平县金田村。

④ 昨过涪陵官所：原志误"昨"为"作"，据《刊误表》改。

得近音。"]

尹焞［洛阳人，师事程伊川。靖康初，以荐召至京师，不欲留，赐号"和靖处士"归。金人陷洛阳，阖门遇害，焞死复甦。刘豫以礼聘之，不从。乃至商州，潜窜蜀。绍兴四年止于涪，就伊川"注易洞"辟"三畏斋"以居，又在千佛院构一室名曰"六有斋"，取横渠先生"言有教，动有法，昼有为，宵有得，息有养，瞬有存"之意，涪人宗之。后以范冲举召为崇政殿说书，以疾辞。冲请命漕臣至涪趣驾，乃祭伊川而后行。事见《四川通志》。］

吴敏［字符中，真州人。大观二年辟雍私试首选，擢浙东学事司干官，充馆职。钦宗即位，知枢密院事，拜少宰。后谪涪州安置。］

罗从彦［字仲素。尝从杨时讲《易》，至《乾》九四爻，云："伊川先生说甚善。"鬻田走涪州，见伊川问之①。伊川反覆以告，从彦谢曰："龟山先生具是矣。"遂归卒业。］

（明）杨慎［字升庵，新都人，正德辛未翰林院修撰，与松泉夏尚书交厚，尝客于涪。见《陈志》。］

（清）张问陶［号船山，遂宁人，为周东屏总宪之婿，尝客居于涪。］

林鸿年［字梧村，福建侯官人。道光丙申殿撰，观察岭南，退居林下十余载。咸丰十年召用，除云南大理府，会滇黔回苗乱，道梗留涪一年，日手一编，不通宾客，耽禅，间与通方外说者游。未几，迁至云南巡抚，不能赴，罢归。］

田兴恕［字忠普，湖南凤皇厅②人。少小从戎，骁勇善战，积功官贵州提督，以钦差大臣兼摄巡抚。时法兰西主教在各省横恣，恕绳以法，不受，戮其主教二人。论戍道经涪州，寓居年余。与谈国事，忠愤之气辄形于色。作《放歌行》，有"天下岂少封疆臣，抗者我与沈葆桢。沈君机宜授诸民，我则祸福当一身"之句，足见其概矣。］

林肇元［字贞白，广西庠生，以县丞佐刘岳昭水师幕，久驻涪。潘醒园广文名知人，称为封疆才，劝周曾祐以堂妹婿之。后以军功擢至贵州巡抚。］

欧阳淑［字云峰，金堂庠生。学识赅博，兼通壬遁等术。尝参向忠武军事，忠武殁来涪，馆施氏任教授。同治壬戌春正月及三月，北岸贼扰琛溪；二月，南岸贼窜南沱，

---

①　鬻田走涪州，见伊川问之：《宋史》卷四百二十八《列传第一百八十七·道学二》（程氏门人）文作"从彦即鬻田走洛，见颐问之。"
②　凤皇厅：即凤凰厅。

皆先一日，淑令居民走避，多全活。后入丰都访友，卒于捕署。]

汪香祖[字莼庵，宜宾庠生，长于词章，诗尤逼近唐人，兼通勾股算术。尝客于涪，与石麟士①交最笃。]

刘子均[以字行，大足拔贡，善诗文书画雕刻之学。婿于潘氏，常客居涪而应川楚州县幕席无虚岁。]

朱德宝[字枕虹②，酉阳举人。未冠调尊经书院，博雅负盛名。乡举后婿于周氏，奉其父鹿岩明经客居涪，常出就州县幕席，辄数年不侍养，人以此少之。]

何维棣[字棠荪，湖南道州举人，四川候补道，为子贞学政之孙。工诗善书，能嗣家学，著有《潜颖文集》。因榷土税来寓于涪。]

赵藩[字越村，云南举人，工词章，书法逼近颜柳，为"昆明七子"之一。光绪末以候补府榷涪土税，与邑人陈翾、周怡藻等多唱酬之作。]

刘育泰[字养堂，眉州举人。光绪末来涪，因家焉。]

周之桢[更名贞亮，字子幹，湖北汉阳人。经史掌故文学，俱擅专长。光绪二十八九年改办学堂，以廪生来任师范中学堂分教，州中学风为之一变。归举进士，官户部主事。]

封赠[《陈志》名封典，序云：诰敕封赠，朝廷所以奖臣劳而又推恩于所生，锡类施仁，典至渥也。自我世宗宪皇帝特沛恩纶，从九品上至四品，俱准以本身应得封典上移一代，且溥及于③本生父母，或受恩抚养之伯叔。至于丁忧终养诸臣，并许与现职同给。曲体人子乌私，实自古所无也。膺斯典者，可不思仰答殊恩于万一乎？]

龙章凤诰，藉博堂上一日之欢，岂非人子之至愿？而禄不逮养，虚荣何裨于九泉哉！然体恤罔极之思，使得报劬劳于万一，亦所以隆孝治也。故详纪之。[仿《武功志》，以姓汇叙。]

（明）夏氏朝选[以子铭赠奉直大夫，妻谭氏宜人。] 友纶[以孙邦谟赠光禄大夫，妻周氏一品夫人。] 邦本[以孙国孝赠奉政大夫，妻孙氏宜人。] 正[以子国孝赠奉

---

① 石麟士：石彦恬字麟士，原志误作"石麟土"。
② 字枕虹：原志误"字"为"宇"，据《刊误表》改。
③ 溥及于：《陈志》卷九《选举志·封典》"溥"原作"博"。

政大夫，妻易氏宜人。］　良能［以子子谅赠中宪大夫，妻胡氏恭人。］　彦策［以子邦谟赠光禄大夫。］　国玺［以子子婴赠中宪大夫。］

（清）夏氏克明［以子景宣赠奉直大夫，妻汪氏宜人。］　琠［以子岳赠修职郎，妻王氏孺人。］　子椿［以子可霖赠文林郎，妻杨氏孺人。］　景辉［以孙墀赠文林郎，妻程氏孺人。］　錞［以子墀赠文林郎，妻熊氏孺人。］　明宣［以子棨赠修职郎，妻黎氏孺人。］

（明）周氏大江［以从讨宸濠功追赠虬侯，妻一品夫人。］

（清）周氏茹荼［以曾孙煌赠光禄大夫，妻吴氏一品夫人。］　俨［以孙煌赠光禄大夫，妻徐氏一品夫人。］　珙［以子煌赠光禄大夫，妻任氏、杜氏一品夫人。］　煌［以子兴岱赠光禄大夫，妻文氏、方氏一品夫人。］　珣［以孙兴沅赠文林郎，妻陈氏孺人。］　鍢［以子兴沅赠文林郎，妻向氏孺人。］　琬［以子锦赠文林郎，妻文氏孺人。］　铣［以侄兴岱赠中宪大夫，妻陈氏恭人。］　宗岐［以弟兴岱赠光禄大夫。］　铠［以子兴涪赠修职郎，妻庞氏孺人。］　宗畲［以侄廷授赠中宪大夫，妻宫氏恭人。］　廷榘［以子元龙赠奉政大夫，妻何氏宜人。］　兴澧［以子汝梅赠修职郎。］　兴峄［以孙曾祐赠通奉大夫，妻方氏夫人。］　运昌［以子曾祐赠通奉大夫，妻黄氏夫人。］　曾祐［诰授通奉大夫，妻沈氏、冉氏夫人。］　庄［以子垣封奉政大夫。］

（清）文步武［以子楠赠文林郎，妻周氏孺人。］

（清）陈氏振世［以孙于中赠中宪大夫，妻朱氏、张氏恭人。］　坚［以子于中赠中宪大夫，妻文氏恭人。］　命世［以子岱赠文林郎，妻沈氏、郝氏、姚氏孺人。］　瓒［以孙治赠文林郎，妻崔氏孺人。］　于彭［以子治赠文林郎，妻左氏孺人。］　昆［以孙朝书赠奉政大夫，妻左氏宜人。］　于铭［以子朝书赠奉政大夫，妻何氏宜人。］　峙［以子于宣赠承德郎，妻黄氏安人。］　鐠［以弟韶赠奉政大夫。］　朝书［以子伊言赠奉政大夫。］　鹏遥［以嗣孙葆森赠文林郎。］　于宣［以孙煦赠朝议大夫，妻熊氏恭人。］　朝龙［以嗣子煦赠朝议大夫，妻王氏恭人。］　廷璠［以子煦赠朝议大夫，妻周氏恭人。］　晙［以弟煦赠儒林郎。］　惇五［以嗣子昉赠儒林郎，妻王氏安人。］　治［以孙爔赠中宪大夫，妻邹氏、周氏、刘氏恭人。］　于宸［以嗣子鹏飞赠文林郎，妻文氏孺人。］　于午［以子鸿志赠文林郎。］　于贤［以孙永图赠儒林郎，妻瞿氏孺人。］　溶［以子永图赠儒林郎，妻黄氏孺人。］　际堂［以子爔赠中宪兴大夫，妻邹氏恭人。］　鹏高［以孙葆森赠文林郎。］　芝瑞［以子葆森赠文林郎。］　光辉［以子际云赠奉政大夫，妻沈氏宜人。］　洪

寅［以子君邦赠修职郎，妻鞠氏孺人］

（明）曹第［以子愈参赠奉直大夫。］

（明）谭氏子保［以子燊赠奉政大夫。］　美东［以子燧赠登仕郎。］　学诗［以子如玮赠修职郎。］　辉宇［以子道衢赠修职郎，妻周氏孺人。］

（清）向氏玺［以孙岧赠文林郎，妻冯氏、李氏孺人。］　远翔［以子岧赠文林郎，妻周氏、杜氏孺人。］　子祜［诰授朝议大夫，妻江氏恭人。］

（清）邹氏之瑛［以孙锡彤赠中宪大夫，妻王氏恭人。］　旆［以子锡彤赠中宪大夫，妻杜氏恭人。］　应芳［以孙旆赠文林郎，妻方氏、刘氏孺人。］　锡礼［以孙枬赠朝议大夫。］　治崙［以子枬赠朝议大夫。］　敬贤［以子鸿定封奉政大夫，妻孙氏宜人。］

张氏元儁［以孙永载赠文林郎，妻陈氏孺人。］　煦［以子永载赠文林郎，妻何氏孺人。］　钦载［以孙进赠文林郎。］　元伟［以孙景载赠文林郎。］　克念［以子进赠文林郎。］　玮［以子元鼎赠文林郎，妻李氏孺人。］　元镜［以孙镇东赠昭武都尉，妻石氏恭人。］　鸿图［以子镇东赠昭武都尉，妻陈氏恭人。］　鸿飞［以侄镇东赠昭武都尉，妻舒氏恭人。］　鸿儒［以侄镇东赠昭武都尉，妻陈氏恭人。］　国训［以子树极赠奉政大夫，妻霍氏、徐氏宜人。］　紫高［以映璧赠奉政大夫，妻陈氏宜人。］　再铭［以子映璧赠奉政大夫，妻郑氏宜人。］　子鑫［以子炳星封承德郎，妻周氏安人。］

潘氏立茂［以孙元会赠奉政大夫，妻王氏宜人。］　承志［以子元会赠奉政大夫，妻高氏宜人。］　愈潸①［以孙鸣谦赠承德郎，妻郭氏安人。］　嵩［以子鸣谦赠承德郎，妻熊氏安人。］

侯氏兴通［以孙天章赠文林郎，妻万氏孺人。］　朝佐［以子天章赠文林郎，妻田氏、庞氏孺人。］

何氏继先［以孙有基赠奉直大夫。］　铠［以孙启昌赠文林郎。］　裕基［以子启昌赠文林郎，妻曹氏孺人。］　锐［以子沛霖赠修职郎。］　铨［以子有基赠奉直大夫。］　肇基［以子锡九赠修职郎，妻张氏孺人。］　启昌［以子浩如赠文林郎，妻向氏孺人。］　桂森［以子致远赠奉政大夫，妻徐氏宜人。］

刘氏金护［以孙为鸿赠奉直大夫。］　淑［以孙宗元赠奉直大夫，妻徐氏宜人。］　燮元［以子邦柄赠文林郎。］　绪［以子为鸿赠奉直大夫。］　为鸿［以子宗元赠奉直大夫，

---

①　愈潸:《陈志》卷九《选举志·封典》作"（潘）愈睿"。

妻游氏宜人。〕　金陵〔以子镕经赠修职郎，妻褚氏孺人。〕

　　熊氏希衮〔以孙德芝赠文林郎，妻许氏孺人。〕　龙〔以子德芝赠文林郎，妻王氏孺人。〕

　　杨氏芳林〔以子名时赠修职郎，妻吴氏孺人。〕

　　毛氏辅奇〔以孙振翮赠文林郎，妻陈氏孺人。〕　廷俊〔以子振翮赠文林郎，妻陈氏孺人。〕

　　李氏溶〔以孙栋赠修职郎。〕　志〔以子栋赠修职郎，妻何氏孺人。〕　嘉猷〔以子树楷赠奉政大夫，妻况氏、萧氏、田氏宜人。〕

　　黄氏映明〔以子元文赠文林郎。〕

　　余氏国栋〔以孙永俸赠武德佐骑尉，永修赠奉直大夫。〕　崇勋〔以子永俸赠武德佐骑尉，永修赠奉直大夫。〕　世隆〔以侄永修赠修职郎，妻杨氏孺人。〕　润农〔以孙瑞之赠奉直大夫，妻冯氏、陈氏宜人。〕　俊廷〔以子瑞之赠奉直大夫，妻周氏宜人。〕　体贤〔以子开晟封荣禄大夫。〕　有贵〔以孙藻赠武功将军。〕　体贞〔以子藻赠武功将军。〕

　　彭氏学鸿〔以子应槐赠修职郎，妻吴氏、张氏孺人。〕　应柱〔以弟崧年赠修职郎，妻刘氏孺人。〕　芝轩〔以孙与九赠奉政大夫，妻刘氏宜人。〕　肃斋〔以子与九赠奉政大夫，妻刘氏宜人。〕

　　曾氏启仲〔以孙受赠武功将军，妻冉氏夫人。〕　俊〔以子受赠武功将军，妻贺氏夫人。〕

　　舒氏光宗〔以孙鹏翼赠奉政大夫，妻翟氏宜人。〕　锟〔以子鹏翼赠奉政大夫，妻曹氏宜人。〕

　　冉氏世泽〔以孙文旭赠奉政大夫，妻陈氏宜人。〕　洪义〔以子文旭赠奉政大夫，妻况氏宜人。〕

　　汪文彩〔以子元焯赠奉直大夫，妻冷氏宜人。〕

　　赵一淙〔以弟一涵赠修职郎，妻王氏孺人。〕

　　孟左卿〔诰赠奉直大夫。〕

　　王氏清旦〔以子应元赠文林郎，妻严氏孺人。〕　礼相〔以孙承恩赠奉政大夫，妻金氏、邱氏、刘氏宜人。〕　智文〔以子承恩赠奉政大夫，妻唐氏、刘氏宜人。〕　明耀〔以外孙施纪云貤赠中宪大夫汉阳府知府，妻刘氏恭人。〕

傅氏玉辉［以孙炳墀赠资政大夫，妻韩氏夫人。］　耕畬［以子炳墀赠资政大夫，妻雷氏、陈氏夫人。］

高学海［以子伯楷赠修职郎，妻杨氏孺人。］

萧氏远齐［以孙湘赠中宪大夫，妻周氏恭人。］　汉倬［以子湘封中宪大夫，妻周氏恭人。］　元璜［以侄湘封中宪大夫，妻魏氏恭人。］

徐氏纯武［以子光熙赠奉政大夫，妻张氏、熊氏宜人。］　筱藩［以子应征赠奉直大夫，妻余氏宜人。］　光奎［以子绍先赠奉政大夫，妻冉氏宜人。］　邦辅［以弟邦道赠建威将军。］

魏植三［以子倬云赠奉政大夫，妻谭氏宜人。］

蓝氏才盛［以孙渐逵赠奉政大夫，妻李氏宜人。］　玉堂［以子渐逵赠奉政大夫，妻查氏宜人。］

方兴治［以子正封中宪大夫，妻王氏恭人。］

施氏晟［以曾孙纪云赠荣禄大夫湖北按察使加三级，妻刘氏一品夫人。］　朝栋［以孙纪云累赠荣禄大夫湖北按察使加三级，妻王氏一品夫人。］　久膏［以子纪云九遇覃恩，累赠荣禄大夫湖北按察使加三级；孙愚赠通议大夫、法制院副使。妻王氏累封太夫人，晋赠一品夫人；以孙愚赠淑人。］　邦麟［以侄纪云赠奉政大夫翰林院编修。］　承勋［以弟纪云封奉政大夫翰林院编修，晋赠通议大夫湖北安襄郧荆兵备道；以侄愚赠通议大夫、法制院副使。妻曾氏、刘氏，淑人。］　崇勋［以弟纪云赠中宪大夫湖北施鹤兵备道；妻刘氏、杨氏，恭人。］　炳勋［以弟纪云晋赠通议大夫湖北安襄郧荆兵备道，侄愚赠奉政大夫翰林院编修。妻沈氏、吴氏，恭人。］　纪云［以子愚封通议大夫，妻潘氏、欧阳氏，淑人。］

耆寿［《陈志》名寿考，序云：《礼》"八十常珍，九十饮食不离寝"，又"八十月告存，九十日有秩"，先王所以尚年也①。第乡饮之礼，涪陵久阙，爰逐加博访，自八十以上者，

---

① 　先王所以尚年也：该句引语均出自《礼记·王制》，意谓八十岁以上的老人要常吃珍美的食品，九十岁以上的老人住室里要饮食供应不断；八十岁以后，天子要每月派人来问候安康，九十岁以后则要每天派人送来食物。常珍：指日常所食皆为珍馐。告存：问候、慰问。日有秩：指天子赐给年老官吏的每日膳食。陈澔《礼记集说》云："秩，常也。日使人以常膳致之也。"尚年：尊崇年长者。

汇载"耆寿"一目。虽不敢谬比于洛社耆英，而黄发儿齿悉登纪载①，亦足征圣朝人瑞云尔。]

"五福，一曰寿。"②夫皇建有极，景运熙皞；弧南示象，煜煜其光；面北乞言，彬彬有礼。时无夭札播弃，则优游以养天和，寿岂曰"非福"③？然遭际未易必得耳。

年百岁以上

（宋）谯定［百三十岁。］

（明）周文汉［年百岁。］　李师侗［年百岁。］　刘志德［年百岁。］　曾彦甲［年百岁。］　陈文常［年百岁。］　夏可洲［年百岁。］　罗英［年百岁。］

（清）唐可惠［百二十岁。］　甘克和［百零五岁。］　王克常［百零四岁。］　文玮［年百岁。］　冉存鳌［百零二岁。］　罗应甲［年百岁。］　幸文昌［年百岁。］　张朝伦［年百岁。］　刘继璋［百零二岁。］　王明章［年百岁。］　袁学仁［百零四岁齿落重生。］　周洪顺［百零一岁，六世同堂。］　李云峰［百零二岁。］　余本元［年百岁。］　彭射斗［百零一岁。］　周大道［百零二岁。］　陈作涛［年百岁。］　王炳森［年百岁。］　戴学科［年百岁。］　舒春和［年百岁。］　梁增习妻冉氏［百零五岁。］　韦才福妻盛氏［百零二岁。］　周正江妻庞氏［百零一岁。］　陈其瑞妻曾氏［百零一岁。］　徐焕妻孙氏［百零一岁。］　高文清妻陈氏［百零二岁。］　朱玉生妻戴氏［百岁。］　何仕泮妻李氏［百岁。］　陈文秀妻胡氏［百岁。］　夏尧先妻杨氏［百岁。］　张可尚妻刘氏［百岁。］　张显文妻况氏［百岁。］　陈徐氏［百零一岁。］　田蒋氏［百零一岁。］　陈石氏［年百岁。］　罗宿祖母胡氏［百零九岁。］　韦秀山母姜氏［百零一岁。］　张元镜妻石氏［百零三岁。］　陈

---

① 纪载：即记载。下同不注。

② 五福，一曰寿：出《尚书·洪范》"五福：一曰寿，二曰富，三曰康宁，四曰攸好德，五曰考终命。"谓"长寿"（命不夭折且福寿绵长）是五福的第一福。

③ "寿岂曰'非福'"句："夭札"指遭疫病而早死，"天和"指人的元气。"寿岂曰'非福'"：应是主要针对清嘉道年间著名学者钱泳"寿非福也，康宁为福"的观点，其《履园丛话·臆论·五福》云："《洪范》五福，以寿为先。有富贵而寿者，有贫贱而寿者，有深山僻壤衲子道流修养而寿者，未必尽以为福，何也？今有人寿至八九十过百岁者，人视之则羡为神仙，为人瑞，己视之则为跑系，为赘疣；至于亲戚故旧，十无一存，举目皆后生小子，不知谁可言者。且世事如棋，新样百出，并无快乐，但增感慨。或耳聋眼瞎，或齿豁头童，或老病丛生，而沉吟于床褥，或每食哽噎，而手足有不仁，虽子孙满前，同堂五代，不过存其名而已，岂可谓之福耶！……或问云：寿、富非福，何者为福？余则曰：寿非福也，康宁为福；富非福也，攸好德为福。人生数十年中，不论穷达，苟能事行乐，知止足，亦何必耄耋期颐之寿耶？"

泰源母刘氏［年百岁。］　陈泅妻朱氏［年百岁。］　况兴道妻李氏［年百岁。］　钱杨氏［百零三岁。］　张定科妻冉氏［百岁。］　冉瑞兴妻谢氏［百岁。］　郎仕德妻陈氏［百岁。］　贺刘氏［年百岁。］　傅萧氏［年百岁。］　冉谢氏［年百岁。］　熊石氏［年百岁。］　盛张氏［百零一岁。］　魏舒氏［百零八岁。］

夫妇齐眉

（清）陈文广王氏［年俱九十六岁。］　傅朝义焦氏［年俱九十六岁。］　姚祖安袁氏［年俱九十六岁。］　姚义顺杨氏［俱九十六，生殁同日。］　徐万成王氏［年俱九十六岁。］　张仁学马氏［俱九十五岁，同日生。］　张成格杨氏［俱九十一。］　萧国禄龚氏［俱九十岁。］　蒲祖祺李氏［俱九十岁。］　陈大仲刘氏［俱八十九。］　雷仲贵张氏［俱八十八。］　袁兆恒吴氏［俱八十八。］　苏才茂吴氏［俱八十八。］　钱天德夏氏［俱八十七。］　许希光舒氏［俱八十六。］　杜元凯何氏［俱八十六。］　郭于富卢氏［俱八十五。］　谭先学廖氏［俱八十五。］　蒲祖寿邬氏［俱八十五。］　罗福伦陈氏［俱八十五。］　何锡贵刘氏［俱八十五。］　杨宝林罗氏［俱八十四。］　高世可邹氏［俱八十四。］　冯选谟刘氏［俱八十四。］　谢光鹤舒氏［俱八十四。］　王廷立任氏［俱八十四。］　邓在传曾氏［俱八十四。］　邓廷相赵氏［俱八十四。］　刘邦极贺氏［俱八十四。］　陈涵智李氏［俱八十三。］　谭万龙焦氏［俱八十三。］　刘璧袁氏［俱八十三。］　李广进陈氏［俱八十三。］　易宣刘氏［俱八十三。］　张玉珩杜氏［俱八十三。］　谭仁礼汪氏［俱八十三。］　萧存访徐氏［俱八十三。］　余天成谭氏［俱八十三。］　朱天成吴氏［俱八十二。］　刘唐球龙氏［俱八十二。］　陈联郭氏［俱八十二。］　陈昌华田氏［俱八十二。］　张天署刘氏［俱八十二。］　何其顺李氏［俱八十二。］　冯尚勤黎氏［俱八十二。］　刘琼向氏［俱八十二。］　黄成璠陈氏［俱八十二。］　罗经镆雷氏［俱八十二。］　覃熙和彭氏［俱八十一。］　李尚武陈氏［俱八十一。］　陈耀荣夏氏［俱八十一。］　王正宗陈氏［俱八十一，五世同堂。］　卢正初陈氏［俱八十岁。］　刘光黎夏氏［俱八十岁，重宴花烛。］　董洪榜张氏［俱八十岁。］　蒲祖贵王氏［俱八十岁。］　龚缔德雷氏［俱八十岁。］　刘燦蕢皮氏［俱八十岁。］　杨正昌夫妇［俱八十岁。］　陈必逵夫妇［俱八十岁。］　刘鹤田余氏［俱八十岁。］　刘捷举石氏［俱八十二。］　勾廷彩钱氏［俱八十二。］　秦昌群庹氏［俱八十二。］　韦义和彭氏［俱八十二岁存。］　庞茂齐周氏［俱八十岁。］　秦晓峰夫妇［俱八十四岁存。］　余春江郎氏［俱八十二。］　陈以学傅氏［俱八十三。］　袁成美程氏［俱八十二。］　陈秀槐王氏［俱八十岁。］　文廷魁夫妇［俱八十二岁存。］　刘文澜余氏［俱八十一。］　张宗德石氏［俱八十二岁存。］　邓良达李氏［俱九十二。］　袁汝楫钱氏［俱八十二，重完花烛。］　李为春黄氏［俱八十五。］　奚万才董氏［俱八十六。］　张建五邓氏［俱八十一。］　黄明信袁氏［俱八十一岁，同日卒。］　黄昭余氏［俱八十四。］　黄谋远郭氏［俱八十三。］　尹德顺夫妇［俱八十八岁存。］　潘德荣李氏［俱八十三岁存。］　石作砚汪氏［俱八十一。］　余义和方氏［俱八十四。］　郭正春冉氏［俱九十二岁，同日卒。］　陈洪寅鞠氏［俱八十岁。］　刘榕查氏［俱八十三。］　刘朴张氏［俱八十二。］　尹庆余陈氏［俱八十二。］　施晟刘氏［俱八十三。］　周光辅李氏［俱八十一。］　夏大纲王氏［俱八十五。］　施培勋李氏［俱八十五。］

男寿年九十九

徐邦辅　文贡九

男寿年九十八

廖岐圣　戴发顺　段岐俸　彭得贤　李云峰　王代兴

男寿年九十七

夏槐　杨纯刚　李朝铭　刘树才　孙玉堂　张能应　张奇龙　田宗武　郑人仪　樊登荣　王钏　李廷仲　魏敦五　舒国梁　蒋鸿模　毛徙南

男寿年九十六

潘承志　黄连城　罗赞韩　袁赤玉　张明刚　萧纯　杨坚　汪长清　胥志玉　刘世俸　朱鉥　朱天锡　卢正鳌　郑燮堂　王正福　李常佑　陈文秀　任国让　李云封　文清平　李增从　盛榜橦　李金灵　黎虎臣　郑宗镒　倪顺成　陈闵才　刘德虞　杨通贵

男寿年九十五

孟正璟　赵琼英　湛正一　左金魁　黄世爵　杨永荣　张应政　马文兰　郑光乔　田仁恺　王铨　王义顺　陈思迅　潘天章　谭荣田　王有顺　邓德芳　姚正纲

男寿年九十四

张文仪　朱天阳　杨春纪　田庆补　周正康　陈登第　王若尼　甘家学　黄成瑞　夏仕奇　谭沛　陈洪富　朱楣　王延栋　陈其尧　钟池玉　任国玺　刘光耀　罗

建善　胡卓山

男寿年九十三

朱尔瞻　姚君正　黄必达　彭之初　朱锭　禹国相　谭注江　王魁　李洋溢　杨正邦　苏明甫　梁家贵　廖映南　傅朝举　李志贤　徐文明　刘成勋

男寿年九十二

谭大川　彭芝选　夏曰浩　韦巨韬　黄鉴　朱嗣昌　吴永贵　韩粟　彭之龙　甘文相　张炳山　刘应朝　陈元纲　刘玉美　谢长远　李遐昌　韩文宗　陈洪仁　符正纲　卢正文　张世爵　廖德章　陈作宾　刘樟　潘道墉　谭学固　雷沛霖　王晓峰　王正道

男寿年九十一

徐怀仁　窦仕周　陈顼　谭华岳　符兆刚　李金山　曾仁义　曹尔昌　刘惠远　冉尔玉　胡兴苑　刘沛江　卢荣贵　张玉朝　韦从奎　陈子坤　鞠正绪　郭昭明　叶文成　徐正龙　王安邑　吴文广　徐正拔　陈元纲　傅秀田　张世万　杨登礼　周正庸　周增　王茂华　余龙光　张宗璠　潘同登　陈大训　郑德清　王性敏

男寿年九十

李万春　舒其学　何睿　杨本新　吴瑢　徐上仪　贺朝鸾　汪明远　傅天庆　王文岸　熊世俊　汪堤　谭大体　金秀　黄世隆　邬学先　袁国治　谭灼　戴仕仁　何芝仁　高尔类　瞿应联　周万荣　秦正瑜　陈兆魁　吴映岐　陈兴邦　谭辉宇　杨正邦　庹名魁　赵世玉　何文才　余天福　刘三元　李先立　何其意　侯恩寿　安洪均　戴恭福　舒勖　袁有书　游忠堂　向恒芳　李兴顺　郭安元　曹世朋　李璠　李玉海　黄道洪　毛师孟

男寿年八十九

张祐　张斗南　易乾亨　谭寿山　洪景泗　何春涵　袁钿　郑之朝　邹治梁　赵维爵　傅元恺　陈兴乾　陈维栋　陈大桢　高登　刘辉德　蒲祖国　牟文祐　石翠榜　刘安宇　韦秀山　任廷光　冉瑞凤　刘文新

男寿年八十八

张焜　陈正朝　陈现玉　张德清　杨延用　夏纫兰　李高仁　邓应鹏　高成

章　朱国相　萧邦礼　孙镇　徐周文　汪居仁　杨本盛　郑时芳　徐宇福　余镕　郭茂林　徐九富　杨春玺　张子骥　汪文申　陈心明　涂明仁　刘登魁　田太义　瞿文春　邓懋贤　周重贤　黄绍光　王在常　游国祚　彭天琼　冉廷献　彭荣俸　张正谊　易兴华　邹立堂　邹月楼　魏仕爵　彭石松　杜香圃　舒文义　郭庆珍　瞿兆詧

男寿年八十七

陈于宣　易乾一　王理　陈纯　罗一端　赵淙　夏礼行　栾钰　宋寀　吴之瑄　刘乾生　谭尚书　谭登典　彭伯顺　刘应试　张曲秀　何启聪　黄华铣　张文卿　成汤　戴天典　谭志学　刘正礼　窦学玩　湛泽远　盛旭德　冉如琏　谭仁陞　谭如珊　张东藩　艾天奎　秦正璜　曾应桂　王天俸　傅元俸　王维城　周载阳　胡自约　钱天荣　张正德　谢文璧　杨世智　胡代位　陈蔡　易厚堂　阮真元　任占禄　夏寿熹　王安邦　王俊山　苏履丰　刘光燧　张宗朝　陈鑫　杨在稷　袁琴堂　陈鍧　舒世品　夏国陞　毛鸿逵

男寿年八十六

舒亭枢　王洪猷　高永昌　黄城　张瑢　宋宣　徐受采　陈世泰　舒光宗　梁锡泰　张旭　陈忭　夏景玮　冯春秀　陈我　彭国芸　况尔仲　张鹏舒　余翼鳌　陈祥　高成典　刘健祖　谭映明　王在洪　邹治岷　刘合林　鲁大荣　杨元陛　蒋芝秀　王大德　张玉岱　吴文周　邵维林　李本杰　盛榜文　潘朝元　陈利华　徐盛琦　陈昌玉　高仲辅　刘璋　杨正纯　黄文禄　李元宾　窦大德　刘礼杰　周万德　窦在明　黎金玉　杨宗寿　张应榜　蔡维志　刘应庠　戴心淮　戴心奎　张应玺　周正庭　盛天禔　倪心洪　胡自镒　勾代纶　余绍禹　李国玺　文抡魁　夏宗淇　韩杰　张峻　韩毅　谭成昌　李进仲　郑元吉　彭宣和　陶发潜　谭隆惠　袁汝栋　易兴兰　向德增　王应凤　冉隆榜　喻体元　张炳宣　张九美　张元镜　陈斐然　蒋篾匠　袁焕禄　张国风　陈玉牲　李景福　苏云亭　王正明　潘同德　瞿兆益　傅炳旸　王武伦　夏维垣　张春融

男寿年八十五

陈万通　毛宗乾　张文玉　何敦厚　吴述先　李子芳　张应祥　张珍　赵凤林　杨溥　谭青山　覃文魁　毛作新　郑玉相　陈典　谭盛朝　陶宗科　栾仁　夏帝顺　刘子美　邵维儒　李应桂　郑圮　杨正贵　汪耀昭　柴文祥　田宗科　刘

正书　魏文忠　陈燧　沈世英　杨正信　张治象　夏光昌　蔡月顺　杨国士　谭光宗　蒋立乾　蔡仕顺　何锡桂　傅年孝　刘增祥　蒲文寿　刘尚本　刘德本　陈朝钦　傅洪清　刘杨怀　朱良　宋天朝　高仲南　黄粤隽　王焕廷　王祯祥　彭树勋　王登芝　胡正芝　王三匠　廖鼎三　彭元熙　白长吉　李应堂　夏邦发　徐海楼　陈秀峰　陈世贵　余云山　陈元顺　刘可三　谭永祐　谭兴邦　萧维贤　吴朝淳　陈玉扈　张应涧　吴恒德　窦秀朋　张官达　陈玉孙　邹国万　王武顺　王万发　潘同应　夏维缉　徐文光　尹克家　潘垲　瞿国璇

男寿年八十四

张玮　张寅清　何英贤　夏建松　张鸿儒　潘鸣谦　何震一　何璘　杨公卿　刘俸祖　郭松茂　张正楷　刘宗朝　熊松茂　冉椿　王其英　谭世洲　刘世俸　傅良臣　王国臣　袁国印　何道亨　王子垅　朱绣　张朝佐　喻子美　王嘉荣　向畅　禹荣臣　夏舜先　陈登华　黎金元　高学举　杨国禄　周一宣　王俸国　汪志武　陈文科　陈光德　罗学正　夏昌朝　陈武寿　黄仕义　王登林　杨在禄　萧贵彦　张廷佐　何锡周　申周达　冉大义　杨登荣　陶桂林　钱星煜　傅洪清　韩见南　曾文明　魏光耀　傅正纲　何心礼　蔡现举　胡元宗　蒲祖荣　陈荣泮　杨通显　朱正纪　张祥　傅正常　张裕朝　邱景阳　郭绍明　向腆　吴友顺　郑玉辉　何其潜　吴吉　李国玺　官纯先　朱正纲　熊照荣　王仕顺　王章成　文呈祥　罗洪秀　陈昌祺　罗安理　陈福长　雷时安　张先耀　秦晓峰　王化育　罗尊五　陈植　黄兴顺　黄廷辅　张焕廷　袁瑞麟　黄载阳　陈善堂　黄正春　黄成立　刘国堂　魏仕田　杨静安　夏宗隆　傅霈霖　陈玉章　杨武奇　文兴才　毛炳然

男寿年八十三

冯甲第　冉玮　程明诗　曹旭　李国珍　夏元昇　何镇　张得中　贺梧尚　鸿儒　石镛　张登高　夏元会　石若瀛　申炳南　杨于铣　杨能耉　吴世瑈　袁现诗　陈臻治　黄钑　蒋芝栋　王志鳌　张恩华　王登廷　黄光照　刘洪范　刘邦贤　杨正禄　余廷望　陈翻　夏明礼　金国柱　舒尔哲　黄登林　夏占才　张明应　徐盛琦　王应泰　王功臣　卢必崇　韩以寅　李仕绪　林汉先　彭之洪　卢正河　程以操　蔡能胜　孟大儒　邹璋　陈俊祥　朱元仁　彭有志　刘丹陵　胡长庆　廖佐亭　彭相友　陈泰林　陈益斋　陈国用　李国珍　夏益泰　王清银　况治

堂　张金奎　谢万泉　王清珍　罗安輶　郭廷芳　张国礼　黄国联　陈大宜　刘立
斋　李金柱　夏维溥　黄国能　刘国安　童金铠　王济川　王月楼　王武廉　潘硕
源　夏邦寿　潘履谦　夏国仲

男寿年八十二

赵天长　张坤　唐三超　王治朝　刘家鹏　盛长　杨天池　刘万堂　刘大达　湛
仲惠　谢仁杰　向尚明　王其华　汪大元　张仕臣　杨秀荣　汪绍义　杨春俸　陈
应泽　游学周　张轩俸　蔡能泽　郭廷芳①　王楚　勾代亨　汪绍魁　陈尚爵　蔡
启宇　张朝鼎　勾祥陞　夏启敏　吕秀有　杨仕琮　王洪泽　吴先信　萧国明　姚
子建　李铖　瞿先进　陈维礼　王举元　安时德　李本涵　林平斋　任正爵　王连
元　盛有余　夏其书　周廷彩　陈世荫　邓芳政　张大宽　罗朝先　罗朝铭　罗永
仁　余有刚　黄文斗　窦正建　王文泰　谭元　潘礼　吴大勋　王安国　罗荣富　袁
联元　陈文相　洪国政　傅正兴　李学峻　王贵龄　魏金贵　朱国相　赵一聪　盛
治平　陈锦江　张在成　赵一国　盛维臻　刘邦极　彭煊伦　邹钰　陈懋森　蒋
裕伦　王藻卿　张觅宽　张槆　周天心　文仲三　苏志堂　谢正顺　张富春　刘胜
友　刘金祥　张国杰　黄朝佐　薛万顺　程启春　黄廷邦　黄国陞　汪有顺　张明
美　陈育姜　王忍堂　陈嘉绩　刘沛霖　陈秉奎　刘立堂　许联元　张宗辅　夏维
焕　余鹤亭　何守训　毛相文　张子华

男寿年八十一

陈仁　黄璿　周宗滮　姚瑚　刘瑛　谭绍武　谢德寿　熊若琮②　陈于相　袁
星斗　何调元　严以庄　杨碧如　舒登堂　刘文先　李曰礼　夏永泗　谭景琏　王
珍　冉洪仁　张子骥　蔡占隆　胡世茂　高元槐　罗朝铭　张朝纲　刘朝俸　文
条　黄钃　朱腾芳　黄汝才　陈文模　陈文权　张德金　郑炳照　冉裕先　经明
德　傅玉仲　毛远铭　杨俸图　黄彦富　王明仲　谭光富　张朝　谭文彬　王官
玉　瞿国文　蔺国泰　冉茂槐　蔡能一　蔡纯武　王登泰　徐铣　卢占鳌　傅年
明　夏体仁　陈曰翔　李本有　朱天赐　刘正位　张芳　任正银　赵维寿　唐全

---

①　原志原印"郭廷玉"，"玉"字左为黑色边框，紧靠右侧钤有朱印"芳"字，据改。此处校改
不见于原志末所附《刊误表》，当在其后。

②　熊若琮：《陈志》卷十《人物志·寿考·乡耆》作"熊恒琮"。

琮　陈大廷　文章　谢顺仁　罗维泰　文于暄　梁可金　王公臣　甘文彦　赵玉
省　刘绍昆　胡正萱　游应义　周廷会　袁利亨　魏光耀　王连元　邹镒　周盛
祥　戴仕凤　孟敬亭　向中和　张璇普　曾仕发　黄廷佐　傅级三　罗民杰　杨天
荣　陈洽　韩增均　陈如棠　陈荣兴　陈仙源　黄宗台　瞿兆先　刘子全　王伯
卿　许砺山　王兴科　欧阳丹魁　孙天恁　陈以孝

男寿年八十

何镶　彭锈　唐纯　王纶　周福　秦钟禄　夏元敏　张显潜　王心向　吴玉
成　吴煜　任儒修　雷汝烈　高攀　申代荣　胡味三　徐荣试　彭体训　王洪勇　刘
文朗　伍文魁　倪恒丰　陈廷昭　程克举　胥希亮　龚子珍　王世弼　胥希乾　王
朝贵　甘文衡　孙学诗　甘家廷　杨有鼎　李增衡　朱华宇　李仁儒　吴常安　甘
国选　杨有聪　冉洪秀　夏正楷　黄敏武　毛永书　赵正纲　陈绍和　朱效乾　陈
文权　毛永信　张仲元　钱星煌　刘大贤　郭宣　萧心亮　李仕学　胡朝林　郑人
敏　钱星杰　谭绪谟　张曙治　余鉴　黄存鉴　张岩　明定一　周廷棣　秦正洪　罗
登祥　萧明现　刘万清　戴学琏　舒尔寿　戴心仁　瞿应淮　李文纲　陈耀彩　刘
永富　杨在学　李义荣　杨应格　吴应爵　况必俸　吴桂芳　余上鳌　赵之模　蔡
金童　刘醒　杨德铸　吴汉章　陈在和　冉永清　李文照　李本厚　李三乐　何朝
品　陈元汜　刘惠西　何仁纯　蒋伦礼　赵文林　夏维柄　尹如久　刘增　王明
材　喻琬　傅席珍　谭景德　曾遇铎　王仕才　傅玉彩　张仕印　游正才　张子
铨　高必蕃　路朝辅　喻棕　朱华国　卢廷章　黄子宗　张奇伦　陈为绪　罗朝
兴　经思祥　王仁刚　况成暎　陈廷泮　胡光耀　郑人泽　孙会泮　何仕仲　刘天
荣　陈武元　张天爵　乐正斗　郭天钊　庞世谦　吴敬久　谭文绪　何光谟　陈世
恒　刘荣　杨国臣　陈万昌　简茂礼　吴仕侨　傅鸿任　傅节文　郑文贤　陈仕
仲　周纯修　盛维兴　何子道　潘履泰　盛思远　袁德儒　盛维寅　杨于镛　宋
容　瞿思焕　杨表　瞿克孚　郎永蓁　郭嘉奖　余在廷　舒尔栋　冯选超　谭尚
易　刘文贵　傅元恺　汪文海　何锡禄　黄学周　钟毓文　唐承佐　谭思永　张
鳌　张绍麟　蒲光濬　盛维安　高世业　李国昌　贺雪柱　潘大临　李永魁　汪文
泰　夏镜　明其仁　夏文思　袁清书　明琢章　王举先　陈维梁　彭相睦　丁晓
亭　蒋吉元　黄吉廷　张芳　彭云五　刘雅平　王晋卿　夏国有　毛家璨　高兰

舟　张泽　陈京玉　李荨生　张仁福^①　陈旭东　陈秀槐　邓成举　陈奎　陈洪柄　曹继先　何守元　毛起秀　毛体元　彭炳楠　何守珩　毛文彩　毛数飞

女寿年九十九

张李氏　谭张氏　汪周氏

女寿年九十八

李彭氏　黄郭氏　张卢氏　夏陈氏　石陈氏　彭舒氏　陈徐氏　陈李氏　傅德裕妻陈氏　周明举妻邵氏

女寿年九十七

何刘氏　余吕氏　李贺氏　李余氏　杨庹氏　陈朱氏　王汪氏　郭秦氏　文子敏妻潘氏　尼玉贞　陈湘妻李氏

女寿年九十六

何邓氏　戴纪氏　曾龚氏　韦姜氏　傅焦氏　夏王氏　陈熊氏　张夏氏　宋郑氏　杨张氏　戴谭氏　徐周氏　陈王氏　郭刘氏　王桂岩庶母胡　罗吉亨祖母杨　向长吉妻李氏　冉崇兴妻冯氏　黄大春妻罗氏　彭廷琪妻冯氏　黄开益妻张氏　司马元魁妻张　傅炳墀继母陈　毛纯文母韩氏

女寿年九十五

王师贡妻杨氏　方在明妻张氏　刘材妻冉氏　沈淮妻刘氏　刘尚本妻倪氏　杨王氏　陈李氏　何刘氏　王明亨妻龚氏　叶泽普母王氏　张玉树妻刘氏　赵天生妻刘氏　袁汝光妻陈氏　韩增督妻潘氏

女寿年九十四

陈兴朝妻胡氏　陈现妻石氏　高必胜妻蔡氏　王胡氏　彭云湘母盛氏　刘廷俊妻石氏　陈式周妻罗氏　晏喜妻陈氏　陈君朋妻蒋氏　李兴发妻刘氏　雷王氏　韩潘氏

女寿年九十三

杨之洪妻黄氏　汪文朗妻何氏　彭逢春妻黄氏　陈一廉妻赵氏　黄世泽妻吴氏　石彦恬母陈氏　陈登贮妻黄氏　方丹妻张氏　戴田氏　何蒋氏　张周氏　姚周

---

① 原志原印"张全福"，"全"字右侧钤有朱印"仁"字，据改。此处校改不见于原志末所附《刊误表》。

氏　黄李氏　王阳三母李氏　张大有妻瞿氏　吴兴发妻会氏　陈少平妻龙氏　周恩佑妻邵氏　彭继道妻傅氏　马继周祖母周

女寿年九十二

文理龙妻殷氏　周回澜妻王氏　李天泰妻邹氏　何廷照妻梁氏　瞿恩荣妻张氏　吴永级妻邵氏　高必俊妻蔡氏　高登林妻陈氏　陈尚贤妻张氏　包陈氏　胥谭氏　卢唐氏　胡代位妻郭氏　冯元祐母□氏　谭佐仁妻李氏　罗维福妻李氏　陈真恬妻舒氏　李香川妻毛氏　潘岐妻刘氏　施敬斋母袁氏

女寿年九十一

魏世锐妻何氏　冉茂槐妻何氏　舒尔馨妻鞠氏　雷应相妻何氏　王魁妻郭氏　夏时育妻熊氏　戴恭发妻胡氏　雷雍相妻张氏　陈臻治妻蓝氏　徐尚荣妻盛氏　安时德妻文氏　王清珊妻江氏　张包氏　王殷氏　杨谢氏　张裙母程氏　向德坤妻李氏　胡大祥妻王氏　邹云锦妻许氏　张礼发妻郑氏　曾文朗妻刘氏　毛兴发妻胡氏

女寿年九十

彭学源妻陈氏　朱瓒妻万氏　覃占魁妻李氏　刘荣妻陈氏　张元春妻陶氏　潘廷锡妻周氏　杨昌基妻冯氏　潘廷抡母□氏　陈朝龙妻王氏　萧国禄妻龚氏　刘正纲妻申氏　吴成妻戴氏　陈天仲妻刘氏　张俊贵妻陈氏　瞿应麟妻郑氏　陈复元妻张氏　张谭氏　王倪氏　刘徐氏　瞿乐氏　夏张氏　徐王氏　刘钟氏　刘但氏　陈朝书妻周氏　王少章母苏氏　王焕廷母□氏　罗坤发妻王氏　邹立堂妻庞氏　刘世清妻徐氏　黄玉明妻舒氏　张和阳妻杨氏　陈锡圭妻李氏　袁国禄妻陈氏　韩郑氏　毛游氏　查光华母刘氏

女寿年八十九

冯选松妻黄氏　夏维原妻何氏　杨盛和妻方氏　汪夏氏　卢谭氏　谭萧氏　夏邬氏　夏龙氏　杨陈氏　陈李氏　蔡江氏　赵杨氏　王用予妻孙氏　彭天爵妻戴氏　戴岐山妻邓氏　舒泽泰妻黄氏　陈以义妻杨氏　胡兴邦妻杨氏

女寿年八十八

孔广春妻吴氏　袁茂芝妻周氏　舒廷杰妻郑氏　吴朝贵妻何氏　夏宗霖妻王氏　黄登林妻戴氏　蒲光朝妻郑氏　游于泗妻蔡氏　游学周妻许氏　夏宗怀妻周氏　张行钊妻蒲氏　唐光周妻梁氏　谭萧氏　李黄氏　刘汪氏　刘吴氏　赵罗氏　况

王氏　戴学矩妻王氏　张荣和妻李氏　刘星垣妻夏氏　张汝嘉妻申氏　熊张氏　彭相友妻李氏　刘宗棠妻杨氏　余胡氏　陆安学妻张氏　况学钊妻王氏

女寿年八十七

刘传书母游氏　刘廷杰妻李氏　张复泰妻程氏　钱星焕妻盛氏　谭圣乐妻夏氏　夏纫芷妻徐氏　李荣祖妻覃氏　张王氏　陈胡氏　赵张氏　杨张氏　杨曹氏　袁吴氏　彭树勋妻刘氏　罗安吉妻张氏　刘宗望妻艾氏　袁鹤龄妻魏氏　杨黄氏　毛郭氏

女寿年八十六

周一宣妻吴氏　夏昌珂妻袁氏　陈余安妻杨氏　刘祖耆妻石氏　余学朝妻夏氏　盛宗远妻李氏　冯维征妻黎氏　黄信宽妻刘氏　黄信笏妻刘氏　谭德尚妻徐氏　高辉朝妻郑氏　谭辉宇妻周氏　蔡德员妻周氏　刘光黎妻夏氏　蔺文氏　蔺吴氏　高邓氏　李陈氏　何刘氏　高杨氏　杨陈氏　陈李氏　杨母氏　张朱氏　赵杨氏　刘述陶妻石氏　石雅卿母张氏　王雪亭妻郑氏　刘棝妻陈氏　王海云祖母□　郭罗氏　禹冯氏①　张谢氏　曾夏氏　潘道墉妻唐氏　夏如璋母杨氏　毛黄氏　毛纯文妻王氏

女寿年八十五

谭世清妻陈氏　钱珍妻姚氏　李举纲母王氏　蒲文献妻申氏　蒲文林妻郭氏　何心纯妻李氏　徐大受妻郑氏　唐正培妻汪氏　张陈氏　赵周氏　傅邱氏　汪陈氏　李钱氏　蔡赵氏　周杨氏　陈邹氏　刘斗南妻黄氏　罗民珍妻董氏　余伯常妻钱氏　黄仕魁妻毛氏　黄长发妻余氏　舒苏氏　彭长春妻杨氏　彭寿礼妻刘氏　许丕烈母夏氏　陈海涛妻彭氏

女寿年八十四

王官锡妻郑氏　符国玺妻胡氏　蒲文远妻杨氏　蒲文海妻李氏　盛璇德妻曹氏　罗维福妻李氏　谭万龙妻焦氏　陈登贵妻杨氏　龙朱氏　李夏氏　张夏氏　鲁孟氏　汪刘氏　罗陈氏　刘张氏　陈朱氏　符洪氏　吴谭氏　龙陈氏　张周氏　王桂岩母刘氏　邹德盛妻高氏　王耀廷妻杜氏　陈秀峰妻熊氏　任兴发妻陈氏　张祖钦妻陈氏　王乾禄妻钱氏　刘文彬妻汪氏　王国昌妻张氏　黄鹤鸣妻李氏　吴鉴泰妻贺

---

① 原志原印"禹马氏","马"字右侧钤有朱印"冯"字，据改。此处校改不见原志末附《刊误表》。

氏　黄应德妻瞿氏　潘楚妻石氏　钟张氏　黄戴氏　黄方氏　夏彭氏　施久膏妻王氏　游绍先妻卢氏

女寿年八十三

潘翅妻戴氏　蒲祖学妻罗氏　游汝贵妻夏氏　林荣仁妻蒋氏　蒲正觐妻孔氏　王贵龄妻徐氏　陈正训妻罗氏　贺正贵妻庹氏　谢万章妻黄氏　张坤妻周氏　石罗氏　李余氏　罗张氏　张郑氏　夏田氏　易钟氏　杨郑氏　彭时畅妻周氏　邹雪锦妻陈氏　潘履之妻邹氏　任光华妻王氏　任佐卿母陈氏　曾宪治妻陈氏　罗安寿妻王氏　罗民柱妻徐氏　张炳墉妻瞿氏　陈光华妻韩氏　何利之妻舒氏　陈达斋妻刘氏　王清祥妻邬氏　王兴科妻陈氏　陈玉昆妻李氏　陈荣之叔母李　谭孔典妻白氏　文兴让妻龙氏　何恒如妻王氏　余方氏　杨伟祖母吴氏　傅学礼妻萧氏

女寿年八十二

张朝珍妻刘氏　游洪道妻盛氏　张行铎妻夏氏　谭应榜妻陈氏　陈兴唐妻王氏　彭之洪妻秦氏　汤延年妻杨氏　卢世栋妻李氏　张治岱妻李氏　蔺文氏　陈熊氏　袁戴氏　吴窦氏　张钟氏　庞左氏　陈张氏　张黄氏　朱赵氏　谭黄氏　戴杨氏　易戴氏　邹洪顺嫂卢氏　王家祺妻韦氏　戴恒升妻王氏　韦兴合妻李氏　熊吉元妻孙氏　张心一妻陈氏　陈昌祺妻龙氏　叶映霞妻贺氏　罗民贵妻张氏　谭美斋妻殷氏　黄位三妻陈氏　张建三妻胡氏　张忠廷妻王氏　舒海山妻汪氏　陈金盛妻尹氏　黄明顺母袁氏　陈奎妾杜氏　刘伟臣妻郭氏　潘垲妻韩氏　郑大贵妻袁氏　马复元妻秦氏　瞿国璿妻潘氏　彭楚祖母李氏

女寿年八十一

李高仁妻孙氏　杨玪①妻何氏　韩尚妻张氏　王兴亮妻贺氏　陶元曙妻蒋氏　张学琏妻敖氏　周学洪妻罗氏　杨愷妻覃氏　窦仕周妻秦氏　王邓氏　蒲文光妻韦氏　钱天荣妻谢氏　童余氏　罗夏氏　徐周氏　陈冉氏　任张氏　黄登林妻戴氏　朱元仁妻何氏　彭有志妻冉氏　陈畔妻曹氏　陈云祥妻王氏　王光仪妻汪氏　曾宪有妻张氏　黄仕亮妻石氏　张致和妻瞿氏　陈鲁生妻徐氏　夏永顺妻李氏　刘宗棠妻张氏　陈长兴妻张氏　余恒儒妻刘氏　陈天银妻王氏　郑廷桢妻王氏　刘李氏　王兆岐

---

① 杨玪：玪同"琰"字，是清代避嘉庆皇帝颙琰的名讳所造字。

妻刘氏　余洪兴妻陈氏

女寿年八十

张朝华妻何氏　高学举妻黄氏　魏钟义妻黄氏　陈武宣妻喻氏　罗维元妻杨氏　罗正义妻周氏　田支全妻唐氏　谭瑞举妻陈氏　袁窦氏　许文彬妻吴氏　陈永仕妻王氏　邹允夫妻陈氏　黄游氏　陈朱氏　张陈氏　瞿甘氏　胥甘氏　甘李氏　张周氏　杨张氏　张谭氏　江汪氏　陈益斋妻余氏　戴凤祖母梁氏　余作霖妻徐氏　张夏氏　瞿克政妻陈氏　陈凤林妻张氏　陈治和妻蔡氏　赵永顺妻马氏　赵顺芳妻瞿氏　张大治妻郎氏　陈奎妻龚氏　黎虎臣妻张氏　蔡天佑妻况氏　毛倪氏　余仕彬妻傅氏　舒汝箴妻陈氏　舒殿材妻黄氏　杨玉田妻陈氏　何友如妻向氏　夏成用母蒲氏

涪陵县续修涪州志卷十五终

涪陵县续修涪州志卷十六

人物志六

列女一［《陈志》序云：孀操茹荼，贞媛矢志，抑坤舆之所钟欤？盖得阴气之正，自觉冰霜凛凛足愧须眉，殆非巾帼之谓也。涪陵山峙水洄，每多西南间气①。芳闺懿范，彤管堪垂，司风化者所当急为阐扬也。］

秦皇帝客巴清，为筑女怀清台。《统志》：台在乐温。乐温属枳，秦之枳即涪也。士女之可传，由来古矣。刘向、范晔传列女，俱不专一操。爰师前事，以补彤管之遗。

（明）张王氏［年十九夫德星卒，子元甫二岁，抚之成童就外傅，躬织纴以给之。元领乡荐，孙善吉、曾孙柱俱成进士。］

张冯氏［年二十二夫孔时殁。养亲抚孤，守节六十四年。］

任萧氏［年十六适任学，十九夫卒。贫无子，遗一女殇，誓死不贰以事姑，为庶母弟拮据婚配，守节六十三年，寿八十二。］

吴范氏［年十七夫鼎卒，无子。兄怜其贫，迎之归，弗许。州牧廖森存恤旌奖，守节六十八年。］

夏陈氏［庠生邦本妻，孝子正之母，孙国孝请旌建坊河凤滩。］

张夏氏［进士夏国孝女，归庠生张诩。年十九，诩卒无子，豪家谋娶之，割耳截发以誓。坊建西门外。］

刘许氏［适刘大节，年十九夫卒。养葬舅姑，抚遗腹子，以寿终。以其地名"节

①　间气：喻指杰出人才。《太平御览》卷三六〇引《春秋孔演图》宋均注云："间气则不苞（包）一行，各受一星以生。"按古代谶纬之说以五行附会人事，谓帝王臣民各受五行之气以生。杰出人才间世而出，是上应星象，禀天地特殊之气，故称。

孝里"。]

文庞氏［文可宗妻，年二十一夫卒。矢志抚孤，葬两姑，嫁三女，守节五十五年。州牧张详请旌表建坊。］

张朱氏［张亲仁妻。夫卒，事姑孝。坊在北关外。］

钱刘氏［司谏忠愍女，适进士钱玉之子。年十九夫殁，庐夫墓旁，誓死靡他。躬辟纑①，造四桥，享高寿。父忠女节，人咸称之。］

沈张氏［沈掞妻，坊在盐井坝。］

陈赵氏［年二十夫一廉卒，抚一子成立，三孙皆领乡荐，寿九十三。建坊北门外。］

文王氏［文武妻，年十八夫卒。事姑孝，贞静慈和，言动惟谨。有劝其改志者，割耳刺面示之。守节五十年，建有坊。］

周蔡氏［崇祯甲申归周文焕，时献贼蹂蜀，琐尾流离②，备尝诸苦。逾年夫故，有仇家逼令再醮偿其逋，氏知势不敌，归母家纺绩自给，苦节四十六年。］

周邓氏［周睿妻，年二十二夫故，守节四十三年。］

（清）陈夏氏［丙辰解元陈于端之妻，庠生夏瓒之女。年二十五夫卒，遗一子方襁褓，祖姑年八十余。氏尽孝养抚，子鹏高列胶庠。］

向黄氏［明经向日赤之继妻，秉性贞静，甘穷约。日赤为贼所害，氏尚青年，矢志抚子端暨两女嫁娶婚配，艰苦备尝。后端夫妇俱殁，又抚孙远鹏暨二孙女。至康熙乙酉科，远鹏登贤书，氏得旌表入祠。］

杨吴氏［杨芳林妻。芳林遇贼害，氏年方二十，抚长子奇、次子时成立，督令为学，躬纺绩以助膏火，学使题其门曰："柏舟③之操，孟姜一派"。后时膺岁荐，其子维楫亦列胶庠，氏得旌表入祠。］

徐杨氏［云南人，徐有中之妾。有中贾云南时纳之，旋卒。氏年十九，无子。父兄劝之改嫁，氏不从，携金扶柩归涪，事嫡若母，守节六十五年，八十四岁卒。］

---

① 辟纑（lú）：搓麻成线。纑，指分析、练过的麻缕（纱）。

② 琐尾流离：出自《诗经·邶风·旄丘》："琐兮尾兮，流离之子。"比喻处境由顺利转为艰困，前途崎岖难行。琐尾：谓颠沛流离，处境艰难。流离：鸱鸮（猫头鹰）的别名，细小时可爱，长大后丑恶。

③ 柏舟：本为《诗经·鄘风》篇名。《诗经·鄘风·柏舟》序："柏舟，共姜自誓也。卫世子共伯蚤死，其妻守义，父母欲夺而嫁之，誓而弗许，故作是诗以绝之。"后因以谓丧夫或夫死矢志不嫁。

彭杨氏〔彭长春之妻。长春卒，断发自矢。姑病，刲股疗之，事继姑亦尽礼。抚遗腹子成立，列胶庠。〕

杨何氏〔杨奇之妻。事孀姑以孝著，抚孤成名，守节三十五年。〕

陈文氏〔庠生陈于宸妻，文任之女。年二十适陈，舅殁而姑存，有八十余之祖姑。氏竭诚孝养，俱得欢心。二十三夫卒，子鹏飞甫一岁，多疾病。家清贫，鬻簪珥延医调治。稍长，遣就外傅，归则查考课程，躬纺织以助膏火。子成进士任曹县令，迎养卒于署，年六十八，旌表入祠。〕

向熊氏〔向上高之妻。夫卒，家贫无子，抚夫弟成立，守节六十七年。〕

夏倪氏〔夏在爵之妻，娴《女箴》。夫早卒，事继姑以孝闻。家贫守节，教子为梁，口授经史，得食廪饩。〕

陈黄氏〔陈心和之妻。心和殁，时氏年二十三岁，守节不嫁。姑病瘫痪，氏侍奉六载，始终无懈。〕

曹舒氏〔曹仕宾之继妻，年二十三适曹。越三年夫卒，抚前室子锜成立。后锜又亡，孙文昇、曾孙元、玄孙起昌，四代皆早夭。氏抚养遗孤婚配成立，卒年八十三岁。〕

彭张氏〔孝子彭学鸿之继室，庠生张崇典之女。年十六适彭，前室子应槐甫四岁，视如己出。学鸿殁，氏年二十六岁，生应柱、应棕二子，与应槐一体教育。长、季登贤书，次贡成均；孙十余人，多列胶庠领乡荐。〕

王夏氏〔王为车之妻。夫早殁家贫，孝养翁姑，义方教子，族党敬之。〕

石陈氏〔石若汉之妻，荣县教谕陈廷之女。年二十四夫卒，生子仅七月，姑以哭子丧明，氏刺臂血和药舐之，复明。后复刲股以疗姑疾。〕

吴王氏〔吴文杞妻，王敬忠之女。年十八适吴，夫病，刲股救之得愈。二十八岁夫卒，遗三子，氏矢志不移，事姑尽孝，姑病亦刲股愈之。〕

李邹氏〔李天泰之妻。年二十夫卒无子，姑劝其嫁，氏自誓守节以事翁姑。上有两兄皆异居，长丧明，次出外二十余年未归。翁姑养葬，氏独任之。后以胞侄为嗣，甫得一孙而嗣子卒，氏又抚孙成立。年九十五卒。〕

陈张氏〔陈世莹妻，张灿英之女，在家曾割股以疗母病，年二十适陈。甫二载，夫亡，遗一子仅六月。夫族欲夺其志，氏潜归倚父度日，及子稍长，始回家营业，抚子成立。〕

曾徐氏［曾镇之妻，徐宏仁女。年十六适曾，事姑克谨。越二载，夫病剧，割股救之，卒殁。无子，矢志守节，以侄为嗣。］

谭王氏、谭夏氏［事具《艺文志》增贡谭孝达《双节传》。］

杨朱氏［朱绍兴之女。年十四绍兴病笃，刲股疗之。洎适杨氏，事舅姑以孝闻。］

杨家祥妻覃氏、谢良卿妻陈氏、刘希向妻桂氏、陈映嵩妻任氏、蓝宝霖妻陈氏、祖枝盛妻傅氏童余氏［以上七人，俱刲股疗姑病者。载旧志。］

按：刲股干禁令，不在旌表之例。然父母舅姑，疾亟无计挽回，矢血诚以吁天，志殊可悯，禁之而仍许题奏，其旨甚微。至为夫而伤遗体，虽矫异于薄俗，以之风世，则不可采。访例外采之，礼法攸关，不敢徇也。

余高氏［儒士世俊妻。夫殁，氏年二十，抚子有富、有贵，皆成立。守节六十八年，请旌建坊于青羊铺。后其曾孙藻以武进士花翎侍卫，晋封氏为夫人，寿八十八岁。］

瞿周氏［瞿子舟之妻，事姑孝。姑病笃，氏刲股和药救之愈。］

徐陈氏［徐秉南妻。姑周氏病剧，割股救愈；夫疾，亦割股。生子用平，夫殁，氏年二十二岁，矢志抚孤，与夫弟鸿逵分居。弟有五子，欺氏母孀子幼，欲逼嫁图产，以姑名捏禀诬氏不孝。州牧毛讯责陈氏，又欲屠害用平，未得。咸丰癸丑，始蒙州牧金公验明割股两次，堂奖银牌，花红火炮送寓。随禀请旌表，饬族团保护，氏含冤始削，用平始得无虞，孙曾崛起，后嗣繁昌。］

向陈氏［向士品之妻，邑贡生陈序鹭之姊，事翁姑至孝。姑王氏病笃，氏割股和药以进，疾愈。］

许冉氏［冉性庵之胞姊，年十八适同里许国霖之子文奭。家极贫，氏孝敬甚至。翌年，生子长春，夫因应徐邦道募赴汉中杀贼阵亡，国霖夫妇亦相继殁。氏矢志抚孤成立，寿七十三，苦节五十余年。］

周刘氏［周雨苍之妻，年二十余夫殁，抚五子一女。家贫，艰苦备尝①，经营教养，卒以成立。］

周淑姿［周九成之女。在家时，母陈氏病笃，曾割股以救。及长，适杜雨村。事夫敬，处妯娌睦，族姻皆称其贤。］

---

① 艰苦备尝：原志"苦"误作"苦"，据《刊误表》改。

余陈氏［余闰农之继妻，陈福盛之女。年二十三夫殁，氏抚前室子仕彬等，与己子无异同之分。督仕彬力学食饩，有声学校。其孙文龙亦列胶庠。守节五十二年。］

薛陈氏［薛松山之妻，陈洪寅之女。年二十七，夫及翁姑均相继殁。连遭三丧，三子一女俱幼，人皆难之，且有窥其田产可嚼者。氏矢志守节抚孤，勤俭支持，备极辛苦，卒偿清外债，赎回先人遗业。年七十七。］

曹姚氏［曹际昌妻。生子继光继萧，夫殁，氏年方二十二岁，矢志抚孤，并割股愈翁姑疾。入祀节孝祠，坊建龙门桥上。其孙绍彬岁贡，藻元入庠，均亲见之。］

王苏氏［年二十五岁，夫清礼卒，遗子德藩，年方五岁。氏矢志抚孤，事翁姑以孝闻，苦节五十四年，旌表节孝。后氏与子俱罹瘟疫疾濒危，子媳刘氏先后割股和药以进，母子俱愈，人皆谓氏节孝之报。］

方王氏［累赠中宪大夫方兴治妻，进士方正之母。夫殁，氏年三十。食贫教子，苦节五十四年，详请旌表。后子正官贵州天柱县知县，屡遇覃恩，氏封恭人，寿八十三岁。］

高陈氏［高友兰妻，增广生陈启文之胞姊。夫殁，氏年二十。苦节四十余年，事祖姑及姑以孝闻，遗腹子①十岁殇，继从侄接为嗣。宣统二年，由从侄高将相等呈州详请旌表。］

向潘氏［向廷立妻，邑亚魁潘元会之孙女，副榜潘豫之季女。夫殁，氏年二十二。矢志守节，抚嗣子洪章成立。光绪二十九年，请旌建坊于治西七十里乌梅溪。］

况陈氏［况云波妻。夫殁，氏年二十九，养亲教子，曲尽其道。子朴庵，甫成立又殁，仅一孙道基，才周岁。氏与子妇余氏抚孤孙，生计愈艰，志节弥励，卒之②教孙成名，领光绪戊子科乡荐。苦节四十余年，请旌于朝，子妇余氏亦同时旌表，知州濮赠有"完贞全孝"匾额。］

孙周氏［孙寿泉之妻，举人周庄之妹，进士周垣之姑。氏年二十二而寿泉殁，守节三十八年。详请旌表，曾乞纪云为之立传。］

况彭氏［况良臣妻。夫殁，氏年二十，遗孤在襁抱。夫弟以家口多逼氏嫁，时加毒殴，翁复徇少子，氏矢死靡他。后夫弟死，始得翁姑欢心。教子成立，苦节三十余年。］

---

① 遗腹子：原志误作"遣腹子"，据《刊误表》改。
② 卒之：古语词，义同"终于"。

张范氏〔张光庭妻。年二十二光庭病殁，遗一子尚幼。姑蒋氏以家贫劝其改嫁，氏以姑老不忍去，磨浆针黹以养姑抚子。守节六十二年，寿八十四岁。〕

张黄氏〔张喜光妻。夫殁，氏年二十一。翁姑以其无出喻令改嫁，氏矢志不夺，愿养亲以终，嗣夫胞侄和邦为子。既而兄嫂相继殁，家计愈窘，嗣子及诸侄皆幼弱，唯恃氏十指以谋生活。氏上养翁姑，下抚诸侄，克尽其职，守节五十五年。〕

张段氏〔张华庭妻，年十八适华庭，生子女皆不育。华庭病殁，氏年二十九，因姑衰病不肯改适。嗣侄仲宣为子，教养成立，入邑庠。请旌入祠，守节四十年。〕

刘石氏〔刘杜扬之未婚妻也。未嫁而刘病殁，氏往奔丧，遂居于刘。矢不事二姓，勤劬操作以事翁姑，无异男子。后嗣从侄静轩为子，教之成立，入邑庠。举人石彦恬钦其节，书"冰清玉洁"四字赠之，刻于蔺市观音岩。〕

何唐氏〔何正甫妻。年二十夫殁，仅一子念慈甫周岁。氏矢志抚孤，因家贫乏生计归依母居，以女红所得给子求学，得入邑庠。〕

傅游氏〔傅纯庵之妻。夫殁，氏年十九，家贫无出。母家故丰于财，欲延之归而劝其改适，氏誓死不二。夫胞弟朴庵悯其苦节，以子炳熙嗣之。氏奉翁姑抚弱息，炊爨耕作，靡不身任。炳熙入邑庠，请旌入祠。守节三十八年。〕

王傅氏〔王镒之妻，邑庠生傅朴庵女弟也。二十二镒故无子，哀毁欲以身殉。家人感其义，劝以夫弟锐之子承嗣。抚养至于完娶，不数年子亦故，遗一孤孙。氏茹苦含辛，抚孙成立。〕

钟傅氏〔钟希緜妻，庠生傅朴庵女。年二十一，夫希緜殁，逾五月举一遗腹子。夫弟七人以口重产微，指为非钟氏子诉于翁，欲藉以逐氏。夫舅夏某不平闻于朴庵，往诘之翁，强项讼于官，始得直。然仅分薄田二三亩，氏躬耕力作，抚子成立。〕

徐何氏〔徐选三妻，邑庠何毓蓝之女。选三家寒素，藉授徒以养亲。氏入门，见家用拮据，昕夕勤女红以助。选三殁，氏年二十七，祖翁姑及翁姑皆在堂，家无恒产，遗孤尚幼，夫兄弟诸人糊口四方，无力奉高堂。氏赁地躬自耕作，祖孙赖以为生。翁衰病姑老，氏侍奉汤药，三年不少懈。翁尝叹："有媳如此，贤于子矣。"翁姑先后殁，丧葬所费，皆氏勉为之，不责之夫兄弟。其子嘉谟成立，请旌入祠。〕

袁秦氏〔袁焕彬妻。夫病笃，氏刲臂和药进，卒不起。氏年三十，痛极欲以身殉，戚党劝以抚孤，氏乃节哀，教子成立。守节三十四年。〕

杨何氏［杨子平妻，附贡生何茂琳女。子平殁，氏年二十九，四子皆幼。氏抚之成立，其季子奠磐入军籍任少校。守节三十二年。］

施吴氏［施际云侧室。年二十五无出而际云殁，氏矢志不移，不出闺阃。守节二十九年，现年五十三岁。］

何陈氏［何兴仁妻。于归一载而兴仁病殁，氏年甫十九，无嗣，翁姑早逝，有夫弟仁发，仅八岁。氏以何氏宗嗣所关在小弱弟，遂矢志抚之成立，为之定娶。举一男，仁发又殁，氏与弟妇余氏同抚孤儿，及长，即以之兼祧。守节三十七年，现年五十六岁。］

曹胡氏［曹永嘉妻。夫殁，氏年二十二，家赤贫，姑老子幼。力作谋食，养亲抚孤，守节四十五年。］

夏蒲氏［夏廷科妻。氏年二十三廷科殁，家贫，力作养孤。姑晚岁失明，氏孝养不衰。守节四十三年。］

王刘氏［王宝珊之妻，训导刘镕经之胞姑母。年二十三宝珊殁，氏抚遗孤，守节四十二年。］

何冉氏［何崇文妻。归崇文之年，姑即殁，遗四弟三妹皆龆龄，氏躬亲抚字。越数年，崇文病殁，遗腹生一男。氏年甫二十，矢志守节，择师课诸弟及子读。弟妹既婚嫁，即以先人遗宅让诸弟，自率子居别宅，析产亦极平均。后子婚娶，生子殇，继生一女而子病故，氏悲痛成疾。］

方汪氏［方天庆之妻。天庆殁时，氏年二十五，家贫惟恃翁松琴教读为生。氏见翁年高，生计日窘，勤作女红以助。翁姑先后逝，氏竭力丧葬尽礼。今子皆成立，衣食粗足。氏年已六十余，犹操作不倦云。］

王曾氏［曾临五女，许字王思安。未婚而思安殁，氏往奔丧，遂居于王，矢志不二。姑老患废疾，氏侍汤药十余年不稍懈。姑贤之，使长男柄权以次子嗣之。氏持家勤俭，御下慈爱。姑殁后，遂茹素奉佛，现年五十有二。］

游周氏［夫宗鉴殁，氏年二十三岁，遗孤海澜仅数岁，家贫。翁姑老病，氏奉侍汤药唯谨。三年，翁姑相继殁，氏尽力营葬。有族某百计欲夺其志，氏终不折，卒抚子成立。子以商业起家，氏六旬请旌建坊于州属之回龙场。］

何朱氏［夫锡朋殁时，氏年二十六，遗二子。次年翁复逝，夫弟兄分爨，姑依于氏。家本不丰，氏能勤苦操作，事孀姑抚孤儿以支门户。二子成立，氏年六十，长子光禄陈情请旌，奉准入祠建坊。]

黎夏氏［黎廷相妻，年二十夫殁，守志不贰；其子之美娶妇唐氏，之美亡，唐氏年二十九岁，亦誓不再适；唐氏又殁，孙妇汪氏愿养祖姑，不再适。时称"一门三节"。]

谭张氏［谭敬高之妻。年二十九敬高殁，氏矢柏舟节。其夫弟敬铭复早卒，弟媳汪氏亦义不再醮。侄容甫殁，侄妇黎氏亦以年三十守节。"一门三节"，白里人谈节孝者咸以黎谭并称云。]

张李氏［张泮林之妻。泮林殁，氏年二十八，遗子女各一，皆幼；姑年已高，家复窭贫。人或劝其改嫁，氏辄痛哭。子旋殇，劝者又进。氏曰："吾义有所不忍，宁以子之有无动吾心哉？"乃嗣侄光辉为子，昼夜勤女红，养姑教子，越十余年。终以老病时，氏子已成立，寿八十三岁。]

江冉氏①［夫有章业贸迁，多外出。氏持家有法，事姑孝，姑病曾割股以疗。氏年二十三而有章殁，遗孤子岐山寿山暨二女，家无余赀。氏以勤俭居积，抚子女皆成立婚嫁。次子寿山娶袁氏，数载寿山殁，袁氏仅年二十三，无出，矢志养姑不改适，抚岐山子为嗣。冉氏守节六十五年，寿八十八，经族戚陈请旌表。袁氏亦守节五十五年。]

魏仕齐、仕周、仕晋妻②［同产兄弟仕齐娶妻夏氏，仕周娶妻杨氏，仕晋娶妻夏氏，皆生子女。兄弟胥年未壮而逝，娣姒咸矢志不事二姓。后经族戚陈请，准予旌表建坊于新庙场之观音桥。]

刘湛氏［夫希周殁时，氏年二十四，遗孤二皆幼弱，仅有薄田数亩，负债累累，岁无生理。氏勤苦耕作，节衣省食，遂清夙债，二子亦成立。]

何陈氏［何达五妻，年二十岁而达五殁，矢志抚孤。显荣、恩荣婚配后，又相继殁，显荣妻魏氏年二十二岁，恩荣妻陈氏年十八岁，均苦节数十年。"一门三节"，乡里钦之。]

冉秦氏［夫光烈殁时，氏年二十，遗腹生子忠安。翁姑以家非素封，氏又年少，恒为隐忧。氏知其意，启翁姑誓于神以盟心，勤劳操作，抚子成立，卒年六十二。]

孟汪氏［长寿汪太史叙畴之从姑也，年十七归邑绅孟谦义为继室。甫入门，翁福

---

① 江冉氏：原志误作"冉氏江"，据《刊误表》改。又，"守节五十五年"原志脱"年"字。
② 魏仕齐、仕周、仕晋妻：原志无"妻"字。

昇患暴疾，氏祷天祈减己算以延翁龄，刲腕取血和药以进，一服而愈，宗族乡党咸称其孝。明年，谦义病，仍祷天刲腕取血和药，无效而谦义卒。时氏年方十八也，无子，前室有女名果弟，方五岁。谦义兄弟三人，长兄谦礼有一子以大宗①不能继嗣，翁谓汪氏曰："俟他日兄若弟有子，即嗣尔也。"自此氏孝事翁姑，和睦妯娌，抚果弟如己出。历十年，果弟年十五，聪敏异常，见氏常忧无儿，一日忽谓氏曰："母无忧，女可为母儿也。"夜遂自缢死。次年谦礼生子，将生之前一夕，氏梦果弟告之曰："我今复为母儿也。"汤盘后，翁即命为氏子，命名为光裕。嗣光裕为请旌于朝，诰封恭人，奉旨入节孝祠。氏年七十，光绪初晋赠淑人准予建坊，亲友称觞上寿，丰都徐太史昌绪序言有"割血和药疗翁疾而效，疗夫疾而不效，岂天之屈成其节而全其孝"之句。年八十无疾而终。]

潘陈氏［潘同仁之妻，贡生潘成璧之母也。守节二十五年，旌表节孝。]

傅鲜氏［傅治柱之妻也。同治初年，治柱赴楚经商不归，氏年方二十九岁，矢志孀居，辛苦经营，供养翁姑并教养孤子成立。年八十岁无疾而卒。]

国家激厉贞行，绰楔相望；妇女观感兴起，所在多有。道光中，州牧杨上容汇案请旌以百数，于明伦堂外总建一坊表章之。光绪初年，川、京官设采访处，公车各举所知，人派部费二三两，年终汇题得请后咨查本籍具覆，辄数百人。州中由予代呈甚多，皆查覆有案，毁于兵火。故采访所得已旌、待旌无从分别，其年格合旌、事实大略相同者，势难一一立传，谨仿史例胪列姓氏，无俾湮没。兹以守节年龄可考者，差次如左。

年十五守节者

罗贡章妻张氏　陈老四妻刘氏

年十六守节者

高以元妻夏氏　王洪才妻苗氏　朱俊廷妻张氏　王拱妻古氏　戴文庸妻王氏　胡自孝妻冉氏　何柄妻蔡氏　李万发妻夏氏　汪其兰妻徐氏　夏相廷妻汪氏　冯有珏妻李氏　邓天启妻游氏　周儒妻章氏［以上旧志］彭成绪妻傅氏　陈祖尧妻郎氏　谭一训妻方氏　蔡易堂妻陈氏　蒋松屏妻杨氏

---

① 大宗：宗法体系中以"远祖之正体"（《礼记·大传》孔颖达疏）即太祖的父亲的嫡系长房为"大宗"，其余为"小宗"。

年十七守节者

庹孔孟妻沈氏　韩铭妻吴氏　李白书妻何氏　秦宗鲁妻易氏　范尊五妻倪氏　张成明妻李氏　张天全继妻陈氏　张□□妻李氏　陆应玺妻刘氏　刘廷魁妻左氏　徐洪宪妻李氏　梅煜才妻张氏　韩文才妻郭氏　邬文远妻夏氏　高天祐妻秦氏　瞿一谟妻夏氏　林白玉妻夏氏　瞿光玉妻王氏〔以上旧志〕　刘廷辉妻贺氏　易春元妻王氏　刘廷栅妻高氏　张明喜妻周氏　陈志清妻傅氏　周本润妻冯氏

年十八守节者

熊犹麟妻陈氏　朱瓒妻万氏　孔傅贤妻吴氏　周俔妻张氏　蒲榕妻何氏　余绍綍妻卢氏　张法载妻陈氏　乐世宽妻何氏　杜良相妻王氏　谢洪绅妻蒋氏　文以慧妻朱氏　文刚妻李氏　曾琰妻徐氏　周廷扬妻郎氏　郑允祥妻周氏　张朝松妻倪氏　黄璘妻吴氏　张琨妻余氏　刘世宁妻李氏　戴镇妻王氏　陈昌友妻牟氏　石百福妻王氏　戴绍虞妻邵氏　熊崑妻李氏　谭世滨妻朱氏　覃培元妻吴氏　孙铠妻王氏　蒋世惠妻张氏　潘仁章妻胡氏　曾松章妻刘氏　曾鲁妻唐氏　杨仕贵妻薛氏　汪永福妻唐氏　喻锡光妻何氏　邓成典妻田氏　文俱妻冉氏　梅国玉妻郭氏　文绣妻刘氏　马三元妻周氏　徐宇高妻陈氏　刘吉士妻田氏　彭远清妻段氏　彭超凡妻郭氏　徐永秀妻彭氏　袁明然妻夏氏　冉文韩妻陈氏　鞠永高妻杨氏　范鸿儒妻李氏　张文仲妻沈氏〔以上旧志〕　苏绍清妻夏氏　廖瑞卿母余氏　冉镇藩妻熊氏[1]　彭成基妻刘氏　杜峙冬妻何氏　舒伯恺妻潘氏　彭大成妻杨氏　刘禹平妻余氏　幸正悦妻陈氏　广平罗刘氏[2]　张致谦继配叶氏　刘吉士妻田氏　陈时久妻郑氏　杨时久妻戴氏　邬文昭妻傅氏　李开运妻王氏　徐吉安母罗氏　张震巘妻谭氏　周益友妻张氏

年十九守节者

黄文中妻陈氏　彭长春妻杨氏　何淳妻彭氏　余忭妻张氏　游瑶妻余氏　陈鹏遥妻周氏　黎国泰妻徐氏　萧儒颀妻王氏　冉万钟妻王氏　向乾禄妻王氏　蔡桂妻王氏　刘沅妻黄氏　韩仕玢妻蒋氏　洪武义妻李氏　王嘉谟妻徐氏　石鉶妻汪氏　龙镰妻胡氏　文潞妻邓氏　刘心田妻熊氏　刘天鹏妻舒氏　毛志云妻简氏　邓国珍妻

---

①　冉镇藩妻熊氏：原志原印"刘氏"，"刘"字右侧钤有朱印"熊"字，据改。此校改不见原志末《刊误表》。

②　广平罗刘氏：或当为"罗广平妻刘氏"之误。

袁氏　石文俸妻张氏　汤辉祖妻岳氏　操国桂妻何氏　高元极妻任氏　郑月堂妻夏氏　王明中继妻黄氏　唐永治妻蔺氏　李抡元妻沈氏　陶元仲妻游氏　李映月妻侯氏　王国仲妻李氏　刘宗榜妻邵氏　文宇春妻唐氏　陈启贤妻李氏　徐□□妻邓氏　陈廷陞妻白氏　赵邦国妻黄氏　陈稷田妻唐氏　徐纯安妻盛氏　周昙妻刘氏　舒伯恺妻潘氏　陈照妻李氏　杨天德妻朱氏　黄兴宪妻何氏　王化章妻刘氏　罗纯笃妻刘氏　李先魁妻谭氏　周汝林妻禹氏　余辉堂妻杨氏　杨德深妻姚氏　黄永武妻冯氏　李昌元妻余氏　吴正富妻敖氏　谭照藜妻陈氏　邵之乐妻赵氏　张辉祖妻向氏　熊三义继室刘氏　刘宗顺妻余氏　曾永顺妻胡氏　陈修文妻李氏　郑廷弼妻陈氏　周世纹妻张氏　李冠贤妻彭氏　徐伯谦妻郑氏　余作华妻李氏［以上旧志］　叶先柏妻张氏　曾庆仁妻苏氏　瞿用光妻黄氏　周必福妻戴氏　刘朝序妻廖氏　郭大纪妻陈氏　杨正清妻彭氏　周权妻文氏　伍□□妻彭氏　建武团王周氏　雷群玉妻陈氏　集义团向林氏　永顺乡余陈氏　谢永普妻汪氏　谭宝书妻傅氏　罗光元妻李氏　余天明妻柳氏　陈学庠妻萧氏　瞿洪泰妻余氏　谭光琦妻罗氏　舒晓村妻杜氏　李云汉妻夏氏　宋文福妻孙氏　潘复昌妻熊氏　蔡至全妻张氏　梁庭魁妻孙氏　何玉成妻黎氏　何家彩妻黎氏　潘益久妻张氏　余霖夫妻郭氏　胡崇高妻谭氏

年二十守节者

刘为鸿妾黄氏[①]　陈于端妻夏氏　刘元素妻袁氏　张崇兴继妻冉氏　邱国英妻何氏　杨崧妻周氏　贺谦妻李氏　萧洪志继妻张氏　席廷秀妻夏氏　彭汝庠妻陈氏　邵崇谟妻李氏　谭灿妻王氏　李应梅妻侯氏　王育松妻陶氏　夏汤玉妻苟氏　陈经常妻余氏　陈之育妻冷氏　杨于仑妻何氏　胡茂林妻杨氏　刘惩妻盛氏　易文位妻徐氏　张允文妻曾氏　雷可华妻莫氏　李之连妻杨氏　杨庆元妻卢氏　卢心明妻刘氏　李天泰妻邹氏　方行健妻况氏　陈于华妻刘氏　石若鸿妻尹氏　萧国珍妻刘氏　张宏载妻古氏　周镕妻冉氏　杨鸣珂妻孙氏　鞠敬臣妻杨氏　李如镕妻王氏　方体乾妻况氏　杨加润妻徐氏　安修德妻罗氏　徐正业妻陈氏　杨仕贵妻薛氏　杨通时妻陆氏　林元慈妻杨氏　郭履祥妻周氏　廖永清妻夏氏　余三贵妻刘氏　王锡九妻汪氏　陈文衡妻夏氏　彭中安妾万氏　胡国佐妻戴氏　邬世亨妻陈氏　黎星铎妻

---

① 刘为鸿妾黄氏：原志误"妾"作"妻"，据《刊误表》改。

刘氏　文毓南妻胡氏　晏名世妻余氏　李元坤妻刘氏　何启星妻韩氏　戴顺文妻张氏　刘金柱妻陈氏　杨华妻冉氏　何昶妻李氏　邹巽廷妻韩氏　蒋秀芳妻徐氏　庹灵机妻夏氏　杜陞富妻彭氏　李怀仁妻罗氏　张泽妻夏氏　谭守志妻夏氏　张朝俊余氏　吴霖妻李氏　曾毓品妻刘氏　孙会澎继妻周氏　李国交妻刘氏　吴见宗妻窦氏　何金海妻况氏　周星卫妻刘氏　周一有妻张氏　杨奇妻何氏　张其枢妻蒋氏　王应禄妻庹氏　饶国玉妻胡氏　王定镒妻邓氏　尚国元妻邹氏　王国缙孙氏　刘金冕妻杨氏　周天祥妻邱氏　李文贤妻张氏　瞿洪泰妻余氏　杨世泰妻萧氏〔以上旧志〕　张亮臣妻耿氏　骆曙堂妻孙氏　彭德宗妻戴氏　刘庆章妻文氏　张德仁妻黄氏　陈廷江妻张氏　陈鹏龄妻夏氏　夏清吉妻蒋氏　张德智妻龚氏　韩子由妻郑氏　任春元妻但氏　伍治华妻车氏　李文品妻薛氏　杨正隆妻曾氏　游长一妻陈氏　张于学妻郑氏　刘本萱妻吴氏　白永安妻陈氏　张庭杰妻余氏　湛志礼妻徐氏　黎国堂妻朱氏　张葆诚妻黄氏　潘璞妻李氏　何毓琨妻余氏　况志魁妻周氏

年二十一守节者

张应元妻黄氏　周瀚妻鲜氏　高人爵妻夏氏　黄琼妻覃氏　文楷妻夏氏　余钫妻王氏　姚宗国妻陈氏　高必达妻文氏　张行诚妻潘氏　况普妻吴氏　罗祥举妻戴氏　胡廷镇妻刘氏　庞世才妻张氏　樊育林妻陈氏　黄仕进妻陈氏　夏时育妻熊氏　张行玠妻夏氏　张旭诰妻庞氏　刘如玉妻杨氏　夏之琏妻何氏　沈松妻向氏　袁永基妻冉氏　庹文彬妻刘氏　曾述闻妻华氏　郑国元妻陈氏　黄景淮妻李氏　吴大成妻倪氏　李英尉妻冉氏　夏修和妻余氏　石在岱妻张氏　周玺辉妻彭氏　经懋志妻杨氏　余志显妻陶氏　廖长久妻王氏　谭如玻妻席氏　熊大仁妻杨氏　陈生安妻邵氏　陈步华妻张氏　夏维霖妻王氏　戴全莶妻李氏　高启龙妻陈氏　汤枞妻万氏　刘明祖妻罗氏　郑以伦妻刘氏　余大鹏妻熊氏　文顺友继妻陈氏　张其□妻任氏　郑文榜妻张氏　杨作起妻让氏　曾淳清妻吴氏　何樾妻王氏　汪地官妻江氏　瞿国荣妻陈氏　周天顺妻熊氏　陈钋妻黄氏　周光煌妻夏氏　况荣廷妻蒋氏　黄远广妻周氏　高辉斗妻周氏　蔺国治妻刘氏　潘品洁妻夏氏　李春溶妻杨氏　朱景昂妻李氏　李文斌妻夏氏　罗承义妻夏氏　向子钊妻陈氏　吴本立妻李氏　刘祥麟妻盛氏　游以发妻周氏　张石衡妻石氏　瞿运开妻王氏　李子通妻罗氏　幸□□妻刘氏　张文贤妻吴氏　夏万育妻蒋氏　袁儒妻魏氏　陈焕妻王氏　蒲兴元妻陈氏　余体猷妻秦氏　李象

贤妻郎氏　周天骥妻范氏　冉慎修妻黄氏　王镒妻傅氏　黄文盛妻鞠氏　黄文谷妻覃氏　罗朝元妻唐氏［以上旧志］　瞿孔扬妻王氏　吴万章妻杨氏　邹镕斋妻蒋氏　牟伦槐妻张氏　邹允夫妻陈氏　张忠文妻罗氏　邹开先妻田氏　邹敏夫妻陈氏　曹守之母胡氏　白鹤屏妻郑氏　汪正纪妻陈氏　杨醉六妻熊氏　黎廷拔妻汪氏　赵大祥妻王氏　孙文载妻皮氏　赵宗铭妻魏氏　张文郁妻胡氏　孙邦林妻龚氏　汪有林妻周氏　蔡朝章妻沈氏　游宝树妻喻氏　罗会源妻李氏　谢良臣妻瞿氏　罗运鸿妻谢氏　王福堂妻谢氏

年二十二守节者

毛师尧妻何氏　夏嵧妻高氏　沈宾妻向氏　黎濸妻赵氏　李统妻谢氏　刘琮妻陈氏　石若汉妻陈氏　邓维淳妻陈氏　谭鍢妻贺氏①　黄道中妾王氏　陈文学妻蒋氏　韩延梁妻张氏　谭绍尧妻张氏　倪文燕妻徐氏　张学柱妻潘氏　刘世枚妻王氏　陈衷妻周氏　瞿铨妻杨氏　毛志禄妻李氏　郭点妻周氏　杨玩妻谢氏　栾琦妻郑氏　何靖基妻刘氏　向上安妻庞氏　罗焕章母李氏　张泽安妻夏氏　龙曙妻梁氏　邹心泰妻袁氏　杨蕊熙妻黄氏　刘邦杜妻周氏　余正绪妻张氏　张仕朝妻王氏　万文焕妻郭氏　孔传贤妻何氏　萧道政妻任氏　石维岱妻刘氏　李万才妻冉氏　陈世荣妻张氏　刘为鸥妻李氏　陈于枢妻刘氏　周国炳妻秦氏　赵宗敏妻魏氏　张兆奎妻韩氏　宋朝东妻徐氏　杨澄清妻雷氏　蔺芳妻梅氏　郭世俊妻杨氏　刘维妻王氏　秦邦彦妻况氏　张天文妻罗氏　张洪道妻冉氏　王容妻周氏　徐尚易妻陈氏　彭应学妻夏氏　黎玉陞妻李氏　徐国祥妻李氏　刘仁宏妻徐氏　何宗泰妻徐氏　周道清妻李氏　赵志怀妻王氏　刘有桃妻徐氏　张荣华妻夏氏　孙河龙妻刘氏　夏明德妻常氏　刘金声妻王氏　蒲蒸然妻夏氏　陈兴旺妻马氏　何毓瓒妻余氏　梁国材妻曾氏　窦正寿妻李氏　冯文法妻傅氏　戴仁寿妻谭氏　黄龙岐妻苏氏　吴永顺妻陈氏　朱学益妻魏氏　马元龙妻谭氏　胡登进妻汪氏　余体亨妻刘氏　徐□□妻郑氏　文宗智妻张氏　林中芝妻周氏　余体芳妻刘氏　贺如芝妻彭氏　文自清妻操氏　陈文衡妻夏氏　邓汝梅妻张氏　文灼继妻周氏　刘世荣妻陈氏　周权妻文氏　向世治妻潘

---

①　谭鍢（fù）：原志"鍢"字作"畐釒"，当为"鍢"误，鍢，同"鍑"。同治《重修涪州志》卷十一《人物志·节妇》即作"监生谭鍢妻贺氏（守节六十三年）"。

氏　赵邦彦妻郑氏　赵邦鈫妻傅氏　冯元泰妻郑氏　乐朝富妻张氏　袁春阳妻包氏　童正远妻汪氏　刘明扬妻邓氏　王官耀妻龙氏　何学汤妻薛氏　郑家骏妻李氏　朱高祥妻陈氏　施万祥妻王氏　陈绍寅妻刘氏　冉渭珍妻蒋氏　周紫垣妻雷氏　陈以斌妻余氏　杨天才妻吴氏　王正品妻秦氏　罗志声妻杨氏　廖永福妻向氏　李文贤妻张氏　舒伯海妻潘氏　张泽妻夏氏［以上旧志］　苏全生妻胡氏　王明亨妻龚氏　苏有光妻惠堂　谭佐仁妻李氏　刘尧衢妻郭氏　张国经妻罗氏　戴毓秀妻邓氏　施邦隆妻王氏　沈广华妻冉氏　胡松龄妻苏氏　黄伦五妻聂氏　余受禄妻潘氏　戴仕彦妻魏氏　陈普元妻黄氏　余作宾妻张氏　陈于极妻任氏　黄绍卿妻霍氏　陈炘木妻夏氏　黄正策妻陈氏　石海山妻张氏　向廷栋妻潘氏　黄朝烈妻奚氏　建武团伍彭氏　胡应礼妻刘氏　余庭槐妻曾氏　严仁柏妻余氏　黎何锡妻邬氏　林白玉妻夏氏　周永朝妻夏氏　黎元宗妻沈氏　马寿鹏妻鲜氏　詹天明妻雷氏　张文敬妻董氏　蒋世忠妻杜氏　谭瑞珍妻金氏　李建成妻黎氏　孙乙然妻郑氏　王君谟妻彭氏　卢德轩妻陈氏　李嘉猷妻田氏　胡之廉妻马氏　杨春波妻刘氏　孔笃生妻张氏　胡焕妻朱氏　游家春妻张氏　王德顺妻谢氏

年二十三守节者

夏树本妻戴氏　黄璞妻李氏　周朴妻王氏　张圣统妻罗氏　李廷梅妻杨氏　张登贵妻任氏　夏渊妻赵氏　高旭妻王氏　徐玉阶妻冯氏　陈于熙妻周氏　李廷藩妻袁氏　蔡心定妻杨氏　夏锡妻蔡氏　谭景祥妻陈氏　舒正文妻李氏　李文喜妻罗氏　刘泽著妻文氏　余廷儒妻傅氏　夏在爵妻倪氏　吴仕杰妻杨氏　朱联妻易氏　况国柱妻周氏　夏元会妻盛氏　何其凤妻李氏　汪一汲妻徐氏　李硎妻胡氏　吴南华妻张氏　余文星妻陈氏　况仕进妻舒氏　杨茂荣妻郑氏　覃仕富妻周氏　张珊妻王氏　周弈笔妻陈氏　李同谟妻杨氏　谭硎妻夏氏　陈鹤龄妻夏氏　魏钟善妻黄氏　陈若龙妻张氏　程庆秀妻张氏　徐富存妻张氏　高辉斗妻周氏　徐增荣妻王氏　夏崇礼妻冯氏　鞠永富妻余氏　贺莹妻傅氏　窦正德妻张氏　倪喜泰妻夏氏　杨秀贵妻孙氏　王天荣妻朱氏　蔺国铭妻刘氏　阙树源妻李氏　杨澄儒妻雷氏　刘仁钊妻杜氏　汪濬川妻夏氏　王文所妻廖氏　袁履亨妻余氏　何志鹏妻胡氏　余体道妻杨氏　蒋秀芳妻徐氏　余建元妻周氏　王荣安妻郭氏　蔺璞妻任氏　张秉光妻曾氏　王庆臣妻陈氏　谢秀凤妻田氏　邱贤忠妻张氏　廖永建妻龚氏　高班衡妻欧氏　倪远奎妻熊

氏　庞正柄妻胡氏　陈□□妻何氏　何轩妾张氏　任思肃妻陈氏　陈超妻石氏　何兴禄妻周氏　瞿运鼎妻吴氏　吴三益妻周氏　尚国华妻蔡氏　余式植妻刘氏　谭大广妻王氏　陈光霭妻周氏　周元兴妻雷氏　唐朝元妻罗氏　汪其贵妻陈氏　汪其秀妻谭氏　曹际昌妻姚氏　钟同寿妻姚氏　周兴义妻文氏　赵忠晋妻韩氏　刘榜荣妻王氏　彭宗城妻陈氏　廖锡麟妻胡氏　赵宗道妻余氏［以上旧志］　向必敬妻夏氏　杨兴德妻夏氏　廖甫卿妻阙氏　罗广储妻钱氏　曾漆园妻周氏　勾丰亨妻刘氏　郭本泉妾许氏　周益龙妻朱氏　太平团黄刘氏　冉绍雍妻余氏　文子通妻夏氏　黎步云妻汪氏　余宝志妻邬氏　杨尧尊妻彭氏　谭太守妻罗氏　陶锡卿妻文氏　谭全安妻汪氏　游开蕙妻汪氏　游芝轩妻汪氏　何少卿妻石氏　杜维贞妻何氏　冯焯鼎妻夏氏　周绍灵妻刘氏　谭如渊妻陶氏　潘烈妻魏氏　黄寿峰妻陈氏　彭寿礼妻刘氏　王席珍妻瞿氏

年二十四守节者

陈鹏图妻刘氏　杜昭妻夏氏　何铠妾陈氏　周镐妻黄氏　郭檀妻周氏　曾煦继妻罗氏　高汝龄妻杨氏　杨学诗妻李氏　余文柳妻邬氏　夏从义妻冯氏　李本相妻何氏　何载璜妻曹氏　周兴义妻文氏[1]　罗志陞妻张氏　夏林妻陈氏　何永高妻张氏　李来仪妻王氏　杜有恒妻张氏　傅镣妻游氏　陈朝龙妻王氏　李联榜妻张氏　余仕榜妻何氏　余允昌妻刘氏　熊轶林妻陈氏　何宗榕妻徐氏　刘绸妻张氏　冉琼妻易氏　文于瑞妻况氏　袁正渭妻李氏　廖铸妻谢氏　何榔妻乐氏　陈仕忠妻胡氏　陈玺妻吕氏　游溶妻舒氏　张大学妻王氏　夏静源妻赵氏　赖含章妻张氏　李其昌妻张氏　鲜廷相妻李氏　秦仕校妻朱氏　余德伦妻邬氏　余仕俊妻高氏　魏明远妻王氏　谢万珣妻郑氏　陈珍妻王氏　张捷元妻应氏　陈文福妻谭氏　鲁启光妻萧氏　高焜妻吴氏　石若溅妻杨氏　夏时新妻张氏　高必达妻文氏　盛维久妻朱氏　熊璜妻夏氏　栾廷槐妻姚氏　陈上清妻彭氏　潘翠妻曾氏　黄德元妻曾氏　蔡德贞妻周氏　谢万珍妻杨氏　关位邦妻萧氏　李在望妻吕氏　谭万林妻侯氏　蒋克善妻周氏　郭之俨妻郑氏　熊大鹏妻蹇氏　段远银妻张氏　蔡万才妻刘氏　喻洪顺妻刘氏　熊珅继妻徐氏　尚德智妻徐氏　杨嘉栋妻龙氏　王清远妻谢氏　黎滔妻谭氏　罗登第妻朱

---

① 周兴义妻文氏：又见于上文"年二十三守节者"，疑为同一人重出。

氏　李廷魁妻崔氏　何仕玉妻舒氏　何其书妻陈氏　朱□□妻皮氏　龙文德妻梁氏　杨全妻张氏　陈谏文妻严氏　陈洁妻夏氏　庞文贵妻杨氏　陈恩第妻蹇氏　聂承恩妻李氏　谭怀宽妻邓氏　汪时榕妻朱氏　李郁南妻孔氏　张子万妻杨氏　张在桂妻袁氏　匡定汉妻萧氏　罗承绶妻焦氏　冉裕龙妻蔡氏　黄禄高妻夏氏　郑连臣妻刘氏　卢心正妻杨氏　田仁先妻陈氏　陶元俊妻石氏　姚纩妻陈氏　李田全妻余氏　文陈柱妻张氏　蔡能才妻冉氏　陈世荣妻聂氏　余有成妻勾氏　陆正达妻杨氏　陈友尊妻冉氏　操国柱妻何氏　杨国发妻刘氏　罗纯骥妻毛氏　周文元妻唐氏　张玉尺妻谭氏　赵维孝妻余氏　朱锦妻冉氏　余学朝妻夏氏　伍茂莲妻吴氏　徐国祥妻李氏　鞠志壹妻何氏　何汝谐妻余氏　高本忠妻李氏　戴文庸妻王氏　陈登朝妻李氏　冉龙浩妻杨氏　彭长春妻戴氏　陈光吉妻高氏　高吟占妻何氏　陈大儒妻孔氏　张永和妻田氏　陈仁妻周氏　黎治清妻熊氏　陈遵铭妻何氏　秦维扬妻熊氏　黄远树妻彭氏　王建庠妻毛氏　赵存顺妻冉氏　张世霖妻艾氏　甘家美妻刘氏　张耀祖妻夏氏　汪兴胜妻韩氏　冉正纲妻陈氏　黄景芳妻杨氏　王明进妻方氏　袁儒妻魏氏　郑建勋妻晏氏　陈汝弼妻熊氏　张上芸妻石氏　王朝俸妻梅氏　周正左妻黎氏　毛永富妻王氏　黄大缙妻吴氏　张曰溥妻戴氏　李永昂妻刘氏　李崇道妻甘氏　夏礼章妻余氏　[以上旧志]　郎成明妻周氏　王远照妻周氏　王长发媳郑氏　曾煦光妻邹氏　陈北游妻梁氏　文星回继妻刘氏　余开创妻刘氏　张德福妻李氏　郭□□妻李氏　郑良才妻刘氏　吴静斋妻陈氏　杜厚庵妻范氏　甘保之妻杨氏　王成益妻吴氏　刘廷猷妻文氏　余元青妻冯氏　陈汉第妻姚氏　吴廷模妻易氏　杨石夫妻王氏　毛庭贵妻叶氏　李建勋妻蔡氏　方蒸妻周氏　郑宗镛妻张氏　夏清言妻蒋氏　刘立言妻张氏　余天策妻张氏　徐烈妻朱氏　彭甫才妻黄氏　谭宾书妻游氏　张荣耀妻王氏　夏璧光妻张氏　湛林宣妻刘氏　廖荣秀妻邹氏　岳端阳妻何氏　谭祥祯妻龚氏　张廷治妻王氏　洪家盛妻傅氏　夏树德妻何氏　马永和妻何氏　张作霖妻李氏　刘希周妻湛氏　张德新妻施氏　杨正发妻黄氏　何以清妻胡氏

年二十五守节者

何铨妻陈氏　汪轶妻罗氏　潘鹤妻刘氏　石若浩妻夏氏　陈源继妻李氏　陈遵廉妻黄氏　蔡宏玉妻郭氏　曹绪儒妻李氏　周樽三妻高氏　陈于极妻任氏　王永才妻徐氏　戴正文妻覃氏　张岱妻余氏　陈于楹妻任氏　杨海妻张氏　张仕龙妻田氏　汪维

源妻张氏　陈开义妻李氏　王复荣妻徐氏　高国猷妻唐氏　徐珍妻潘氏　陈昭麟妻周氏　周自沛妻夏氏　刘遇熙妻何氏　陈国柱妻倪氏　王国正妻陈氏　陈让妻何氏　余文楠妻吕氏　陈瑄妻杨氏　周天遰妻况氏　邹治岐妻徐氏　李潜妻谭氏　徐适妻汪氏　张金玺妻余氏　洪武论妻向氏　栾学妻黄氏　余世英妻冉氏　周兴涞妻罗氏　杨文柄妻段氏　文东汉妻陈氏　邓凤仪妻张氏　戴绍先妻冉氏　汪思义妻况氏　蒋仕岱妻徐氏　沈名贤董妻戴氏　业明继妻邵氏①　杨经妻郑氏　方兴权妻王氏　熊猷麟妻廖氏　邹光照妻刘氏　喻文馥妻刘氏　李志赵妻何氏　陈廷桢妻丁氏　吕恩遂妻刘氏　张新禄妻邓氏　栾珩妻冉氏　韩珆妻马氏　杨峻妻曹氏　陈洪道妻潘氏　郑国进妻徐氏　何如星妻谢氏　刘华美妻黄氏　韩绍元妻戴氏　张在朝妻王氏　郑凤祖妻龚氏　游文相妻王氏　蔺仕俸妻王氏　余正潏妻谭氏　包乐柱妻蒋氏　张裕稷妻谭氏　蔺天文妻陈氏　黄廷魁妻陶氏　邹炳妻杜氏　吴永佑妻冉氏　郑显祖妻周氏　吴永仕妻戴氏　吴仕超妻张氏　谭光斗妻刘氏　向仕福妻舒氏　熊元陞妻陈氏　张奇正妻任氏　高璇衡妻曾氏　冉昭卫妻冯氏　陈兴槐妻张氏　张培能妻王氏　汤玉科妻石氏　刘金玉妻陈氏　魏正樑妻杨氏　余鸿极妻陈氏　余武枢妻左氏　袁赓飏妻李氏　庞茂林妻周氏　梁象吉妻李氏　黄登旭妻陈氏　欧谟远妻周氏　杨秀山妻周氏　田洪祠妻熊氏　张正绅妻石氏　邓玉轩妻张氏　倪远益妻熊氏　邹世弼妻苏氏　陈永宗妻王氏　席厥中妻夏氏　陈辉斗妻任氏　杨盛伯妻傅氏　杜家玺妻倪氏　陈亮明妻庹氏　舒挹芝妻张氏　易象暄妻庞氏　宋凤林妻石氏　张兴阶妻何氏　陈大进妻韩氏　张兴扬妻刘氏　陈超妻石氏　潘应会妻吴氏　谭永谟妻韩氏　杜□□妻杨氏［以上旧志］　杨秀川妻徐氏　王伯龄母何氏　郭□□妻邓氏　文星回母刘氏　刘□□妻谢氏　邓□□妻陈氏　刘廷赓妻袁氏　任兴发妻陈氏　谭其渊妻黎氏　游家镒妻周氏　张长应妻李氏　王文采妻何氏　王文采妻何氏　谭献荣母刘氏　陈子云妻魏氏　孙井然妻瞿氏　谭觐颜妻余氏　舒□□妻何氏　徐梅生妻施氏　张崇伦妻夏氏　瞿翰卿妻杨氏　吴德绍妻周氏　洪顺长妻景氏　徐义生妻龙氏　刘素芳妻易氏　陈孝妻李氏　潘振烈妻倪氏　胡建堂妻张氏　夏维宣妻况氏　杨子惠妻甘氏

---

①　沈名贤董妻戴氏、业明继妻邵氏：同治《重修涪州志》卷十一《人物志·节妇》分别作"董业明继妻邵氏（守节四十九年）""沈名贤妻戴氏（守节五十六年）"，原志"董"字串位错排。

年二十六守节者

文步武妻周氏　汤文辉妻罗氏　张希贤妻栗氏　彭佐卿妻张氏　吴文治妻覃氏　李朴妻罗氏　郭炘妻刘氏　吴文定妻赵氏　邹瑾枝妻杜氏　余珙妻唐氏　彭锐妻杨氏　王朝卿妻刘氏　况锐妻周氏　盛国鹂妻罗氏　黄声宏妻刘氏　傅良弼妻倪氏　洪钫妻张氏　汪绍福妻况氏　高化龙妻张氏　瞿恩荣妻张氏　杨正碧妻陈氏　汤柏妻张氏　潘履坦妻罗氏　樊毓林妻陈氏　陈于贤妻瞿氏　彭梅妻周氏　陈芝瑞妻周氏　黄忠振妻熊氏　彭仕煌妻鞠氏　谢奇武妻周氏　邹锡爵妻刘氏　苟麟妻席氏　曹光禄妻余氏　夏纯智妻周氏　陈朝富妻杨氏　余海妻杜氏　周遇春妻李氏　冯元德妻瞿氏　郑文会妻曾氏　熊承惠妻刘氏　高汝霖妻杨氏　杨文同妻傅氏　王亮清妻潘氏　汪能言妻张氏　高玉镶妻舒氏　戴文庸妻王氏　陈熙妻周氏　潘元会继妻孔氏　李玉田妻韩氏　薛元举妻吴氏　蔡如桂妻汤氏　游应龙妻石氏　伍万远妻徐氏　龚宗礼妻谭氏　杨桢妻陈氏　萧天伦妻莫氏　杜海妻刘氏　刘金才妻张氏　杨汝熙妻黄氏　戴正清妻覃氏　夏能考妻刘氏　汪映梅妻白氏　胡宗德妻罗氏　黄辅文张氏　胡星妻彭氏　高琅妻陈氏　周兴淮妻王氏　何煦妻潘氏　熊柱妻雷氏　夏一富妻包氏　李桂兰妻陈氏　刘邦科妻赖氏　杨有柄妻周氏　黄登鳌妻冯氏　谢代芳妻冉氏　周之桢妻杨氏　杨秀标妻周氏　夏尚恒继妻袁氏　陈应学妻王氏　何彬妻陈氏　潘仕尧妻刘氏　吴瑸妻张氏　张象贤妻盛氏　吴莹妻蒋氏　周成龙妻张氏　庹鸣皋妻高氏　窦正现妻王氏　严仕进妻吴氏　陈应芳妻苏氏　徐月桂妻刘氏　雷添禄妻黄氏　谭道一妻张氏　张逢泰妻李氏　陈育妻高氏　丁荣华妻邹氏　罗分继妻方氏　秦银妻杨氏　周兴淑妻陈氏　向永德妻孙氏　冉国朝妻毛氏　罗纯经继妻方氏　庞尚清妻文氏　陈世荣妻聂氏　郑人望妻任氏　聂荣恩妻石氏　余□□妻秦氏　欧金霞妻徐氏　苏忠志妻夏氏　杨朝钦妻钱氏　刘秉珪妻瞿氏　张曙株妻周氏　王戴凤妻刘氏　陈登贵妻杨氏　周正汉妻熊氏　廖其藻妻刘氏　周灏妻张氏　罗祥魁妻余氏　喻在祥妻刘氏　李尚明妻秦氏　张文贵妻余氏　孙仕相妻匡氏　黄家琳妻王氏　覃显绪妻夏氏　周珩妻张氏　陈君常妻冯氏　傅廷美妻乐氏　何永盛妻张氏　冯元德妻瞿氏　文光明妻况氏　杨秀瑚妻陈氏　朱义方妻张氏　陈光辅妻刘氏　夏承薰妾何氏　杨昌元妻蓝氏　张仁义妻余氏　李昌延妻夏氏　邱荣先妻郑氏　黎达善妻施氏　李万福妻杨氏　陈汝恩妻杨氏　王富彬妻陶氏　蒋光汉妻张

氏　陈步荣妻石氏　张曰泗妻高氏　杨心福妻简氏　陶乾栋妻王氏　何坦妻刘氏　潘清献妻陈氏　周均继妻张氏　何元榛妻王氏　夏大伦继妻余氏　黄琨富妻何氏　陈大文妻唐氏　李德福妻薛氏　吴月仲妻余氏　高国献妻唐氏　盛景昭妻谭氏　席佩玉妻陶氏　秦树品妻谭氏［以上旧志］　余子昆妻田氏　王化平母周氏　蔡祝三妻刘氏　夏大材妻何氏　伍发心妻张氏　郭□□妻杨氏　全汉清母刘氏　周淑成妻彭氏　杜尧文妻周氏　范志美母倪氏　姚海楼妻施氏　袁焕然妻倪氏　袁春辉妻陈氏　方正亨妻陈氏　张朝坤妻陈氏　陈和政妻周氏　大湾秦夏氏　刘元成妻胡氏　方如福妻谭氏　沈宗尧妻游氏　陶懋朝妻胡氏　蒋竹江妻罗氏　王群举妻杨氏　严人柏妻金氏　盛春亭妻张氏　廖永建妻龚氏　谭敬夫妻秦氏　谭步云妻张氏　谭应适妻张氏　黎克彬妻鲜氏　谭守德妻刘氏　夏天才妻何氏　谭应松妻汪氏　宋文福妻汪氏　舒树基妻谭氏　陈崇启妻王氏　何秀堂妻程氏　刘炳清妻胡氏　胡友相妻石氏　郭清谟妻李氏　李□□妻蔡氏　蒲在瑚妻郑氏　舒菁华妻王氏　赵振江妻夏氏　韩□□妻郑氏　何杰妻邹氏　胡峥嵘妻张氏

年二十七守节者

谭珩妻冯氏　高元谟妻吴氏　蔡廷贵妻袁氏　刘洪任妻陈氏　黄道一妻周氏　周兴泮妻蔺氏　周广传妻罗氏　张瑜妻涂氏　况德厚妻刘氏　邹道和妻李氏　徐树泽妻杨氏　何琏妻李氏　张鹏妻罗氏　瞿瑜妻何氏　郑子才妻胡氏　吴正富妻夏氏　谭杲妻何氏　阚洪浩妻向氏　朱之俊妻梁氏　张琪妻王氏　况仕纯妻曾氏　吴璜妻周氏　瞿正文妻潘氏　石正仕妻刘氏　王师万妻夏氏　魏仕锐妻何氏　张型渠妻陈氏　张大才妻汪氏　杨道义妻彭氏　夏培本妻冯氏　张锡龄妻廖氏　王桩妻易氏　何思尧妻夏氏　周世澜妻姚氏　蒲在院妻刘氏　罗文献妻徐氏　陈绂妻刘氏　王世芳妻毛氏　高必俊妻蔡氏　汪体仁妻徐氏　覃暿妻蒋氏　蔺仕鉴妻李氏　甘家珍妻李氏　邹桥妻陈氏　谭登福妻余氏　高国治妻魏氏　覃易妻陈氏　陈普妻黄氏　魏奠川妻陈氏　张洪榜妻谭氏　何汝谐妻余氏　张玉光妻洪氏　郑醴妻刘氏　罗斐然妻孙氏　王国贤妻杨氏　彭治桂妻廖氏　吴以行妻王氏　文登级妻张氏　王文秀妻舒氏　舒文旨妻艾氏　邓显谟妻高氏　余海中妻刘氏　袁春阳妻余氏　张显华妻郑氏　周纯全妻杨氏　何其清妻朱氏　杨昌发妻周氏　刘继古妻乐氏　蔡维奇妻方氏　窦天国妻孙氏　陈遵廉妻黄氏　蒋大茂妻唐氏　杨光秀妻陈氏　车懋田妻周氏　舒斐妻庞氏　张文龙妻陈氏　何正江妻汪氏　邱学书妻熊氏　张华巍妻鲁氏　车

棠妻夏氏　　何锡畴妻张氏　　刘士秀妻李氏　　李攀桂妻卢氏　　易起义妻俞氏　　张士道妻幸氏　　刘铨绣妻李氏　　杨仕田妻陈氏　　何琼如妻王氏　　王荣富妻倪氏　　罗绍清妻赵氏　　廖开国妻蔡氏　　曹仁怀妻王氏　　苏国珍妻邹氏　　吴月东妻蒲氏　　周文河妻田氏　　王廷芳妻熊氏　　万芝进妻舒氏　　梁□□妻马氏　　余志忠妻□氏　　刘长荣妻钱氏　　吴定国妻余氏　　谢朝恺妻吴氏　　郑国聘妻沈氏　　王正龙妻陈氏　　唐文元妻陈氏　　陈光明妻何氏　　余式伯妻杨氏　　黄伯举妻金氏［以上旧志］　　叶明朗妻胡氏　　沈广学妻郑氏　　韩维栋妻石氏　　余□□妻王氏　　张瑞堂妻冉氏　　彭厚亭妻魏氏　　刘□□妻周氏　　陈嘉尧妻张氏　　吴俊之妻陈氏　　陈源妻李氏　　李敬臣妻何氏　　刘缉光妻周氏　　建武团向冉氏　　钱沛霖妻陶氏　　邬光国妻石氏　　夏篁妻廖氏　　李彤云妻何氏　　龚校虞妻谭氏　　尚金梁妻张氏　　游金门妻陈氏　　夏炳南妻汤氏　　郑赓飏妻张氏　　胡兴邦妻杨氏　　施玉华妻张氏　　潘爕昌妻汪氏

年二十八守节者

李材妻何氏　　文裕武妻冯氏　　何有基继妻王氏　　陈宪谟妻舒氏　　熊犹龙妻袁氏　　李纯妻黄氏　　谭瑜妻李氏　　石鲁存妻罗氏　　陈昭妻何氏　　张秉岐妻程氏　　夏晓妻文氏　　杜纯祖妻李氏　　黄道符妻秦氏　　张守道妻唐氏　　舒其德妻何氏　　吴钦妻杨氏　　曾鲁妻唐氏　　汪瑄妻舒氏　　彭儒彬妻杨氏　　孙经妻王氏　　杨树成妻鞠氏　　张一载妻陈氏　　刘维教妻秦氏　　刘体乾妻彭氏　　石若潜妻戴氏　　张秉钜妻周氏　　陈经妻杨氏　　彭铸妻李氏　　汪玳妻夏氏　　夏裕妻刘氏　　李林生妻杨氏　　秦邦教妻王氏　　毛志凤妻张氏　　夏元铎妻曹氏　　张厚载妻程氏　　熊珩妻王氏　　夏敬勤妻程氏　　余祖训妻焦氏　　高翠屏妻宋氏　　张秉中妻湛氏　　周泽仁妻陈氏　　易洪文妻张氏　　郭进学妻舒氏　　夏鹭妻陈氏　　杨常舒妻何氏　　张珂妻王氏　　王镒妻蒋氏　　尧太兴妻张氏　　王灿妻何氏　　张盛世妻刘氏　　余祖荫妻张氏　　孙尚攀妻汪氏　　聂镛妻包氏　　范安仁妻赵氏　　徐灿妻张氏　　夏浩妻李氏　　程世垲妻徐氏　　余思明妻李氏　　梁照妻李氏　　喻文达妻余氏　　龚文林妻谭氏　　高行恕妻李氏　　刘正春妻黄氏　　余占魁妻覃氏　　徐占元妻夏氏　　蔡世礼妻杨氏　　潘灏妻余氏　　何一沅妻袁氏　　幸开伦妻田氏　　骆兴才妻周氏　　熊文柄妻谭氏　　夏在爵妻倪氏　　李天庆妻冉氏　　张元枚妻向氏　　陈仕滨妻何氏　　杨怀禄妻高氏　　杨昌基妻冯氏　　石绪妻曾氏　　杨纯德妻王氏　　刘川伯妻陈氏　　钟功武妻吴氏　　刘国鼎妻郑氏　　李嵹妻陈氏　　周兴滢妻夏氏　　汤辉廷妻李氏　　王嘉贤妻马

氏　周正文妻曹氏　陶涧妻周氏　雷时荣妻陈氏　杨华妻冉氏　陈大才妻张氏　高灿斗妻周氏　冉正岳妻孙氏　黄廷魁妻潘氏　余万煌妻王氏　何世祥妻谭氏　段含仁妻黄氏　左汉俊妻杨氏　薛世材妻任氏　许佩妻胡氏　曹柄继妻潘氏　李廷暎妻张氏　蔺芳妻梅氏　王锡晋妻张氏　李其泽妻余氏　贾秀通妻萧氏　罗洪信妻毛氏　张达伦妻陈氏　陶元俊妻石氏　瞿先伸妻罗氏　张嶟妻文氏　骆德位妻李氏　宋子龙妻张氏　陈鹏龄妻夏氏　刘昭妻陈氏　姚棉妻魏氏　梁增妻方氏　冯琢芝妻刘氏　夏文著妻王氏　吴籓妻李氏　田泰元妻刘氏　彭中和妻曹氏　汪文陞妻舒氏　刘元妻吴氏　何光晋妻况氏　洪武謜妻周氏　罗柏桥妻王氏　李煌妻彭氏　张银万妻李氏　欧阳暹妻张氏　田仁里妻李氏　刘蔚然妻卢氏　熊嵋妻萧氏　夏治文妻姚氏　刘继崇妻郑氏　张国模妻王氏　杨正才妻常氏　刘鑻妻吴氏　陈绍庆妻张氏　苟一元妻贺氏　周袊妻陈氏　瞿德海妻韩氏　汪绍元妻张氏　周兴淑妻陈氏　夏泮妻刘氏　罗正义妻周氏　赵邦龙妻张氏　张文开妻倪氏　黄墹妻蔡氏　杨秀川妻徐氏　王锡晋妻张氏　范有伦妻易氏　王万仲妻邓氏　张世位妻时氏　闫启福妻陈氏　郑文海妻王氏　黄明举妻金氏　李子隆妻张氏　高世龙妻邹氏　江世璧妻吴氏　黄学瑚妻冉氏　孙文忠妻欧阳氏　汤涟妻周氏　郑文会妻曾氏　方国椛妻陈氏　周廷枬妻夏氏　梁兴仁妻李氏　高汝龄妻杨氏　夏准妻周氏　夏恺妻石氏　李苞妻陈氏　邓文遴妻况氏　郑如江妻方氏　王万明妻石氏　余铭妻吴氏　陈光载妻周氏　熊元烈妻周氏　石如璋妻徐氏　周维桢妻陈氏　郭守贵妻文氏　方永福妻秦氏　夏浩然妻韩氏　李转兴妻刘氏　谢世禹妻郭氏　张奎翼妻夏氏　戴心高妻王氏　文焕妻陈氏　刘朝绪妻廖氏　刘元臣妻胡氏　李斗蓥妻张氏　张元一妻白氏　赵载魁妻吴氏　冉永耀妻吴氏　袁周书妻唐氏　何光澄妻周氏　余明士妻袁氏　杨映文妻瞿氏　谭仁瑜妻郭氏　黄光德妻潘氏　郭德沛妻周氏　雷发凤妻夏氏　刘国焰妻龚氏　夏坦妻高氏　徐世俸妻张氏　倪学本妻张氏　周敏谦妻潘氏　王国儒妻瞿氏　李果成妻黄氏　石正仕妻刘氏　张文炳妻谭氏　刘钦妻熊氏　曹柄妻潘氏　蒲文榜妻郑氏　郎文朝妻余氏　朱景春妻石氏　黄学宪妻韩氏　周逢春妻陈氏　艾正常妻徐氏　刘金声妻王氏　杨廷光妻何氏　陈以约妻傅氏　邱邦俊妻朱氏　刘国昌妻阴氏　万能选妻卢氏［以上旧志］孙建侯妻曾氏　李忠樑妻盛氏　王树藩妻梁氏　田宝卿妻蔺氏　苏登堂妻刘氏　王椿荣母苏氏　余鸿恩妻庞氏　陆大猷妻谭氏　黄秀升妻秦氏　杜克荣妻周氏　冉云汉妻王氏　庹

成周妻刘氏　夏廷松妻杨氏　郑义宏妻方氏　方兴治妻王氏　杜廷业妻夏氏　余锦堂妻姚氏　黄宗示妻刘氏　瞿树芬妻夏氏　陈华翰妻彭氏　张元柱妻罗氏　陈凤鸣妻金氏　蒲在珩妻夏氏　黄济川妻刘氏　夏铭书妻胡氏　蔡通碧妻杨氏　谢长青妻李氏　王德禄妻游氏　彭心贵妻李氏　夏泮香妻幸氏　谭顺孝妻张氏　李玉发妻傅氏　张长青妻廖氏　舒幹臣妻王氏　傅少阳妻白氏　何吉祥妻魏氏　文品兰女彭文氏　谭用和妻邓氏　谭成全妻廖氏　瞿志开妻余氏　张德恩妻何氏　张为儒妻瞿氏　谭立坤妻周氏　施德彰妻张氏　郑廷桢妻王氏　张荇蒸妻金氏　秦履安妻杨氏

年二十九守节者

周石兰继妻孟氏　潘廷欢继妻周氏　高本忠妻李氏　张仕仙妻石氏　周鉴妻罗氏　傅仲昇妻郭氏　文炳妻曹氏　汪永妻甘氏　高进阶妻周氏　罗德永妻周氏　曾孙达妻龚氏　吴煌妻蒋氏　孙洪道妻余氏　薛元举妻吴氏　任尚信妻杨氏　周吾妻张氏　盛时德妻刘氏　王登佐妻谈氏　舒健翼妻庞氏　李凤妻王氏　黄忠敏妻鲁氏　经思有妻粟氏　金朝献妻刘氏　王世爵妻罗氏　石灿章妻王氏　邓良材继妻敖氏　蒲文光妻韦氏　汪相清妻□氏①　郑国均妻曾氏　吴文梁妻姚氏　何瑄妻黎氏　王为轮妻易氏　刘邦栻妻张氏　宋荣安妻张氏　王正明妻程氏　林为栋妻瞿氏　刘滑妻文氏　张曙才妻夏氏　陈应魁妻杨氏　吴进涵妻鞠氏　傅近韩妻吴氏　彭体慧妻刘氏　潘显芝妻郑氏　刘维潜妻余氏　杨桢妻陈氏　黄志廉妻陈氏　李倚伦妻毛氏　郭文基事潘氏　方蒸妻周氏　张理妻毛氏　蔺天仲妻刘氏　艾宣妻王氏②　贾正伦妻冉氏　朱文辉妻夏氏　陈惇五妻王氏　潘绘妻尤氏　汤清泉妻张氏　宋大珍妻杨氏　蔺世俸妻许氏　李钟益妻盛氏　孟大成妻谭氏　梅国玉妻郭氏　但杰士妾袁氏　吴缵河妻曾氏③　盛维瑄妻庹氏　傅镗妻冉氏　孙锦妻刘氏　瞿应科妻朱氏　陈应嵩妻李氏　张廷玉妻廖氏　范仁安妾周氏　王德福妻蒋氏　蒋成纪妻刘氏　王宗全妻陈氏　瞿应麟妻郑氏　夏廷献妻余氏　夏奎妻谭氏　李文耀妻冉氏　程鹤翱妻冯氏　李子桢

妻张氏　邓成贵妻李氏　许云路妻陈氏　向伊妻夏氏　杨春光妻萧氏　陈显忠妻杨氏　高性妻何氏　尹启先妻毛氏　潘裕朝妻张氏　张天文妻时氏　苟芝元妻郑氏　钱天元妻陈氏　杨定宣妻张氏　文琨妻王氏　李正禄妻刘氏　周国文妻黄氏　骆世珍妻陈氏　罗朝元妻唐氏　汪文奎妻项氏　蒋贤士妻夏氏　徐树铎妻杨氏　雷时荣妻陈氏　王明昇妻张氏　吴雍和妻余氏　陈文堂妻罗氏　杜焕章妻周氏　汪登藻妻洪氏　高能子妻周氏　郑如柏妻黄氏　黄登福妻陆氏　刘廷熙妻吴氏　张文衡妻赵氏　钱文禄妻胡氏　黄兴万妻徐氏　何宣妻冉氏　陈铋妻邓氏　刘廷元妻夏氏　张正文妻陈氏　张现祖妻鲜氏　王天锡妻郭氏　王崇刚妻刘氏　郭德万妻王氏　刘继志妻王氏　陈宗开妻蔡氏　李朝凤妻刘氏　陈以梣妻王氏　徐其宽妻胡氏　夏之瑚妻舒氏　王奇礼妻胥氏　廖荣昭妻余氏　苟芝芳妻郑氏　李其灿妻庞氏　萧定相妻孙氏　任复泰妻邹氏　徐世俸妻张氏　黄正冠妻徐氏　周谟妻陈氏　沈金韬妻何氏　周之瑶妻冯氏　谭璞妻陈氏　刘敬敷妻秦氏　车云程妻周氏　汤辉甲妻刘氏　曾文仲妻刘氏　杨珊妻孙氏　麻廷瑞妻张氏　罗献图妻张氏　彭涛妻李氏　张运妻吴氏　蒲文榜妻郑氏　严邦治妻陈氏　何恒如妻王氏　鲜廷相妻李氏　陈世荣妻张氏［以上旧志］　陈世荣妻叶氏　余伯常妻钱氏　王成林母任氏　杨在全妻陈氏　王兆岐继妻刘氏　周盛乾妻彭氏　郭□□妻周氏　何载杨妻车氏　奚彦林妻徐氏　杜俊臣妻任氏　张怀材妻朱氏　陈尔猷妻高氏　太平团黄陈氏　舒麟生妻游氏　谭兴仲妻冉氏　致和团刘夏氏　张泮林妻李氏　蒋泽浦妻张氏　张松林妻杨氏　杜勋廷妻黎氏　王兴源妻张氏　况国秀妻张氏　赵鸿畴妻魏氏　夏凤仪妻黎氏　张明初妻苏氏　陈高厚妻白氏　刘太文妻夏氏　舒子贞妻汪氏　赵振璧妻张氏　沈长寿妻刘氏　傅庆辉妻陈氏　蒋心法妻刘氏　黄贡九妻刘氏

年三十守节者

舒怀妻吴氏　黄持锐妻易氏　吴皞妻杨氏　夏仕祥妻黄氏　黄琬妻孙氏　夏涵妻郭氏　杨馥妻彭氏　张荣妻刘氏　彭旭妻魏氏　张仕英妻盛氏　杨勇贵妻冯氏　张秉煌妻舒氏　汤枞妻万氏　周憓妻彭氏　王玉试妻黄氏　彭洪义妻梁氏　何文广妻张氏　张应祥妻薛氏　彭镗妻潘氏　舒尔鼎妻罗氏　邹瑶枝妻王氏　杨宗鲁妻彭氏　戴正清妻覃氏　彭中安妻周氏　杨映筠妻彭氏　盛天成妻黄氏　孟谦恒妻文氏　张治中妻钱氏　余崇礼妻杨氏　张仕清妻陈氏　周镒妻梅氏　彭为柄妻李氏　潘怡谦妻陈

氏　覃正玉妻贺氏　胡双桂妻张氏　夏泝妻刘氏　彭烈妻姚氏　石良澍妻刘氏　陈东材妻赵氏　张廷举舒氏　余体辉妻李氏　蒲仕贵妻聂氏　陈鹏龄妻夏氏　廖仕奇妻蔡氏　张永文妻曾氏　李尚贵妻刘氏　张月卿妻陶氏　王大顺妻夏氏　何彬如妻王氏　瞿国璜妻陈氏　李其善妻陈氏　黄镛妻程氏　陈天保妻聂氏　王孟陞妻陈氏　周光煜妻戴氏　萧文相妻石氏　冉永耀妻吴氏　刘希尚妻陈氏　毛成进妻蒲氏　黄汝祺妻曹氏　王芝椿妻郑氏　晏焜然妻吴氏　龙会云妻戴氏　司马寿德妻张氏　余正元妻汪氏　杨昌万妻黄氏　陈文范妻罗氏　郑仕俊妻邓氏　刘长荣妻钱氏　周光远妻谢氏　谭大成妻刘氏　王育松妻陶氏　张子□妻杜氏　夏元良妻何氏　张洪道妻冉氏　余芳妻王氏　胡玺妻刘氏　余银妻张氏　廖朝贵妻陈氏　熊璐妻何氏　陈文仲妻沈氏　王文炳妻熊氏　夏元度妻冯氏　聂承恩妻李氏　丁开科妻任氏　杨怀御妻钱氏　龙光明妻高氏［以上旧志］　王拱三母邹氏　刘宝斋妻易氏　任兴发妻陈氏　彭煊华妻余氏　舒洪泰妻陈氏　谭光裕妻罗氏　谭顺章妻黎氏　蒋君良妻李氏　盛世音妻张氏　况清高妻冉氏　谭辉庭妻洪氏　李友三妻姜氏　胡友卿妻石氏

守节而夫没之年无可考者汇列于左

潘坚妻陈氏［守节三十八年。］、潘福昌妻熊氏［守节三十二年。］、潘奎妻夏氏［守节四十年，旌表节孝。］、潘堞妻郑氏［守节三十六年。］、潘钊妻萧氏［守节四十二年。］、潘绍祖妻陈氏［守节二十九年。］、潘缵祖妻邹氏［守节三十六年。］、潘钟妻周氏［守节二十八年。］、潘汝龙妻庞氏［守节三十五年。］、潘多三妻叶氏［守节二十六年。］、潘鹤九妻王氏［守节二十八年。］、张秉光妻曾氏［张拱辰为立碑于绩麻桥侧。］、王心敏妻何氏、雷天禄妻黄氏［守节三十五年。］

以上节孝。

涪陵县续修涪州志卷十七

人物志七

列女二

《关雎》起化，初不专重《柏舟》；桓孟高行光于范书[1]，非以节著而已。礼教浸微，昭示壶范[2]以维妇德云。

（明）陈夏氏［湖广长沙知府陈计长之妻，邑进士、员外郎夏国孝孙女，可洪之女[3]。年十七归计长，适计长之父茞赴直隶栾城县任，以母老留妻不从行。氏长跪请曰："吾舅万里游宦，姑不行无以主内政；太恭人昏定晨省，新妇事也。"舅许之。氏事祖姑至孝，养生送死无憾，遇乱倾囊以济宗亲，姑病刺血和药，相夫不避危险。事具翰林学士吴伟业《墓志铭》。］

陈杨氏［贵阳府通判陈计定之妻，重庆府卫指挥佥事杨道望之女。性仁慈勤俭，孝亲睦族，精"四书"。子幼读，每夜教诵灯下；如外傅，以纺绩供束脩书籍之用，不以累其夫。计定登仕版，氏以"礼士爱民"劝之。迨计定殁后，教子益严，故四子均成名。事载《陈氏家乘》。］

（清）陈吴氏［陈廷彩妻，年三十三彩卒。夫弟廷春夫妇相继卒，遗孤甫二龄，氏

---

[1] 桓孟高行光于范书："桓孟"是西汉鲍宣妻桓少君和梁鸿妻孟光的合称，为贤妻典范；"范书"指范晔所著《后汉书》，是"前四史"之一。

[2] 壶范：即阃（kǔn）范，指约束闺房妇女的仪典范式与道德规范。壶通"阃"，妇女所居的内室，代指女性。

[3] 可洪之女：据《陈志》卷十《人物志·隐逸·夏可淇传》、卷十一《艺文志》之吴伟业撰《陈母夏安人墓志铭》："父可淇，诸生"，以及本志卷十五《人物志五·隐逸·夏可洲传》："其弟可淇亦狷介笃学，不应科举……时人称为'夏氏二难'。"此处"可洪"当为"可淇"之误。

抚之如己出，置产与均。]

杨刘氏［杨培之妻。有幼婢，刘养之及笄，培以为妾，嬖甚，逼刘大归，时年二十四。母怜其少，订媒再醮，约成，氏闻自缢；救免，纺绩自给，居母家十余年。妾死，生子甫二龄，族党以刘节义，劝合镜焉。年余培卒，刘抚妾子如己出，知州毛赠匾奖之。]

方况氏［方体乾妻。姑病瘫痪卧床八年，氏侍汤药毫无倦容。]

夏苟氏［夏克昌妻。因不产育，为夫置妾生子以延宗祀。载《通志》。]

潘周氏［潘鸣谦侧室。鸣谦卒时，三子俱幼。氏延师课读，以母道兼父道，卒使廷桂列胶庠，廷莩领乡荐，廷彦食廪饩就教职。]

陈邹氏［陈继唐妻，华阳教谕邹次伦之女，河库道陈爔之母。幼明敏，能读书通大义。归继唐，以幼妇持家政，事翁姑至孝，姑姊妹十余人无间言；率仆婢有家法，自奉约而与人丰，人有急，罄所蓄佽之。族子某贫而才，召与诸子共学、饮食，卒以成立。其笃厚类如此，劳崇光作有《家传》。]

陈廖氏［监生陈朝礼妻，长寿廖尔梅女。事姑何尽志尽力，得姑欢心。姑病笃，医药罔效，氏沐浴潜祷，祈以身代，并割股和药以进，姑病旋愈。滇南孝廉高履芳为之立传。]

鞠谭氏［鞠功臣妻，谭元臣之女。夫外出未归，翁病笃，氏焚香祷祈，割股和药，翁病旋愈。]

陈张氏［庠生陈宗器妻，贡生张纯修女。秉性和顺，敬事翁姑。姑老病笃，祈神求医，百计罔效，氏割股和药旋愈，且增寿十八载；姑殁，氏葬祭尽礼。宗族称之。]

彭皮氏［贡生彭铣妻。铣卒，姑以哭子丧明，氏割血和药舐之。复明后，复刲股疗姑疾。]

陈熊氏［绥宁县知县陈于宣之妻，明经熊英之女。年十九适于宣，秉性和顺，事姑黄孺人以孝称。姑素患咳嗽，用茅根煎汤饮之，立愈。一日深夜病作，无同侣，氏携锄执火奔往取之，约数百步始得而火尽途迷，忽磷火四起，藉照得归。归而反悸，因徐告姑以故。姑叹曰："尔真孝，乃鬼神相汝也。勿惊。"逾年姑病笃，临终握氏手曰："我无所虑，虑汝尚未生子；我死求神，赐汝佳儿，报汝诚孝。"果数年生二子，长子廷璠领乡荐，次悙五食饩胶庠。彭观察端淑撰有墓志铭。]

周王氏［庠生周惺妻。居州东关外，姑八十余，卧病。忽邻屋失火，氏负姑携三岁儿冒火出，鸡栖蓬荜，纺绩孝养。］

舒易氏［贡生舒其仁妻。姑病思梨，遍觅无所得，邻妇嗤之曰："雪霰中梨且未花，何由得梨？"氏哭泣仰天，瞥见园树硕果存焉。归以奉母，病愈。］

何尹氏［何命基之继妻，事姑孝。姑病，刲血和药病愈。］

陈任氏［陈昌福妻。姑病燥结，氏常银匙挑取燥粪，八年毫无难色。］

何杨氏［举人何锡九继室，江右杨开元之女。姑目瞽，病燥结，锡九赴礼闱。氏独力奉养，不肯稍离；挑取粪秽，十余年如一日。人皆称之。］

谭石氏［垫邑石从曾孙女，归谭特钟，侍养舅姑无稍忤。姑年七十中风，氏刲股啖之，病少间；而其手足仍不仁，躬亲栉沐十八年不懈。］

潘卢氏［潘桐妻。姑病需辽参，家贫无所得，氏鬻簪珥倩人赴渝买归，割血和药进之，姑病遂瘳。］

李谭氏［举人谭模女，适李荣禄，善事姑嫜。舅殁，常移榻伴姑宿，姑年六十卒。后子孙偶进异味，氏辄凄然含泪曰："吾姑未尝食此也。"寿八十七。］

曾罗氏［曾煦之继妻。十八岁适曾，逾三年生一子，事姑克谨，育前妻二子如己出。夫卒，氏课读诸子，扶之成立；家贫，纺绩为生。乡里皆称其贤。］

刘何氏［教子锐恒不姑息，年十九命随某官赴黔投效军营，积劳擢升千总，归省母，临再出，请归期或迎养。母斥之曰："忠臣不顾家。能显亲即孝也，何徒以养为？"锐恒自是勉于职，非奉母命不敢归。得上方倚任，官至大理提督，氏仍以前训勖之云。］

施王氏［施久膏之妻，州人王明耀之女。归久膏，事姑能得欢心，居恒静穆，见者莫不起敬。久膏性孝友，兄弟赖其伙助，意未餍，每失常度，以头触久膏胸至晕绝，诸兄舁赴城请验，中道复苏，虑相愈伤母心，泣求诸兄勿讼，仍厚遗如常。氏悉赞成之，兄弟亦感动相友爱。久膏殁，子纪云、胞兄承勖延师教读，氏督课不宽假。纪云官武昌府有冤狱，制府入臬司言电奏奉旨研讯，臬使人示意。纪云廉得冤状，欲平反之，知忤大吏必去官，以迎养母氏在署，忧形于色。氏察知，举久膏烧逆册及具箕斗结活人命事勖之，使勿玷先人。又尝训纪云："汝若耽一日逸，人民守候有破家者矣。"纪云以失宪意卸任，氏安之无愠色，每欲归乡里。庚子，纪云官汉阳府，两宫西巡，长江戒严。氏反不言归，日使人说善书内贞孝廉洁故事，率子孙妇、孙女隔帘听之，意在使临变知所自处。年八十四病泄痢，纪云率孙愚待疾在侧，必命出，俟掩形而后得入。人有言吸烟可止泄，假烟具进，峻却之。其自治之严，类如此。谨按：先慈懿行久为乡里交推，采访以舆论详列到局。不肖虽无状，何敢自诬其亲？又何忍自没其亲？故敬照登以质当世。]

傅饶氏 [邑庠生傅朴庵侧室，增生傅炳熙之生母。年十五归朴庵，端庄和惠，治家明大体，族党咸敬之。嫡氏生二子，皆异居不自给，氏辄以钱米与之。有患难事不敢命朴庵知者，氏私典钗布为之救济，无所吝惜。在家庭骨肉间，事无巨细必委曲以求和平。朴庵家寒素，教学数十年从游者多就食于馆。有寒畯者，氏炊爨缝纫视如子侄。炳熙有文字交某甚贫，不时告贷。氏曰："吾家固穷，然若舍此，无他也。"卒与之。后炳熙游泮年余氏殁，临终戒炳熙曰："汝好读书，勿妄干公事以辱汝父之名，吾瞑目矣。"言讫卒。]

赵何氏 [赵大知之妻，廪生赵桢之母，事姑夏氏最孝。大知家寒素，日食蔬食菜羹，而奉姑特具精食，数十年以为常。姑病，氏割左臂和药。现年七十六。]

周何氏 [举人何锡九女，适南郑县令周蕃寿，最得姑欢心。洎蕃寿殉南郑，无子，氏在家闻耗，泣血欲死。遍贷扶柩资无应者，乃尽典衣饰，亲身往寻，于乱尸枕籍①中得蕃寿尸，并伯兄起绩大中余骨以归。]

杨贞姑 [士人嵋之女。事继母樊氏最孝，不忍离，终身不字，年七十卒。]

游三姑 [游辉轩之女。年十三辉轩病，久不愈。姑割臂和药进之，旋愈。及长，适长寿陈氏，以孝顺为乡里所称。]

文张氏 [文彦卿之妻。翁老病风不能起，汤药饮食浣濯氏独任之，十余年无怨言愠色；翁殁不逾年，氏亦旋卒。]

冉李氏 [冉锦堂之妻，事姑孝。锦堂远贸卒于楚，氏以妇兼子道孝养有加，教子光咸勤学成优贡。]

陈鞠氏 [陈洪寅之妻，邑人鞠志伦之女。幼承生母徐氏严训，性端谨。长适洪寅，事姑何氏孝谨。洪寅祖、父皆忠厚，家世清贫；姑复爱怜少子洪懿，婚配各爨。氏辛苦勤俭，佐洪寅独养姑四十余年，并承姑意常佽助洪懿，家人妯娌间雍雍如也。姑晚年

---

①　枕籍：即"枕藉"，纵横交错相枕而卧，形容多而杂乱。

病肿，医药罔效，甚至皮肤破裂，黄水淋漓，粪秽在床。氏日夜躬亲扶持刷洗，年余罔懈，甚得欢心。姑临终谓氏曰："汝劬孝极矣，天必报之以福。"氏恒言笑不苟，事夫洪寅从无急言遽色，待邻里亦极谦和，年近六旬犹夜半纺绩供次子君邦读书，虽严冬冻极，弗辍也。卒年八十一，夫妇齐眉。]

以上贤孝。

（明）郭贞女［幼字人，届婚期而所字者殁。守贞六十年卒，葬处名贞女湾。]

夏老姑［事具《艺文志》李长祥《传》。]

文姑［文晓女。甲申之变随父避乱酉阳，途次遇贼欲犯之，姑怒曰："我名家女，岂受辱耶？"贼鞭箠交下，百折不从。其夜，乘隙自缢死。巡抚文有庵葬之，为树石以志。]

李姚氏［夫文惠外出，不为强暴所污，自缢死。旌表建坊。]

周何氏［宸濠之乱，夫周大江司运军粮，讹传其死。氏闻信，自缢以殉。]

文刘氏［刘天民女，参议刘之益女兄。崇祯甲申随夫文可衡避乱，遇贼杀其夫而艳其色；触石死。]

张刘氏［刘之龙女，庠生张璧光妻。甲申避乱涪陵江，贼追至，投江死。]

文刘氏［刘之龙女，庠生文而元妻。甲申避乱涪陵江杨家硐，贼攻硐，投水死。]

李赵氏［庠生李瑛妻。献贼之乱，瑛遇贼投江死。氏为贼目"一只虎"所掳，夜醉贼以酒，窃其佩刀手刃之，逸至瑛死处投江死。今名"夫妇滩"。]

（清）易贞姑［字冉裕，外出不归，守贞六十九年卒。]

田贞姑［字刘国璋，届期而璋卒，守贞七十七年卒。]

戴贞姑［戴绍先女。年及笄，亲殁弟稚，守贞抚弟。七十岁卒。]

杨贞姑［杨光盛女，字陈氏子，远出不归。有劝之嫁者，姑截发毁容以示。]

梁贞姑［字文氏子，未及笄而文卒，姑依母以居，母殁依兄嫂。兄嫂殁，遗儿七龄，姑抚之成立。]

高贞妇［王氏女也。将婚而高殁，奔丧不归，奉舅姑以终，葬白里高姓大坟坝。]

傅贞姑［傅世福女，字张氏子。张远出无耗，父母另字之不从，焚其针黹奁物，剪发誓志侍奉父母；及殁，哀恸数日不食。]

喻贞姑［字钟氏子。后钟负义，姑誓不再字。卒年五十。]

陈贞姑[监生陈品三女，所字未婚而卒，姑奔丧不归。有欲夺其志者，姑截发自誓。]

冉贞妇秦氏[幼受冉氏聘，未笄冉氏子卒，姑奔丧奉舅姑。父母强夺其志，别字周氏。姑闻之昼夜哭，不食死。]

舒么姑[父敦五，嘉庆初携之避贼渠溪。贼至逼之，骂贼死，年十六。]

田贞姑[田仁瑞女。鲜兄弟，矢愿孝养父母，不字。年六十三卒。]

何三姑[何义可女，节妇何乐氏孙女。弟稚弱多病，养亲抚弟，不字。寿六十七岁卒。]

陈翠屏[陈鉴女。幼字人，未及笄而所字者殁，奉养父母以终。年五十五卒。]

王三姑[王汝梅女。字任姓，未婚而任卒。守贞四十七年卒。]

郭素贞[三岁丧明，誓志守贞。寿九十六卒。]

蔡转姑[年十四丧明，矢志不字，依父母居五十余年。父母殁，依兄弟以居。]

刘么姑[刘致远女，以母病终身不字。]

陶旬姑[陶军武女，誓不字以养母。]

周思孝[周廷榘女，通《女诫》，事父母有至性。年十五病脚气，父偶语其母曰："病若剧，不字可也。"逾年父殁，女躃踊泣血。服阕病愈，有议婚者，兄元龙将许之，痛哭不食曰："父言犹在耳，誓终身依吾母耳。"后每闻议婚，辄厉色拒。同治元年石逆之警，泣谓母曰："今何时耶？弱女子适足累老母。"薙发作男子装，跋涉闲关[1]，人无识其为女子者。]

张贞妇[何子厚女，字张翊。未婚翊卒，姑截发誓不再字，奔丧守制；姑病笃，刲股疗之愈。]

夏贞姑[夏灿女，字田伦，未婚而伦卒。守贞不字，纺绩置田业，岁可入谷三十石，捐入节孝祠以供祭祀。道署定案立有碑记。]

朱贞姑[朱大有女，许字王氏子，远出不归。父母相继殁，弟未毁齿[2]，姑泣曰："朱氏仅此一脉，将何依？"遂抚弟，终身不字。]

向贞姑[向远科之女。家贫，立志守节，不茹荤腥。]

---

① 闲关：亦作"间关"，参本志卷十二《人物志二·笃行》刘之益条"间关赴行在"注。本志卷二十一《艺文志三·文征三》王应元《明贵州威清道布政司参政刘四仙家传》复作"闲关赴行在"。

② 毁齿：指童年或少年时乳齿脱落，更生恒齿。《白虎通·嫁娶》："男八岁毁齿，女七岁毁齿。"

黄大英［性至孝，明大义。父贸布为业，家贫困无子，欲纳妾恐不寿，抚子则又以寒素不得聪颖者。女年十四知父意，请曰："女守贞不字，终养父母可乎？"父不言。女于是矢志不嫁，佐理家政，渐小康。父母殁，丧葬尽礼，一姊三妹俱赖以字，卒置嗣子承袭父业。守贞七十二年，家族咸钦之，为建贞女碑于鸭子坝黄家祠。］

梁贞姑［幼失怙恃，未字。兄嫂生子甫数月，相继殁。姑抚之成立，婚配生子。后侄旋卒，姑复抚侄孙。寿至九十。］

汪四姑［汪黎氏之女。年十五受薛卯生之聘为妻，继闻卯生已有妇，盖谋妾也。其母欲改字之，请退婚约而卯生不可，女曰："作妾则玷门楣，改字则更二夫，惟死两全耳。"遂仰药死，时光绪庚寅二月二十六事也。州同史隽丰为刻"贞孝可风"四字于石，并为序以表之。］

阳长弟［阳世贞之女。年十七许字湛有成，已而疯癫。汪春亭携炮独至世贞家施放，欲强娶长弟为妻。长弟不能从，遂服毒死。］

胥怀清［胥孔昭之女，守贞不字以事父母。］

陈箫谷［陈聘三之次女，许字罗氏子。未婚而罗卒，女誓志不嫁。得旌于朝，年六十六岁卒。其妹琼英，亦守贞不字以事孀母，年六十有二卒。］

刘贞妇瞿氏［字刘可传，未婚而刘卒。姑年十七过门守节，家贫，纺绩为生。以夫侄瑞荣承继，及长办团，为匪所害。姑现年七十四岁。］

陈大姑［陈文彬之女，性聪颖，寡言笑。母瞿氏多病，家政由大姑主之。已而瞿氏复病乳痈，大姑侍汤药三年，寝食俱废，竟以此成疾。瞿氏殁，大姑以忧卒。乡之人曾列其事为之请旌。］

刘贞妇［字张文洲，未婚而文洲殁。姑适张氏守节，奉舅姑至孝，年三十九①遇变难赴水死。］

向贞妇余清高［字向芝莲子，未婚而向卒。姑过门守节，誓不再字。现年六十岁。］

郭淑修［郭德庵女，幼慧，好涉猎书史，能文章。年九岁失恃，一兄二姊先后殁，弟绍本幼弱无依。姑矢志不嫁，佐孀嫂许氏养亲，抚幼弟成立，艰苦备尝。年四十八岁卒。］

---

① 三十九：原志"十"字右旋侧卧。

张贞妇曾氏［曾朝品女，有至性，通书史。字张氏子，未婚而张子卒。矢志不贰，过门守节，抚夫侄□□为嗣。］

黄大姑、黄二姑［皆黄德敷之女，守贞不字。大姑现年五十二岁，二姑五十。］

文么姑［文星回之妹，守贞不字，现年五十岁。］

廖大姑［廖裕昆之姑，守贞不字，年六十四卒。］

王贞妇曾氏［曾宪福之长女，字王思安之子君明。未婚而君明殁，氏过门守贞，孝事翁姑。抱长房子承祧，娶妇生孙方兴未艾。］

谭贞姑［名慧贞，增生谭锡光之胞妹。通书史，守贞不字。六十三岁卒。］

张贞妇曹氏［曹继光之季女，字张氏子世霖。年十二未婚而世霖殁，姑往吊不归，矢志完贞事王父翁姑，和妯娌姊妹。人无间言。］

余贞妇冯氏［忠州廪生冯夷甫之女，字邑人余召春之子灿基。未及婚而灿基殁，氏誓不再字，奔丧过门守志，抚侄为嗣。现年五十五岁。］

况开先［况敦彝之次女，幼从姊读，知书明理。许字何姓，未婚而何氏子卒，誓不再嫁。现年六十。］

黄贞姑［黄朝俸女，字杨姓子，外出不归。姑矢志不嫁，奉养父母，纺绩自给。年六十六岁卒。］

何多姑［明经何述先之次女，生而颖异。父钟爱之，欲为之觅佳婿，且欲赘以为后。适有酉阳冉氏子求婚，遂定之。继而冉氏子不愿为后，述先恶之，因返其帖。厥后有议婚者，女皆不愿，以为身虽未字，一诺即百年，再诺即再嫁也。一日，潜投于江，身浮而不沉，流一里许，舟人见而救之，其母引之归，自是不复言死，终日谈笑，从不作一愁态，家人亦不觉其有死心也。隔一月，忽投江而死。家人寻踪至江，见岸头足迹沙崩草拂，若野马奔驰状，金石之心不知其如何激烈也！越四日，有蔺姓者见其尸出平西坝，面貌如生。报之父母，旋流至丰都。舟人往救之，舟将近而尸忽沉。如是者三，终不欲令父母见。平日告姊言："吾异日必以长江为死所。"卒能践之。明经冯懋柱著有《烈女传》。］

王么姑［父早殁，事母孝。年十五，巨猾蔺畏三阳谋而阴图之，母不可。强委禽焉，力却之。蔺怒以鸣官恐吓，女服毒死。既葬，蔺犹意其诈也，必掘棺验视乃信，因成讼。女棺露停檐下两月，经盛暑不变；蔺鬼蜮关说，官竟予薄责释之。噫，季世失刑漏网者，可胜叹哉！]

李寅生 [李举纲女。发逆之乱，随祖母王氏避崔家崖。贼追及，执祖母手坚不解，贼以刀槌手曰："不解杀汝矣。"女持益急，贼力解，掉而去。女号，望祖母曰："我可去否？"祖母曰："我亦不知可去否也。"贼拥之走里许，乘间投崖，凡坠三层，折齿伤臂不死。贼复驱之，女怒曰："吾死不从汝矣。"贼怒，遂杀之。时同治元年三月也，女年十四。]

孙孔氏 [孙宗义之妻，性最烈。滇匪周蹁子至鹤游坪，遇宗义虏之，氏挺身与贼斗。贼以刀穿其颈，氏斗愈力，卒脱宗义。氏创亦旋愈，寿九十六卒。]

黎孔氏 [黎克璧妻，孔广怀女。适黎数年而克璧卒，母家以氏青年拟改醮，氏闻之服毒而死。]

徐孝贞 [农民徐大顺女，性贞烈，知大义。大顺为奸谋误受尹福臣之聘。娶有日，始知福臣已先为其子登科聘定张映瑷之孙女，凭媒索还红庚。福臣不许，必欲强娶。孝贞知事急切不能解，迎者未至饮毒死。大顺无力报官，后福臣又强聘戴焕章之女，敢以阻拦，悬婚讼三事遂同发。知州王宫午怜其死，为作《烈女徐孝贞墓表》。]

冉王氏 [康熙四十一年夫仲道外出，邻恶况荣谦破扉欲污之，不从。胁以斧，骂益厉，荣谦怒斧劈之，五日殒。事闻，旌表建坊，荣谦伏诛。]

官杨氏、官张氏 [杨氏官有本妻，张氏官有庆妻，兄弟力农在外。恶少陈大用、陈大洪欸入其室，调奸不从，逼勒用强。两妇诟骂益急，大用、大洪臂搂之。事闻，旌表建坊青铜溪，大用、大洪伏法。]

邝张氏 [同治元年周逆窜珍溪镇，夫崇林遇害。翁姑逼再醮，自缢死。]

曹王氏 [曹文奇妻。恶少周怀仁调谑之，羞忿自缢死。]

张文氏 [张相臣妻。拒奸不从，羞忿自缢死。]

刘白氏 [刘廷俸妻。于归四年，夫卒。时岁饥，斗米二千钱，家无宿粮，无肯为役者，氏拮掘负土成茔。逾年，姑谕令再醮不从，阴与媒约强嫁之，氏闻自缢。]

许戴氏 [年二十夫国赞远出不归，讹传已死。姑令再醮，氏誓死以待。迫之，投江死。]

吴刘氏 [刘寿山女。适吴士贞节甫三日，发逆之乱避贼南岸浦。士贞母子为贼掳，氏号泣请代，贼并执之。夫妇骂贼，不屈死。]

詹周氏［随父廷承宦皖，适宣城举人詹霖。咸丰三年，发逆踞金陵，分党四出。氏谓詹曰："管家圩要隘，贼若破此，一邑无噍类矣。亟宜慕勇防守，妾愿倾奁资抚战士。"詹从之，数败贼。贼怒，悉锐攻破之。詹战死，氏抱幼子投井死。事闻，旌表。］

胡朱氏［监生朱倚江女，年十七适胡登顺，逾年生子。石逆至，避洞中。贼烟薰①，众欲降，氏曰："降未必生，且男子不过一死，女子恐求死不得矣。"众竟降。贼入携氏，氏拖其子咬贼手释，急出投崖触石，不死；扑火中，又不死；奔赴池中，乃死。十余日面如生，子犹在抱。］

汪刘氏［刘万有女，汪烺妻。石逆寇涪，氏携子女避贼盐井沟。搜出，氏绐以愿从将军至营，贼信之，令前行。氏稔前途有池，促家人走。既至前，推两女入水，身从之。一家同死者十七人。］

刘王氏［刘在朝妻，死时年二十二。石逆之乱，氏偕邻妇避山中，遇贼拥之行至谭家坝，见路旁一坑，腾身跃入死。后二十余日，邻妇归，言其事。起殓，颜如生。］

李陈氏［陈象九女，李正廷妻，新寡。石逆至，恐受污，遥望贼帜，缢其女，乃自缢。姑及嫂同缢，惜姑与嫂名氏不传。］

以上贞孝贞烈。

除上列各传而外，更有死难同者同为不朽，谨将烈女、烈妇分类列后。

烈女死难同者

胡长姑　赵小姑　程三姑　谭姑　游么姑　唐二姑　黎大姑　夏姑　马长姑　蒲姑　冯小姑　尹长姑　熊大姑　彭姑　黄二姑　袁姑　孔小姑　鞠大姑　柴姑　白小姑　文小姑　尹大姑　郑姑　况高姑［以上二十四烈女系嘉庆四、五两年教匪之乱被贼执不屈死者］

熊铁匠女金定　雷正顺女三姑　冯洪泰女长姑　滕传经女福英　萧洪顺女二姑　吕大存女大姑　张秀德女大姑　何在文女寅姑　胡万太女接弟　易辅臣女桂英　廖品三女招姑　李俊峰女寅姑　魏顺芳女长姑　张文华女大姑　张文华女二姑　戴宽栋女长姑　戴宽栋女么姑　申洪顺女银秀　傅福顺女金姑　左世位女大姑　左世位女细姑　王聘立女年姑　王辅极女二姑　杨兴顺女大姑　杨兴顺女二

---

①　烟薰：即"烟熏"，薰同"熏"。

姑　刘照然女大姑　张大常女群英　杨兴顺女三姑　刘启仁女招姑　张大纲女兰英　妮普顺徒通受　妮昭成徒通达　妮昭成徒通莲　刘启祥女月英　刘大江女大姑　刘大江女二姑　宋仕贵女春来　徐洪春女金来　宋仕贵女辛来　宋启仁女存姑　杨焕成女么姑　戴义益女寿英　徐继元女月英　杨惠然女月英　戴义益女寿姑　张大德女引弟　夏圣恭女秋姑　雷长顺女二姑　冯洪顺女二姑　冯洪顺女大姑　刘启祥女兰英 [以上五十一烈女，系咸同间滇发之乱遇贼不屈（被杀）死者。]

　　卢光泽女二姑　万家春女大姑 [以上二烈女，系滇发之乱惧辱（投崖）死者。]

　　周盛钊女四姑　周盛兰女寅弟　傅世华女傅姑　周盛钊女五姑　周盛兰女二姑　夏三缄女三姑 [以上六烈女，系滇发之乱惧辱（自缢）死者。]

　　赵克成女二姑　余宗鹏女冬月　高晴江女大姑　赵克成女四姑　冉文诰女大姑　高正墍女二姑　卢凤姑　萧大姑　徐来弟 [以上九烈女，系滇发之乱惧辱（服毒）死者。]

　　张成彩女二姑　廖成章女廖姑　黎德言女二姑　张文荣女大姑　黎德言女大姑　黎德言女三姑　萧仁和女二姑　卢东阳女福姑　卢炳然女玉姑　梅芳兰女接弟　卢文光女接弟　田同女酉姑　田书女田姑　张曰钰女佑姑　田庆远女么姑　李品斋女寿喜　勾德贵女大姑　田庆远女细姑　田庆远女接弟　吴成瑛女三姑　刘海涛女大姑　潘东山女潘姑 [以上二十二烈女，系滇发之乱惧辱（投水）死者。]

　　江兴政女二姑　何在邦女世英　易辅杞女金莲　游成名女二姑　黄亨女银桂 [以上五烈女，系滇发之乱惧辱（自刎）死者。]

烈妇死难同者

夏汉妻乐氏　钟为梅妻黄氏　周之荣妻唐氏　夏启聪妻王氏　夏宗儒妻刘氏　喻宗妻黎氏　喻文谟妻李氏　席元音妻冯氏　伍万祥妻李氏　夏廷权妻宋氏　席廷秀妻夏氏　贺广宗妻范氏　张效载妻傅氏　张仪载妻周氏　夏李氏　萧秦氏　钱冯氏　况李氏　周高氏　刘萧氏　罗袁氏　戴魏氏　夏韩氏　谭何氏　蒋王氏　萧夏氏　杨张氏　徐杨氏　谭余氏　余陶氏　汪熊氏　瞿陈氏　包郭氏　余邹氏　萧谢氏　朱王氏　张孙氏　游李氏　吴柴氏　徐薛氏　陈梁氏　彭何氏　鞠黄氏 [以上四十三烈妇，系嘉庆四、五两年教匪之乱遇贼不辱死者]

　　洪廷扬妻杨氏 [以上一人，系避乱遇贼不屈（扑火）死者。]

谭兴植妻鲜氏　　徐□□妻熊氏［以上二烈妇，系避乱（投秽）死者。］

萧经文妻李氏　　彭贵保妻李氏　　秦瑞银妻张氏　　杨在友妻傅氏　　郑安银妻周氏　　章登有妻袁氏　　蒋立成妻路氏　　蔺远升妻傅氏　　王金魁妻熊氏　　梅昌五妻吴氏　　滕传义妻傅氏　　熊照山妻魏氏　　邹恒丰妻王氏　　赵明申妻张氏　　刘万荣妻朱氏　　胡□□妻郭氏　　朱大贵妻谢氏　　熊元妻贺氏　　陈光冕妻熊氏　　刘玉树妻王氏　　傅长兴妻张氏　　萧洪顺妻李氏　　张保之妻邓氏　　雷集能妻黎氏　　谢五福妻王氏　　郭月武妻傅氏　　左仕位妻张氏　　何玉祥妻张氏　　李仕林妻彭氏　　黄志才妻刘氏　　李其昌妻王氏　　胡登顺妻朱氏　　李仕松妻覃氏　　雷应明妻冯氏　　周帝顺妻左氏　　王琁妻汪氏　　萧见祖妻黄氏　　杨耀宗妻陈氏　　程富德妻何氏　　吴郁文妻彭氏　　张兴林妻李氏　　袁尚明妻庞氏　　钟山岚妻常氏　　何上安妻章氏　　萧际昌妻梁氏　　萧金意妻李氏　　吴正发妻秦氏　　贺宗禄妻彭氏　　李仕德妻况氏　　李东妻樊氏　　吴宝香妻张氏　　何仕洋妻梁氏　　魏顺芳妻郭氏　　李占鳌妻高氏　　陈和顺妻何氏　　张在谟妻蔺氏　　蔺永恬妻傅氏　　刘廷均妻张氏　　彭兴发妻舒氏　　刘显明妻徐氏　　张月明妻杜氏　　刘有受妻文氏　　周文明妻夏氏　　周云峰妻邹氏　　周文光妻张氏　　彭维万妻金氏　　蔺仕奎妻勾氏　　张恒安妻覃氏　　常连芳妻李氏　　熊光明妻梁氏　　江明妻夏氏　　万世珍妻蔺氏　　潘恒丰妻傅氏　　卢大陞妻梅氏　　王朝玉妻郑氏　　江焕堂妻万氏　　王纯一妻吴氏　　卢治国妻余氏　　王员一妻周氏　　邓懋华妻勾氏　　王朝怀妻吴氏　　王辅一妻万氏　　王明一妻周氏　　蒲元昌妻卢氏　　任太顺妻李氏　　余朝仲妻胡氏　　周德元妻萧氏　　王辅极妻李氏　　胡镜涵妻郭氏　　袁常美妻夏氏　　王在仁妻蔺氏　　张大纲妻王氏　　杨在有妻金氏　　彭光富妻张氏　　周本宗妻赵氏　　樊锦章妻王氏　　冉祯祥妻王氏　　何焕章妻杨氏　　何大发妻陈氏　　王聘一妻蔺氏　　易辅镜妻何氏　　李炳南妻萧氏　　何寿山妻伍氏　　刘启仁妻陈氏　　刘启祥妻杨氏　　勾春荣妻邓氏　　刘荣级妻戴氏　　杨告五妻谢氏　　刘大德妻王氏　　徐荣卿妻王氏　　宋永由妻郭氏　　陈富先妻盛氏　　张伯顺妻祝氏　　徐洪春妻章氏　　易辅礼妻张氏　　徐书圃妻张氏　　罗尚学妻姚氏　　宋仕贵妻张氏　　易辅仕妻刘氏　　陈兴俸妻刘氏　　易虞廷妻何氏　　张大仲妻龙氏　　张平山妻刘氏　　张怀山妻秦氏　　罗惠然妻杨氏　　杜绅田妻王氏　　宋嘉言妻田氏　　翁洪玉妻罗氏　　田兴银妻宋氏　　张太德妻罗氏　　张兴洪妻曾氏　　张大明妻贾氏　　孙汝楼妻王氏　　李兴悸妻叶氏　　刘焕然妻唐氏　　张兴仁妻蒋氏　　田兴怀妻姚氏　　张达三妻田氏　　余长鉴妻周氏

氏　龚德芳妻张氏　陈贵生妻王氏　刘才遗妻蒲氏　王义元妻张氏　陈元楚妻曾氏　祝儒纲妻蒋氏　周文河妻田氏　蔺远陞妻傅氏　张天林妻祝氏　胡辉匠妻郭氏　邓安银妻勾氏　卢曰璜妻余氏　吴士贞妻刘氏　戴文德妻陈氏　蔺远浩妻傅氏　李瑛妻赵氏　唐天遂妻罗氏　刘明恪妻张氏　张怀位妻杨氏　唐天福妻王氏　陈兴仁妻戴氏　胡斗峰妻戴氏　刘明达妻杨氏　陶大伦妻刘氏　李兴隆妻黄氏　张荣吉妻何氏　蓝有林妻祝氏　黄世杰妻陈氏　戴义益妻田氏　项忠元妻戴氏　郭学海妻傅氏　陈普忠妻莫氏　潘正福妻项氏〔以上一百七十二烈妇，系滇发之乱不屈（被杀）死者。〕

　　邹世本妻冯氏　汪汉法妻沈氏　黎三元妻刘氏　傅正荣妻刘氏　卢双和妻余氏　万世福妻李氏　卢光泽妻余氏　傅世祥妻陈氏　傅家兴妻陈氏　尤成名妻王氏　尤明贵妻符氏　许国顺妻秦氏　李丰顺妻彭氏　程国坤妻高氏　王德寿妻郭氏　杨理之妻戴氏　卢世兴妻李氏　杨应榜妻邹氏　张世爵妻杨氏　杨应奇妻戴氏　傅世华妻陈氏　傅家荣妻陈氏　向廷举妻孙氏　万治成妻向氏　廖福应妻杨氏　高大成妻成氏　郭正荣妻骆氏〔以上二十七烈妇，系滇发之乱[1]遇贼不屈投崖死者。〕

　　冉光荣妻孙氏　傅世华妻李氏　李向林妻王氏　李万发妻夏氏　余朝相妻胡氏　杨光远妻汪氏　陶辅臣妻陈氏　周廷楫妻徐氏　邓奇合妻廖氏　卢广元妻李氏　邓相国妻蒋氏　杨光海妻孙氏　陈翠山妻龙氏　蔺仕奎妻勾氏　杨义盛妻孙氏　陈元林妻龙氏　蔺江沛妻卢氏　孙仕伦妻秦氏　申行友妻黄氏　傅炳妻李氏　杨明盛妻赵氏　李□□妻雷氏〔以上二十二烈妇，系滇发之乱惧辱（自缢）死者。〕

　　卢万盛妻万氏　江思义妻王氏　简正纲妻王氏　闵志道妻王氏　蒲江溶妻卢氏　卢日锐妻余氏　吴成瑛妻蒋氏　卢文英妻郑氏　郭月武妻傅氏　陈昌崇妻莫氏　周仕和妻张氏　邹世官妻王氏　张家瑞妻刘氏　王朝金妻朱氏　吴成焕妻张氏　潘仁甫妻项氏　申洪顺妻黄氏　卢秀夫妻郑氏　罗文龙妻陈氏　游晴川妻程氏　陈文灿妻夏氏　陈宗银妻张氏　傅文章妻张氏　游宗礼妻夏氏　陈治海妻余氏　罗兴发妻谭氏　廖道行妻张氏　张文星妻吴氏　黎效恒妻廖氏　陈洲妻张氏　陈宗纯妻胡氏　廖德旬妻舒氏　谭德郁妻张氏　谭效炯妻张氏　陈文材妻秦氏　黎喜妻徐氏　黎正起妻朱

---

　　① 滇发之乱：原志初误"滇"为"填"，在部首"土"上同色加印有"氵"以示改正，但痕迹不甚明显。此处校改亦见《刊误表》。

氏　吴同兴妻杨氏　陈文朝妻张氏　陈祥远妻谯氏　陈宗玉妻张氏　杨八妻张氏　陈文光妻吴氏　余玉衡妻舒氏　傅天淮妻舒氏　余景武妻冯氏　龚廷槐妻汪氏　云正祥妻龚氏　余维城妻张氏　胡万泰妻魏氏　卢炳然妻徐氏　张模妻刘氏　周泽明妻文氏　罗景洪妻卢氏　杨廷芳妻汪氏　汪文彩妻刘氏　徐照然妻梅氏　罗贤章妻张氏　廖荣纲妻游氏　龚德芳妻张氏　赵殿扬妻廖氏　何有光妻吴氏　姚大有妻洪氏　任成章妻张氏　李天佑妻田氏　田书妻陈氏　周正德母陈氏　李君先妻田氏　李时昌妻叶氏　周正德妻李氏　覃允寿妻何氏　田凤鸣妻陈氏　卢曰铣妻余氏　卢文英妻郑氏　王笃烈妻李氏　吴成瑛妻蒋氏　张桂林妻吴氏　郎守成妻周氏　卢世泽妻刘氏　罗长青妻马氏　杨介臣妻申氏　罗长泰妻秦氏　梁辅臣妻周氏　潘东山妻傅氏　廖清泉妻杨氏　田庆远妻钟氏　郭万珊妻骆氏　廖仕琴妻罗氏　周大成妻洪氏　胡必达妻符氏　许天才妻唐氏　易之才妻张氏　周衡妾赵氏　张正本妻龚氏　刘朝臣妻张氏　卢元性妻龚氏　苏宗荣妻蒲氏　谭□□妻鲜氏　滕□□妻杨氏　简正纲妻张氏　杨□□妻李氏　游□□妻陈氏　颜□□妻何氏　胡□□妻魏氏　余□□妻黎氏　闵□□妻王氏 [以上一百零六烈妇，系滇发之乱惧污辱（投水）死者。]

汪兴政妻谭氏　勾德贵妻李氏　刘文焕妻徐氏　余天银妻刘氏　刘元福妻杨氏　李逢春妻许氏　李光锡妻王氏　卢仕栋妻李氏　廖三元妻胡氏 [以上九烈妇，系滇发之乱惧辱（自刎）死者。]

赵克臣妻刘氏　余九皋妻汪氏　邬光钦妻陶氏　余宗鹏妻黎氏　邬世钦妻汪氏　邬光礼妻杨氏　万何氏　李王氏　刘徐氏　吴彭氏　卢徐氏　周洪氏　刘杨氏　何张氏　余刘氏　周文氏 [以上十六烈妇，系滇发之乱惧辱（服毒）死者。]

梅节弟　闵王氏　陈莫氏　潘项氏　熊金定　滕傅氏　简张氏　郭傅氏　申黄氏 [以上九人，系咸丰辛酉八月粤匪入羊角碛，惧辱殉节死者。]

论曰：女以贞传，妇以节显，甚至迫而出于烈，其遇亦大不幸矣！或仓卒捐躯，或从容赴义，一弱女子以不可夺之志，与日月争光。其时读书识字者十无一二也，女德之醇如此。号"学人"而荡检逾闲 ①，何哉？

---

①　荡检逾闲：谓行为放荡，不守礼法。

方伎（附仙释）［《陈志》序云：圣贤谓仙释怪诞不经，摈而勿问。然贾岛初为道士，力学登第；程灏出入释道，卒为大儒。盖以佛氏之"三归"，即君子之"三畏"也；空门之"五戒"，即儒道之"五常"①也。名虽异而义则同，乌可略欤！］

史迁传扁鹊、仓公、龟策、日者，盖小道必有可观，精研之，皆足以名世。然艺始于数，人尊东来法，而我反成绝学，惜哉！附入桑门羽客②，盖沿晋唐书例云。

（清）周俨［举人，入祀忠义孝友祠，事详前传。本不以方伎之学重，然于堪舆家言，实有神悟，应验如响，至今崇拜不衰。虽其绪余，足以名世。不以孝掩极至之诣，故仍著之。］

邹棍［字敬轩，庠生。于岐黄之学，独多心得。所处方剂，莫不奇效。著有《医案》一书，惜散失不传。］

施晟［字克昌，博通星象、堪舆之学。尤邃于医理，以施诊济人不受资。知州李炘有老亲病殆，闻其名延治得愈，自书"神乎其技"匾额以赠。］

潘廷彦［字醒园，鸣谦季子，州名士也，书画品格俱高。生于析产之后，两同母兄各千石，醒园仅得养膳。所遗四百石，母周孀人命两兄各补以二百石，醒园不受。官训导，不取重贽，于新生贫者或赠以衣冠。生子连天，妻成氏，有三女，卖田遣嫁，坐是中落。以医为生，能得法外意，名重一时。手书四五册论生理学，不知是否自撰，为张贡林③所得。］

施承勋［字焕堂，晟曾孙。因善病，就先人遗书研究医道，又受业潘醒园，得传其学以济世，亦不取资财。尝谓："医者意也。凡诊一病，以精意消息之，如振衣必挈其领，不枝节而为。"故全活甚多。］

方中矩［字璇圃，附贡生，能敦品，直质不苟。通医术，处方不泥于古而咸具古法，

---

① "三归""五戒""三畏""五常"等："三归"即佛教的"三归（皈）依"，指以佛为师、以法为药、以僧为友，皈依佛、法、僧三宝。"五戒"是佛教徒应持守的五项戒律：不杀生、不偷盗、不邪淫、不妄语、不饮酒。"三畏"：尹焞在北岩所居"三畏斋"以此得名，语出《论语·季氏》"君子有三畏：畏天命，畏大人，畏圣人之言。""五常"指儒家所提倡的人与人之间的五种道德规范：仁、义、礼、智、信。

② 桑门羽客："桑门"为"沙门"的异译，指佛教僧侣。"羽客"：道士。《楚辞·远游》"仍羽人于丹丘兮，留不死之旧乡"王逸注："《山海经》言有羽人之国，不死之民。或曰人得道，身生羽毛也。"

③ 张贡林：下作"张贡琳"。

于贫乏就诊者不取一钱，所活不可数计。]

张贡琳[武生。其兄明轩孝廉设帐，潘醒园之子往肄业，问知有手书秘本，借阅不还，遂以医得名。亦能多活人。]

覃绥丞[字能静，邑庠生覃光銮之父也。弱冠受业于张贡琳，专习经方，刻苦研究十余年，四十以来即闻名于时。无论贫富贵贱，不计报酬，即下至乞丐，亦必一体诊治，活人无算。著有《医学心传》一书，并捐资建致远场明善堂义学一所，寿六十六无疾而终。]

（北魏）尔朱仙[名通微，道号"归元子"，乃魏尔朱荣族弟。见荣不轨，弃家隐去，遇普庵大士得道。唐僖懿昭间游成都，于江滨取白石投水，众莫测。后至合州，卖丹于市，一粒卖十二万。太守欲买，曰："太守金多，非百二十万不可。"太守恶其反覆，盛以竹笼弃诸江。至涪州，白石渔者得之。因索酒与之剧饮，取丹分饵，同至荔枝园仙去。（《神仙通鉴》）]

（唐）蓝冲虚[州人，居祖师观。神龙乙巳秋，一夕乘云仙升。《通志》作兰冲虚。]

白石鱼人[姓名佚。少好道术，僖宗时遇尔朱仙于江中流。既登舟，仙与语曰："吾师云遇三都白石乃仙去，此其地耶？视子类有道者，亦有所得乎？"曰："昔从海上仙人受三一之旨，炼阳修阴有年矣。"剧饮分丹，后随飞升去。按：白石江，即今之白鹤梁是也。]

王帽仙[傝居天庆宫，出入阛阓①为人修敝冠，号"王帽子"。一夕解尸去，道士葬之。月余，自果山遗书致谢。]

（宋）无相[州人。尝渡江无舟楫，则置钵水面曰："汝可自渡已②。"乃取蕉叶浮水，舟舟达岸。钵亦随至。（《神仙传》）]

（元）宝崖[州人，幼寡言笑。弃家为僧，以布裹指烧之，曰："信佛如此，可也。"人以为癫，问何不治。答曰："心且空耳，肢体复何有耶？"投火灭身而心不毁。]

（明）萧公[江西淦县人，只身寓李渡拯溺，多著灵迹。时值岁除，镇中数十召公饮，同时皆至。群异之，遂去。先是，公出囊金购地数亩，而焚券于石。去后，镇人立庙，

---

① 阛阓：集市。
② 已：同"矣"。

攻基起石，得所焚券墨渖犹新。施闰章《江西萧公庙碑》：讳天任，广颡修髯，蚤通神术。尝瞑目端坐①，良久乃醒。问之，曰：吾救某处覆舟矣。岁时乡人召饮，异地同时，处处在坐。甘胤虬《神迹纪》：潇然物外，为江湖游。巴蜀荆楚，最其游神地也。曾鼎《新淦庙碑》：永乐乙酉，啖白石坐而瞑。后乡人商游者，往往于川湖江淮间见之。]

篆水 [博综《内典》，讲《楞严经》于青莲寺有雨花之瑞。崇祯间坐化时莲香馥郁，数日不绝。]

林端 [号虚泉，万历时人，涪陵名家子。就外傅，有黄冠相随，父母问其人，不答。尝携囊入人家，随手挂空间则着；与食则食不与，探囊中，酒食悉具，馨香满室，拉主人共酌，尽欢乃去。州牧过访，咄嗟备珍错。席间多苍蝇，牧曰："可驱否？"虚泉唤使者取泥一丸，捏虾蟆数头，趯趯食蝇②，余遂散。牧宿其家，池中蛙声聒耳，问曰："可驱否？"虚泉碎白纸数张方寸许，投水中，声遂止。明日视之，蛙各带纸枷③，一不能声也。然与州牧语，绝不涉幻术，惟嘱以忠君爱民、省刑薄敛，谓往日诸戏不过款客小技耳。一时缙绅乐与游，后为滇中某巨公迎去，游诸名山，不知所终。]

乌豆禅师 [成化间住白云观，不火食数十年，惟日掘生乌豆食之，严冬尝单衣赤足行雪中。山多虎患，师入山寝其穴，虎避之，日有白云蔽其上，积久不散。时刘秋佩喜其人，与之交。后坐化，体不毁，龛以石塔。]

碧峰和尚 [栖龙洞寺，能前知。文御史微时读寺中，历试皆验。一日与文坐，忽大喝，既而曰："公仆持饷自家来，途遇虎，我为公逐之。"文不信。顷家人至，匦桉④皆碎。询之，果值虎暴，雷击之遁。文与弟攻苦，僧尝曰："伯子当贵显，惜不寿；仲子虽止明经，却以耄耋终。"后果然。圆寂日，以火葬，烈焰中见其冉冉蹑云去。]

清虚羽客袁棨 [有道术。岁旱，居民祷雨不应，棨设坛书符，雨立沛。年百岁，颜如少年。忽一日化去，邻人成大阜葬之，实空棺也。墓前晒经石镌"万历丙戌仲冬书"，字体飘逸，有凌云气。]

---

① 尝瞑目端坐：原志误"尝"为"昔"，据《刊误表》改。

② 趯（tì）趯食蝇：原志"趯趯"作"趯趯"，据《刊误表》改。趯趯：跳跃的样子，出《诗·召南·草虫》："喓喓草虫，趯趯阜螽。"趯：《广韵·锡韵》："趯，跳貌。"

③ 蛙各带纸枷："带"字或应作"戴"。

④ 匦桉：同治《重修涪州志》卷十二《人物志·方技》同，疑"匦"为"屈"误，应作"屈案"。

（清）果园和尚［居武隆福寿寺，终日诵经。夜则以布裹中指，油渍然之[1]，诵毕，指如故。或诘之，不应。乾隆十年化去。］

樵道人［住西城桓山，得辟谷术。尝画月石壁间，晦朔弦望合太阴象。后不知所终。］

清真和尚［年三十祝发为僧，夏不扇，冬不炉不巾不袜。五十后圆寂于灵泉山。］

昌睿和尚［佛法淹通，建天宝寺于涪州白象山，殿宇七重，为州属大丛林。常讲经于蓉城，为总督丁文诚及名士顾复初所赏识，年七十余坐脱于峨眉山金顶寺。道德，其第八弟子也。］

道德和尚［字佛源，住天宝寺，博淹经典，湛深佛理。尝遍游名山大川，所至讲佛法，听者恒数千人，虽名流硕士亦为倾倒。笺注佛经多种刊行于世。］

觉超和尚［羊角碛人，好读书，善拳勇。咸丰辛酉，发逆经羊角碛，和尚值二贼，徒手毙之。贼百余蜂至，和尚转斗，堕数贼于岩下，力疲毁死。］

云中鹤［宣统间，有服道士服者来居安澜桥之观音寺，自号云中鹤，非学人不与语。尝赋诗以自娱，有诗云：“长堤宛转路西东，细细泉声淡淡风。牛背儿童归去晚，夕阳低衬酒旗红。”及辛亥政变后，飘然不知所往云。］

论曰：“十室之邑，必有忠信。”[2]涪虽偏远，山川之钟毓、官师之教化、豪杰之观感奋兴，非异域遐荒之比；乃自季汉置郡，历晋唐数百年间，考诸历史著籍者，少所概见，何哉？至宋中叶谯子定衍程门之传，史与邵雍均列诸“隐逸”，后人置雍“道学”而定于“程氏门人”，不以类从。然则数百年之史，亦偏有厚薄欤？抑或如《唐书·文艺》，韦应物、沈亚之诸人，史逸其行，故弗得述，而并姓字佚之。读司马迁《伯夷列传》：闾巷之人，不附青云之士，宜行名难施于后世也。自谯子以后，代有隽人而近在乾嘉者，前志列传寥寥；今则道咸诸先达，家族子孙罕能详言仕履。其不幸，与韦沈何以异？

涪陵县续修涪州志卷十七终

----

① 油渍然之：然同“燃”。

② 十室之邑，必有忠信：语出《论语·公冶长》。

涪陵县续修涪州志卷十八

食货志 [《陈志》无]

蜀沃野千里，古称天府之国。盖地不爱宝[①]，山所蕴藏，泉所涌溢，林所化生，物产丰赡，为人民衣食之源，仰事俯畜资生之具，通功易事[②]以养欲，给求固绰有余裕也。"货恶其弃于地[③]"。涪则出于山者，煤、矿间开采，他无闻焉；出于泉者，旧有盐井，今久废，瀑布无所用之；出于林者，无蜡、山丝、橡胶、银耳、竹荪之属，有桑而蚕业未兴，愚民种犯害之物，反荒本务，亦虚负此沃野矣。中兴以来，市惟舶来品，开奢侈之风，并夺妇女纺织之利。史迁引《周书》曰："农不出则乏其食，工不出则乏其事，商不出则三宝绝，虞不出则财匮少。"[④]窃为吾涪惧，而述八政[⑤]所先者。

---

① 地不爱宝：语出《礼记·礼运》："故天不爱其道，地不爱其宝，人不爱其情。"谓大地不吝啬它的宝藏。爱：吝惜、隐藏。

② 通功易事：拿多余的换没有的。比喻分工合作，互通有无。

③ 货恶其弃于地：出《礼记·礼运》"大道之行也，天下为公。……货恶其弃于地也，不必藏于己；力恶其不出于身也，不必为己。"

④ "史迁引《周书》"句：引文出自《史记·货殖列传序》，谓农民不生产粮食则会食物匮乏，工匠不生产器物则劳动与生活都将陷于困厄，商人不做买卖则"三宝"无法流通，掌管山林水泽、苑囿田猎的"虞人"不开发利用资源就会财富匮乏。由于引文并不见于今本《周书》(《逸周书》)，无法核实，故从逻辑上普遍认为：司马迁的引用中第三句和第四句顺序颠倒，所谓"三宝"应该就是上文中提到的农所出"食"、工所出的"事"和虞所出的"财"，而只有有了商，三者才可以流通于天下。

⑤ 八政：古代国家施政的八个方面。《尚书·洪范》八政："一曰食（粮食），二曰货（财政），三曰祀（祭祀），四曰司空（水土工程），五曰司徒（教育），六曰司寇（盗贼捕审），七曰宾（礼仪），八曰师（军事）。"

　　厚生在足民，利用在通财，既富方谷，治之序也。夫"天下大利必归农"①，一树百获，昔人称为"本"。富商贾，逐末者耳。顾太史公曰："用贫求富，农不如工，工不如商。"盖农之利一，商之利十，良工五之，中贾三之，天下之势久变矣。涪自南北坪外，山多田少土确瘠，秋成视沃壤仅及其半。富人岁收谷市斗至三千石者，计资不过十万，乾嘉前无闻焉；道咸以来，南坪陈氏，北坪何氏，蔺市孟氏，李渡徐氏，清溪冉氏，琛溪余氏，可指数也。山地饶红薯、蜀薯 [俗名红苕包谷]，足供半岁食。米豆载运至宜、沙，名"陆陈行"②，闻徐氏致富由此，余氏亦用此成业，陈、何、孟以居积，冉最后用罂粟得利独多，累至数十万金。今诸氏以分析，稍替于前。然 [予] 见昔之服先畴，岁可收二三十石者，疾为而啬用，八口足以温饱。即佃田以耕，半供租半自养，无冻馁忧。虽无钜富，而几于家给人足，孔子所谓"均无贫"③ 也，今能有此景象耶？商之利，盐较丰。州计商三，皆陕人张氏承充，逾百年。邑人有盐引不得自运，租于计商取息，岁十金。丁文诚改官运商销，一引岁给银一两而引商贫，计商亦困。一家辞岸，州人醵资承之，反耗母金，独黔人吴氏行边岸颇赢利，而徐氏行邻水计盐亦折阅，是涪只受盐之害而已。同治中，海禁开，洋货充轫，纱布糖油入中国沿江上溯，土物不能抵制，利溢于外。惟罂粟用抵印度土，岁入数百万，竞趋之。而两湖、江西、广东商汇银至川东收买，以涪为聚处，川、黔土多在涪成庄。大吏移土厘总局于涪，以道员督理，税收每年数十万两。客商粤人、湘人、鄂人、赣人大获以去，惟冉氏足与埒，其他罕至十万者。漆、麻、桐油、五棓运至汉、沪为洋装，不能自越重瀛。近邱氏贩榨菜至上海，行销及海外④，乡间多种之，居其业者研究制法可冀畅行，然亦微矣工素窳。光绪末，设劝工局，未见成效。国家设劝业道，不知尽力沟洫，讲求土宜物性、种植之方，

---

　　① 天下大利必归农：出清代湖广总督张之洞联语："凡民俊秀皆入学，天下大利必归农"，表达对振兴农业的期待。

　　② 陆陈行：经营稻、麦、玉米、豆、芝麻、杂粮等粮食买卖的商行，因西汉陆贾、陈平曾任主管朝廷粮食征集、平籴工作的官员而得名。

　　③ 均无贫：出《论语·季氏》"均无贫，和无寡，安无倾"。

　　④ 邱氏贩榨菜至上海，行销及海外：约在1914年邱寿安、邱翰章在上海创办"道生恒"商号前后，其主营产品为涪陵生产的"地球牌"榨菜，出口至东南亚、美国旧金山和西欧等地。涪陵地方志办公室蒲国树先生认为：从"道生恒"商号的命名以及"八卦岩"（本志卷三《疆域志三·古迹》）、"乾坝"（本志卷五《建置志·书院·书院田土》）一类地名，乃至部分方言俚语，均反映出自程颐在北岩点注《易经》之后，作为"伊洛渊源"（点易洞壁石彦恬题字）之一的涪陵在易理文化方面的流播。

乃提倡逸乐，谓为"文明""进步"。古人教稼明农旧典，渺不复存，惟备荒储蓄尚存，而仿铸银圆铜圆币制，乃悉改古法。姑即二者，以为前鉴焉。

恤谷

岁丰则敛，岁凶则散，为民储之，有备无患。邑无一年之蓄，老弱为沟瘠矣。涪备荒非不预，客军馆谷乃空杼柚薪樵，斯箱廒宇以牧虚存其籍，徐图规复。

常平谷　乾隆四十九年以前采买，共贮仓斗四万八千石。道光七年、咸丰三年及七年，先后奉文粜出三次，下实存仓斗八千四百五十七石。宣统三年仍旧数。

社谷　原额贮仓斗六千七百三十五石。咸丰十一年及同治元年，石达开围城，守城勇丁动碾之后，实存仓斗一千九百三十八石。宣统三年仍旧数。

义谷　本城、鹤游坪、武隆三处田产，岁收市斗租一百七十四石，除完粮补仓动用市斗谷四十七石，实存市斗一百二十七石，合仓斗三百六十二石。经川督奏明，涪属岁收租谷以三百七十石作为定额。咸丰五年①，奉文将道光二十八年以前义仓余谷扫数动粜。咸丰十一年，奉文粜卖义仓谷一半，并将道光二十七年以后岁收余谷悉行变卖。自咸丰十一年起，至同治七年止，共存仓斗二千八百九十六石。同治元年，滇匪踞鹤游坪，佃户失业并将仓廒烧毁，经布政司准免仓斗一百五十一石，另完粮补仓动用一百零五石，下实存仓斗二千六百四十石。以后每年收入租谷三百七十石。

附各场积谷 [按：州中自丁文诚奏饬州县积谷备荒，虽僻远小区，亦俱遵办，惟贮法未规定，大率由谷长或私家保存。官署旧案经兵燹散失，考查难详，兹记其采访所得者于左。]

长里　酒店场存谷四十八石八斗九升；马武场存谷五十九石零八升一合；铜锣场存谷二十五石一斗九升；太和场存谷四十五石；青羊场存谷二百二十四石三斗八升；凤来场存谷九十二石九斗九升三合；聚宝场存谷四十七石八斗二升；骑龙场存谷二十石零三升四合；龙潭场所属帽累石场约有积谷二百余石 [有案]；冷水关所属崇兴场约有积谷八十余石 [有案]；明家场约有积谷八十余石 [有案]。

白里　飞龙场存有谷二十二石；包家庙存谷七十石零；土主庙场十六石四斗。

---

① 咸丰五年：原志"五"字右旋侧卧。

国币①[《陈志》无]

鼓铸以剂民用，损上益下之道也。富贾许自制钞票，滥矣。财政立国之大命，而听奸人操纵我市场，币制乌得而不坏？国乌得而不贫？

州中通行币制为生银、铜钱两种。银有大宝、大锭、中锭、珠银、小块五等，大宝重四十两以至五十两，大锭八两至十两，中锭四两或五两，珠银则四五钱以至一二两不等；小块用以找补，为辅币耳。

本州银质最纯为足十成。每大银一锭，在他县兑换升水三钱有半，间有至四五钱者。州城用九八五秤较重轻，各镇乡亦不一致，至宣统时整理衡制，以九七为准，惟商场用之。买卖田房，银价尚少。

光绪末年，川省设局铸造银圆，每枚抵生银七钱二分。轻重颇准，州中渐行，使用铜之邑渐变为用银矣。

铜钱由政府铸造，每枚约重一钱，铜质良，名曰"制钱"。他处间有私铸，杂沙掺入，质劣而轻，名曰"毛钱"。每千［又曰一吊］先掺三四百、五六百，极烂时甚至一官钱领九私钱名"牌首钱"，一官钱领九十余私钱名"甲长钱"，几于裁皮糊纸。买卖货物，恒以钱色不同而价值高低悬殊。宣统初，整顿钱币，禁用毛钱，州城以九百九十文为一千［从前以九十八文为一百，每千复有底钱六文］，各镇乡多用足实四底。然后钱制一变，而是时当十铜圆已渐流入矣。

输入品

泉布，欲其流通也。枸酱邛杖之微，不胫而走，况珍物乎？涪濒江，上下游舻舳衔尾而至，供吾民不时之需。无或缺乏其物，可得而悉数焉。

服用品：本州旧有土棉，今已不种。民间衣被所需棉花，皆来自湖北。其初，州城及珍溪镇皆设花行，梁、垫、长、酆购归分售，乡村妇女多纺棉纱，机房零收织布，曰"大布"。然业之者少，供不给求，布商往往贩运于江北之洛碛，名曰"洛碛布"。自光绪中叶，外洋机器布自上海输入，又以机器制纱浸灌于长江上游，于是棉花日减，棉纱日多，花行变为棉纱铺，本州织布者便之，"洛碛布"遂渐少。

---

① 国币：原志误作"币国"，据《刊误表》改。

　　嘉道前，服饰重羽毛哔叽，与成都蜀锦、嘉定纺绸并为美观。世风日侈，苏杭绸缎洋溢市廛，乡居者亦尚华丽。至光绪季年，各国毛织物、麻织物、丝棉织物名目繁多，花样新奇，市场争购之，远非昔日朴陋比矣。

　　食品：本州输入，盐为大宗，每年约三千万斤［详见《赋课志》"盐课"目］。沿江行花盐，涪陵江行巴盐。犍为、富顺、射洪等处之引，不敷民食时，例许代销，引商利之。官运行后，其弊乃革。

　　州中筵席，肉食之外，从前只有黄花、木耳、笋干来自川南，继有海带之属。道咸间，重洋菜，称"洋菜席"，先惟城中用之，嗣遍及乡间，并金钩、海蜇等物所在多有。及光绪时，海参、鱼翅、鱼肚、鲍鱼诸珍品，视为寻常矣。

　　酒亦宴会必需之品。州中酿酒以包谷、高粱[1]，鹤游坪以稻谷，然不足用。"江津白沙"运入，销售不可数计，而上席则用渝之"仿绍"。

　　糖分冰糖、白糖、红糖三种，大率来自内江、富顺、阳县。营其业者曰"糖帮"，每年输入不可数计。

　　本州所产粮食，昔可运行湖北。自罂粟遍种，米不足用，反仰给于泸、合。银丝面贩自川北，菉豆粉以忠州拔山寺为最。

　　销耗品[2]：毛烟大烟二种，每年输入亦不赀。毛烟运自金堂、郫县，用竹杆吸之；大烟来自开县，以造丝烟［亦曰水烟］。

　　药品：本土所不产者，购自重庆药材行。其有舟载，沿江洒卖者名"边江"。名目繁多，不胜枚举。

输出品

　　日中为市，交易而退，不足者仰给于外而亦不吝所有余，自利利他，互济其穷，而各偿其欲[3]。然致富者卒鲜！堪舆家谓州城"反弓水，不贮财"[4]，理或然欤？

---

　　① 高粱：原志误作"膏粱"。

　　② 销耗品：即消耗品，销同"消"。

　　③ "日中为市"句：出《易经·系辞下》"日中为市，致天下之民，聚天下之货，交易而退，各得其所"。

　　④ 反弓水，不贮财："反弓水"指河川流经州城时形成一个弓形并且弓臂的凸面朝向城里的房屋。地理风水学认为：水主财运，因此把这种地形地势看作是散财、败财的凶兆。

属于全境之出品：鸦片，全州皆产，汉广各帮皆来设号采买，名曰"川香"，厘税为外销之大宗款；牛羊皮，各镇乡小贩收买转售，但不能成庄。

属于小江之出品：漆、麻、桔子、茶叶、桐油、桊油、葛仙米，州属羊角碛、火炉铺一带皆产之；酉属所产，亦假道运赴州城，始能换船出运。药材亦小江为多，种类不下百余，续断、天冬、苡仁、防风、厚朴、泡参、木通、栀子、巴豆等，其大宗也，不皆产自本境；然来自酉、秀、黔、彭者，亦必先集于涪，不能一一分别之也。

属于南岸之出品：州境南岸多大山，所产松油松烟为盛。商人蒐辑① 以竹篓盛之，每包约五十斤，运往重庆泸州等处，亦成庄焉。

论曰：中国图富强，与日本明治相先后耳。彼行之而效，而我适得其反，何哉？朝廷用人行政之得失，有国史在，非方志所应记注。第即吾民生计所关，已足见其大概焉。各国税则国货轻，非国货重；中国反是以亚洲陆海米粟、豆麦、薯芋、棕竹、麻枲、丝、茶、毛角、皮革、油漆、蜡、矾、碱、丹砂、五棓、煤铁、硝磺、摩尼之属，外人资以给养。及为原料者，轮运无虚日。其互市以牟利，若电化所成，若机器所制，奇丽纷华，皆中国可有可无之物；而罂粟、吗啡、枪械，伤耗我生命财产至毒。又遍设银行，行钞币吸收现金，且为我大僚寄顿赃贿渊薮，绾我利权以操纵商埠，其害仍中于国家。后起之国，祸尤烈也。涪非市场由渝汉影响及之，实受无形之宰割，可胜浩叹哉！

涪陵县续修涪州志卷十八终

---

① 蒐辑：搜集整理。蒐，同"搜"。

涪陵县续修涪州志^①卷十九

艺文志一［《陈志》序云：文以载道，文存而道即存；文以纪事，文传而事亦传。然则立诚之词，实不朽之业也。涪属名区，昔贤不少著作，乃沧海屡更，存鲁壁者十一耳。今广为采辑，编次补入，盖所以纪事功、识典藏也。他若阐发道义有禅心性，及点缀山川景物之作，亦以类附。异日者太史采纳，庶风俗妍媸于此可征，岂徒揭班马之藻艳，以焜耀艺林已哉！］

　　不朽有三，立言与德功并重。涪之耆旧，既胪陈行谊矣。其读书有得，蕴于中即发于外，或研精在蜀之易学，或踵武道将之国志^②。衍相如、子云之绪，步眉山、桂湖^③之尘虽不能逮，而佩实含华，衮然成帙，宜法刘歆《七略》，著录以存文献。顾邑乘限于方隅，岂人椠铅而家枣梨？后贤变其例，仿杨慎《全蜀艺文志》摘载篇章，义固可参也。废志好奇，阑入士人与龙女神交、幽魂冥会之唱和嗣响采兰赠芍，不敢相沿；其有流连光景、泛常酬应之作，无关宏旨，依范成大《吴郡志》、康海《武功志》旧式，分附各门。若夫刘忠愍之劾奸奄^④、陈太守之赞军略、夏户曹之表贞烈，暨诸先达修辞立诚、言之有物者，吉光片羽，人文系焉，将藉以昭法鉴，资考证，故不拘一例云。

---

① 涪州志：原志误作"涪州治"，据《刊误表》改。
② 国志：原志原印"图志"，"图"字右侧钤有朱印"国"字，据改。此校改不见于原志《刊误表》。
③ 眉山、桂湖：指代历史上著名的川籍学者、文人宋代苏轼（号东坡）和明代杨慎（号升庵）。眉山为东坡故里，桂湖在今成都市新都区，因明代状元、新都人杨升庵曾在这里沿湖遍植桂树，写有诗歌《桂湖曲送胡孝思》而得名。
④ 奸奄：指宦官。奄同"阉"。

存目［《陈志》无］

刘知几有言"强著一书，受嗤千载"，则拾牙慧，啜糟粕，不如其已。然非谓诗古文辞，皆敝帚自珍也。伊川《易传》成于注易洞，固涪之掌故，不得以假借为疑。

《涪州学记》［宋刘光祖撰。时韩侂胄①擅朝，目士大夫为伪学逆党，禁锢之。光祖撰此记，谓学之大者，明圣人之道以修其身，而世方以道为伪；小者治文章以达其志，而时方以文为病。好恶出于一时，是非定于万世云。］

《程子易传》［宋程颐撰。绍兴间，颐谪涪州，居北岩注《易》。传当时从游者有谯、尹诸子，黄山谷题曰"钩深堂"。］

《谯子易传》［宋谯定撰。《通志》程迥曰：定字天授，涪州人，尝受《易》于羌中郭载，载告以"见乃谓之象"与"拟议以成变化"之义。郭本蜀人，其学传自严君平。定尝过武侯庙观八阵图，谓必本于《易》。从伊川先生于汴，伊川贬涪，欲与同修《易》书。后许翰荐于朝，授通直郎。］

《易注》［明蔺希夔撰。重庆旧志云：无卷数。邑《陈志》：希夔字云门，博洽典雅，潜心理学，著有《易注》行世，一时向慕从游者，千里毕集；有强之仕者，曰：名教中自有乐地，何以官为？额其庐曰"万松窝"。］

《周易一说》［清况抡标撰，宗旨专重"一阳"。咸丰二年，经大府奏准，付梓行世。书中自序名"况正标著"，盖正标其派名，抡标乃榜名也。］

《丹砂一点》［明经潘颐撰。《潘氏家乘》：颐字少溪，读书金钟山董家田，置池亭水阁，教授生徒于其中。著《易经》集解一部，名曰《丹砂一点》。］

《一贯图说》［汪如汉撰。］

《孟子注》［宋晏渊撰。重庆旧志：曹学佺曰：渊字亚夫，号莲荡，晋中郎将晏靖之后，世居襄阳，后徙居蜀，家涪坪山，受学于晦庵。（案：阳恪撰《春秋夏时考正》二卷，张以宁曰：恪号以斋，蜀人，理宗三十九年为蜀举首。其父存斋之学，得之朱子高弟涪陵晏氏渊。）］

《四书启蒙》［夏铭撰。《通志》：铭官御史。《蜀人物志》：宣德庚戌进士，任御史，持宪公平，著《四书启蒙》惠后世。］

---

① 韩侂胄：南宋宋宁宗赵扩时宰相、权臣。原志误"侂"作"佗"。

《四书衡》［罗宿撰，共八册。宿字星源，增生。书稿凡数易，临终犹加改定，实能化汉、宋门户之见。］

《四书约说》［钱文炳撰。字云衢，附贡生。其书说理踏实，因文见道，多纠正程朱，独宗杨愧庵、刘芷塘两先生之说。］

《谥法一卷》［宋崔彦直撰。］

《见闻录》［刘菠撰，无卷数。］

《奏议》［刘菠撰。《通志》：菠字秋佩，涪州人，弘治进士，正德初任户科都给事中。刘瑾用事，菠首劾其奸，廷杖几毙，遣戍。后瑾败，世宗复召用，菠因杖伤未就。卒赐葬谕祭，谥忠愍，荫一子。］

《六政亿言》［陈计长撰。《通志》：涪州人，天启丁卯举人，所著《六政亿言》无卷数。］

《琉球国志略》［周煌撰。乾隆二十年，煌副侍讲全魁册封琉球中山王。还，因纂辑《琉球国志略》进呈，命武英殿排印颁行。］

《云南通志》［傅炳墀撰。炳墀仕滇，累充乡试同考官，文名藉甚，一时名下士多出其门，故邦人士礼请纂云南省《通志》。］

《地舆便览》［彭应槐撰。］

《涪州志》［明夏国孝纂修，无卷数。］

《续修涪州志》［康熙己亥刘之益纂修，无卷数。］

《续修涪州志》［康熙甲午冯懋柱编辑，无卷数。］

《续修涪州志》［乾隆乙巳陈于宣纂修，十二卷。］

《涪陵纪书录》［《碑目考》：纪伊川和靖诸贤语录。载《重庆志》。］

《少素集》［夏子云撰。旧《通志》：涪州人，嘉靖中乡荐，从赵文肃贞吉谈理学，任至衡州府同知，著《少素集》。］

《永言随笔》［何铠撰。《通志》：铠字元章，涪州人。康熙乙酉举人，官夏津县知县，有惠政。解组归，课子弟俱登贤书，著有《永言随笔》一书藏于家塾。］

《地理辨疑》［陈坚撰。《陈氏家乘》：坚字采闻，康熙戊子科举人，拣选知县，精堪舆。］

《学制拙工录》［陈廷璠撰。《陈氏家乘》：廷璠字六斋，博通经史，官广西荔浦、藤县等县知县。]

《四元通变》[陈骧瀚撰。]

《骇痴谲谈》[陈骧瀚撰。]

《医学丛钞》[邹增祜撰。]

《薏言》[邹增祜撰。]

《医学心传》[覃绥丞撰。]

《鲰生诡谈》[陈凤喈撰。]

《秋佩先生文集》[刘菠撰，无卷数。]

《何伟诗文集》[何伟撰。《通志》：伟，涪州人，万历进士，官贵州贵筑道，《诗文集》无卷数。]

《鸣鹤堂稿》[陈计长撰。《通志》：计长《鸣鹤堂稿》①无卷数。]

《芝田诗稿》[何鈇撰。《通志》：鈇字元昇，号厚溪，康熙己卯举人，官浙江鄞县知县，著有《芝田诗稿》。]

《北上集》《南游集》《皖道蝉音》《浪游小草》[陈援世撰。]

《应制集》《海东集》《豫章集》《湖海集》《蜀吟》[周煌撰。《通志》：无卷数。]

《海山诗稿》[周煌撰。应制、杂作各二册。]

《辉莘堂文集》[黄坦撰。《通志》：坦，涪州人，乾隆辛酉解元，诗文集无卷数。]

《朴园存稿》[何裕基撰。《通志》：裕基字竹田，涪州人，乾隆丙辰举人，所著《朴园存稿》无卷数。]

《诗林韶濩选》[周煌编。《通志》：煌自序略云：长州顾氏《诗林韶濩》分类选辑唐、五代、宋、元、金、明应制馆阁诸诗，于各体中不登古诗乐府，不收宫词，不取初唐沈宋苏李之作，其言曰："自布衣韦带之士主持风雅，山林之气多，廊庙之气少，穷愁之言工，欢愉之词拙。纵善比兴，娴吟咏，不过视为玩物适情之具，而不足以鼓吹休明。是集之选，诚以助《卷阿》之矢音，叶伶伦之比律者矣。"顾为试帖之学者，爱其博而苦其繁。爰是重加厘定，如其卷之数，而篇之省者，几过半焉。]

《章水唱和集》[陈永图撰。]

---

① 计长《鸣鹤堂稿》：原志误"堂"作"楼"，改。

《思及堂诗文集》［张克镇撰。］

《绿韵山庄古文》［周汝梅撰。］

《三君子堂诗文集》［石彦恬撰。傅炳墀序云：吾乡石麟士先达，以名孝廉出宰闽中，所至有声，大府以为能，将署上考。特其立品崖岸自异，不能随俗俯仰以取媚当世，故不久罢去。书法为一时冠。蚤岁似赵吴兴①，耻其格之卑也。乃取径欧虞②，直追羲献，下笔得晋人三昧，近代临池家不能过也。居恒尤耽吟咏，所著《三君子堂古今体诗》编为四集，曰学为，曰壮游，曰闽中者分为二，墀初未尝见也。然每读先生自书所作单辞只句，心窃向往之。今夏，门人刘生俊臣以乃父志，将搜辑先生遗稿寿之枣梨，挟其诗集来见，墀得受而卒读之，乃知先生壹是③取法乎上，其诗与书皆如其人之品之高，不屑与晚近俗儒沾沾然较工拙得失也。夫诗以言志，要能达性情之正，斯已耳。乃近代作者习尚繁缛，剽窃温李，组织妍丽，模范工巧，自谓得之。不知体弱声噍，适为大雅所共噱已？先生负磊落之资，具清挺之笔，乘兴抒写，摆脱凡近，胎息建安黄初而变幻离奇，不名一体。其简老质实，必泽于古，不以抱杜尊韩自矜也；铿锵戛击，得籁自天，不以分唐界宋自狭也。殆由素所蓄积，能自举其辞。刘勰谓英华出于性情，信哉！至若缋商缀羽，愈唱愈高，则以《闽中集》为最。闽居大海之滨，潮汐回薄，鱼龙叫啸，云日摩荡，蜃市神山，百怪恍惚。耳目所遇，奇矣幻矣。厥后海疆用兵，将臣失利，先生适厄于遇不获，假尺寸以自效。其无聊不平之概，忧国忧民之隐，随事感触，不能自已，故其诗沉郁顿挫，思远忧深，庶几《小雅》之遗音欤！此则游览之助为多，抑性情之激发者然也。先生自旋里后，野服萧然，往来渝、涪间，与沈意文方伯、王海楼大令、汪绳庵明经酬唱无虚日。其甥刘君九皋，俊臣父也，常欲梓其全稿。先生不欲以问世，固不许。今先生之殁已久矣，先生之书其存之者众矣，先生之政绩存诸闽海，先生之德行存诸乡里，亦彰彰矣。独先生之诗，赖刘氏父子之力以存之。墀谓先生书如其诗，诗如其人，皆法乎上者也。今刘氏能存先生之诗，并可以存先生之品于不朽也。噫！读先生之诗者，可以兴矣。］

《馥元堂诗草》［彭应柱撰。］

----

① 赵吴兴：元代著名书画家赵孟頫，吴兴（今浙江湖州）人。
② 欧虞：唐初书法家欧阳询与虞世南的并称。
③ 壹是：一概、一律、一切。

《海上吟一卷》［刘邦柄著。重庆旧志：邦柄，涪州人，嘉庆戊辰进士。］

《峡中吟诗稿》［周庄撰。］

《秋士集诗稿》［邹增吉撰。］

《绚秋山房》［陈光纶撰。］

《古艻吟馆杂说》［陈骧瀚撰。］

《竹林居集》［余仕彬撰。］

《薇云山馆杂存》［傅炳墀撰。］

《天风海水楼诗文集》［邹增祜撰。］

《磨砚斋诗集》［方正撰。］

《曾几山房诗钞》［薛可园撰。］

《味禅室诗稿》［贞女胥怀清撰。］

《思贻堂草稿》［陈梓著。］

《痴兰诗话》［陈凤喈撰。］

文征一［《陈志》名文选，序云：文章之散著，有与人心风俗政教相为维系者。故或上纪政教之休美，中述名教之幽光，下及山川景物触绪抒怀，文之所关，实非浅鲜也。今计采辑六种，曰记曰传曰序曰疏曰书曰铭，自前明以逮国朝，各以类叙，并不拘拘于人与事之前后云。］

箸录① 乡先生之文以华邑也，岂敢有所轩轾弃取！然无关于学术、风教者，又不敢不慎焉。既慎于收，则难免美而见遗。无徇无滥，亦不得已尔。

明代谕祭刘蕝文

维嘉靖四年岁次乙酉，十二月朔越祭日甲戌，皇帝遣四川等处承宣布政使司左参政刘大谟，谕祭江西按察司副使刘蕝，曰："惟尔资性方严，才猷敏达。发身甲第，列职谏垣。抗疏危言，忤于权贵。废斥既久，起任专城。直道难容，复归田里。属朕初载，奖录忠贤。再领郡符，寻迁宪臬。方兹向用，倏尔沦亡！特示恤典，赐葬与祭。式昭异数，用慰英魂。九原有知，尚其歆服。"

----

① 箸录：著录。箸通"著"。

明代谕祭夏邦谟文

嘉靖四十五年六月十五日，皇帝遣四川布政司左参议余田，谕祭致仕吏部尚书夏邦谟，曰："惟卿性质温雅，才识疏通。奋迹贤科，筮仕郎署。淮阳佐运，藩臬屡迁。遂督抚于留都，荡平海寇；旋司计于农部，俾益邦储。爰跻卿执之班，特总铨衡之柄。方隆眷注，恳乞归休。宜享寿荣，遽闻哀讣。追维往勚，良切朕怀！谕祭特颁，式昭恩恤。卿灵不昧，尚其祗承。"

国朝谕谥周煌碑文

朕维经帷著望，凤标武库之才；台宿依光，特重夏官之掌。忆耆年之入直，雅誉常垂；稽令典以饰终，褒纶载锡。尔晋赠太子太傅，原任左都御史加兵部尚书周煌，持躬祗慎，绩学淹通。初翘秀于词垣，爰升华于坊秩。虎符龙节，曾传诏令于中山；玉册金章，俾煦恩光于薄海①。勤劳既著，简拔宜加。贰秋卿而克奏平反，襄枢务而爰资铨辖。采风南土，抡才则冰鉴重持；谳事西川，衔命而星轺再莅。统百工而率属，总九伐以宣猷。南宫列桃李之英，北阙领风霜之职。每值晨趋丹禁，许控青丝；属当庆集兰陔，宠颁彩服。迨赐闲以摄疾，复谒觐而承恩。甫定归期，忽闻遗疏！赠恤而崇阶特晋，奠醊而令谥攸昭。文敷经籍之华，恭著威仪之抑。於戏！缅中枢之耆望，宠额曾题；眷遗老之音徽，丰碑是勒。丕光幽壤，庶永令名。

国朝谕祭周煌文

乾隆五十年岁次乙巳，五月己酉朔越八日丁巳，皇帝遣礼部右侍郎德明谕祭于晋赠太子太傅、原任左都卿史加兵部尚书周煌之灵，曰："中枢著绩，表清望于垂绅；内署宣勤，缅成劳于曳履。惟奉职无愆夙夜，斯饰终宜备哀荣。纶綍宣恩，几筵贲泽。尔周煌提躬恪谨，植品端方。早擢词科，预瀛洲之荣选；洊膺文柄，历槐署之清班。属海国之疏封，命持龙节；遴词臣以奉诏，往涉鲸波。鉴其忠信之诚，嘉乃猷为之懋。爰升华于讲幄，更课读夫胄筵。星使频临，递衡文于江浙；月卿洊陟，兼奏绩夫兵刑。轺车协秋谳之平，戎府畀夏官之长。每值开韶锡宴，侍丹陛以联赓；属当听钥趋朝，许紫闱之缓鞚。台有恒春之柏，领清职于风霜；庭开介寿之觞，赏殊荣于冠服。方冀长承乎渥眷，岂期忽遘夫沉疴。甫引疾以陈情，特宣纶而予告。谓摄调之可愈，何徂

---

① 薄海：逼临海边，泛指海内外广大地区。

谢之遽闻。良用轸怀，宜加赐酹阶更；隆夫晋赠，额胥涤乎因公。恤典从优，彝章备举。於戏！忆自城闉接觌，弹指而晦朔俄经；怅兹台宿韬辉，转瞬而音尘顿杳。爰摅恻忆，式享芯芬。”

陆凉观风约　傅炳墀

盖闻庠序兴贤，华国重誉髦之选[①]；轺轩问俗，采风陈太史之书。惟讲学可以化民，故书升于焉论秀[②]。滇省山川奇奥，风气淑清，金马碧鸡灵钟往哲，华山洱海秀毓熙朝。历稽志乘之传，代见贤豪之出，有光载籍，无事表扬。陆凉，乃彦甸名乡，卤昌旧部。龙颜碑古，访西晋之名题；牛首山高，挹南离之瑞气。问马经之门第，故址犹存；谈皇甫之巍科，遗风未艾。虽萧条城郭，历兵戈者十余年；而濡染诗书，沐教泽者二百载。耆宿不无凋谢，英才当又挺生。本署州巴国诸生，蜀都末学。曾分荣于蕊榜，寻春杏苑琼林；忝判事于薇垣[③]，染翰龙池凤沼。文字间尚饶结习，风尘内岂废弦歌！

兹者奉檄新来，下车伊始，特定期于某月某日考试观风[④]，谓此事久切研摩，想诸君不我遐弃。况近岁榜花迭放，闱棘[⑤]重开，在青云得志之俦，遂已腾身直上；而白浪如山之会，犹多点额而归。不须惆怅于秋风，且自殷勤于夏课。趁三余之足用[⑥]，萤案[⑦]殚精；期一战以成功，龙门转瞬。用操不律[⑧]以待，于于[⑨]而来；幸勿善刀而藏，切切此示。

---

① 誉髦之选：选拔英杰之士。誉髦：指有名望或有美誉的读书人。

② 书升于焉论秀：“书升”指做学问写文章的水平不断提高，著书立说愈显重要，越来越受到重视。于焉：于是，于此。论秀：选拔秀士，论通“抡”。

③ 薇垣：唐以来屡以薇垣、薇署、薇省指称中书省或相当的中枢机构。据本志卷十四《人物志四·仕进》：傅炳墀曾任内阁中书。

④ 观风：清朝学政及地方官到任时的命题课士，称为“观风”。

⑤ 闱棘：科举试院。

⑥ 趁三余之足用：谓充分利用一切闲暇时间读书写作。三余：三个空余时间。典出《三国志》裴松之注引鱼豢《魏略·儒宗传·董遇》：人有从学者，遇不肯教。……从学者云：“苦于无日。”遇言：“当以‘三余’。”或问“三余”之意，遇言：“冬者岁之余，夜者日之余，阴雨者时之余也。”

⑦ 萤案：形容勤学苦读，同“萤窗雪案”，典出“囊萤照读”与“孙康映雪”。《晋书·车胤传》：“车胤恭勤不倦，博学多通，家贫不常得油，夏月则练囊盛数十萤火以照书，以夜继日焉。”任昉《为萧扬州荐士表》李善注：“孙康家贫，常映雪读书，清介，交游不杂。”

⑧ 不律：笔。《尔雅·释器》：“不律谓之笔。”郭璞注：“蜀人呼笔为不律也，语之变转。”

⑨ 于于：自信从容貌或连绵不绝貌。

致许杏村　傅炳墀

五花夜雨却话巴山，一曲阳关同催祖道[①]。追踪铜柱之北，判襼[②]铁桥之南。沟水东西，星驰雨散，有恨何如！足下以梓里青云之彦，处夔道赤紧之区。乔鸟称神，宓琴嗣响。想此日甘棠树树，栽成翠海之阴；口碑峨峨，高并苍山之祝矣。即谂道随时泰祉，并日增为颂。

仆承乏邱北，遂荒大东。地方以外中华，民意犹然盘古。无昌黎之封事，俨到潮阳；非坡老之奇才，偏来儋耳。鸣琴之奏，只令人悲增忉怛耳。况乃杂种所居，他族实逼。红砂白猓、土狇花苗，麕聚青林，蚁屯黄草。于是豺狼啸野，虎豹嗥城，猰貐狰狞，狼腽杂沓。公庭累重译之间，人市避裸体之腥；言笑无与为欢，饮食违其本性。今将植卢橘于元朔，蒂华蒲于修陵，盖难以取贵矣。若夫春夏之交，瘴疠时发，蛮溪花落，猓洞烟生[③]。蝮蛇蓁蓁，飞鸢站站。或云兴而曳练，或霞起而建标。磅礴郁蒸，艴赭旸聚。武乡侯未能深入，马伏波畏此毒淫。游历至斯，吁其悲矣！且地属不毛，民难有犭。入有穷之国，登避债之台。范史云破釜生鱼，孟监池寄母无鲊。未有胡威匹绢，何来刘宠一钱？固无俟勉酌贪泉，自然洁比孤竹已。足下管领名畺[④]，新加大邑，逖听之余，名为阆仙诗瘦，其实坡公字肥。仆他日涸辙坐困，当勿吝江西一勺水也。鄙作四章，仰尘青睐。蕞尔实录，可作采风之观。贵治风土何如？微之州宅必较胜罗刹涛头。暇乞见示数行，以慰悬想。

手此奉达，临颖神驰。

劝置学田示　[州牧]张继曾[贵州人]

照得息阴推扇，圣王荫暍之心；诣邸赠袍，良友怜寒之谊。是以文翁遣士，遗刀布于京师；钟离荐贤，办装钱于邑里。故知禄分十九，员广三千，兼资培养之方，匪博布施之誉。涪州，江山吐秀，文物蜚英。绍洛下之心源，洞留点易；寻夏溪之手泽，台启读书。白简生风，刘忠愍羽仪往代；青宫毓德，周文恭黼黻熙朝。固后学之津梁，抑人才之渊薮也。本署州谬绾银黄，试权铜口。因观风而课士，早别葇兰；嗣按月以衡文，广搜杞梓。

---

① 祖道：义同"祖饯"，是古代祭祀路神，并为出行人在路上设宴送行的一种隆重仪式。《汉书》："贰师将军李广利将兵出击匈奴，丞相为祖道，送至渭桥，与广利辞决。"颜师古注："祖道，送行之祭，因设宴饮焉。"

② 判襼（yì）：分手，分别。襼，衣袖。

③ 猓洞烟生：原志误作"猓侗烟生"，据《刊误表》改。

④ 名畺：畺同"疆"。

一麾暂把，百废粗兴。惟念屡空白丁，未登黄甲。舌耕自给，门题凤以何依；腹果犹难，釜生鱼而莫给。幸而茂才入选，冷署修仪。扶摇方庆夫鲲鹏，执贽或穷于羔雁。储无儋石，贷少斗升。在馈以修羊，博士尚嫌其瘦；而活兹涸鲋，监河已苦其枯。取者固未伤廉，与者率多负累。此则念东方之乏，公孙宏所以借车；闻北郭之贫，晏平仲因而分粟者矣。

本署州右文念切，爱士情殷。市骏骨以旌贤，厉牛刀而式化。少陵广厦庇寒，固有深心；般若慈航拯苦，实惭愿力。兹逢学院盛使星腾曜，卿月临晖。弭节停轮，赋皇华而载道；乘轺问俗，扶小草以出山。适绅士周庄等禀请创建学田，蒙批允准，遵即举行。仰见法云遍覆，能令穷谷回春；慧日重明，立使昏衢破晓。本署州闻道若热，从善如登，嘉其急义之公，望其成功之易。爰是道鳌山于一篑，聊作初桄；捐鹤俸以千缗，不辞先路。然而周周衔羽饮河，终愧短材；邛邛距虚负走，必资众力。为此示仰州属绅富人等知悉，宜筹施与，各效输将，集柸贯于西园，分余光于东壁。千门万户，期集腋以成裘；六偶三奇，咸指困而赠粟。倘克家其有子，依然赵璧赵完，即舍己以芸人，究属楚弓楚得；所冀仁心慷慨，惠泽滂流。畀谷帛以相贻，散租钱而不吝。庶几苏秦北首，贷何事夫百金；贡禹西征，贾无忧夫百亩。则多多益善，岁岁有秋。

成伯起之清名，三鳝堂广；决于公之阴德，驷马门高。幸赋子钱，毋违申告，切切此示。

蜀中循吏赞并序　余仕彬

盖闻错节盘根，非利器莫能为力；长驾远驭，惟捷足始克成功。蜀都幅员袤长，人民辐辏。自古咸称巴国，于今仍号梁州。仰在天之星宿，则有毕井之流精；考在地之支纲，则属申辰之分野。险临三峡之峥嵘，远历两川之寥阔。访诸父老，讯厥贤良。君垂冬日之温，臣尽秋霜之戒。朝无阙政，野无谤言。国藉十世之基，家承百年之业。出人于危阽之地，跻俗于仁寿之天。农服先畴，比户不惊夜吠之犬；士食旧德，牧人不睹晨饮之羊。感殊恩于一遇，著伟烈于三巴。伊可怀也，得而称焉。爰就暇日，闲览《蜀纪》，酌时势之所宜，运谋猷之至当。德博者化光，刑简者枉错。近则本人物之至情，吏奉其法；远则袭阴阳之妙用，民乐其生。德裕运筹边之策，叔度弛禁火之科。文太守宏开石室，教闱六经；李司空仰识星躔①，象觇二使。灵犀布列五头，李冰则功劳灌溉；叱驭经来九折，

---

①　星躔：日月星辰运行的度次。原本作"星缠"，误。下文"仰识星躔"为同误同改。

王尊则心矢忠贞。匹马装轻，赵清献政归简易；登龙望重，李元礼治并恩威。蒋琬之政在安民，董和之政先化俗。公弼先申国法，岂曰无威；王素必合人情，非矜异断。赀粮并给，冯京致夷人之归；新法不行，陆诜罢使者之出。张咏则两知益郡，民隐之体息维殷；凌策则六往剑南，习俗之浇漓尽革。历观治绩，递溯贤良，谨述所行，恭为之赞。其辞曰：

惟蜀之疆，拥抱岷梁。斗绝诸夏，裂为一方。南控蛮蜑，西搤戎羌。神以建福，帝以会昌。井络垂耀，江汉炳灵。挥汗雨降，吐气云蒸。蕃衍三州，沃野千里。国富民殷，政平讼理。

惟后绥猷，为民司牧。雨则作霖，星则为福。都都相望，邑邑相属。代有名贤，移风易俗。

在昔李冰，治水称贤。离堆是凿，利溉农田。浅无至足，深无至肩。江神约誓，于万斯年。

文翁化蜀，人文蔚起。石室宏开，育才造士。乃命相如，西京戾止。广积鸿文，兼收麟史。教阐先生，经横弟子。化比齐鲁，阴培桃李。

世笃忠贞，惟王子赣。语则惊人，志则迈众。九折途遥，一鞭目送。危不暇思，巧不遑弄。突尔长驱，忽焉磬控。

万口歌廉，风高叔度。望君如岁，如何来暮。禁火无庸，索绹如故。夜作何妨，织纴是务。昔也无襦，今也五裤。

公琰宏通，社稷之器。宽以立教，诚以出治。粉饰无须，纷更不事。广都暂屈，什邡小试。政拙催科，心劳抚字。始则隐鹄，终则展骥。

天下楷模，惟李元礼。化洽民生，治存国体。设为庠序，学先根柢。邰兹珍玩，戒钦堂陛。宽以济猛，如欢酒醴。猛以济宽，如临戟棨。民之父母，君子岂弟。

孟节清高，丰神朗朗。峻洁无私，廉明不爽。仰识星躔，洞明天象。二使忽来，一心神往。开了了心，作非非想。

董和清廉，令严当轴。畏必须神，教必须服。民戒豪华，示之以朴。民戒僭逾，敛之以肃。身教者从，言教者讼。政绩昭然，实良司牧。

计妙防边，谋高御寇。卓哉文饶，才由天授。楼建筹边，窗列远岫。仿其巢穴，于左于右。摩其要害，是图是究。蠢尔蛮荆，危如困兽。壮猷以克，肤功以奏。

阅道为治，政归简易。宽以御众，和以处事。如驱鸡然，驯扰弗避。如驯马然，骤驰恐坠。既乐其乐，亦利其利。铁面何私，金心则异。一鹤一琴，其称良吏。

复之豪爽，宠邀圣眷。两牧益州，权谋谙练。民苦岁凶，谷积防变。民疲粮运，奏免自便。庙□三公，公居后殿。追配文李，馨香上荐。自号乖崖，谦光愈见。

公弼爱民，政无苛刻。时维嘉祐，出宰守职。小民何辜，化之以德。营卒当刑，报之以直。能柔能刚，有严有翼。不愧乃翁，谋贻相国。

当仁有容，能谋能断。出师茂州，招降纳叛。蕃部何丹，归诚一旦。爰给赀粮，行勿作乱。兼资农器，耕无越畔。逆者思顺，聚者思散。歃血请盟[1]，永无反汗。

矫矫子奇，西川保障。负气则豪，操心则壮。乱倡李顺，沿途兵仗。苟非雄才，孰敢相向。六临剑外，实系民望。敏而有断，王言至当。

王素为治，务合人情。民心不昧，示之以明。民俗多偷，感之以诚。引养引恬，大德曰生。群称异断，颂满蓉城。

陆诩治蜀，为民除害。于时新法，宣行方太。非公谏阻，其忧甚大。片语回天，生民永赖。

蔼蔼群公，传列循良。名高千古，惠溥一方。文则育才，武则经邦。宽而无虐，惠我无疆。后先辉映，相得益彰。时异势殊，怀永不忘。岷山苍苍，江水茫茫。后有作者，万民所望。

圣门传经诸贤赞序　邹增祜［州人］

懿夫斋居扆阁，容光观赤凤之图；礼备河坛，博望发黄龙之简。叩中经于委宛，玉宇垂编；函瑞检于云亭，金泥赍策。虽皇王迭建，步骤殊科；而典籍日滋，苞符竞吐。逮苍牙受命，六爻宣大衍之传；赤舄修文，七载定明堂之位。总春干于东序，惇史师臣；考昕鼓于西郊，俊髦齿胄。儒家之托术尊矣，六艺之滥觞远矣。

自翠华南幸，胶船离汉水之殃；赤羽西侵，箕箙验骊山之谶。衣冠运尽，文武道消。三川震而六合分，九法隳而四维坏。于是河精应运，诞白马之灵苗；海口擅奇，降元虬之上瑞。狃西京而捧杖，史叹聃龙；就东海而抠衣，官询纪鸟。萍浮楚泽，胪琐听于童谣；楛集陈庭，辨前章于故府。人能识大，圣不常师，遂乃晦魄重光，颓纲大振。缁帷讲素，水精嗣王者之符；丹席裁章，木铎代遒人之令。理正声于玉琯，

① 歃血请盟：原志误“歃”作“捶（插）”。

雅颂文同；系中候于玑铃，典坟秘睹。铁挝三折，启坠简而契羲文；璇板一题，立新经而修南董。颜瓢曾瑟，举为入室之英；貔佩鹑衣，尽属升堂之彦。可谓江汉以濯，日月无逾，何其盛也！

无如龟山蔽目，三朝缺畀斧之权；麟野伤心，七日应奠楹之梦。白书授箓，鸟飞之异迹罕存；黄玉韬精，马鬣之遗封仅识。三千没而微言绝，七十丧而大义乖。遂使七国雄争，六家论起。鼓狂波于稷下，邪议云烝；骋诡辩于漆园，厄言焱竖①。书名《五蠹》，浸多非圣之谈；辩骋一蚊，互煽不根之论。虽复孟叟兴于邹峄，荀卿出自邯郸，仁义无以遏其锋，礼乐未由清其秽。重以妄男蔑古，私登孔墓之床；凶相焚书，酷种秦灰之火。给瓜期于硼谷，博士婴灾；删竹籍于咸阳，古文铲迹。又何其不幸也！

然而祥氛夕启，彗星不能争五纬之芒；瑞霭朝浮，爝火不能戢两离之曜。由是金刀御世，玉斗流光。立学官者凡十四家，补掌故者至二千石。然后济南硕老，屋壁挺其遗文；河间大儒，山崖兴其宿业。虽或分门别户，数家顿有两歧；尚己守残，三岁始通一艺。而韩毛异读，俱云卜氏之传；施孟名家，并祖商瞿之本。惜煨烬所蚀，篇籍罕征。其可考者，略存于此，凡《易》一人商瞿，《书》一人漆雕开，《诗》一人子贡，《礼》四人子游、孺悲、南宫敬叔、孟懿子，《乐》一人师挚，《春秋》一人左邱明，《孝经》一人曾子，兼通"六艺"一人子夏。呜呼！素王不作，空怀梦漆之心；元圣云遥，谁息说铃之议。慨景行而无自，庶私淑之难忘，故聊为赞焉。其辞曰：

商瞿

尼山赞易，研阅道根。英英子木，企踵芳尘。探颐索隐，冥契天人。筮卦占爻，竟获五子。日炙韦编，阐道奥理。转授弓庸，卒传宗旨。

漆雕开

子开廉退，栖迟衡门。约而能泰，辩章前闻。模唐范虞，沐夏涵殷。实优政事，感奋风云。未能一对，圣意欣欣。百篇之序，允授斯人。

子贡

端木明睿，齐辔子渊。既称多学，一贯斯传。琢磨悟境，断取一篇。告往知来，理无蔀者。言语之科，实源风雅。

---

① 厄言焱竖：原志误作"厄言焱竖"，据《刊误表》改。

子游

彬彬子游，五湖之秀。抠衣昌平，英趋革旧。施政临民，弦歌四奏。夏殷能言，若人实授。延陵观乐，雅颂是谙。夫夫习礼，裼袭维严。一闻莞尔，吾道其南。

孺悲

慎终之节，繁饰孔多。赗赠虞衬，备物殊科。孺生辩洽，毕力网罗。高堂缵业，拾坠则那。终焉入室，何病闻歌。

南宫敬叔、孟懿子

猗嗟三桓，渐渍骄恣。觥觥二子，服教洙泗。先哲遗言，玉音竟嗣。孟氏之苗，允绝叔季。覃及邹峄，宗风不坠。

师挚 [《史记》：乐书受业之徒，或适齐楚，或入河海。是挚等亦弟子也，取备《乐经》一家。]

弦歌三百，习传戾古。圣心慨然，拾残故府。税驾息陬，刊劁旧谱。太师伶宗，筦枢曹部。翕纯皦绎，口授工瞽。洋洋盈耳，声合韶武。忽闻雍佾，长征齐楚。

左邱明

百国宝书，撮为麟史。简含风霜，褒诛从己。邱明素臣，躬聆其旨。紬事征文，赡藻椵靡。善善恶恶，宣圣同耻。题曰大官，斯副厥美。

曾子

鲁哉子舆，建极人伦。被服要道，蒸蒸日新。尺二之策，孔提所珍。簪缥衣绛，谒礼北辰。赤虹白雾，诞感三神。岂惟忠恕，一贯传薪。

子夏 [范书《儒林传》叙专门经师毕后，别叙许蔡，以其学通五经也。今窃仿其例。]

卜氏博闻，综贯群艺。明礼习书，序诗传易。公穀义周，尔雅大丽。章句发明，端门观制。教尔河汾，清飙广被。

募补成都郭外义冢启　邹增祐

盖闻除骴之典，《周官》是经；掩骼之文，《吕览》攸纪。是以西岐枯骨，犹蒙前圣之恩；北海羁魂，且感后贤之梦。蜀都地饶广衍，壤接神皋；士女骈阗，冠裳辐辏。于是四郊以外，高冢云连；百年之中，佳城虹亘。或有形殊陋狭，荒荒原氏之阡；势极穷窿，郁郁滕公之室。而兼年累月，半被倾欹；春露秋霜，浸从崩圮。悲风晨拂，萧条绿草之中；磷火宵浮，惨淡白杨之上。遂使黄肠见日，牛亭毁其故基；白骨侵烟，马鬣伤其旧茔。昔雒城阴雨，陈宠改其衣冠；沔县遗碑，钟会禁其樵采。圣仁矜悯，生殁何殊？实欲修仄壤于颓垣，闭重扃于长夜。但周回郛郭，有烦旷日之勤；坏补邱墟，尚费鸠工之直。虽蝇飞千里，不畏难行；而鳌戴三山，终愁任重。所冀略分朽贯，立破悭囊，统大魁而为笙，酿众花而成蜜。庶几慈云被野，荫及枯骸；法雨弥天，润流荒隧。将使黄泉潜寐，永无故鬼之声；如其白水浸渔，愿受明神之殛。

哀蓟北文　邹增祜

惟庚子之夏仲兮，茀旬始与欃枪。风焚轮而怒作兮，日黯黮而无光。子母呴呴以娭嬉兮，突鱼溃乎萧墙。神龙砀而失水兮，契乌兔而西行。昔瑶台而璇室兮，今荆涂与棘场。昔圃肉而堤糟兮，今羹藿而水浆。玉颜頩而憔悴兮，蓬飞转而相羊。祸与福其倚伏兮，怨乐促而忧长。

美哉山河之固兮，去此国之堂堂。彼野犬之崖柴兮，彪衔牙而肆虐。砰雷鞫而磅礚兮，棱霜威而㺜豁。齐秦交以阴合兮，爰俦召而偶索。悼郦伏之烹屠兮，期诸轲之擒获。赫斯怒以徂东兮，奋旄头而儵爚。转万艘而霆击兮，驱冯夷与海若。掷性命于鸿毛兮，丹血殷于铦锷。丛万骨于一火兮，夜鬼哭于榛薄。横杀气于朔野兮，荡太行而为壑。哀王孙之失图兮，营巫锦之淫辞。谓重麋可以触犀兮，谓雏鸡其可以搏狸。决金堤而一逞兮，台九成而累棋。忽冰泮而罅裂兮，奄弦栝之相离。叹诸侯之壁观兮，市空名而济师。无仲连以纾患兮，乏田单之扶危。演剌肝而奚济兮，胥抉目而何裨。雏雉狎于宫寝兮，舒玉軑而疾驰。涴埃壒于斋坛兮，悔修嫮之蛾眉。阊阖叫而不上闻兮，质五帝而无知。嗟民生之何辜兮，憯独罹此百殃。驱驴牛于膺厩兮，供亿竭于粻粮。责佰仟其犹未餍兮，恣馋涎于虎狼。苟怫心而遻意兮，目睒旸以陆梁。曰汝贱如蝼蚁兮，焉足膏吾斧锉！猗顿化为黔娄兮，彭祖沦而为殇。鸟失群而高逝兮，兽狂趡而跳踉。何大圜之不仁兮，乃刍狗乎黎苍。

昔魏文之式干木兮，秦人息其隆冲。齐威之杖盼子兮，赵亦偃其鼓弓。信亲与贤之作蕃辅兮，逾十万之军容。诵孟氏之遗言兮，菑自利而人侮。诚天命之可畏兮，孰徙薪而彻土？指神州之陆沈兮，岂戋戋之足数。悟盛衰之靡常兮，哭穷途其焉补。重曰：猿亡兮林残，城焚兮鱼殚。霰集兮雾合，山枯兮水寒。不如无生兮，贵与贱兮一观。既古昔而皆然兮，又何今之人乎永叹！

涪陵县续修涪州志卷十九终

涪陵县续修涪州志卷二十

艺文志二

文征二

伊川先生祠堂记　　［宋］曹彦时

昔韩文公谪潮阳，潮人祠之，俎豆之事岁时不绝，盖重其道则尊其人也。伊川先生程公颐，蚤以道鸣，传孔孟之业于百世之下，毅然特立于一时。在熙宁、元丰间，隐于伊洛，杜门不求仕，虽退而处穷，确守所学，不循时以变。延祐^①初，温、申二公立朝，思得一代之真儒，如甘盘之敦、傅说之诲以启迪圣学，乃从天下之望，交章荐先生于朝。上累诏，趣召，辞不获命。起自布衣，入侍讲筵。先生以尧舜事其君，惓惓敷纳忠言正论，日以警悟天聪。天子礼之，是崇是信。绍圣中，指为元祐党，乃谪于涪，因寓北岩之梵宇。先生身虽穷而道益通矣，乃以平日自得于《易》者为传。豫章黄公庭坚榜其堂曰"钩深"，迨今凡四十年矣。巴峡地连西蜀，文物风化岂潮阳荒陋之比。然四十年间，寂无追奉先生而祀之者。峡之俗尚鬼而多淫祀，独于事前贤往哲之礼阙而不讲，官于此者亦未尝过而问焉。乌乎，异哉！

绍兴五年，李公瞻来守兹土，尊道贵德，以崇名教、厉风俗^②为先，因访先生遗迹，悯古风之沦替，悼后学之茫昧，乃审厥象以置祠于钩深堂之上。俭而不侈，质而不华，俾学者瞻仰德容，洋洋乎如在其上；诵其遗书，佩其遗训，知前言往行所以扶翼先圣万世之

---

①　延祐：宋无此年号，当为"元祐"之误。元祐：宋哲宗赵煦年号（1086—1094）。

②　厉风俗：同治《重修涪州志》卷十四《艺文志·散体文》"厉"作"励"。

教者实在于先生，不犹愈于以有若^①似圣人而事之乎？工既毕，乃择季冬某日以礼寅奉而安之，庶无愧于潮人之事韩公也。命彦时记其略以载岁月，其何敢辞！绍兴五年十二月十五日荣阳曹彦时记，河汾王冠朝书，右承直郎涪州军事判官雒阳张振孙立石，右宣教郎奏差知涪陵县事兼主管劝农公事阆中陈莘篆盖。

涂山碑记　［元］贾易岩［州人］

《华阳国志》云："渝郡涂山，禹后家也。"古庙废，元至正壬辰郡守费著仍建庙。尝考"娶于涂山"之说，一谓在此，一谓在九江当涂。《东汉郡志》^②云："涂山在巴郡江州"杜预考曰："巴国地有涂山禹庙。"又，古《巴郡志》云："山在县东五千二百步岷江东圻^③，高七里，周围三十里。"郦道元《水经注》云："江州涂山有夏禹庙、涂后祠，九江当涂亦有之。"

杜预所谓巴国江州，乃今重庆巴县，"江州"非九江之江州。《汉史》《蜀志》可稽，至今洞曰涂洞，村曰涂村，滩曰遮夫，石曰启母。复合《帝王世纪》《蜀本纪》《华阳国志》《元和志》等书参考之，禹乃汶山郡广柔人。其母有莘氏感星之异，生禹于石纽。广柔，隋改广柔为汶川，石纽在茂域，隶石泉军。所生之地方百里，彝人共营之，不敢居牧，灵异可畏。禹为蜀人，生于蜀娶于蜀，古今人情，不大相远。导江之役，往来必经，过门不顾，为可凭信。先是，禹曾大父曰昌意，为黄帝次子，娶涂山氏生帝颛顼，颛顼生鲧，鲧生禹。禹之娶于蜀，又有自来。又谓蜀涂山肇自人皇，为蜀君掌涂山之国，亦一征也。至会诸侯于涂山，当以九江郡者为是^④。《东汉郡志》云"山在当涂"，杜预云："在寿春东北。"今有禹会村，柳子有铭^⑤，苏子有诗。且于天下稍向中，会同于此宜矣。《通鉴外纪》^⑥亦云："禹娶涂山之女生子启，南巡狩会诸侯于涂山。"如是则娶而生

---

①　有若：春秋鲁国人，孔子弟子，字子有，亦称有子，即本志卷八《典礼志·文庙》所列"先贤有子"。据《孟子·滕文公上》记载，孔子死后其门人子夏等"以有若似孔子，欲以所事孔子事之"，后因曾子反对作罢。

②　《东汉郡志》：即范晔著《后汉书·郡国志》。

③　东圻：东岸。圻，曲岸。原志作"所"，文意不通，据康熙五十四年（1715）董维祺、冯懋柱等《重庆府涪州志》卷四校改。

④　"当以九江郡者为是"句：按《华阳国志·巴志》云："禹会诸侯于会稽，执玉帛者万国，巴蜀往焉。"据此记载，禹会诸侯当在会稽涂山。

⑤　柳子：即柳宗元，字子厚，有《涂山铭》。康熙《重庆府涪州志》作"柳子厚"。

⑥　《通鉴外纪》：即《资治通鉴外纪》，北宋刘恕补司马光《资治通鉴》所缺漏的包羲神农至周威烈王前之事而成。《通鉴》纪事起于周代，《外纪》则上推至远古三皇五帝。

子而后南巡，南巡而后会诸侯。娶则在此，会则在彼，次序昭然。会稽乃致群臣之地，或崩葬之所，故有禹穴。所谓涂山，一曰栋山，一曰防山，纷纷不一。意者晋成帝时，当涂之民徙居于此，故亦名其县曰当涂。好事者援此以为说，而实非涂山。世次绵远，地名改易烦乱，傅会不足征。况会稽当涂在禹时未入中国，禹安得娶彼哉？

今特辨而正之。庶禹庙之建得其本真，而禹后受享于诞生之地尤不可阙耳。

劾逆珰刘瑾疏　[明] 刘蓘 [州人]

谨题：为痛陈忠悃，乞斥奸佞，以全君德，以保圣躬，以为宗社生灵至计事。臣闻事之急者，不容缓声。今臣当奸佞误国之秋，世道危疑之际，不得不极力痛切为陛下言之也。

窃照近侍太监刘瑾、马永成、谷大用[①]、张永、魏彬、罗祥、邱聚、张兴等，或先朝旧臣，或春宫近侍，受恩至厚，被宠最隆。当皇上继统之初，正国家多事之际，为内官者正宜小心恭谨，辅英君之妙年，因事纳忠，引陛下以当道，庶几稍报先帝之厚恩，光辅今日之太平。何各挟技能，争献谀论，蛊惑君心，靡所不为，导引圣驾专事宴游：或于西海子，或于南城内；或放鹰犬，或肆射猎；或登高走马，轻忽万乘；或搬弄杂剧，亵渎九重；或盛奏郑卫妖艳之音，或依稀竹叶八风之舞；或出入之无节，或暮夜之未休。或于文华殿前搏兔而暄声著闻，青宫岂搏兔之所？或于厚载门交易而贵贱杂沓，天子岂交易之人？事势异常，人心忧惧！虽陛下聪明英姿，刚敏不为所惑，然习与正人居，不能不正，如芝兰种之沃土，不见其长，日有所增；习与不正人居，如宝石以之砺刀，不见其亏，日有所损。是以视事莅朝，渐至稀晚；读书讲学，未见缉熙。国事因之日非，圣德为之稍累。此辈乃投闲抵隙，罔上行私，一言一笑都有机关，一行一止揣知上意。或有所荐引，或有所干求。或因喜而希赏，则府库钱帛用之如泥沙；或恃爱而乞恩，则玉带蟒衣施之及童稚。或机务因之擅决，或奏章落其掌中，聪明渐以壅蔽，弊政因而日滋。丝纶之布多不惬夫人情，朝报一出人皆付之嗟叹。台谏非不进言，求塞责耳，从与不从在朝议；府部非不执奏，供职业耳，行与不行随圣断。夫岂忍国家耶？亦见时势难为，付之无可奈何而已。臣备员谏职，深切痛心，自知言出祸随，未暇顾惜，姑即今日弊政可为痛哭流涕者，为陛下言之。且如取进太仓四十万之银两，藏府已竭，而必欲搜括马

---

① 谷大用：明朝"八虎"之一，原志误作"刘大用"，据《明史》校改。

房食粮，五七岁之童稚，岂堪勇士！ ①织造停免矣而又织造，传奉查革矣而又传奉；盐法方差大臣整理，而朱达等又奉买残盐，则奔竞之门大开，整理何益？地土方差科道清查，而张永等又奉买地方，则夤缘之路渐启，清查何补？各营管操太监，何必数数更换？用新人固不如用旧人也。各处镇守内臣，何必纷纷替回？养饥虎固不如养饱虎也。名分不正，则小吏可骂尚书而不知罪，此可恕也，孰不可恕？威令不行，则阉监可犯陵寝而不问死，是可忍也，孰不可忍？王忻、郑广不曾传奉到部②，而与甘宁监枪，则政体纷更渐不可守矣；常经索取官库银两，而准雇觅水手，则弊端滋蔓渐不可遏矣。国家大事，数人坏之而有余，虽百官交章，千言争之而不足。败祖宗之家法，伤清明之治化，略陛下之初政，成天下之祸乱，皆刘瑾也。况今各处灾伤，民穷盗起，兵威财力竭于内，北虏南蛮横于外，彗孛飞流见于天，日有食之于岁之首。汉唐季世，桃李冬花，其应甚烈，今桃李且秋花矣。正统十四年，雷击奉天殿鸱吻，未几而有土木之难③。今雷又击鸱吻矣，以古今罕见之灾异，并见于此时。皇天之意，盖不可测！臣私忧过计如涉春冰，验天象以睹人事，决非太平之兆。察民情与夫国势，若有土崩之形。而且人心悠悠，大臣不以死争，不知今日之天下为安为危，为否为泰也。昔汉儒贾谊云：“抱火纳之积薪之下而寝其上，火未之及燃，因谓之安。天下之势，何以异此？”臣思方今，边备④无良策，只增年例之银；理财无大道，谋及广东之库。浙江既奏军士无粮饷者，已累数月；山西又奏岁入不彀岁出者，几五十万。小民困苦而征敛益急，帑藏窘乏而用度日奢。今日之财用如此，陛下何所恃而不动心哉！去年警报犯北边，选择大军出征，旬日之间奏疏□□三万⑤，有盔者无甲，有马者无鞍，大将不识军人，军人不识把总。以此御敌，所谓驱群羊而格猛虎也。今日之兵威如此，陛下又何所恃而不动心哉！夫军马钱粮，国之命脉也。今命脉微矣，譬如人身，外貌丰肥而脉理沉涩，不即就医，死期立至，岂可沉湎酒色坐视其毙乎？

----

① "且如"句：疑有脱漏。《陈志》卷十一《艺文志·文选》作："且如今日取进太仓四十万之银两，藏府已竭，而必欲搜括今皆用之，何所御焉马房食粮？五七岁之童稚岂堪勇士，而今皆影射，岂不传笑四方？"搜括：指用尽各种方法搜寻掠夺、聚敛财物，同"搜刮"。

② 到部：原志作"四部"，不合明朝官员体制实行的中央六部制，据涪陵《刘氏宗谱》改。

③ 土木之难：指明英宗被瓦剌军俘虏的事件。正统十四年（1449）瓦剌贵族也先率军攻明，宦官王振挟持英宗率军亲征。在土木堡（今河北怀来县东），英宗被敌人俘虏，王振为部下所杀。

④ 边备：《陈志》作"边备"。

⑤ □□三万：据《陈志》卷十一、同治《重修涪州志》卷十四，缺二字为"不勾"，义即不够、不到。

臣所以揣腹扪心，废寝食而莫知其所以矣。陛下此时正宜兢兢业业，侧身修行，亲贤远奸，图维治理，蚤朝宴罢①，节用裕民，庶可以转灾为福，易危为安。讵可谓天下无事，高枕肆行②，安闲般乐③而不思税驾之所耶？臣每入朝，远而望之，圣体清癯，毋乃先帝之在？念皇储未有□□④，陛下正宜保养精神元气，以及后主。若夫⑤游幸过度，未免伤神。夫千金之体⑥，坐不垂堂，而况祖宗神灵惟陛下一脉，可不慎哉！臣言至此，肝胆毕碎矣。今刘瑾恣所欲为，百巧千班，惟恐陛下游乐之不足，其于宗社之关系欲何如？其于先帝之遗训欲何如？其于两宫之厚望欲何如？今者外议汹汹，恨此数人痛入骨髓，憾不扼其吭而啖其肉。且数人之中，惟瑾最险恶，而陛下进瑾为司礼太监，使之得监军务，是假虎以翼也。臣若失今不言，恐此辈祸胎养成，乱本牢固，则昔之十常侍⑦及近日王振之祸复见于今，咎将谁诿？

伏望皇上念我太祖高皇帝之取天下，间关百战，出万死于一生；念我成祖文皇帝之定天下，北伐南征，竟终天于异域；念我宣宗章皇帝之缵天下，内难纵横，而干戈谋动于邦内；念我英宗睿皇帝之理天下，外夷继叛，而播迁流离者数年；念我孝宗敬皇帝之奄弃天下，顾命之言反覆丁宁之不已，无非欲陛下之敬德修业⑧，敬天勤民，为祖宗绍基业，为万世开太平，为生民增福寿也！陛下倘能深念列圣创业之难，俯念愚臣进言之悃，乞敕锦衣卫将刘瑾数人拿送法司，明正典刑；另选安静良善内臣数辈，置诸左右以充任使；更望陛下出入起居不近玩好，视听言动俱循理法，使人欲退听，天理流行。以之讲学，则清心而目明；以之修身，则道存而诚立。推而措诸天下，太平之业不难致矣。臣不胜迫切待命之至！

荐兵部尚书刘大夏疏　刘菠

臣惟成天下之治功，在贤才；别天下之贤才，在公论；寄天下之公论，在科道。科

---

① 蚤朝宴罢：同治《重修涪州志》作"蚤朝晏罢"，指早出视事，及晚才退。谓勤于政事。"蚤"通"早"，"宴"同"晏"。

② 肆行：恣意妄为。涪陵《刘氏宗谱》作"肆志"。

③ 安闲般乐：同治《重修涪州志》作"安闲盘乐"。"般乐"同"盘乐"，指耽于游乐。

④ 念皇储未有□□：康熙《涪州志》作"念皇储未有，终是人心之不安。"

⑤ 若夫：同治《重修涪州志》作"若复"，皆可通。

⑥ 千金之体：同治《重修涪州志》作"千金之子"（指富贵人家的子弟），疑误。

⑦ 十常侍：东汉灵帝时操纵政权的宦官张让、赵忠等十二人，都任职中常侍，故称。

⑧ 敬德修业："敬"字疑误，《陈志》作"进德修业"。

道者，明贤辨奸，遏恶扬善之门也。科道之言同出于至公，则劾一奸恶而群邪落魄，荐一君子而士类扬眉。公道昭明，忠良必遂，天下未有不治者也。苟或家立町畦，人怀封畛，好恶拂乎公论，爱憎僻于私情，则忠谗混淆，邪正杂揉，天下未有不乱者也。

　　昨者尚书马文昇致仕，会推员缺，或荐或劾，众议哗然。其中亦有公论不明、弹劾失实者，臣不得不辨。且如尚书刘大夏，臣不详知其人，尝于兵部阅章疏，见其敷奏有方，心窃慕之。及见先帝委任之隆，陛下嘉留之切，臣意一时之望也。今乃有劾其有愧于先进之人，谓不得与马文昇相伯仲，而亟宜黜退者，则是非乖谬亦甚矣。昔我太祖皇帝谓廷臣曰："观人之法，即其小可以知其大，察其微可以知其著，视其所不为可以知其所为。"臣尝奉此言以观当代之士，夫如刘大夏官至二品不为其子乞恩，比之纵子庇婿者为孰优？小者如此，大者可知。其子弟俱在原籍，恪守家法，寂无形迹，比之纵容家人商贩四方嘱托衙门者为孰优？微者如此，著者可知。历官数十年，居家不逾中人之产，比之田连阡陌甲第通衢者为孰优？其所不为如此，则其所为可知矣。夫以大夏持身如此，而诸臣下有断断不可之意，则公论先晦于朝廷，其何以服天下哉？臣非曲为大夏辨论①也，但念天之生才甚难，国家之得才尤难，才用于时而保全始终之节为更难！玷人之行如玷贞女，臣窃为今之士夫不取也。《记》曰②："古之君子，进人以礼，退人以礼；今之君子，进人若将加诸膝，退人若将坠诸渊。"故马文昇一人也，有劾其贪奸欺罔者，又有颂其劳绩茂著者；刘大夏一人也，有荐其简质无私者，又有劾其识议鄙薄者。甲可乙否，莫知适从。昔汉御史大夫张忠枉奏京兆尹王尊罪，壶关三老公乘舆上书，讼尊之冤曰③："一尊之身，三期之间，乍贤乍佞，岂不甚哉！"今一人之身，数日之内，屡变其说，此正所谓"乍贤乍佞"也，陛下从何听信焉？人谓闵珪有挤井下石之嫌者，不知挤谁于井；有谓大夏有蹊田夺牛之状者，不知夺谁之牛。迹其心，若为马文昇不平焉者。殊不知文昇官高一品，寿逾八旬，投闲颐老，实惟其时，亦惟其愿也。荷蒙陛下厚其恩礼，准其致仕，予夺之柄悉在朝廷，闵珪何能挤于井，大夏何能夺之牛哉！如斯言论，大伤国体，殊非治世所宜有者。况今皇上新政之初，

————————

　　① 辨论：即论辨。评量、辨析以考定品德、才能。
　　② 《记》曰：指《礼记》。引语出《礼记·檀弓下》。
　　③ 讼尊之冤曰：据《刊误表》，原志"讼""尊"二字行间版心内容"卷二十艺文志二文征二"误"文征"作"文微"，今无。

凡厥庶僚正宜同心一德，共图治理。却乃方底圆盖牴牾时政，臣恐坏天下之公论，惑陛下之见闻，生人心之荆棘，而使老臣不安其位，人主孤立于上，故不得不详悉为陛下言之也。乞敕吏部查勘闵珪、刘大夏，果有前项挤井下石①、蹊田夺牛情由，宜奏请黜罢；如无此事，亦宜究治造谣之人，使老臣得以安其位而行其志，勿使负屈于青天白日之下也。更祈备查刘大夏历官年劳应否荫子缘由，上请圣裁。如果相应，乞准其子一人送监，以为人臣尽节者劝。如此，则言路正，公论明，人心服，而天下安矣！

乞谥宋景濂先生疏②　刘菘

臣闻之《记》曰：节以一惠，谥以易名。故生而有爵，死则有谥，周之道也。先王制治谓：歆善而耻恶，夫人之同情；彰善而瘅恶，为治之要务。如彼圣贤，固无事于抑扬；乃若中人，直有待于惩劝。故自成周至于今日，率用此道鼓舞士风。盖其节惠之法，善善恒长，恶恶恒短。德学有闻，才节兼劭，无他疵疾，固宜与之美谥；尺璧而微瑕，或瑕不掩瑜，则节其善以为谥；即行虽未有闻，而一善不可掩，则但取其善以为谥，皆以示劝也。善泯而恶扬，乃得恶谥，则以示戒焉。故虽孔文子犹得谥文，而幽厉则孝子慈孙不能改也。汉唐以下，谥之善多，谥之恶少。本朝制谥不宣其恶，列圣爱惜人才，忠厚尤至。若夫少有过咎，或遭谴谪③，则节惠之典例不复畀。以是坊士，士犹有弃道揆、弛法守以自速戾者，然后知节惠之靳，所以忧天下也。然过咎有眚有怙，则谴谪有幸有不幸。罪出于怙，诚不足矜；罪出于眚，则皆可宥。故欧阳修以罪黜州郡去而卒，犹谥文忠；苏轼以罪窜海外归而卒，亦谥文忠。盖修有文章，兼有忠劳，故宋薄其辜；轼有文章，兼有忠节，故宋略其过。宋之遇士大夫，亦庶几乎先王矣。

国家肇基之初，物色老儒于金华山中，首得宋景濂之文学，故高皇帝之接礼亦厚。备顾问则有裨补圣聪之益，掌纶綍则有黼藻圣治之功；讲左氏传则劝读《春秋》，论黄氏书则请观《谟典》；语及军略以得人为规，语及牛租以捐利为讽；总《元史》笔削居多，封功臣讨论甚当。神仙之问，谓此心曷移以求贤才；衮冕之词，谓此服祗用以祀天地。至云帝王之学，独衍义为要；三代之治，必仁义为归。册历有编，知命之迹可考；辨奸有录，知人之鉴自昭。宝训作而贻谋燕翼之道以传，祖训序而创业守成之戒俱在。律

---

① 挤井下石：《陈志》卷十一《艺文志·文选》此处作"挤石下井"。

② 乞谥宋景濂先生疏：原志误"宋景濂"作"景宋濂"，据《刊误表》改。

③ 谴谪：贬谪。

历咨之制度，郊庙为之乐章。纪修创事同乘志，铭功德语协旂常。属之政事则辞，属之议论则不辞；问之君子则对，问之小人则不对。诚悃形于事行，忠告寓于文词。是以予之敕符，予之楚辞，皆宠以奎画；予之袭衣，予之甘灵，悉出以特恩。赐坐于便殿而叹其纯，赐饮于御筵而强之醉。致仕而置之左右，为日甚久；来朝而延之禁中，为礼甚优。辞则为之筋道途，去则为之感梦寐。受恩至此，得君可知。方为赞善之时，茂修勤学①之职，读书请究兴亡之故，谨礼请防言动之非。称呼致父师之名，褒赏侈旧学之翰，故圣论谓为"开国文臣之首"，而士论尊为"间世儒者之宗"。偶孙慎干犯于班行，濂亦连坐于桑梓，法从末减，犹安置于茂州。天不慭遗②，遂丧亡于夔府。既不蒙葬祭，亦不蒙赠谥。当世莫为之言，盖以为罪人也；至今莫为之言，又以为往事也。

臣惟我太祖昭代之圣君，而濂以学问文章为昭代之名臣，顾以外至之愆，遂废身后之典。臣今独为之追言，则以为缺典也。欧阳修、苏轼，皆以得罪于宋，或出或窜。及其殁也，宋以其一代文宗，不以有罪而夺其谥。濂之文章，实为本朝欧苏。当时得罪，自其孙，不自其身。天地之大，当见容也；日月之明，当见察也。见容见察，则漏泉之泽，当身恤矣。臣往年得罪言路，欲言之而未及。今者蒙恩承乏适濂之乡郡，故敢以濂为言。伏望圣慈追念濂为圣祖文学旧臣，为本朝文章大家，略可赦之眚，流非常之恩，兴久废之事，特赐礼官讨论，内阁画一，赐濂扬明之典，则圣朝③彰善之政，善善之心，激昂人才之风，光辉文治之运，一举而兼得，追迹先王矣。宋安得专美哉？臣下情无任陨越仰望之至！

送太子少保涪陵刘公致仕序　　［大学士］**邱濬**［文庄］

太子少保礼部尚书掌太常寺事涪陵刘公凌云，年未耄，以足不良于行，乞致其事。上弗许，既而章再三上。上以其情词恳切，特俞其请④，且敕有司月给粮米，岁给舆隶，以示优礼大臣之意。嗟乎！圣天子之于大臣恩礼，一何隆哉！然此非特以为公，盖以公所职掌者，国家之礼乐，佐天子以郊天享庙者逾十年。每遇大礼，致辞于殿陛之上，

---

① 勤学：《陈志》卷十一《艺文志·文选》作"劝学"。

② 天不慭（yìn）遗：谓老天不愿意留下，常用为哀悼老臣之辞。慭，宁愿。《陈志》作"天不慭（chì）遗"，慭，从义。二者同意，均不误。

③ 圣朝：《陈志》作"圣明"。

④ 特俞其请：原志误作"特偷其请"，据《刊误表》改。俞：允诺之词，多用于君主。

周旋于坛墠之间，咫尺天颜，道引①赞助圣躬以裸献。所以对越上帝，灵承列圣在天之灵，以致其顾歆于以受禄于天，而锡绥和丰穰之庆于天下，非但供一事莅一职者可比也。公寅清勤恪，服劳有年，为先皇帝所眷注。今上嗣登宝位，方赖公之用，而顾容其以私去。噫，岂得已哉！

盖古者仁君之于其臣下也，方其壮而强也，用之必尽其才而不遗余力。苟或疾而耄焉，则亦便其私而不强其所不能。致事而归，犹必使之得所安养以终其天年，其仁义之兼尽也如此。后世则有不然者矣。欧阳子尝言："两汉以来，虽位至三公，每上印绶，即自驾其车辕。一辞高爵，遂列编氓。"而韩文公亦云："中世士大夫以官为家，罢则无所于归。"由是观之，则前代之仕者，平生竭力以尽心所事，一旦老而休焉，盖有不得其所者矣。孰若公生盛时，起家诸生，而荐历华要，叠荷恩封及其祖考若妣，官登八座，位极人臣。兹其归也，而又特给之日食，资以人力。昔人所谓"虽有还政之名，而仍享终身之禄"②者，公实有之。公世以农畯为业，有田园之乐，有林泉之胜；仓囷足禾稼，亭沼饶花木。有可以养生之具，有可以适趣之景。昔人谓"闭门归隐，则俯仰山林之下"③者，公亦实有之。矧今年方五十有九，距古人引年之期犹将十稔，兹以疾而预告，非以老而谢事。近时，公卿大臣有以老疾居家者，朝廷有事往往起之，具有成例。公偶以疾去，非废不可起也。国计之重，甚于身谋；民瘼之瘝，急于己疾。公之归也，其尚颙精神近医药，以毋忘乎圣天子之所轸念，九重之使朝临，而万里之辕晡驾可也。予犬马之齿，较公为长，归装久束，第以国史事重，未敢言私。然旦暮间尔，公之再来，予已去矣。

予与公同年登第，今三十有六春秋矣，在班行中特相亲厚。公行，其太常僚属序公厚德④，相率求予文以赠行。于是乎书，兼以致予意云。

恩荣堂序　[经筵讲官] 卫国史

张君善吉，字本谦，蜀之涪州人，济南教授成功先生冢嗣也。先生由举人授学正，克立师道，而士类多造就。年未五十，即卸仕家居；阃唐，有淑德。君承庭训，以明经登成化丙戌进士第，拜官兵科都给事中。朝廷以其克称厥职，推本父母之教，封教授

---

① 道引：《重编琼台稿》卷十四作"导引"。
② "虽有还政之名"句：出欧阳修《亳州乞致仕第二表》。
③ "闭门归隐"句：出苏轼《灵壁张氏园亭记》。
④ 序公厚德：《重编琼台稿》作"感公厚德"。

君如其官；唐为孺人，赐之敕命，以褒嘉之。君念二亲年皆六十，又一去膝下日久，乃上章乞归省亲。蒙诏许之，且恩赐楮币以为道里费①。诸同寅谓君父母俱庆，而有是恩典，又得锦衣归庆以志其荣，恩荣孰尚焉！遂以"恩荣"额其奉亲之堂，谒予文序之，用以赠君行。

予惟君之所受于上者，如天之仁也②。所以酬而报之，宜何如耶？今给事中最为要官，而侍天子左右。凡政令之施于下，与下之所陈于上者，皆给事详审而后五府六部行之。其或事有迟违谬戾，即参驳之，而人无敢不服不宁。惟是上而厥职之或有阙，次而任用之或非其人，又次而闾阎行伍之弊有未革有未剔者，给事中悉得以纠正而廷论之，故非他官之各司一职、各专一事者比。士君子出而试用不得骤陟宰辅，得居是任，亦尽足以行其志也。君归而复来也，□□□□□③与夫职之所当为者，悉明目张胆言之而不少有顾忌，使忠直之气动于朝宁④，蹇谔之誉⑤脍炙士林，庶几哉克报君恩于万一，于职乎为无忝矣。君尚勉之！君能勉于是，则崇阶峻秩之超迁，龙章凤彩之荐臻，朝廷必不为君吝，而其恩荣又奚翅今斯⑥？而其恩荣又奚翅今斯！

旌陈母赵夫人节孝疏　陈苌 [州人]

臣祖母赵氏，年二十七岁称未亡人。相倚为命者，仅臣父致孝弱龄耳。四壁萧条，穷愁备历，竭养寡姑黄氏备至，襄事尽礼，茹荼饮冰，行道为之酸伤矣。乃赋性峻方，虽臣父一脉如线，绝不作妇人怜惜态。出则延师督课，归则纺绩伴咿唔声丙夜不休。

---

①　道里费：路费。道里指道路、路程、路途。
②　予惟君之所受于上者，如天之仁也：原志此处疑有脱漏，《陈志》（涪陵区地方志办公室存乾隆五十一年镌《涪州志》复印本卷十一《艺文志·文选》第66页、故宫珍本丛刊《四川府州县志》第十二册 [乾隆]《涪州志》第331页）该篇作："予惟父母之教子，孰不欲其擢高科、跻膴仕？为之子而稍负侠者，亦孰不欲立身扬名以显其亲？然有命焉，不可强也。故子显荣而亲不我逮，亲寿考而子不显荣者，比比皆是。求其克兼遂所愿欲如君父子者，殆十中而仅一二见也。不深可喜而可嘉耶？虽然，余窃有告焉。诗曰：无言不酬，无德不报。故人之有德于人一语而终身不忘，感人一饭而委身图报。君之所受于上者，如天之仁也。"膴（wǔ）仕：高官厚禄。《诗·小雅·节南山》："琐琐姻亚，则无膴仕。"毛传："膴，厚也。"膴，本指古代祭祀时用的肥美的大块鱼、肉。
③　□□□□□：《陈志》无此缺字符号。
④　朝宁：犹朝廷。
⑤　蹇谔之誉：蹇谔即"謇谔"，正直敢言，不留情面。蹇通"謇"。
⑥　奚翅今斯：岂止现在这样。奚翅同"奚啻"，何止，岂但。

尝以"忠孝"相提撕，起居言动不令纤毫逾越[1]，因渐训及臣兄弟、诸孙。继来臣父补增广生为州庠名儒，臣兄直举万历十年乡试，臣举万历三十四年乡试，臣兄直之子计安举天启四年乡试，余尚居业未竟，皆出臣父一经传家，夫孰非祖母督诲之力也哉！臣兄直历任郿县[2]、广信府同知，清异声绩两地可考；臣历任栾城、良乡，冰檗冲途，叨蒙今职。溯本追源，则又皆祖母苦节之遗训也。臣父在州庠时，里耆绅士公举上之，按臣宋仕旌扁[3]其门。即欲奉闻，而臣祖母以妇节应尔，且年未及格暂止。嗣后，享年八十六岁，守节近六十年。臣自栾城归，且终且殡矣。适臣乡值重庆府兵变，故未敢烦地方官旌节之请也。

兹念臣父前受直封郿县知县，臣栾城县之赠例格莫伸；今又恭遇恩诏，应加授刑部主事矣。臣父屡受皇恩，高厚莫极，不转思其始为谁，乃致九原之幽德，尚有未阐；井里之观望，久而未惬。此臣之日夜忧思鳃鳃欲控，而又咽咽不敢冒陈者也。伏读恩诏内一款：表扬节妇所以扶植纲常，劝励风俗，政之大本。缘有司苦于坊价难措，遂使幽芳不扬；又云其子孙自愿捐资造坊者，有司官给以匾额。臣再三庄诵王言，因庆恭逢圣世，数泽无不耀之幽光，遐陬无不宣之神化。臣于此时不一控陈，是臣下负水源之始基于家，既不可为子；上负风励之盛政于朝，亦何以为臣乎？察得御史王拱、主事吴加宾皆为祖母旌节具疏上请，臣之乌私实与相同。为是沥陈，冒昧具疏上闻。

夏老姑传　[庶吉士] 李长祥 [达州人]

夏氏老姑，涪州人也。父子霄，万历间明经，生姑夏氏。远祖江南英山人，元末因避乱之蜀，其后或在壁山[4]，或在江津，或在涪。而涪为盛，世世以科名显，为涪望族。涪之人思结婚姻，必曰夏氏。子霄生三女，幼姑年十五，议娶妇者数求姑。子霄正为姑卜，姑私念[5]："女子，以貌事人者也。人之情何限？貌不能终善，其意中道而变者多矣。吾不幸为女子，女子必事人，吾不愿也。"于是屏膏沐，反绤纻为布，一身无所饰。父母大惊异，姑前告之以故，则相与婉劝止。姑志坚不可回，父母无如何，各流涕痛

---

① 不令纤毫逾越：据《刊误表》，原志"不""令"二字行间版心内容"卷二十艺文志二文征二"误"文征"作"文微"，今无。

② 郿县：在陕西省，明清属凤翔府，民国初属关中道。今改眉县，属宝鸡市。

③ 旌扁：题旌扁（匾）额。

④ 壁山：清重庆府县名，乾隆年间改为"璧山"，今重庆市璧山区。

⑤ 姑私念：《陈志》作"姑忽忆"。

怜随之矣。久之，年渐长。家之人无所呼，呼"老姑"。

姑好读书，与诸兄辨析古今有卓识，诸兄多逊服。而性严峻，常绳上下以礼，家之人皆惮之。或群聚僻处燕笑，影见姑，亟曰："老姑来矣。"皆散去。有喜女者，不知何姓氏，姑婢也，与姑少长等。夏氏世世科名贵显，诸兄又有贵者，家婢左右侍立，姑皆不役。独役喜女，以喜女坚忍能附姑者也。役之久，亦不欲妻人，竟与姑愿终寡。姑亦深任之，卒与姑终寡以死。姑以女守三十年死①。姑死，喜女哭三年，遂自尽以死。涪之人至今称述其事，父老犹欷歔出涕，以为老姑之役喜女也，识喜女也，故卒得喜女也，能始终也。喜女之终始老姑也，识老姑也。其役于老姑也，不苟役也。日常出汲，老姑盖不仆役，故喜女出汲。一日，汲将抵家，有男子噪喝奔来，乍吸其水。饮讫，喜女倾之。其人曰："何为然？"曰："吾此水以供吾老姑者也。公男子吸之，吾不忍以余供姑。"其人愧谢。过见之者，莫不相顾叹息不已。喜女于是复往水处汲之返焉。

李长祥曰：夏老姑之世，有女夏氏，适张氏子庠生诩。诩早死，夏氏年二十，无子。或劝之再嫁，夏氏不言，但默告之诩神主，家人不识其何故。无何，引刀断其左耳矣。夏氏解学画，以诩故，欲得其形貌，画成追思仿佛。画之似，即毁去笔墨，不复画。自是，饮食坐寝必在诩影前，器必双。葬诩时，即作双茔。如是者二十年，死遂同穴。考之，则老姑之姑也。姑之去世旋踵耳，又老姑出焉。夏氏之女子，何不幸哉？何幸哉？鸣呼！伟矣。

涪陵县续修涪州志卷二十终

---

① "姑以女守三十年死"句：《陈志》作"姑以女子守三十年死，喜女亦竟以女子与姑守。"

涪陵县续修涪州志卷二十一

艺文志三

文征三

周兴岱神道碑铭　　赵怀玉

公姓周氏，讳兴岱，字冠三，一字东屏，世为四川之涪州人。[中略]时三省教匪滋蔓，纯皇帝垂问情形，公据实陈奏，不稍讳饰。四年正月，纯皇帝升遐，上命权工部右侍郎调吏部右侍郎，时方特诏征言，屡进封事，虽家人弗及知也。二月，兼管乐部事充经筵讲官，转左权户部左侍郎。十二月，奉命祭告川陕岳渎，因请回籍省墓。五年正月，调户部右侍郎。上以教匪滋事以来，所过焚掠，民人多不得已而从贼，追悔罪投出；而所谓安抚者，又有名无实，命公宣旨誊黄且告地方官善为经理。路出梓潼，值贼众蜂至，居民咸欲走避。公于马上宣布威德，令无播徙，以安人心，民皆感泣慰留。礼成还涪，涪人以文恭亦尝乘传归里^①，传为盛事。是役也，凡所见闻必以入告，事有不便于民者，则移檄大吏除之，略见措施焉。[中略]公姿貌严毅，望之俨然，居官一以文恭为法。兄宗岐，亦官翰林，早殁。任侍郎时，请以其阶貤赠，友爱诸弟。与人交，坦白无他肠。遇是非所在，则面折之弗顾，以是或不偕于俗。然性好朋友，公退之暇，招集同志谈宴以为乐，而意所激发，惶惶义形于色。予出都后，闻公时以为念。及长，台端以书抵予问所宜，言予以副相非科道比，当论其有关大计者，公甚韪之。平时，以廉慎勖其子；至卒，语不及私，以嘉庆十七年二月葬于某乡之原。廷授自蜀贻书，请为文刻于墓道。予名位微，乌足不朽公？而知公之深，则未敢多让也。铭曰：

---

① 乘传归里：指奉命出使后乘坐传车驿马还乡回家，是皇上对臣子的殊荣。传：驿站的马车。

繁周之先，自楚迁蜀。高曾以来，蔚为右族。武达文通，云委波属。洎大司马，立朝惟肃。公为仲子，绍庭继躅。考训聪听，师资自淑。载笔登瀛，临文剖璞。四方鉴衡，中禁颇牧。遂跻崇秩，咸荷殊擢。侍鲜姬朕，居谢庭闱。仰酬眪遇，勿懈宵夙。人谓公殊，我爱其朴。人识公浅，我知其熟。白君山峙，黄草峡束。中有幽宫，佳气攸伏。勒兹贞珉，以永岩谷。〔见《耆献类征》〕

双节传　〔清〕何浩如

双节者，谓孝廉杜公昭之妻夏孺人、孝廉峱公之女，及处士夏公锡之妻蔡孺人、庠生如兰公女也。俱生望族，夏长于蔡一岁，幽闲贞静，善女工，通书史。

乾隆癸亥，蔡年十八归于夏；次年甲子，昭登乡荐，而夏亦以二十岁适杜家。盖两孺人为从姑嫂，往来过从，相得无间，有自来也。越四载戊辰，夏孺人方二十四岁，昭卒；而是年锡之卒也，蔡孺人才二十三岁耳。皆无嗣，止一女。两孺人各哭其夫，哀感苍昊①，濒于死者屡矣。顾念弱女无依，隐忍苟活，于是夏孺人归母家，与蔡孺人誓死守节，出入必偕。初，峱公之配高孺人矢志柏舟，称未亡人，至此二十有五年矣。于夏为母，于蔡为从姑。当是时，一堂相对，俨若严师。两孺人依依膝下，屏服饰，谨笑言。凡子侄至亲有请见者，非奉高孺人命不出中堂。至于疏逖亲戚若男仆辈，有历年未经谋面者。每旦盥栉后，即坐高孺人侧，取齐孟姬、卫共姜、楚伯嬴及古今之从一而终者互相讲说以励节操；日午则取班大家《女诫》十一章以课女，兼教之以刺绣缝裳；至晚则侍高孺人说闺中事，每及所天，未常不感慨欷歔②，泪涔涔下也。如是者亦有年。厥后家计日薄，乏儋石储，先世之臧获婢妾无一存者。两孺人遂合爨，纫麻缉苎，共给饔飧；荆钗布裙，亲操井臼。女当有家之年皆不禄，错节盘根，于斯极矣。而两孺人之心益坚，节益懋。岁戊戌，高孺人以上寿终，两孺人哭之恸。盖自苦节以来，相依者三十年，哭其亲正以哭其师也。今既各周甲子矣，犹然足不出闺门，言不闻峻厉，尺步绳趋，罔敢纵佚，碌碌然如处女。非松坚冰洁，有得于坤维之正气，而能若是乎？且其年相若，遇相同，心相知而节相等，是盖又有天焉！不可多得也，作《双节传》。

---

①　苍昊：苍天。《陈志》卷十一《艺文志三·文征三》作"苍旻"，义同。
②　"每及所天，未常不感慨欷歔"句："所天"指君主、父亲、丈夫等所依靠的人；未常：犹未尝。

余节妇传　[清]谭道衢[州人]

节妇邹氏，巴县邹鸣皋女也。性严重，幼即不好嬉戏。家人有嘻嗃者，哑哑作恚怒声。父母传以为笑，绝爱怜之。

将笄议婚，鸣皋少许可。久之，得涪州余氏子德伦，因许字焉。岁嘉庆丙寅归于余，年十八，娩婉善事舅姑，伉俪尤笃。然遇德伦行稍轶，必正色规悛乃止。逾年，生子璨。间岁，生子瑾。又间岁，生一女甫四月，而德伦病。是时，节妇归宁母家，闻信心悸，呼舆兼程奔归。就榻省视，倚床自挝，泪涔涔下。日侍汤药，夜数数焚香告天愿以身代，时抱两儿诣榻前呼"阿爹"。德伦弥留中见两儿，摩顶泪落，欲言中止。节妇睨之，问所欲言。德伦瞠目视上，气断续不相属，不能声也。节妇迫以剪刀刲股肉，和药以进。绝复苏，喘延半日，无声息。节妇试以飞絮，头撞壁穿，躄踊无数，哽噎几绝。舅姑谕以抚孤乃稍止，然泪渍麻衣为赤。时壬申之六月也。

既葬除丧，代姑理内政，事事绳家人以法，臧获无敢嬉笑。亲主中馈，洁瀡瀡奉舅姑惟谨。先是，舅姑江右人，自其大父迁涪，甫二世，积资钜万。中年丧子，两孙伥伥如有所失。节妇婉劝舅姑置侧室，广嗣续。舅姑重违其意①，纳姜江氏，生二子。舅姑相继逝，姑庶弟弱，相倚为命。节妇奉之无失礼，庶姑母子咸德之。有从兄嫂，贫而寡，节妇怜其孤苦甚于己也，割膏腴数十亩赡之。道光戊戌，州人士具实以闻于朝，得旨旌表建坊，入节孝祠。年七十一，子璨、瑾，国学生。孙士橚，议叙从九；士峨、士骥入邑庠。

石母陈太孺人七十征诗启[节录]　石彦恬[州人]

彦恬生小多疾，八岁就傅，正三房析而复合之时也。与诸孤兄弟同师塾，恬较敏异。先君子②一意刻成，恨诸侄不己子若，恐他日学不成，严督责。家慈尝为言："穷达自有定。毋过苦人孤儿，伤其母心。"辄复遮其小过，而责恬独不少假。

彦恬年十九，补郡庠。逾冠，血气既盛，好任侠，恶见村学究。尝与豪滑亡命游，家益贫愈不谋生事，弋猎、狗马、弓矢、刀剑无不试也。先君子爱而弗深责，家母则深以为忧，必欲束之绳墨而后快。恬为诸生八年，游历蜀中几遍，尽交豪杰，老生后

---

① 重违其意：难于违反其意而勉强服从。重：难；重违：难违。
② 先君子：对已故父亲的称呼。

进稍稍识恬名。宾客集门，时复酣歌醉酒，遗落世事。母尝谓先君子：“是儿胆力可用，惟狂气不除，恐终取祸。”二十七举乡荐归来，母乃喜曰：“此可以章缝①束缚是儿矣！”自是游京师，师资②既博，交游日众，颇延誉于四方。三上书两荐不中，庚辰大困而归。先君于是年下世，恬忍死营葬既毕。时两弟儿女渐多，食指至三十口，赖恬笔墨养给。大吏推荐，郡县礼请无虚岁；家居，叩门求书，乞作碑版诗文，持润笔来供鸡豚。家母顾之乐，不喜闻仕进语。恬自领荐至通籍，凡五入京师，八上春官，科名蹭蹬，奔走仓皇，多违色笑③。道光壬辰会试，徐熙庵太常时为给谏，得余卷荐之戴金溪尚书，已拟中第三名。同事总裁官某，以余文有意开天崇风气，一力黜之。徐公持余卷传观十八房，愤恚为镂板播于京中，留恬再上。明年，又落第。归途中，热病几死。抵门，尪损特甚④。家母益不忍，遂极口止恬筮仕，谓：“富贵有命，必欲与决生死，无益也。况得未必为福，不得未必即非福也。”甲午冬，泸州徐提举怀霖携游赀忽来叩门，拉与北上。家母坚不放行，曰：“去恐无益，徒苦可怜耳。”怀霖从容说曰：“麟士今之奇士，其才智年力非甘以孝廉老于家者。怀与安徒羁骥，足可惜已。”再三启告，乃允其去。明年乙未，会试后大挑一等引见，奉旨以知县用，分掣福建，即遣丁回蜀迎养。亲友劝行，不肯发，命三弟奉内子来长泰任勷办家事，遗彦恬书，教之曰：“吾乡土美泉甘，工役耕凿自给，先人敝庐可蔽风雨，亲旧往来鸡黍不缺，何事七十之年万里仆仆为？若夫国恩之荣，老妇寂居贫家，叨受至矣。且往来徒增官累，何益？汝但好为官足矣！”

石麟士三君子堂诗序　［四川学政］潭宗浚［南海］

自古循吏罕能诗，陶潜在彭泽，姚合在武功，诗工矣，而政绩不传。若唐元结之在道州，其殆以诗人而能吏事者乎！观其《舂陵行》《贼退示官吏》诗，蔼然仁者之言，又能以余暇集宾佐于浯溪上饮酒赋诗，文彩⑤风流，标映千古。信非俗吏所能及矣！今

---

①　章缝：“章甫缝掖”省语。章甫，礼冠；缝掖，袖子宽大的衣服。出自《礼记·儒行》：“丘少居鲁，衣逢掖之衣；长居宋，冠章甫之冠。”《幼学琼林》卷二《衣服》：“章甫缝掖，儒者衣服。”用以指代儒者或儒家学说。

②　师资：可以效法或引以为戒的人和事。

③　色笑：语本《诗·鲁颂·泮水》“载色载笑，匪怒伊教。”指和颜悦色、且笑且语的态度。

④　尪损特甚：原志“尪”作“尫”，据《刊误表》改。今按：尪损，瘦弱憔悴。尪：音 wāng，古同尫、尩，原志不误。

⑤　文彩：同“文采”。

见之麟士石君。

君筮仕闽中，所至有惠政。当道光时，海内晏然，民物滋盛，与天宝离乱者不同。然官吏之贪恣、盗贼之横悍、财赋之匮乏、夷狄之跋扈，已隐然槎枒其间。君慨然悼之，故其诗忧深而虑远，若预知数十年后之乱萌者。其视道州之怀抱，又何以异耶？余尝谓：古今论诗者，大都谓诗足以感人心，穷物变，此非知诗者也。夫诗之作，其浅者足以惊天地而泣鬼神，而其精者则并足以固人心而维国运。昔《诗·六月》序云："《小雅》尽废，四夷交侵"，言诗废而天下乱也。及其复兴也，《鸿雁》之诗曰："虽则劬劳，其究安宅。"《云汉》之诗曰："大命近止，无弃尔成。"凡盛衰得失，其见于诗者如此。是故其词哀以惧者，则人有悔心；其词慨以慷者，则人有奋志。而后一二智略之士，遂得感喟兴发，各出其才勇以成诩赞之功。然则谓周室中兴不成于方召[1]，而成于《嵩高》《蒸民》《江汉》《常武》诸诗人也，亦无不可。三代而后，诗义寝佚，惟杜少陵、陆务观所作诗，忧时伤乱，犹有"三百篇"之遗音。今麟士诗不知视杜、陆何如？要于古诗人之义，断必有合也。

余未与君相见，顾尝于亡友朱秋甄集识君名字，故因君门人之请而序之。自君殁后，凡十数年，东西群丑悉以荡定。然而吏治日偷，而民财日匮。安得如君数十辈，落落然参错天下，为邦国万物吐气乎？余览君诗，亦如少陵《同元使君舂陵行》，窃愿斐然有作也。

明贵州威清道布政司参政刘四仙家传　[本邑举人] 王应元

我朝龙兴东土，其入关也，首法成周举逸民。顾其中有实系心于旧君故国，不事二姓者，亦即听其自放，以慰彼黄冠备顾问之私。呜呼！以视前代，征书[2]逼迫急于星火，何其度越万万也。迨高宗，特命馆臣追录故明遗臣与本朝交涉一切，除去忌讳，据事直书，则更扩天地之量，以振纲常于万古，复哉弗可及也已。顾遗老惟东南为多，蜀处西陲。稽考记载，惟达州李长祥以崇正[3]癸未庶常南渡，后奔走于唐、桂、鲁诸王间，授职治兵，与大兵抗拒历十余年。乃见执，大帅怜其忠，待以客礼。后卒逸去，不知

①　方召：西周时助宣王中兴的贤臣方叔与召虎的并称。
②　征书：征召或征调的文书。
③　崇正：即明思宗朱由检年号"崇祯"，时因避清世宗雍正皇帝胤禛名讳而改。以下不注不改，仍存历史旧貌。

所终，此外则寂寥无闻焉！意僻陋，竟复无人耶？抑或物色之，偶未及也？今光绪己丑，姻家刘笏臣持其先忠愍公《白云书院记》嘱为文，纪其修复始末，节录其《家谱》以来。披阅之下，不觉掀髯起舞，曰："快哉！我涪刘氏，值鼎革之际乃有遗臣。矢志不贰，义薄云天，竟埋幽光二百余年，而后值予表彰之责。属在后死，乌容谢哉！乌容谢哉！"爰敬录其行实，挥毫而为之传。

公讳之益，号四仙，刘氏忠愍公五世孙也。生有文名，优贡拟拔，著《墨喜堂文集》。尤工书，时以方衡山①。明末甲申，献贼破涪。公一日葬其停柩四，从小江潜遁黔彭。会永历正号粤，公自念家世忠孝，乃闲关赴行在，授职州牧，升礼部仪制司员外郎。旋升贵州思仁道佥事，监诸营军。丁酉，永历驻跸云南。公入觐，遂授贵州威清道，升布政司参政。会衔命入黔值王师取黔中，被执。时征西两将军其一吴三桂尤契重②公，迫以新命。先令中军陈某怵以威，继命遵镇马某饴以甘语。公惟终日流涕，以死自誓。两将军鉴公忠忱，不忍加害，羁诸营，阴纵之。戊戌，逸至酉阳，隐穷山中。凡七年，全蜀底定，乃回涪返凤凰山旧居。

先世刘氏，自洪武至启祯三百年簪缨罔替，门阀巍焕，乔柯宰树，佳气郁葱。望气者喑嚘指点，以为不异平泉、绿野③者也。兵燹后，连村荡然，梓泽坵墟或所不免，乃先人庐墓岿然犹存，公不胜庆幸。遂杜户却扫，摧橦息机，戢影益避远也。未几，吴藩忽变，各省响应。方是时忽脱兵火，戎马突兴，物情震骇一朝。伪命严急，檄公就职，大有禄山封刀劫甄、逢吉不起不止之势。旁人咸为公危，公毅然毫不为动。或探之，答曰："是能久处覆载内耶？彼昔在燕京不爱于其父，入缅甸忍心于其君。服事兴朝，恩宠已极。忽焉背叛，委隆恩于不顾，陷爱子于极刑，是尚为有人心而为覆载所久容耶？且若非戕贼吾君者耶？恨不手刃之，寸磔以纾吾痛，岂尚有说。焉容拟议于其间耶？吾戴吾头以俟，藏吾血者三年化碧而已。"亡何④吴逆果败亡，公竟蹶然不淬。嗟夫！当滇逆变乱时，凶锋所至，文若方面，武或专阃，半皆泥首乞命，犬马自效。

---

① 衡山：明代书法家、画家、文学家文征明，因先世为衡山人，故号衡山居士，世称"文衡山"。

② 契重：同"器重"。

③ 平泉、绿野：指唐武宗时宰相李德裕的别墅"平泉庄"和唐宪宗时宰相裴度的别墅"绿野堂"，故址均在今河南省洛阳市南。

④ 亡何：无何，不久。

求其不为威怵，不为利疚，百无一二数矣。公独系心于旧君故国，以死自誓。其所系于纲常名教之重，为何如也！故樊崑来太史、萧星拱牧伯，暨涪陵文向诸遗老，靡不心折。

夫公幸际熙朝，得以逸民终。在当时诚不能无稍晦，今则潦净潭清。惟公节义之高，与达州李公屹然若二华①竞标天际。弸襡而阐发之，匪特为乡邦生色，即胜国②剩水残山，亦复为之增辉。猗欤伟矣！然公犹有不可及者。东南诸老，或遁迹缁黄，或读书不应举。公独不为矫激之行，子孙两代俱登乙科，出为牧令。以视诸先辈，尚尤合夫③中庸之道。或者曰："公有文集，惜其不传。遂令吾乡有谢皋羽、郑所南其人，不得睹厥遗墨以考沧桑间逸事，为可叹也！"是则无可如何者已。

野史氏曰：当公晦迹时，非独物换星移，即一身一家，亦诚有不胜今昔之感者。盖自始迁以来，生聚繁衍，一门中梧碧竹翠，难缕指数。丧乱后，举族离散，绝无人焉，为辽东之鹤，春霜秋露，环顾凄怆，此零落之悲之不能自已乎？顾予考刘氏，自南渡子羽先生以理学功烈显，"五忠"之名传播南北；元代稍不振；前明勃兴，遥与宋埒；我朝二百余年，郁积以至于今，不惟不久否极而泰，忠烈之后之复兴，其在斯时乎？今其族，丁口以百计，而庠序多高才生。《传》曰④："公侯之子孙，必复其始。"余即庠序多才，有以卜之矣。诸君勉乎哉！

罗毛妹传　傅炳墀

罗毛妹，平彝女子也。父定国，江西人，贾于滇，寓平彝之卑浙厂，妻李氏，遂家焉。生女毛妹，甫四岁而妻亡，鳏居无偶。以毛妹属新厂，同姓罗延龄因抚为若女，长而慧美，年十六未以许人。李召元者，邻村阿舌克之无赖子也。常充乡练，属于延龄。延龄死而日益横，素善定国。时定国老矣，又贫无以自存，欲因女得金以自给。召元为之媒合，遂许之，同赴女所。

延龄妻阮氏，女养母也。素钟爱女，欲为择配良家。闻所许字者为拖租人李小保，

---

① 二华：指太华、少华二山。太华即"西岳"华山，在陕西华阴；少华也称小华山，在陕西华县。

② 胜国：被灭亡的国家。

③ 合夫：合乎。夫通乎。

④ 《传》曰：引语出《左传·闵公元年》。

年三十八矣。且贫乏①，不事生业，呵止之。女亦长跪定国前曰："阿爷生我，已死之爷育我，其恩义一也。爷临终遗命，女之许字当由阿兄。今阿兄他出，女实未敢从命，有负遗言。且愿爷勿听若辈言，以金鬻我也。"语毕，泣数行下。母阮氏且怒且骂，召元怏怏而归。其党为之说曰："女，定国生也。定国生女而不能嫁女，贫且老将何归？子为若强劫之，吾辈将助子以助若。"其说定，遂张之，盖冀以慑罗氏也。村中妇姁具闻斯言，偕来为女筹画。女闻之惧，且自伤其命之不犹②也，遂服毒以死。其兄绍基自外至，舁尸召元家，竟以强抢逼毙为词，控召元于官。官为诣验，死凡三十七日而尸如故，盖一烈性女子也。

论曰：女子有烈性者，必有贞操。罗毛妹恐嫁不得人而死，非必谓为贞也。然惧强暴之辱，且痛心于父命之不能两从，视死如归，非贞而何？乃其兄俗人，竟饰虚为实，欲陷召元以不宥之罪，致蒙死者以不洁之羞。是女之死，已冤于生前。而伸冤之词，反冤于身后，非死者志也。其尸之历久如生者，殆将藉官以白其诬欤？呜呼！如罗毛妹之死，可以谓之烈矣。

书李秀崧［纪其先也］　傅炳墀

李生秀崧，字岳生，号春莚，平彝生员，世居则章营之洒塞堡。父人镜，字蓉兆，岁贡生，慷慨任侠，为时所推。

咸同间，全滇糜烂，郡邑骚然。土豪张旭中以邑廪生充乡练总，托名御贼，阴蓄叛谋，暴戾恣睢，日事杀僇③，官民无敢过问者。独李君力能与之抗，大小数十战终不屈，一方倚为保障。尝围君山洞中凡十余日，洞中无所得水，危甚。旭中俯视洞口有基如唇者，两层土也。乃伐山中大树，锐其本如笔状，由岩上悬植之，排比若林，炮石雨下，欲撼之。不能近，又撤城街数百家屋上之茅束而编之，实以硫黄、火硝、皂角、辣椒等物，掷而拥之树间，堵积如屏，随投以火，浓烟如絮。洞中人目不能视，鼻不能息，惟伏地上得少间。君自分必死，旭中亦自谓可逞志于君矣。俄而，天大雷电，雨雹如卵。贼大骇逃避，多受创者。雨猛火熄，人力能施，余烬悉除。视平地，雹积深尺许矣。计熏毙女婴一口，君竟得全家无恙。旭中知君不可图，

---

① 且贫乏：原志"且"误作"旦"，据《刊误表》改。
② 不犹：指不同平常，比平常坏。
③ 杀僇：同"杀戮"。

遂引去，自后不复西向。是虽天心助顺，逆酋有将亡之征；抑所以报施善人之道，其响应固宜如此。

嗣君[1]岳生年少老成，绰有父风。乡人之仰之者，亦如当日之仰乃翁也。而气益下，心愈卑，恂恂然有儒者气象，盖亦浊世之佳公子也。年尚未壮，为余门人。

谭王氏谭夏氏双节孝传　[增生]谭孝达

节母姓王氏，邑儒谭灿妻也。舅南山、姑汪氏家贫多支绌，节母偕灿左右就养，常若裕如。年二十一灿卒，节母拮据治丧，欲从死。以舅姑齿既暮，两雏稚弱，无可死之理，因夙兴夜寐勤纺绩支持门户，家事赖以经纪。先是，灿殁时，长子德会年三岁，次子德广方五月。节母以母兼父道教之成立，荼苦五十余年，家卒隆然起，孙曾林立，一堂五世。前任巫山县学博道衢，其从侄也，雅敬重节母。道光三年，倡邑人士详列节母事实上闻，旌表建坊入祠。年八十四岁寿终，与其曾孙妇夏节母后先辉映焉。

夏节母者，王节母曾孙守志之妻也。王节母嫠居[2]既久，律己甚严，生平未尝与宴。会其六十寿辰，内戚夏邦本登堂拜祝，见守志迥异常儿，因以女字焉。比成婚甫三载，守志以疾卒，生子志达甫半岁。夏抱以泣曰："吾之生也如敝屣，徒以谭氏一块肉在，殉所不忍言耳。"而王节母爱怜志达为尤甚，襁褓中即抱置膝上，为之含饴抚弄，盖娱志达兼用以慰夏也。暇辄为夏述当日励志抚孤，夏节母敛衽听之。志达就外傅，归省母。母诲之曰："汝尚记高祖母于地下？"

余知两节母事最悉，因为立传，俾其后有所考焉。论曰：谭氏两世节妇，在夏孺人为尤难。曾祖姑虽弱，一人尚两子侍养。夏乃至抱三岁孤儿，作巾帼程婴，卒至家等素封，兰桂芬郁。当所天摧隔，讵料有今日耶？妇人立身，莫大于节而能孝。世有夫亡守节，不勃豀[3]于舅姑之前者，鲜矣。夏孺人独能以冢妇统夫介妇，逆来顺受，侍奉无违，教子成立。媲美前徽，不其难乎？牵连书之以告天下之为节妇者，能不以生死存亡而易其心，则几矣。

求雨救日月食议　邹增祜

事有虽出于古典亦类不经，则求雨救日月食是已。夫澍泽之降，惟资地气；阴阳

---

① 嗣君：对别人儿子的指称。
② 嫠居：同"寡居"，妇人丧偶后独居。原志误"嫠"作"婺"。
③ 勃豀：家人吵架争斗。

之行，自有天度。岂以祈之而可益，护之而遂免乎？或曰：以安民心也，儆君德也。然赤旱千里，固耸民心。祷之不应，不亦重惑民心乎？中智之君，自知戒惧。下愚之主，不畏灾祥，则其事又无说矣。《汉书·董仲舒传》载：其推灾异之变，求雨闭诸阳，纵诸阴，其止雨闭北门。后世所行，盖本于此。《繁露》纪其法，大略求雨为四通之坛，各以其时，为龙，象其方色；为池，置水虾蟆；烧猪鬣于四通神宇。止雨则塞渎盖井，禁妇人不得行入市。今道士或窃行之。《公羊传》曰："日有蚀之，以朱丝萦社。"《穀梁传》曰："天子救日，置五麾，陈五兵五鼓；诸侯置三麾，三兵三鼓；大夫击柝。"[1]二事近于巫觋之行，而圣人不为之禁者，何也？俗之所废，圣人不能复也；俗之所安，圣人不必易也。求雨救日月食，此盖上世巫风递衍，自三代以来未暇厘改者矣。如是可以从废乎？曰：废之可也。古礼定于圣人，为今世不行者如祭必立尸、食必立侑、后夫人从飨祀之类，多矣。然则求雨救日月食，有道乎？曰：多种林木以为兴云之本，浚疏井堰以为蓄水之方，此则求雨之道也；考测历象以为推步之准，铸造仪器以为演算之术，此则救日月食之道也。筑坛象龙，陈兵伐鼓，吾乌知其为礼耶？

用兵古义述　邹增祜

"古者逐奔不过百步，纵绥不过三舍，是以明其礼也；不穷不能而哀怜伤痛，是以明其仁也；成列而鼓，是以明其信也；争义而不争利，是以明其义也。又能舍服，是以明其勇也。""入暴人之地，无暴神祇，无行田猎，无毁土功，无燔墙屋，无伐林木，无取六畜、禾黍、器械。见其老幼，奉归勿伤；虽遇壮者，不校无敌；敌若伤之，医药归之。"［以上《司马法·仁本篇》］案：如此，安有杀降屠城之事？"君子不重伤，不禽二毛。"《左传·僖公二十二年[2]》案：如此，安有虏杀老幼以冒功之事？"明主之所征，必道之所废者也。彼废道而不行，然后诛其君，致其征，吊其民，而不夺其财也。"［《大戴礼·立言篇》］案：如此，安有劫夺财货之事？"民望之，若大旱之望云霓也。归市者不止，耕者不变，诛其君而吊其民。"［《孟子·梁惠王下》］案：如此，是仇君而不仇民之事。"无燔人积聚，无毁人宫室、冢树、社丛，降者勿杀，得者勿戮。"［《六韬》第十四］案：如此，安有棺药攻城之事？"军之所至，无刊其木、发其屋、取其粟、杀

---

①　大夫击柝：所引《穀梁传》原文为："天子救日，置五麾，陈五兵五鼓；诸侯置三麾，陈三兵三鼓；大夫击门；士击柝。"又，原志误"柝"作"析"。柝：古代巡夜时打更用的梆子。

②　僖公二十二年：原志无"公"字。下文《贞女议》中《春秋·僖公九年》同。

其六畜、燔其积聚，示民无残心。其有请降，许而安之。"[《吴子》第五]"凡兵不攻无过之城，不杀无罪之人。夫杀人之父兄，利人之货财，妾人之子女，此皆盗也。""兵之所加者，农不离其田业，贾不离其肆宅，士大夫不离其官府。"[《尉缭子》第八]案：如此，安有淫辱妇女之事？"不杀老幼，不猎禾稼，服者不禽，格者不赦，奔命不获。凡诛，非诛其百姓也，诛其乱百姓者也。百姓有扞其贼，则是亦贼也。"[《荀子·议兵篇》]案：如此，安有滥杀？非敌之事，"无掘坟墓，无蹂五谷，无焚积聚，无捕虏民，无收六畜。"[《淮南子·兵略篇》]

邹子曰：兵者，不祥之器。然自轩辕以来，亘古圣人莫或废之，非以为讨不庭夷大乱，舍是末由哉！三代以上，兵农为一，兵士亦一。辟雍之中，大司徒教士以车甲，兵出则受成，兵罢则告讯，彼其人皆庠铺秉末之夫，修道通经之彦，沐浴于教化久矣。岂有鹰攫虎噬之心，嗜杀如刘草菅者哉？荀卿有言："齐之击技，不可以遇魏氏之武卒；魏氏之武卒，不可以遇秦之锐士；秦之锐士，不可以当桓文之节制；桓文之节制，不可以敌汤武之仁义。"世盖迂其言久矣。太史公谓："《司马法》闳郭深远[1]，虽三代征伐，未能竟其义。"如其所言，亦少褒矣。彼盖见春秋而后，陻井刊木[2]之虐，迁庙毁器之残，以为兵家习故如此，转疑古法溢美云尔。不知后世所谓名将者，大都不免盗贼之行。苟以古义绳之，皆五帝三王之罪人也。

二千余年，兵制日坏，文武之途益分。儒者既恶兵为凶德而不言，而专阃；武臣率取市井险猾之徒，性情横恣，无复知行兵之本。其号为儒将者，亦以燔敌争获为上，而民命始轻于鸿毛矣。原兵之起，所以禁暴，非以助暴也；所以生人，非以杀人也。是故爱士如爱身，爱敌如爱己。王道既夷，国既务于强吞弱并，将亦利于多杀舆尸。至秦行"上功首虏"[3]之令，所谓靖乱绥民之意孑焉无余。其尤甚者，白起坑赵卒四十万于长平，项羽坑秦卒二十万于新安；光武之有天下，史称耿弇平四十郡，屠城三百。岂独其人惨烈不仁哉？亦兵制之失，浸积使然也。杀机日启，新械日精，天地决无刍狗

---

① 闳郭深远：即"闳廓深远"，郭通"廓"。
② 陻井刊木：同"井堙木刊"，指堵塞水井，砍伐树木。陻同"堙"。
③ 上功首虏：以所斩获敌人的首级呈报功劳。

百姓之念，则必笃生圣神，思有以奠生灵而省凶祸。向戌弭兵^①之举，不必行于叔世。而厘改制度，以义战不以盗战，反蹈利干赏^②之兵，为叛伐服舍^③之道。所谓伏尸百万、流血千里者，或不至有此暴举矣。余故粗录古籍以剖史迁之疑，俾知神武不杀，道固如此。若夫宋襄、陈余，以腐取败，彼自不谙《练士》^④决战之略，岂得以其言为病哉？今朝廷锐意图新，军政一变。数十年后，搴旗犯难之臣尽说礼敦诗之士，必有深明古圣行师之意，厌纵掠屠艾之为者，民祸其可少纾欤！

贞女议　邹增祜

未嫁夫死，为之守贞。明归氏訾之，国朝汪氏证成之，近人张文虎、俞樾又平反其说，果孰是欤非欤？曰：此在经有明文矣。诸儒龂龂^⑤于《曾子问》《列女传》之文，洇纷不已，而于大义顾反^⑥置之，宜其讼无已时欤？夫群言淆乱，折中诸圣。案《周官·媒氏》云："禁迁葬者与嫁殇者。"注："迁葬谓生时非夫，妇死既葬，迁之使相从也。殇，十九以下未嫁而死者。生不以礼相接，死而合之，是亦乱人伦者也。"郑司农云："嫁殇者，谓嫁死人也，今时聚会是也。"贞女非嫁殇欤？《春秋·僖九年》："秋七月乙酉，伯姬卒。"《公羊传》："此未适人，何以卒？许嫁矣。妇人许嫁，字而笄之，死则以成人之丧治之。""文十二年二月庚子，子叔姬卒。"传文同，《左氏传》杜注曰："未适人，故不称国。"孔氏《正义》云："此许嫁者，嫁于国君也。但未往彼国，不成彼国之妇，故不称国也。"不称国不成妇，何贞之可守欤？以周公所禁、孔子所靳，而贵偏至之行，挟迂曲之辨，以挠先圣大中之道，其亦好异而已矣。

冷丧驳议　邹增祜

俗以丧自外至者为冷丧，云："不可入宅，入者于生人不利。"其说不知创于何时，举世翕然从之。悖伦、蔑礼、违制，无若斯之甚者也。

夫寿夭穷通，为天所定；得失荣辱，由己所致。今以天属之恩而规避吉凶，宅心

①　向戌弭兵：春秋时宋国大夫向戌在公元前546年倡议发起的休兵运动，与会十四国诸侯结盟后，相安无事，停止战争十多年。其中晋、楚两大盟主国之间，四十多年没有发生战争。
②　蹈利干赏：求取利益求取赏赐。
③　叛伐服舍：叛而伐之，服而舍之。
④　《练士》：古代军事著作《六韬·犬韬》里的一篇文章，主要论述军队的指挥训练问题。
⑤　龂龂（yín yín）：争辩貌。原志误作"龂齘"，据《刊误表》改。
⑥　顾反：反而。同"顾返"。

则不可问。况死者有知，岂不欲其家之安富延年乎？凡为此者，曰："吾将以畏不祥也。"夫弃而父母兄弟，其不祥有大于此乎？此悖伦之失也。

外丧之仪，备于《曾子问》《杂记》，俗以非举子业，弃之矣。然《檀弓》："齐庄公袭莒于夺，杞梁死焉，其妻迎其柩于路，庄公使人吊之。对曰：'有先人之敝庐在，此则柩必入宅之征也。'"《仪礼·聘礼》："宾死归，介复命，柩止于门外。"郑注："门外，大门外也。必以柩造朝，达其忠心。"经又云①："若宾死，未将命，则既敛于棺，造于朝，介将命。"《左传》："楚子西、子期伐吴，陈侯使公孙贞子吊焉，及良而卒，将以尸入。吴子使太宰嚭辞，上介芊尹盖对曰：'事死如事生，礼也。'于是乎有朝聘而终，以尸将事之礼，吴人内之。"夫使臣在外而卒者，可以尸柩造人君之朝，又可以柩造己君之朝。君臣以尊临卑尚不为嫌，然则子弟何嫌于父母兄弟，而止其入乎？此蔑礼之失也。

恭读《大清通礼》，"扶榇还家"②条云："至家前一日，遣仆戒家人，豫于十里外布幕具奠以待。柩至，暂驻幕内，设奠。柩行至家，安灵床于殡所，男女各就位哭如初。受吊，朝夕设奠。"明有"至家"之文而不守，此违制之失也。

今有父母兄弟客外而归，其子弟闭关不内，虽五尺童子犹知斥而訾之。何独于其卒也，恶为凶物，遏其入宅，相习不以为非乎？窃谓居乡者固必入宅，即处城中者，格于禁而不行，如有别业于外，即当奉入，率家人以行礼；无则宜于柩未至前，先赁宅以终丧。庶几得敬爱之道，不戾于古欤！

涪陵县续修涪州志卷二十一终

---

① 经又云：经即指上文《仪礼·聘礼》。
② 扶榇还家：原志误"榇（櫬）"作"襯（衬）"。

涪陵县续修涪州志卷二十二

艺文志四

诗选一[《陈志》序云：诗以言志。篇章所著，性情见焉。故古者采诗以观民风，而列国之贞淫以见。其有关于风化而为王迹之所寄也，盖如是其重矣。志之有诗，岂余事哉！谨编次旧志所载，更增以今人之作，俾足以贡俗而见志，不失古温柔敦厚之教云尔。]

采十五国之诗，知其贞淫正变而施治焉，史之职也。前志多流连光景之作，今为之限。非邑人以事限之，邑人则文限之。不合"三百"之旨，虽工亦惟割爱。

送李长史归涪州　　[唐]张祜①

涪江江上客，岁晚却还乡。暮过高唐②雨，晨经③巫峡霜。急滩船失次，叠嶂树无行。好为题新什，知君思不常。

黄草峡④　杜甫

黄草峡西船不归，赤甲山⑤下行人稀。秦中驿使无消息，蜀道兵戈有是非⑥。万里秋

---

　① 张祜：字承吉，中晚唐之际名士、著名的才子诗人，人称张公子。原志误作"张祐"，据《唐诗纪事》《唐才子传》《全唐诗》等校改。

　② 高唐：台观名。宋玉《高唐赋》序："昔者楚襄王与宋玉游于云梦之台，望高唐之观，其上独有云气。"

　③ 晨经：《全唐诗》卷五一〇作"秋经"。

　④ 该诗诗题，《全唐诗》卷二百二十七省"峡"字作"黄草"。黄草峡：川江峡谷之一，在涪陵西北部长江上游约四十里与长寿交界处，地势险要，是古代涪州著名的军事船隘。郦道元《水经注》："涪州西有黄葛峡，山高险绝，无人居。即黄草峡也。"顾祖禹《读史方舆纪要》："黄草峡在州西。唐大历四年泸州刺史杨子琳作乱，沿江东下涪州。守捉使王守仙伏兵黄草峡，为子琳所擒。"仇兆鳌《杜诗详注》引《益州记》云："涪州黄葛峡有相思崖，今名黄草峡。山草多黄，故名。"

　⑤ 赤甲山：即黄草山，因汉末驻赤甲军戍守锁江平乱得名，为历代兵家必争之地。明曹学佺《蜀中广记》："赤甲戍，在州西，与黄草峡相近，在李渡之上蔺市之下。杜甫诗云'黄草峡西船不归，赤甲山下行人稀'，即此地也。"

　⑥ 兵戈有是非：朱鹤龄《杜工部诗集辑注》："考唐史：杜鸿渐至蜀，崔旰与杨子琳、柏茂林等各授刺史防御，而不正崔旰专杀主将之罪，故有兵戈是非之语。盖言崔乱成都，军柏、杨讨之，其是非不可无辨也。然旰本建功西山，郭英乂通其妾媵，激之生变，其罪有不专在旰者。未几释甲，随鸿渐入朝，而吐蕃则岁岁为蜀患，故末语又不忧剑阁而忧松州也。"

风吹锦水，谁家别泪湿罗衣。莫愁剑阁终堪据，闻道松州①已被围。

山胡　[宋]**苏辙**[子由]②

山胡拥苍毳③，两耳白茸茸。野树啼终日，黔山④深几重。啄豀探细石，噪虎上孤峰。被执应多恨，筠笼仅不容。

涪州得山胡次子由韵[山胡，鸟也。善鸣，出黔中。]　[宋]**苏轼**

终日锁筠笼，回头惜翠茸。谁知声嘒嘒⑤，亦自意重重。夜宿烟生浦，朝吟⑥日上峰。故巢何足恋，鹰隼岂能容。

荔支叹　苏轼⑦

十里一置飞尘灰，五里一堠兵火催。颠坑仆谷相枕藉，知是荔支龙眼⑧来。飞车跨山鹘横海⑨，风枝露叶如新采⑩。宫中美人一破颜，惊尘溅血流千载。永元荔支来交州⑪，天宝岁贡取之涪⑫。至今欲食林甫肉，无人举觞酬伯游。我愿天公怜赤子，莫生尤物为疮痏。

---

①　松州：唐置州名，治今四川松潘。仇兆鳌《杜诗详注》："松州被围，则全蜀安危所系，故所忧不独在剑阁也。"

②　山胡：苏轼《涪州得山胡次子由韵》诗题下原注："山胡，鸟也。善鸣，出黔中。"据李胜《苏诗"山胡"考》：山胡即山鹛鸟，学名黑喉噪鹛，别名有山呼、珊瑚鸟、山乌、山土鸟、黑喉笑鸫等。其头顶蓝灰色，背部呈橄榄灰褐沾棕或沾绿色，眼后具一大形白斑，鸣声清晰悦耳，有较高观赏价值，常栖息于低山、丘陵、滨海台地的次生林或竹林，以昆虫、草籽为食，喜集群，在中国分布于云南、广西、广东、浙江、海南岛等地，是国家"三有"（有益的或有重要经济、科学研究价值）保护动物。又，该诗作者苏辙，原志误作"苏轼"，据《刊误表》改。

③　苍毳（cuì）：青绿色羽毛。毳，鸟兽的细毛。

④　黔山：古代黔中山区，今重庆市黔江、涪陵一带山地。

⑤　嘒嘒：象声词，鸟鸣声。原志二字左右部件错位为"嘒嘒"，据《刊误表》改。

⑥　朝吟：今人曾枣庄、舒大刚《三苏全书·苏轼诗集》（语文出版社 2001 年）作"朝鸣"。

⑦　苏轼：原志误作"苏辙"，据《刊误表》改。

⑧　荔支龙眼：荔支即荔枝；龙眼为桂圆的别称。

⑨　"飞车跨山"句：谓为了尽快送到荔枝，不惜想尽种种方法。鹘（hú）横海：鹘，即隼，猛禽，古时常刻船上，此处借指快船。王文诰《苏文忠公诗编注集成》："龟父曰：鹘横海，言船也。"《兵书》："海鹘头低尾高，前大后小，如旗之状。"

⑩　如新采：原志误"新"作"斯"，据《刊误表》改。

⑪　"永元"句："永元"为汉和帝年号（89—104）。《后汉书·和帝纪》："旧南海献龙眼、荔支，十里一置，五里一候，奔腾阻险，死者继路。时临武长汝南唐羌，县接南海，乃上书陈状，帝下诏曰：'远国珍羞（馐），本以荐奉宗庙。苟有伤害，岂爱民之本。其敕太官，勿复受献。'由是遂省焉。"交州：交址，秦汉设郡，地及今越南国，此泛指广东、广西、海南一带，与"南海"同。

⑫　"天宝"句：清王文诰《苏轼诗集》卷三九有诗人自注，云："唐天宝中，盖取涪州荔支，自子午谷进入。"天宝：唐玄宗年号（742—756）。涪：涪州，今重庆涪陵。

雨顺风调百谷登，民不饥寒为上瑞。君不见：武夷山中粟粒芽①，前丁后蔡相笼加②。争新买宠各出意，今年斗品充官茶③。吾君所乏岂此物？致养口体何陋耶！洛阳相君忠孝家④，可怜亦进姚黄花⑤。

北岩题壁⑥　朱熹

渺然方寸神明舍，天下经纶具此中。每向狂澜观不足，正如⑦有本出无穷。

偶感贴壁　尹焞

少蒙师教指迷津，老读羲经⑧味入神。无限青山随意好，强来骑马踏红尘。

涪州　陆游

古垒⑨西偏系晓舟⑩，倚栏搔首思悠悠。欲营丹灶竟无地，不见荔支空远游。官道近江多乱石，人家避水半危楼。使君不用勤留客，瘴雨蛮烟⑪我欲愁。

---

　　①　"武夷山中"句：王文诰《苏轼诗集》"武夷山中"作"武夷溪边"。粟粒芽：茶名。茶芽嫩如粟粒，为武夷茶中最上等品种。

　　②　"前丁后蔡"句：王文诰《苏轼诗集》诗人自注云："大小龙茶始于丁晋公，而成于蔡君谟。欧阳永叔闻君谟进小龙团，惊叹曰：'君谟士人也，何至作此事！'"丁，丁谓，字谓之，宋真宗时任参知政事，封晋国公。蔡，蔡襄，字君谟，宋代书法家，精通茶事。曾官知制诰、知开封府、知杭州。二人先后任福建漕使，督造贡茶。笼加：笼装加封。

　　③　"今年"句：王文诰《苏轼诗集》诗人自注："今年闽中监司乞进斗茶，许之。"今年：指绍圣二年（1095）。斗品：参加斗茶的上品佳茗。宋人有赛茶习俗，称之为"斗茶"。官茶：进贡的茶叶。原志误作"官茶"，据《刊误表》改。

　　④　"洛阳相君"句："洛阳相君"指宋代钱惟演。其曾以枢密使衔出任西京留守，在洛阳首开选贡牡丹之例。忠孝家：钱惟演父吴越王钱俶不战降宋，宋太宗称其"以忠孝保社稷"，故谓"忠孝家"。

　　⑤　"可怜"句：王文诰《苏轼诗集》诗人自注："洛阳贡花自钱惟演始。"可怜：可惜，意含轻蔑。姚黄花：牡丹极品之一，据传为姚姓人家培育出来的一种黄色牡丹，故称。

　　⑥　该诗亦见乾隆、道光、同治《涪州志》等，实为朱熹隆兴元年（1163）或隆兴二年（1164）在福建延平（今崇安）所作《训蒙绝句》九十八首之第五十一首《观澜》绝句（见郑端《朱子学归》卷二三、《全宋诗》卷二三九四），约于清代康熙五十四年至乾隆五十年间（1715—1785）被改为今题载入《涪州志》，详可参李胜《〈八琼室金石补正〉石鱼朱子诗辨伪》（《北京大学学报》2006年国内访问学者论文专刊）。至于现存勒石于涪陵北岩点易洞旁崖壁的行楷四行诗，或为嘉庆年间州牧张师范辟治"北岩十景"时所为，或形成于光绪末年视学官邹鸿定就钩深书院改办师范中学堂，将"钩深堂"三字刻于崖壁，以及稍后创建"北岩公园"之时。

　　⑦　正如：乾隆、道光《涪州志》作"恰如"。

　　⑧　羲经：《周易》的别称。相传伏羲始作八卦，故名。

　　⑨　古垒：古代的堡垒、旧堡垒。同治《涪州志》作"故垒"，义同。

　　⑩　系晓舟：陆游《剑南诗稿》卷十作"晓系舟"，同治《涪州志》作"晓钓舟"。

　　⑪　瘴雨蛮烟：指南方有瘴气的烟雨，也泛指十分荒凉的地方。陆游《剑南诗稿》卷十作"瘴雨蛮云"。

北岩［原注：有正叔程先生祠堂］^①　　陆游

舣船涪州岸，携儿北岩游。摇楫横大江，褰裳蹑高楼。雨昏山半失，江涨地欲浮。老矣宁再来，为作竟日留^②。乌帽程丈人，闭户本好修^③。骇机一朝发，议罪至窜投。党禁久不解，胡尘暗神州。修怨以稔祸，哀哉谁始谋？小人无远略，所怀在私仇。后来其鉴兹，赋诗识岩幽^④。

涪州道中　　陆游

远客喜归路，清游逾昔闻。雨添山翠重，舟压浪花分。洛叟^⑤经名世，张侯勇冠军［原注：境有伊川先生旧居及张翼德祠］。怀人不可觌，袖手对炉熏^⑥。

涪州十韵　　马提干^⑦

地居^⑧襟喉重，城依雉堞坚^⑨。东渐邻楚分，南望带彝边^⑩。舟楫三川会，封疆五郡连。

---

① 北岩：位于涪州城长江北岸北山坪南麓，与州城隔江对峙。自北宋程颐谪居于此讲经论道、点注《易经》而逐渐为世人所知，内有钩深堂、点易洞、三畏斋等遗迹。明代礼部尚书、涪州人刘岌弘治五年（1492）作有《北岩饯游记》云：“涪江之北，铁柜山下，有北岩……文人达士或宦寓或经过，虽王事鞅掌，江滁匆遽，务欲迭岩一谒，以豁思贤慕道之心。”正叔程先生祠堂：可参考本志卷二十《艺文志二·文征二》南宋绍兴年间曹彦时所作《伊川先生祠堂记》。

② 竟日留：《剑南诗稿》卷十“留”作“流”，通“留”，停顿、停止义。

③ 本好修：《剑南诗稿》卷十作“有好修”。修即修行，修养德行。

④ 识岩幽：识通“志”，记。岩幽：山岩幽深处。

⑤ 洛叟：指北宋理学家伊川先生程颐，原籍河南洛阳，故称洛叟。绍圣四年（1097）程颐编管涪州，在北岩讲学点注《易经》。张光祖《言行龟鉴》卷一《学问门》：“伊川先生绍圣间有涪州之行，自涪还洛，气貌、容色、髭发皆胜平昔。门人问何以得此，答曰：‘学之力。大凡学者，学处患难贫贱；若富贵荣达，即不须学也。’”

⑥ 炉熏：即熏炉。此指熏香炉中冒出的青烟。

⑦ 该诗诗题，《锦绣万花谷》续集卷十三作《咏涪州》，《方舆胜览》卷六十一误题为《涪州五十韵》。该诗作者，乾隆《涪州志》《全蜀艺文志》《四川通志》等书一概署名为“马提干”，且乾隆《涪州志》列为明代人。今考：据南宋李刘《四六标准》卷三十《代回唐提干元龄》题下注引《中兴会要》：“建炎四年，诏诸路提刑司除武臣提刑添置干办公事官，许存留文臣一员。”可知“提干”为职官名称，是“提刑司干办公事”的简称即提举，而并非诗作者的真实名字。又，据《四六标准》同卷《代回夔路马提干已》可知：所谓“马提干”姓马名已，南宋时人，曾任夔州路提干官。

⑧ 地居：明杨慎《全蜀艺文志》“居”作“踞”，清同治《涪州志》卷十五作“据”。

⑨ 城依雉堞坚：原志误“城”为“域”，据《刊误表》改。

⑩ 彝边：同治《涪州志》卷十五作“夷边”。

人烟繁峡内，风物冠江前。溪自吴公瀹①，园由妃子传。许雄山共峻②，马援坝相联③。滩急群猪沸④，崖高落马悬。石鱼占岁稔，铁柜验晴天⑤。地暖冬无雪，人贫岁不绵⑥。岩标山谷子⑦，观塑⑧尔朱仙。

涪州江险不可泊入黔江舣舟⑨　范成大

黄沙翻浪攻排亭，溃淖⑩百尺呀成坑。坳洼眩转久乃平，一涡熨贴⑪千涡生。篙师叫绝驱川灵，鸣桡⑫飞渡如奔霆。水从峨⑬来如浊泾，夜榜黔江聊濯缨。玻璃澈底镜面平，忽思短棹中流横，钓丝临风⑭浮月明。

谒伊川先生像　程遇孙

[庚午春之七日，前成都通判陵阳程遇孙舣东去之舟涪陵岸下，太守谢宋卿以踏碛故事招饮北岩，谒伊川先生像于钩深堂，敬赋五古一章刻诸岩石。]

---

① 溪自吴公瀹：《全蜀艺文志》误"瀹"作"邑"。瀹：疏通水道，使水流通畅。乾隆《涪州志》载："宋太守吴光辅疏城南溪，后其孙信仲仍守是邦，遂临溪建堂。迨夐亚夫居此，又名夐溪。"

② 许雄山共峻：涪陵城南大梁子山脉有许雄山，因西晋名将许雄曾在此安营扎寨得名，山下有誓虎碑。曹学佺《蜀中广记》云："山在州西南七里，山之东有马援坝。"

③ 马援坝相联：在涪陵城南五里望州关一带一坝平衍，汉伏波将军马援南征五溪蛮曾屯兵于此，故名马援坝。道光《涪州志》卷十一陈计长诗《伏波祠》题下注云："旧传伏波征五溪蛮驻兵于此，因有祠。"清末涪州人文吉斋《咏马援坝》诗云："千古边陲几战争，望州关下大江横。刘家寸土今安在，还是马援坝尚存。"

④ "滩急"句：写群猪滩水波喧腾。嘉庆《四川通志》卷二三："群猪滩在州东十里，水落见群石如猪。"又，同治《涪州志》卷十五"猪"作"潴"，潴：流水积聚的地方。

⑤ 铁柜验晴天：意谓根据涪陵北岩铁柜城上有无云雾，可以判断天气雨晴。涪陵民谚曰："铁柜城有雾，活路不消做；铁柜城无雾，正好洗衣裤。"验：《大清一统志》作"锁"。晴：乾隆《涪州志》作"诸"。

⑥ 人贫岁不绵：同治《涪州志》原注："涪陵山多田少，土地薄瘠，故居民皆贫，三冬只服单衣，不衣绵者甚众。"绵：绵帛，丝绵绢帛的总称。

⑦ 山谷子：黄庭坚。指北岩崖壁"钩深堂"三字楷书题刻"山谷书"的落款署名。

⑧ 塑：塑像。乾隆《涪州志》误作"索"。

⑨ 该诗诗题与《石湖诗集》卷十九同；道光《涪州志》卷十一题为《涪陵江》，题下注云："在州东，自彭水县，流入大江。"

⑩ 溃淖：大漩涡。范成大《刺溃淖》诗序："溃淖，盘涡之大者，峡江水壮则有之，有大如一间屋。"

⑪ 熨贴：平坦、平静、平息。同治《涪州志》作"熨帖"。

⑫ 鸣桡：《石湖诗集》卷十九"桡"作"铙"，指敲铙示警。

⑬ 峨：道光《涪州志》同，疑误。《石湖诗集》卷十九作"岷"，指岷山，长江源头所在。

⑭ 临风：道光《涪州志》作"随风"。

春风吹客舟，沙际初倚柂。怀人爱其屋，木杪危石堕①。欣从太守游，江色清照坐。当年绍述议，洛党亦奔播。时人欲杀翁，甘此采薇饿。流离终爱君，怨语无骚些②。寥寥十翼后，学《易》孰无过。诸儒践陈迹，如蚁困旋磨。岩栖独钩深，混沌为凿破。书成置箧中，山鬼严夜逻。向口③新说行，六籍乃生祸。氛埃满神州，久被犬羊涴。何如北岩石，樵牧不敢唾。诗寒不成章，聊为兹石贺。

北崖④　［庆阳］王庶

衰病飘零心久灰，扁舟舣棹北崖隈。江连白帝浮空下，山背青城出剑来。三户亡秦⑤期可必，八公助顺势将回。老臣愿献中兴颂，汉武周宣何远哉。

桓侯刁斗铭⑥[《丹铅录》："涪陵有张桓侯刁斗，其铭文字甚工，桓侯所书也。"]　**张士环**

天下英雄只豫州，阿瞒不共戴天⑦仇。山河割据三分国，宇宙威名丈八矛。江上祠堂⑧严剑佩，人间刁斗见银钩。空余诸葛秦川表⑨，左袒何人复为刘。

---

①　危石堕：同治《涪州志》卷十五作"危若堕"。

②　骚些：同治《涪州志》卷十五作"骚戍"。

③　向口：疑为"向日（往日、从前）"之误。同治《涪州志》作"向东"，《全宋诗》卷五十六作"向来"。

④　同治《涪州志》卷十五载该诗后附有咸丰二年（1852）涪州举人王应元跋语云："王庶诗刻北崖三畏斋侧，碑仆久矣。咸丰辛酉（1861）榜人劈之为他用，予救之太迟，已去左侧刻字半行，仅可辨识……"

⑤　三户亡秦：《史记·项羽本纪》："夫秦灭六国，楚最无罪。自怀王入秦不反，楚人怜之至今，故楚南公曰'楚虽三户，亡秦必楚'也。"

⑥　同治《涪州志》卷十五诗题作"张桓侯刁斗"，题下原注："上有八分书，张桓侯书也。"

⑦　不共戴天：原志"戴"作"载"，据《刊误表》校改。

⑧　江上祠堂：同治《涪州志》注："祠在铜柱滩上，大观中居民于祠前掘得刁斗佩钩，印上刻侯铭，仍沈之以镇滩险。"据乾隆《涪州志》记载：涪州北大江中有歇圣滩（又称"歇神滩"），相传得名于张飞被刺，其首级流注至此，歇一宿方去。后人于是塑像建庙祀之，历代几经修缮，香火不断。康熙四十五年（1706），为"严庙貌而隆香火"，重修歇圣庙，州人何行先作《重修歇圣庙碑记》云："涪城东北郭，旧有张桓侯庙，背城面江，下临济湍，相传为歇圣滩。谓之歇圣庙，乃侯收川镇蜀时间往来于此，后人追思之，立庙祀侯者也。宋大观中，于祠前掘地，得三印及佩钩刁斗，上刻侯名，仍沉之水中，以镇滩险，故涪人奉侯益谨。"

⑨　秦川表：同治《涪州志》卷十五作"秦州表"。指诸葛亮《出师表》，奏请由益州出师北伐，以取秦川。《隆中对》："天下有变，则命一上将将荆州之军以向宛、洛，将军身率益州之众出于秦川，百姓孰敢不箪食壶浆以迎将军者乎？"秦川：泛指今陕西、甘肃秦岭以北的平原地带。因春秋、战国时期地属秦国而得名。考三国时并无"秦州"的相关记载，疑同治《涪州志》等作"秦州"为误。

寄孙储①[《全唐诗话》：孙定字志元，涪州大戎之族子。景福中，应举无成，因寄孙储诗云。]　孙定

行行血泪洒尘衿②，事逐东流③渭水深。秋跨蹇驴风尚紧，静投孤店日初沉。一枝犹挂东堂梦，千里空驰北巷心。明月悲歌又前去④，满城烟树噪春禽。

涪陵江　[元]尔朱迈人

杨柳天边树，征夫未忍攀。雨遥三楚戍，春入五溪蛮⑤。犬马分新岁，渔樵失旧山。莫弹行路曲⑥，吾道正间关。

登舌璧山⑦**眺望**　[明]何楚[州人]

何处岩岩天竺峰，高横一壁川之东。孤云淡锁千秋月，霁日长吟万里风。绿树枝头朝唶鸟，烟波江上暮流虹。仙人遗有长生诀，谁向山间问赤松⑧。

登北岩　[巡按四川监察御史]李廷龙[湖南进士]

北岩高耸向谁开，云际偕登目八垓⑨。道自鸿蒙传蜀远，《易》从伊洛入涪来。风清落叶依晴路，露重飞泉点翠苔。坐语不知尘界迥⑩，恍疑踪迹是蓬莱。

----

① 《全唐诗》卷七一五原注："诗题一作《下第醉中寄储》。"《唐摭言》卷十题作《下第游京西出开远门，醉中走笔寄储》。作者的具体情况，可参考李胜《有关唐代诗人孙定材料的三则考辨》（《北京大学学报》2005 年第 1 期）。

② 尘衿：《全唐诗》卷七一五作"尘襟"。

③ 东流：《蜀中广记》卷一〇二作"东风"。

④ "明月"句：《唐摭言》卷十作"明日"，《蜀中广记》作"明月影前愁又去"。

⑤ 五溪蛮：五溪指雄溪、樠溪、无溪、酉溪、辰溪。一说指雄溪、蒲溪、酉溪、沅溪、辰溪。汉属武陵郡，在今湖南西部和贵州东部。为少数民族聚居地，故谓五溪蛮。

⑥ 行路曲：指古代乐府杂曲歌辞《行路难》。《乐府题解》："《行路难》，备言世路艰难及离别悲伤之意，多以'君不见'为首。"

⑦ 舌璧山：即本志卷三"舌璧（璧）山"，在州西五十里，州人何环斗（名以让）曾建琴堂书院于其上，又称琴台山。

⑧ 赤松：即赤松子，亦称"赤诵子""赤松子舆"。相传为上古时神仙，一说为晋代得道成仙的皇初平（一作黄初平）。据葛洪《神仙传》载：丹溪人皇初平十五岁时外出牧羊，被道士携至金华山石室中，四十余年不复念家。其兄初起行山寻索，历年不得。后经道士指引于山中见之，问羊何在。初平叱白石成羊数万头。初起乃弃家从初平学道，"共服松脂、茯苓，至五百岁，能坐在立亡，行于日中无影，而有童子之色。乃俱还乡里，亲族死终略尽，乃复还去。初平改字为赤松子，初起改字为鲁班。"

⑨ 目八垓：原志"目"误作"自"，据《刊误表》校改。

⑩ 迥：《陈志》卷十一作"近"。

望江　三丰道人

蜀江何浑黄，黔江何澄澈。两江既合流，两水各殊色。处世忌分明，慎哉泯黑白。

和新建致远亭①　[礼部尚书]刘岌[州人]

伊阳归去已多年，易道光辉在目前。羲圣卦爻文象②备，涪翁题壁古藤悬。千秋鉴透精微理，一画重生先后天③。致远亭成翚旧址，尊贤遗德永昭然。

涪江泛舟　杨慎[新都人]

明月沉清露，秋风起白云。兰桡乘溜急④，木叶下江闻。爽籁金悬奏⑤，遥峰翠积氛⑥。碧潭留雁影，锦汭散虹文⑦。旅望随天豁，幽阿与岁分⑧。登临知自好⑨，寂寞共谁云？

赠张生一鹏归涪江并柬夏松泉⑩　杨慎

家君⑪新自涪州至，袖有松泉经岁字。江潭憔悴采《离骚》，邱壑⑫风流闲启事。西窗剪烛话巴山⑬，空谷跫音一解颜。何日陶潜三径⑭就，追随范蠡五湖间。

寄夏松泉⑮　杨慎

山中睡起三竿日，天上书来五朵云⑯。念我独愁开阒寂，感君长跪谢殷勤。两年故

---

①　致远亭："北岩十景"之一，在点易洞侧，始建于宋嘉定年间（1208—1224），明重建，清重修。嘉庆间重修时，州牧李炘作有《致远亭碑记》（道光《涪州志》卷十一）。又，嘉庆间州牧张师范《北岩十咏·致远亭》题下注云："亭为宋刺史范仲武建，映带江山，下环泉石。"

②　文象：日月星辰的变化迹象。乾隆《涪州志》、涪陵《刘氏宗谱》作"文像"，误。

③　"一画"句：相传伏羲画先后天八卦，始于乾卦三之第一画，乾为天，故指"一画开天"。

④　"兰桡"句："兰桡"指装饰华美的小船。桡，船桨。溜（liù）：向下流的水。

⑤　"爽籁"句："爽籁"指清风激物之声。金悬：亦作"金县"，金鼓之乐。

⑥　翠积氛："翠积"谓翠色重叠，形容草木繁茂。氛：氛围，指周围的雾气或云气。

⑦　"锦汭"句：《升庵集》卷二十"锦汭"作"锦汭"。锦汭（ruì）：美丽的江岸。汭，水滨，此处指江岸。虹文：彩虹般的花纹。文，同纹。

⑧　"幽阿"句："幽阿"指幽静凹曲处。与岁分：依时间的变化而呈现出不一样的面貌。岁：时光。

⑨　自好：自爱、自重。

⑩　《升庵集》卷二五诗题作《赠张生一鹏归涪江并柬太宰松泉夏公》。

⑪　家君：疑误。《升庵集》卷二五作"嘉君"，指张一鹏。

⑫　邱壑：亦作"丘壑"。《升庵集》卷二五作"丘壑"。

⑬　"西窗剪烛"句：语出李商隐《夜雨寄北》："何当共剪西窗烛，却话巴山夜雨时。"

⑭　三径：指归隐者的家园。陶渊明《归去来辞》："三径就荒，松竹犹存。"

⑮　《升庵集》卷三十一题下原注："夏松泉，名邦谟。"

⑯　五朵云：指唐代韦陟在书牍上用草书署名，"陟"字状如五朵云。时人慕之，称五云体。

友①交情隔，千里同心歧路分。奇树花枝②看已遍，不禁春色恼离群。

寿夏松泉太宰③　杨慎

赤舄归来鬓未星，紫垣光焰照涪陵④。山中宰相⑤无尘事，河上仙翁有道经。春色又惊梅蕊白，薰风几换荔支青。停云落月⑥多篇咏，何日《沧浪》⑦一共听。

赠刘秋佩　王守仁［余姚人］

骨鲠英风海外知，况于青史万年垂。紫雾⑧四塞麟惊去，红日重光凤落仪。天夺忠良谁可问，神为雷电鬼难知⑨。莫邪亘古无终秘，屈轶⑩何时到玉墀。

又赠刘秋佩　王守仁

检点同年三百辈，大都碌碌在风尘。西川若也无秋佩，谁作乾坤不老人⑪。

鱼蛮　陈计长［州人］

人居市廛里，子隐淮水中。形声不相吊，心事漫形容。竹木为居室，编栿浮水濛。鱼虾堪作□，无用羡农工。劈水探鲂鲤，易如拾芥荑。于焉蕃孙子，婚嫁索水宫。此为鱼蛮乐，谁知踏浪雄。人间租税大，着地便成瘇。何如鱼蛮子，两脚履虚空。虚空难久得，应与舟车同。鱼蛮抢地泣，切勿语桑宏。

---

① 故友：《升庵集》作"故国"。故国：旧地，指涪州。乾隆《涪州志》卷十："（杨慎）与松泉夏尚书交厚，尝客于涪。"

② 花枝：《升庵集》作"华滋"。华滋：形容枝繁叶茂。汉乐府《庭中有奇树》："庭中有奇树，绿叶发华滋。"

③ 《升庵集》卷二十八题作《夏松泉太宰寿诗》。

④ "赤舄"二句：原志因"未"字位置错落作"赤舄归来鬓星紫垣未光焰照涪陵"，据《刊误表》改。

⑤ 山中宰相：比喻隐居的高贤。《南史·隐逸传》载：南朝梁陶弘景隐居茅山屡聘不出，国家每有吉凶征讨大事，武帝无不前往咨询，时人谓为"山中宰相"。

⑥ 停云落月：《升庵集》作"停云问月"，指思亲念友。陶渊明《停云》诗序："停云，思亲友也。"杜甫《梦李白》："落月满屋梁，犹疑照颜色。"

⑦ 《沧浪》：即《沧浪歌》。《孟子·离娄上》："有孺子歌曰：'沧浪之水清兮，可以濯我缨；沧浪之水浊兮，可以濯我足。'"

⑧ 紫雾：《刘氏宗谱》作"缁雾"，比喻奸佞小人。

⑨ "神为雷电"句：喻天子明察，雷霆震怒，诛灭权宦。或指刘蕙在京被刑之日，其早年研习《易经》的宗师岩（在涪州南一百里凤凰山畔刘氏祖茔右侧，此后因名八卦岩）岩壁崩现天然八卦图一事（刘蕙《秋佩生作墓志铭》）。知：涪陵《刘氏宗谱》作"私"。

⑩ 屈轶：古代传说中一种能指识奸佞的草，故又名指佞草。此处比喻能识别奸佞的贤臣。

⑪ 不老人：涪陵《刘氏宗谱》作"不朽人"。

过荔支园　［清］**李天英**［永川进士］

栈阁铃声杂雨悲①，马嵬谁更吊娥眉。荔支不管兴亡恨，一夜春风满旧枝。

道经涪陵游北岩注易洞②　［四川典试］**王士贞**［山东人］

鸡鸣截江去，磊落见残星。古洞生苍藓，层岩列翠屏。五溪秋水岸，万里碧云亭③。蜀洛④清流尽，千秋忌独醒。

江心石鱼⑤　**王士贞**

涪陵水落见双鱼，北望乡园万里余。三十六鳞⑥空自好，乘潮不寄一封书。

过涪州荔支园　**刘会**［巴县人］

红尘妃子笑⑦，相传采斯土。斯土久荒凉，涪人尚思古。尤物天所忌，何须怨林甫。

---

① "栈阁"句：意同白居易《长恨歌》"夜雨闻铃肠断声"。指唐玄宗入蜀返京时在斜谷栈道雨中闻车马銮铃声隔山呼应，因思念杨贵妃而倍感凄怆，作《雨霖铃》（也作《雨淋铃》）曲以寄恨。郑处海《明皇杂录》："明皇既幸蜀，西南行，初入斜谷，属霖雨涉旬，于栈道雨中闻铃，音与山相应。上既悼念贵妃，采其声为《雨霖铃》曲，以寄恨焉。"

② 道经涪陵游北岩注易洞：王士禛《渔洋山人精华录》卷七该诗题作《早登涪州北岩访伊川先生注易洞憩碧云亭》，题下有注云："岩有山谷题'钩深堂'三大字"。又，诗作者为王士禛，曾因避讳追改"王士正"（参本志卷三注暨同治《涪州志》卷十五）。此处作"王士贞"，或亦取音避字讳。下同不改，以存旧貌。

③ 碧云亭："北岩十景"之一，在点易洞下，宋嘉定间涪州太守范仲武始建。清张师范《北岩十咏·碧云亭》诗自注云："亭峙岩间，周览无际。"

④ 蜀洛：指蜀党和洛党。宋哲宗元祐年间，反对王安石新法的守旧派朝臣三朋党中的两党（另一党称朔党，主要人物刘挚等皆北方人）。蜀党也叫川党，主要成员苏轼、吕陶都是四川人。洛党以程颐为首，主要成员有朱光庭、贾易等。因程颐是洛阳人，故称。苏轼与程颢、程颐交恶，两党互相攻击，势如水火，直至北宋亡。

⑤ 该诗《渔洋山人精华录》卷七题为《涪州石鱼》，为康熙十一年（1672）王氏典试四川时作，由涪州举人陈廷璠书，刻石白鹤梁。

⑥ 三十六鳞：代指石鱼。涪陵白鹤梁上有唐人刻石鱼二尾，鱼身各三十六鳞，毕工毕肖。王士禛《居易录》卷二："予题涪陵石鱼云：涪陵水落见双鱼，北望乡园万里余。三十六鳞空自好，乘潮不寄一封书。又曰：既是双鱼，合道七十二鳞。闻者皆笑之。或以谂予，予亦笑曰：此东坡所谓'鳖厮踢'也。"按："鳖厮踢"一语，典出陶宗仪《说郛》卷三十四："东坡与温公（司马光）论事。公之论，坡偶不合。坡曰：相公此论，故为'鳖厮踢'。温公不解其意，曰：鳖安能厮踢？坡曰：是之谓'鳖厮踢'！"形容不合情理的批评和生拉硬扯的指摘。

⑦ "红尘"句：出杜牧《过华清宫绝句》三首其一："一骑红尘妃子笑，无人知是荔枝来。"

涪州阻水　[四川学政] 吴省钦

外水送孤篷①，又流下武隆②。鱼沉萱草绿，驿断荔支红。山色团杯底，滩声拍③枕中。碧云亭徙倚，莫遣月朦胧。

聚云山④晚归赠源澈上人　[州牧] 国栋 [满洲人]

其一

千峰环古刹，石磴入云层。暂作偷闲客，忻逢竹院僧。人随明月到，心与大江澄。归路何愁晚，回头有佛灯。

其二

溪毛浑漠漠，山谷自棱棱。细路披榛过，危梯数级登。树瘿堪作茗，竹蔓竟为藤。他日重来访，当年到此曾。

予告归里纪恩述怀兼别同人得诗四首　周煌 [海山]

早岁功名际圣朝，抽簪华发已萧萧。多惭素食孤恩久，敢恋青山入梦遥。罢职独闲中禁马 [前岁蒙赐禁城骑马，昨以足疾乞假未能入直]，缀班虚珥侍臣貂。封章一再陈螭陛，耆宴亲留异数邀 [两次乞休⑤，恩谕千叟宴后具奏]。

悬弧才感被恩光 [癸卯冬，余年七十，恩赉便蕃⑥并赐"中枢耆望"匾额]，弹指流年七十强。岂意初衣临祖道，更教昼锦赋还乡。□云湛露⑦颁私第 [新春举千叟宴未得

---

① "外水"句：旧四川以涪江为内水，岷江为"外水"。孤篷：乾隆、道光《涪州志》作"孤蓬"。虽义皆可通，但差距实大。

② 又流下武隆："叉流"即支流，"又"用同"叉"。下武隆：由涪陵到武隆虽是逆水而上，但从大地方（州）到小地方（县），俗称为"下"，故云。

③ 拍：乾隆、道光《涪州志》作"汩"。汩：水流声。

④ 聚云山：涪陵城西十里龟龙关高山，林木苍翠，云雾缭绕，景极幽旷。山上有白云观，一称龟龙寺、东岳庙、赛丰都、法雨寺。乾隆二十九年（1764），涪州知州国栋将其更名为"聚云寺"。传说天宝年间唐明皇游览长江，见山顶祥云升腾，曾率群臣入寺拜佛；又传清代康熙皇帝巡视涪州，亦曾到此供水献花，故民间习称为"天子殿"。寺内有"唐贞观十二年（638）始建阎王殿于山巅"石刻残碑及"洞天福地"等古人留题。可参本志卷三《疆域志三·山川二·古迹》"聚云山"条。又按：原志无"其一"二字，整理所加。

⑤ 乞休：原志"休"误作"林"，据《刊误表》改。

⑥ 便蕃：即"便繁"或"便烦"，频繁、屡次。

⑦ □云湛露：所缺字乾隆《涪州志》（《陈志》）卷十一、道光《涪州志》卷十一、同治《涪州志》卷十五选该诗均作"需"。需云：语本《易·需》："《象》曰：'云上于天，需，君子以饮食宴乐。"孔颖达疏："若言云上于天，是天之欲雨，待时而落，所以明需大惠将施而盛德又亨，故君子于此之时以饮食宴乐。"后用为君臣宴乐之典。湛露：浓重的露水，比喻君主、朝廷的恩泽。

躬与，蒙恩一体赏赉]，旧秩新衔拜宠章[得告后蒙恩以兵部尚书致仕，并加太子少傅衔]。最是天颜容再觐，翠华行处赐荷囊[先是，命儿子兴岱赍折谢恩，上赐煌口食①，并传谕于耕耤回銮时谒觐。是日，跪迎道左，上亲解佩包以赐。仰蒙温谕，感极涕零]。

忆从橐笔入承明，箕斗空名负此生。万里乘槎惭博望[丙子奉使琉球，仰荷天庥，航海无恙]，卅年稽古愧桓荣[戊寅入直书房，迄今已逾两纪]。西川曾谕三章法[奉命三次入蜀，中间得奏请省墓，异数也]，南省频司九伐兵[余以兵部侍郎擢工部尚书，未久，仍调兵部]。毕竟涓埃无报称，觚棱回首祇葵倾。

衣香同惹御炉烟，南浦离情犹黯然。真率最难忘旧侣[戊戌同举真率会者七人，今惟锡山、漳浦两相国在，韩墨庄总宪先赋归田，不无落落晨星之感]，师资终自忝前贤[余屡司文枋②，门人多在京同宦]。鸥边春雨临江驿，乌尾秋风上峡船。莫道天涯从此别，年年倚仗望魁躔。

人日即事[在琉球作]③　**周煌**[海山]

暖云如絮雨如尘，不见长安却见春。十二月中都作客，八千里外未归人。蛮花匝地红于锦，海浪兼天白似银。谁说道衡④离思苦，江南山色尚堪亲。

碧云亭　黄基[州人]

昔人曾此视农桑，人去亭空事杳茫。黔水倒垂波万顷，屏山遥映树千行。几层苔藓偎⑤春草，无数蝉声⑥噪夕阳。欲闻⑦遗踪谁可问，无言桃李笑含芳。

琴山寺　黄基

山形谁造设，古寺以琴名。音自空中出，弦从象外生。焚香挑慧指，洗垢发幽情。应有和风拂，岂无元鹤⑧鸣。声闻天籁静，韵入上方清。不与故人去，长流一水横。

---

① 口食：《陈志》卷十一作"克食"。克食即满语"克什"，指皇上恩赐的物品。
② 文枋：考选文士的权柄。枋同"柄"。
③ 孙桐生《国朝全蜀诗钞》卷十一题下注云："时在琉球行馆"。
④ 道衡：薛道衡（540—609），字玄卿，河东汾阴（今山西万荣）人，隋代著名诗人，有表达思乡心切的名作《人日思归》："入春才七日，离家已二年。人归落雁后，思发在花前。"
⑤ 偎：乾隆《涪州志》卷十一作"猥"。
⑥ 蝉声：乾隆《涪州志》作"蟾声"。
⑦ 欲闻：乾隆《涪州志》作"欲问"。
⑧ 元鹤：玄鹤。崔豹《古今注·鸟兽》："鹤千岁则变苍，又二千岁变黑，所谓玄鹤也。"元，古同"玄"，避清代康熙皇帝（玄烨）名讳，以"元"代"玄"。

游聚云山①　侯天章［州人］

江锁严关胜概雄，危岩高卓矗遥空②。波翻白浪千层雪，路挂青霄百尺虹。几杵钟回尘世梦，数声犬吠碧云中。朱衣皂盖③劳生久，笑眼初开第一峰。

洗墨池④［北岩十景之三，见《王志》］　陈昉［午垣］

分明点画走惊蛇，书法涪翁自一家。濡笔不同头作草，临池想见墨生花⑤。溪光潋荡松烟合，字迹分披⑥雁影斜。六曲小桥闲眺望，黑蛟蟠处乱云遮。

致远亭　陈昉

亭前芳草覆苔阴，槛外飞泉漱玉音。四面云山如图画⑦，一天风月豁胸襟。弹琴清澈千年水，放鹤闲游万仞心。目断飞鸿书不至，怀人江上怅春深。

碧云亭　陈昉

一亭高出与山齐，空水长天望欲迷。城郭午炊烟漠漠，池塘春梦草萋萋。云垂屋角千峰暗，帆过岩廊片影低。人日胜游寻往哲，同怀相约共登梯。

点易洞　［州牧］张师范［晴湖］

烟波洞外一江横，岸帻研经独坐情。数百年前文运厄，九三爻里系辞精。时穷党祸符屯遯⑧，道合天人有弟兄。涪水悠悠通洛水，古贤芳躅暮云平⑨。

不受暑斋［地为伊川、和靖两先生后先栖遁之所，壁镌"尹子读书处"］　张师范

书声去后梵音流［两先生去后废为梵宇，嘉庆丙子辟治一新］，筑室今看洞壑幽。

---

①　游聚云山：《陈志》卷十一《艺文志·诗选》该诗题作"游龟龙山"。

②　"江锁"二句："严关"指险要的关隘；"胜概"指美好的风景或环境；"高卓"谓高超卓越。此二句《陈志》作"赛得酆都势最雄，山连天际水连空"。

③　朱衣皂盖：指入仕做官。朱衣：大红色的公服。皂盖：古代官员所用的黑色蓬伞。

④　洗墨池：同治《涪州志》卷十五题下原注："山谷谪居游北岩题壁洗墨涤砚处"。又，乾隆《涪州志》卷一："州西五里，有溪积水若池，宋黄山谷涤砚于此，因名。"

⑤　"濡笔"二句：同治《涪州志》作"濡墨""笔生花"。

⑥　分披：同治《涪州志》作"纷披"。

⑦　如图画：同治《涪州志》"如"作"入"。

⑧　屯遯：均为卦名。屯：《周易》六十四卦的第三卦，卦辞为"元亨利贞。勿用，有攸往，利建侯"。象征事物初生或事业草创时期，危机重重，充满艰难险阻。道光《涪州志》作"否"，否为《周易》六十四卦的第十二卦，卦辞为"否之匪人，不利君子贞，大往小来"。象征天地闭塞，人心离散，君子宜修省进德以避灾难。遯：《周易》六十四卦中的第三十三卦，卦辞为"亨，小利贞"。象征君子隐让退避，远离小人。

⑨　暮云平：道光《涪州志》作"暮云深"。

竹覆千竿忘九夏，襟披六月似三秋。羲皇一枕窗前卧，宏景三层物外游。面壁达摩尘垢净，飞泉簌簌泻山沟。

短行歌［为孝子孔继智作］　张克镇

橛枪一出妖氛起，十万黄巾若风雨。七十二卡一角崩［贼由三伏岭卡破鹤游坪］，漫说深沟并高垒。卯辰巳午才须臾，数万生灵同日死。孔生孔生一书生，有母何孺人，冰蘖励艰贞[1]；有嫂蒲与舒，随母患难行。当此呼吸存亡际，岂自知其能留万古之芳馨？母曰："儿自为计，毋乱我心。我既老，儿尚少，母恩不必此时报。天荆地棘将何为？原不望儿成愚孝。"刀头过处黑风扫，爷娘妻子不相保。孝子距踊虎咆哮，霹雳一声山岳倒。众贼辟易，骇叹纷纷。有勇如是，好与同群。同群尔可降，即降莫逡巡。孝子昂然气尤旺，瞋目怒发挺相向。委壑填沟我自甘，临难苟免名徒丧。愁云惨雾郁难开，千刀万刀滚滚来。耳可截，齿可抉，头可断，体可裂，只有区区一寸心如铁，纵经百折终难折。吁嗟乎！三军可夺帅，匹夫志难夺。此是嘉庆四年二月事，孔孝子，名继智。

陈节妇割股行　王五总

敬瑜堂前孤燕飞，高秋只雁声鸣悲。燕飞雁叫惨不乐，惊飚吹折珊瑚枝。我有笔如铁，不写浮华写节烈。梦中昨夜吐光芒，笔花灿烂垂成缬。所写者，谁氏子？渝州小女根仙李。嫁与汉平陈氏儿，郎清女秀花初蕊。琴瑟双调无间声，鸳鸯比翼树连理。义门家本豪华族，族华荫弱霜凌木。夫安贫困妾随夫，同奉堂前双舅姑。流光弹指八年逝，逝水东流日西坠。舅往南邦各一天，姑居涪邑成两地。成两地，各一天，甑中尘起灶无烟。全凭纤纤柔黄指，绣出芙蓉五色莲。芙蓉绣出人争市，市得青钱易薪米。磨蝎临宫运复屯，憔悴之中人病矣。缠绵委顿历年岁，费尽兰心勤奉侍。药石翻催二竖凌，阴阳早受三彭制。年壬午，月己酉；病已沉，神失守。闺房独夜阴云愁，天阴雨黑闻啾啾。鬼声惨淡渐已逼，烈志精诚强欲留。常闻古人魂可复，丹忱吁天天为哭。倘得重生死不难，何况区区一块肉！五寸刀，二寸肌，手挥利刃血淋漓。肉掷碗中肉尚跳，不蹙蛾眉尚言笑。和药亲调强入唇，欲从冰窟回春窖。谁知已尽命难回，玉楼竟赴修文召。夫既死，妾奚生？膝前忍听呱呱声。夫亡子幼义不死，肯累艰难白发亲？

---

[1]　冰蘖励艰贞："冰蘖"比喻寒苦而有操守，蘖音 niè。"艰贞"谓遭遇艰难而愈能守正不移。

采兰画荻一肩任，拔心蓍葹空芽萌[①]。路人常叹息，双泪为之倾。我于氏有渭阳谊，素稔其行钦其人。掷毫为写松筠节，淇园冬岭雪双清。

琉球刀歌［为周补之廷授作］ **张问陶**

岛夷作佩求元金，红炉夜铸东海深。七宝装成赠华客，一片冰蛟射人白。携归远自伊奇麻，晶莹照眼生空花。冰光霞彩绚金碧，曾采扶桑十日华。镰锷空明无绣涩[②]，秋霜秋月争寒色。枉将切玉炫西湖，不用揽环夸大食。欢斯开国异姓王，何曾横海勤梯航。空传赍诏虚隋代，几见挥戈黩汉皇。洪武以还修贡职，旄头寸铁不加饰。岁遣银簪耳目官，速香宝扇纷如织。更遇天朝王会新，金函玉册去来频。诏书特免归名马，宸翰常闻赐外臣。输诚从此心逾密，此刀时复充庭实。敢令虎气匿穷荒，要使龙光护云日。圣人格远轻神獒，安用吴钩与孟劳。姑米百年迎使节，昆吾一掷比铅刀。尧封禹贡原无尽，中外一家通献赠。人间觅得重摩挲，抚物长钦天子圣。我从去年游帝京，主人爱刀悬碧罂。为言雷雨破檐柱，如听铃镮匣里鸣。昨夜酒酣双耳热，主人示我惊奇绝。缠身侧润鹈鹕膏，破胆横飞枭獍血。拔鞘起舞为君歌，苍茫冷雾缠星河。藏锋可待张华识，试刀聊随贾岛磨。我闻吕虔旧佩遗王览，貂蝉奕世陪雕辇。乌衣名望似君家，百炼还期君自勉。学剑年年嗜远游，惭余飘泊如风鸥。浮踪拟遍九瀛海，壮志徒存一蒯缑。乃知利器因人别，郁郁尘埃那可说。弹铗长歌绕指柔，投刀顾影肝肠结。灯烬歌残墨未浓，雄心勃勃难销镕。毛锥自笑书生拙，何似将军夺命龙。

涪陵遣怀 ［楚南］**田兴恕**

［同治甲子待罪涪州，时劳文毅公[③]驻黔阳。奉命查办教案，调停不决，牵延年余，羁泊穷愁。因上书黔中执事，甘请谪戍以纾宸廑。聊效寒螀，自鸣抑郁云尔。］

---

① 空芽萌：原志误“空茅萌”，据《刊误表》改。

② 绣涩：疑误，《船山诗草》卷二作“锈涩”。

③ 劳文毅公：劳崇光（1802—1867），字辛阶，湖南善化（今属长沙）人。道光十二年（1832）进士，授翰林院编修。历任山西平阳知府、两广总督、云贵总督，卒谥文毅。

风雨暗涪州，孤臣此寄留。模棱三字狱①，桂玉②两年愁。冒死纾忠愤③，投荒谢寇雠。罪言陈杜牧④，且解至尊忧。

思亲　傅世纶

父在涪州母枳江，儿船今夜泊他乡。凭将几点思亲泪，滴向川流一样长。

有所思　邹增吉[迪俦]

有所思，我思在何所？山之阿兮水之浔，天寒日暮天涯阴；风萧萧兮青竹林，洞庭清猿多哀音。美人敬佩德愔愔，长相思不见，短歌行且吟。感兹时会易，黯然忧伤心，常恐岁月逝骎骎。长淮碧波渺千寻，东有尺鲤困蹄涔。有所思，我思在何所？九嶷山高江水深，天山更在风尘北，草木憔悴徂颜色。有所思，我思在何所？欲往从之清沦涟，神渊动荡不可测；欲往从之嵩峰高，云霋霋兮雷雨黑。柳门近日无消息，有所思兮肺腑刻。安得化为决霄翼？豁然乘长风，送我置汝侧。有所思，搴恻恻！

遣怀[三首]　邹增吉

娟娟素月明，照我室南端。今我若不乐，皋草露已泞。百年一回首，迅若风前湍。安能移所欣，听此秋虫寒。阳鸟日夜飞，努力劝加餐。因之事感激，收涕沾汍澜。

人生各有怀，不耐频急数。美人颜如华，蛾眉工谣诼。皇尸罾告予，如享钧天乐。霖雨既成功，白云近东岳。锦衣恶其锦，璞玉贵其璞。清流日以清，浊流日以浊。

冬草萋萋绿，蜀山寒逾碧。元冥霜气浓，向晚雪英积。阴阳异晷刻，天地自阖辟。此土颇卑湿，于物却宜麦。窗户夜不扃，初月哉生魄。我虽热中肠，叹逝终莫逆。

甲戌十二月感事　邹增吉

仙露金茎去武皇，长留千骑在东方。陆瑜客座悲江总，石显家财付万章。豹尾属

---

①　三字狱：指岳飞冤狱。《宋史·岳飞传》："狱之将上也，韩世忠不平，诣桧诘其实。桧曰：'飞子云与张宪书虽不明，其事体莫须有。'世忠曰：'莫须有三字何以服天下？'"

②　桂玉：桂薪玉粒，喻指柴米昂贵。典出《战国策·楚策三》："苏秦之楚，三日乃得见乎王。谈卒，辞而行。楚王曰：'寡人闻先生，若闻古人。今先生乃不远千里而临寡人，曾不肯留，愿闻其说。'对曰：'楚国之食贵于玉，薪贵于桂，谒者难得见如鬼，王难得见如天帝。今令臣食玉炊桂，因鬼见帝。'"

③　纾忠愤：原志作"忠纾愤"，据《刊误表》校改。

④　杜牧：杜姓州牧，指东汉南阳太守杜诗，在任有惠政，人称"杜母"。《后汉书·杜诗传》："七年，迁南阳太守。性节俭而政治清平，以诛暴立威，善于计略，省爱民役。造作水排，铸为农器，用力少，见功多，百姓便之。又修治陂池，广拓土田，郡内比室殷足。时人方于召信臣，故南阳为之语曰：'前有召父，后有杜母。'"后遂以"杜牧"或"杜母"为对父母官的颂称。

车虚后乘，燕飞深殿锁昭阳。胡髯堕地遗弓剑，回首钧天梦影凉。

都门言事述怀伤春有作 [四首]　邹增吉

都门留滞独伤神，寒食东风欲暮春。骋衍大言天下事，杜陵空望眼中人。落花满地真如梦，芳树平原不隔津。今日此身还健在，廿年心事与谁陈。

日日流光逐转蓬，年年马耳射东风。桓温老去多悲慨，李蔡为人在下中①。客子思家三月暮，壮怀春尽九州空。浮云世事多更变，所幸儒冠道未穷。

落日春风海淀门，黄垆如故与谁论？镏琨故伎逢元子，文举中郎对虎贲。交旧十年云雨散，故人一息死生存。城南无限飞花树，泪尽羊昙醉后村。

芳草萋萋入远山，二年归梦限江关。正当杜曲思家日，不见庞公上冢还。老去情怀工作恶，愁如丝绪未能删。棠梨落尽春溪水，输与渔竿钓艇间。

涪陵县续修涪州志卷二十二终

----

① "李蔡"句：出《史记·李将军列传》："蔡为人在下中，名声出广下远甚，然广不得爵邑，官不过九卿，而蔡为列侯，位至三公。"李蔡（前186—前118）：李广堂弟。汉文帝十四年（前166）从军对匈奴作战，汉武帝时受封轻车将军、安乐侯。元狩二年（前121）任丞相，执政四年，协理汉武帝运武徙民，治吏改币，统筹盐铁，颇有政声。下中：下等里的中等。

涪陵县续修涪州志卷二十三

艺文志五

诗选二

登晏海楼放怀八首［楼在海澄东郭］　　石彦恬［麟士］

百尺凭临万派流，寒潮吹送海门秋。遗民浪指田横岛［谓郑成功］，词客思登谢朓楼。五两帆樯衔尾进，千章鹳鹤别群游。几人没水探蟛蛤，闲煞摇摇双白鸥。

一年作宰便休官，父老逢迎强为宽。俗吏岂嫌归计早，吾民欣当故人看。几能楼槛消尊酒，何处江头不钓竿？野服依然褛襁子，从今免著骏骒冠。

秋士含愁那可申，官钱例不贷羁臣。伤心北海看羊事，不见南山射虎人。时命颠连忧毁议，死丧相继哭宾亲。怒涛乱扑西风紧，此地登楼剩一身。

野云横压女墙阿，负郭游人听放歌。江上孤吟羁思苦，眼中朋友谪官多。覆蕉死鹿醒疑梦，衔索枯鱼泣过河。一夜忽闻番舶至，手提盾鼻几回磨。

汉时水战习昆明，唐代句骊跨海征。七万余程来作贼，百千亿劫此佳兵。青云干吕尔无识，红粉为君国已轻。知否楼船诸将在，肯教丑虏竟横行。

远寇何为蔓草延，祸萌蓦数已多年。华书利马窦能读，炮火佛郎机创先。牛则有皮谁借地，鸦飞成片散为烟。从来越海诸关吏，举货惟知重税钱。

未请长缨鬓已凋，眼看楼橹欲招招。小范老子甲恒足，故李将军弓尚调。苦忆艰难诸弟妹，相期归老一渔樵。男儿名许燕然勒，铁弩年年梦射潮。

楼前杯酒酹秋风，骨肉飘零老泪中。入世自难无患子，余生应付信天翁。烂羊何意频书爵，辽豕无烦与论功。沿海当年谁御寇，戚家曾此备倭戎。

绝命词十首 [并序]①　　**王向氏** [向深之女]

[妾涪陵向氏女也，嫁夫巴邑王氏长郎，未及一年，倏焉即世。昨年不幸，翁又病亡。一家孤弱，茕茕无恃，朝夕相对，只令人悲增忉怛耳。近有无知之辈，以不入耳之言来相劝勉。俯思衣食事小，名节事大，欲保名节，惟有身赴清流葬鱼腹中。但孀姑在堂，群季尚幼，身死不明未免遗累。冷夜掩泪，题绝命词十首藏诸笥中，他日烧烛检阅，妾之死既明，妾之姑亦无累也噫！]

一从宴尔效于飞，身系王郎不忍归。荆布钗裙寒士女，岂忘敬戒与无违？

幼读诗书虽不多，也知东作与南讹②。蒸梨炊黍③三更续，敢怨微躯受折磨。

屈指于归未一年，儿夫倏尔丧黄泉。耕田供职缘何罪，妾欲焚香一问天。

踯躅长号呼不应，梁摧栋折地天崩。捉刀割股寻常事，这样恩情得未曾。

无端妇口劝谆谆，怜我如娇廿五春。回首当年花烛夜，何心再觅画眉人。

薄澣我衣④省我亲，阿娘亦劝再联姻。柏舟原在中河内，母也天乎不谅人！

夫泪未干翁继之，一家孤弱倩谁持。闲来怕读安仁赋，恐惹孀姑老泪垂。

吾家两弟倍艰辛，能历艰辛自不贫。创业守成谁个事，须知嫂是未亡人。

阿翁服制未周年，又别孀姑各一天。此是儿家心恨处，披麻一绺报黄泉。

拜祝高堂不必忧，儿魂常在此山头。明朝一夕成千古，江上峰青姓字留。

涪州北岩注易洞⑤　[四川学政] **吴省钦** [江南人]

江桡赴岩翠，桡动岩亦动。蚁旋附危急，衰草幂其空。三休入孤院，倾耳辨弦诵。有怀风教存，右折访岩洞。山寒地坚瘦，宿涔惨凝冻。滑洇循坡陀，打面雨飞送。举

---

① 道光《涪州志》卷十一该诗题下原注："道光二十三年三月初五日作"。

② "也知"句：东作：谓春耕。《书·尧典》："寅宾出日，平秩东作。"孔传："岁起于东，而始就耕，谓之东作。"南讹：亦作"南为""南伪""南讹"，指夏时耕作及劝农等事。《书·尧典》："申命羲叔，宅南交，平秩南讹，敬致。"孔传："讹，化也。掌夏之官，平叙南方化育之事……四时同之，亦举一隅。"东作南讹：泛指农事。该句同治《涪州志》卷十五作"《女箴》《内则》记无讹"。

③ 蒸梨炊黍：指粗劣的饭菜。蒸梨：即"蒸藜"，煮野菜。多误"藜"为"梨"。藜：一年生草本植物，茎直立，嫩叶可食。

④ 薄澣我衣：语出《诗经·周南·葛覃》："薄污我私，薄澣我衣。"谓勉力去掉污秽、清洗干净内、外衣服。薄：勉力；或作助词，相当于"乃"。澣：同"浣"，与"污"均为洗涤之义，"污"为揉搓漂洗，"浣"乃石上捣洗。衣：与"私"（女子平时居家所穿的衣服）相区别，是女子出嫁后会见客人、拜见舅姑等长辈，以及参加宗庙祭祀时所穿的礼服。

⑤ 据原志《刊误表》校改。

头见水帘，帘底日穿缝。始知置身处，虚厂覆帷幪，坏藤络虬龙，老树鸾鸾凤。留题半磨灭，姓名孰珍重？讲筵赴编管，济恶语堪痛。阙里注《周易》，奥义揭尘梦。石床坐生徒，造次古礼用。尔时川党贤，应悔市争哄。堂成岁三稔，涪翁适过从。擘窠榜钩深，陈义庶善颂。自为夷陵徙，渐作讲堂供。迹削名愈高，吾学著前统。彼哉王真人，炼气习腾虹。览古心激昂，幽幽碉禽嘶。

注易洞用吴白华先生诗韵　[四川学政]周厚辕

绝磴陟秋水，一啸群木动。山腰复右折，石腹裂中空。剜苔索古镌，钳口难成诵。钩深尚有堂，点易此其洞。阴凝绍圣元，冰坚天地冻。端礼碑未书，汴水帆先送。崇政去已远，织网密无缝。一舸泛黔涪，四境乐幪幪。海外几归人，朝端鲜鸣凤。致此岩窦栖，势比丘山重。剥余硕果甘，否极群贤痛。象占箕子贞，易拟周公梦。居安序自清，乐玩词堪用。如何洛蜀争，亦效邹鲁哄。二贤幸趋向，四座闲宾从。涪翁两字书，范守千秋颂。槛外朱碧流，逐作潢污供。此邦藉沐浴，继学得真统。繄我远游人，落帆一飞虹。仰止问津梁，山禽隔林嘶。

题陈观察预鉴湖石鱼记[①]　赵秉渊

鉴湖湖水清且涟，天光荡漾云霞鲜。垂虹下吸碧波涌，蘋蘩荇藻相萦牵。石鱼有二谁所凿，欲考甲子嗟年湮。文鳞六六象惟肖，一衔芝草一青莲。或隐或见瞻政绩，此语自昔渝人传。范卿先生[②]太邱裔，司牧兹土崇正前。双歧五袴[③]口碑颂，鱼也跃跃浮清渊。扬鬐鼓鬣任潜泳，似与赤子同欢然。沧桑陵谷二百载，循声惠政犹流连。使君数典不忘祖，祗奉彝训来旬宣[④]。诵芬述德志颠末，遐征文献搜遗编。丛残纪事若符契，足以传信无疑焉。大书深刻示来许，观感兴起思前贤。昆明迹荡劫灰古，石鳞甲随秋风湮。岂若此鱼被余泽，数罟不入忘其筌。濠梁之乐非所拟，矢诗窃比嘉鱼篇[⑤]。

---

①　道光《涪州志》卷十一该诗题作《读陈笠帆观察鉴湖石鱼记敬题卷末》。
②　范卿先生：陈预五世伯祖陈良谟。《鉴湖石鱼记》："陈良谟，字范卿，一字士亮，吴江人，万历壬午举人。知涪州有循吏声，江中石鱼出者三，州人皆谓惠化所感。"
③　五袴：亦作"五绔"。《后汉书·廉范传》："建初中，迁蜀郡太守……旧制禁民夜作，以防火灾，而更相隐蔽，烧者日属。范乃毁削先令，但严使储水而已。百姓为便，乃歌之曰：'廉叔度，来何暮？不禁火，民安作，平生无襦今五绔。'"后以"五绔"作为称颂地方官吏施行善政之词。
④　旬宣：周遍宣示。语本《诗·大雅·江汉》："王命召虎，来旬来宣。"毛传："旬，徧也。"
⑤　嘉鱼篇：指《诗·小雅·南有嘉鱼》，叙宾主淳朴真挚之情，兼表求贤之意。

留别涪州士庶［七律四首］　［州牧］姚宝铭

鉴湖风急晚潮凉，掠水帆痕动日光。三叠怕传杨柳曲，十年亲领荔支香。蓟门天路重听雨，锦里归程总历霜。回首黔山兼铁柜，屡经甘苦在戎行。

丁年移郡过东川，近邑黄巾蔓欲延。宝马短鞭朝探贼，跕鸢深潦夜巡边。寒山四月天飞雪，荒店千家灶禁烟。征鞁频烦民困久，刘郎何忍选青钱。

滇氛未靖粤氛来，遍地风尘亦可哀。七日庭无师可哭，一江门已盗潜开。危城共保关天幸，剧贼纷逃岂将才。叹惜疮痍犹未起，几回歇马重登台。

十载淹迟热血红，茧丝保障总成空。被兵民气愁难复，悔祸天心幸屡丰。遗爱愧人称众母，去官顾我是儒童。临歧持赠无多语，弦诵和亲化自隆。

留别涪陵士庶　［州牧］沈宝昌

去年胡为来，今年胡为去。清夜一思量，来去失所据。良由吏才疏，挟持本无具。利果能兴乎？闾阎未充裕。害果能除乎？盗贼未捈捕。决狱非所长，使民劳讼诉；催科亦太拙，使民困征赋。纵令宪典宽，将毋苍生误。兢兢深渊临，懔懔朽索驭。当食每长叹，就枕犹惶怖。踌躇重踌躇，固应避贤路。重负释一朝，暂得安闲趣。内省难自宽，敢望舆论恕。

临去负官钱，累累盈钜万。不节则嗟若，自疚复奚怨。乏术事补苴，徒手张空拳。我友尽鲍叔，分金当夜宴。倾囊各佽助，代我偿其半。其半尚未偿，终夜自忧叹。嗟嗟州人士，为我绸缪善。一人奋臂呼，百人闻声劝。锱铢积累成，居然数千贯。顷刻府库充，余力行装办。譬如横流中，拯我登彼岸。我实难为情，众谓诚所愿。何以报吾民，结草殊难遍。行行去此邦，登舆泪如霰。

性本同鳞羽，雅与山水宜。一自来涪州，爱此山水奇。官衙西北隅，有楼将倾欹。缚茅略修葺，耽玩山水姿。俯瞰江浩渺，仰望峰嶔崎。近窗安笔砚，置几列鼎彝。四壁碑墨拓，双琴弦朱丝。清晨茶一瓯，良夕酒一卮。晨夕偶临眺，心旷神为怡。无如繁剧地，殊鲜闲暇时。兴欲琴樽寄，形先案牍疲。楼外事纷纷，楼中踪迹稀。去去与楼别，楼长系我思。

此邦士大夫，爱我谓我好。我过为曲原，我善为扬表。时至偓之室，言论每倾倒。相孚在心性，相交在义道。政事得师资，学问每探讨。我爱王君仲［王春圃孝廉］，登楼情缥缈。我爱傅修期［傅子卿中翰］，上马才惊矫。贺监性恬淡［贺琢山山长①］，潘令政通晓［潘醒园广文］。吕虔志远大［吕昆圃明府］，刘向事稽考［刘朗斋司马］。落落李元礼［李黼堂明经］，其年渐衰老。遥遥高达夫［高静山学博］，乡居相见少。兄弟汝南周［周寿田、慎堂诸君］，乔梓天水赵［赵鹤书父子］。数之难更仆，一一萦怀抱。祖饯开绮筵，离肠九回绕。相期崇明德，令名各永保。琅琅赠别章，琛秘同瑰宝。莫嫌宦囊空，诗卷压装饱。

读明史感作　陈梓［字君木］

先为僧后为帝，天子乃出皇觉寺；先为帝后为僧，归来博得老佛称。祖孙二人相更换，一致太平一遭难。佛法由来重圆通，似此圆通亦可叹。君不见，后世更有正德皇，自铸金印称法王。

野亭　陈梓

不尽登临兴，寻芳上野亭。江流如许碧，山色为谁青。壮志消书峡，闲情付酒瓶。茫茫身世感，大海一浮萍。

荔支园怀古　陈梓

君不见长孙丞相迁涪陵，空佐秦王奋龙兴。又不见伊川先生擅理学，编管涪陵折其角。名臣名儒竟如斯，至今邦人宜念之。区区一妃子，尤物移人②耳。博得三郎欢③，嘉果名犹纪。忆昔天宝承平年，纷纷贡献充华筵。荔支微物何足贵，南海戎州争乞怜。涪陵不幸产此果，其园乃在州治左。想见红尘一骑驰，星夜输将急于火。君王含笑呼玉环，可念蜀山蜀道难。沉香亭④北梨园奏，磊磊落落盛金盘。一颗荔支供宫阙，十家五家民力竭。料应擅自发明驼⑤，定将此物赐黠羯。噫吁嘻，阿忠半臂换斗面，潞州别驾承天眷，平韦氏乱宠杨妃，取悦妇人无乃眩。荔支荔支尔何知，

---

① 贺琢山山长：据本志卷十二《人物志二·笃行》"贺太璞"传云：太璞字琢山，同治甲子举人，主讲钩深书院十八年。原志作"贺琢山山长"，"贺"当为"贺"字之误。

② 尤物移人：谓绝色女子能移易人的情志。语本《左传·昭公二十八年》："夫有尤物，足以移人。"

③ 博得三郎欢：原志作"三郎歌"，据《刊误表》改。

④ 沉香亭：唐兴庆宫内亭名。是唐玄宗为了与杨贵妃在夏天纳凉避暑而建造的一组园林式建筑，传说全部用沉香木建成，故称。

⑤ 明驼：明驼使，唐代驿使名。乐史《杨太真外传》："妃私发明驼使。"杨慎《丹铅总录·明驼使》："唐制，驿置有明驼使，非边塞军机，不得擅发。"

当年曾入长生殿①。

故蜀北苑梅龙行　余藩［仕彬］

油油禾黍蜀宫土，莽莽榛芜梅花坞。蓁龙人去不归来，满院春风谁作主。坤维卯兔坐金床，离宫别馆何辉煌。蚕市不如花市好，只劝种梅莫种桑。罗浮夜夜恣行乐，摩诃池上看龙跃。虬枝不受霜雪欺，雏干惜无风云托。烛天王气出青城，江山几度看人行。棠蕊未随金辇入，柳枝又报玉箫声。辉辉赤赤麋鹿沼，箭壶漏短东方晓。天台道士灌口神，星冠霞帔双龙绕。龙涎阵阵暗香过，摧谢梅妆可奈何？龙行不渡秦川水，梅花翻愁征调歌。我来梅花已尽摘，宣华龙化空月魄。君不见，峨眉顶上娑罗开，犹为君王一夜白。

彝陵晓发至黄牛峡　周庄

解缆东复东，北风振落木。好山江上环，迎人故回复。高者立如人，峻者挺如鹿。群峰趋寒流，城郭控平陆。一帆翦江行，舟轻任泂洑。山川有收拾，江狭水渐曲。鼓棹穿石隙，激浪猛难服。悬壁烂银色，蒙茸被岩谷。岫峭天难圆，凫寒烟成束。矫首堕飞鸟，冻云截岩腹。樵唱攀枯藤，盘空磴道属。隔岸有人家，红树低于屋。沙塍辟半弓，山瘦土无沃。健妇勤耕犁，犹见太古俗。泊舟夜欲雪，拥衾转瑟缩。蓬窗灯影寒，凛凛鼍鼋窟。

舟发黄牛峡晚泊黄陵庙　周庄

天寒草木枯，水落石龈露。白痕截半壁，下有乱石路。拽舟转侧行，急流石益怒。重岩望若颓，阴岭神先怖。绝顶搏人形，独立少依附。侧张琼玉屏，又疑冰山互。莹白渍墨痕，万古风不蠹。石梁驾飞桥，猿猱自来去。前途帆影没，水穷万山赴。豁然辟异境，令我起沉痼。联缀三五峰，俯仰各回护。锐首插天半，长身遏江路。中峰辄离立，奇秀天应妒。午晴豁双目，欲留舟不驻。船头纳远影，云山来无数。出峡望转遥，百里咫尺误。迤南山渐低，层叠浪痕布。地拓江势纡，村僻民风素。低松半成林，蔽门出高树。古庙祀黄陵，实维神禹助。望岸峰回环，断云锁来处。

巫峡　周庄

数峰戴残雪，岩岫何杳冥。晨兴朔风厉，峡口扬孤舲。巉巗数千丈，纵横乱麻皴。邃洞见窾郤②，削岭钟秀灵。石上石偃仰，峰头峰屈伸。突形挺危脊，侧理批逆鳞。丛

---

① 长生殿：唐华清宫殿名，即集灵台。本是供奉皇帝灵位之地，唐玄宗与杨贵妃曾在此七夕盟誓。白居易《长恨歌》："七月七日长生殿，夜半无人私语时。"

② 窾郤：空隙。原志"郤"误作"卻"即"却"字。

草缝争裂，尺木根珑玲。赭壁划白道，溜雨犹斩新。两旁墨渖注，挥洒浸嶙峋。棱棱刀剑迹，截空天无青。大造生山川，一气鼓鸿钧。雷霆鞭龙骨，岂复加砮硈。纤悉毫发具，雕劓亦何神。谁施混沌斧，万古老斫轮。

行行至青石，异境开鸿濛。逦峭插天际，仰见十二峰。峰尖峰争出，峰峰尖不同。小峰尤秀削，突出峰当中。离立抽玉笋，盘亘攒芙蓉。凌霄耸健骨，出尘有英锋。乾坤萃精魄，因之灵秀钟。乃知位置高，呵护在化工。

李渡[①][在涪陵西赤甲山之东，大江北，余家在焉。唐李白曾渡江于此。]　**傅炳墀**

赤甲山前古戍屯，江流浩淼抱云根[②]。楼台夜月长庚渡，花柳春风太乙门[③]。下界星辰浮水国，上方钟磬落烟村。年年送别河梁客，黄草峡西欲断魂。[太乙，门名。]

鹬蚌谣[感事也]　**傅炳墀**

晚步溪塘上，欢然逢渔父。渔父投竿向我语：今日之日幸勿苦！鹬分蚌分，两两相持。反掌捕之，忿争徒尔为不雨。鹬所诅，不出蚌所訾。鹬蚌之技止于此，因以为利易易耳。乃知今古称英雄，侥幸成功或如是。我语渔父且勿欢，今日之日亦偶然。不信夜来风雨恶，大波卷去钓渔船。

书愤[题壁五首录二]　**傅炳墀**

妖星才堕石头城，回纥天骄苦用兵。万里旌旗青海月，十年笳鼓玉关营。受降不作张仁愿，破虏终输李北平。圣主垂衣西顾切，可能销甲事春耕。

廿年烽火照黔滇，岭峤疮痍亦可怜。合浦珠光愁远徙，越裳雉羽滞邮传。铜山屡上波斯舶，铁瓮犹多海客船。幸仗天威能震詟，吾皇神武是周宣。

---

　① 李渡：古称"洪渡""洪州"，以石梁蜿蜒起伏，状若游龙，又称五龙镇。后改名李渡，一说是因为唐代李白曾经往来经过，如明万历中何宇度《益部谈资》卷上："黄庭坚尝谪涪州守，因自号曰涪翁；李白尝避难过涪州，故今镇名曰李渡。"乾隆《涪州志》"李渡镇"："州西三十里。唐李青莲过此入夜郎，故名。"道光《涪州志》："（李白）昔入夜郎往来于涪，后遂改涪之五龙镇曰李渡"；一说是在明万历二十二年（1594），因举人李应宣致仕回籍，施船济渡而得名。明清时期，李渡发展成为涪州最重要的商贸集镇。万历四十一年（1613），著名学者曹学佺过李渡时即有"涪陵李渡最繁华，不用词人枉自夸。荔枝一骑驱秦岭，古木千童入汉家。"（《李白渡》）之咏。

　② 云根：山石。梅尧臣《次韵答吴长文内翰遗石器》："山工日斫器，殊匪事樵牧。掘地取云根，剖坚如剖玉。"

　③ 太乙门：诗尾有注云："太乙，门名。"也称乙天门，是位于李渡镇西大巷子尽头高岩上的一道拱形石门，相传因太乙真人曾在附近的太乙洞修道而得名。其下有长江渡口，即长庚渡。光绪年间李渡儒生毛凤韶有《李渡十地名风景诗》云："太乙门高岩百尺，长庚渡阔浪千重。"（《李渡镇志》）

离堆叹　傅炳墀

岷江来从万山中，悬流激箭趋朝东。益都天府势处下，离堆作障回奔洪。蜀王混沌不敢凿，武丁空有开山雄。金牛突兀度剑阁，牧马家儿吞蚕丛。沃野千里待霖雨，高低挹注难为功。远矣明德太守李，为我度土鞭毒龙。擘山浅留巨灵迹，凿空上与银河通。砥柱中分渝两派，天瓢倒泻飞双虹。淘滩作堰浅深纪，决渠降雨歌年丰。冯夷稳护支祁锁，井络高筑宣房宫。功德及民民永赖，二千余年成仙踪。何来好事今节度，纷纷新法矜明聪。井田改制秦商鞅，周礼误国王荆公。熬波已失夷吾算，治水徒效崇伯忠。廿年负薪塞瓠子，一朝裂石摧崆峒。白叟黄童叩马首，吏胥荷锸趋如风。锦里忽如酸枣决，坐看玉垒浮青空。果见桑田变沧海，鳖灵上诉悲皇穹。况乃一通遂一涸，旱干之害将毋同。曲防祸邻古有禁，黄尘遍野飞哀鸿。吁嗟乎！从古治蜀多君子，规随画一功勋隆。变古殃民胡为尔，蜀人千载愁荒凶。娲皇不炼补天石，离堆缺陷无终穷。

东乡哀　傅炳墀

愁云四塞天苍茫，旄头堕地成天狼。雷电晦冥九阊闭，冤魂白日埋东乡。东乡居民十万户，岁佐军储输缗苦。县官贪冒迫追呼，豪族强梁类跋扈。上书告变何太诬，大府赫怒无斯须。岂知苍生一路哭，疑是铜马千群呼。连营东下楚氛恶，巴渝黯淡警风鹤。狐鸣篝火渺无踪，惟见哀鸿转沟壑。县官雠民如雠贼，县民避贼乃避兵。官兵诘问民与贼，一例杀贼何纵横。父老纷纷跪马首，欲诉含冤罗浆酒。妖星焉能烛覆盆，自负杀人好身手。军声杀气满原头，万人号哭天为愁。牵爷负子就屠戮，血水横溅巴江流。将军穷搜方驻马，归饮帐中醉颜赭。子女金缯载满船，琵琶夜唱赍堤下。漆城荡荡郁不开，愁魂怨魄声呼哀。雷公仰击惊明圣，巫咸下问空疑猜。令甲朦胧诛祸首，网漏吞舟贷功狗。日月终不照阴岩，三字狱成莫须有。狱成入告圣皇知，沉沉浩劫天能欺。却怜流血良家子，人耶鬼耶至今疑［当事覆奏谓杀伤仅数人］。吁嗟乎！官军杀民胜杀贼，大吏何心为隐匿。重闻直道证神羊，终见恩私党鬼域。故李将军尚骑驴，断头遗黎竟何辜！朝廷休养二百载，脂膏胲尽仍骈诛。太息从前万家县，烟火凋零桑田变。县官按亩仍索租，风吹陇草骷髅战。前年官军杀权庄，去年官军杀东乡。权庄之冤幸能雪，东乡之冤独飞霜。飞霜陨地百草折，子规年年啼恨血。行人洒泪过巴州，往事伤心总能说。［咸同间，制蜀使者骆文忠一人而已；皖江吴公，萧规曹随，诅祝半焉。

朝廷以蜀为西陲要地，民物繁庶，赋入滋益，特简重臣来镇。使者至，有志更张，纷纷号令，不欲蹈袭前人。惜其性情坚愎，意自可否。离堆凿，则益都增旱涝之忧；盐务改，则官吏起侵渔之弊。至于营私徇利，实则犹人。东乡覆盆之冤，言路忿然；意有所袒，弗肯为白。迹其所为，率不便于蜀，且无裨于国，怨声作矣。夫风人之旨，随感即兴；不平之鸣，有触斯应。维桑与梓，乌能嘿然？悲夫！寄痛哭于长歌，庶几令后人哀也。赤甲道人缀述。]

俄警乞盟　邹增祜

控弦决亭障，烽火一朝惊。淮水未闻捷，澶渊已结盟。大臣伸国体，天子惜苍生。北狄终无厌，防秋未可轻。

黑鹰叹　邹增祜

黑鹰林中啄黄雀，凤凰在天心不乐。嗟尔黄雀诉无由，天门荡荡何寥廓。国家立祚二百年，官征引税商行盐。圣皇亦知稗贩利，受大取小诚非贤。胡为今兹不吠犬？纷更约束行非典。一任旁人冷眼看，炙手可热乾坤转。昨日官家修大仓，愚民弃地奔走忙。符拘估值诺唯唯，谁敢阻阁躬离殃？诏书勿与民争利，上言便国益生计。似闻昨有进羡余，盛朝未有琼林意。委曲取息交相资，商贾所事官岂宜？设吏募军费财广，营贩之利何能为。咸阳姓伟田间起，亦登政府邀金紫。竟使朝廷府库充，未免违时伤治体。背负肩挑能几何，亦欲出算租同科。前岁蓬溪首发难，今又四境民风波。昔日征商亦不罕，此法即当除此款。况闻别税侪其中，出入相偿利殊缓。即今百物壅不行，利权归上操奇赢。曩日腾踊引禁讼，今若昂价何能争？吁嗟乎！人苟无才不如已，生事塞责古所鄙。必待痈溃悔则迟，异时当思福建子。

和议　邹增祜

虎旅桓桓集凤城，又传和议践前盟。中朝将相原能战，圣主金钱固所轻。宋室郑公争献纳，汉廷樊哙敢横行。元戎未必无长策，只恐强胡衅易生。

戊戌纪事　邹增祜

阊阖天门玉槛凉，何知蚁虿拟蛙肠。白榆翔集南溟羽，丹桂翻倾北酒浆。蜀鸟残魂悲望帝，公羊大义托尊王。真成捕雀无名举，饮就狂泉图更狂。

蟾蜍蚀月薄瑶京，翻覆波澜指顾倾。训注寡谋终自取，伾文窃柄竟无成。华亭忆鹤空闻泪，函谷听鸡且学鸣。宋玉有魂招不得，笛声斜日总凄清。

庚子纪事　邹增祜

岂有开山遁甲图，干戈儿戏假神巫。狐鸣夜火空张楚，鹿上春台自沼吴。谁信黄天传谶记，浪传玄女下兵符。陆沉漫洒新亭泪，血溅西风满旧都。

回首幽州白日寒，不知西笑有长安。青牛函谷来周史，黄鹄离宫见汉官。百二关河高枕易，万千门户庇才难。劫灰莫问昆明水，直恐铜仙泪未干。

碣石卢龙秋草荒，汉家宫阙付斜阳。鲁连蹈海谁高士，韦粲营淮竟国殇。亦有衔刀来岸虎，不闻注矢射天狼。中流击楫平生志，坐见飞尘入建章。

玉门西望古条支，吮血磨牙计早施。已自控弦窥汉月，况闻投袂举荆尸。红尘万骑仙居暗，白骨千村鬼哭悲。猿鹤沙虫同一化，责言深悔补牢迟。

新会厓门吊宋亡　邹增祜

大风吹海海逆流，六飞杳霭黯帝舟。天崩地坼[①]救不得，赤日无光薄神州。小星纷纷大星散，南船胶沙倏不见。何曾痛饮抵黄龙，坐见横江来白雁。烟雾茫茫洋水浑，君臣鱼腹竟何存！自此沧溟失尺寸，难从破碎扶昆仑。瓣香祝天天何有？北人欢欣劳斗酒。那能三户遗楚民，无复一成追夏后。吁嗟乎！南朝建国势本偏，金专于后辽暴前。甘输岁币先自侮，岂独仁柔所使然。惟留正气山河抗，前有将军后丞相。犹胜陈桥兵变时，小儿束手待禅让。

论曰：说者谓自来开化之先后，视乎交通。汉唐都长安，士大夫往来京蜀由栈道。其由峡江上溯者，至万州则改从驿路直达成都，避水程之险远。故前代川西北最冲要，文风易较盛。涪近黔州，硕彦名流除迁谪罕经斯土，风气不开，交通不便也，予以为是固然矣。顾《宋史·刘光祖传》有《涪州学记》，其书今虽不传，足见伊川、和靖、涪翁诸名贤流寓之后，谯、矍两先生潜心道学，人士已被涵濡。至明清注重时艺，朴学渐微，又邑少藏书，寒畯鲜览载籍。即欲绣其鞶帨，为后人覆酱瓿，亦何可易言？予前主钩深讲席，捐置不止万卷，闻多已残缺。今众议博求图书，筑馆陈列，俾有志之士互相观摩，斯文庶不坠于地乎！

涪陵县续修涪州志卷二十三终

---

① 天崩地坼：原志作"天崩地圻"，误。

涪陵县续修涪州志卷二十四

杂编一 [《陈志》名见闻，序云：大凡祲氛符瑞，足以滋生人之妄；虚无寂灭，每至混吾道之真。至若兵燹蹂躏，世道所关，纪载尤宜慎也。矧蓬岛祇园^①浪传仙佛，纵使般若可筑，羽化立见，何益于世？稗野偶登，亦庄生"存而不论"^②之意耳！]

　　孔子修《春秋》，左氏依经作传而别著《国语》，盖亲见百二十国之宝书。其与《鲁史》所见异辞、所闻异辞、所传闻异辞者，衷诸圣以息卮言，亦取诸人以资多识。后世外传之作，此其权舆乎？稗官野史杂家者流，踳驳琐屑，繁委奇诡，不堪据为典要。然小说也，或轶事传焉；俚言也，或名理寓焉。凡事之机祥、时之治乱、人之贤否，可以推见隐微，考倚伏者，固征验之一助也。谚有之："虽有丝麻，无弃菅蒯。"爰搜佚逸，以殿志乘云。

　　祥异 [《陈志》序云：古今言灾祥者，率祖《洪范》与《春秋传》。其他史册所载，代不绝书，要皆立论以垂戒修省，非徒托之异说也。其间治忽休咎，预为之兆，无不旋至而立应者。勿谓方州百里间，遂可略而弗载也！]

　　《传》有之："天灾流行，何国蔑有？"则防御于未然，补救于事后，宜有其道焉。

---

　　① 蓬岛祇园：蓬岛即"蓬壶"（蓬莱山），是神话中渤海里仙人居住的"方丈""瀛洲"等三座神山之一。祇园：是梵文意译的印度佛教圣地之一"祇树给孤独园"的简称，由舍卫城的"给孤独"长者购置城南祇陀太子园地，祇陀太子奉献园内树木，合建精舍，献予佛陀释迦牟尼说法的地方，故以二人名字命名。

　　② 存而不论：语出《庄子·齐物论》："六合之外，圣人存而不论；六合之内，圣人论而不议。"指把问题保留下来，暂不进行讨论。

而弭祲氛，召和气，要惟在上者是赖。彼"虎渡河，蝗不入境"，独何人哉！

（唐）武后时，涪州人范端化为虎（见《新唐书》）。

（南汉）李期时，涪陵民乐氏妇头上生角，长三寸许。

（宋）雍熙四年，有犀自黔南入州，民捕杀之，获其皮角。

淳化三年，维摩洞庆云^①见，石生鬣鳞^②。

咸平元年秋八月，大风坏城舍。

天圣元年春三月庚辰，涪陵县相志寺^③夜有光出阿育王塔之旧址。发之，得金铜像三百二十七。

庆历三年秋七月戊辰，夜有黑气长三丈许，自西南及天而散。

绍兴二年春，大疫，死者数千人。夏五月，渝、涪皆旱。

十五年夏四月丙申，彗星见参度；五月丁巳，化为客星，色青白，六月乃灭；六月乙亥朔，日食于井。

绍熙二年，夔路五郡饥，渝、涪为甚。五月，渝、涪皆旱。

开禧元年，涪州大旱。二年，涪州饥。

（明）正德十六年，武隆甘露降。

嘉靖二十一年，武隆清溪左山崩。

二十三年，武隆鬼入市肩人。

万历五年，武隆蝗虫，禾根如刈。

八年三月，武隆雨沙，黄云四塞，牛马嘶鸣，沙积如堵。

十四年三月，武隆火龙见，其长亘天。

（清）康熙三十四年，大有年。

---

① 庆云：即"景云""卿云"，五色云。古人以为祥瑞之气。

② 鬣鳞：不词，疑误。《陈志》卷十二作"鳞鬣"。

③ 相志寺：仅见于蒲国树主编《涪陵市志》："东晋时，枳地相志寺有阿育王塔。"（四川人民出版社1995年版第1417页）；《宋史（卷六十六）·志第十九·五行四》有该条原文，但作"相思寺"。此外再无涪陵"相志寺"及"阿育王塔"的任何文献记载，同治《重修涪州志》卷十六《拾遗志·灾祥》直接将此条简化为："天圣元年春三月，金铜佛出于土。"据上，大约可以初步断定：所谓相志寺，应即唐宋时期贯休《秋过相思寺》、冯时行《春日题相思寺》等诗里的相思寺（又名灵迹寺），在涪陵北岩。

雍正元年①，大有年。

乾隆二十五年七月十二日，涪陵江泛水及武隆司署，仓廒尽没。

四十三年戊戌，北背弹子溪巨鱼见，逾时乃隐。夏大旱。[谚云："见则岁歉。"是岁，斗米银二两四钱，道殣相望。]

四十九年甲辰，秋大熟。

五十一年丙午春正月朔，日食既。夏五月六日，地震。六月九日，羊角碛山崩，滩险自此始。

五十七年，涪陵江大水淤塞土涝子滩。

嘉庆三年三月，涪陵江大水淤塞小角梆滩。

十年七月②，有星孛于西，数月乃没。

十三年戊辰三月二十二日夜，大雨雹。二十五日亦如之，涪陵江水溢淤塞老君滩暨曲尺子滩。

道光三年癸未四月三日夜，大雨雹。涪陵江水泛山崩，乾沟一带尤甚，边滩险自此始。

六年丙戌二月二十八日，有流星大如盆。[旧志云："自东而西，其行有声，曳尾约长四五十丈，阔三尺许。光焰杂赤黄色，声殷殷如雷。"]

七月丁亥五月二十四日，西里雨雹坏田庐。

八年戊子三月六日，大雨雹。[鹤游坪、西里马溪同日损坏田庐无算。]

十年庚寅五月十三日，涪陵江水泛。[巷口、土坎民舍湮没过半，中嘴灾尤甚。东岸一带仅存武隆司署，水及檐。]

十六年丙申，长里豺狼食人以数百计。

十七年丁酉三月二十七日夜，大雨雹。[东里石柱山一带灾甚。]

十八年戊戌三月二十五日夜，大雨雹。[西里石桥、长里清溪沟桥、蔺市板桥俱没于水。]

四月十八夜，大雷雨竟夕，长里文家坝发蛟。

---

① 雍正元年：据《刊误表》，原志"雍正元年"前该页版心内容""卷二十四杂编一祥异"误"祥异"作"异祥"，今省无。

② 十年七月：原志误"十七年月"，据《刊误表》校改。

　　二十一年庚子春，大饥。［旧志云：穷民掘白坆①土，质细而性粘，谓之"观音粉"。锄芭蕉根，桐麻皮裹白泥煮食之。气梗不下，多死者。"］

　　秋七月，三窝山大风坏禾。［旧志云：三窝山风猋发，则百余里禾稼皆损。嘉庆中，孝廉王玉成禜之，辍者二十余年。同治七年，钟学使骏声经其地居民以请为文祭之，势少杀。今久不复作矣。附录钟骏声《祭风神文》曰："同治七年八月既望，四川督学使者钟骏声谨以特豚庶馐，致祭于三窝山之风神，曰：惟神上应箕宿，列在祀典，其不宜肆虐于民也明矣。今使者奉天子命按试过此，三窝之民走相告语：年来暴风为厉，伤损禾稼，甚且拔木坏屋。屡祷不应，民甚苦之。使者听之，大惑。夫禾稼，民之命也；材木屋宇，民所托庇以生也。今圣天子在上，虽万里之外，无使一夫不得其所。神于此，正宜扬诩万物②，以佐阜财解愠③之治，而乃发扬蹈厉，逞其雄威。得无谓僻陋在边，声教所不及欤？夫损物利己，仁者不忍为也。况无利于己，有害于民者甚大乎？今使者与神约：能和育群生，为仁风，为惠风，安守此土，以受三窝山之民之奉祀可也。如必逞其威怒，一发不收，则东海之东，北海之北，何不可与或飔④或飏，气求声应乎？倘久踞于此损物害民，恐乖上天好生之德。天心仁爱，必不听神之久逞其毒也。使者敢以正告，神其思之，幸甚！使者为文既毕，复侑以诗，知使者之为忠告也。其诗曰：'三窝之山摩苍穹，三窝之民乐且丰。何期沴气酿为厉，年年暴怒来飘风。暴风一发不可止，损禾拔木如秋蓬。束牲荐币祷不应，吁嗟恐惧民所同。使者轺车昨过此，白叟伸诉遮黄童。猝闻众言心大惑，敢告一言神听聪。民为神主神所祐，和风习习无怨恫。圣朝修祀遍五岳，群山望祀随华嵩。神也正宜大扬诩，阜财解愠侔化工。毋谓天灾人所招，赦过宥罪能感通。天心仁爱育万物，百神体天咸克忠。神所福民民所幸，不然一策其通融。迅疾无如飔与飏，计日不爽长其雄。神如慕之声相应，盍从海北与海东？俾民饮和厚食德，望衡对宇仓箱充。民心既悦天亦喜，神之秩祀将更崇。使者过此心匆匆，

――――――――――

　　①　白坆：色白而隆起的土堆。
　　②　扬诩万物：《礼记·礼器》"德发扬，诩万物"之义，谓将道德发扬至天地万物身上。扬诩：发扬张大。
　　③　阜财解愠：厚积财物，消除怨怒。语出《孔子家语》卷八《辨乐解》第三十五："昔者舜弹五弦之琴，造《南风》之诗。其诗曰：'南风之熏兮，可以解吾民之愠兮；南风之时兮，可以阜吾民之财兮。'"后因以为民安物阜、天下大治之典。
　　④　飔（chāo）：凉风。

庶馐荐洁乏五猴。为民请命布寸衷，神其听之驾䩄惊。我黍与与禾苊苊，村村报赛歌神功，烝哉神泽其庞鸿！’”]

冬十月，虎夜入民舍挟小儿卧，晨跳出攫邻妇以去。

二十二年壬寅夏六月，稻禾两收，岁大熟。

二十三年癸卯二月十八日夜，白虹西入参井指东南，旬日乃灭。

秋八月二十七日，天裂有声，流光数丈。

二十八年戊申夏六月，黄龙见于长里。

三十年庚戌冬十月，全涪地震，水泉簸荡。

咸丰三年癸丑三月十四日，雨雹。

四年甲寅夏五月，雷雹大雨，箐口发蛟。十一月五日，全涪地震。

六年丙辰，有黑气如引绳际天，旬日乃散。

七年丁巳春正月，大风坏奎阁。[风起涪陵江，奎阁五层当其冲，折为两断，坏民居无算。未几，有刘汶澧之变。]

二月，长里铜锣铺夜见灯火，隐隐鼓鼙声，林鸟惊噪。

八年戊午秋八月，蚩尤旗见西方，光芒竟天。

九年己未春三月三日，昼晦。

夏四月九日，李渡镇火，死者六七百人。邑中翰傅炳墀著有《火灾行》云。

八月，鹤游坪桃李梨花。

九月大雨，白里发蛟，罗家场居民多罹水灾。

十一月十六夜三鼓，流星大如斗，自东而西，殷殷有声如雷。

十年庚申秋八月，红蜻蜓蔽天东飞三昼夜不绝，蚁雀斗于东门外桂里坝。

十一年辛酉夏五月，黑雨三日，田畴水尽墨，虹屡夜见。二十五夜，长星出台阶[1]之次，光芒竟天。南行经紫微垣入天市垣，没于心、房[2]之交，凡五十余日。

同治元年壬戌三月八日昼晦雨雹，时石逆围城。[是日巳刻昼晦，一时许天始渐开，雷电交作，大雨雹雨如注。]

---

① 台阶：古星座名，即“三台”。共六星，分为上台、中台、下台，两两并排斜上，如阶梯，故名。三阶平，象征天下太平，因此亦名“泰阶”。

② 心、房：均为星宿名，指心星和房星。

四月二十七日夜，大风拔木，白里砦堡皆火，雷震三日不绝。

二年癸亥夏五月，雨溢；秋，长里犀牛坑稻穗两歧①；冬，甘露降。

三年甲子，米腾贵，斗米钱二千六百文。

夏四月七日，小东门外顺城街火。[被灾者三百七十余家。江西公所青龙阁高踞城垣，着焰立焚，风扫而坍。]

秋七月十八日，北门外枣子岩火，被灾二百余家。

五年丙寅夏五月大雨，白里发蛟，云里亦发蛟。

八年己巳春三月，东门外半边街火，被灾七十余家。

秋八月，桃李花；九月，两虎自黔中入。[虎渡大江北岸，千余人逐捕，杀其一，额有字；一逸。十二月三日黑雨。]

九年庚午正月五日，南门外较场坝火，被灾二百余家。夏，扬子江大水。[淹及小东门，城不没者一版。又西门、北门俱进水，城外民房被淹几尽，漂流者二百余间。大渡口及李渡、珍溪镇俱于水至处刻其石曰："庚午大水涨至此"。]

光绪七年辛巳，大有年，斗米钱五百文。

十年甲申秋八月，大火。[由黄泥坡常姓家起，延烧南、西、北三门外居民数千家，烧死人民数百。戌初火作，寅初乃熄，祠庙皆毁，为涪自来未有之火灾。]

十二年丙戌，米贵，斗米钱一千四五百文。

二十二年丙申秋七月，霪雨。[由七月初七夜雨，连月不止，稻谷已收者糜烂，未收者生秧，小河一带山崩不少。]

二十三年丁酉，大荒。[斗米钱二千四百文。各处草头木根掘食殆尽，道殣相望。知州国璋办赈设厂施粥，饥民就食日数百计。拥挤倒毙，时有所闻；殍于半途者，亦十居八九。]

二十六年庚子春三月初六夜，大雨雹。[雹大如拳，长、白、云三里多有豆麦、禾苗、罂粟俱尽者。]

二十七年辛丑夏六月，大火。[由枣子岩民家失慎起，延烧进城，州署被焚。]

三十一年乙巳秋，大水。[江水涨至小东门城脚，较庚午年小丈余。]

---

① 　两歧：此指稻穗由一分为二或出现两个分岔的特异现象，为丰收之兆。亦作"两岐"。

宣统元年己酉秋七月十一日，大火。[午后二钟，由铁炉嘴失慎起，延烧进城，至衙门口坎下乃熄。]

冬月十二夜，涪陵江大水。[巷口、中嘴一带，比庚午水痕较高；河坝盐仓，刮去盐包无算。]

二年十一月十一日，天裂。[傍晚由北塔起，一线直达望州关。青气在东北，浑气在西南，分天为两段形。移时，合成一片，浑气始消。]

涪陵县续修涪州志卷二十四终

涪陵县续修涪州志卷二十五

杂编二

兵燹[《陈志》序云：我国家皇图巩固，四海晏如，百数十年来人民不见兵革，诚太平盛世，普天率土之荣幸也。涪之先，其受乱不可考，惟明末寇贼蹂躏，狼烟四起，鹤唳风声①，惊惨倍至。谨采夏公道硕《纪变略言》并《蜀碧》载入，不敢多入齐东之语。]

戎马之祸，烈于天殃。保聚数十百年，寇盗所经，无不残破，而军旅之征发，暴民之搜括继其后。"贼如梳，兵如篦，乡勇如薙"之谣，景象如在目前，为之心痛。

周战国，楚威王使庄蹻将兵循涪陵江上略巴郡、黔中以西。

秦司马错自巴涪水取楚商於之地为黔中郡。

汉武帝时，使发南夷兵征南越，且兰不从，乃反。汉发巴蜀校尉击破之，遂平南夷为牂牁郡。[乐史注云："今涪州之义众郡②也。"义众即今石柱。]

建安十六年，先主率万人溯江西上③，所在供奉，入境如归。至巴郡，严颜拊心叹曰："此所谓独坐穷山，放虎自卫者也。"先主由巴水达涪。十九年，诸葛亮、张飞、赵云等溯江，降下巴，东入巴郡。赵云自江州分定江阳、犍为，飞攻巴西，亮定德阳。[今州境有铁柜城、张爷滩诸古迹。]

---

① 鹤唳风声：听到风声和鹤叫声，都疑心是追兵。形容人在惊慌时疑神疑鬼。唳：鸟鸣。原志误"唳"作"涙（泪）"。

② 义众郡：曹学佺《蜀中广记》卷三十九《边防记第九·下川东道·石砫宣抚司》引乐史注云"今涪州之义泉郡也"，"义众"应为"义泉"，下句同。

③ 溯江西上：原志"溯"作"沂"，当为"泝（溯）"字之误。下"诸葛亮、张飞、赵云等溯江"同误同改。

晋永宁五年二月，氐隗文①反于巴东。三月，文武共表巴郡太守张罗行三府事。罗治枳，自讨文于宫圻②，破降之。旋叛，罗败死。三府文武复共表涪陵太守向沈行西夷校尉，使民南入涪陵。

建兴元年春，向沈卒。涪陵多疫疠，各郡太守令史共推汶山太守涪陵兰维为西夷校尉。[时中原既乱，拯救无所顾望。蜀郡太守程融等共率吏民北出枳，欲下巴东，遂为雄将所破获。]

义熙三年，刘豫使刘敬宣讨谯纵。敬宣入峡，率舟师由忠、涪趋重庆，遣别将出外水，自率诸军出垫江。八年，复命朱龄石等进讨。龄石自白帝仍由忠涪兼行至平模，敌出不意，奔溃纵走死，蜀平。

梁大宝二年，宇文泰命尉迟迥袭取成都，遣别将东略，重、涪、忠、夔以东皆为西魏地。

唐上元二年，黄莘峡 [即黄草峡] 獠贼结聚，江陵节度请隶于江陵，置兵镇守。

大历四年，泸州刺史杨子琳作乱，沿江东下。涪州守捉使王守仙③伏兵黄草峡，为子琳所擒。

开成三年，牂牁蛮寇涪州之清溪镇，镇兵击却之。

后梁乾化四年④，高季昌以夔、万、忠、涪四州隶荆南，兴兵取之，不克。

后唐长兴初，孟知祥与董璋合谋拒命，石敬塘等讨之，不克。董璋陷阆州，遂略涪、合、巴、蓬、果等州。三年，知祥复并东川。

宋乾德二年⑤，王全斌等伐蜀。刘光义克夔州，尽平峡中地万、施、忠、涪、开诸州。

治平中，熟夷⑥李光吉、梁秀等三族据板楯蛮地劫掠边民。板楯七姓蛮，唐南平獠也。熙宁三年，转运使孙国、判官张说使兵马司冯仪、弁简、杜安行图之，因进兵，

---

① 氐隗文：原志“氏”误作“氏”，据《刊误表》校改。
② 宫圻：原志误“圻”作“坼”。
③ 涪州守捉使王守仙：原志误“守捉使”作“守提使”。参本志卷三《疆域志三·山川二》“黄草峡”条“涪州守捉使王守仙”注。
④ 乾化四年：“乾”原志作“乹”，据《刊误表》改。按：考“乹”古同“乾”，原志实不误。
⑤ 乾德二年：“乾”原志作“乹”，“乹”同“乾”。据《刊误表》改。
⑥ 熟夷：相对于“野夷”而言，指开化的少数民族。

复宾化砦，平荡三族。以宾化砦为龙化县，隶涪州；建荣懿、扶欢二砦①。

开庆元年三月，蒙古主蒙哥攻合州，命其将纽璘造浮桥于涪州之蔺市以杜援兵，吕文德攻浮梁，力战得重庆。淳祐十八年，宪宗自引兵由忠、涪渡鸡爪滩至石子山，督战合州城下，会师围之。

德祐元年冬，张珏复泸、涪州，遂败元军于重庆［张珏留合州以抗元军，且遣师复泸、涪二州。及围兵，以不合而溃②，珏乃得入城，遣将四出，元兵屡败。］

景炎三年，元兵入重庆。张珏率兵巷战不支，归索鸩饮，不得，乃顺流走涪。不花遣舟师邀之，遂被执至安西砦，解弓弦自经死。涪州守将王明不屈被害。

元汪德臣，世显子，袭父爵为总帅，从入蜀。将军出忠、涪，所向克捷。

至元八年，刘思敬授西川副统军，与宋臣战于青城。宋兵大败，攻克嘉定、叙、泸、忠、涪诸郡。

至正十四年，明玉珍以兵千人，桨斗船五十，溯夔而上。时青巾盗李喜喜聚兵苦蜀，元义兵元帅杨汉以兵五千御之，屯平西［涪州平西］。右丞相完者都镇重庆。

明洪武四年正月，征西将军汤和率副将周德兴、廖永忠等以舟师由瞿塘进涪州趋重庆。

天启元年辛酉夏四月，贵州土司奢崇明奉调入重庆，巡抚王象乾至演武厅点兵给饷。贼目张同以标枪③射杀象乾，遂反，城中大乱。警报至涪，署州牧胡平表徒步入石柱效秦廷之哭，土司官秦良玉率所部上援。贼趋成都，良玉入城安抚，涪境获安，因立胡公祠城北祀之。

崇正十六年癸未夏五月，江北摇黄十三家贼"遵天王"袁韬、四队王友进④、"必反王"刘维明等攻劫鹤游坪，坪民争渡南岸避乱。

---

① "熙宁三年"条：《宋史》卷四百九十六列传第二百五十五《蛮夷四·西南诸夷·渝州蛮》记载为："熙宁三年，转运使孙固、判官张诜使兵马使冯仪、弁简、杜安行图之，以祸福开谕，因进兵，复宾化砦，平荡三族。以其地赋民，凡得租三万五千石，丝绵一万六千两。以宾化砦为隆化县，隶涪州；建荣懿、扶欢两砦。"其中原志"孙国"为"孙固"，"张说"为"张诜"，"龙化县"为"隆化县"。
② 不合而溃：清《御批续资治通鉴纲目》卷二十二作"不和而溃"。不合：同"不和"。
③ 标枪：原志作"标戕"，疑误。
④ 四队王友进：应即"夺食王"王友进。

八月庚寅，官军败绩于罗池、竹山等。摇黄诸贼咸集，遵天王曰："川东北寨峒仅存一二，不若重庆渡江，南至叙、马，可就食。"由是，梁、垫、长、涪大小峒寨皆被破，积尸盈路，臭闻千里。

十七年甲申春正月，贼烧李渡镇。分守道刘龄长遣兵勇百余渡江哨探，遇贼杀伤过半。［是年，夔巫十二隘总兵曾英御献贼于万县湖滩。二月庚寅，贼陷万县，曾英退保涪州望州关。又，湖滩之溃，余大海走涪州。］

六月八日，张献忠入涪。先是，初五日曾英至涪为守御计，于两江滨联以木棚，贼尾其后。初八日贼大至，舳舻继进，分巡道刘龄长退走綦江，郡守冯良谟退至彭水。曾英以寡不敌众，退走望州关。薄暮贼追至，英下马持刀，殿于关口要路堵截，官兵乃得过关。贼拥上，英短兵相接，被伤昏死，落坡下。夜深贼去，英甦起，复从水路奔去。由南川至綦江，贼焚官民舍，城内外皆为灰烬。

十一日，贼分水陆二路起营。陆由南川，水由大江，约十八日会于重庆。

九月，曾英从綦江以练兵至江津下重庆，军声复振。

乙酉春三月，贼发伪水军都督下取川东，曾英大破之，诏封英为平寇伯。［曾英泊船两岸。警至，英令家眷退涪州，只留战船数百。号发，水师将余大海等水路迎敌，自率马步从北岸潜赴合州地，袭取广才营于多功城。贼溃渡江，淹死无算。于是两路夹攻，贼大败奔回，涪州得有两载之安。督师王应熊为英题升总兵，继题封"平寇伯"，有印。］

十月，明官兵乱。总镇甘良臣、副参贾登联、莫宗文、屠龙、英、王祥、胡朝宣、王启等[①]走忠、涪、泸、合、永、遵，所过皆劫掠而食。东南大扰，庐舍悉空。

清顺治二年乙酉三月，明参将杨展复叙州。总督樊一蘅令余大海、李占春取忠、涪。

三年丙戌，明副将曾英请屯田于重庆，不果行。由是兵皆抢劫，自叙、泸至重、涪，打粮一月，往返无异于贼。

四年丁亥，摇黄贼掠北岸，袁韬亦率众□万军于涪。时民虽降而劫掠如故，死亡不可胜数。

---

① 总镇甘良臣等：据李馥荣《滟滪囊》附《欧阳氏遗书》（一名《蜀乱》或《蜀警录》）："屠龙"为"屠隆"，"英"即"曾英"，"胡朝宣"为"冯朝宣"。

五月，肃王发贝勒、贝子诸营下取涪州，袁韬大败，渡涪陵江走贵州。八月，李占春统诸营上复重庆［占春一名"李鹞子"］。摇黄久掠川东北，千里无烟，野无所掠，贼党王友进、扈九思等复由涪州、武隆、彭水过江口，掠绥阳、綦江。十二月，袁韬与李占春等争功，自相攻杀，占春败退下涪州。

五年戊子，李占春结营平西坝，日以采粮劫掠为事。人众失耕，饥馑、瘟疫俱作，死者十之八九，由是百里无烟。

六年，李占春仍营平西坝。

七年，李占春仍营平西坝。

八年辛卯，刘文秀将卢名臣击李占春、余大海于涪败之，二人降于清。李占春旋遁，复擒之。［三月，献孽孙可望、刘文秀、王自奇降袁韬、武大定后，乘势下叙、泸，陷重庆。至涪州，败李占春于群猪寺口，遂陷涪州。占春投诚清朝，而涪州已空矣。］

康熙十三年三月，总兵谭洪反应藩王吴三桂，东川州县皆陷，涪州陷于贼。

十九年正月，湖广提督徐治都败贼将杨来嘉于巫山，复夔州。重庆、涪陵亦复。

二十年，谭洪、彭时亨等再叛于川东，涪州被扰。九月，贼尽入滇，阖境肃清。

嘉庆二年十一月二十五日，白莲教匪王三槐由黄草山入州境劫掠烧毁，琛溪、李渡蹂躏尤甚。［贼三次往来，飘忽无定。鹤游坪下四周乡市砦硐，杀掠搜括几无遗类。］

十二月，涪州、大竹、邻水各团勇拒贼，王三槐复回达州。

三年十月，林亮功余党王光祖、包正洪、萧占国、张长庚等复蹂躏江北涪、忠诸地。

四年二月，群贼窜川东，鹤游坪几为贼据。坪中白家场李扳弓杆潜通贼，初八夜引贼由三伏岭卡入坪，势甚炽。武举谭在榜等急赴勒宫保大营［营在垫江县董家场，离坪三十里。］，号哭请救。大兵至，贼遁。

二月，官兵屡挫徐天德、冷天禄二贼于涪州、长寿、大竹，徐天德窜达州，冷天禄窜邻水。

十一年，长寿马鞍山教匪倡乱，纠合州民王于崇等起事。邑人陈焕率团勇捕剿，立平。

咸丰七年二月，刘汶澧据鹤游坪倡乱伏诛。先是，二月朔，重庆镇总兵皂隁由峡江与宜昌镇会哨归，过忠州、垫江、丰都，汛俱告变言：涪州鹤游坪奸民有谋不轨情事，风声张甚。而州汛把总龙安邦独无禀，皂问鹤游坪情形，不能对。访于州大夫，闻先孝义君有干略。差弁片①延至州，孝义君面呈："谋叛何等事！邻汛可以风闻，一禀塞责。涪汛当得实情，请饬赴坪查覆。"皂深然之。虑龙不能办，委孝义君往查，龙副之。州大夫问派兵役若干，孝义君辞兵役，驰书嘱团内猎户陈芳元游猎保合寨左右，听调遣。行至琛溪，龙怯不敢往，延三日，孝义君迫之，初八日始行。至中途，遇州同崑秀老仆携小主杂难民奔至，言刘汶澧昨夜树旗戕官，据寨反矣。孝义君折回琛，遣人禀镇军，愿率团练剿捕。皂派差送轿前红伞至琛，并驰谕坪上下各团汪绍洋、赵衔宣、赵宗宣等以此为信，协力会剿，而自返渝调兵食。孝义君十三日率练赴坪，各团俱响应，密令人函告芳元捣其巢，举火为号。汶澧遣匪出拒，孝义君谕："尔等皆良民，何苦从汶澧为逆取族灭？我已间道禽②汶澧矣。"适寨中火起，烟焰冲天，指示贼皆反顾。遂溃，长驱入寨。陈芳元缚刘汶澧至，孝义君亦获通贼弑崑主之州同家丁刘七，解州凌迟。汶澧之母妻家属，均正法。先是，妖人刘义顺匿住州城，煽惑远迩，汶澧其党也，潜约五月五日起事。教中王巴颈案先破，义顺远飏。汶澧见事泄惧诛，乃先期举事。

咸丰十一年，发逆伪丞相傅姓、伪检点李姓由贵州窜川境，八月一日由红荷关入州界，李瑞率众御诸土地坡。贼越弹子山至羊角碛，在籍新津县教谕高伯楷率团蹙之。初七日，贼扎浮桥东渡涪陵江，至三窝山火炉铺等处，知州姚率在籍教谕毛徙南、在籍督标守备黄道亨、武生王应锡罗富春、职员陈实禄、监生李芝青等摄其后。初十、十一等日，贼由木棕河窜彭水，我军追至黔江而还。贼所过杀掠，村市为墟。

咸丰十一年十二月，滇匪周蹂子踞鹤游坪。先是，周蹂子踞梁山县平井铺。警报至涪，十六日知州姚至鹤游坪，以守御属③州同郑邦尉。十九日，改令保举训导汪绍洋领其事，不相下。二十三日，贼过垫江县直驱鹤游坪西北，人情恇惧。二十四日，团兵纷无统属，各溃散去；郑州同奔涪州。二十五日卯刻，贼由石峡卡间道上坪，驻州同署，联营三十余里，号称二十余万，搜括钱谷，掳掠人口，折民舍为营房，拣悍贼据要隘，官兵屡攻不克，欲据为老巢。迄同治元年二月二十八日，贼目蓝大顺、曹统领自垫江至鹤游坪，欲与合。贼内相忌，三月二日蓝、曹二逆由李渡、琛溪镇入丰都县。

---

① 差片：疑为"差弁"之误。差弁：被派遣向外传话、办事，以保持与外界联系的差役或低级武官。

② 禽：通"擒"。

③ 属：同"嘱"，嘱咐、托付。

七月，楚军云集州城，贼掠亦无所得，部下多逃亡。闰八月十八日，始起营去。

同治元年二月七日，发贼伪翼王石达开拥众数十万由石柱寇涪州，涪陵江东岸贼垒二百余里。伪宰辅赖汶洸最悍，为前锋。三月三日，扎浮桥由朱家嘴渡涪陵江而西，入正安州、南川县折而北。三月十二日，由南川县合口河入州境之冷水关。十三四日，入巴县之木洞镇。贼行迅急，一日夜率二百余里，各隘防守兵弁猝不及防，所至摧破。

三月初七日，石达开围涪州。越六日，围始解。初，屡得谍报：石达开将率众入川，取道涪州。州署又迭奉督谕，严为戒备，知州姚宝铭与邑绅周增祐等议防守、练兵团，时参将徐邦道适回籍，遂以军事委之。姚与周等专任筹饷，邦道以其随行亲兵数十人为头目，编成民兵十大队，朝夕训练。二月初，道员张某绰号"张长毛"奉总督令带兵千余人、船数十艘来防涪陵江，又调津、巴、綦、南及本州人赍粮撑栅协助。自州城起迄羊角碛以上，营垒连接二百余里，扼贼西渡。初四五等日，谍报纷纷，谓贼旦夕至。邦道欲先发以挫其锋，日率骁劲数十人渡抵塘，上凉水铺，折而东北下刘家山及群猪滩哨探，抵暮沿江返城，数日未见贼踪。初七日黎明，仍如前往巡。至凉水铺大溪东，突见贼前锋黑旗队从小径来，不过数百人。邦道易之，挥众迎击，贼骤退。邦道锐进，转山角，贼队潮涌来。邦道知不敌，战且却。左右渐伤亡，遂下令退，邦道自殿后。至石桥，士兵甫过，贼忽绕道来据之，归路断。邦道所乘马系秦陇名驹，屡经大敌，善解人意。自桥下游鞭之，马跃溪过。有亲兵三名附其尾，亦得免。乃率其残部至小河边，饬各船悉泊西岸。午刻，贼大至，竖大纛于插旗山，蜂屯蚁聚，不下数十万众，以山半为防御线。每日，邦道激励将士渡江往击。然彼众我寡，且自下仰攻，无由得利。相持十余日，邦道审情势，知贼必西渡，设以长围困我，樵汲、救援皆绝，何以能固？商于姚牧，限三日城外居民悉迁入城，违即论以军法。届期，近城庐舍肆廛悉焚之，撤其墙垣砖石筑水城：南门外，从三炮台起，西北折下龙舌街，迄于大江；东门外，自奎星阁城根起，东下皂角湾至铁炉嘴，迄涪陵江，五门皆包入水城内。时二月二十八日也，浅见者多以江防甚固，贼未必飞渡，何遽残毁民居？浮言遂起。邦道不为动，惟日夜备城守。三月初三，夜将半。忽闻山顶大呼云："贼从上游彭水界渡江矣。"守者惊扰，纷纷奔溃二百余里，江防顷刻瓦解。张道以其兵船退泊于水城之内，毫无纪律，居民出避他处者，必要截其财物、妇女。又，汲水一担，必索钱一千文。城内太平池、泮池水皆罄尽，人心惶惶。幸天大雨连绵五、六日，人皆接檐溜以备炊。初七日晨，石达开自陈家嘴、夏家嘴两处扎浮桥渡江，筑长围将我涪水城围之，以南门外黄泥坡为中心，东折过石嘴、仰天窝，下火炮铺、半边街、盐店嘴抵涪陵江；西折由六郎街、演武厅迤北至龙王嘴抵蜀江。贼所踞黄泥坡、仰天窝，皆高瞰涪城，相距不过数十丈，时以铳轰击城中。先是，邦道见贼渡江，即令城中人除妇孺外，皆登陴守垛，一人右垒砖石，左集灰罐。十垛为一牌，正副二人，侧安行灶，置釜煎便溺，防贼薄城，口呼交令、接令，上下应和，不容停止。近东南城垛，守者隐垛下，避贼铳；入夜辄燃草纸由洞掷出，令十垛以外人探头下视，恐贼薄城也。日中、夜半，则易班。邦道率亲兵时巡视，勤者奖，惰者罚；姚牧亦率绅团日出查看，派科房书吏为稽查，轮班梭巡①。自被围之越日，即大雨连绵，巡者、守者胥冒雨轮流，无稍懈。城防既固，贼技不逞。黄泥坡畔，近贼垒有草屋一向，贼日以锣鼓阗其中。众咸谓贼乐而演剧，邦道独曰："是将开地道以轰城，故藉此以乱其声耳。"遂下令由城内二炮台起筑月城，复掘巨渠积水，又作深壕置大瓮，令人守听。如闻震响，即决渠水灌壕；月城内守者，人持火药一罐。外城被轰，下有水壕，上有火城，可无虞也。后贼退，查城外后溪，果有隧道，深二十余丈，去南门咫尺，中有巨棺满置火药。又时燃二炮台上巨炮，轰石嘴等处贼垒，然终不足慑贼之气。姚牧刺血写请救文书，日数发。十二日，天稍霁。候补知府唐炯、记名总兵唐友庚奉令自渝率兵来援，舟蔽江下。北岸刘岳昭兵亦到，驻北山坪。入夜，灯火照耀满山，城中气益壮。十三日，姚牧置酒劳两唐，两唐约邦道巡城堞，觇贼情。至南城女墙，贼铳毙唐镇亲兵一名。唐大愤，旋州署集议出击。贼要隘三，两唐与邦道拈阄各攻其一。炯拈得黄泥坡，友庚拈得龙王嘴，邦道拈得仰天窝。次日黎明，友庚兵自舟登陆，沿蜀江赴龙王沱，贼亦出队应之，大战于大河坝。炯与邦道皆衣红色短袄，裹青巾，着快靴，自西城关庙巷子城堞上，右执兵戈，左挟棉捆，跳跃而下，率兵勇出水城分道前进，城中人民升屋登陴，以助声威。四山贼立如林，堡子城一带尤层叠如蚁附。高埠有黄盖，下八抬显轿坐一人，峨冠黄袍，左右前后着绯紫花绣者，不可数计。后有自贼逃出者云："盖下人，即石达开也。"邦道出水城，乘骏马，提双刀，左右卫卒四，由接脉桥左侧义冢坡上攻仰天窝。贼乱石下如雨，不能进。复令士卒各持扉板，掩护以前。将近贼垒，石下愈密，兼以火铳乱

---

① 梭巡：往来察看。

击，我兵略有伤亡。少退复进，如此数次，迄未得手。炯所攻黄泥坡，战况与邦道略同。盖贼凭高而我仰攻，是以难也。自拂晓迄日中，相持不决。炯觇黄泥坡石级畔之草屋近贼垒，前日在此鸣金鼓者皆退入垒中。炯于是募壮士持引火物蛇行，缘土坡上焚草屋。久雨草湿，浓烟蔽空。时值东北风，烟匝贼垒，守垒者眼皆昏迷，铳声渐歇，投石亦稀。炯遂挥众遽进，甫傅贼垒，城上人见之大喜，不约而同万人齐呼曰："贼败矣！"如暴雷骤电，地动山摇，江北刘军亦相助呼喝。堡子城上，黄盖忽撤，贼大溃，各垒贼即仓皇奔走。邦道与炯跟追数十里，贼自相践踏，伤亡无算，城围解。

同治三年，贵州号匪盘踞正安州之丁家坝。骆制军调楚军及州属龙洞场团丁防诸大河坝。五月二十二三等日，贼众至，团丁出隘御之遇伏，被害四十八人。六月十二日，贼分扰龙洞、广坪，烧杀掳掠，成总戎耀星率湘勇六百大创之，十三日贼去。

宣统三年夏历七月，总督赵尔丰捕咨议局议长蒲殿俊等十八人禁锢之，以谋不轨入告。又电鄂督，捕副议长、州人萧湘交看管。人民执香跪督辕求释以百数，卫兵遽开枪，声言当剿。各属起同志军自保，朝命岑春煊入川，未即行。州人、弼德院参议施愚专折奏议员等无罪，请谕督臣勿操切，留中①；致函鄂督，言萧湘在外，于成都事无涉，亦不覆。旋改命铁路大臣端方察办四川事务，端奏请调在籍前翰林院编修施纪云帮同察办，允之。八月，端乘轮至州，延纪云同至重庆，力言民实非叛，始议决。主抚端电奏："十八人，四川翘楚，督臣轻听诬之。"电至鄂不能通，乃遣人赴西安电京。既先后得武汉、宜昌失陷报，纪云一再请将所带鄂军千五百人饬令回援本省，遣知府恒芳严防下游，俱先嘉纳而次日格不行，盖随员刘某师事端者，把持之。纪云以端坚任刘，九月中旬托病辞归。二十八日，长寿县人涂某等称革命军袭城得入，知州戴赓唐交出州印，由州会议长、拔贡冉光泰暂代以维秩序。各乡起民兵集州城约数万人，人心惶惶。洎十月初二日，闻重庆文武皆交印，大局乃定。十二月，闻诏建共和，帝逊位，民兵始散归农。

涪陵县续修涪州志卷二十五终

---

　　① 留中：即"留中不发"，指皇帝把臣下的奏折留置在宫禁之中，不交办也不批答的变相压制言路的消极处理方式。

涪陵县续修涪州志卷二十六

杂编三

拾遗[《陈志》无]

尽信书不如无书，况经史所不载乎？然出于稗官、说部，而其人其事不可没者，志家杂收之，亦识小意也。兹有限于例，彼既削之此仍存之者，在人神而明之耳。

明月峡龙女[后蜀时，东海人何光远遇明月峡龙女，赠光远诗云："久坐风吹绿绮单，九天月照水晶盘。不思却返沉潜去，为惜春光一夜寒。"光远答诗云："澹荡春光物象饶，一枝琼艳不胜娇。若能许解相思佩，何羡天星渡鹊桥。"后留别光远诗云："负妾当时窸寐求，从兹粉面阻绸缪。空宫月苦瑶云断，寂寞巴江水自流。"见《全唐诗话》。]

渡江老叟[程正叔贬涪州司户，尝过涪中流，船几覆。举舟之人相顾号泣，正叔独正襟危坐。已而及岸，众中一父老问曰："当船危时，君坐甚庄，何也？"正叔曰："心存诚敬。"父老曰："又不若无心。"正叔方欲与之言，忽不见。（《见闻录》）]

石砆女子[宋涪州太守吴公游石瓷砆，遇一女。濒去，解玉环付庙吏曰："为我谢使君，异日当历显仕，子孙复守此土。"言讫不见。据旧志：吴光辅知涪州，孙信中复守涪州。未知是否即此吴公。]

桓侯庙[张桓侯庙在火峰山之下，邦人张氏创为之。至献可者，老而无子，诣涪州谒王别庙拜祷。夕梦神告曰："汝实无裔，当有名孕。"明日，与妇饮，见五色光气如线，投妇杯中，饮散而孕。明年，见男曰述。献可捨己田为庙，移乐温之枫两萌蘖以归，植于东门西偏，示不忘本。述长而擢进士，终职方员外郎。其亡也，人皆见车马鼓吹入庙中，声达远迩，祝史咫尺无所见。逾旬讣至，其时日皆符合。其后旱干、霖溢、螟蝗、疾疠，有请辄应。两枫至高十余丈，其大合抱。职方之孙又廓大廊宇，跨为楼门。

《续杂俎》，载《通志》。]

宦海纪闻［吉阳治，在涪州南，溯黔江三十里得之[①]。有像设，古碑犹存，物业甚多，人莫敢犯。涪州禅将蔺廷雍妹，因过化中，盗取常住物，因即迷路，数日之内，身变为虎。其前足之上，银缠金钏，宛然犹存。]

锦里新编［涪州张修圃兄言：伊始祖某，本湖广麻城人，明洪武初任涪州牧，卒于官。贫不能归，其子谋葬地未得。一日，至州境之黑石里徐坪，见两老人对弈，一老人旁视，貌甚古，须发皓然。某亦坐其旁假憩，欲观胜负。两老人凝眸注视，久之，竟不下子。旁老人以手指盘中曰："我将此紧要之处，点与尔罢。"某方详视，三老人忽化为大鹤，飞翔而去。某曰："此必吉穴也。"遂葬其地。从此科甲连绵，簪缨不绝，至今为涪陵望族，坪因是名鹤游坪。]

卢阌侃［卢阌侃自蜀归舟至李渡，土人熊士昇请为作英祐侯庙碑文。夜宿舟中，梦侯来谢，携手指山间古琴曰："此琴非高人莫与，子宝之。"次早，携一板登岸行三里许，一老妪看乳鸭数十，而薄横泥中为鸭上者，即琴也。以板易之，归视，中有"卢氏家宝"四字，乃增以金徽、玉轸、朱弦、绣囊。按：《琴谱》有卢氏琴，为希世之珍，今子孙犹世奉为家宝焉。]

衡阳道士李德初［太和四年，尚书刘遵古节度东蜀。先是，蜀有富人蓄群书。刘既至，尝假其数百篇，然未尽详阅。明年夏，涪江大泛，突入壁垒，溃里中庐舍。历数日，水势始平，刘之图书玩器尽为瀑水濡污。刘始罗列于庭以曝之，后数日，于群籍中得《周易正义》一轴，笔势奇妙，字体稍古，盖非近代书也。卷末题云："上元年三月十一日，因读《周易》，著此《正义》，从此易号十二三，岁至一人八千口，当有大水漂溺，因得舒转晒曝。衡阳道士李德初。"刘阅其题，叹且久，召宾橡视之，所谓"岁至一人八千口"者，"太和"字也；自上元，至太和，凡更号十有三矣。与其记果相契，然不知李德初何人耳。（《五行记》）]

何椿文四［乾隆九年，有何椿、文四贩卖人口。事觉，架祸[②]于佃户何姓。何姓闻诬，畏刑自缢。其妻鸣于官，何椿等贿差吓逼，妻亦自缢。遗一子一女，椿复诱之，潜溺

---

① 溯黔江三十里得之：原志"溯（沂）"误作"沂"。又，该条内容文字，出自唐末五代杜光庭《录异记·异虎》，"蔺廷雍"原为"蔺庭雍"，"古碑犹存"作"古碑犹在"。

② 架祸：移祸于人，同"嫁祸"。

于水。越数日，尸浮。经刺史王验讯实情，定案详报。后何椿等解司翻供，委员覆验。而看守尸棺之州役佘天禄、洪乙受贿舞弊，更换他尸。覆验之下，尸骨迥异[1]，于是刺史王竟以检验不实按例镌职[2]，阆州士民无不称冤。讵意风雨骤至[3]，雷霆奋发，剖伪尸之棺而扬其骨，州役佘天禄、洪乙焦头烂额，同时震毙。一时观者如堵，咸谓作奸之报云。（涪州旧《陈志》）]

文恭遗言 [周文恭公临卒前数日，谓其子曰："万恶淫为首，百行孝为先。此虽老生常谈，却人人宜奉为铭箴。吾家自先光禄公身被鳞伤、救父于流贼之手，纯孝动天。后世得邀余荫，人固知之。至我一生遭际圣明，克享厚禄，岂天之独厚我欤？其间亦自有故。曾记年十八时，同友三人读书江村。值中秋节，友俱还家，独予在馆。夜静，桂香满庭，月明如昼，忽见一人走入卧室，立帐后。予疑为贼，近视之，邻女也。问之不答，予晓之曰：'夜静无人，来此何故？汝家父母俱诗书中人，汝夫家亦体面人家。倘一失节，何以见人？'女泣，予复慰之曰：'此时并无人知，汝第回家。我断不告人，坏汝名节。'女叩辞去。数十年来，予未尝一泄其事。今老矣，故为尔辈言之，使知暗室中俱有鬼神，一堕孽渊，必遭冥谴。此等处，不可不慎也。"]

文恭先见 [《耆献类征》录宗室昭梿语：周文恭公煌任武政时，尝语韩旭亭师云："今天下惟川、陕、楚、豫甲兵甚少。其地当中原腹心，道路险阻，一旦有盗贼窃发，恐非有司所能办者。"欲见上陈奏经略，会以病去官，不果行。后川、楚教匪作乱，果以兵势单弱不及防备，遂使蔓延九载，始信公言不幸而中也。]

司马奇遇 [《耆献类征》[4]录《雨村诗话》：汉司马长卿，以本省人奉檄谕蜀中父老；本朝大司马周文恭公，亦两次奉命至蜀审案，真佳话也。《再至成都》诗有云："乡路远分江内外，侬家原近瀼东西。"诗意亦颇自负。]

天妃灵异 [《耆献类征》录《雨村诗话》：乾隆二十一年，周大司马同侍讲全穆斋魁奉命册封琉球。舟至姑米山，飓风大作，舟中皆呼娘妈。须臾，见一灯自远而至，皆欢呼曰："天后救至矣。"海山有诗云："疾痛寻常呼父母，一时回首吁天妃。"]

----

① 尸骨迥异：原志误"迥"为"风"，据《刊误表》改。
② 镌职：降职。
③ 风雨骤至：原志误"迥雨骤至"，据《刊误表》改。
④ 《耆献类征》：原志此处误"征（徵）"作"微"。

红脸生［李雨村《续函海》云：涪州孝廉周文芷兴沅，余同年友也。尝言幼年初作文，尝有代为改正者，文甚佳。师疑之，伊亦不知为何人所改。久之，见赤面者尝侍左右①。问其姓名，书"红脸生"三字。不知为狐为鬼，旁人莫之见也。初次来宅，飞沙走石，阖宅惊惶，不知所为。久之，习以为常，俱知其为红脸生也。问在生何为，曰："宋徽宗曾以文墨封吾。"再问，曰："公未读《韩文公庙碑》乎？'神之在天下，如水之在地中，无所往而不在也。'何必问！"相伴数年，颇得其益。凡音书，数千里外皆能暗中递送，通其消息，惟应试不能入闱。此外亦无他异，安之久矣。后周至京师缺费，各处告贷，俱无应者。方窘甚，忽室中掷钱数千文，周讶之。数日后，知为邻室友人物，遣人送还。诚之曰："攫人之财，谓之盗。子取非其有，将以陷我于不义耶！以后无蹈前非，致罹法网。"又有被窃者，遍索不得，遂诬指周，语多不逊。周怒甚，与邻力辨②，并具文于关帝庙焚之，后遂不见。］

官多民扰［嘉庆初，鹤游坪绅张文耀等请添汛弹压。时达州因王三槐肇乱，降为县，裁州同缺③。大吏议：涪州添设武弁，不如即以州同移驻。设署后，划十八场隶之，许理词讼。计官吏胥役，每年糜费数万金，皆取诸十八场。坪人之困，屡控不能裁，而原禀诸人多绝嗣者。］

道学易欺［编修周对岩主东川讲席，对门有父女开水食铺。一狂生调以游词④，女痛詈之。自后，见生过，即骂。生羞怒，与同学谋，启山长，言女引逗学生，请语巴县驱逐。对岩讲学，性方严。信为实，以语县令，令饬他徙。其父以已业不遵，令怒锁押。女送饭问："何故被罪？"父忿答："为汝无耻！"掌其颊。女冤恸，是夜缢于院门。造言诸生先后死，对岩遂迷惘。屡自缢，送归，卒缢死。院中不宁，乃于缢处修德星亭，刊碑为女雪诬。贞魂之烈，轻听之贻误，可畏哉！］

廉吏可为［举人石麟士，素倜傥。知福建海澄县，以廉干闻，调乡试内帘。入闱日，主考、监临公然谕房官：某公子卷须呈堂，示以关节字。嗣卷分石房，文不佳，摈

---

① 尝侍左右："尝"通"常"，经常。
② 力辨：努力争辩或辩白。辨，通"辩"。
③ 裁州同缺：谓官吏免去原任的州同官职，等候补缺。州同：官名。即州同知，从六品，为知州佐官。
④ 游词：轻薄浮夸的言辞。

之。内监试劝拨别房，石以蓝笔从破承勒斥，掷与之言："国家科第，为拔真才，非为贵势家设也。"竟不敢中。监视曰："君殆不欲仕欤？"寻被言官劾，落职，有公亏不能偿。寓一小店，架上残书数册，诗一卷，向所未见。阅有长诗，心好之，无聊即吟诵。会新督先世藏明某公墨本手卷，明人作草，率以意曲折，多不可识，以为歉。闻石博雅，召令赏鉴。视其所识者，则长诗也。为诵一过，督喜。请为释文，石默书一通，言出某集。督检得①，校对释文，一字不爽。益喜，留饭，出纨素索书，极赞许。由是，司道等官延书屏对无虚日。督厚酬，各官争致脤。偿公亏归，资尚裕，至鄂购旧刻淳化阁木板全部，至今子孙犹赖以补助。足见天不负廉吏，其中有阴相之者。]

乩笔题楼 [石麟士《书听鹤楼匾后》云：道光辛卯立夏后一日，有神降于试院。时首事诸君子方议建斯楼，问名于神，为书"听鹤楼"三字，并赋此诗，署款汉钟离。鹤梁为州八景之一，在楼之左，斯可听也。其诗则在可解不可解之间，不解可也。因榜斯楼，仍刻乩笔孳窝书，以识名斯楼之故②。冬十月，石彦恬识。其诗云："听鹤楼开望鹤鸣，一声远映动长庚。春雷不及秋鹿邈，直入云程万里惊。"有谓乩止"听鹤"二字，"楼"字为麟士所配。《王志》亦载入《艺文》，终觉荒唐，乃移于此。]

夏长姑 [白里夏长姑，可象女，年十二为赵媪养媳。媪患其无奁资，樵险汲深，虐使备至。姑不辞，亦不怨，委婉承顺，稍获粗安。及笄，夫妇成礼，抱子矣。媪年逾六十，偶不怿，棰楚不异昔时。姑跪云："愿听棰楚，请勿怒。"恐动老人气致恙。洎媪病，刲股疗之，媪始感悟爱怜。至今，称小康。]

邹彬然 [邑孝廉棠次子也，承嗣伯母李氏，幼聪颖，能诗文，然屡试辄蹶。道光癸卯秋，方夜读，忽高声应曰："来矣。"趋而出。适孝廉自外归，家人以趋庭类然，不之省。有顷，婢出，暗中见彬然卧阶下。烛之，气已绝矣，惟心坎尚温。舁入，灌以姜汤。渐甦，目上视，作西安人语曰："寻汝久矣，乃在此。"又作汉中人语曰："非我，非我。"则自批其颊，抓其臂，一索命，一呼救，两相撑拒，不相下。则又作湖南人语，居间排难。问之，曰："我陈良，伴雷掌柜来者，黄孝廉负雷甚矣。雷名有声，西安人，贸褒城。徇财私铸事发，褒城李令欲置之法。黄固邑绅，恒为人关说讼狱。雷贿三百

---

① 检得：查到。
② 以识名斯楼之故：同治《涪州志》"识"作"盛"。

金求为营脱，黄诺之，饱其囊，弗之顾也，雷竟死狱中。请于冥司索命去，黄又托生此地。今始寻得，故相仇耳。"家人求免，雷弗许。陈良曲为和解，雷气渐柔，乃要彬然送城隍祠。次日，以冥锚焚之，始去。彬然自是神思惝恍，嗒焉若丧。逾年，又有与未娶妻冥婚事。]

林麻二 [州同役林麻二，多不法。道光二十五年五月二日，大雨如注，霹雳一声，忽霁，林麻二为雷击死，朱书其背二行字，画如篆籀不可识。其家箱笼中衣物俱毁，惟夹有"四子书"① 如故，片纸有字者亦毫无损。]

张仕珍 [东里一甲仙女山张仕珍，家小康。私制斗称各二，轻重大小出绌入盈，有年矣。道光二十六年四月十日，㦷雷震一声，拉仕珍跪门外，一日夜方起，斗称不知所在。后十余日，寻视酒瓮，见斗称俱在其中。瓮腹大口小，不知何由入也。斗至今不能出。]

世族盛德 [周养恬观察致仕家居，其父补之通参葬琛溪。己卯正月，令二子仲常司马等雇扁舟省墓。方解缆，值大柏木船抬纤，挂覆其舟，人皆落水。知州濮正在署楼看江景，目睹大惊，签差拘船户。幸离岸未甚远，仲常兄弟及仆从榜人皆遇救得生，所携衣物并朝珠二串价数百金全失。有人语船户："老观察向宽厚，盍往求告？"船户跪门哭诉其误，二子已归。观察谓："已邀天幸，何必究！"请官释，令去。船户感激，愿偿损失，不受。买鲜鱼二尾以献，收之。食时，观察曰："吾以二子换此两鱼也。"其盛德类此。是年，仲常子劭本领乡荐。]

才鬼好名 [袁家坪有古冢，同治戊辰春，地忽陷露一穴。袁生思尹者，不知本名，思尹抑事后更名。闻而下窥之，则元堂也，龛石镌"大宋淳熙丁酉年尹氏娘子之墓"，旁镌"持诵《黄庭经》一藏"等字。出，掩以石。是夜，梦小鬟将命，言仙姑招之。往，堂室壮丽，一女子约二十四五，向生肃谢，赠诗数章。逾日，复招之，与幽会。女作《奇缘歌》，自述生时不字，学仙不成，死后遇狐仙，得导引诀，作鬼仙，情缘忽动，以天台纳婿自解。凡七十二韵，清婉俊丽，笔气不靡，前志局采入《艺文》。又有七律数首，其一诗云："千年苦守为今年，罗网重重一旦穿。身是金刚原不坏，心非木石岂贪眠？东山驻马寻幽迹，北海扶摇接散仙。藉重棠阴垂荫远，长留青冢对江泉。"叠赠袁诗不

---

① 四子书：指《论语》《大学》《中庸》《孟子》四部儒家经典。此四书分别是孔子、曾子、子思子、孟子的言行录，故合称"四子书"。

少，次年遂绝，殆以情劫堕落欤？不没其好名本意，故于《艺文志》削之而载于此。]

先孝义轶事[咸丰初，粤人刘义顺来涪开张棉花行，广结纳，排日宴绅幕吏役，极豪侈。知先考管数十团，妄欲笼络。先考疑其倒骗，初不虞其叛逆也。因同业，戒司贸事者毋与交财。七年正月，司事赴州买棉花。义顺坚邀至行，允卖三百包，付价以三个月为期；又代舒、吴二行各买五十包，共约值万金，托司事致殷勤。司事以告先考，咎之。司事谓："公虑倒闭？今欠款在我，何患焉？"遂听之。及先考解刘汶澧至州，司闻持州名帖贺，称本官家世，若具二千金赞拜门下，巫捐丞簿，论功可保。知县闻买棉花事非面议，不给值；有通贼嫌疑，不敢讼也。先考愕然曰："义顺叛，估客不叛。肆规不面议，货有号牌。官且不知义顺叛得逃遁，客何通之有？我自应给价，何待讼？"峻拒之。立召估客付墨票如期照兑，客感泣。知州愧忿，故禀报削先考名。]

晏大璋[白里麟凤场人，慷慨任侠，如以千金资茂才某补官山东，义举略见一班[1]。年七十无疾终，子六人，入武庠者四。幼子某，字吉斋，好狭邪游。每入渝、涪，舟甫叙，而青楼迓之者十数至；家居匝月，走函又络释也。同治初，饮姻家，薄暮归，马上见二鬼卒随之曰："主簿公召汝，可速去。"不觉身从之。行至州西关，见穰穰者[2]如平日。及城隍庙门，二卒喜曰："差销矣。君可入大堂左侧短巷，圆门内即主簿府也。"吉斋趋诣巷内，一老者呼其名，曰："来此睨之。"襕衫大袖，圆领白纯，朱帻前帨，脑际峨然，意即主簿。谛视，则其父也。随入，怒骂移时，多摘隐伏、人所不及知之事。且曰："汝前生泸人，曾登贤书。以淫而无礼，今生合斩嗣。余恳城隍请于帝，得旨许汝十月内举子，以汝年来有悔心也。"顷之，有吏催移丰都县文，其父色稍霁。吉斋见厅事庡厂[3]，额书"主簿府"三字，南壁下一榻设公座，东、西壁架上度簿以数千计。吉斋前诣，恳查己簿，往事悉符，惟添注子鸿恩生年月日一行，墨瀋犹新。其父促卒送归，僵，已经夕矣。大惧，深自敛抑，如期生子。间岁入渝，旧态复作。其父召责如前，曰："尔子不可保矣。"逾月竟殇，吉斋悔无及矣。]

方维梁[大柏树场里许，方维梁与弟维棠勇健有胆略。同治八年，黔中虎北渡大江，

---

① 略见一班：同"略见一斑"。
② 穰穰者：形容人多，纷乱拥挤的样子。穰穰：杂乱貌。穰通"攘"。
③ 厅事庡厂：原志误"厅事庡敞"，据《刊误表》校改。厅事：衙署视事问案的大厅或私家房屋的堂屋。

居人辟易①。维梁弟兄同数百人追至马羊坪，众多怯。维梁奋勇前驱，虎咆哮，怒抓其臂，仆地，将噬之。维棠方稚齿，救兄情急，袒裼直前，以斧击其腰。虎逸，获免。]

朱家黄犬［白里煤夫朱某，豢一黄犬，每出必随。一日，担煤憩道侧，觑一人掷鸡担旁，匆匆去。后有追者至，见鸡，以煤夫为窃，执而送之，州同以赃确系囹圄中。犬奔回家，衔煤妇衣裾导前行。至囹圄前，始知夫冤，相雨泣。观者云集，以犬义食之，不食。先食煤夫妇，乃食。众偕失主白之官，官不谓然。犬忽衔失主衣至窃鸡家，咆哮怒噬其人不释。邻甲知其人素窃也，送官恳释煤夫。官重索失主赂，乃释煤夫。吁，人之不犬若者多矣，于州同乎何尤！]

桂岩［涪州南长滩里内岩下，有古桂树，花不常开。其年有士登科，则花。石上有"桂岩"二字。（《通志》）]

潞酒缘起［同治甲戌，赴京，以土物潞酒馈彭俊臣师。师言：闻诸长老，此酒有一段故事。教匪之乱，参赞德楞泰忠勇功多，然性刚喜饮，嗜山西潞酒，专员运解。会军中酒罄，渴数日。道梗，到逾限，怒将斩，徇幕僚告免。他将据以奏劾，上曰："可令潞人赴川仿造，何事远取？"乃令晋抚选善酿者至蜀，遍考水性，惟涪陵江为宜，因遗此法至今。体恤劳臣，不以口腹罪废，足可为将将之大法。]

不幸言中［光绪己卯，奉文修待质所。知州召绅集议筹备，纪云建言："督帅恤轻罪犯人也，意美而法不良。"知州问其说，对曰："添一狱耳。然有狱之实，无狱之名。公在此，无他虑。将来倘官与势家比，或噬肥，或泄忿，无人不可收入，谓恐'抗传'。即上控，不受理。轻罪未受恩，无辜将被害矣。不如扩充外监，内添新羁所待轻罪人，而整理旧禁，务洁净，严查虐待，厚给囚食，为杜弊于先。"知州深然之，各绅赞同。某孝廉任主办，乘予会试北上去后，尽反前议，曰："宪文如此。官喋，不便争。"不数年，前言悉验，悔无及矣。]

何氏万户侯千户伯质疑

旧志"陇墓"目载万户侯何德明、千户伯何舜卿、千户伯何清，"忠烈"目载何仲山，采刘忠愍所撰《墓志》称："其先庐江人，高祖万户侯德明以游宦居蜀，曾祖舜卿、祖清俱伯爵，父友亮辞荫由贡生知巴东县。仲山以举人知武安县，后殁于王事，崇祀乡

---

① 辟易：退避。

贤。孙四，次楚。乡贤祠内，楚与子以让皆得入祀，为涪世家。"忠愍直声震天下，述本邑近事，讵有讹舛？乃《明史·功臣勋爵表》惟《封赠表》内有"何德"：洪武七年卒，追封庐江侯，谥壮敏。名无"明"字，未著籍贯、宦迹、袭荫，或者史佚之欤？《列传》"何文辉"：字德明，滁州人，以都督佥事从傅友德平蜀，留守成都，蜀人爱之；徙北平，疾召还，洪武九年卒，葬滁之东沙河上；子环，为成都护卫指挥使。然文辉不侯，亦不葬涪。而德明、舜卿，《清史》竟无其名，何哉？

万户，元制也。明之侯伯，皆虚封以县邑，如"庐江"之类，无封万户之制。忠愍宁不知之，而书万户侯？必实有其故矣。况侯至万户，袭伯再世，非无伟绩可纪者？而开国之初，锄列强，走元帝，竟未一与其事，又何以说？或谓明玉珍都重庆，几有全蜀，传子昇，立国逾十年，其将佐必多杰出者，殆草创沿用元制乎？考元季汉族争起亡元，玉珍从徐寿辉略取①城邑，实先于明太祖。追明军断横江铁锁，昇即衔璧②，臣下随昇归命。勋阀③在夏，故不见于《明史》。《何氏谱》：原籍麻城，玉珍固鄂产也。德明或已前殁，舜卿袭伯爵，嗣掌涪州军务。归命后，仍以原官守其地。忠愍所谓"游宦居蜀"，固已微露端倪而为贤者讳，不肯直揭。实则无庸讳也。群雄逐鹿，视天命所归。丰沛元勋，其初与德明等耳。而德明子孙，代有令闻，传儒业至五百年，无"三世为将"之忌④，治军必多阴德。如曹武惠之不杀，故天报之如此。然不敢臆决，姑以质博识之士。

方讨论间，潘士逸以其《谱》来，始祖称"没头公"者，原藉⑤麻城，亦为万户侯，亦袭千户伯二世，亦掌涪州军务。何、潘皆世族，《谱》当无谬。其主涪防，不知孰先后，均不见于《明史》。然其为同官，可以断言，且足资旁证矣。

周氏册封虬正侯时代质疑

旧《志》册封虬正侯周大江，盖依碑碣书之。其子孙相传：穆宗朝，追叙平宸濠转饷功锡封。然《明史》表传、《明统志》皆无可考。《志》又载：大江由明经任武昌府通

---

① 略取：夺取。
② 衔璧：出《左传·僖公六年》"许男面缚衔璧，大夫衰绖，士舆榇。"杜预注："缚手于后，唯见其面，以璧为贽，手缚故衔之。"后因以称国君投降请罪。
③ 勋阀：犹"勋伐"，功绩。
④ "三世为将"之忌：出《史记·白起王翦列传》："夫为将三世者必败。必败者何也？必其所杀伐多矣，其后受其不祥。"
⑤ 原藉：即"原籍"，藉通"籍"。

判，民食其德，建生祠、铸铁像于彭家泽祀之。其人自足千古，不以侯不侯轻重。而虬侯之追赠，必谓在穆宗朝，则恐无以传信。

考明宁藩之役，王文成功在社稷，武宗仅封新建伯；世宗即位，以赏薄晋侯。伍文定等战绩最伟，未获锡爵，历嘉靖四十五年至穆宗朝，岂有人为讼前劳，如御史范永奎之讼刘宗愍，而特予祭葬之比？否则，何缘"追叙"？乃以通判转饷，超越得侯，"虬正"之号亦殊费解。且无论是否滥恩不次之赏，册文云何？史竟佚而不载，何也？窃以为：赠侯，实有之；而言在穆宗朝者，托词耳。韩文懿撰《总戎君墓志》①曰："循良著绩者，则尊大父虬侯梓溪"，约略其词；陈太仆撰《天门君墓志》②，上溯元之万户以彰世泽，转于"虬侯"，深没其文。盖顺治元年以后，仕明者皆讳不敢言。总戎以大臣子效忠永历，图中兴，犹曰"兵劫之从戎"。韩文懿谓"得晋褒其三代"，不显予后人以间耶？盖总戎"从忠国王公恢复数十郡"[蒋仕铨撰《墨谭家传》语③]，仕至湖南路总兵官，永历追封其先人，以酬勋勋。亡国之余史官不具，故无可考证。乾隆间，既奉有明唐、桂诸王非叛逆僭伪之诏，则可无庸讳矣。谨质所疑于当世贤者。

论曰：变不虚生。其大者，关系于国家；即小者，亦千里数百里共之，非一邑所专有也。然邑既与焉，浸戾之召，殆必有由。据事直书，亦足为官若民示警，而启发其善心，惩创其逸志，非法戒之尤切近者欤？至于本末不具、传说无征，佚之；而事有所关，存之而类无可附，固将有以处之。况周氏、何氏之得侯，不考证于《明史》，不经之酬唱，俱阑入于《艺文》；刘汶澧之役，迁就前牧之揑禀，不因采访所陈，究其虚实；石达开围城之役，不咨询目睹之父老，而拘泥让功之文报[以上废志]。凡此者，非故摘前人之过，不当纠正以求合于义法耶？知我罪我，不暇计及矣。

涪陵县续修涪州志卷二十六终

---

① 韩文懿撰《总戎君墓志》：见本志卷四《疆域志四·垄墓》附录韩荧《周茹荼墓志铭》。
② 陈太仆撰《天门君墓志》：见本志卷四《疆域志四·垄墓》附录陈兆仑《周珙墓志铭》。
③ 蒋仕铨撰《墨谭家传》语：见本志卷十一《人物志一·忠义孝友·周俨传》。

涪陵县续修涪州志卷二十七

序录

旧序

明户部员外郎、编纂州人夏国孝序

涪于两汉，尚曰涪陵县。至唐贞观间，始升为州。盖周末巴蔓子之裔，兄弟流入酉、辰、沅、雄、樠五溪而道由此。而西也，山脉从滇之木容、丘雄蟠际①而来，至南川金佛，绵亘数十里，巅峦云雾瀴濛。又东北行二百余里，振拓奥衍，始毕于蜀、黔两江之汇，而涪出焉。蜀水，色红如朱；黔水，色绿如碧。两水滂沛漾洄，红绿相错如锦。江心有洲，适当其汇，昔人名曰"锦绣"，以此也。其毓英钟秀，多磊落不羁；亦复朴直刚正②，复然独立，不屑屑傍寄堑篱。文势勃发，代有骏声，淮南所谓"山气多阳"也。元季，明氏父子据之为用武门户之区，刘诚意《平蜀表》云"舞旌旆于涪水"是已。恭承我明祖洪武辛亥，始命汤公和、廖公永忠帅师收蜀，而涪由是披霾瞻日，迄今百八十年，所谓山川效灵，人文蔚起。

我叔祖松泉公，曩与余在京邸，每慨叹于《涪志》之未举，以为阙事。今天子赫然中兴，制作炳煌，如易文庙塑像代以木主，奉孔子为先师，而敬一之箴、平台之咏，与舆地诗之和章"倬彼云汉"展矣。乾坤虎变，一中天文明之会哉！

兹郡大夫领集庠中多士，谬以斯志见命，叩荆扉者再，余不能辞。念余昔分部南

---

① 蟠际：语本《庄子·刻意》："上际于天，下蟠于地。"即"蟠天际地"，形容气势博大，遍及天地之间。

② 朴直刚正：原志误"刚正"作"刚五"，据《刊误表》校改。

畿，时有刊江之役，见维杨一蜀山泉[①]，郡中群相矜异。因忆家园山水，形为梦寐。今桑梓可敬，以是暂烦管城子[②]，假之以谱吾涪之胜，岂必以身隐不文之说而拘拘逊谢耶？勉竣厥事，爰书于左，以告后之知我者。

康熙癸亥年续修州人刘之益序

昔有明曹能始合晋董狐、郭景淳为《一统志》，神宗嘉悦，谓可与国史麟经[③]并隆重也。故蜀地甫康，而当事诸君子即以志为首务。会城[④]刻有《全蜀总志》，殆亦酂侯入关[⑤]，先图籍之意哉！但《总志》秘之锦官，而各属例有耑刻，否则无以便分阅，达户晓也。

涪为两江要会，左亘岷峨、锦水，右及夜郎、牂舸，不必輶轩问俗，职方稽风。如昔之守是邦者，汉有庞、寿诸良牧，唐有姚、南列循守，宋之黄鲁直、程叔子及有明之邵、赵、廖、方四君子，迄今千有余载，颂德弗衰。而产是邦者，若谯达微之以理学著，晏亚夫之以惠淑名，先大父秋佩公之节义文章，史不绝书，光争日月。其所以维风正俗，岂浅鲜哉！他如幅员之绣错，阡陌之腴连，义烈之足为乡范，宦业之足为民表，以至“十四篇”获售之俦，魁元鹊起，卿辅蝉联，殆炳炳然文物之陬，井络坤维中一大名封也。惜明烈宗甲申后，旧版沦于劫焰。至我国朝庚子，署州事赵公廷正来抚吾涪，即访求旧志，犹得一册。益等仅抄录之，以遗于后，而旧册又为赵公携去。幸康熙壬子，郡父母朱公麟正欲为续修，草稿初就。会滇兵起，又未果。兹于述旧志外，参以天、崇时见闻确有据者，勉襄一日雅怀，亦吾涪承前待后之事也。

夫事之无裨于地者，君子不以之亵笔；书之无补于时者，哲人直以之覆瓿。志之为书，匪徒[⑥]纪山川、列方物已也，欲人见品谊，则浣彼夙夜，纸上可饮椒兰；睹姓氏，则砥兹冰蘖，

---

① 时有刊江之役，见维杨一蜀山泉：“维杨”出自《书·禹贡》：“淮海惟扬州”，后因截取“惟（维）扬（杨）”二字作为扬州的别称。“刊江”：乾隆《涪州志（卷首）·夏序》作“邗江”，本志疑误。邗江：水名，也称邗溟沟，在扬州西北流经淮安进入淮河的运河。因春秋吴王夫差筑邗城、开邗沟而得名。

② 管城子：毛笔的代称，典出韩愈寓言《毛颖传》。

③ 国史麟经：指春秋时期由孔子修订的鲁国国史《春秋》。孔子所作《春秋》，至哀公十四年因鲁人捕获麟而停笔，又是中国古代儒家典籍“六经”之一，故被称为“春秋经”或“麟经”“麟史”。

④ 会城：省城。

⑤ 酂侯入关：原志误“酂”为“鄼”，据《刊误表》改。酂侯：汉代名相萧何的爵号，酂音 cuó。

⑥ 匪徒：非徒。不仅、不但。

儿童可识司马；按形胜，则知靖此疆圉，何以颖川凤集、河阳花满；阅丁粮，则如侠图在眼，何以丰日益玉、荒日益谷；琅琅致镂，庶不灾及梨枣耳。尝怪它邑事志者不识此如信史，若吴兢之拒张说，孙盛之书桓温，与高允之弗推崔浩，乃为有补。倘挟一己之私，妄着雌黄，究失前人面目；褒一家显荣，赝增科□①，莫虞他刻可稽。视可经可史之重典，为欲唾欲呕之辒编，则一魏收"秽史"矣。迩者，寇氛已靖，万里河山，仍归一统。我圣天子皎日高悬，薄海欣忭。旋得洪都郡萧父母乘运而至，释奠崇儒，礼贤课士，人文蔚起，百废俱兴，又荷蒙府祖台孙公表率绥理，雅意盛典。异日者，纪名宦，岂无如程如黄其人？语乡贤，岂无如晏如刘其人者？余三五老儿，犹欲策杖而观，以志之志。夫昔者志，今日更欲即志之。志今日者，志他日也。是为序。

康熙癸亥年续修州人文珂序

《涪志》，编自明之世宗朝荐绅②冠山。夏公材擅三长③，不减君实、永叔之阂通详核也。家藏户习，传之弈禩，开卷昭然。迨甲申一炬，与焦土俱烬，谁从壁中留漆书乎？

珂自避乱时，曾负笈于凤山招提④，幸存蠹简，藏以待文献之征，取而证之。庚子冬，草昧初启。署守赵公雅意维新，建学事竣。旋欲编修郡志，进诸父老，而问之，即持此旧编以应。乃五日京兆，封箧以行，而《涪志》一帙，遂随琴鹤俱去。今我圣上遍征裨野⑤，且喜墨庄⑥尚存。皓首确记，谨述旧以备稽考。至于天、崇间事，皆耳而目之，俱为增辑，俾成一郡全帙也。

康熙甲午年续修知州董维祺序

自姬周分茅列土，史渐成于侯国；而辒轩问俗，事各载于风诗。此即志之所由昉也。秦置县郡以后，幅员益扩，虽蕞尔弹丸，亦各有专纪。国史风诗，文变而为志。然则郡县之有志也，皆踵诗史之遗意而成之者也，岂徒载籍之具文已哉？盖将以往事之薰

---

① 科□：《陈志》卷首刘之益《旧序》作"科置"，缺字为"置"。
② 荐绅：古代高级官吏的装束，指有官位的人、高贵的人。
③ 三长：三种长处。《旧唐书·刘子玄传》："史才须有三长，世无其人，故史才少也。三长，谓才也，学也，识也。"
④ 招提：寺院的别称。
⑤ 裨野：当为"稗野"（"稗官野史"略语）之误，。指旧时的小说和私人编撰的史书。
⑥ 墨庄：指藏书。典出宋代叶廷珪《海录碎事·文学·收书》："刘式死，其妻聚书千余卷，指示诸子曰：'此汝父尝谓此为墨庄，今贻汝辈，为学植之具。'"

莸[①]，为后人之法戒。所以正人心、维风俗而广王化于无疆者，未必不基乎此也。志，顾不重欤？

　　我国朝声教四讫，梯山航海尽入版图，遐陬方物悉登汗简，此车书大一统之盛也。然一统之志，必由郡县之志以集之。若蜀涪郡志，久没于明季之灰烬。余于甲申岁承乏兹土，下车问俗，访其人物山川，渺无所据。既而购一郡志稿本阅之，乃昔郡中乡先生共成于前守萧公时也，历今又二十余载。其间不无亥豕之虞，且稿多涂抹，讹舛恒仃，兼以蠹食之余，仅属残编断简。不辑而梓之，终归于尽。矧今圣天子厘修国史，博采风谣，各上宪加意《蜀志》，遍征郡邑之书以备采择。而《涪志》尚为缮本，不独吏职之疏，抑亦贻羞于封域也。余乃捃摭散帙，参诸学士大夫典型，硕彦相与，正其譌，理其绪，补其旧迹，续以新编，寿之枣梨，庶几可垂于不朽。以此而归于《全蜀志》，是一国之书也；以此而归于《一统志》，是又天下之书也。宁仅为一郡之诗史也耶？尤冀涪之人士，家藏一册而读之，观忠臣孝子之行，则知所以事君亲；睹贞人修士之操，则知所以砺名节；阅人文仕迹之显，则知所以奋功名。下至牧童樵叟，皆得播为歌谣，以正闾阎之陋习。由此革薄[②]从忠，化民成俗，宁不为吏治光哉？异日者，岁阅岁而人益众，人阅人而事愈增。补续之功，殆又有望于后之守是邦者。因不揣荒陋，述其梗概而为之序。

康熙甲午年续修州人冯懋柱序

　　《涪志》一书毁于明季，正余先君子守涪时事也。回思一炬之余，满目尽为焦土，何有于《志》？

　　及国朝定蜀，几同草昧初开，郡守下车，事皆草创。欲访其风土人物，似难"问诸水滨"[③]矣。犹幸郡有刘、夏、文诸先生，俱属明季遗献，博闻强记，堪备顾问于当时，共采所见所闻，汇成地乘一集，虽其详不可考，而大略已有可观。但集仅抄白，历吴、朱、萧、孟、杨、徐六郡侯，皆未授梓。久之，韦绝编残，狼籍[④]失序，鱼鲁豕亥，莫辨异同。至甲申岁，千山董使君来守是邦，见其典物废弛，遂慨然有振兴之志。他务

---

　　①　薰莸：语出《左传·僖公四年》："一薰一莸，十年尚犹有臭。"薰是香草，莸是臭草，比喻善恶、贤愚、好坏等。

　　②　革薄：革除薄俗。

　　③　问诸水滨：语出《左传·僖公四年》："贡之不入，寡君之罪也，敢不共给？昭王之不复，君其问诸水滨！"比喻不承担责任或两者不相干。

　　④　狼籍：同"狼藉"，纵横散乱貌。

未及，首建学宫，制度辉煌，直起涪六十余年之坠绪，诚一郡之大观也。学宫告成，爰及于志。及征文考献，而郡老皆无在者。于是收残编，命予共襄厥事。

余本泉石野人耳，兀坐茅庐，足久不履城市。醯鸡瓮老，何知化日光天？矧其蠹简无凭，既不能效伏生之口，又奚能载董狐之笔？自揣袜线无长①，未敢堪此大役也。既而坚辞不获，乃不得已而就命焉。区区之衷，只期上以成董侯兴废之盛心，下以成诸先生未竟之手迹。虽狂瞽贻讥，又奚所恤哉！其集中纪载，凡系诸先生所考定者，不敢妄易只字，止取传写之讹、涂注之误校而正之，残缺者补之，新增者续之，宁详勿略，宁野勿史。黔驴之技，技止此耳！是耶非耶？惟敬听诸知我罪我者。

乾隆五十年乙巳续修知州多泽厚序

且夫志乘之书，所以纪其可法可传之事，以垂之后世也。然可法可传之事，有加无已；而志之一书，必数年而一增。使世远年湮，不为搜罗补葺，则可法可传者，必至遗忘无存已。

涪，名区也。其山川之葱郁、人物之清奇，甲于西蜀。而志乘一书，湮没于明季之灰烬。迨我朝应运而起，则残篇断简，杳矣无存。幸前牧萧公网罗放失②，草创数册，然其间多涂抹讹舛，不无亥豕之虞。后数年而董君至，乃捃摭散帙，校正核对，始成一书；且补其旧迹，续以新编，本本源源亦觉秩然可观。然自康熙五十三年后，无人续理。其数十年之人物事迹，则湮灭而弗传。今天子命儒臣修《一统志》，诏天下省、郡、州、县各修其志，以备采择，东西南朔并有成书。而涪陵为三巴钜邑，安可任其散失，贻憾将来乎？于是延州之缙绅学士，嘱其旁搜博采，再为增修。诸绅士皆欣欣向义，取父老之传闻与稗官之纪载，分门别类，编订成帙，亦不过补数年之迹，步前人之尘，记其可法可传者，以征信于后世耳。若夫文加藻采，辞尚简要，出经入史，折衷尽善，是有望于后之抚斯土者。是为序。

乾隆五十年乙巳续修州人陈于宣序

《涪志》未经续修者，七十余年矣。查阅旧纂，始于康熙甲午，前州牧董公［维祺］

---

① 袜线无长：袜子上拆下来的线都是短的，本指多才多艺而无一精通，后用为才疏学浅的自谦之辞。典出孙光宪《北梦琐言》卷五："韩昭仕蜀，至礼部尚书文思殿大学士，粗有文章，至于琴棋书算射法，悉皆涉猎，以此承恩于后主。时有朝士李台嘏曰：'韩八座事艺如拆袜线，无一条长。'"

② 放失：散失，义同"放佚""散佚"。失通"佚"。

暨明经冯君［懋柱］编辑成书，未免略而不详。非略也！明季时，两遭兵燹，十室九空，仅得凋残遗老口授见闻；而溯前考核，文献无征。

夫山川形胜，自有不易之程。而时会迁移，岂无叠出之秀？矧沐圣朝之雅化百四十余年，其间之忠孝节义、硕肤颖达自不乏人。湮没不彰，奚以示来兹而维风化？余年八十矣，归林十八载。每念《涪志》未修，未尝不欷歔叹息！忆我簿书楚湘，三历其地而三续其书，何惯为人作嫁衣①而转于吾乡轻华衮也？惜年衰力绌，经始无自。幸逢贤侯多牧伯莅任兹土，孜孜以续志为首务；又得邓少府协赞情殷，正我涪善类著行幽光焕发之会。爰集阖州人士相与会议，靡不欢欣而乐从焉。众推余为首领，余虑龙钟不克当此任。环顾同人，无可诿者。况以凤愿未了之事，既有始基，亦何必多让为也，是以不惴惛眊而勉承之。所仗者，我祖入川籍涪一十三世，通籍八世，代有闻人，家无长物，仅余藏书。爰携子廷璠、侄祖烈，并选同学中之诚实老成者八人，入馆编辑，分门别类，务期考核周详。凡旧志中之未备者，增补之，非臆说非假借，无讹无讹；事关采访者，拣聘端士十人分乡搜罗，亦期不遗不滥。阅六月而稿成。余学识疏浅，文辞简朴，愧无良史才，不过以老夫六十年之见见闻闻，据事直书，非敢论列前人。知我罪我者，其亦可以共谅矣。是为序。

同治九年庚午续修州人王应元序

《禹贡》撮九州山川、疆域、土宜、物产、田赋、职贡、要荒、风气、道里，遐迩于一千一百九十四言中，罔弗赅，罔弗确，数千百年后瞭如也。今人志弹丸邑，或生是长是，耳熟目习，固宜亲切言之；乃匪失冗则失滥，匪失陋则失诬，体例舛驳，文字芜秽，绪类丝棼②，俾阅者眩眜，莫得其要领所在，稗也，非志也。夫志而稗，可乎？

涪州，旧涪陵郡。山川、疆域、物产、田赋，暨郡县之沿革，人物之蔚蒸，风气之迁变，凡兹大端，其亦必有志也，固矣。顾旧志毁于明末，国朝虽数修葺，而今所传殊乏善本。同治滇、发两逆变乱后，权州刺史江右柳村昌公［绍衣］、吴中保之徐公皆有志于施政之要，而惜邑乘之缺略未备，先后以纂修委元。辞既弗获，爰于邑中三

---

① 惯何为人作嫁衣：原志"何惯"误作"惯何"，据《刊误表》改。
② 丝棼：形容纷繁紊乱。语本《左传·隐公四年》："臣闻以德和民，不闻以乱。以乱，犹治丝而棼之也。"杨伯峻注："棼，音汾，纷乱之意。"

数博雅君子共操铅椠^①焉。搜采宁博，稽考宁详，诹访宁确，义法宁严，商订宁密；于以薙繁，于以锄谬，于以刊俗而剪伪。总期简括典核，事实详明，于政教风俗甄民挚物，备劝惩，昭法戒，有所裨益焉。庶几其志也，非稗也！数月书成，得十六卷。以视《蜀梼杌》《蜀后记》《南裔志》《耆旧传》^②《华阳国志》若刘知几所评"足以各志其本国，以明此一方"者，固远弗逮，而意则犹是也。夫乃或议为"词约则弗邕，体质则弗耀"。噫！是说也，吾请与之读《禹贡》。

自序

昔高宗当清兴百三十年，版章开拓，声教覃被，嘉惠休养，因地制宜，命儒臣纂皇朝《一统志》，依古者职方辨物、太史采风之义，征郡邑图书。知州多泽厚聘耆绅陈于宣等网罗故实，补掇后闻。以旧志毁于献贼，踵康熙甲午遗老口授之蓝本，搜辑散佚以进，即今仅存之《陈志》也。

越穆宗中兴，复征州县之书，颁图法为模楷，海内志事毕起。知州吕绍衣设局续修，赍道驳回，未申都省。时同治庚午，[云]年未冠，新附邑庠，意气方盛，引为邦人士之羞。顾荏苒五十余年，迄无改作之举。而历岁益多，事繁变众，记载蔑如。会清史馆亟征方志，知事王鉴清召士绅会议，推[云]编纂。年耄学荒，力辞至再。金曰："先生充国史馆总纂兼总覆辑有年，独不肯骋三长比九能，考典章通时势，综兴废论治原，说山川撷蕃实，阐幽潜昭文采，述往昔诏将来以张我涪耶？"[云]谢曰："唯唯否否。夫遗文毕集，史迁举职；故国无征，宣圣难能。涪处西陲，介在蛮徼。历史所书，陈编所载，前献所流传，私家所撷拾，虽藏书充栋，无所取裁。元明以前，渺若洪荒。比距《陈志》百四十年物产之赢绌，政教之良窳，风会之变迁，市野之景象，士大夫之品诣、事业、文章，贞媛淑女之操行，前者废志简略，问故无从；后者职守远羁，耳目殊隘，大惧无以罄。吾涪陋儒，复何据侈陈？

乾嘉间，先曾祖由楚来迁，称涪"福地"，受廛隶籍。盖以献贼芟刘蜀人，川原为赭。吾涪刘、何、陈、夏、周、谭、张、文、潘、向皆明旧族，鲜罹凶锋，读书仕进，大率历两朝二三百年不替。且经十三家营之乱、教匪之乱，无大戕夷犹就当时言之。自后，

①　爰于邑中三数博雅君子共操铅椠："三数"表示为数不多。"铅椠"：铅笔和木牍，皆为古人记录文字的工具，指写作、校勘。"于"，疑应为"与"。
②　耆旧传：原志"传"误作"傅"，据《刊误表》改。

粤逆巢金陵，遣伪玄衣祖师刘义顺取蜀，结涪民刘汶澧发难。先孝义君与坪绅戡定神速，乃祸黔十余年。滇逆蓝潮鼎、李泳和等窜踞鹤游坪，旋入陕围屠汉中。伪翼王石达开著名凶悍，拥贼数十万入川围涪，败于徐绅之数百义勇，后遂不振被擒。

共和建国，争夺频仍，往往化险为夷。"福地"之说，固由形格势禁[1]，抑亦士行修举，民俗敦庞[2]，有以邀天之祐；与地虽一隅缄滕，五溪开治，蕴乱由来者渐济变烛几。殷鉴在兹，不及时检审，没付灰烬，存则燕郢；更历岁年，残缺不完，讹谬相沿，又何张之？足言今更国体，革三正一切官制、礼制、兵制，建置、田赋、学校、选举、邮传、服饰已多改易，政争未息，人自为制，无所统纪。既承庚午明令更修，又值行取。邑乘不得已就前志谬者匡之，冗者汰之，遗者补之，略者详之，疑者考订之。顺次增庚午后事，其非上清史馆者，待定章画一。续编谨断自宣统三年，地从主人，仍名《涪州志》，都二十七卷，而叙其简末。叙曰：

维巴南鄙，星分井鬼。楚始县之，锡名曰"枳"。陆通陕雒，江受黔水。为郡为县，时变疆理。移治汉平，废县犹存。山险水滩，西南屏藩。附益武隆，实少平原。楚得枳亡，苏代有言。述国家之无外[3]，作《疆域志》《沿革表》《全境图》第一。

维邑初置，滨江立治。鼓征公徒，圭测形势。卜瀍营洛，揆日造卫。城郭廨宇，坛庙街市。百废具举[4]，非常有备。述缔造之经始，作《建置志》《城郭图》第二。

维民奉公，调与租庸。科则三等，经制正供。人絇地瘠，野无惰农。国蠲头会，家赖尸饔。军兴输饷，相劝乐从。述取民之有制，作《赋课志》第三。

荒服边邑，未通中国。獽蜑杂居，风气闭塞。教化灌输，大兴垦殖。泽以诗书，变化器识。草从风偃，非复尚力。述民族之同化，作《风土志》第四。

维祭受福，数举斯渎。龙见而雩，上辛祈谷。释菜雍容，蜡宾肃穆。崇德报功，不谄非族。庄以莅之，斋明盛服。述法守之明备，作《典礼志》第五。

民生休戚，系于官师。抚我虐我，名行具兹。有斐不喧，旷职进规。勿矜权术，虽强去思。勿诿时促，已可过期。述统治之有属，作《秩官志》分别附传第六。

---

① 形格势禁：指由于受到环境和情势的牵制阻碍，事情不能顺利进行。格：阻碍，限制。
② 敦庞：敦厚朴实。
③ 无外：无穷，无所不包。
④ 百废具举：同"百废俱举"。

维古作人，考言观行。降及明清，取舍惟文。披沙拣金，期得贤能。多士汇征，潜蛰毕腾。玉珷并陈，表记姓名。述登庸之品式，作《选举志》《贡举表》第七。

山川钟毓，人才辈出。高若乔松，直如屈轶。藏丰年玉，行荒年谷。先正典型，后贤私淑。近法国志，士女备录。述九品之有叙，作《人物志》第八。

生民之患，穷斯易滥。粟布无余，缗钱有算。币制复淆，市廛变幻。缅怀盛时，人适所愿。盈虚相较，可为车鉴。述厚生之先务，作《食货志》第九。

洲名"锦绣"，人秉其灵。"钩深"有堂，劝学通经。不轻编版，撞钟以莛。亦有裁制，如新发硎。勉旃后生，光此汗青。述斯文之未坠，作《艺文志》第十。

五行失序，时生变异。识大识小，道毋坠地。古谚童谣，史家不废。龙门好奇，时见轶事。整齐百家，窃取斯义。述古今之异闻，作《杂编》第十一。

谫陋小生，敢薄前人。折衷典籍，匪革匪因。《七略》无图，术日以疏。南北易位，倒置方隅。倡义实测，横生阻力。欲辨华离，仅书仿佛。元和例严，涉及游观。见嗤亮吉，景图从删。谓为古癖，乃非金石。师友书画，标榜摹刻。煌煌艺文，索隐导淫。依法厘订，勿渎鬼神。何周侯伯，无征史册。传信存疑，彰彼世泽。《九通》诸史，勾稽地理。训俗省方，以俟君子。述兹事之商确[①]，作《序录》第十二。

共和十有七年，夏历岁在箸雍执徐，春三月庚寅朔。

主修：川康边防督办兼四川督理刘湘［甫澄］；四川省长赖心辉［德祥］；四川省长杨森［子惠］。

监修：署涪陵县知事王鉴清、李琳、张瑶、袁邦铨、傅梅、李福咸、林宝慈、李宗沆、吕箴、萧鸢均、杨璧成、李柏年、易锦、黄涛。

州人总纂兼制舆图：清诰授通议大夫、晋授荣禄大夫、前翰林院编修施纪云。

参订：法制院副使兼署法制院使、参政院参政、前翰林院编修施愚；赐进士出身法部员外郎、四川谘议局副议长、众议院议员萧湘。

详辑：举人、同知衔候补直隶州署广东普宁县知县刘子冶；优贡生、朝考县丞分发湖北署四川彭水盐场知事陈君邦；廪贡生、奉天高等检察厅练习检察官、交通部特派上海电话局局长邹鸿定；岁贡生张树棻；廪膳生、涪陵县教育局局长李述铭；增广生、重

---

① 商确：商讨斟酌。

庆官立法政专门学校校长、涪州视学傅炳熙；生员、国民革命军第二十一军秘书萧沂。

《民国纪事》详辑：生员、参议院议员潘江。

检核：署彭水、兴文等县训导刘镕经；法政科举人、法部七品小京官、历任四川高等第三分庭及第三分厅庭长张炳星；生员、免试知事署四川资中、贵州广顺仁怀等县知事覃光鉴；拔贡生、考取陕西州判赵鸿甸；生员、武隆县佐贺守淦；生员张树菁；四川懋功县知事李穆。

总校：生员、湖北候补府经历代理利川典史向鸿骞。

采访：举人、署四川东安冕宁等县知事夏慎初；举人、署贵州余庆大堂等县知事周叙彝；拔贡生、八旗官学教习杜召棠；拔贡生、考取云南府经历李真诠；优贡生、朝考分发云南知县改分部员外郎冉光咸；廪膳生贺守典、陈翾、夏启贤、赵桢、杨伟；生员郭保唐、何念慈、王继彬、陈丕烈、余文龙、易元龙、王超略、黎炜、况行钦、况谟；四川第五区省视学王谟；署巫溪县知事高得泰；广汉县视学邹宗浩；俟生李蔚；南川、秀山征收局局长熊鸿谟；处士吴文杰、张敬蕃、陈乾彝、马次君、余泽诗、周慰吾、陈槃霄、王惠如、陈庆墀、刘景新、许锡之；署彭水县知事汪锦涛；署开江县知事刘云裳。

校对：处士袁士勤、夏祗承、杨泌。

绘图：学生徐世烈。

缮录：生员、云南候补府经历余作汉；学生傅道周、江伯鱼、刘仁术、雷致君、向寿谱、李少堂、周幹屏、陈宪章、邹理棠、刘克钦、吴淮山、邹季安、王豁然、施守廉。

涪陵县续修涪州志卷终

《民国纪事》一卷

（自元年起迄十五年止）

民国十七年戊辰岁仲秋月上浣朔付印

民国纪事一卷

涪陵县事纪

民国元年二月十二日［夏历壬子正月初五日也］，清隆裕太后诏建共和，皇帝逊位，更国体为民国。涪人闻电，庆祝三日。

先是，宣统三年收川汉铁路归国有，川民立同志会争之[①]。总督赵尔丰初莅，主张颇力。后忽奏谘议局议长蒲殿俊等十八人谋不轨，禁于督署，并电鄂督拘四川副议长、州人萧湘于武昌府署。州人、法制院副使施愚奏：议员代达民意无罪，请谕督臣毋操切。折留中。电鄂督：萧湘在外，不与成都事。亦不覆。成都父老执香跪督辕，求释议员。卫兵遽开枪，有轰毙者，声言剿办。各郡邑增立同志团自卫，清廷简铁路大臣端方察办四川事务。端奏请以在籍前翰林院编修、州人施纪云帮同察办，报允。端大臣乘川轮于夏历八月二十晨到州，迎纪云同行。纪云请昭雪十八人，招抚同志团，参劾诬陷滥杀员弁，得承诺始开轮。旋密示在涪接武汉失守电，时赵督奏调之鄂军［因主剿同志团，故调鄂军］千五百人随行入川，乘民船尚在夔、巫一带。云虑糜川，当商定奏令该军回援本省。到渝，秘书刘某竟暗阻止，催赴成都。刘力言待鄂军护行。二十七日，电奏请保释十八人，则宜昌已失。电不能通，乃遣人赴西安拍发，谣言日紧。纪云凡有建议，退辄为刘所阻，愤言不行，遂辞以病。九月十三日，买舟归。次日，道过州城。闻风声紧甚，党人运动已成，事发必在早晚。

十月初一日，州人高亚衡、郭香翰同长寿党人拥兵入城，迫知州戴赓唐交印。初，亚衡以附生留学日本，与州人李蔚如入同盟会，并引郭香翰为会员，历年谋革命无成。

---

① 同志会争之：原志误作"立同志争会之"，据《刊误表》改。

适川省争路激烈，因涪通黔、彭，谋乘衅发难。既各省宣告独立以应武汉，遂令徒众分赴各乡组织民军。城中则结连驻涪安定营管带黄炳章、盐局委员徐芝，又以大势说州会议长冉价藩暨城会俱加入，订约不戕官不扰民，不挟嫌报怨，不奸掳烧杀，期十月朔举事。二十七日，长寿先发，促涪响应。三十夜，长寿援助队到荔支园。次晨，亚衡迎之入城，召戴赓唐至考棚胁交州印，徐芝亦交盐局簿籍。是日，民军到者约二万余人。犒劳抚循之，俾勿侵市廛。

初二日，开州民大会，议决军民分治，司法独立，设军政府于州署。军事推高亚衡为司令官，郭香翰副之，内设秘书、参谋、军政、军需等处；民事推冉价藩为部长，潘士逸副之，内设秘书、总务、民政、财政等处；设审判厅，推徐芝为司法庭长，内分民事、刑事两股。裁汰吏役，除一切苛捐，下令剃发减免田赋之半。所到民军，愿入伍者，编成军；不愿者，资遣归里。首领界以团务，计编三营，又另组党兵一营。盐防则拨归司法缉捕盗匪，巡警则担任城防，议率队赴渝。初三日，得重庆独立报，人心稍定。

嗣重庆设蜀军政府，发州县组织章程至涪，遂撤销军政府名义，仍以高、郭为地方正、副司令官，统辖军民两政，设四科：行政掌以潘士逸，彭念劬为副；财政掌以冉价藩，杨友三为副；教育、实业未设。州会周汝秩为议长，陈寿藩副之。贺季方为武隆分司令，王子幹为鹤游坪分司令。时乡愚无知，误解平等自由，以为无法无纪，抢劫捉搕之案层见叠出。徐芝闻报，即派队拘案，随讯随结，一月戮五十余人，乡间粗定。而城中流品复杂，暗潮时起，所欲未遂，动辄要挟。亚衡不得已引退，请蜀军政府委人接替；一面由众推举孟松云、贺季方、何亚卿、周道坦四副司令，暂代以维秩序。彭水冉晴川、陈宜之著名暴戾，觊觎州城，先后拥众至羊角碛，涪人大恐。乃檄武隆分司令贺季方前往安抚，又推孟松云代表说以利害，馈以饷糈，始退去。

十一月，蜀军政府委李蔚如为地方司令官率队接任。初，颇裁汰冗，军司令部常人不得自由出入。形式一变，而以告密枪毙在籍郿州都司前侍卫潘从福以募赈荅商人，舆论大哗。盖当兵事方起时，以军法治。至是，民国成立始可言纪纲也。

三月［以下悉从阳历］，州人彭营长沧若奉重庆镇抚府令率队来涪，剿办盐务巡防。盖地方司令官密报：前清盐局委员徐芝、巡防管带黄炳章潜谋二次革命，罗织多数任职士绅，拟一网打尽，遣人要营长于上游约拂晓猝至，乘不备袭之。不虞沧若先微服入境，不相值。至州察看，城市晏然，始知不实。虑防营积嫌，客主从此生心，非地方之幸。乃晓以大义，饬缴枪枝，给资遣散，具覆销案。徐芝辞职去，在法庭四月未受薪也。四月，李蔚如亦辞司令官职。

州议会建筑落成，举熊鸿谟、王远芳为川省临时省议会议员。

五月，奉令改地方司令官为知事，改武隆、鹤游坪分司令为分知事。

十一月，废审判厅及行政、财政各科。

设征收课，国税、省税、地方税悉归统一办理。课长冉价藩将无着粮禀销，实存粮五千三百一十七两一钱六分。经财政厅定案：总八万一千余元，分配后陆续议加。至今每粮一两正税征银洋一元六角，附税征银洋一十三元六角八仙六星，解费征银洋一元五角二仙九星，局内票费征洋四角，地方附加无定额。

契税，清代只加收串底数甚微。自是年起附加渐多，至今每契一张，官契征银洋一元五角，副契格征洋一角，验契征一元二角。契价每百元正税征银洋五元一角六仙，加平征二角一仙七星。学款中资捐征一元七角，学款契底征六角，由征收局经收。公告费每百元征银洋二元一角，由实业局经收。地方附加税每百元征银洋二元九角，学款征一元，中资捐征一元三角。印花税征一角，由地方收支所经收。合计每契纸一张共征银洋二元八角，每价百元共征银洋十五元零七仙七星。

是年，于州城设女子师范学校，附设高、初两等小学校。

二年一月，举行众议院议员及第一届省议会议员选举，选出萧湘为众议院议员，刘西池、潘江、刘云裳为省议员。三月，潘江又由省议会选举为参议院议员。

知事贺焜奉令赴鹤游坪撤销分知事署，人民欢忭。

成渝有违言。八月，熊锦帆、杨沧白在重庆宣布独立，驻州防军劫公质、和兴两当店，损失甚钜。九月，省军战胜，溃兵沿江下。人民惶骇，闭城以守。溃兵于西关外索饷，开枪射击，并架梯缘城而上。何香粟、石绍卿等投以灰罐，始退。虑于城外酿乱，使人劝谕，给资遣之。

方独立时，用款甚钜。有印收证据忮之者倡言：冉价藩、孟松云侵吞成讼，二人几遭危险。施愚请大总统电成都秉公详察，州绅亦为剖辩，卒白其枉，销案。

是年秋，蔺市被劫，掳去前进士邹受丞、举人刘陶钧及其子，勒赎金一万四千两始释归。匪风从此遂炽。

三年一月，奉令改涪州为涪陵县，鹤游坪、武隆分知事为县佐，警察区官为警佐。征收课为征收局，国税、省税、地方附加税属之。设地方公款收支所，公产及地方税、契税附加各款均属之。

又奉令停办自治，解散县会。

匪势日盛，三次请兵俱不时发。至则供火饷，执军用票沿街兑换，最后纵匪出险。绅富议自练保卫团丁两营，统以知事。预算军需募捐六万两，先收半数加购德国新式快枪二百余枝①，拟教练三月，然后出发剿匪。成军方月余，匪焰愈横，镇乡纷纷求救。知事徐琮忿令进剿，匪器械甚利，阵亡一连长、士兵十七人，优恤连长三百元，士兵各百元，为备衣棺，发丧于校场公祭。士气激昂，奋战屡捷。侦擒密购子弹之匪，讯实正法；将所起获买价银四百两全赏眼线，以携其党。匪子弹缺乏，稍戢。是役，公推粮户邓寿朋掌收支，不经吏胥之手。至年终，局中存款不止万金。议不遽撤练丁，以资镇护。

十一月，财政厅奉部令派员变卖涪属官产，以公款购旧学废署为收支所。

鹤游坪仍设县佐，屡控不能裁。

是年，设省立第四中学校于县，假城外南华宫为校舍。

四年，城乡行赈粜。去年春旱荒，因匪患未暇抚恤。秋收又歉，贫民掘芭蕉头、剥梧桐皮，和杂粮为食。既立保卫团以治匪，然非赈粜无以清匪之源。公请知事令各乡团确查极贫、次贫人口，造册禀巡按使筹备款项。因近省灾轻批斥张皇②，旋闻政府拨路款五十万元，简曾督办回川筹赈，乃严檄通行，限十日开办。时册已造齐，议移前募未收之半数救荒，免另募催收，需时先在重庆中国银行借银二万两购米，归发各团总照册给极贫、次贫票，分日计口，就近减价买米；穷无告者，给免价票。期于无滥无遗，无票不得米，藉杜流亡。仍由保卫团管款，绅稽核收支，不另设局，以省冗费。至秋收始罢。

春间，知事奉令划罂粟苗。沿涪陵江多私种者，已将收割。知事亲莅，划锄务尽。农民益窘，邻匪阑入勾结本地，匪又蜂起。乡民多趋避于县城，屋为之满。未迁者，

---

①　枝：同"支"。
②　批斥张皇：原志误"批张斥皇"，据《刊误表》改。

多联团互援。保卫团初亦著效。驾驭失宜，有变去者。

是年，省令改订肉税，每只征正税五角解省。始设烟酒公卖局。

政府任命施纪云为川省筹赈会办，辞不受职。

五年一月，滇、黔反对帝制，称护国军。出至川境，政府遣直、鲁、豫军拒之。其大部取道本县，沿江一带，人情惶骇。知事钟允谐与邑绅潘士逸等商设保安局，推邹绅鸿定为主任，专与北军接洽采办供应，军民始得相安。然匪乘祸作，势难兼顾。谬求就抚，冒护国义师名，公然索饷而抢劫如故。阖县骚扰，东西里、鹤游坪、蔺市坪受害尤烈。保卫团枪存城者，被驻防川军往攻成都借提以去，无械自保，付之一叹而已。

当北军初到时，枪械有被匪劫者。嗣来索偿，误认南沱、礁岩、南岸浦等处居民即匪，缚数十人将戮之。钟知事知其误，急向军长官索回自办，置诸囹圄，佯为必杀之状。北军去，乃尽释归农。

南坪巨匪刘体仁受护国军某司令招抚入城，在玉壶春餐馆使酒行凶，气焰张甚。钟知事侦知之，派队揢捕下狱，即夜讯明，戮于署内，匪党始有忌惮。

六年，副总统冯国璋代行总统职权。滇人罗佩金、黔人戴戡为四川督军省长，本县遂为黔军分地团长袁光辉率营长黄丕谟驻防。值政府解散国会，西南以护法称兵，县境土匪又乘衅而起，境内骚然。黔军赴乡剿办，多所诛戮。

是年，靖国联军令筹军饷十二万元，以次年粮税作抵。解至八万数千元，为驻军筹饷之始。

七年，袁团奉调去，黔军刘团长敦吾接防。时南岸匪踞太和场为巢穴，三月劫马武场，四月劫酒店场，烧杀抢掳，肆行无忌。官绅请刘团派兵兜剿，擒斩多名，捣其巢，匪焰始息。北岸匪劫保和寨团枪踞包家庙，四出劫掠。团保周纪元等联合长、涪、垫三县民团兜剿，毙匪多，救出被捉粮绅数十人，地方安静一时。

八年，举行第二届省议会议员选举，选出熊与九、汪锦涛、余涛为省议员。往岁，罗、戴讧于成都，熊克武攻克之，政府授为四川督军。恢复前解散之县议、参会议员，改保卫团为团练局，委高亚衡为局长，直辖常练一队。

先是，郭香翰办君子镇团著效，官绅延之入城，成立联合团，有常练一队。改设团局，照章应设常练，即以该队改编。其饷由粮附加，每粮一两加征银洋二元。镇乡创办常练，取粮户租谷百五捐供给，至十五年撤销始止。

县中学因款绌停办。秋季，以校地租给省立第四中学迁入焉。

同乐镇匪盛，黔军刘团长派员招抚，约期收编，并声言是日在镇娶妇，备筵接待。届期，匪等往贺。正款宴间，黔军大队倏至。扃门轰击，匪约百余人无得免者。县人以某某包庇农民违禁遍种罂粟①具控，督军署派但师长来县查办。时烟浆已收，逮逋贺季方覆命。繋数月释归，查悉咎非在绅也。盖清以来种烟禁严，县中几于净绝，而吸者难尽戒断。山僻团甲取贿农民，暗许私种，每两价至八九元，率以致富，乡民渐多犯禁。重庆长官微闻之，藉口恤民，令纳烟亩捐，名曰"罚金"，按所种多寡差次科罚，许其种植。官任保护，又名窝捐。团甲长经收，各给手续费，奸猾者从中渔利，利多种。谬言不种罚抽懒捐，迫使必种，故遍及全县。主者以法不及众，俯顺舆情，不知禁止；亦因各军扩充实力，移款购械，兵多饷绌，防营无可拨付，遂听自由征发。不肖土人争求包办以图中饱，乃至相沿成例，逐年指派，辄数十万元；或别有提拨，不专供驻军，驻军又另自筹，名目渐繁。川省有所谓防区制，由是权舆也。

地方收支所始收榨菜出口捐每坛洋二角，次年减收一角，今仍之。

省令设实业局，加征公告费。

十二月十九，夜大雨。鸭江乡人言：其乡田水尽黑如墨，不知何祥。次年，乃大熟。

九年，川军有称兵者声言：倒熊战事以起②。驻县黔军奉调去，彭沧若组织城防队而为司令。下游滇军溯江西上，至涪陵江东岸，扼于城防不能渡，以大炮轰城，弹中县署大堂及城隍庙。次日，改渡大江北岸去。无何，护法军吕、卢、石、黄诸部由渝溃至县城，土匪王立三欲乘其敝而夺其械，与石部汤子模激战于千块石。王匪中弹死。汤擒其党数十人骈诛于三抚庙前，索饷征房捐二万余元，卖仓谷万数千元，共四万元，始去。后得重庆盐糖帮贴还一万七千元而已。

十月，预征粮税，为筹饷预征钱粮之始。

鹤游坪匪患仍炽，三会、箐口、裴江、永安、太平、沈家等场居民被劫，十室九空。邑人刘团长葆龢率队赴坪，于沈家场擒十余匪戮之。捣其巢，夺被捉者遣归。

---

①　罂粟：原志误作"罂栗"，据《刊误表》改。

②　"九年"句：国民党人杨庶堪与谢持、吕超等人联合滇黔军发动倒熊之战，事在1920年（民国九年）春。原志误作"九月"，亦与上条"（八年）十二月十九"序次倒乱，故改。又，"以起"即"已起"，以通"已"，已经。

川军换防，袁旅长驻县城。是冬，卖仓谷数千石充饷。

团练局长高亚衡辞职，公推邹鸿定继任。

十年春，恢复县中学。中、小合校，议于旧有中资契底等捐，加征千分之十以为经费。

团练局呈准开办团练传习所以储团练人才，由各镇乡保送学生共九十六人。旧历正月开所，六月毕业。是时川局将生变化，匪风日炽。官绅集议：团练局增加常练一队，合前共两队，计额一百四十人。

旅京津川人闻一、二军积不相能，将有战祸，推施愚回渝调和，以纾川难。两军长官意见稍融洽，而部下嫌隙已深，固结不可解，施愚遂去。

八月，预征十一年粮税。

十月，巨匪彭耀武劫珍溪。报至城，团练局长邹鸿定即派遣一、二两队，并商请驻军拨兵一连，协同往剿。复恐匪众我寡，檄调附近镇乡常练援助。追击至丰都界林家庙，匪凭险，我军仰攻，阵亡团局常练一名、君子镇常练一名，驻军谭连长负重伤，返城即殁。士气愈奋，攻至夜半，匪潜逸。复跟追至忠州界碌磲磴大山，匪登山负隅，军团四面围攻。自暮至次日天明匪溃，散计毙匪目数人、夥匪数十人，拔出珍溪被捉士商八十余人。

十一年，袁旅筹借二万元，制一元券发给，许于十二年粮税抵还。为行一元券之始。

一、二军之战。五月，石总司令以讨贼军名称，率汤、周、贺诸部由彭水来攻。袁旅御之，与战于牛皮箐、三窝山、凉水铺，败回，弃城去。二军王总指挥赴援，与袁合力反攻，夜战于龟龙关、鹅颈关，周、汤败绩，退至小溪、马武场。而一军攻渝，急调王回援，袁留县。重庆失守，袁渡江去。石军又来，以一元券十五万元发各镇乡筹款。设禁烟罚金处，每千两罚银洋六十元许出境；分设大、小河护商处，税进出口百货，令商会负责，每日筹一千四百四十元。经四月余日以禁烟罚金、护商税、粮税填还，尚三万数千元无着也。

十一月，预征十二年粮税。

周、贺两部内讧，巷战于县城西南关。贺败退至小江东岸，二日他去。

十二年，石部杨春芳逼石出走，以一元券筹三万元，券后无效。

汤子模改窝捐为门户捐，分五等摊派，收十余万元，中饱不止过半也。

周部毛团长拍卖商盐三千余包，没入二万余元。

杨军长由鄂返川，一、二军战事复起。八月，朱旅长率师来，与周部战于六股树，无胜负。朱由北岸退。九月，二军李旅长以宣抚使名义，偕北军于旅长、三师罗团长攻县城，于北山坪施放大炮。周不能守，退走南川。于、李各部入城，虑敌有伏匿者，望门搜索，房室必遍。不久去，周部复来。十二月，杨军长至小江东岸以大炮遥轰，周由南坪退。二军留何旅长与黔军彭汉章驻防。

是年七月，预征十三年粮税。十一月，预征十四年粮税。

黔军袁祖铭来，卖仓谷千余石。

毛团派物产捐八十万元，未及收而去。

县如事侯宫柱筹警察经费于县城烟寮，每灯月抽捐六十文，名红灯捐。后遂推及镇、乡，捐亦加重。

县中学以经费不足，秋季复停。

普陀寺丛林开始建筑，预算约五万余金，悉由重庆罗汉寺方丈戒绍一人在渝挪垫，为我涪未有之最大建设。戒绍字海清，新盛镇人也。

十三年，驻军援毛团旧案征物产捐，实收六十余万元，以黔六川四剖分。

设军费筹集处，设保商事务所于羊角碛，不久废。寻规复，改为临时军费征收处。

四月[夏历三月十一日]，西门大火。北自七星坎延烧入城，城内西至考棚，南至县会；城外南至关庙巷子、樊家街下段，北至龙舌街，西至南华宫大楼口，居民七千余家，为清季甲申以后未有之灾。夏复大旱，自五月至七月约七十日乃雨，禾苗多稿[1]，收成平均不过四分。

九月，预征十六年粮税。先以一元券抵借十五年税，此次暂缓收券，故预征十六年之粮。

改禁烟罚金处为禁烟查缉处[2]。

十四年三月二十八日，城内火药局火药爆发，伤亡七十余人。先是，奉令创办民团附城团甲，请准县署将火药局旧存火药数十坛分发各团，约期齐集领取。不意是日

---

① 禾苗多稿："稿"即"枯稿"，稿通"槁"，同"枯槁"（枯萎、干枯）。
② 改禁烟罚金为禁烟查缉处：原志"禁烟罚金"后脱"处"字，补。

天气炎蒸，火药出窖正分配间，倏忽爆裂，到场几无幸免。而获痊者，唯张仲伟等数人而已。

是年，岁大饥。斗米价洋四元，渐涨至六七元，赈粜无济于荒，饿殍不知凡几[1]。黔军李师长焱拨保商费数万元，交商会长接济军民食。

奉刘、袁两督办令征物产捐六十万元，县人以岁荒恳求减定三十六万元。后李师长密电请袁减十余万元，未发表；刘督办在成都亦闻灾实甚钜，电免十六万元以充赈济。袁督办经李师长力劝，始允以商同。减免宣布，然乡间先以三十六万分派，闻团甲照减者居少数，恩未遍及贫农。

是年，预征十五年粮税，收回前抵借之一元券，又预征十七年粮税。

十五年，袁督办自去年成都善后会议归，忿甚，密构川将领。遂据重庆，密令李师长袭击同驻之川军杨旅长。李悯巷战害县民，秘示某某等。某某力任调解，杨以兵单，退过涪陵江东岸，旋移至丰都。某某劝袁息兵，通电言：岁供饷糈数百万，今以为战地中心，则"鹿死不择音"[2]，何忍七十万人民坐以待毙？袁乃许黔军于长江去来不入涪陵境，改计由长寿集中垫江，得迁缓时间。杨省长返川，始调息。

当杨旅长去后，李师独驻。袁委监视财政员，追知事王鉴清追收各款。不足，派城民沿门借垫。至夏历乙丑除夕，尚羁数十人。某某以语李师长，始指令开释。共收一万三千余元，照黔六川四，除杨旅收过外，款应归千四百元。某索李划拨，李即交出转寄。后川军攻袁去渝，李退出涪陵，提米贩米价二千余元，筹饷三十万，收数万而去。来涪接防者，杨省长部魏师到县北岸，郭师到城，相持于两岸。魏抢渡，郭军阻之。开枪互击，历一昼夜。而杨部之杨十四师、向师，刘督办部之杨八师、唐师继至，并入城索火饷。先筹特别捐二万余元，二次筹二万元，三次筹一万元、官公庙会[3]一万五千元，四次筹四万元以亩捐作抵。嗣奉杨省长指令，郭九师、杨十四师驻涪，余部由县筹饷开回，追收李师长所筹三十万未及收之款，始陆续去。数月，

---

① 饿殍不知凡几：原志"饿殍"误作"鹅殍"，据《刊误表》改。

② 鹿死不择音：语出《左传·文公十七年》："鹿死不择音，小国之事大国也，德则其人也，不德则其鹿也。铤而走险，急何能择。"音通"荫"，指鹿到了快要死的时候，无暇选择庇荫的地方。比喻情况危急，无法慎重考虑安身之道。

③ 官公庙会：疑为"关公庙会"之误。

十四师奉调，仅九师驻涪。

五月，预征十八年粮税。十月，预征十九年粮税。

是年春，再复县中学。

七月［夏历六月初一日］西里龙洞一带大风为灾。乡人见老龙洞射出白光，于是大风遽作，合抱树木摧折拔起者无数，大雹毁粮稼、房屋甚多。白涛镇大溪河水暴涨，冲坏均济桥分水石及沿溪田庐。

民国纪事卷终

重庆都邮街德新公司代印

刊误表 [全部有十余字侧倒，不在此例。]

卷数	页数	行数	误　处	更正
一	八	七	行旅邮表程哉	表邮程
二	一	十一	即使大雨	即便
二	七	一	办物知方	辨物
三	二	十七	州西	州西
三	二	二十二	上排铁索	上挂
三	七	一	三畏齐	三畏斋
三	七	十四	附石鱼攻	石鱼考
三	十三	一	漶漫不可办	不可辨
三	十三	十七	分绿于各胜迹下	分录
四	一	二十二	文菀夏道硕	文苑
四	二	六	向牖螭	向牖螭
四	六	十六	太子少传	少傅
四	七	十	闻者皆咸泣	皆感泣
四	八	十五	义地二船	二处
			棺材口处	口船
五	六	七	顾可傅舍视之哉	传舍
五	十	十九	国家三年竖进	登进
六	一	二十一	麟册	鳞册
六	四	二十	载厘	载粮
六	五	十三	后未丈勘	从未
六	六	五	一抬贰两	一拾
六	七	十一	实在情彭	情形
六	八	十一	名存司库	司库
六	十二	十三	鬻于者市	鬻于市者

卷数	页数	行数	误　处	更正
七	一	十五	药士总局	土药
七	一	十六	佔客	估客
七	五	十九	惟白不享	惟曰
七	十一	二十二	饮时煮热	煮熟
八	四	八	裕圣王祈父公右左	祈父公右
八	四	九	诒圣王防叔公次右	次左
八	四	十	昌圣王伯夏公次	次右
八	六	十八	无羹和	无和羹
八	十二	十六	扬上容	杨上容
九	十	一	庶吉土	庶吉士
九	十	十六	进士先绪	光绪
十	五	十四	诸大绶榛	榜
十	五	十五	戌午	戊午
十	五	十九	徐时行榜	申时行
十	五	二十	朱之审	朱之蕃
十	五	二十二	戌辰	戊辰
十一	一	十三	进之庙延	庙廷
十一	二	十六	宏治十二平	十二年
十一	四	十二	诏偕待讲	侍讲
十一	六	二十二	再徒贤人乡	再徙
十一	七	十一	茹茶	茹茶
十一	八	十	随老仆跟跄	跟跄
十二	一	十三	周茹茶	周茹茶
十二	二	八	山西襄垣	山西
十二	六	十三	纵贼	踪贼
十二	六	二十二	溃园突出	溃围
十二	八	十一	得要硕矣	要领
十二	九	十三	日侍场药	汤药
十二	十	十五	无疾面卒	而卒
十三	一	十二	扬撺淳风	扬挖

卷数	页数	行数	误　处	更　正
十三	三	二十	邺近多食其惠	邻近
十三	四	四	尝领咸务	蒇务
十三	四	五	恤娶抚孤	恤娶①
十三	四	八	孟志义	孟志义
十三	五	十六	某商家结赈	结账
十四	四	四	以瘝贡	以荫贡
十四	四	二十二	赵瑛芝垣	赵氏芝垣
十四	十	二十一	授千总街	衔
十五	一	八	六合有作士	有佳士
十五	一	二十二	作过涪陵	昨过
十五	二	十六	宇枕虹	字枕虹
十六	三	五	艰苦备尝	艰苦
十六	三	十四	遣腹子	遗腹子
十六	五	九	冉氏江	江冉氏
十六	九	四	刘为鸿妻黄氏	姜黄氏
十七	十一	五	填发之乱	滇发
十七	十四	十二	瞢瞑目端坐	尝瞑目
十七	十四	十七	趯趯食蝇	趯趯
十八	三	二十二	币国	国币
十九	一	一	涪州治	涪州志
十九	八	十六	猓㑩烟生	猓洞
十九	十三	七	厄言	卮言
二十	七		文微二	文征二②
二十	八	四	乞谥景宋濂	乞谥宋景濂
二十	十	五	特偷其请	特俞
二十	十二		文微二	文征二③

①　恤娶：词义不通，《刊误表》此处错改"娶"为"娶"字。原志"恤娶抚孤"正确无误。

②　原志"讼尊之冤曰"中"讼""尊"二字行间版心内容"卷二十艺文志二文征二"误"文征"作"文微"，今版省中缝无改。

③　原志"不令纤毫逾越"中"不""令"二字行间版心内容"卷二十艺文志二文征二"误"文征"作"文微"，今版省无。

卷数	页数	行数	误　处	更正
二十一	四	二十二	尫损特甚	尫损
二十一	九	二	且贫乏	且贫乏
二十一	十四	八	诸儒龈龈	龈龈
二十二	一	十六	苏轼	苏辙
二十二	一	二十	谁知声勔勔	嘃嘃
二十二	一	二十二	苏辙	苏轼
二十二	二	二	风枝露叶如斯采	如新采
二十二	二	六	今年斗品充官茶	充官茶
二十二	三	五	域依雉堞坚	城依
二十二	四	五	阿瞒不共载天仇	戴天仇
二十二	四	二十	云际偕登自八垓	目八垓
二十二	五	二十一	赤乌归来鬃星紫[1]垣未光焰照涪陵	赤乌归来鬃未星紫垣光焰照涪陵
二十二	七	十七	两次乞林	乞休
二十二	十一	四	拔心卷葹空茅萌	空芽萌
二十二	十二	六	冒死忠纾愤	纾忠愤
二十三	六	十九	博得三郎歌	三郎欢
二十四	二		异祥	祥异[2]
二十四	二	二十一	十七年月	十年七月
二十五	一	十六	氏隗文	氏隗文
二十五	二	八	乾化四年	乾化
二十五	二	十一	乾德二年	乾德
二十六	二	十二	尸骨风异	尸骨迥异
二十六	二	十二	迥雨骤至	风雨
二十六	五	十六	厅事庑廒	庑厂
二十七	一	十	朴直刚五	刚正

---

[1]　赤乌归来鬃星紫："鬃"误排为倒字。
[2]　原志"康熙三十四年大有年""雍正元年大有年"两行间版心内容"卷二十四杂编一祥异"误"祥异"作"异祥"，今省无。

续表

卷数	页数	行数	误　处	更正
二十七	二	三	鄁侯入关	鄭侯
二十七	六	十一	惯何为人作嫁衣	何惯
二十七	七	十四	耆旧傅	耆旧传
民国纪事	一	五	立同志争会之	立同志会争之
民国纪事	五	十二	批张斥皇	批斥张皇
民国纪事	七	十	遍种罂栗	罂粟
民国纪事	十	十八	鹅殍不知凡几	饿殍

后　记

　　地方志分门别类详细记载某一地方的地理、沿革、名胜、古迹、物产、风俗、人物、教育、诗文、著作等方方面面情况，是按一定体例、全面系统地记述一定行政区域的自然和社会政治、经济、文化等历史与现状的资料性文献。作为中华民族独特的一种传统文化载体和文化传承方式，绵远流长的地方志书既是一地山水人文的古老见证和历史智慧结晶，是地方的"百科全书"和地情资料库，也是国家实行主权管辖与行政管理的永久标志，是维系中华民族血脉亲情的重要力量，在中国文化中有着非同寻常的独特地位和深远持久的文化影响。据国家方志馆统计数据：中国现有历代方志8300多种（其中清代5700多种，占历代修志总数的70%）共计10余万卷，约占现存古籍的十分之一。这些卷帙浩繁的地方史志与国史、家谱一起，共同传承着中华民族丰富而宝贵的历史文化财富与优秀文化传统。伴随着科学技术的日新月异，地方志的利用价值和利用空间日益得到提升拓展，不仅在中国历史与社会发展进程中一直发挥着的资治、教化、存史三大功能愈加彰显，在经济发展与社会生活的各个领域也发挥出越来越多、越来越重要的作用，甚至显示出超越时间、空间的宝贵价值。因此，涪陵区地方志办公室于2017年6月启动了历代《涪州志》的具体整理工作，以充分发挥旧方志作用，满足社会各界的政治、经济、文化需求。

　　此次我所承担整理的清代乾隆《涪州志》和民国《涪州志》，前者为方志发展隆盛巅峰时期产物，后者则是在近代科学方法指导下传统方志向现代方志转型时期出现了许多新变的代表性作品。虽然，充满挑战性的工作进一步激发了我的责任感和使命感，让我产生了更加充沛的工作热情，而工作的基础也似乎并不薄弱——先后撰著有《贾元三题》《西南民族大学学报》2005年第9期）、《涪陵历代方志举要》（《涪陵师范学院学报》2006年第4期）、《涪陵历史文化研究》（中央文献出版社2006年）《涪陵历代诗文选校注》（中国戏剧出版社2014年）、《白鹤梁题刻研究断想——谈谈我对白鹤梁题刻的几点基本认识》（重庆三峡博物馆《2016年白鹤梁题刻文化与保护管理学术研讨会论文集》）等作品，无奈时间紧、任务重、责任大，又视力衰弱加上伤病在身，虽驽马十驾，使出"洪荒之力"，亦终是尽心尽力而已，错误疏漏、不能尽如人意之处在所难免，恳请大家批评指正，不吝赐教。所幸，我的研究工作得到过包括中国社会科学院文学研究所陶文鹏、刘跃进、竺青、戴燕诸位先生，国家图书馆已故老馆长任继愈先生，李致忠、王菡、张廷银诸位先生，北京大学中国古文献研究中心副主任、全国高校古籍整理研究工作委员会秘书长、业师杨忠先生，《北京大学学报》副主编郑园先生，已故南开大学著名方志学家、教育部地方文献研究室主任来新夏先生，四川大学胡昭曦、粟品孝先生，四川师范大学业师李大明先生，西华师范大学杨世明先生，以及西南大学熊宪光、刘明华、胥洪泉、杨理论教授，重庆师范大学陈忻、张中宇教授，重庆工商大学段庸生教授，《重庆社会科学》编审敖忠教授，重庆旅游与文化研究院李永明院长等等良师益友的提携、帮助，从而使我平添许多坚持的勇气和力量。

本书的整理出版，承蒙涪陵区委宣传部副部长聂心灿的推荐。同时得到涪陵区委宣传部副部长汪屏峰、李斌，区政协文史委员会主任陆国创、办公室主任倪德生，白鹤梁水下博物馆副馆长黄德建，涪陵区博物馆馆长黄海，涪陵区社科联原主席冉光海，涪陵区文联原主席李世权，涪陵区地方志办公室原主任蒲国树，长江师范学院党委书记彭寿清教授及杨爱平、韦济木、彭福荣、余继平、王希辉、谭清宣、梁平、周航、胡俊飞、范云峰等教授、博士长期的鼓励支持；期间，家人、朋友以及同事黎燕敏、白瑞芬、魏旭、张大友、蒋灵毅、王麒翔、李承宸、张子贤、冉乔予等也给了我生活和精神上的关心照顾；涪陵区委党史研究室（涪陵区涪陵地方志办公室）主任周烽、副主任余成红与方志科科长冉瑞，国家图书馆出版社责任编辑于春媚老师更是为此付出了大量辛劳，使任务得以顺利完成。在此，谨向他们一并致以由衷的敬意和谢忱！

李　胜

2018年于长江师范学院钩深楼附楼311室